As fontes do poder social

COLEÇÃO SOCIOLOGIA
Coordenador: Brasilio Sallum Jr. – Universidade de São Paulo

Comissão editorial:
Gabriel Cohn – Universidade de São Paulo
Irlys Barreira – Universidade Federal do Ceará
José Ricardo Ramalho – Universidade Federal do Rio de Janeiro
Marcelo Ridenti – Universidade Estadual de Campinas

Dados Internacionais de Catalogação na Publicação (CIP)
(Câmara Brasileira do Livro, SP, Brasil)

Mann, Michael
 As fontes do poder social : vol. 3. Impérios globais e revolução, 1890-1945 / Michael Mann ; tradução Caesar Souza. – Petrópolis, RJ : Vozes, 2022. – (Coleção Sociologia)

 Título original: The sources of social power, vol. 3: Global Empires and Revolution, 1890-1945.
 Bibliografia
 ISBN 978-65-5713-377-4

 1. Evolução social 2. História social 3. Poder (Ciência sociais)
 I. Título II. Série.

21-78301   CDD-306.09

Índices para catálogo sistemático:
1. Relações de poder : Evolução : História social : Sociologia 306.09

Aline Graziele Benitez - Bibliotecária - CRB-1/3129

Michael Mann

As fontes do poder social
Volume 3: Impérios globais e revolução, 1890-1945

Tradução de Caesar Souza

Petrópolis

© 2012 by Michael Mann.
Publicado primeiramente por Cambridge University Press
Direitos de tradução intermediados pelas Agências Literárias Sandra Dijkstra e Sandra Bruna, SL.

Tradução realizada a partir do original em inglês intitulado *The Sources of Social Power. Vol. 3 – Global Empires and Revolution, 1890-1945*.

Direitos de publicação em língua portuguesa – Brasil:
2022, Editora Vozes Ltda.
Rua Frei Luís, 100
25689-900 – Petrópolis, RJ
www.vozes.com.br
Brasil

Todos os direitos reservados. Nenhuma parte desta obra poderá ser reproduzida ou transmitida por qualquer forma e/ou quaisquer meios (eletrônico ou mecânico, incluindo fotocópia e gravação) ou arquivada em qualquer sistema ou banco de dados sem permissão escrita da editora.

CONSELHO EDITORIAL

Diretor
Gilberto Gonçalves Garcia

Editores
Aline dos Santos Carneiro
Edrian Josué Pasini
Marilac Loraine Oleniki
Welder Lancieri Marchini

Conselheiros
Francisco Morás
Ludovico Garmus
Teobaldo Heidemann
Volney J. Berkenbrock

Secretário executivo
Leonardo A.R.T. dos Santos

Diagramação: Raquel Nascimento
Revisão gráfica: Nilton Braz da Rocha / Fernando Sergio Olivetti da Rocha
Capa: Editora Vozes

ISBN 978-65-5713-377-4 (Brasil)
ISBN 978-1-107-02865-4 (Estados Unidos)

Este livro foi composto e impresso pela Editora Vozes Ltda.

Sumário

Apresentação da coleção, 7

Prefácio, 9

1 Introdução, 11

2 A globalização imperialmente fraturada: o Império Britânico, 29

3 A América e seu império na era progressista, 1890-1930, 75

4 Impérios asiáticos: dragão caído, sol nascente, 123

5 Crise quase global: a Primeira Guerra Mundial, 156

6 Explicando as revoluções: Fase 1, revoluções proletárias, 1917-1923, 199

7 Uma crise quase global: explicando a Grande Depressão, 245

8 O New Deal: a América se volta para a esquerda, 282

9 O desenvolvimento da cidadania social nas democracias capitalistas, 326

10 A alternativa fascista, 1918-1945, 366

11 A alternativa soviética, 1918-1945, 403

12 O imperialismo japonês, 1930-1945, 430

13 Explicando a Revolução Chinesa, 460

14 A última guerra interimperial, 1939-1945, 488

15 Conclusão, 526

Referências, 539

Índice, 593

Apresentação da coleção

Brasilio Sallum Jr.

A *Coleção Sociologia* ambiciona reunir contribuições importantes desta disciplina para a análise da sociedade moderna. Nascida no século XIX, a sociologia expandiu-se rapidamente sob o impulso de intelectuais de grande estatura – considerados hoje clássicos da disciplina –, formulou técnicas próprias de investigação e fertilizou o desenvolvimento de tradições teóricas que orientam o investigador de maneiras distintas para o mundo empírico. Não há o que lamentar o fato de a sociologia não ter um *corpus* teórico único e acabado. E, menos ainda, há que esperar que este seja construído no futuro. É da própria natureza da disciplina – de fato, uma de suas características mais estimulantes intelectualmente – renovar conceitos, focos de investigação e conhecimentos produzidos. Este é um dos ensinamentos mais duradouros de Max Weber: a Sociologia e as outras disciplinas que estudam a sociedade estão condenadas à eterna juventude, a renovar permanentemente seus conceitos à luz de novos problemas suscitados pela marcha incessante da história. No período histórico atual este ensinamento é mais verdadeiro do que nunca, pois as sociedades nacionais, que foram os alicerces da construção da disciplina, estão passando por processos de inclusão, de intensidade variável, em uma sociedade mundial em formação. Os sociólogos têm respondido com vigor aos desafios desta mudança histórica, ajustando o foco da disciplina em suas várias especialidades.

A *Coleção Sociologia* pretende oferecer aos leitores de língua portuguesa um conjunto de obras que espelhe o tanto quanto possível o desenvolvimento teórico e metodológico da disciplina. A coleção conta com a orientação de comissão editorial, composta por profissionais relevantes da disciplina, para selecionar os livros a serem nela publicados.

A par de editar seus autores clássicos, a *Coleção Sociologia* abrirá espaço para obras representativas de suas várias correntes teóricas e de suas especialidades, voltadas para o estudo de esferas específicas da vida social. Deverá também suprir as necessidades de ensino da Sociologia para um público mais amplo, inclusive por meio de manuais didáticos. Por último – mas não menos importante –, a *Coleção Sociologia* almeja oferecer ao público trabalhos socioló-gicos sobre a sociedade brasileira. Deseja, deste modo, contribuir para que ela possa adensar a reflexão científica sobre suas próprias características e proble-mas. Tem a esperança de que, com isso, possa ajudar a impulsioná-la no rumo do desenvolvimento e da democratização.

Prefácio

Embarquei neste projeto no começo da década de 1980, determinado a produzir um único livro sobre as relações de poder nas sociedades humanas. O livro foi planejado para conter alguns estudos de caso empíricos que acompanhariam algumas reflexões teóricas sobre o poder. Contudo, os estudos de caso aumentaram e se transformaram em uma narrativa histórica em quatro volumes sobre as relações de poder. O volume 1, publicado em 1985, continha uma história do poder nas sociedades humanas desde o começo até a Revolução Industrial. Nesse ponto, pretendia produzir somente um segundo volume que apresentaria a história até o tempo presente. Esse volume também cresceu incontrolavelmente, e, na verdade, quando foi publicado em 1993, cobria somente os países mais avançados do mundo no período de 1760-1914. Tenho trabalhado nos volumes 3 e 4 desde 1993 – embora meu trabalho tenha sido interrompido por incursões, que produziram livros sobre o fascismo, faxina étnica e política estrangeira americana. No volume 3, decidi que tinha de retificar uma omissão no volume 2, a negligência dos impérios globais criados pelos países mais avançados. Esses são, é claro, essenciais para uma compreensão das sociedades modernas. Consequentemente, este presente volume começa nos impérios bem antes de 1914 e termina em 1945. Isso significa que um volume 4 seria necessário, o qual levaria minha narrativa sobre o poder de 1945 até o presente. Como venho trabalhando nesses dois volumes paralelamente, o volume 4 será publicado alguns meses após este.

Espero que os leitores desculpem essa história de culminação muito protelada. Sou um empirista incurável que deve embasar cada generalização feita com uma massa de dados de apoio. Isso envolveu uma grande quantidade de pesquisa.

Gostaria de agradecer a muitas pessoas pela ajuda que me deram para escrever este livro. Sobretudo, desejo agradecer a John A. Hall, amigo e crítico sempre apoiador de tudo que escrevo. Ralph Schroeder, também, foi um grande apoiador e crítico. Bill Domhoff foi extraordinariamente generoso por partilhar durante anos seu profundo conhecimento histórico sobre a formulação americana de políticas. Ajudou-me imensamente com o capítulo 8. Barry Eichengreen forneceu comentários úteis sobre o capítulo 7 e me reassegurou de que havia compreendido em linhas gerais o trabalho de economistas sobre a Grande Depressão.

Tenho sido professor na Universidade da Califórnia ao longo da escrita deste livro. Sou grato ao Departamento de Sociologia por me prover um ambiente acadêmico tão agradável e amistoso e ao Departamento e à Universidade por sua generosidade em me conceder fundos de pesquisa e tempo livre para escrever. Tenho sido também privilegiado por ter lecionado a tantos alunos talentosos da UCLA. Em minhas aulas, muitas vezes discuti tópicos contidos neste volume, e incluídos na leitura semanal havia vários capítulos esboçados deste volume. Eles podem não ter percebido o quanto seus trabalhos e as discussões gerais em aula me ajudaram a melhorar meus argumentos.

Devo agradecer também ao estímulo recebido do seminário 237 de Sociologia, iniciado por Ivan Szelenyi e continuado por mim e meus colegas Rogers Brubaker, Andreas Wimmer e C.K. Lee. Bob Brenner e Perry Anderson foram uma fonte constante de estímulo na série de seminários do Centro de Teoria Social e História Comparativa, assim como dos distintos estudiosos convidados para o Centro para apresentar trabalhos. Convenientemente para mim, esses trabalhos tocaram em muitos dos tópicos considerados neste livro, de modo que me ajudaram a compreendê-los melhor. Os leitores observarão o grande número de trabalhos citados em minha bibliografia. Não teria sido possível lê-los sem a maravilhosa Biblioteca de Pesquisa da Universidade da UCLA, agora renomeada Biblioteca de Pesquisa Charles E. Young.

Nicky Hart tem sido minha principal fonte de apoio por mais de trinta anos, e ela e nossos filhos, Louise, Gareth e Laura, ajudaram a fazer minha vida valer a pena.

1
Introdução

O terceiro volume de minha história do poder na sociedade humana diz respeito ao período da história que antecede 1945. Contudo, não posso colocar uma data precisa nesse período porque duas escalas de tempo diferentes estão envolvidas. Meu segundo volume, sobre os países em industrialização avançada, terminou em 1914, de modo que, aqui, retomo suas histórias nacionais em 1914, embora retroceda um pouco nos casos dos Estados Unidos e do Japão. Também me ocupo aqui com os impérios globais, que negligenciei em meu segundo volume. Isso envolve a segunda, muito mais longa, escala de tempo, que começa antes de 1914. Veremos também que os anos de 1914-1945 não devem ser vistos como um período muito separado, uma ilha de caos em meio a um mar de tranquilidade; suas crises foram a culminância de tendências estruturais antigas da civilização ocidental moderna.

A principal história em ambos os períodos é que as globalizações estavam a caminho. Observe o plural: havia mais de um processo de globalização. Como argumentei ao longo de meus volumes, as sociedades humanas se formam em torno de quatro fontes distintas de poder – ideológico, econômico, militar e político – que possuem um grau relativo de autonomia entre si (esse é meu modelo de poder IEMP). Assim, o que é geralmente chamado globalização (singular), na verdade, envolveu a extensão plural de relações de poder ideológico, econômico, militar e político ao redor do mundo.

Ao redor dessas fontes se condensam a maioria das organizações de poder das sociedades humanas. Nesse período, as mais fundamentais foram *capitalismo*, *impérios* e *estados-nações*. A globalização moderna envolveu três processos institucionais principais, a globalização do capitalismo, a globalização do Estado-nação e a globalização de múltiplos impérios (que terminaram sendo substituídos por apenas um império, o império americano). Todos os três – capitalismo, estados-nações e impérios – interagiram e foram transformados. Durante esse período, o capitalismo avançou a todo vapor por meio do que Schumpeter chamou *destruição criativa*: impérios surgiram e depois começaram a cair; as substiuições seriam múltiplos estados-nações, que concediam pacotes de direitos de cidadania às massas. A visão geral desse período nos países avançados é que as massas estavam ascendendo ao palco do teatro do poder – concentrado em cidades e fábricas, conscrito em exércitos de massa, mobilizado por ideologias populares e partidos de massa. Todavia, isso contrastava enormemente com as colônias, onde as massas estavam apenas começando a despertar.

Assim, embora a globalização prosseguisse rapidamente, era geográfica e institucionalmente *polimorfa* – ou seja, cristalizou-se em formas diferentes e concorrentes. Em outras palavras, as fronteiras das três redes de interação – e daquelas das quatro fontes do poder social – diferiam. A expansão global de impérios rivais não uniu o mundo, mas o dividiu em segmentos; a rivalidade dos estados-nações fraturaram a regulamentação internacional e levaram a terríveis guerras divisivas. A civilização europeia ascendeu, mas depois caiu como um resultado de sua própria húbris. Por isso, meu título, *Impérios globais e revolução, 1890-1945* – plural e divisivo, o tema central deste volume. Após 1945, os impérios estavam colapsando e muitos estados-nações estavam trocando as espadas por arados, reforjando um mundo novamente unido. Portanto, meu quarto volume será intitulado *Globalizações* – ainda no plural, mas tendendo a uma integração maior do globo.

Capitalismo, impérios e estados-nações geraram ideologias concorrentes. O capitalismo gerou ideologias de classe e conflitos de classe, alguns deles revolucionários, mas muitos deles diminuídos pela conquista de direitos civis, políticos e de cidadania social pelo povo – como especificado por T.H. Marshall na década de 1940 –, embora as mulheres tenham ficado muito atrás dos homens nessa conquista, assim como alguns grupos étnicos/raciais. A cidadania fortaleceu os estados-nações, o capitalismo se tornou cada vez mais global e transnacional e a contradição entre relações nacionais e transnacionais se intensificaram. Os impérios geraram ideologias sobre imperialismo, anti-imperialismo e racismo. Os estados-nações geraram ideologias sobre nacionalismo, algumas das quais se tornaram extremamente agressivas. Os conflitos entre algumas dessas ideologias culminaram em duas guerras mundiais, após as quais suas relações se tornaram menos belicosas, com muitas disputas resolvíveis por meio de negociação "suave" em vez de pela guerra "dura". Contudo, guerras civis acerca de quem exatamente constitui "a nação" ainda dominam algumas áreas do mundo. Todos esses conflitos geraram movimentos globais altamente ideológicos, nesse período secular assim como religioso. Portanto, a globalização nunca foi um processo integrador singular; em troca, foi uma série de investidas externas contrastantes e desiguais no mundo, que geraram alguma integração, mas também fraturas e uma série de crises cada vez mais globais.

Meu segundo volume, que trata do período de 1760 a 1914, focou o que chamei a "vanguarda do poder", o capitalismo e os estados-nações encontrados principalmente na Europa e na América do Norte. Aqui, prossigo focando a vanguarda do poder, que ao longo desse período incluía os Estados Unidos, a Europa Ocidental, a União Soviética, a China e o Japão. Alguns de meus capítulos focam um país ou região particular; outros são mais amplamente comparativos. Eles misturam narrativa histórica com conceitos e explanações teóricos. Reintroduzo impérios em minha narrativa porque foram o principal veículo por meio do qual o poder do Ocidente (mais tarde acrescido pelo Japão e pela União Soviética) se estendeu globalmente. Para entender melhor os impérios, começo minha análise empírica retrocedendo a muito antes de 1914 para discutir o desenvolvimento de três impérios: o britânico, o japonês e o americano. O último ainda está conosco, o único império global que jamais houve.

Escrever uma história do poder no mundo moderno pode parecer absurdamente ambicioso. As sociedades são complexas, e existe um excesso massivo de informações sobre o período, o que supera a capacidade de qualquer pessoa de absorvê-las. Flaubert observou que, "Escrever a história é como beber um oceano e urinar um copo". As técnicas de sociologia histórica me permitem pegar um atalho pela identificação das principais tendências socioestruturais das sociedades, e isso me permite beber menos, mas um líquido mais espesso. O que segue não é uma narrativa histórica simples. Mistura doses de narrativa, que podem ser mais interessantes para historiadores, com doses de teoria e análise comparativa, que fornecem a base da macrossociologia. Tento explicar o desenvolvimento, expansão e variedade das estruturas fundamentais de poder do período: o triunfo do capitalismo e do Estado-nação; a ascensão e queda de impérios, o fascismo, o socialismo de Estado e todas as suas ideologias; e a crescente capacidade destrutiva da guerra e das economias. Ao fecharmos parcialmente nossos olhos, é possível construir uma história evolucionária para frente e para cima do século XX, e isso muitas vezes é feito. O capitalismo e os estados-nações não trouxeram o aumento na expectativa de vida, alfabetização e prosperidade a grande parte do mundo, e não continuam fazendo isso? O conflito de classes não foi, com sucesso, diminuído pelas instituições de cidadania? A guerra não cedeu à paz em grande parte do mundo? Finalmente, o capitalismo e a democracia não se despediram do socialismo de Estado e do fascismo e estenderam sua penetração no mundo? Poderíamos ser inclusive tentados por tudo isso a conceber uma explanação *nomológica* (sob a forma de lei) do período, fornecendo leis do desenvolvimento evolucionário moderno.

Contudo, isso não é possível por três razões. Primeiro, o período de 1914 a 1945 foi uma experiência muito desigual nos países avançados. Por duas vezes travaram terríveis guerras mundiais, mas também fizeram amor nos intervalos; experienciaram tanto reformas como revoluções, e uma Grande Depressão perturbou o que sob outros aspectos fora um período de progresso econômico quase contínuo. Essas foram as três Grandes Perturbações do período. Segundo, as tendências previamente apresentadas são todas muito centradas no Ocidente, porque as outras partes do mundo não experienciaram grande parte dessas sequências. Terceiro, embora o "Ocidente" e o "Resto" tenham exibido tendências estruturais, outras influências e consequências importantes foram contingentes, ambivalentes e sujeitas a reversão. O mundo não formava um todo único. Capitalismo, estados-nações, impérios, guerras e ideologias tinham lógicas distintas de desenvolvimento, mas, em sua interação, cada um deles foi intermitentemente desviado de seu curso pelos outros. Tendências estruturais de longo prazo interagem com problemas específicos ao período e com a adaptabilidade humana para gerar novos padrões de comportamento. Os humanos não são completamente racionais ao conduzir seus projetos para a obtenção de seus objetivos. Sua criatividade, emoções, erros de juízo e desventuras muitas vezes perturbam o raciocínio instrumental e tendências seculares amplas.

Assim, processos de globalização foram pontuados por uma série de crises de mudanças mundiais inesperadas – ou seja, eventos cuja urgência extrema era autoevidente na época, mas que não poderiam ser resolvidos por meio das instituições existentes. As crises mais importantes discutidas neste volume são a Primeira Guerra Mundial, a Grande Depressão e a Segunda Guerra Mundial. Meu quarto volume continua esse tema ao discutir a Destruição Mutuamente Assegurada (DMA), a Grande Recessão Neoliberal de 2008 e a mudança climática. Essas três últimas crises ainda pairam sobre nós.

Veremos que essas crises estruturais possuem causas e estágios múltiplos cascateando sobre cada um de formas inesperadas e calamitosas. Elas eram contingentes porque diferentes cadeias causais – cada uma das quais podemos traçar e explicar muito bem – convergiram de um modo que não podemos explicar a partir de qualquer uma delas, mas que se mostraram (as cadeias causais) oportunas para a consequência. Nesses casos de crise, o momento era ruim para o mundo. O que chamamos uma crise importante não é realmente um evento singular, embora tenha um ponto culminante, pois acumulava uma série de pequenas crises com diferentes causas. Fraquezas da estrutura social, que, sob outros aspectos, permaneceram latentes e relativamente sem importância foram descobertas enquanto a cascata continuava e a crise aumentava. A cascata não era, de modo algum, inevitável.

Na verdade, essas crises usualmente revelam entes humanos em seu pior, incapazes de realizar o que poderiam parecer, em retrospectiva, as ações necessárias para evitá-las ou resolvê-las. Todas essas crises poderiam ter sido evitadas, embora, como a cascata continuasse, os passos necessários teriam de ter sido cada vez mais radicais. Elas nos lembram da falibilidade humana e da possibilidade sempre presente de regresso ou de mudança dos rumos do desenvolvimento. Considere as duas guerras mundiais. Elas foram erros catastróficos, que levaram desastre à maior parte dos combatentes, no entanto também mudaram o mundo. Essas mudanças foram em uma grande extensão contingentes; não eram de modo algum inevitáveis. Sem a Primeira Guerra Mundial, argumento, não teria havido uma revolução bolchevique e um fascismo significativo, e sem a Segunda Guerra Mundial não teria havido uma revolução chinesa, a Guerra

Fria, o império americano global e, talvez, um desenvolvimento menor do capitalismo. Eu poderia continuar com esses contrafatuais – as tendências que não ocorreram, mas poderiam ter ocorrido na ausência de algum evento importante mais contingente. Embora os séculos anteriores também contivessem crises de guerra e de perturbação econômica, tenderam a ser menos globais em suas implicações. Talvez, também porque temos uma visão retrospectiva sobre períodos anteriores, pensamos ver neles padrões mais gerais e menos contingência. Provavelmente, não pareceu assim para os atores envolvidos.

Essas singularidades parecem tornar impossível a busca nomológica por leis científico-sociais e nos levar para o polo oposto de explanação, o papel do *ideográfico*, do único, nos assuntos humanos. Não somente tempos e lugares diferem, mas macroprocessos como guerras e *booms* e colapsos econômicos têm efeitos únicos. As guerras têm causas estruturais, usualmente plurais, convergindo de um modo contingente, mas oportuno. Podemos muito bem explicar as diferentes cadeias plurais que convergiram, mas depois nos deparamos com a tomada de decisões humana, muitas vezes de pequenos grupos de pessoas. Um pequeno grupo de estadistas decidiu ir à guerra em 1914, embora um homem tenha sido decisivo em precipitar a Segunda Guerra Mundial. Nenhum deles se comportou muito racionalmente, e emoções eram iminentes em suas decisões. Todavia, essas decisões foram também estabelecidas em meio a cadeias causais mais profundas de militarismo, conflito interimperial e rivalidade entre diferentes ideologias e sistemas econômicos. Assim, o primeiro desafio ao escrevermos sobre esse período é avaliar até que ponto as relações de poder contemporâneas são o produto da lógica do desenvolvimento de macroestruturas e até que ponto elas foram redirecionadas tanto por conjunturas oportunas que produziram eventos históricos mundiais quanto por indivíduos em posições de grande poder.

Combinar essas tendências poderia sugerir um modelo de *equilíbrio pontuado*, de mudança social, no qual, em tempos normais, capitalismo, estados-nações e outros evoluem ou se desenvolvem em modos dependentes do caminho, lentamente e de acordo com suas próprias lógicas e potencialidades inerentes. Contudo, são interrompidos por crises intermitentes que os impelem a novos rumos – um modelo sumarizado como "longa ruptura de uma breve estabilidade" de Streeck (2009). Esse modelo é explicitamente usado por economistas na conceitualização de desenvolvimento de longo prazo, mas é inadequada porque a lógica de desenvolvimento de capitalismo, estados-nações e outros diferem entre si *ortogonalmente* – ou seja, de modos não determinantes. Eles também ocupam diferentes espaços geográficos e incorporam diferentes ritmos temporais de desenvolvimento, e, no entanto, permeiam um ao outro. A tarefa de teorização das mudanças sociais é considerada mais complicada e mais dinâmica do que muitas teorias anteriores supunham.

Avaliar o impacto de crises envolve uma certa quantidade de especulação contrafactual – o que teria acontecido se nenhuma guerra ou outra condição antecedente tivesse ocorrido. Contrafactuais, contudo, estão sempre implícitos em argumentos causais. Se dizemos que A causou B, estamos dizendo tanto que A e depois B ocorreram (o que é uma afirmação factual), mas também que sem que A tivesse ocorrido B não teria ocorrido (a menos que alguma causa alternativa também estivesse presente). Essa é uma afirmação contrafactual que envolve alguma especulação implícita mais ampla; vou tornar a lógica contrafactual mais explícita.

O segundo desafio substantivo é determinar as estruturas e processos sociais mais importantes do período. Para isso, emprego meu modelo IEMP das quatro fontes do poder social – ideológico, econômico, militar e político. Sustento que explanações amplas não são possíveis sem considerar todas as quatro fontes.

As fontes do poder social

O poder é a capacidade de fazer com que os outros façam coisas que de outro modo não fariam. Para atingir nossos objetivos – quaisquer que sejam – entramos em relações de poder que envolvem tanto cooperação quanto conflito com outras pessoas, e essas relações geram sociedades. A iniciativa envolve três modalidades de poder, também usadas nos volumes 1 e 2.

(1) Podemos distinguir o poder *distributivo* do poder *coletivo* – ou seja, o poder exercido *sobre* outros, e o poder assegurado conjuntamente *através* da cooperação com outros. Muitas relações de poder efetivas – digamos, entre classes sociais ou entre um Estado e seus cidadãos – envolvem ambos. Trabalhadores e empregadores podem conflitar uns com os outros, mas também necessitam cooperar para assegurar seu pão de cada dia. O poder coletivo é de interesse especial no século XX, que presenciou um aumento colossal na habilidade humana para extrair coletivamente mais recursos da natureza. O aumento da produtividade da agricultura e indústria permitiu quadruplicar o crescimento populacional mundial, de 1,6 bilhão em 1900 para quase 7 bilhões em 2010, com a pessoa média sendo mais alta, mais pesada, vivendo duas vezes mais tempo e tendo o dobro de chances de ser alfabetizada . Esses aumentos são considerados corretamente como tremendos feitos humanos. Ainda assim, ironicamente, a extração aumentada de recursos da natureza também teve um lado escuro de consequências ambientais, que podem inclusive ameaçar a vida humana na Terra. Que húbris isso seria: nosso maior triunfo se torna nossa derrota última!

(2) O poder pode ser *autoritativo* ou *difuso*. O poder *autoritativo* envolve comandos de um ator individual ou coletivo e obediência consciente de subordinados. Isso é encontrado muito fortemente nas organizações de poder militar e político, embora a liderança de um tipo menor exista em todas as or-

ganizações de poder. O poder difuso, por outro lado, não é diretamente (controlado) comandado, mas se espalha de um modo relativamente espontâneo, inconsciente e descentrado. As pessoas são constrangidas a agir de modos definidos, mas não por comando. Isso é mais típico de relações de poder ideológicas e econômicas, como, por exemplo, na difusão de uma ideologia como o socialismo ou os mercados econômicos. As restrições dos mercados são usualmente experienciadas como impessoais, e mesmo naturais, e muitas se tornam quase invisíveis como um processo de poder.

(3) O poder pode ser *extensivo* ou *intensivo*. O poder extensivo organiza um grande número de pessoas sobre territórios extensos. É o aspecto mais óbvio da globalização. O poder intensivo mobiliza um nível elevado de compromisso dos participantes. O maior poder emana de uma combinação dos dois, persuadindo ou coagindo mais pessoas a fazerem mais coisas coletivamente.

O exercício mais efetivo de poder combina o poder coletivo e distributivo, o extensivo e o intensivo, o autoritativo e o difuso. É por isso que uma única fonte de poder – digamos, o econômico ou o militar – não pode sozinha determinar a estrutura geral das sociedades. Deve ser combinado a outras fontes de poder. Voltarei no final do volume 4 à questão teórica fundamental de se uma fonte de poder poderia ser considerada fundamentalmente básica em relação às outras. Agora, dirijo-me a uma explanação mais completa das quatro fontes de poder. Repito que esses são meios organizacionais pelos quais podemos eficientemente atingir nossos variados objetivos, quaisquer que sejam.

(1) O *poder ideológico* deriva da necessidade humana de encontrar o significado último na vida, partilhar normas e valores e participar de práticas estéticas e rituais com outros. Parece que não somos capazes de dispensar a religião ou "ismos" mais seculares. Eu prefiro o termo "ideologia" à palavra mais amorfa "cultura". Sistemas religiosos de significado continuarão a figurar neste volume, do mesmo modo que ideologias seculares como patriarcalismo, liberalismo, socialismo, nacionalismo, racismo e ambientalismo. O poder dos movimentos ideológicos deriva de nossa inabilidade de obter certeza em nosso conhecimento do mundo. Preenchemos as lacunas e incertezas com crenças que não são em si cientificamente testáveis, mas que incorporam nossas esperanças e medos. Ninguém pode provar a existência de um deus ou a viabilidade de um futuro socialista ou islâmico. Ideologias se tornam especialmente necessárias em crises onde ideologias e práticas antigas não parecem funcionar mais e as alternativas oferecidas não possuem histórico. É quando estamos mais suscetíveis ao poder de ideólogos que nos oferecem teorias plausíveis, mas não testadas, sobre o mundo.

Em volumes anteriores, distinguimos entre *ideologias transcendentes e imanentes*. Ideologias transcendentes são as mais ambíguas. Elas irrompem intersticialmente em instituições existentes, atraindo convertidos de muitas redes de poder diferentes e criando suas próprias redes, como uma nova religião, fascismo ou movimentos ambientais verdes, dentre outros. Ideologias imanentes tendem a fortalecer a solidariedade emocional e moral de redes de poder existentes. Algumas ideologias combinam ambas. O racismo transcende divisões de classe ao mesmo tempo que está unido a "raça branca", como veremos no capítulo 2. Max Weber (em Gerth & Mills, 1946: 280) descreveu as grandes ideologias do mundo com uma metáfora extraída da ferrovia. Ideias que geram "imagens do mundo", ele dizia, eram as guarda-chaves (sinalizadoras) da história, que mudavam seu rumo para uma via diferente. Isso vale para ideologias transcendentes e imanentes.

Em "As fontes do poder social revisitado: uma resposta à critica" (2006: 346), distinguimos um terceiro tipo, *ideologias institucionalizadas*, que indicam somente uma presença mínima de poder ideológico autônomo. Elas estão muitas vezes escondidas em instituições, normalmente tácitas ou mesmo apenas espreitando no subconsciente. São, portanto, conservadoras, endossando valores, normas e rituais que servem para preservar a ordem social presente. Elas são encontradas muitas vezes em sociedades muito estáveis, como o Ocidente no período de 1950 a 1980, enquanto ideologias transcendentes e imanentes são respostas a instabilidade e crises sociais. O patriarcalismo é um bom exemplo de uma ideologia institucionalizada, há muito tácita, duradoura mesmo quando sob ataque. É o que os marxistas tradicionalmente pensavam como poder ideológico porque achavam que a mudança social fosse explicada pelo nível material da sociedade. Essa não é minha visão.

Ideologias poderosas fornecem uma ponte entre razão, moralidade e emoção. Elas fazem sentido aos seus iniciados, mas também requerem um salto de fé e um comprometimento emocional. Deve haver alguma plausibilidade, porque senão uma ideologia não se espalharia, mas a percepção de que faz sentido nos atrai moral e emocionalmente assim como cientificamente. Como Jack Snyder (2005) argumenta, isso tem a importante consequência de que grupos imbuídos de fervor ideológico são mais poderosos do que aqueles que carecem dele. Os principais marcadores da presença de uma ideologia são a pretensão a uma total explanação da sociedade e de um futuro melhor – muitas vezes utópico –, assim como a atribuição de qualidades de bom e mau a atores humanos e suas práticas. A combinação permite tanto sacrifício como violência. Os primeiros dois tipos de poder ideológico tendem a ser exercidos por movimentos de vanguarda centrados em gerações mais jovens, com líderes carismáticos e resolutos, ativistas passionais. Devo confessar um certo grau de preconceito contra as ideologias mais poderosas, preferindo soluções mais pragmáticas e negociadas para problemas sociais.

A ciência deve ser considerada uma ideologia importante na civilização moderna? Schroeder (2007; 2011) diz que não, mas argumenta que diferente de todas as civilizações prévias, uma ciência de descoberta rápida e orientada pela tecnologia agora domina todas as ideologias. A ciência, ele observa corretamente, não é sobre crença, mas sobre certo conhecimento cujos achados podem ser replicados e refinados por meio de tecnologias padronizadas de pesquisa. A ciência, dizia Ernest Gellner, é muito distinta de todas as formas anteriores de filosofia natural porque pode de fato transformar o mundo material, e tem feito isso espetacularmente em uma série de transformações tanto no mundo social como no natural, aumentando enormemente o poder coletivo dos entes humanos, para o bem ou para o mal. Neste volume, enfatizo especialmente as transformações forjadas pela Segunda Revolução Industrial. Todavia, a ciência também difere das verdadeiras ideologias em sua aspiração a ser desapaixonada, e está sempre sujeita à fria refutação científica, diferente das ideologias. Os próprios cientistas usualmente acreditam nisso, portanto, charlatões à parte, eles raramente tentam comandar nossa obediência. Schroeder aceita que a relativa autonomia da ciência também habita uma elite de profissionais muito rarefeita e instituições de pesquisa com quase nenhuma capacidade de mobilizar movimentos sociais. A consequência, contudo, é que a ciência e a tecnologia modernas constroem grandes técnicas de poder, mas usualmente a serviço de outros. Em sua notável invenção da energia nuclear, por exemplo, a ciência foi subordinada aos detentores do poder econômico, político e militar. É por isso que não posso realmente aceitar a noção de Schroeder de que a ciência é a terceira maior estrutura *autônoma* das sociedades modernas junto às suas outras duas – o capitalismo de mercado e o Estado. A ciência é de fato distinta, anômala, entre as formas de conhecimento. Possui propriedades emergentes no aumento dos poderes coletivos de grupos humanos, mas possui muito pouco poder distributivo, por se coloca ao serviço daqueles que exercem outras fontes de poder social. Isso complica meu modelo de poder, mas sociedades são sempre mais complicadas que nossas teorias.

As ideologias (e a ciência) têm uma lógica geográfica muito difusa e extensiva: elas não são contidas por redes militares ou econômicas de interação porque pode se espalhar onde quer que os entes humanos se comuniquem entre si. Isso leva às qualidades *revolucionárias* ou *libertadoras* da ideologia, o sentido de alguém se libertar das estruturas de poder locais, mais mundanamente, da liberdade de pensamento. O caráter difuso da ideologia, contudo, também a confere muitas vezes uma indeterminação, uma vez que ideias e valores de uma tradição local ou civilização histórica se misturam às de outras. Isso se torna cada vez mais importante no processo de globalização. Temporariamente, ideologias são também distintas, de um modo semelhante ao equilíbrio pontuado. Uma estrutura de poder existente gera sua própria ideologia, que gradualmente se torna institucionalizada como rotina nas vidas e crenças de seus habitantes (embora existam sempre subculturas dissidentes). Quando isso não parece mais capaz de explicar o que está ocorrendo no ambiente social, um período de agitação ideológica pode gerar uma nova e poderosa ideologia cujos aderentes depois mudam (ou tentam mudar) a sociedade fundamentalmente. Muitas pessoas, contudo, não podem viver intensamente no nível ideológico por muito tempo, e essa ideologia acaba se assemelhando às suas predecessoras – uma justificação institucionalizada para o comportamento mundano e pragmático de atores sociais.

(2) O *poder econômico* deriva da necessidade humana de extrair, transformar, distribuir e consumir os produtos da natureza. As relações econômicas são poderosas porque combinam a mobilização intensiva de trabalho com circuitos muito extensivos de capital, comércio e de cadeias de produção, fornecendo uma combinação de poder intensivo e extensivo, e, normalmente, também de poder autoritativo e difuso. O primeiro de cada par centra na produção, o segundo, nos mercados. As relações de poder econômico são aquelas que penetram mais rotineiramente as vidas das pessoas; muitos de nós trabalhamos cerca de um terço de cada dia. A mudança social que a economia traz é raramente repentina ou dramática, diferente do poder militar. É lenta, cumulativa e, por fim, profunda.

A principal organização do poder econômico nos tempos modernos foi o capitalismo industrial, cujo desenvolvimento global é central a este volume. A *industrialização* se refere à crescente divisão do trabalho e do desenvolvimento de ferramentas e técnicas de indústria. O capitalismo possui três principais propriedades: (1) concede a posse privada dos principais recursos econômicos a alguns; (2) a maior parte dos trabalhadores está separada da posse, no controle apenas de suas próprias habilidades laborais, mas formalmente livre para vender sua força de trabalho em mercados abertos; (3) o capitalismo trata todos os meios de produção, incluindo o trabalho, como mercadorias, comercializáveis em mercados, e isso significa que todas as quatro formas de mercado – capital, trabalho, produção e consumo – concorrem entre si nos mercados. O capitalismo tem sido a organização de poder mais consistentemente dinâmica nos tempos recentes, responsável pela maior parte da inovação tecnológica e da degradação ambiental. Suas "forças de produção", para usar a expressão de Marx, se desenvolveram enormemente ao longo desse período. Em termos amplos, é possível identificar fases distintas de seu desenvolvimento. Esse período começou com o capitalismo industrial, transformou-se no *capitalismo corporativo* ou *organizado* no começo do século XX, combinando alta produtividade com demanda por consumo aumentada, embora ainda muito baixa, e substancialmente confinado às jaulas nacionais. Depois, durante a Segunda Guerra Mundial, tornou-se mais keynesiana, combinando alta produtividade com demanda de consumo em massa, embora ainda predominantemente exercida dentro de jaulas nacionais e somente chegando à fruição total após essa guerra (como vemos no volume 4).

Isso é o que Schumpeter (1957) chamou famosamente "destruição criativa", pela qual o crescimento ocorre por meio da destruição de velhas formas de indústrias de organizações e pela criação de novas. Contudo, esses ritmos temporais não são tão repentinos como isso poderia sugerir. O que pensamos como uma invenção econômica é raramente uma inovação repentina; é uma sucessão cumulativa de muitas instâncias de pequenos ajustes. Geograficamente, o capitalismo também trouxe um processo difuso e muito contínuo de expansão de mercado ao redor do globo. Sua expansão foi complexa, combinando redes de interação nacional, internacional e transnacional (termos explicados adiante). O capitalismo também combina poder intensivo com extensivo, penetrando profundamente em nossas vidas e amplamente por grandes espaços sociais. *Comoditização* (*commodification*) é o termo para a extensão gradual da racionalidade de mercado tanto na vida pública como na privada. A comoditização de tudo é somente uma exageração de um processo histórico real que ainda está em curso no capitalismo.

As "relações de produção" do capitalismo (novamente, a expressão de Marx) centram-se nas *classes* sociais, grupos com uma relação comum com as fontes de poder econômico. As classes são altamente importantes em todas as sociedades humanas, incluindo a nossa. Os sociólogos costumavam despender muito esforço tentando definir exatamente a classe à qual pertenciam ocupações e famílias. Essa foi uma inventividade equivocada, porque ocupações são extremamente diversas e muitas pessoas possuem o que Wright (1985) chamou "locações de classe contraditórias" – por exemplo, muitas pessoas possuem habilidades elevadas, mas nenhum capital e somente um pequeno poder nas organizações econômicas; outros possuem um alto poder organizacional, mas nenhum capital. Assim, identificarei classes somente em termos amplos, de senso comum. Naturalmente, portanto, as classes possuem limites muito vagos. Para as classes se tornarem atores sociais reais, é necessário duas propriedades identificadas por Marx: ser uma classe "em si", definível em termos de relações objetivas aos meios de produção, mas também ser uma classe "para si", possuindo um grau de organização coletiva. A identidade de sua classe capitalista, que possui os principais meios de produção e geralmente exibe clara intenção coletiva e organização efetiva para preservar seus próprios privilégios, apresenta poucos problemas, embora em âmbitos inferiores da posse de propriedades se confunda com o que os marxistas chamavam a pequena burguesia. Em âmbitos superiores, confunde-se com um estrato de administradores e profissionais bem-pagos, mas usualmente sem capital. O campesinato é relativamente não problemático, mas a classe trabalhadora, nem tanto. Na medida em que existe, exige não apenas um núcleo sólido de trabalhadores subalternos, no passado, trabalhadores manuais, mas também a existência de um movimento trabalhista que reivindique seus interesses. Os movimentos mais fortes da classe trabalhadora conseguiram atrair camponeses assim como trabalhadores inferiores. Quanto à classe média, essa é ainda menos precisa, e pessoas comuns tiveram variadas posições e organizações políticas (como mostrei no caso do século XIX no volume 2, capítulo 17). No uso diário, vou pluralizar o termo para "classes médias" quando estiver enfatizando a diversidade.

O papel das classes tem sido desigual. O conflito de classes entre trabalhadores e seus empregadores e entre os camponeses e os proprietários das terras figurou muito amplamente ao longo do período deste volume, por vezes induzindo à revolução, embora mais frequentemente à reforma capitalista. Assim, como vemos no volume 4, a organização da classe trabalhadora e toda pressão a partir de baixo declinou no norte do mundo ao longo das últimas décadas, e a classe capitalista é agora menos contestada a partir de baixo. Isso se tornou uma estrutura de classes mais assimétrica, em que o capital possui muito mais poder do que a classe trabalhadora. No sul do mundo, contudo, trabalhadores e camponeses têm se mobilizado recentemente, e provavelmente avançarão na direção de uma maior organização coletiva no futuro.

As classes usualmente contêm frações distintas. Distinguirei o capital financeiro como uma fração de classe capitalista distinta. As classes trabalhadoras e médias são mais rotineiramente fracionadas em seções e segmentos. Coletividades *seccionais* aparecem quando uma ocupação ou profissão qualificada se organiza coletivamente, mas por seus próprios interesses estritos, não por uma classe como um todo. Muitos sindicatos de trabalhadores e todas as associações profissionais se organizam nessa base. Classes e atores seccionais se organizam *horizontalmente*, em seu próprio nível de estratificação, hierarquicamente separados dos outros. Assim, capitalistas estão acima dos trabalhadores, trabalhadores qualificados acima de trabalhadores não qualificados, médicos acima de enfermeiros que estão acima daqueles que limpam o hospital. *Segmentos*, contudo, são organizados *verticalmente*, em atividades que geralmente incluem todos os trabalhadores de uma firma. Empregadores que necessitam de trabalhadores experienciados com habilidades de trabalho específicas podem lhes oferecer as "correntes douradas" de aposentadorias ou planos de saúde para retê-los. Isso os separa dos outros trabalhadores na mesma classe ou seção em outra parte. O mesmo ocorre com as nações que separam trabalhadores em diferentes países uns dos outros. Com a globalização e a cidadania nacional, a identidade nacional fraturou e enfraqueceu a ação de classe potencial. A classe capitalista muitas vezes possui identidade dupla, como transnacional e nacional. Em contraste, trabalhadores americanos e mexicanos poderiam ser vistos em princípio como parte de uma classe trabalhadora transnacional, mas trabalhadores americanos têm sido altamente privilegiados por sua nacionalidade e consideram isso tão mais importante para eles do que qualquer solidariedade de classe para com os mexicanos. Na verdade, sob muitos aspectos, os americanos estão "acima" dos mexicanos, explorando-os em uma relação de semi--classe (embora sindicatos de trabalhadores neguem isso). Classes, seções e segmentos se intersectam e enfraquecem uns aos outros. Os mais fortes são seções e segmentos, os mais fracos são identidades de classe, e vice-versa.

(3) *Poder militar.* Desde a escrita de meus volumes anteriores, ajustei a definição de poder militar para "a organização social de violência concentrada e letal". "Concentrada" significa mobilizada e focada; "letal" significa mortal. O Dicionário Webster define "violência" como "exercício de força física de modo a ferir ou ultrajar" ou "ação ou força intensa, turbulenta ou furiosa e muitas vezes destrutiva". Esses são os sentidos que desejaria comunicar: a força militar é focada, física, furiosa e, sobretudo, letal. Ela mata. Detentores do poder militar dizem: "Se você resistir, você morre". Como uma ameaça letal é terrificante, o poder militar evoca emoções psicológicas distintas e sintomas fisiológicos de medo, quando confrontamos a possibilidade de dor, desmembramento ou morte.

O exercício mais letal do poder militar se dá pelas forças armadas dos estados em guerras entre países, e isso tem sido especialmente verdadeiro nesse período. Aqui, está uma sobreposição óbvia com o poder político, embora os exércitos sempre permaneçam separadamente organizados, muitas vezes como uma casta distinta na sociedade. Governantes políticos déspotas se tornam muito cautelosos com a autonomia militar, pois eles trazem a ameaça de golpes militares. Quando desconfiam do exército, tendem a aumentar a polícia armada e batalhões de segurança como sua própria guarda pretória, oferecendo proteção armada contra dissidentes assim como militares – a guarda, portanto, sendo uma mistura de poder militar e político. Stalin e Hitler fizeram isso, purgando também seu corpo de oficiais. A violência letal organizada também vem de atores não estatais como insurgentes, paramilitares e gangues. Neste volume, paramilitares são encontrados entre movimentos revolucionários da direita e da esquerda. Com certeza, após a Segunda Guerra Mundial, muitas guerras no mundo não foram entre estados, mas entre facções civis de guerra, e essas provocaram a maior parte das fatalidades – o poder militar não é exercido somente por grandes batalhões.

O poder militar é muito menos limitado por regras do que outras fontes de poder. As regras de guerra são sempre precárias, como vimos recentemente em 11/9 e no Afeganistão, Iraque e na Baía de Guantánamo. Internamente, as relações do poder militar combinam os opostos aparentes da hierarquia despótica com camaradagem coletiva, disciplina física intensa e espírito de corpo, uma combinação que significa que os soldados não fugirão, a reação instrumentalmente racional diante do terror. O poder militar exercido sobre estrangeiros definidos como inimigos é o poder mais despótico imaginável. O militarismo, contudo, permeia outras organizações também. Por exemplo, o militarismo tornou os grandes movimentos fascistas mais formidáveis do que seus rivais socialistas.

O poder militar desempenha um papel temporal mais intermitente nas sociedades humanas. Pode perdurar sob a forma de regimes militares estáveis, enquanto em outros contextos ocorre em repentinas irrupções explosivas, aterrorizadoras e destrutivas – muito raramente construtivas. Todavia, tem sido curiosamente invisível à maior parte dos cientistas sociais. Tem sido uma tarefa necessária (embora lamentável) de meus volumes restaurá-lo ao seu lugar central nas sociedades humanas. No presente volume, argumentarei que a história europeia tem sido extraordinariamente militarista por séculos, e que esse militarismo permitiu a conquista de impérios globais e se espalhou como uma doença ao Japão e aos Estados Unidos. O desenvolvimento do século XX, e, na verdade, do século XXI, deve muito às relações do poder militar.

(4) O *poder político* é a regulamentação centralizada e territorial da vida social. A função básica do governo é a garantia da ordem sobre seu domínio. Aqui, desvio-me não somente de Max Weber – que localizou o poder político (ou "partidos") em qualquer organização, não apenas em Estados – como também da noção de cientistas políticos de "governança" administrada por diversas entidades, incluindo corporações, organizações não governamentais (ONGs) e movimentos sociais. Prefiro manter o termo "político" para o Estado – incluindo o governo local e regional, assim como o de nível nacional. Estados, não ONGs ou corporações, têm a forma territorial centralizada que torna suas regras autoritativas às pessoas que residem em seus territórios. Posso me desligar de uma ONG ou de uma corporação e assim expor suas regras. Devo obedecer às regras do Estado em cujo território resido ou sofrer punição. Redes de poder político são intensa e rotineiramente reguladas e coordenadas de forma centralizada e territorial, de modo que o poder político é mais geograficamente limitado do que as outras três fontes. Os estados normalmente também cobrem áreas menores, mais estreitas do que ideologias, economias ou o surpreendente poder militar.

Podemos distinguir entre os poderes *despótico* e *infraestrutural* do Estado (embora a distinção possa ser aplicada a qualquer organização de poder). O poder despótico é a habilidade das elites do Estado de tomar decisões arbitrárias sem consulta aos representantes de grupos maiores da sociedade civil. O poder infraestrutural é a capacidade de um Estado (seja despótico ou democrático) de penetrar de fato a sociedade e implementar decisões logisticamente políticas em todo o seu domínio. Fiz essa distinção em "O poder autônomo do Estado: Suas origens, mecanismos e resultados" (1988a), revisando-a de certo modo em "Poder infraestrutural revisitado" (2008), embora nesse volume 1 eu a revise um pouco mais, especialmente com relação aos regimes comunistas e fascistas. O poder infraestrutural permite aos estados penetrar ou difundir seu poder através de suas sociedades ("poder através"); o poder despótico é exercido por um Estado que tem um grau de "poder autoritativo sobre" a sociedade. Assim, estados podem ser fortes em um desses dois modos diferentes. Eles podem exigir qualquer coisa que desejem de seus cidadãos (poder despótico) ou podem de fato fazer com que decisões sejam implementadas através de seus territórios (poder infraestrutural). Não deveríamos confundir um com o outro. Claramente, democracias e despotismos têm diferentes combinações de forças, como veremos nos últimos capítulos.

A punição pelo Estado é mais burocrática do que violenta. Rituais e rotinas legais tornam mínima a violência dos estados. A função-chave do Estado é a regulamentação exercida a partir do centro através dos territórios, e não a legitimação (ideologia) ou violência (militar). Suas agências buscam a lei e deliberações políticas ritualizadas em tribunais, assembleias e ministérios. Na verdade, por trás da lei e da coordenação se encontra a força física, mas essa é apenas raramente mobilizada em ação letal. A força política é evocada como uma restrição ritualizada, maquinal, autogovernada e não violenta. A lei aloca a punição ao longo de escalas variáveis consentidas. Se declarados culpados de crimes menores, recebemos uma sentença probatória ou uma penalidade financeira. Para crimes mais sérios a punição aumenta, e somos coercivamente privados da liberdade na prisão. A menos que resistamos, contudo, o encarceramento permanece ritualizado e não violento – somos levados do banco dos réus, algemados, e colocados em uma cela trancada.

Os estados mais violentos discutidos neste volume obviamente esmaeceram a divisão entre poder político e militar. Nazistas e stalinistas mataram um grande número de pessoas cujo único crime foi possuir uma identidade supostamente inimiga como a de uma pessoa judaica ou cúlaque. Estruturas legais eram espúrias. Tendiam, porém, a não confiar nas forças armadas, mas em grandes formações de polícia de segurança armada especialmente criadas. Todas as fontes de poder, contudo, por vezes se mesclam uma com a outra. O poder econômico e o político se misturaram na União Soviética, uma vez que o Estado detinha os meios de produção. Em alguns estados hoje, funcionários controlam grande parte da economia, operando-a sob princípios capitalistas corruptos, mas esses casos não invalidam a distinção entre poder político e econômico. Tampouco estados muito violentos negam a utilidade de separar o poder político do militar.

Nesse período, grande parte dos estados importantes começaram como duais; estavam se tornando estados-nações em seu país, mas tinham impérios ultramarinos. Depois, todos os impérios, exceto o americano, colapsaram, e o *Estado-nação* – um Estado que governa em territórios geograficamente definidos e limitados em nome do povo – se tornou globalizado como o ideal político hegemônico (embora não necessariamente como a realidade) do mundo. Ao longo dos séculos XIX e XX, o Estado-nação se tornou mais extenso ao redor do mundo e mais intensivo para seus cidadãos, enjaulando seus direitos dentro de suas fronteiras e leis. Os sentimentos de nacionalismo cresceram. Como veremos, o nacionalismo agressivo foi importante, mas aparecia apenas internamente, mais uma consequência do que uma causa da guerra (exceto na Alemanha nazista e no Japão militarizado). Todavia, o nacionalismo teve um conteúdo emocional considerável e um reforço ritual – uma verdadeira ideologia, no início, transcendente, depois, imanente. Como parte do crescimento do Estado-nação, "súditos" foram transformados em "cidadãos", que desfrutavam de direitos civis, políticos e sociais iguais. Fukuyama argumenta que o bom governo fornece três coisas: ordem pública, o Estado de direito (*rule of law*) e o governo responsável (*accountable government*) (2011) . Muitos governos modernos forneceram ordem pública e, no século XX, estados ocidentais forneceram o Estado de direito (embora, muitas vezes, com viés racial e de classe) além da responsabilidade por meio de eleições (para alguns ou muitos homens). Direitos civis e políticos foram depois estendidos a todos, à medida que a democracia liberal se espalhou por países avançados, mas a adição de numerosos direitos sociais espalhou igualmente o liberalismo ou democracia social. A extensão desses direitos e da democracia, de um modo mais geral, depois se espalhou de um modo um tanto irregular ao redor do mundo.

No volume 2, capítulo 3, discutimos diferentes teorias sobre o Estado moderno e concluímos que teorias de classe, elite e pluralistas eram simples demais para encapsular o que o Estado de fato faz. Argumentei que o Estado moderno é *polimorfo*, cristalizando-se de diferentes modos, segundo diferentes questões políticas e os interesses dos grupos organizados de eleitores que as defendem. Quase todos os estados modernos têm sido, com relação à economia política, essencialmente capitalistas. Marxistas estruturais e economistas neoclássicos acreditam que isso impõe limites ao que os estados podem fazer. Block levou esse conceito muito abstrato ao nível dos atores sociais ao observar que a linha de frente desse limite é a *confiança empresarial* (*business confidence*) – o medo dos governos de que as empresas só invistam em uma economia nacional se tiverem confiança no clima político/econômico geral fornecido pelo Estado. Se não têm essa confiança, então seu capital será investido no exterior ou simplesmente não investido, o que provoca danos econômicos e reduz a legitimidade do governo. Ele observa, contudo, que governo e empresários podem ser pressionados na direção de algumas reformas a partir de baixo (1987: 59). Neste livro, enfatizarei a variabilidade efetiva desses supostos limites e a influência não apenas do conflito de classes e outros conflitos políticos como também do endividamento, e, especialmente, no caso da confiança do investidor, que seus limites podem de fato prejudicar os interesses gerais do capitalismo.

A política moderna certamente se cristaliza de um modo importante no capitalismo e no conflito de classes e suas concessões. Contudo, estados modernos também se cristalizam em torno do exército *versus* estratégias relativamente pacíficas, e esses também impõem limites: em um extremo, derrota ou sofrimento desnecessário em uma guerra; no outro, o sentimento de humilhação nacional induzido pelo regime que cede diante da agressão de outros. Uma vez mais, governos perderão a legitimidade, colocando em risco a sobrevivência do regime. Muitos estados também se cristalizam em questões religiosas *versus* seculares, centralizado *versus* descentralizado, e assim por diante, cada um com grupos definidos de apoio eleitoral, cada um impondo limites duros. Não podemos reduzir esses à cristalização capitalista (embora alguns marxistas tenham tentado fazê-lo), mas também não são diametralmente opostos a ela. São apenas diferentes, e isso leva à complexidade política. Puxam em diferentes direções, e muitas vezes levam a consequências que não foram desejadas por qualquer grupo de interesse.

Estados também projetam poder militar e político externamente, no que chamamos *geopolítica*. A *geopolítica dura* (*hard geopolitics*) envolve guerra, alianças e restrições para evitar a guerra. A *geopolítica suave* (*soft geopolitics*) envolve acordos políticos entre estados com relação a temas não letais como direito, economia, saúde, educação, ambiente etc. Especialmente desde 1945, a geopolítica suave tem envolvido muitas organizações intergovernamentais (OIs), que redigem as letras miúdas de acordos internacionais, policiam a conformidade e punem violações com multas. Isso politiza o espaço internacional, submetendo-o à regulamentação política rotinizada. Em contraste, a geopolítica dura o militariza. Muitos teóricos da globalização assumem que ela mina os estados-nações, mas estão muito enganados: a globalização assumiu uma forma tanto transnacional como internacional, sendo a segunda estruturada pela geopolítica de estados e impérios. Os estados-nações intensificaram sua captura de sua população, enquanto súditos se transformaram em cidadãos, com múltiplos direitos dentro e muito poucos fora das fronteiras do Estado. O nacionalismo foi a ideologia gerada por essa captura.

As quatro fontes de poder possuem um grau de autonomia entre si, especialmente nas sociedades modernas. Os resultados econômicos são principalmente a consequência de causas econômicas, ideologias são excrescências de ideologias anteriores, e assim por diante, uma autonomia enfatizada por Schoeder (2011). Por fim, no meu ver, as quatro são *tipos ideais* – que raramente existem no mundo em uma forma pura; ocorrem em misturas impuras. Todas as quatro são necessárias à existência social e à existência uma da outra. Qualquer organização econômica, por exemplo, exige que alguns de seus membros partilhe valores e normas ideológicos. Também necessita de defesa militar e de regulamentação estatal. Portanto, organizações ideológicas, militares e políticas ajudam a estruturar as organizações econômicas e vice-versa. As fontes de poder geram redes entrecruzadas, sobrepostas, de relações com diferentes limites sócioespaciais e dinâmicas temporais – suas inter-relações produzem consequências não antecipadas, emergentes, para atores de poder. As sociedades não são compostas de níveis autônomos ou subsistemas de uma dada rede socioespacial de interação. Cada uma tem limites diferentes e se desenvolve de acordo com seu próprio núcleo lógico interno. Em grandes transições, contudo, as inter-relações e as próprias identidades de organizações como economias ou estados, são metamorfoseadas. Portanto, meu modelo IEMP não é um sistema social; em vez disso, forma um ponto analítico de entrada para lidar com sociedades reais desordenadas. As quatro fontes de poder oferecem redes organizacionais e meios distintos para os humanos perseguirem seus objetivos. Os meios escolhidos, e em que combinações, dependem da interação entre as configurações do poder historicamente dadas e institucionalizadas e daquelas que emergem intersticialmente entre eles e em seu interior. Esse é o principal mecanismo de mudança social nas sociedades humanas: impedir qualquer elite de poder única de se apegar indefinidamente ao poder. Relações de poder institucionalizadas estão sendo constantemente surpreendidas pela emergência de novas configurações de poder intersticiais. As fontes do poder social e as organizações que as incorporam são *promíscuas* – se entrelaçam numa interação complexa de forças institucionalizadas, emergentes e intersticiais. Não estou disposto a inicialmente priorizar qualquer uma delas como primária na determinação das mudanças sociais, embora extraia, no final do volume 4, algumas conclusões sobre a questão da primazia última.

2
A globalização imperialmente fraturada: o Império Britânico

Introdução: Tipos de império

Os impérios forneceram o tipo mais dominante de controle nas sociedades de grande escala da história. Isso porque grupos sociais podem obter muitos de seus objetivos pela expansão por meio da força armada. Em um sentido, impérios não necessitam de maior explanação. Eles ajudam os grupos mais poderosos a atingir objetivos que os humanos geralmente desejam, e, portanto, têm sido ubíquos ao longo da história – ao menos até a guerra se tornar muito destrutiva para atingir esses objetivos desejados. Como os europeus estavam aumentando grandemente seus poderes no começo do mundo moderno, naturalmente buscaram conquistar o mundo, uma vez que eram pesadamente armados e orientados tanto por interesses materiais como ideais. O imperialismo tem sido uma característica central da modernidade.

A palavra moderna "império" deriva do latim *imperium*, "o poder exercido por um general comandando um exército e por um magistrado armado pela lei" – ou seja, um poder político e militar combinado. Usos modernos acrescentam um elemento geográfico – poder exercido sobre regiões periféricas por um poder central. Eu defino um império como um sistema de governo centralizado e hierárquico adquirido e mantido pela coerção por meio da qual um território central domina territórios periféricos, serve como o intermediário para suas principais interações e canaliza recursos de e entre as periferias.

Observe, portanto, que impérios combinam poder político e militar em seus núcleos. Impérios, inicialmente, crescem por meio do poder militar, empregado ou ameaçado pelo centro, e a força é depois intermitentemente repetida sempre que a periferia resiste. Impérios muitas vezes alegam que são instituições filantrópicas, altruistamente levando bem ao mundo. Eles podem na verdade trazer benefícios para aqueles que eles governam, mas esses são apenas subprodutos possíveis. Se você quer ajudar outros, não marcha em direção às suas casas, mata muitos de seus homens jovens, estupra muitas de suas mulheres jovens, e depois impõe um regime político autoritário do qual algum benefício pode mais tarde advir. O ponto inicial do império é pilhar a terra, posses, corpos e almas de outros precisamente porque possui o poder militar para fazê-lo. Conquistar o império é, portanto, essencialmente, uma expressão de poder oficial militar. É comandado. As precondições para o império são muito variadas; após a conquista, impérios podem governar através do exercício de outras fontes de poder – político, econômico e ideológico – e, na verdade, podem advir benefícios posteriores. Impérios modernos são peculiares por abarcarem um enorme imperialismo econômico, porque o capitalismo é muito mais efetivo em integrar as economias do centro e da periferia do que modos de produção anteriores. Alguns apresentam o argumento plausível de que hoje o capitalismo substituiu em grande parte a expansão militar como o caminho para o lucro e para a integração global, e considero isso nos capítulos finais assim como no volume 4.

Como os impérios variam, distingo vários tipos principais.

(1) *Império direto* ocorre onde territórios conquistados são incorporados ao domínio central, como no Império Romano e nos impérios chineses no seu auge. O soberano do centro também se torna soberano da periferia. Após a conquista militar, é exercido muito poder político, no início, despoticamente. Uma vez institucionalizado, o poder político autoritativo irradia para a periferia, e mais poderes econômico e ideológico difusos o acompanham. Finalmente, o império pode magicamente desaparecer quando os povos conquistados adquirem uma identidade romana ou chinesa Han e o poder político se torna menos despótico e mais infraestrutural. O poder pode, então, mover-se sucessivamente da forma militar para a política e então para a econômica e depois para a ideológica – a sequência natural entre os impérios melhor sucedidos. Muitos impérios históricos se expandiram para territórios de vizinhos, o Império Russo sendo o último deles. Muitos impérios modernos, contudo, espalham-se para outros continentes, e são mais difíceis de integrar. Além disso, o racismo impediu esses impérios ultramarinos de realizar seu desaparecimento mágico, pois impediu os povos conquistados de se identificarem como britânicos, japoneses ou americanos. Em tempos modernos, sem grandes números de colonizadores, o governo direto tem sido difícil de atingir e caro para manter. Assim, impérios modernos passaram a ser de tipos mais longínquos.

(2) *Império indireto* é uma pretensão à soberania política do império central, mas com governantes na periferia retendo alguma autoridade e na prática negociando as regras do jogo com as autoridades imperiais. Existe intimidação militar contínua, embora não haja conquista recorrente, e o Estado imperial governa mais levemente, possuindo menos poder despótico e infraestrutural. Como Lord Cromer disse sobre os britânicos, "Não governamos o Egito, apenas governamos os governantes do Egito" (Al-Sayyid, 1968: 68). Os americanos tentaram isso nas Filipinas em 1989, mas a resistência massiva forçou uma retirada parcial. Depois disso, os Estados Unidos não tentaram o império indireto além de circunstâncias temporárias. No império indireto,

os locais ocupam grande parte das posições do exército e da administração e dominam os governos provinciais e locais. Os britânicos reteriam um poder político central e um monopólio militar de modo que pudessem reprimir revoltas locais, mas o governo cotidiano requeria a colaboração com elites locais e alguma deferência às suas economias, políticas e culturas.

Esses dois primeiros tipos, diferentes dos outros, envolvem ocupação territorialmente delimitada – *colônias*.

(3) *Império informal* ocorre onde governantes periféricos retêm a soberania formal completa, mas sua autonomia é significativamente restringida pela intimidação por parte do centro imperial, o que combina graus variados de poder militar e econômico. Essa se tornou a forma predominante nos impérios modernos, uma vez que o capitalismo pode acrescentar uma considerável coerção econômica. R. Robinson (1984: 48) explicou isso no caso específico do Império Britânico como coerção ou diplomacia exercida com o propósito de impor condições de comércio livre a uma sociedade mais fraca contra sua vontade; empréstimos estrangeiros, apoio diplomático e militar a estados fracos em troca de concessões econômicas ou de aliança política; intervenção ou influência direta do setor de exportação-importação nas políticas nacionais de estados fracos em prol do comércio estrangeiro e de interesses estratégicos; e, por fim, o caso dos banqueiros e comerciantes estrangeiros que anexam setores da economia nacional de um Estado fraco.

Como os usos do termo "império informal" são muitas vezes imprecisos quanto à natureza da coerção, distingo três subtipos, que envolvem diferentes formas de coerção.

(3a) *Império informal "canhoneira"* (*gunboat*) é onde o poder militar é empregado em intervenções curtas e precisas. A canhoneira e seus equivalentes não podem conquistar um país, mas podem ministrar sofrimento atacando portos (mais recentemente bombardeando) e depois desembarcando soldados para breves incursões. Os impérios europeus, o Japão e os Estados Unidos ministraram conjuntamente esse sofrimento à China no final do século XIX e no começo do século XX. Os resultantes tratados desiguais entre eles e a China foram rotineiramente impostos por meio de controles políticos sobre orçamentos e receitas aduaneiras, reforçados por intervenções militares onde necessário. A "Diplomacia Dólar" americana no começo do século XX foi outro exemplo de intimidação militar direta, mas sem colônias. Essas intervenções militares e políticas envolvem poder oficial controlado.

(3b) *Império informal por meio de (procuradores) intermediários* usa os (procuradores) intermediários locais para realizar a coerção. Na década de 1930, os Estados Unidos se voltaram à subcontratação de coerção junto a déspotas locais que apoiavam sua política estrangeira, dando-lhes em troca auxílio econômico e militar. Depois, no período pós-Segunda Guerra Mundial, os Estados Unidos acrescentaram operações militares secretas para auxiliar seus clientes locais, principalmente por meio da recém-formada Agência de Inteligência Central (CIA). Isso é intimidação militar indireta, na qual o poder autoritativo não é diretamente controlado a partir do centro.

(3c) O *Imperialismo econômico* substitui a coerção militar pela coerção econômica. Na segunda metade do século XIX, a Grã-Bretanha viu que as logísticas de lançar canhoneiras ao redor do globo era muito intimidadora e se voltou para a coerção puramente econômica. Na Argentina, por exemplo, a Grã-Bretanha usou sua dominação das importações, exportações e investimentos para impor o livre-comércio e o pagamento estrito de débitos. Os Estados Unidos mais tarde expandiram isso, intervindo nas economias periféricas por meio de organizações bancárias internacionais sob sua liderança. Nesse "ajuste estrutural", o país periférico é livre para dizer não, mas os empecilhos são poderosos – a recusa de investimentos e comércio. Como a força militar é pequena ou inexistente, e na verdade não há qualquer tipo de poder autoritativo, sob minha definição, isso não é exatamente imperialismo, todavia, o termo "imperialismo econômico" é amplamente usado e continuarei usando-o.

(4) *Hegemonia*, aqui, é usada no sentido gramsciano de liderança rotinizada por um poder dominante sobre outros que o consideram legítimo ou ao menos normal. A hegemonia é parte integrante das práticas sociais cotidianas da periferia e, portanto, necessita de pouca coerção aberta. Enquanto nos impérios indiretos e informais os regimes periféricos se sintam constrangidos a servir o senhor imperial, sob a hegemonia eles se submetem voluntariamente às regras do jogo hegemônico, que são vistas como normais e naturais. A hegemonia envolve mais do que a noção de *soft power* de Nye – "a habilidade de conseguir o que você quer por meio da atração em vez da coerção ou de pagamentos. Surge da atratividade da cultura, ideais políticos e políticas de um país" (2004: x) – algo puramente ideológico. Embora exista indubitavelmente um elemento desse poder ideológico *soft* na hegemonia, tenho dúvidas quanto a se a Grã-Bretanha no século XIX ou os Estados Unidos hoje poderiam comandar outros estados meramente oferecendo valores e políticas atrativas. Suécia e Canadá não foram capazes de fazê-lo. Grã-Bretanha e Estados Unidos foram diferentes porque algumas de suas práticas foram difusamente incorporadas às vidas cotidianas de outros, compelindo-os a agir de certos modos, enquanto as da Suécia e do Canadá não. No século XIX, o dólar americano envolveu a senhoriagem (*seigniorage*) econômica, pela qual outros países compram libras esterlinas ou dólares a juros baixos, beneficiando os britânicos ou os americanos, respectivamente, mais do que a si próprios. Isso era visto por estrangeiros como simples-

mente o que se faz com os excedentes de suas exportações. É um poder difuso, não autoritativo; ninguém é comandado diretamente. Estados mais fracos podem também pagar para que um Estado hegemônico estabeleça bases militares em seus territórios para se defender dos outros – como os europeus fizeram ao recepcionar os Estados Unidos.

Esses tipos envolvem níveis decrescentes de poder militar e níveis ascendentes de poder político, econômico e ideológico, à medida que nos movemos do direto para o indireto, através de subtipos informais de império para a hegemonia. De fato, a mera hegemonia não é império, uma vez que não é experienciada como coerção. Como esses são tipos ideais, nenhum império efetivo se enquadra claramente em qualquer um deles. Na verdade, impérios combinam tipicamente várias dessas formas de dominação.

Como explicamos a difusão de impérios? Doyle (1986: 22-26) observa que a explanação deve combinar forças internas do poder central, forças internas da periferia e forças do sistema geral de relações internacionais. O império realmente dá uma oportunidade para seus grupos dominantes aumentarem suas recompensas, quaisquer que sejam – pilhagem, lucros regulares, *status*, a conversão de almas, e assim por diante. Contudo, devemos ir além de explanações metrocêntricas baseadas no centro, como a teoria de Hobson/Lenin do imperialismo, a tese do "capitalismo cavalheiresco" de Cain e Hopkins (1986), e o excepcionalismo muitas vezes empregado para analisar o Império Americano. Igualmente limitadas são as explanações pericêntricas focadas na periferia, como a explanação de Gallagher e Robinson (1953) do império informal em termos de instabilidade na periferia que ludibria a expansão imperial e teorias realistas estruturais que reduzem impérios às propriedades sistêmicas de relações internacionais. (É necessário que se misture todas as três.) Misturas de todas as três são requeridas.

Crenças imperiais também são necessárias. Primeiro, vem a percepção de que alguém possui poder preponderante sobre a região-alvo, sem um grande poder rival bloqueando o caminho. Isso permitirá a ocupação pela força. A confiança no sucesso é, portanto, uma precondição da expansão imperial, e o sucesso militar é usualmente, embora nem sempre, sua linha de frente. Historiadores debatem o peso relativo de três outros motivos: para ganho econômico, segurança estratégia geopolítica e um sentido ideológico de *status* ou missão. Alguém pode ganhar economicamente, não através das trocas de mercado, mas pela apropriação de recursos econômicos pela força militar. No volume 2 (1993: 33), distingui duas concepções principais do lucro econômico e dos juros. Uma lógica difusa de mercado considera que os juros e os lucros são dados pela atividade interna dos mercados; uma lógica territorial autoritativa os vê como assegurados pelo controle direto ou indireto do território e de seus recursos. A última gera mais imperialismo, embora existam também formas intermediárias, como o mercantilismo e o império informal. Uma distinção similar foi feita recentemente entre uma "lógica de capital" e uma "lógica de território" por David Harvey (2003), embora como um marxista ele tenda a subestimar a segunda.

O motivo da segurança estratégica é usualmente visto por imperialistas como expansão defensiva contra ameaças de outros estados ou impérios. Quanto maior o império, menos seguro se sente! H. James (2006: 101) acredita que a insegurança estratégica seja o principal motivo dos impérios, mas eu o classificaria junto ao engodo do lucro pela apropriação. Motivos ideológicos parecem de algum modo menos dominantes, mas ocorrem em dois tipos principais. O primeiro envolve uma forte emoção para afirmar a dominação de *status* pela força, o qual, a julgar por seus monumentos, parece ter impulsionado muitos governantes antigos – como Napoleão ou Hitler (para quem também era um *status* racial). As elites de grandes impérios muitas vezes consideraram desrespeitos e rebeliões como humilhações (muitas vezes racial) a serem vingadas enfaticamente (veremos exemplos disso dos impérios britânico e americano). Um sentido ideológico de missão é mais orientado a valores do que a emoções. Impérios sempre desenvolvem declarações de missões. Os romanos diziam que levavam ordem e justiça aos conquistados, os espanhóis levavam a Palavra de Deus, os britânicos, livre-comércio e prosperidade, os franceses, *la mission civilisatrice*, os americanos, democracia e livre-iniciativa. De fato, impérios ocidentais modernos também endossaram um sentido mais amplo de que coletivamente estavam levando valores de civilização e de Iluminismo ao mundo, embora isso também fosse muitas vezes influenciado pelo racismo. Declarações de missões tipicamente se fortalecem após a expansão ter começado, pois oferecem motivos mais elevados do que o mero lucro ou a insegurança; eles desviam a atenção do militarismo do projeto, e são úteis em dar um sentimento de elevação moral aos próprios imperialistas. Uma vez elevada, contudo, uma missão pode assumir vida própria e levar a mais expansão. Esses motivos envolvem fontes de poder militar, econômico, estratégico/geopolítico e ideológico – e, é claro, são usualmente misturados, embora em diferentes combinações.

Esses são os conceitos que uso neste volume para discutir todos os impérios modernos. Começo com a extraordinária expansão europeia ao redor do mundo. Pergunto por que os europeus foram tão bons em conquistar impérios, a quem eles beneficiaram e por que colapsaram tão rapidamente. Após uma introdução geral, foco o Império Britânico, o maior de todos.

Por que os europeus foram tão bons no imperialismo?

Impérios modernos efetuaram a maior transformação quando acompanhados por colonizadores. A teoria de Crosby (1993) do "imperialismo ecológico" identifica quatro tipos de colonizador. Primeiro, os humanos, os maiores predadores, determinados a realizar conquistas impiedosas, roubando as terras, bens e comércio dos nativos, e muitas vezes escravizando-os ou massacrando--os em suas terras. Segundo, seus animais domésticos – porcos, gado, cavalos, cães – que passaram a dominar a criação animal no Novo Mundo. Aqueles animais que se tornaram selvagens em breve dominaram sua vida selvagem também. Terceiro, suas sementes. Os arados europeus foram muitas vezes os primeiros a revolver a camada superficial dos solos do Novo Mundo, e as sementes europeias evoluíram para medrar em seu caminho. Sementes de ervas daninhas trazidas em botas e peles de animais eliminaram as plantas nativas. Mais da metade de todas as espécies de sementes encontradas hoje nas Américas e Australásia se originou na Europa. Quarto, micróbios de doenças europeias, contra as quais muitos nativos não tinham imunidade. O que resultou foi etnocídio, morte massiva, em grande medida não intencional. Humanos, sementes, animais e micróbios juntos constituíram um imperialismo ecológico brutal que transformou o globo.

Houve também um lado mais beneficente desses impérios de espécies. No intercâmbio realizado por Colombo, maçãs, bananas, pêssegos, peras, café, trigo, cenouras e nabos foram para o oeste e milho, batatas, açúcar, tomates, abóboras, cacau, abacaxi e tabaco vieram para o leste para a Europa (e Ásia). Mais do que os quilômetros quadrados conquistados, a quantidade de almas convertidas ou o volume de comércio alcançado, esses intercâmbios levaram à maior transformação da vida material cotidiana desde a transição original para a agricultura. Ela diversificou a dieta humana e foi um fator importante na extensão da expectativa de vida humana. Ela ajudou especificamente a Revolução Agrícola na Inglaterra, que foi uma precondição crucial para sua Revolução Industrial. Aqueles que apontam, hoje, para a McDonaldização ou para o supermercado de quatro estações como indicação da globalização alimentar destacam o trivial na comparação. Os europeus também mudaram as línguas dos continentes, e seu comércio atlântico tricontinental (manufaturas, escravos, açúcar/algodão), ao ligar portos europeus com a África e a América, permitiram distintamente a integração capitalista do final do século XVII em diante, como as primeiras economias imperiais ibéricas haviam feito. No início, a penetração de fora das Américas foi confinada às costas marítimas e aos rios navegáveis. Mais tarde, os poderes desencadeados pela Revolução Industrial permitiram aos europeus estenderem também seu império terrestre. Em 1914, 400 anos após Colombo, os europeus governavam a maior parte do mundo.

Essa foi a primeira fase da globalização moderna, mas ofereceu somente uma integração limitada. A característica singular dessa era de imperialismo foi a existência de impérios múltiplos, rivais – Espanha, Portugal, Holanda, Grã--Bretanha, França, Rússia, Alemanha, Bélgica, Estados Unidos, Japão, Itália. Cada um constituía uma fatia global distinta, a linha de frente da *globalização fraturada*. Também produziu o fraturamento racial à medida que os imperialistas tinham dificuldade de entender sua evidente superioridade de poder. Embora os mercados, cadeias de produção e ideologias capitalistas se esforçassem para (ultrapassar) avançar transnacionalmente as fronteiras políticas, não havia um mercado global único, como podemos ver do fato de que os preços não convergiram muito antes do final do século XIX (O'Rourke & Williamson, 2002). Cada império garantia licenças de monopólio e poder de precificação às suas próprias companhias comerciais. Cada poder comercializava desproporcionalmente em seu próprio império e esfera de interesse, protegida pelas práticas mercantilistas que estavam em algum ponto entre mercado e concepções territoriais. O "sistema mundial capitalista" de Wallerstein, que iniciou no século XVI e governou por meio de princípios simples, era potencialidade, não atualidade. O que ele chamou a "periferia" do sistema mundial tinha somente contatos marginais com que ele definia como "centro" e "semiperiferia". Grande parte da vida diária nas colônias de não brancos permaneceu basicamente inalterada pelo imperialismo, porque o imperialismo se espalhara muito tenuemente. Muitos povos colonizados no século XIX viam as elites governantes tão raramente quanto os povos na Europa Medieval. Os impérios eram extensivos, mas não intensivos.

Os europeus não conquistaram o mundo inteiro. As civilizações mais fortes e aquelas no limite do alcance da logística europeia se adaptaram às práticas europeias e sobreviveram. Japão, China, os turcos otomanos e a Pérsia mantiveram seus territórios históricos centrais. Embora a Índia tenha sido conquistada, suas culturas hindu e muçulmana permaneceram altamente resilientes, assim como os muçulmanos no Oriente Médio. Somente o Japão conseguiu se juntar ao clube imperialista.

A causa aproximada do sucesso europeu foi o poder militar superior, não um nível elevado de civilização, revoluções científicas ou de capitalismo. Sua proficiência na guerra já era duradoura (Bayly, 2004: 62). No segundo milênio d.C., os europeus foram provavelmente mais belicosos do que os habitantes de qualquer outro continente. Os europeus eram de Marte. Estatísticas aproximadas sobre guerras globais estão disponíveis desde 1494; estatísticas melhores, desde 1816. As guerras europeias dominaram ambos os períodos (J.S. Levy, 1983; Gleditsch, 2004; Lemke, 2002). Embora esses dados possam não registrar completamente as guerras do começo do século XIX na América Latina e as guerras pré-coloniais na África, um contraste com a Ásia Oriental pode ser feito em bases mais concretas. Essa região viveu um período de 300 anos de paz, entre a década de 1590 e 1894, interrompido somente pelas incursões bárbaras à China e cinco guerras muito pequenas entre dois estados. Durante os 200 anos precedentes, a China esteve somente uma vez em guerra, com o Vietnã. No Japão, armas de fogo foram banidas por dois séculos, de 1637 em diante. Em contraste, as potências europeias estiveram envolvidas em guerras entre estados em aproximadamente 75% dos anos entre 1494 e 1975, e não houve um período de vinte e cinco anos inteiramente livre de guerras (J.S. Levy, 1983: 97). O sistema chinês de cobrar impostos de seus vizinhos ajudou a manter a paz asiática e foi mais simbólica do que material porque a China pagava muito mais do que recebia. Era a hegemonia, que permitia uma grande quantidade de comércio internacional, administrada especialmente pelos clãs de negócios chineses, que floresceria por toda a Ásia (Arrighi, 2007: 314-320; Andornino, 2006).

Os europeus não avaliaram bem as artes marciais de seus inimigos. Na África e nas Américas, eles respeitavam a bravura de seus inimigos, mas se consideravam muito mais organizados e melhor equipados – e, usualmente, eram. Na Ásia foi diferente, por acreditarem que estavam lidando com civilizações que haviam se tornado maleáveis e não muito belicosas. Os britânicos escreveriam com desprezo sobre a guerra indiana, em que negociações e subornos decidiam o resultado de batalhas. Em contraste, os nativos observaram, os europeus atacavam impiedosamente os pontos mais fracos. O sábio chinês do século XVIII Cheng Tingzuo escreveu: "Europa distante!... Seu povo é conhecido por sua inteligência (multifacetada) versátil [e] excessiva inventividade. Investigaram ao extremo coisas cruéis como armas de fogo". Fukuzawa Yukichi, um teórico importante da Restauração Meiji no Japão, lamentava em 1875: "Tivemos um período muito longo de paz sem qualquer comunicação com o exterior. Nesse meio-tempo, outros países, estimulados por guerras ocasionais, inventaram muitas novas coisas como trens e navios a vapor, armas grandes e armas manuais pequenas etc." Um africano reclamava: "Os homens brancos [lutam] sujo e, o que é pior, matam" (Elvin, 1996: 97; Etemad, 2007: 86).

A cadeia causal do militarismo europeu retroage muito no tempo. A guerra na Europa havia sido por muito tempo lucrativa para seus guerreiros. No século X, a Europa continha um centro constituído pelas antigas terras do Império Franco e uma periferia composta de estados fracos, tribos e comunidades camponesas autogovernadas. Os governantes do centro, depois conquistaram, escravizaram e colonizaram povos periféricos, oferecendo terras e outros benefícios a cavaleiros, soldados, sacerdotes, agricultores, artesãos e comerciantes que os acompanhavam. Entre todas as classes, os filhos homens mais jovens e ilegítimos herdavam pouco e tinham de se virar no mundo. Eles encontraram a promessa de terras ou de comércio em uma área recém-colonizada, que carecia de diferenças de *status* rígidas – um incentivo formidável. Bartlett (1994) mostra que por um período de cerca de 400 anos, até 1350 d.C., o centro mais politicamente organizado e militarizado englobou a periferia. Como ele observa, o termo correto para os centros que conquistam, colonizam, governam e "civilizam" suas periferias é *império*. As conquistas normandas e as dos cavaleiros teutônicos na Lituânia se encaixam especialmente bem em minha definição de império.

Para o centro, a guerra era lucrativa, e também exportava filhos homens bem-nascidos mais jovens, militarmente treinados, mas sem heranças – os *juve-*

nes e *milites* que, em outras circunstâncias, causariam problemas na corte. Eles poderiam ser enviados para conquistar novas terras, assim como os comerciantes que os acompanhavam poderiam conquistar novos mercados e os sacerdotes, novas almas. Nessa expansão colonial, os colonizadores muitas vezes se tornavam autônomos, fundando seus próprios estados na periferia, como os senhores visigodos e francos fizeram na Espanha e como os normandos fizeram em muitos lugares. O motivo básico para a expansão era econômico, embora feudal: homens bem-nascidos que careciam de herança buscavam terras e camponeses de quem pudessem extrair arrendamento e serviços braçais. O desejo por terras era o motivo principal, depois o comércio, e então a salvação das almas. Uma ideologia do guerreiro, abençoada por Deus e que portava um elevado *status* social, também permitia ao jovem a empreender mais facilmente expedições que envolviam um risco significativo de morte. Mas como a terra vinha com os camponeses ligados a ela, esse usualmente não era um território adquirido às custas de outras pessoas.

Até 1350, o resultado dessa primeira fase de colonização foi uma Europa repleta basicamente de pequenos estados. Ninguém pode acuradamente contá-los porque havia muitas gradações de soberania. Tilly (1990: 45) estima entre 80 e 500, dependendo de como contamos! Uma segunda fase seguiu, a "fase do Estado engolidor", que durou muitos séculos mais. Em 1900, restavam apenas 25 estados, uma vez que estados menores foram engolidos pelos maiores. No leste, os vencedores foram os Romanovs, Habsburgos e monarcas otomanos, por cujos nomes convencionalmente chamamos impérios. No oeste, os estados menores foram engolidos no que chamamos estados nacionais como Espanha, França e Inglaterra. Contudo, eles também eram realmente imperiais, como os bascos, provençais ou galeses poderiam atestar.

Nessa segunda fase, o principal objetivo permaneceu o território, embora agora por meio da subordinação dos senhores e servos existentes. Os engolidores eram com mais frequência estados do que as frouxas associações anteriores de senhores, embora agindo em associação com agiotas e comerciantes. Esses estados muito gradualmente aumentaram seu controle sobre a população. A guerra permanecia lucrativa para os estados maiores, e uma ideologia do guerreiro continuava a ajudar homens jovens a assumir riscos na busca de lucro. A guerra não era lucrativa ou racional para os estados menores, mas aprenderam a antecipar a derrota por meio de alianças de casamento com potências maiores, que depois pacificamente os absorviam. Estados extintos raramente têm seus cronistas, e a memória coletiva dos europeus sobre as guerras era tão gloriosa e lucrativa que eles lhe deram continuidade. Problemas maiores viriam quando tivessem absorvido os menores. Eles se voltariam, então, uns contra os outros, como acontecera anteriormente entre os últimos estados sobreviventes na história chinesa antiga.

Antes disso, contudo, os europeus lançaram sua terceira fase de imperialismo, dessa vez, ao redor do globo. Os Romanovs e Habsburgos partiram em direção ao leste por terra, embora os Habsburgos constituíssem apenas um "império leve", uma federação frouxa de povos que de certo modo buscavam apenas uma defesa comum contra vizinhos mais poderosos. Em contraste, Portugal, Espanha, Holanda, França e Grã-Bretanha fundaram impérios ultramarinos. A cadeia causal do militarismo havia se entremeado na cadeia de inovação tecnológica naval para gerar possibilidades transoceânicas. Isso também veio em um momento oportuno, quando os maiores impérios não europeus estavam experienciando estagnação ou declínio. Assim, a expansão pôde ser bem-sucedida. Foi também auxiliada por colonizadores que escapavam da pobreza ou opressão religiosa. Perto do século XX, os europeus e seus colonizadores pareciam dominar a Terra, mas em uma rivalidade fraturada.

Havia sido um milênio de poder militar muito dependente do caminho. A guerra havia sido a chave da vida e morte para o Estado europeu. Se um Estado falhasse em aumentar seu poder militar, cessaria de existir. Repetidas guerras no continente haviam gradualmente nutrido uma forma intensiva de conflito, pelo qual pequenos exércitos e marinhas podiam despejar poder de fogo intensivo contra o inimigo. A coordenação de infantaria, cavalaria e artilharia (inicialmente arqueiros, depois canhões) disciplinadas criavam a impressão de campo de batalha de uma máquina de guerra para seus inimigos. Melhoramentos técnicos para armas terrestres e especialmente marítimas vieram em rápida sucessão, e o custo das armas declinou rapidamente. Entre 1600 e 1750, a taxa de disparos bem-sucedidos por soldado no exército francês aumentou mais de dez vezes (J. Lynn, 1997: 457-472). Embora as armas de fogo tivessem sido inventadas pelos chineses, elas não tinham se mostrado efetivas contra a cavalaria nômade o principal inimigo da China, e foram pouco desenvolvidas. As armas japonesas estagnaram durante a longa paz do período Tokugawa. Em contraste, os europeus lutavam continuamente e conquistaram a liderança em metalurgia, balística e explosivos. As fontes chinesas reconheceram que os europeus estavam à frente deles no começo da década de 1500 (Chase, 2003: 142; cf. Bryant, 2008). Contudo, as armas dos europeus não eram no início tecnicamente superiores às dos três "impérios da pólvora" que os enfrentavam – otomano, persa e mugal (e os estados pós-mugais da Índia). A diferença era mais em treinamento, disciplina e tática; ou seja, organização militar. Os canhoneiros dos navios de guerra e das baterias terrestres haviam sido treinados para lançar tiros muito mais coordenados e contínuos; as complexas táticas de coordenação da infantaria, cavalaria e artilharia haviam atingido níveis superiores aos de seus inimigos, cujas forças, com frequência muito maiores, pareciam multidões se acotovelando, em comparação.

Naturalmente, essa superioridade militar tinha precondições entre as outras fontes de poder, especialmente a capacidade melhorada de aumentar a receita de estados e companhias comerciais. Os estados começaram sistematicamente a tributar e recrutar seus cidadãos, e isso provocou uma percepção mais territorial da ideia de Estado (*statehood*) à medida que as infraestruturas necessárias se expandiam para preencher o território de cada Estado. Na Europa Ocidental, os estados se tornaram mais nacionais. Esse processo dual fiscal-militar darwiniano permitia apenas às potências militares e políticas mais aptas confrontar povos ultramarinos. Pequenas forças europeias não poderiam facilmente superar os exércitos nativos em campos abertos para os quais arqueiros a cavalo ou cavalaria leve poderiam ser mais adequados. Todavia, à medida que os armamentos europeus intensificavam seu poder de fogo, com o tempo nenhum outro exército poderia confrontá-los em uma batalha fixa. Isso foi especialmente verdadeiro no mar, que envolve conflito mais confinado e intensivo. Depois, o controle combinado desse militarismo intensivo ao poder econômico do capitalismo industrial também aumentou o poder terrestre europeu. Contudo, não foi um poder intensivo a menos que acompanhado pelos colonizadores europeus. O poder de fogo intensivo de pequenos exércitos produziu vitórias em campos de batalha, mas não estados pós--conquista capazes de manter o controle cotidiano sobre a população.

Havia uma continuidade quase perfeita entre a segunda e terceira fases de imperialismo tanto para a Espanha quanto para a Inglaterra. Em janeiro de 1492, Granada, o último reino mouro da Espanha, passou às mãos de suas mais cristãs majestades, Ferdinand e Isabella. Três meses depois, Christopher Columbus partiu para as Índias; em outubro, encontrou um continente bloqueando o caminho. México e Peru foram rapidamente subjugados pelos conquistadores e clérigos, novamente os filhos mais jovens, principalmente da aristocracia empobrecida de Extremadura e Andalucia. Os principais atrativos ainda eram feudais – novos domínios para o rei, elevado *status* social e (a) aquisição de almas pela Igreja. Permeando tudo estava a ganância pelo ouro e pela prata das Américas. O imperialismo espanhol antecipava o capitalismo.

Um pouco mais tarde, as conquistas inglesas na Escócia e Irlanda se mostraram laboratórios de império ultramarino (Ohlmeyer, 2001: 146; cf. Canny, 2001). A cidade de Londonderry na Irlanda do Norte foi o modelo de colônias ultramarinas, "plantadas" com colonizadores protestantes de Londres e da Escócia assentados para governar e "civilizar" os católicos da ilha. Os títulos de dois livros de Lenman, *England's Colonial Wars, 1550-1688* (Guerras coloniais da Inglaterra, 1550-1688), e *Britain's Colonial Wars, 1688-1783* (Guerras coloniais britânicas 1688-1783), indicam que o primeiro conjunto de guerras coloniais foi encetado pelos ingleses nas Ilhas Britânicas; o segundo pelos recém-homogeneizados britânicos em outros continentes. O fluxo de colonizadores aumentou, pois escoceses e irlandeses tinham motivações mais fortes para escapar da pobreza e da exploração em seus países.

O colonialismo ultramarino manteve algumas tradições medievais. A Europa ainda exportava a problemática energia de filhos mais jovens, bastardos, missionários inquietos, agricultores e artesãos, que arriscavam vidas para buscar a ascensão social e o *status* negados em seu país. Os europeus só poderiam prosperar em zonas temperadas, de modo que incursões imperiais em outras partes envolviam o comércio mais do que colonização, levando ao império informal sem colônias, um imperialismo comercial-naval a partir de Veneza e Gênova e depois de Portugal, Holanda e Inglaterra. No processo, tornou-se o capitalismo mercantil baseado na exploração de diferenças entre preços em diferentes partes do mundo, muitas vezes pelo monopólio. Duas trajetórias imperiais foram então estabelecidas, uma centrada na guerra terrestre e nas colônias de assentamento governadas diretamente, a outra em frotas de navios para assegurar monopólios comerciais e o império informal. Quando a produtividade das fazendas e plantações de colonizadores europeus geravam lucros reciclados pelos comerciantes para a Europa (e Ásia), os dois se tornaram ligados em um imperialismo capitalista mais amplo, que ultrapassava as fronteiras de qualquer Estado. Os comerciantes muitas vezes não permaneciam no exterior por muito tempo. Incomodados, diziam, pela desordem entre os nativos e desejosos por impor monopólios, buscavam o controle sobre o interior.

Como imperialismo expandido, tornou-se mais capitalista e mais estatista. O poder militar foi reforçado e recanalizado pelo poder econômico e político. A expansão europeia era virtualmente inevitável dado seu grau bruto de superioridade de poder. Somente uma guerra europeia comparável àquela de 1914-1918 ou alguma grande revivescência de um império não europeu poderia tê-la freado, e nenhum dos dois era provável. Todavia, as diferentes lógicas de conquista territorial estatal e de exploração difusa do mercado nunca se fundiram completamente. A Europa era o que chamei nos volumes anteriores uma "civilização de atores de poderes múltiplos", sem qualquer centro único de poder e com um dinamismo formidável, para o bem e para o mal. Isso deu ao imperialismo europeu uma dinâmica incansável e irregular, levada adiante por estados e aventureiros, com companhias mercantilistas que representavam a intersecção das duas. Manter unidos esses territórios dinâmicos dispersos em impérios únicos se mostraria difícil. Esses impérios não foram duradouros.

O Império Britânico fez algum bem a alguém?

Como não posso com todos esses impérios, foco o maior deles. A Grã-Bretanha conquistou suas primeiras colônias ultramarinas no século XVII. Vieram mais no século XVIII após guerras vitoriosas contra a França. Após perder a maior parte da América do Norte, a Grã-Bretanha se reorientou para a Ásia e depois para a África, adicionando um lote final de territórios mandatados da Liga das Nações após a vitória na Primeira Guerra Mundial. De posse de um poder naval superior, apoiado por uma eficiente coleta estatal de impostos no país de origem, e tradições herdadas nas quais a guerra agressiva era rotineira e normal, as elites britânicas podiam desenvolver um império, e assim o fizeram. A Grã-Bretanha foi pioneira também nas revoluções agrícola e industrial que lhe deram uma liderança em produtividade nacional, o que forneceu o poder econômico para seu militarismo. A Grã-Bretanha foi favorecida por estar em expansão em um momento histórico mundial oportuno, quando havia tanto um equilíbrio explorável de poder dentro da Europa continental como uma estagnação ou declínio entre outros estados importantes. A coesão das elites, institucionalizadas pela presença do rei no parlamento – o produto de uma cadeia causal diferente –, significava que poderiam conceber políticas efetivas para explorar essas contingências.

Tudo isso permitiu a uma pequena ilha afastada da costa se tornar global, um poder intensivo se tornar extensivo. A ausência de qualquer uma de suas fontes de poder – militar, político e econômico – teria provavelmente frustrado a expansão global; uma Ásia mais forte poderia ter restringido os europeus a um comércio mais equilibrado lá. Não havia visão geral de expansão, nenhuma lógica interna sobre o desenvolvimento de um sistema mundial hegemônico, mas cada geração de elites encontrava novas oportunidades. A consequência foi o Meridiano de Greenwich como o padrão universal de tempo, a libra esterlina como a moeda de reserva mundial e (estimulado pelos Estados Unidos) o inglês como a língua franca do mundo. Em 1920, esse império cobria um quarto da superfície terrestre da Terra, o maior – embora, sob certos aspectos, o mais diluído – império de todos os tempos.

Quem se beneficiou? Obviamente, ele trouxe lucro aos comerciantes, manufatureiros, investidores e colonizadores que sobreviveram à aventura – e muitos não sobreviveram. Embora com frequência envolvida em devoção, a busca de homens jovens por lucro e ascensão social, aliada a uma busca por aventura carregada de adrenalina, que os capacitava a arriscar suas vidas, levou muitos adiante. O britânico e o holandês, contudo, foram provavelmente os únicos impérios europeus a terem aumentado a riqueza da pátria mãe, embora mais tarde os japoneses viessem a se juntar a eles em lucro. Os outros impérios eram custosos, e não tão claramente voltados para os interesses de seus súditos (P. O'Brien & Prados de la Escosura, 1998; Etemad, 2005). O atrativo do império era usualmente ilusório para as massas.

Os nativos conquistados se beneficiaram com o império? Os próprios imperialistas diziam isso, assim como Marx dizia no início. Lord Cruzon, vice-rei da Índia, declarou: "O Império Britânico é, sob a Providência, o maior instrumento para o bem que o mundo jamais viu". Field Marshal Smuts, primeiro--ministro da África do Sul, disse que ele foi "o sistema mais amplo de liberdade humana organizada que jamais existiu na história". Por um longo tempo, muitos estudiosos britânicos concordaram com isso (assim como os estudiosos franceses com relação ao seu império). Marx, contudo, mudou de opinião, e argumentou que o livre-comércio dos britânicos prejudicou os nativos – teria sido melhor para eles se tivessem tarifas protecionistas, ele dizia. Em décadas recentes, impérios perderam virtualmente todo seu atrativo. Estudos pós-coloniais baseados na fúria dos anteriormente colonizados, fomentados pela culpa de países pós-imperialistas, tornaram-se altamente negativos. Temos visto desculpas oficiais apresentadas pelos governos britânico, americano e francês pelos crimes de seus predecessores há muito mortos – lamentamos terrivelmente o genocídio, a escravidão e a exploração. Todavia, o império retém um atrativo popular aventuroso no Ocidente, e *best-sellers* continuam pró-imperiais.

Além disso, alguns estudiosos têm insistido recentemente que os Estados Unidos assumam o fardo imperial da Grã-Bretanha pelo bem do mundo. Em seus livros *Empire* (2002) e *Colossus* (2004), Niall Ferguson exortou os Estados Unidos a levar paz, governo representativo e prosperidade ao mundo. Os britânicos, ele dizia, desenvolveram um império liberal ao iniciarem o "livre-comércio, os movimentos de capital livre e, com a abolição da escravatura, o trabalho livre". Eles investiram "imensas somas no desenvolvimento de uma rede global de comunicações modernas" e promoveram "a alocação ótica de trabalho, capital e mercadorias no mundo". Eles trouxeram "uma paz global sem igual antes ou desde então... Normas ocidentais de direito, ordem e governança", governo representativo e "a ideia de liberdade" (2002: xx-xxv). Embora Ferguson admita que os britânicos tenham cometido atrocidades no caminho, ele as data antes de 1859, e diz que foram menos do que em outros impérios. O argumento conclusivo, ele diz, é que desde que os britânicos partiram, antigas colônias se deterioraram sobremaneira. Ele apoia essas afirmações com dados sobre crescimento econômico e governo representativo (que, como veremos, são pouco impressivos).

O economista Deepak Lal (2004) também defende um imperialismo de livre-comércio, embora não creia que os impérios possam impor seus valores ou instituições às culturas estrangeiras. É contraproducente se tentarem, ele diz. Inusualmente, para um neoliberal, ele não vê os livres-mercados como naturais, porque dependem da ordem, e essa vem da pacificação militar institucionalizada em um Estado de direito que assegura direitos de propriedade, encoraja donos de propriedades a investir, produtores a comercializar e trabalhadores a escolher seu emprego preferido. Os impérios, na história, implementaram essa ordem, ele diz. O historiador econômico Harold James (2006) argumenta similarmente, embora reconheça a tensão entre liberdade e ordem e império. Lal diz que o Império Britânico foi o mais efetivo de todos porque sua revolução capitalista e industrial foi apoiada pelo livre-comércio, auxiliando a integração da economia mundial, permitindo aos países como Índia ou Ghana se juntarem a ele. Ele apresentou poucos dados para apoiar isso, baseando-se mais nos preceitos gerais da economia neoclássica. Esses panegíricos ao Império Britânico são justificados, ou devemos crer nos difamadores pós-coloniais?

A expansão britânica e o poder militar

Trato do pior primeiro. Nas zonas temperadas, colonizadores queriam as terras, mas com frequência não o trabalho nativo, de modo que costumavam usar seu poder de fogo para afugentar os nativos. Isso acontecia muito brutalmente onde os colonizadores eram autogovernados, e muitas dessas colônias eram britânicas. O atual território continental dos Estados Unidos continha algo entre 4 e 9 milhões de nativos americanos no ponto inicial de contato. Até 1900, no censo americano, somente 237.000 haviam restado, uma taxa de perda de mais de 95%. A Austrália continha mais de 300.000 aborígenes na época da Primeira Frota. No censo de 1921, restavam 72.000, uma taxa de perda de 75%. Embora doenças tenham sido o maior fator de morte em ambos os continentes, os colonizadores se alegraram pelo número de mortes e o suplementaram com ondas contínuas de genocídio. Quanto mais representativas as políticas dos colonizadores, maior a matança – o genocídio democrático. Os colonizadores eram piores do que as autoridades coloniais (Mann, 2005, cap. 4). Esse foi um tipo pervertido de globalização. Em vez de integrar os povos do mundo, ela os aniquilou e os substituiu pelos europeus. Os europeus depois usariam suas habilidades para explorar a abundância natural das terras. Isso foi verdadeiro sobretudo com relação aos colonizadores que se tornaram americanos.

Comparado ao etnocídio e genocídio, a escravidão parece branda. Por volta do século XVI, estava se extinguindo na Europa, mas a economia do açúcar, tabaco e café do Novo Mundo a reviveram no exterior. A escravidão moderna resultou da conjuntura da agricultura, indústria e esquadras modernas. Envolveu forças de trabalho grandes, concentradas e coercivamente disciplinadas em plantações e em fábricas de processamento dos produtos agrícolas. Como é difícil de escravizar povos em seu próprio país (eles podem resistir ou fugir), contudo, escravos eram trazidos pelo poder naval europeu de outros continentes e então se tornaram raciais, diferente de quase toda escravidão anterior. A África já conhecia a escravidão, é claro, e as elites africanas não tinham tabu contra escravizar aqueles fora de suas redes de parentesco. Elas estavam fazendo isso durante o governo árabe muito antes de os europeus chegarem. Tampouco tinham tabus com relação ao trabalho feminino, como os europeus tinham. Assim, os africanos podiam ser empregados para escravizar outros africanos mulheres e homens. Isso não foi possível com europeus. "O surgimento da escravidão nas Américas", diz Eltis (2000: 279), "foi dependente da natureza da liberdade na Europa Ocidental". Foi em breve liderada pelo povo mais livre de todos – o britânico.

Aproximadamente 12-13 milhões de escravos foram tirados à força da África e transportados para o Novo Mundo. Dois milhões morreram durante a jornada devido a superlotação, má alimentação e vigilância cruel. Em 1770, os britânicos estavam transportando mais escravos, e suas plantações no Caribe e na América do Norte eram as maiores empregadoras de escravos, instituindo produção em massa voltada ao consumo em massa. Essa foi "a primeira, e menos camuflada, expressão da... lógica capitalista", e permitiu a transição colonial da exportação de metais preciosos para o capitalismo agrário (Blackburn, 1997: 554; Eltis, 2000: 37; D. Richardson, 2001). Nas Américas, a escravidão foi acompanhada pelo trabalho forçado europeu semilivre. Wallerstein (1974) mostrou que essa conjunção de trabalho livre no centro e trabalho forçado na periferia foi uma característica estrutural do capitalismo colonial, uma inovação em relação aos antigos impérios. Contudo, devo acrescentar que a maioria da população nativa, embora explorada, não era coagida desse modo. Escravidão e plantações que envolviam disciplinamento rígido do trabalho eram ilhas de coerção em meio a um número maior de proprietários camponeses e outras famílias predominantemente autônomas. Eles sentiam a coerção menos diretamente e menos frequentemente. O equivalente político foi a dualidade que emergiu entre o cidadão nacional na pátria mãe e o súdito imperial no exterior. Obviamente, isso não era livre-comércio, e igualmente óbvio, a escravidão não beneficiava os escravos; eles prefeririam permanecer pobres, mas livres na África. Até então, o Império Britânico fora negativo para esses nativos.

No final do século XVIII, contudo, radicais e evangélicos introduziram campanhas de reformas ideológicas na Grã-Bretanha. Um era contra a corrupção do governo, especialmente ultrajante, na Índia. Esse movimento foi bem-sucedido, e dali em diante a administração colonial britânica se mostrou relativamente incorrupta (como diz Ferguson). Mais espetacular foi a segunda campanha, que aboliu permanentemente a escravidão no Império Britânico em dois estágios, em 1807 e 1833. Na campanha política pela abolição, a crença cristã na igualdade das almas parecia ter superado os interesses do poder econômico, pois o comércio de escravos ainda era lucrativo e a abolição produziu o colapso da indústria do açúcar nas Índias Ocidentais Britânicas. Drescher (2002: 232) diz que foi "a política internacional baseada na ação moral mais cara da história moderna". Todavia, o capitalismo britânico permaneceu investido no comércio escravo e agora passava a usar navios estrangeiros. O lucro é menos suscetível do que a política à retórica moral – outra indicação da natureza dual desse império estatista/capitalista. Apesar disso, nenhum movimento subsequente, britânico ou outro, jamais obteria um ganho comparável para povos nativos (B. Porter, 2001: 219-220). O maior benefício do império, que havia chegado bem antes de 1850, era menos liberal do que evangélico, e foi minado pela astúcia capitalista.

O comércio era melhor do que a escravidão, mas era desigual. O comércio colonial britânico centrava-se no intercâmbio triangular de mercadorias manufaturadas da Inglaterra, escravos da África e produtos agrícolas das Américas. Depois, a Companhia das Índias Orientais assumiu o controle na Ásia. Um funcionário da companhia observou sobre os nativos: "[S]ão um povo quieto e tímido, não inclinados à guerra... a Receita pode ser coletada deles com uma grande facilidade" (Lenman, 2001b: 110). A economia imperial agora centrava-se na troca de mercadorias manufaturadas do centro por materiais minerados, produtos agrícolas e por manufaturas mais simples da periferia. Com o tempo, o valor de exportações manufaturadas do centro para a periferia excedeu enormemente o valor dos materiais importados da periferia, e o equilíbrio foi composto pelos "invisíveis", finanças, transporte marítimo e outros serviços profissionais, governamentais e de transporte.

A situação desigual das trocas perdurou. No Império Romano e no Império Chinês, províncias haviam se tornado mais iguais com o tempo, à medida que o centro investia na periferia e os colonizadores romanos e chineses casavam com nativos. Esses impérios trouxeram benefícios para os nativos conquistados, que foram assimilados à identidade imperial. Contudo, os europeus não assimilaram os nativos. A exportação de matérias-primas das colônias foi encorajada pela isenção de impostos, às vezes inclusive por subsídios para exportação, mas os europeus os excluíram de setores de lucros mais elevados como manufatura, transporte marítimo e comércio internacional, buscando monopólios para si. Assim, as colônias norte-americanas tinham permissão para produzir ferro-gusa, mas não aço. Essa exclusão foi mais clara na Índia. Em trinta anos, a Companhia das Índias Orientais forçaram para baixo o preço do tecido acabado de tecelões indianos ao aumentar o poder dos comerciantes intermediários indianos. Esses tinham garantia de crédito e o apoio dos soldados da Companhia das Índias Orientais para imporem melhores termos de intercâmbio, suprimir a ação coletiva dos tecelões, e para impor um consequente monopólio do tecido para a companhia. Os tecelões produtores foram proletarizados, e qualquer comerciante que não estivesse de acordo era excluído. Os tecelões provavelmente desfrutavam de um padrão mais elevado de vida do que seus equivalentes britânicos no século XVIII, mas o império depois inverteu isso. A mera ameaça de poder militar era geralmente suficiente para garantir contratos e monopólios, sem seu uso efetivo (Parthasarathi, 2001). Esses mercados eram apoiados pelo controle autoritativo do território, um entrelaçamento das duas lógicas distinguidas anteriormente. Isso minou o que havia sido uma grande e vibrante indústria têxtil indiana. A Índia foi "pilhada" (Ray, 2001: 514-516). Francis Xavier, missionário jesuíta das Índias Orientais, declarou que "império" era "conjugar o verbo roubar, em todos os seus modos e tempos" (Appleby, 2001: 97-98). Esperava-se que guerras coloniais se pagassem com os espólios (P. Marshall, 2001: 5). Alguns nativos se beneficiavam – como os comerciantes intermediários indianos – mas o faziam às custas da maioria.

Não deveríamos exagerar a importância do império no país de origem. Seus lucros não eram enormes, provendo apenas pouco mais que 1% do Produto Interno Bruto (PIB) anual britânico, somente um décimo do comércio da Grã--Bretanha com a Europa. Das duas principais contribuições, a primeira veio da troca de colheitas realizada por Colombo, que desempenhou um papel na revolução agrícola inglesa do século XVIII, que alimentou o crescimento populacional e disponibilizou trabalho para as cidades. A segunda contribuição veio na década de 1770, quando os lucros da escravidão proviam entre 21 e 55% do total de investimento de capital britânico em um momento crítico para a Revolução Industrial, e quando seus moinhos de açúcar e métodos de controle de trabalho influenciaram a emergência do sistema fabril na Grã-Bretanha. Os moinhos e plantações nas colônias ofereciam formas mais intensivas de controle sobre o trabalho que em breve se espalhariam à classe trabalhadora (mais raramente para o campesinato) no país de origem. Contudo, o império foi mais um incremento a uma economia já próspera do que uma causa principal da Revolução Industrial (O'Brien, 2004; Blackburn, 1997; Schwartz, 2004; Inikori, 2002, discordam). Mais tarde, Índia e os Domínios* brancos se tornaram mais importantes economicamente, mas o crescimento econômico britânico não foi fundamentalmente o produto do império.

As declarações de missão ideológicas não eram tão proeminentes entre os britânicos (e holandeses) quanto no Império Espanhol, mas ainda assim eles alegavam exportar liberdade. Seu governo era "comercial, protestante e marítimo", todas qualidades que supostamente incorporavam liberdade como oposta ao despotismo da Europa e Ásia continentais (Armitage, 2000: 173, 193). A expansão foi liderara por aventureiros *freelance* – empreendedores, soldados contratados, missionários, inclusive cientistas – que levantavam seus próprios fundos, apoiados por empresários, igrejas e sociedades científicas. Companhias de comércio privadas armadas, usualmente precediam o governo formal colonial entre os britânicos, franceses e holandeses. O Iluminismo ajudou a legitimá-lo, pois os europeus "produtivos" estavam "aperfeiçoando" os recursos da terra, mas "o nativo perdulário" estava desperdiçando-os e necessitava ser colocado sob tutela forçada (Drayton, 2000: 90, 229-234). Ironicamente, no final do século XX, essa ideologia se inverteu, à medida que movimentos verdes no Ocidente elogiavam os nativos por terem vivido em harmonia com a natureza, enquanto os ocidentais a haviam pilhado e arruinado.

Os britânicos usualmente se comportavam corretamente quando assinavam tratados com líderes nativos. Todavia, as letras miúdas, em estágios, expulsava-os de suas terras e de seu comércio. Quando resistiam e matavam cidadãos britânicos, isso era denunciado como uma atrocidade primitiva ultrajante infligida por inferiores raciais. Essa resposta emocional levava a uma terrível retaliação. A Whitehall (o governo britânico) teria preferido não ter se envolvido, pois queria que as companhias e colônias pagassem sua parte e não causassem problema. Contudo, funcionários sabiam que seu dever último era proteger os cidadãos britânicos. Caso não o fizessem, o ultraje em seu país os removeria de seu posto. Esse era o império de equiparação, uma vez que as autoridades tinham dificul-

---

* No original, *Dominions*: comunidades autônomas dentro do Império Britânico: Canadá, Austrália, Nova Zelândia, África do Sul, Newfoundland e República da Irlanda [N.T.].

dade de se igualar aos eventos provocados em terra por bandos de colonos e comerciantes. Mais territórios foram adquiridos e o império se tornou maior e mais direto, quase inexoravelmente, mas sem uma visão geral (B. Porter, 2004: caps. 1-3; Burroughs, 2001: 170-172; Galbraith, 1963).

A partir de meados do século XIX, a Grã-Bretanha se voltou ao livre-comércio. Sua liderança tecnológica significava que suas mercadorias não necessitavam de proteção tarifária. Os liberais britânicos continuavam se recusando a admitir o "império" (como os americanos hoje), argumentando que a Marinha Real estava simplesmente liberando os mercados (B. Porter, 2005: cap. 5). O império informal, "o imperialismo do livre-comércio", tornava-se agora mais extensivo do que o império colonial (Gallagher & Robinson, 1953). Alguns mercados foram abertos com canhoneiras, como na China e no Sião, e depois tarifas muito baixas foram impostas. Para além disso, pouca força era necessária porque, em todo caso, no livre-comércio, os britânicos detinham a maior parte do comércio. O Império Britânico foi ficando mais leve à medida que se tornava mais amplo e mais capitalista.

Europeus, americanos e japoneses adquiriram mais colônias no "Novo Imperialismo", uma explosão de expansão do final da década de 1870 até a Primeira Guerra Mundial. Como o marxismo e as ciências sociais estavam agora florescendo, isso produziu explanações que permanecem influentes ainda hoje. O jornalista liberal John A. Hobson (1902) disse que o Novo Imperialismo surgiu da necessidade de investir o excedente do capital nacional no exterior. Ele produziu tabelas que mostravam um grande aumento nos investimentos e no comércio exterior britânicos nesse período. Lenin complementou Hobson, afirmando: "Quanto mais o capitalismo é desenvolvido, maior a necessidade de matérias-primas... mais amarga se torna a competição, mais fervorosa prossegue a caça por matérias-primas ao redor do mundo, mais desesperada se torna a luta pela aquisição de colônias". Na verdade, ele dizia, a sobreacumulação de capital nos países avançados produziu um excedente que só poderia ser investido em impérios ultramarinos (1929: 82). Lenin, Hiferding e outros detectaram concentração e monopólio econômicos nos países avançados, e argumentaram que monopólios no país de origem necessitavam de mercados territoriais protegidos no exterior – colônias. Acreditava-se que essas três tendências de capitalismo intensificassem a rivalidade interimperial, fraturando o capitalismo e levando a grandes guerras. Eles reconheceram que o imperialismo predava o capitalismo, mas disseram que o capitalismo dava a ele um novo vigor.

Contudo, Hobson, Hilferding e Lenin estavam errados. Primeiro, havia cooperação no sistema econômico internacional. A Grã-Bretanha não tinha mais uma liderança manufatureira, mas tinha a moeda de reserva do mundo e o maior sistema bancário. Quase todos os bancos estrangeiros tinham ramos em Londres a fim de liberar pagamentos relacionados ao comércio. Eles depositavam seus lucros nos bancos londrinos sob a forma de depósitos de curto prazo de juros baixos chamados letras de câmbio comercializadas. Em 1908, os fundos depositados de bancos estrangeiros e coloniais eram algo entre um terço e metade dos fundos totais dos bancos na Grã-Bretanha. Os bancos britânicos usavam esses fundos para fazer empréstimos de prazos mais longos e de juros mais elevados para países periféricos, como os Estados Unidos fazem hoje. Ambos obtinham lucros com arbitragem financeira, tomando emprestado barato e emprestando caro (Schwartz, 2004: 118-119). Essa foi uma prática acordada entre as potências (como é hoje) porque ter uma moeda de reserva e instituições financeiras seguras no centro imperial era vantajoso para todos – enquanto a credibilidade britânica (e americana) permanecesse mais elevada do que qualquer alternativa. Portanto, o mundo das finanças capitalistas não favorecia a rivalidade imperial. Quando isso se materializava, vinha de fontes diferentes.

Além disso, a maior parte de comércio e finanças fluía entre os países capitalistas avançados, com apenas uma pequena parte envolvendo as colônias, e nem Hobson nem Lenin se aperceberam de que somente uma fração do comércio e capital coloniais britânicos foi para colônias não brancas. A maior parte foi para as colônias de colonizadores brancos na Australásia, África do Sul e Canadá; os brancos estavam comercializando entre si. De qualquer modo, o aumento de investimento ultramarino resultou principalmente de juros acumulados e reinvestimento de lucros no exterior e do aumento do valor dos ativos estrangeiros já assegurados. Não era capital excedente do centro.

Uma explanação alternativa, promovida por conservadores, assim como por marxistas, foi o *imperialismo social*: a expansão no exterior poderia desencorajar conflitos de classe nacionais. Alguns políticos sugeriam isso, e por vezes parecia funcionar, mas não na Grã-Bretanha. A classe trabalhadora permanecia enormemente desinteressada no império e o fluxo de colonizadores britânicos estava declinando (B. Porter, 2005: caps. 6, 9). Alguns desses argumentos econômicos fazem algum sentido para impérios particulares, como o Japão (cf. capítulo 4). Contudo, não são uma boa explanação do Novo Imperialismo em geral ou do imperialismo britânico em particular.

Explanações focadas nas relações econômicas no centro são muito paroquiais; devemos pensar também globalmente. Primeiro, a disparidade no poder militar entre império e nativos estava aumentando. No final do século XIX, o navio a vapor, a metralhadora Maxim e o quinino (que oferecia proteção contra doenças tropicais) tornaram possível a conquista de áreas maiores de terras por exércitos menores (Headrick, 1981; Fieldhouse, 1973). Etemad (2007: cap. 3) diz que o quinino é sobrestimado, concorda com o impacto da metralhadora Maxim após 1880, mas considera que a vantagem duradoura decisiva dos europeus foi sua habilidade para treinar grandes números de nativos para matar por eles. Quando isso acontecia, o poder de fogo intensivo do imperialismo poderia realmente adentrar num país. Segundo, a grande rivalidade de poder militar foi intensificada pelo sentimento de que um globo finito estava se locupletando. Na década de 1880, o imperialismo alemão e o belga repentinamente apareceram no leste da África e o imperialismo francês reviveu; na década de 1890, Japão, Itália e Estados Unidos também buscaram colônias. Esse foi um motivo estratégico – se não conquistarmos colônias, nossos inimigos o farão. Havia motivos econômicos também. A África poderia simplesmente possuir incontáveis riquezas, e a Ásia possuía imensos mercados. Em um sentido formal, isso era globalização, embora ainda fraturada, porque quase todo globo estava formalmente colonizado, mesmo que o governo imperial sobre as hinterlândias fosse com frequência muito tênue.

Todavia, o império raramente dominava a política nacional. As colônias permaneceram uma prioridade baixa em Westminster. Muitos políticos evitavam postos coloniais, (por considerá-los) como destruidores de carreiras, e debates sobre o império seguramente esvaziava a Câmara dos Comuns. Imperialistas – um grupo diverso de comerciantes, aventureiros, missionários e outros ideólogos ultramarinos – queriam mais recursos do que os políticos financiariam. Os governos britânicos faziam perguntas realistas: Quanto custaria uma expedição: Valeria a pena? Essas questões recomendavam cautela e uma relativa leveza de governo uma vez que a conquista fosse feita. Contudo, rebeliões coloniais importantes quando britânicos eram mortos levavam a vinganças justificadas. Mesmo assim, derrotas britânicas no Afeganistão levaram somente a retaliações temporárias e a uma consequente retirada. (Soa familiar?) Ideais expansionistas e orgulho ultrajado eram subordinados ao objetivo estratégico de limitar a influência russa no Afeganistão, a um custo baixo. Somente a determinada rebelião Boer na África do Sul produziu uma eleição disputada sobre temas imperiais. Depois, após a Primeira Guerra Mundial, os governos estavam desesperados por economias, e as procuraram nas colônias (Kirk-Greene, 2000; B. Porter, 2005: 105-108; Fieldhouse, 1999: 73-76). Os temas britânicos e europeus permaneciam mais importantes do que o império. A cristalização imperialista do Estado britânico permaneceu um tema menos importante no país.

Lenin acreditava que a competição pela África e a Primeira Guerra Mundial estavam ligadas, mas as potências conseguiram regular diplomaticamente a situação. Em 1885, elas assinaram o Tratado de Berlim, que permitia uma potência reivindicar territórios africanos se pudesse efetivamente patrulhar suas fronteiras. Portanto, todas elas adentraram o continente com pequenas forças, resultando em uma presença inteiramente nominal. Elas não questionavam uma reivindicação de uma rival a uma presença real, contudo, porque suas próprias reivindicações eram igualmente duvidosas. Houve soluções imediatas para confrontos perigosos. Considere o "Incidente Fashoda". Diante da notícia de que uma força francesa estava marchando pela África em direção à nascente do Nilo, o governo britânico enviou sua própria expedição, tendo previamente recusado todas as demandas pela anexação do Sudão. A força francesa marchou uma vasta distância para alcançar a cidade de Fashoda, no Nilo, chegando lá ao mesmo tempo em que uma força naval britânica. Houve uma pausa desconfortável enquanto se encaravam, e então os franceses se retiraram, uma vez que os britânicos tinham canhoneiras e eles não. Então, os britânicos anexaram o Sudão. Dois impérios haviam conseguido regular sua rivalidade – às custas da periferia. (Havia ameaças perenes de crises de rivalidade.) Crises de rivalidade imperial ameaçavam perenemente, mas essas eram resolvidas diplomaticamente.

Como vemos nos capítulos 5 e 14, as guerras de 1914 e 1939 não foram provocadas por rivalidades imperiais ultramarinas. O que as terminou foi sua rivalidade na Europa. Lenin estava errado.

Enquanto o século XX emergia, o governo britânico ainda estava tentando se equiparar aos aventureiros. Homens como Stanley, Rhodes, Goldie e Lugard buscavam licenças de monopólio com o governo britânico para suas companhias. O rei dos belgas formou sua própria companhia privada, a mais exploradora de todas. Os aventureiros portavam armas em seus ombros e tratados em branco em seus bolsos. Os governantes africanos eram persuadidos ou forçados a transferir por assinatura direitos sobre terras ou comércio. Os chefes supunham que ganhos seguiriam uma aliança com os britânicos; em troca, a companhia buscava endurecer os termos do comércio. Depois, governantes ou comerciantes resistiam, e seguia a desordem. Em zonas temperadas da África, colonizadores armados entravam em quantidades não antecipadas pelos chefes, apossando-se de suas terras. A desunião africana se combinou à disparidade militar para assegurar uma vitória britânica, caso viesse a lutar (Vandervort, 1998; Wesseling, 1989).

Como em muitos impérios, declarações de missão assumiam mais importância quando o império era consolidado porque davam um tom moral mais elevado à expansão. Poucas pessoas gostam de se pensar como sendo simplesmente predatórias . Essa era uma "missão civilizadora", dotada de uma perspectiva racial, porque era conduzida pela "Raça anglo-saxônica", que espalhava "Comércio, civilização e cristianismo" – os (referentes) significantes da liberdade no século XIX. A violência era inevitável, dizia-se, porque os nativos estavam em uma "guerra sem-fim" entre si, incapazes de propiciar ordem. Embora o lucro econômico atraísse os aventureiros, o Estado também interviria por razões estratégicas, caso impérios rivais fossem vislumbrados no horizonte, quase independentemente das chances de lucro (Pakenham, 1991: xxiv; Reid, 2007; Gallagher & Robinson, 1953; Fieldhouse, 1973: cap. 13). Os motivos se tornavam cada vez mais variados.

A violência permaneceu perene na expansão das fronteiras do império. Colonizadores da África do Sul eram mais brandos do que os da América do Norte porque queriam os nativos como trabalhadores, mesmo que atrocidades ainda resultassem. Em Natal, em 1874-1875, colonizadores e tropas britânicas massacraram os homens, mulheres e crianças hlubi e putini. Os zulus de Natal sofreram o mesmo destino em 1906. Nas décadas de 1860 e 1879, canhoneiras faziam expedições punitivas anuais até o Rio Níger, destruindo aldeias e matando homens, mulheres e crianças onde quer que surgisse oposição aos comerciantes britânicos. A Companhia Nacional Africana de George Goldie comprou a Royal Charter (o Fretamento Real) em 1879 para reforçar o "comércio livre" rio acima. Na realidade, isso significou reprimir os comerciantes africanos. Os homens do Rio Brass (*Brassmen*)*, até então comerciantes efetivos, tiveram de lidar com a fome. Em 1895, eles retaliaram e mataram alguns empregados da companhia. Houve ultraje na Grã-Bretanha, e Goldie pediu ao governo britânico que os "exterminasse". O Rei Koko e seus chefes, temendo o pior, escreveram uma carta de desculpas ao príncipe de Gales, dizendo que "agora *lamentavam muito, de fato, particularmente,* pelo *assassinato* e *a ingestão* das partes de seus empregados" (a ênfase é deles). A desculpa foi apoiada por grupos de pressão liberais britânicos simpáticos, e houve pouca repressão, mas a companhia em breve retomou suas práticas e os homens do Rio Brass passaram fome. Em 1895, a Rodésia foi colonizada, e tudo no domínio do chefe Lobengua – terras, gado, posses – foi tratado como espólio a ser dividido entre a companhia comercial de Rhodes e outros bandos armados brancos. Qualquer um que resistisse morreria. Entre 1870 e 1902, a Grã-Bretanha adquiriu quinze novas colônias e protetorados na África pela força ou pela ameaça de força (Pankenham, 1991; Headrick, 1981: 73-74). Os colonizadores ainda estavam se apossando de terras no Quênia na década de 1940.

De 1871 a 1914, os britânicos lutaram cerca de trinta guerras coloniais (sem contar a violência perene na fronteira noroeste da Índia). Entre elas, os britânicos, franceses e holandeses lutaram ao menos 100. Somente no Quênia os britânicos lutaram uma batalha por ano em um período de vinte anos (Wesseling, 1989: 8-11; Wesseling, 2005). As perdas europeias nessas guerras coloniais chegaram a 289.000-300.000; os povos conquistados perderam em torno de 50-60 milhões, dos quais 90% eram civis (Etemad, 2007: caps. 4, 5). Isso refuta a *teoria da paz democrática*, a tendência suposta de democracias não fazerem guerras entre si. Muitas políticas nativas foram democracias diretas, nas quais a comunidade participava nas decisões, sobre paz ou guerra, e os homens não tinham de lutar contra sua vontade. Como os governos britânico, francês e holandês eram basicamente representativos (para os homens), democracias estavam lutando entre si com grande regularidade.

As guerras estavam ficando mais sangrentas, talvez mais do que guerras anteriores entre os africanos. Os colonizadores alegavam que os nativos eram "selvagens", "sanguinários" e predispostos à guerra, a despeito do fato de que

---

* O Rio Brass é uma das ramificações do Rio Nun, que, por sua vez, é uma ramificação do Rio Níger, no delta do Níger, na Nigéria [N.T.].

embora os impérios etíope e zulu, bem como o califado sokoto tivessem usado intermitentemente táticas da "terra arrasada"*, muitos chefes africanos, em um contexto onde raramente poderiam derrotar completamente seus rivais, preferiam a diplomacia e o conflito moderado ritualizado à guerra total (R. Smith, 1989; Reid, 2007). Uma diferença entre África e Europa era que o trabalho era escasso na África, não a terra. Muitos governantes africanos viam pouco sentido em expandir seus territórios. A guerra como lucro não significava capturar territórios, mas capturar escravos para usá-los ou vendê-los. Os africanos perceberam a violência dos britânicos para além do objetivo de capturar pessoas. Os europeus insistiam em que os africanos fossem "severamente espancados", uma vez que esse era o único modo de torná-los tratáveis pelo governo colonial (Vandervort, 1998: 2, 185-205, 219). O famoso manual militar do Coronel Callwell, *Small wars* (Pequenas guerras) (edição de 1906: 40, 148), declarava que no combate aos nativos que evitavam batalhas campais, uma guerra de desgaste deve atacar o que o inimigo "mais preza", destruindo plantações e aldeias e dispersando o gado. "Raças incivilizadas atribuem leniências à timidez. Um sistema adaptado à... [Europa] é inapropriado entre fanáticos e selvagens, que devem ser completa e severamente punidos e subjugados ou se insurgirão novamente". Esse era um império liberal?

A Grã-Bretanha sempre conteve grupos de pressão anti-imperialistas. Mesmo o Primeiro-ministro Gladstone parecia ser anti-imperial em seu famoso discurso de 1879, em que apoiava o direito dos zulus e afegãos de se defenderem:

> Se eles resistiram, vocês não fariam o mesmo? E, quando, afugentados de suas aldeias, resistiram, o que vocês encontram é isso, que aqueles que saíram foram massacrados, e que a aldeia foi queimada... as mulheres e crianças foram expulsas de suas casas para perecer sob as neves do inverno. [...] Pensar que o nome da Inglaterra, sem necessidade política alguma, exceto por uma guerra tão frívola quanto jamais se travou na história, deveria estar associado a consequências como essas? Lembre dos direitos dos selvagens, como os chamamos. Lembre que a felicidade de seu humilde lar, lembre que a santidade da vida nas aldeias das montanhas do Afeganistão entre as neves do inverno, é tão inviolável aos olhos do Deus Todo-poderoso quanto pode ser a sua.

Gladstone é ainda relevante para o Afeganistão hoje! Ironicamente, contudo, sob sua administração os britânicos conquistaram mais territórios do que durante o governo pró-imperial de Disraeli! Nos Estados Unidos, o presidente liberal Woodrow Wilson foi mais tarde pego em uma contradição similar, ao enviar os fuzileiros navais com mais frequência do que seus predecessores supostamente mais imperialistas. Infelizmente, o liberalismo ainda não tivera muitos efeitos nos resultados imperiais, embora tivesse gerado oposição no caminho.

---

* Estratégia militar que envolve destruir qualquer coisa que possa ser útil ao inimigo [N.T.].

A violência continuou após a Primeira Guerra Mundial no Iraque, entregue aos britânicos como um Mandato pela Liga das Nações. No Quênia, ela continuou até a década de 1950, liderada pelos colonizadores que ainda expropriavam terras (G. Kershaw, 1997: 85-89). Quando os Mau Mau se revoltaram em 1950, a resposta foi feroz. Cerca de 20.000 quenianos morreram no combate e mais de 1.000 foram executados após julgamentos apressados em tribunais ilegais – mais do que os franceses executaram na Argélia. Muitos mais morreram nos campos de detenção britânicos. Os Mau Mau mataram trinta e dois colonizadores europeus ao todo – uma típica desproporção imperial. Essas atrocidades, que ocorreram não na década de 1850, mas na de 1950, deveriam dissipar noções de que o império se tornou necessariamente liberal no tempo. Entre os torturados estava Husein Onyango Obama, avô do Presidente Obama. Ele teve seus testículos comprimidos entre barras de metal, o que o deixou para sempre ressentido contra a Grã-Bretanha (*The Observer*, 14 de dezembro de 2008).

Aqui, está a memória de um policial do interrogatório dos Mickeys, a gíria britânica para os Mau Mau:

> Eles nada diziam, é claro, e um deles, um bastardo alto, preto-retinto, me olhava sorrindo, muito insolente. Eu o esbofeteei com força, mas ele continuava me olhando e sorrindo, então, chutei suas bolas tão forte quanto pude. Ele se estatelou no chão, mas quando finalmente se levantou sorriu daquele jeito de novo para mim e o esbofeteei, esbofeteei mesmo. Meti meu revólver em sua boca sorridente e disse algo, não lembro o que, e puxei o gatilho. Seus miolos se espalharam por todo o posto policial. Os outros dois Mickeys ficaram lá de pé apáticos. Eu disse a eles que se não me dissessem onde encontrar o resto da gangue eu os mataria também. Eles não me disseram uma palavra, então matei ambos. Um não tinha morrido, então dei um tiro em seu ouvido. Quando o subinspetor se aproximou, disse-lhe que os Mickeys tentaram escapar. Ele não acreditou em mim, mas tudo o que disse foi "Enterre-os e providencie a limpeza da parede" (citado por D. Anderson, 2004: 300; cf. Elkins, 2005).

Quando as colônias foram conquistadas e pacificadas, a violência diminuiu porque não havia britânicos o bastante para mantê-la. Sem uma massa de colonizadores, houve um recuo do governo direto para o indireto por meio das elites nativas, embora os regimentos nativos oferecessem aos colonialistas algum grau de poder compensatório. Uma combinação de força e conciliação com as elites resultou na estabilidade e paz. Esse foi o maior feito do Império Britânico – um pequeno país governando um vasto império com uma pequena administração pública permanente, apoiada pelas elites locais e grandes levas de soldados nativos. Essa não era ainda a era do nacionalismo em grande parte do mundo. As elites locais se alinhariam com o império se achassem que poderiam suprimir qualquer rebelião; nativos comuns lutariam pelo império se lhes pagassem. Em muitas atrocidades mencionadas acima, muitos dos soldados eram nativos.

Sempre havia vencedores e perdedores entre os nativos, especialmente durante o governo indireto.

O império informal se espalhou pelos estados independentes da semiperiferia, onde nem o governo direto nem o governo indireto eram possíveis, mas onde a Grã-Bretanha possuía influência. Na América Latina, isso se originou no apoio naval britânico às suas rebeliões contra o Império Espanhol. As economias dos países que a Grã-Bretanha ajudava depois se tornaram propriedade das corporações da Cidade de Londres (*City of London*). O investimento na Argentina foi o mais alto, mas o país era muito grande e distante para uma diplomacia canhoneira ser efetiva. Assim, a Grã-Bretanha recorreu à coerção econômica de programas de ajuste estrutural. A Argentina contribuía com 10% das importações e exportações da Grã-Bretanha em 1900, mas a Grã-Bretanha contribuía com 50% das importações e exportações da Argentina e com a maior parte de seu capital de investimento. A Argentina tentou, mas falhou em levantar mais em Nova York, Paris e Berlim. Assim, a Grã-Bretanha pôde impor aos governos argentinos políticas pró-britânicas. A pressão foi especialmente efetiva após o Peru ter sido sancionado em 1876 por não pagar empréstimos britânicos (I. McLean, 1995; M. Lynn, 2001; Cain & Hopkins, 2002: 244-273; Darwin, 2009: cap. 3). O império informal foi mais duro na China, Sião, Império Otomano e Egito, onde o livre-comércio, monopólios e renegociação de dívidas eram apoiados pela persistente diplomacia canhoneira. Ela envolvia alguma ocupação de portos, mas na maior parte dos casos o imperialismo permaneceu no exterior.

Esse império variou enormemente no tempo e no espaço. Quando estava se liberalizando no império informal nas zonas anteriores de expansão, a conquista sangrenta e do império direto dominavam as novas colônias. Embora Ferguson e Lal apresentassem uma dicotomia muito rígida de pré-1850 *versus* pós-1850, havia uma tendência para o governo mais pacífico, mas seu momento oportuno variou entre regiões, uma vez que foram conquistadas em diferentes épocas. Examino, agora, as três fontes mais pacíficas de poder: a econômica, a política e a ideológica.

Relações de poder econômico: uma economia global?

O Império Britânico era global, todavia, era somente um segmento do mundo, e estava se voltando para si à medida que o século XX emergia. Darwin (2009) observa três zonas principais de lucro elevado: os Domínios brancos de colonização; o império comercial, informal da Cidade de Londres; e a Grande Índia, que fornecia metais preciosos, mercados e força de trabalho militar. Ferguson (2004) apresenta estatísticas que parecem mostrar um crescimento econômico considerável no império no final do século XIX e início do século XX. Todavia, bizarramente, seus dados são quase todos dos Domínios brancos – Austrália, Nova Zelândia, Canadá e África do Sul – que tinham as taxas de crescimento mais elevadas do mundo naquela época. Ele acrescenta números mostrando que 40% do total de investimentos estrangeiros britânicos foram para as colônias (2004: 191). Contudo, mais de 70% disso foram para o Canadá, Austrália e Nova Zelândia. As Américas do Sul e Central, governadas por pessoas de ascendência europeia, eram "neo-Europas". Somente cerca de 10% do total de investimento estrangeiro britânico foram para a Ásia e África, embora os britânicos estivessem investindo muito mais em outros continentes do que qualquer outra potência europeia. Os franceses e alemães estavam auxiliando o desenvolvimento do leste da Europa mais do que seus impérios ultramarinos; os americanos estavam comercializando mais com o Canadá e a Grã-Bretanha.

Diz-se, com frequência, que a Grã-Bretanha se reorientou para longe da Europa e para seu império no final do século XIX, "um prêmio de consolação para o fracasso em um contexto mais global" quando defrontada com outras potências emergentes, diz H. James (2006: 102). O recuo foi mais limitado do que isso, contudo, em direção a uma macrorregião anglófona branca que abrangia os Domínios, e os Estados Unidos absorvendo 60% de todo investimento estrangeiro britânico (Davis & Huttenback, 1987: 37-39, 56-57; Simon, 1968; Clemens & Williamson, 2004). A solidariedade dos anglo-saxões seria completamente revelada nas guerras mundiais. Afirma-se, com frequência, que o período antes de 1914 foi a fase mais global de desenvolvimento capitalista, uma vez que a proporção de comércio estrangeiro para a produção mundial estava em seu nível mais elevado. Isso também é ilusório, porque a tendência era fraturada. Essas tendências indicavam, em troca, duas coisas: uma economia do Atlântico Norte mais integrada e a difusão global da raça branca.

Nos Domínios brancos, e numa extensão menor nas neo-Europas da América Latina, exterminar os nativos e depois se livrar do jugo imperial produziu o melhor resultado econômico para os colonizadores, embora não para os nativos. Essa era uma contradição dos impérios ultramarinos. Seu controle sobre as colônias foi inicialmente maior onde havia apoio dos colonizadores brancos, mas esses decidiram que poderiam ser mais bem-sucedidos sem o poder imperial.

Países europeus e americanos se beneficiaram economicamente da liderança britânica. Embora fossem estados soberanos que administravam suas próprias economias, também se beneficiaram da livre-importação de capital britânico e de força de trabalho especializada. Havia transferência tecnológica fácil; os estrangeiros copiavam e melhoravam os métodos de produção britânicos. Contudo, seguindo as prescrições de Friedrich List e Alexander Hamilton em vez das prescrições de Adam Smith, eles protegeram suas indústrias nascentes, e após a metade do século tornaram-se competitivas em relação às da Grã-Bretanha e puderam baixar suas tarifas. Após 1870, eles adotaram as normas do padrão-ouro e mantiveram suas moedas na paridade vigente de troca por ouro, conforme estabelecido pelo Tesouro Britânico. Isso permitiu empréstimo a custos mais baixos e maior investimento interno. A partir da década de 1870, muitos países europeus, o Japão e os Domínios aderiram ao padrão-ouro. Os Estados Unidos e a Itália usualmente faziam isso, retornando à paridade vigente caso temporariamente a abandonassem. Outros países do sul da Europa não conseguiram fazer isso, mas tentavam seguir o padrão-ouro, embora os sul-americanos com frequência tivessem de suspender a convertibilidade e desvalorizar (Bordo & Rockoff, 1996; Obstfeld & Taylor, 2004). Havia uma hierarquia de estados; aqueles no topo eram brancos. Exceto pelo Japão, o padrão-ouro também era um padrão branco.

O'Rourke e Williamson (2002) revelam certa convergência de preços de mercadorias nas economias desenvolvidas no final do século XIX, uma medida melhor de uma economia transnacional integrada do que a proporção comércio/PIB normalmente usada. Todavia, ela era mais transatlântica do que global, servindo para integrar mais a Europa, América do Norte, Austrália e Nova Zelândia, e o cone sul da América Latina, e foi fortalecida pela massiva migração europeia transatlântica. Embora a teoria econômica clássica sugerisse que o capital flui para lugares com excedentes de força de trabalho, aqui o capital branco seguia a força de trabalho branca; a raça invalidou a teoria econômica. Para grande parte do mundo, a revolução do transporte do século XIX foi uma bênção ambígua. Ela aumentou o preço dos produtos primários em relação às mercadorias manufaturadas, o que melhorou os termos do comércio para os países periféricos e os encorajou a se voltarem à agricultura orientada para exportação. Isso tendeu a desindustrializar os países mais avançados, especialmente a Índia. Assim, as taxas de crescimento na renda *per capita* começaram a ficar muito atrás, o que ampliou a disparidade de renda global (J. Williamson, 2006).

As colônias da Grã-Bretanha partilharam do *boom* de 1860-1914, quando territórios pertencentes a um império tinham quase dobrado o comércio internacional dos poucos países independentes (Mitchener & Weidenmier, 2008)[1], embora a indústria e o comércio mais lucrativos fossem posse de cidadãos do país de origem, e muitos lucros fossem repatriados. Algumas colônias foram desindustrializadas, passando a contar mais com a exportação de matérias-primas e gêneros alimentícios. Esses também estavam cada vez mais disponíveis, vindos de países mais ricos, usualmente em versões de alta-tecnologia – beterraba em vez de cana-de-açúcar, alimentos refinados, corantes químicos em vez de corantes naturais, fibras sintéticas em vez de naturais, e assim por diante – e isso baixou os preços das mercadorias dos países pobres em relação às dos países ricos (P. O'Brien, 2004). Milanovic, Lindert e Williamson (2011) usaram coeficientes

---

1. Michener me assegura que as colônias britânicas foram melhor sucedidas, mesmo que exclua os Domínios brancos.

Gini para calcular o que chamam *taxas de exploração*, a proporção do acúmulo de excedente para a elite além do necessário para manter a população viva. Em uma amostra de trinta sociedades pré-industriais, seis tiveram uma taxa de exploração de 100%; ou seja, as elites ficaram com todo o excedente. Essas eram todas colônias, de vários impérios, mas incluíam a Índia e o Quênia. Os outros três casos coloniais em sua amostra, Bihar britânica e duas medidas para Java no Império Holandês, tiveram uma taxa em torno de 70%. Parece que o excedente gerado nas colônias ia para as elites brancas e alguns colaboradores locais. As receitas das elites coloniais as colocariam no 0,1% superior da população mundial mesmo hoje! Conforme essas medidas, a *raison d'être* dos impérios coloniais era a exploração.

O traço mais surpreendente da época do império foi a emergência da maior desigualdade global jamais vista no mundo, "a grande divergência". A raça branca se industrializara e as outras raças não – exceto pelos japoneses. O padrão e a expectativa de vida das massas melhoraram substancialmente nos países imperiais de origem, mas apenas muito levemente em muitas colônias nativas. Isso foi compensado pelo crescimento populacional, de modo que o número de pessoas vivendo na pobreza na verdade aumentou (Van Zanden et al., 2011). Por volta de 1860, o comércio entre as pátrias natais e seus impérios – exceto pelos Domínios brancos e metais preciosos indianos – contribuíram proporcionalmente muito menos para as economias dos países de origem do que haviam contribuído antes. As colônias eram muito pobres para comprar os produtos da Segunda Revolução Industrial, e o mundo avançado se voltou mais para si (Etemad, 2005: 293). O desenvolvimento desigual persistiu, portanto, no período de 1914-1950. Nesse período, a raça branca se globalizou e as outras raças foram substancialmente excluídas. A globalização econômica não foi apenas fraturada entre impérios, foi também racialmente segregada.

A joia na coroa: relações de poder econômico na Índia

A Índia era a colônia mais valiosa, assumindo um quarto das exportações britânicas e grande parte do investimento britânico indo para a Ásia e África. Ela permitiu à Grã-Bretanha gerir o padrão-ouro; seu exército de mais de um milhão defendia o império. De 1880 a 1920, seu PIB cresceu menos de 1% ao ano, depois, estabilizou; na década de 1930, declinou (Roy, 2000: 218-223; cf. Tomlinson, 1993). Nos 100 anos antes da independência em 1947, a média de desenvolvimento era de 0,2% ao ano – em uma época em que a própria Grã-Bretanha experienciava um crescimento dez vezes maior. A expectativa de vida provavelmente também não mostrou melhoramento, diferente da Grã-Bretanha (International Labor Office, 1938). A causa disso não foi o crescimento populacional que anulava os ganhos econômicos, uma vez que o crescimento populacional era menor do que na Grã-Bretanha. A política médica britânica na Índia foi também mínima. Sempre que políticas mais ambiciosas de melhorias médicas iam contra a corrente das práticas locais, os britânicos recuavam. Portanto, conclui Arnold (1993), poucos corpos indianos foram colonizados.

A Índia era um país enorme, e não continha muitos britânicos. Em 1931, somente 90.000 britânicos eram economicamente ativos, dois terços deles no exército ou na polícia. Dois mil administradores britânicos governavam cerca de 300 milhões de indianos; era notável que pudessem governar. Não devemos exagerar seu papel, para o bem ou para o mal. Foi culpa deles o país ter permanecido mergulhado na pobreza, analfabetismo e mortalidade? Os britânicos não eram os propulsores na economia, e não podiam abolir barreiras ao desenvolvimento criadas por estruturas sociais locais (Tirthankar Roy, 2000: 262; cf. 1999: 59). A política britânica teve somente efeitos marginais, mas foi marginalmente benéfica ou marginalmente prejudicial?

Dadabhai Naoroji foi presidente do recém-formado Congresso Nacional Indiano. Em seu famoso balanço econômico geral do governo britânico (1887: 131-136), apelou à generosidade dos britânicos. Elogiando seus esforços, pediu somente que cumprissem suas promessas. Contudo, suas críticas foram incisivas e corretas. Ele via a política econômica britânica como dirigida a manter o país aberto às exportações britânicas, que possuía uma vantagem competitiva sobre as mercadorias asiáticas. O livre-comércio significava que a Grã-Bretanha poderia exportar bens manufaturados para a Índia e receber em troca matérias-primas. Isso prejudicava as indústrias artesanais indianas incapazes de competir com as manufaturas britânicas (Roy, 1999; Washbrook, 2001; Parthasarathi, 2001; Roy, 2000: 128; Roy, 1999). Os têxteis lutaram para voltar a uma relativa prosperidade por volta da década de 1870, mas o valor de suas exportações era muito mais baixo do que as matérias-primas e a produção agrícola (B. Porter, 2004: 53). A competência indiana na construção de navios, mineração e metais, vistas como indústrias estratégicas, foi reprimida, e o equipamento ferroviário era importado da Inglaterra (Arnold, 2000: cap. 4). A repressão foi obtida não pela força militar, mas pela manipulação dos termos de comércio; a exploração era indireta.

Houve alguma melhora no século XX. Os nacionalistas indianos organizaram boicotes às mercadorias estrangeiras, pressionando os britânicos à proteção da indústria nascente. Em 1896, os moinhos indianos forneciam apenas 8% do tecido indiano; em 1913, forneciam 20%, e em 1945, 76% (Maddison, 2007: 128). Os britânicos, contudo, tinham suas próprias razões para a mudança. A Primeira Guerra Mundial aumentou a importância estratégica da Índia e a necessidade de defesa e outros gastos públicos. Eles não queriam aumentar impostos sobre as terras porque isso alienaria os proprietários de terras dos quais dependiam para governar localmente. Assim, voltaram-se para a tributação de importações para obter receita de tarifas, e isso também excluiu as mercadorias alemãs e japonesas. Indústrias como as têxteis, de ferro e aço, açúcar e papel receberam proteção com taxas tarifárias médias de 5% em 1900 a 25% em 1930. Eles também queriam poupar os gastos em libras relacionados à Índia, de modo que as necessidades indianas fossem cada vez mais atendidas pela Índia e não pela Grã-Bretanha. A partir de 1934, a indústria crescia, e foi depois incrementada pela Segunda Guerra Mundial. A Índia se voltou para o dirigismo mesmo antes da independência, o que beneficiou os indianos (Kohli, 2004: 253-254).

A política fiscal britânica, Naoroji observou, era sifonar as receitas de exportação para Londres. A Índia possuía um grande excedente de exportação com outros países, mas um grande déficit com a Grã-Bretanha. Como a moeda do império inteiro era a libra esterlina, os lucros da Índia de cerca de 1% da receita nacional indiana e talvez 20% das poupanças líquidas da Índia voltavam para a Grã-Bretanha (Maddison, 2007: 121). Isso pagava 30-40% do déficit da Grã--Bretanha com outros países industrializados, permitindo-lhe equilibrar suas contas externas, permanecer no padrão-ouro e determinar a moeda de reserva do mundo (S.B. Saul, 1960: cap. 8). Essa política foi deflacionária devido a baixas tarifas, taxas de câmbio elevadas (para encorajar as importações) e massivos orçamentos militares. A Índia foi a pedra angular das tropas do império posicionadas ao redor do mundo e prontas para a batalha (Darwin, 2009: cap. 5). Sem mover a riqueza e os soldados da Índia para o exterior, o império não poderia ter sobrevivido.

Naoroji, contudo, aceitava também ter havido benefícios do governo britânico. A partir de 1900, os gastos em ferrovias e portos usualmente excederam os gastos com a defesa direta, embora fossem usados para mover tropas e para canalizar mercadorias para e da Grã-Bretanha. Projetos de irrigação estavam basicamente no Punjab, a principal área de recrutamento militar e de assentamento para veteranos militares. Tomlinson (1993: 148-149) diz: "Preocupações administrativas assumiam precedência em relação a iniciativas de desenvolvimento... os avanços que foram feitos na Índia... foram conquistados em sua maior parte a despeito da inércia criada por uma administração que governava em termos econômicos numa mistura de negligência benigna e maligna" (cf. Misra, 2003; Subrahmanyam, 2004; Roy, 2000: 243, 252-257, 273). Esses investimentos foram menos do que as quantidades sifonadas de volta para a Grã-Bretanha, embora as ferrovias tenham ajudado a integrar a economia, assim como pesos e medidas, moeda e leis do contrato imperiais. O peso médio dos indianos aumentou muito pouco durante o governo britânico, uma indicação da leve melhora na saúde, embora seu peso tenha aumentado muito mais após a independência indiana (Brennan et al., 1997). A integração se tornou uma desvantagem em 1929, quando a Índia sentiu os efeitos da Grande Depressão (Tomlinson, 1993: 69-70), mas como argumenta Lal, em geral, integração é melhor do que exclusão.

Grande parte das elites indianas se deu muito bem. Na verdade, os britânicos partilharam a exploração com elas. Após os britânicos terem destruído os estados pós-mugais, reduziram os impostos sobre a terra, o que beneficiou os proprietários de terras. A desigualdade nas aldeias se ampliou e os trabalhadores sem terra cresceram em número. Donos de propriedades também se beneficiaram com o comércio expandido e com a educação (Maddison, 2007: 120ss.). As taxas de alfabetização dobraram no século XX, embora a partir de um nível tão baixo que beneficiou uma subelite relativamente pequena. Cerca de 5% dos indianos eram alfabetizados em 1911, 11% em 1947. Na época da independência, a maior parte dos funcionários públicos em todos os níveis era de indianos – e falantes do inglês, uma vez que o inglês era a única língua de instrução na educação superior desde 1835. O inglês se tornou o unificador linguístico da elite em um subcontinente multilíngue. Isso se mostraria um cavalo de Troia, gerando um nacionalismo expresso em inglês.

No lado do débito, fomes em massa aumentaram durante o governo britânico. A fome de 1876-1878 matou cerca de 6-8 milhões de pessoas; as duas fomes de 1896-1897 e 1899-1900, aproximadamente 20 milhões. Cornelius Walford (1878-1879; cf. Digby, 1901) observou que durante todo o tempo, grãos ainda estavam sendo exportados para Londres. As fomes são parcialmente naturais, parcialmente sociais, como Mike Davis mostra (2000: 110-111, 158-159, 172-173). Os impostos aumentaram a vulnerabilidade dos camponeses à seca. Embora autoridades pré-coloniais tenham ajustado as demandas de receita às colheitas, os britânicos tinham impostos inflexíveis derivados de um Estado burocrático nacional, e aderiram firmemente ao utilitarismo e ao livre-comércio. O Relatório da Comissão da Fome de 1878 declarava: "A doutrina segundo a qual em época de fome os pobres têm direito de exigir alívio... levaria provavelmente à doutrina segundo a qual eles têm direito a esse alívio sempre... o que não podemos contemplar sem séria apreensão". O vice-rei Lytton preveniu sua equipe para resistir às "histerias humanitárias", proibindo "qualquer interferência da parte do governo com o objetivo de reduzir o preço dos alimentos". O vice-rei Lord Curzon declarou: "Qualquer governo que colocasse em perigo a posição financeira da Índia nos interesses da filantropia pródiga estaria aberto a sérias críticas; mas qualquer governo que por doação de esmola indiscriminada enfraquecesse a fibra e desmoralizasse a autoconfiança da população seria culpado de um crime público" (M. Davis, 2000: 31-33, 162).

O *laissez-faire* garantiu que mesmo durante as fomes os excedentes de grãos fossem exportados para a Inglaterra. Os consumidores britânicos, diferentemente dos indianos, podiam se dar ao luxo de pagar os preços mais elevados que os períodos de escassez geravam. Os pedidos indianos por alívio de impostos foram negados. M. Davis (2000: 22) conclui: "As políticas imperiais para com os 'súditos' famintos eram o equivalente moral a bombas jogadas de 18.000 pés de altura". Ele pergunta: "Que peso darmos a declarações presunçosas sobre os benefícios providenciais do transporte a vapor e dos modernos mercados de grão quando tantos milhões, especialmente na Índia britânica, morrem nos trilhos das ferrovias ou nos degraus de grandes depósitos de grãos?" Os mercados e as ferrovias extraíam alimentos mais eficientemente das áreas de fome, puxados pelo maior poder de compra em outros lugares. Ironicamente, as populações dessas áreas de fome teriam sido melhor sucedidas sem ferrovias, pois assim poderiam ter consumido sua própria produção. Como na fome irlandesa, o governo dizia que não deveria interferir no funcionamento natural dos mercados, que supostamente traziam a maior eficiência para o maior número.

Lakshmi Iyer (2004) concebeu um teste engenhoso de governo na Índia. Após as reformas de 1858, a Grã-Bretanha governava cerca de metade da área terrestre e três quartos da população. O resto era governado indiretamente, através de príncipes indianos, que administravam seus próprios orçamentos. Embora os britânicos governassem as áreas agrícolas mais prósperas, eles desenvolveram poucos bens públicos – escolas, clínicas de saúde e infraestruturas de comunicações – e os governantes nativos recolhiam impostos mais altos do que os britânicos. A diferença poderia resultar da qualidade da terra, de modo que Iyer separou territórios de principados que passavam gradualmente ao governo britânico quando um príncipe morria sem um herdeiro. Esse era um processo aleatório do ponto de vista do desenvolvimento econômico. As regiões que passavam aos britânicos também tinham menos bens públicos. Portanto, os indianos tinham menos bens públicos sob o governo britânico do que sob o governo de príncipes nativos.

Após a fase inicial de pilhagem imperial, o Império Britânico não teve impacto massivo de um modo ou de outro na economia indiana, exceto durante as fomes. Algumas políticas foram danosas; algumas benéficas. No geral, um pequeno desenvolvimento econômico ocorreu, mas as elites se beneficiaram em vez das massas. Não podemos saber qual poderia ter sido o destino da Índia sem os britânicos. Caso tivesse mantido sua independência, seu destino econômico poderia ter sido pior – como o da China – ou poderia ter sido melhor – como o do Japão – caso tivesse sido capaz de entrar na economia mundial em seus próprios termos. No ponto da conquista britânica, a Índia pós-mugal estava em algum lugar entre esses dois – nem estagnada nem muito dinâmica. Era uma antiga grande civilização em declínio, mostrando sinais limitados de recuperação. Afinal, fora a resiliência da manufatura e do comércio indiano que atraíram a intervenção europeia; a Índia havia fornecido um quarto dos têxteis do mundo. Alguns dos estados nativos pós-mugais – como Mysore e Maratha – estavam se modernizando, o direito de propriedade estava evoluindo, e a ciência indiana estava se desenvolvendo lentamente (Bayly, 1996: 21-38; Arnold, 2000: 1-18; Maddison, 2007: 130, são menos otimistas). Tudo isso foi abortado durante o colonialismo. O contraste com a Índia após a independência é surpreendente: A taxa média de crescimento do PIB na Índia britânica era de 0,1%, comparada à taxa de crescimento de 1,7% na Índia após a independência. Easterlin (2000: tabela 1) declara 1945 o divisor de águas para a Índia. Embora nenhuma resposta decisiva seja possível, o cenário contrafatual mais plausível sem os britânicos é o de desenvolvimento econômico ligeiramente melhor.

Houve algumas histórias de sucesso colonial. Malaya prosperou com base no transplante de seringueiras, apropriadamente programado para atender a demanda crescente por pneus. Embora muitas plantações fossem de posse britânica, com lucros repatriados para a Grã-Bretanha, havia benefícios para os locais. Em 1929, a Malaya britânica possuía o PIB *per capita* mais alto na Ásia, e fornecia emprego para milhares de migrantes da Índia e da China (Drabble, 2000: 113). Agricultores do oeste africano se beneficiaram como o cacau transplantado da América. Em Gana, camponeses e comerciantes africanos desenvolveram uma indústria próspera com a ajuda de infraestruturas de transporte melhoradas. Na verdade, os transplantes foram provavelmente o produto mais benéfico do imperialismo, pois produziram alimentos e medicamentos para o mundo. Kew Gardens e não Whitehall foi o patrono mais benigno do imperialismo britânico, embora isso possa ter se devido mais às paixões britânicas pela jardinagem do que ao imperialismo (Drayton, 2000).

Muitas colônias dependiam das exportações de uma única cultura agrícola ou indústria extrativa, o que as tornava vulneráveis à flutuação dos preços de mercadorias. Isso propiciou *estados porteiros* (*gate-keeper states*), nos quais as capitais coloniais eram cidades portuárias que cobravam impostos sobre importações e exportações e emitiam licenças, o canal entre os enclaves econômicos valiosos e o centro imperial. As minas e plantações enviavam suas mercadorias diretamente para o exterior, com benefícios mínimos para a economia local, e outros territórios no interior ficavam fora do alcance logístico do governo (Cooper, 2002: cap. 1). Além da Índia, somente a África do Sul dominada por brancos recebeu infraestruturas que integraram o país. Embora as exportações tropicais tivessem crescido mais de 3% de 1883 a 1913, isso não impactou as vidas da maior parte dos produtores porque a maior parte das plantações era propriedade de europeus (Reynolds, 1985). Os conselhos de comercialização de exportação do oeste africano no final do império reorientaram os impostos sobre o consumo para o desenvolvimento de projetos, mas a agricultura dos colonizadores erodiu florestas e terras comuns de pastagem. As terras férteis do mundo cresceram 70% entre 1850 e 1920. O resultado foi a força de trabalho rural subempregada, que conteve o nível de salários (Tomlinson, 1999: 64-68). Houve pouco desenvolvimento econômico para os africanos até a década de 1940.

A África foi colonizada depois da Índia, quando os britânicos estavam, em princípio, comprometidos com o desenvolvimento. As colônias africanas eram pobres, contudo, e davam pouco lucro; as autoridades não desperdiçariam recursos com elas. Em 1903, os Escritórios Colonial e do Sudão em Londres tinham uma equipe combinada de mais de 200, muitos dos quais jamais haviam estado nas colônias. Na África, 1.200 funcionários públicos coloniais estavam espalhados por quinze colônias; eles só podiam governar se fossem indulgentes com as elites nativas. Como tentativas de impor relações de propriedade privada geralmente provocavam descontentamento, os britânicos (recuaram) desistiram, exceto onde os nativos eram expropriados em benefício das plantações ou minas europeias. Como nas colônias francesas e belgas, eles por vezes impunham o trabalho forçado, uma vez que a terra era abundante e a força de trabalho, escassa. Enclaves de propriedade britânica de recursos de alto valor foram estabelecidos em meio a amplos territórios onde os britânicos (ou franceses) meramente dividiam e governavam. Eles tiveram uma dificuldade especial para penetrar na sociedade civil islâmica no norte do continente. Muitos colonialismos se tornaram mais brandos com o tempo, tão logo o poder colonial e seus colonizadores tivessem expropriado grande parte das terras valiosas, e tão logo tivessem aprendido as economias do governo através das elites nativas. As piores atrocidades geralmente vieram antes – os espanhóis no Caribe, os britânicos na América do Norte – embora também tivessem acontecido entre os impérios tardios – as minas do rei belga Leopold no Congo, os alemães no sudoeste da África, os italianos na Etiópia.

Em geral, houve um desenvolvimento econômico limitado na África (Maddison, 2007: 228). Etemad (2007) sugere que, após declínios populacionais catastróficos nos períodos de conquista colonial, a população mais do que se recuperou, o que indicava um crescimento econômico real que mais tarde foi minado por um índice de natalidade mais elevado. Reprovo o registro econômico das colônias no estágio de conquistas do império; posteriormente, tornou-se mais ambíguo, embora houvesse variações entre as colônias, assim como entre os que haviam se tornado clientes favorecidos do poder imperial e os que não haviam. O colonialismo certamente não pode ser responsabilizado por toda a grande divergência. Havia exploração imperial, como vimos, mas a principal razão para a grande e crescente diferença econômica entre o Ocidente e o Resto repousa nas diferenças entre as condições internas dos países natais e as colônias. O Ocidente se industrializou; o Resto não – exceto pelo Japão e suas colônias.

Relações de poder político nas colônias

A visão global das relações de poder político era novamente um contraste, agora, entre a emergência da cidadania civil e política no centro imperial e nas colônias estabelecidas pelos brancos *versus* a sujeição na periferia colonial – entre o Estado-nação e o império. Lal e Ferguson dizem que o Império Britânico proveu "bom governo", no sentido de ser relativamente eficiente, de baixo custo e incorrupto. Ferguson, contudo, também enfatizou seu encorajamento do governo representativo, e isso é duvidoso exceto pelos Domínios brancos (Ward, 1976). Nenhuma outra colônia desenvolveu sequer uma eleição mesmo no nível local até após a Primeira Guerra Mundial. Na Ásia, alguns membros nativos designados (não eleitos) foram empossados nos conselhos dos governadores, mas sem qualquer influência na política militar ou externa. Esse padrão duplo entre colonizadores e nativos provocava reações negativas perenes, e os britânicos se aperceberam de que deveriam governar menos diretamente – com a ajuda das elites nativas – após a Rebelião Indiana de 1857 e novamente meio século depois na África (Louis, 2001: vii-ix; Crowder, 1968). Eles escolhiam elites as quais acreditavam ser governantes tradicionais, todavia, o apoio britânico de fato tornava reis, chefes e castas elevadas mais fortes do que haviam sido previamente (Mamdani, 1996). Esse foi um afastamento do governo representativo, uma aliança entre os britânicos e classes altas nativas para impedir a potencial oposição nacionalista.

Como todos os imperialistas, os britânicos alegavam que o império era em benefício dos nativos. Isso envolvia noções lamarckianas de evolução social, conforme as quais o "ambiente" do governo britânico elevaria os nativos. As colônias eram mantidas em "fideicomisso", "para proteger e melhorar as raças de cor". Líderes britânicos se dividiam sobre quanto melhoramento era possível. Thomas Macaulay declarou na Câmara dos Comuns: "A mente pública da Índia tendo se tornado instruída no conhecimento europeu... pode, em uma época futura, exigir instituições europeias". Quando um parlamento indiano fosse estabelecido, ele disse, seria "o dia de maior orgulho da história inglesa". William Wilberforce (líder do movimento antiescravatura) vislumbrou a "introdução gradual de nossos princípios e opiniões; de nossas leis, instituições e modos; sobretudo, como fonte de todo melhoramento, de nossa religião, e... costumes". Com certeza, a própria Grã-Bretanha não tinha ainda um governo responsabilizável, representativo (B. Porter, 2004: 32-33; 2006: 52; A. Porter, 2001).

Padrões de vida britânicos surgiram a partir da década de 1870, e a expectativa de vida aumentou à medida que o século XX chegava. Os homens britânicos agora adquiriam cidadania política, o que diminuía o fluxo de colonizadores. Além disso, "civilizar" o império não significava mais integrar os nativos a uma dada ordem social, como fora para o Império Romano. Mesmo no final do século XVIII, diferenças no PNB *per capita*, padrões de vida e índices de mortalidade ao redor do mundo não eram significativas, mas no início do século XX, sim. Na década de 1880, houve uma efusão do sentimento imperialista de que o desenvolvimento era o fardo do homem branco. Isso não ameaçaria a superioridade do centro sobre os nativos, porque o centro estava se desenvolvendo muito rápido. Agora, uma noção de curadoria inferior aparecia: o Império Britânico arrastaria as populações nativas em um processo contínuo de desenvolvimento econômico e político desigual.

À medida que o direito de voto britânico se ampliava, tanto movimentos pró-imperiais como anti-imperiais tentavam despertar a consciência popular do império. A classe trabalhadora não foi muito afetada pela propaganda, mas as classes médias adotaram uma atitude positiva em relação ao império, vendo-o como uma iniciativa filantrópica, como a de ajudar os pobres no país. O imperialismo era patriarcal, levando uma "família" de nações coloniais imaturas a uma consequente maturidade. O liberalismo britânico prometia autodeterminação na maturidade – mas não agora. Contudo, os textos clássicos sobre liberalismo e socialismo – de John Locke, John Stuart Mill e Karl Marx – foram escritos em termos universais, sem estarem restritos às civilizações avançadas. Lê-los poderia aumentar a confiança de nacionalistas alfabetizados na legitimidade de sua causa.

A pressão vinha dos nativos, especialmente na Índia. Batalhas por reformas na década de 1880 asseguraram a entrada dos indianos ao serviço público provincial inferior (Sinha, 1995: 100-101). O recém-formado Congresso Nacional Indiano e a Liga Muçulmana exigiram representação política. Em troca, o vice-rei Lord Curzon promoveu a autoridade "tradicional" dos "cavalheiros indianos de nascimento e posição mais elevados", às custas dos nacionalistas do Congresso, uma estratégia clássica para minar o nacionalismo. Ele também tentou a estratégia do dividir e governar entre hindus e muçulmanos, mas a eleição de um governo liberal na Grã-Bretanha em 1906 trouxe algum movimento, acrescentando alguns membros eleitos em uma votação restrita aos conselhos legislativos provinciais (Dilks, 1969: 239; R. Moore, 2001: 435–445; cf. B. Porter, 2004: 211–216; Darwin, 2009: cap. 5).

A África foi mais variada, mas muito atrás em seu desenvolvimento. O Serviço Político do Sudão governava grande parte da África, e permaneceu 100% britânico até 1952 (Kirk-Greene, 2000: 248-249). Em 1923, o governador da Nigéria declarou: "Em um país como a Nigéria, que em muitas áreas ainda não emergiu do barbarismo, um governo autocrático forte, e dentro de limites, é essencial" (Wheare, 1950: 42). Lord Lugard, o teórico do governo indireto na África, disse:

> O ideal de governo só pode ser realizado pelos métodos de evolução que produziram a democracia da Europa e América, isto é, pelas instituições representativas nas quais a classe comparativamente menor deve ser reconhecida como a porta-voz dos muitos.... O veredicto de estudiosos da história e sociologia de diferentes nacionalidades... é... unânime – o de que a era de completa independência ainda não está visível no horizonte do tempo (1922: 193-197).

Em 1938, o secretário colonial Malcolm Macdonald disse: "Pode levar gerações, ou mesmo séculos para que o povo em algumas partes do império colonial atinjam o autogoverno. Mas é uma parte importante de nossa política, mesmo entre os povos mais atrasados da África, ensiná-los e encorajá-los sempre a serem capazes de se manter um pouco mais sobre seus próprios pés" (Marx, 2002: 151). Esses homens tinham um ritmo diferente da que tinham os "povos atrasados".

Alguns funcionários eram céticos. Sir Alfred Lyall, um funcionário sênior na Índia, viu a inscrição no muro* já em 1882, dizendo: "Não conheço exemplo na história de uma nação ser educada por outra nação ao autogoverno e independência; cada nação teve de lutar para assumir seu lugar no mundo, assim como os ingleses o fizeram" (B. Porter, 2006: 53). Os nacionalistas exigiam cada vez mais algum autogoverno. A Índia experienciou ciclos de agitação, greves, rebeliões, depois repressão, depois mais revoltas, e finalmente concessões. Em 1913, o Congresso e a Liga Muçulmana exigiram autogoverno completo. A Primeira Guerra Mundial fomentou a legitimidade de suas demandas, uma vez que centenas de milhares de indianos lutaram pelo império na Europa e África. Após demonstrações de massa, em 1919, o número de membros eleitos de conselhos provinciais aumentou, e alguns ministros provinciais foram colocados sob seu controle. A supressão sangrenta de manifestantes do General Dyer em Amritsar em 1919 foi contraprodutiva, e ajudou o Congresso e a Liga Muçulmana a recrutar apoio da massa. A proporção de indianos no serviço público imperial subiu de 5% em 1915 para 10% em 1920, devido à escassez de homens britânicos no período de guerra. Com muito pouca imigração indiana após a guerra, a proporção continuou subindo, e atingiu 42% em 1939 (Kirk-Greene, 2000: 248-249), fortalecendo os nacionalistas mais do que a aristocracia. Em 1935 (uma vez mais em resposta às rebeliões), os britânicos propuseram um governo representativo e responsabilizável no nível local. Os nacionalistas rejeitaram isso, exigindo independência completa. Muitos políticos trabalhistas britânicos apoiaram a independência; muitos conservadores pensavam que o império ainda duraria um longo tempo. Curzon, contudo, passou tristemente a duvidar disso: "Está crescendo lentamente um tipo de sentimento nacional" que "jamais poderá ser reconciliado completamente com um governo estrangeiro. As forças e tendência em funcionamento são de um modo geral, fissíparas, não unificadas". Ele depositava suas esperanças nas "pontes perpetuamente em construção sobre aquela fissura racial que se abre em nosso meio", mas ele por vezes se perguntava por quanto tempo isso poderia durar (Dilks, 1969: 95, 105).

O hinduísmo e o islamismo ajudaram a resistência. Mesmo a resistência inicial da aristocracia e comerciantes mugais envolveu algum senso de defesa patriótica de um Estado indiano sob ocupação estrangeira. Um sentimento rudimentar de nacionalismo fazia sentido para o povo dominado, e ajudou o surgimento de uma religião/cultura hindu única a partir de uma pletora de cultos e seitas. Ela declarava uma superioridade espiritual em relação aos britânicos materialmente superiores (Bayly, 1996: 345–352; Bayly 2004: cap. 6; Chatterjee, 1993: 121; Ray, 2003). Esse ocidentalismo alimentou o nacionalismo gandhiano ao mesmo tempo que a nova classe média indiana, educada em escolas

---

* Referência provável à história do banquete de Belsazar [N.T.].

britânicas, desenvolvia uma ideologia mais secular de modernização e reforma. Por todas as colônias asiáticas, as reações culturais conservadoras se voltaram para um nacionalismo que alegava ser mais moderno que os britânicos (Gelber, 2001: 152-161).

O desenvolvimento, embora limitado e desigual, aumentou o tamanho da classe média nacionalista. Ironicamente, o sucesso imperial produziu seus próprios coveiros. No período entreguerras, Gandhi, o Congresso e a Liga Muçulmana lideraram movimentos de massa. Sua unidade dependia menos de uma nação indiana de fato (pois os indianos estavam divididos ao longo de linhas religiosas, de casta, étnica e de classe) do que da experiência comum de repressão e racismo – como em muitas colônias.

Relações de poder ideológico nas colônias

(5) A grande tendência ideológica do século XIX foi uma onda de racismo. Nos períodos iniciais, impérios bem-sucedidos assimilaram culturalmente seus povos conquistados, ajudados pelo fato de que se expandiam sobre seus vizinhos que não eram muito diferentes deles. Os russos ainda estavam fazendo isso no século XIX, de modo que assimilaram a maioria dos nativos conquistados. Os europeus ocidentais, contudo, foram para outros continentes – do outro lado do mundo – para se depararem com pessoas aparentemente "estrangeiras" fisicamente diferentes deles. Eles se esforçavam para entender essas qualidades estranhas, das quais o tom da pele era o mais óbvio. Eles os distinguiam pela raça, embora não inicialmente em um sentido biológico, uma vez que sua religião lhes ensinava que todos eram descendentes de Adão e Eva. A sua classificação era, no começo, em termos de poder. As raças mais fracas eram "selvagens", as mais fortes, "civilizadas", embora muitas dessas fossem consideradas "decadentes". Explanações para o atraso enfatizavam fatores geográficos e sociais como clima, território, mau governo e ignorância da religião. Os cristãos, contudo, diziam que mesmo os mais atrasados tinham razão e alma; eles eram "do nosso mesmo sangue", embora necessitassem que se lhes mostrasse a luz. Muitos, no início, acreditavam que diferenças de raça não tinham de ser permanentes, uma ideologia que oferecia algum encorajamento para a globalização universal, como valores do Iluminismo. Montesquieu usou um inteligente embaixador persa e Voltaire, um inteligente indiano huron para lançar um olhar crítico, muitas vezes divertido, sobre sua própria sociedade francesa. Como Katzenstein (2010) nos lembra, as civilizações não são singulares, mas plurais, e um pouco indeterminadas. A combinação de racismo, imperialismo, orientalismo, cristianismo e ideias iluministas poderia levar a diferentes direções.

Os espanhóis se convertiam e se casavam entre elites astecas e incas. No começo, coabitação e casamentos inter-raciais eram também comuns entre populações colonizadoras britânicas, mas a escravidão encorajava o racismo. Noções de uma raça branca parecem ter aparecido primeiro entre os plantadores americanos desejosos por se distinguir dos escravos "negros" e para justificar sua exploração (T. Allen, 1997). Esse racismo ainda não era aparente na Ásia, onde os europeus respeitavam as civilizações confrontando-as. O casamento inter-racial, coabitação e concubinagem eram comuns. Em 1780, um terço dos homens britânicos na Índia que deixaram testamentos incluíram legados para esposas ou companheiras ou para os filhos dessas relações (Dalrymple, 2002: 34). Todavia, na década de 1780, a Companhia das Índias Orientais mudou a política para desencorajar casamentos mistos e passou a remover filhos de casamentos de sangues mistos de seu emprego, tendo previamente lhes dado tratamento preferencial. Houve mais um aumento do racismo na Índia na década de 1830. Sangue e civilização eram agora "a mesma coisa... a calibração do sangue se tornou de vital importância para a ordem colonial" (Bayly, 1996: 219; Sen, 2002: 143; Collingham, 2001). Coabitação e concubinagem eram considerados agora imorais, e o casamento fora da comunidade cristã era deplorado. A segmentação racial diminuiu as barreiras entre europeus, uma vez que todos eram brancos. Os britânicos também trouxeram noções de melhoramento, tanto material como moral. A Grã-Bretanha do século XVIII estava melhorando rapidamente, e, por contraste, as sociedades hindu e muçulmana pareciam estáticas ou decadentes; os indianos eram denunciados como incorrigivelmente preguiçosos e corruptos.

Na Grã-Bretanha, o racismo ainda não era muito forte. Nos "debates finais sobre a emancipação britânica na Câmara dos Comuns em 1833, nem um único MP argumentou a favor de qualquer incapacidade racial dos africanos ou a partir dela" (Drescher, 2002: 81). Na Índia, o racismo foi mitigado pela necessidade do governo indireto. Macaulay disse: "Devemos fazer nosso melhor para formar uma classe que possa ser a intérprete entre nós e os milhões que governamos, uma classe de pessoas indianas em sangue e cor, mas de gosto, opiniões, palavras e intelecto ingleses" (Young, 1957: 729). Eles educaram os filhos da aristocracia, os brâmanes, e outros notáveis em inglês, e adaptaram suas próprias distinções de classes aos *status* tradicionais da sociedade indiana. As elites indianas pareciam civilizadas; os camponeses indianos, não. A classe britânica e a casta indiana se fundiram, uma vez que príncipes, notáveis brâmanes e muçulmanos se tornaram "os líderes da aristocracia de uma sociedade baseada em castas" (Cannadine, 2001: cap. 4). Embora diferenças entre nativos aparecessem menos na África, os britânicos também as usavam. A príncipes, famílias de castas elevadas, chefes e outros notáveis, eram concedidos poder, uniformes, honras, medalhas e títulos. O governo indireto mediava raça com classe, restringindo o racismo à esfera pública.

Contudo, os britânicos cultivavam duas elites nativas rivais, notáveis tradicionais e uma classe média recém-educada – advogados, profissionais, administradores – confinados à administração inferior e a pior tratamento. O descontentamento dos africanos se traduziu em um nacionalismo populista, apelando ao povo como um todo, ignorando divisões de classe entre os nativos. Os britânicos fingiam desprezá-los. Embora vissem a "aristocracia" como "líderes naturais", civilizados, marciais e viris, eles chamavam os funcionários públicos *babus*, um termo pejorativo que significava "mole, efeminado", e zombavam deles por falarem o inglês de forma extremamente correta e inatural. Os chefes hereditários africanos eram preferidos em detrimento de "meninos de missões". No Sudão, os últimos eram chamados "efêndis", que imitavam modos europeus, e "meninos", que trabalhavam sob o comando de "homens" britânicos que eram na realidade mais jovens do que eles. No Iraque, os britânicos preferiam a "aristocracia pura", xeiques tribais, em detrimento de advogados e políticos nacionalistas urbanos "não confiáveis" (Burroughs, 2001: 181-182; Cell, 2001: 243; Sharkey, 2003; Dodge, 2003: caps. 4, 5). Isso era o governo indireto que se degenerava em dividir e governar, classe contra nação.

O racismo continuou a dominar a esfera privada na Índia. As vidas íntimas dos britânicos e nativos permaneciam separadas; barreiras de casta e religiosas reforçavam isso. Noções hindus de pureza centravam-se em quem podia casar e jantar com quem; não podia haver qualquer contato com o não limpo. As mulheres reforçavam a segregação privada, pois essa era a sua esfera. Mulheres hindus e muçulmanas de *status* elevado se recolhiam da esfera pública, um lugar de humilhação diária pelos europeus, para um domínio que podiam controlar, e que diziam incorporar sua superioridade espiritual aos ocidentais (Chatterjee, 1993: 122-130). Os britânicos impuseram "fechamento corporal" à sua vestimenta e comportamento, abandonando trajes indianos soltos em favor do sahib uniformizado, abotoado, encartolado e sua memsahib* crinolinada e espartilhada. O conforto foi subordinado à rígida formalidade à medida que uma "parede afetiva" foi construída entre o corpo e o ambiente (Collingham, 2001). Os nativos não eram admitidos em clubes, e as mulheres europeias eram desencorajadas de fazer trabalho social ou de caridade entre os pobres, como muitas faziam em seu país. O casamento inter-racial se tornou mais raro; por volta de 1900, era tabu para homens britânicos se associarem a mulheres indianas. Poucos britânicos na Índia ou na África (exceto para zonas de colonizadores) consideravam sua estada como permanente; caso pudessem arcar com as despesas , educavam seus filhos em escolas britânicas. Suas idas e vindas entre centro e periferia os tornava híbridos, "sofrendo pelo império", temendo que seus filhos adquirissem

---

* Forma feminina de *sahib*, utilizada durante o *raj* britânico para se referir às mulheres do *establishment*; uma variação da palavra inglesa *ma'am* (madame) que foi acrescida à palavra *sahib* [N.T.].

modos indianos. As inseguranças de uma pequena comunidade branca estabelecida em meio a 300 milhões de hindus e muçulmanos não favoreciam boas relações (Procida, 2002: 97-100, 195-198; Buettner, 2004).

No final do século XIX, o racismo biológico aumentou. A "degeneração racial" parecia explicar as sociedades estagnadas e atrasadas. A sexualidade descuidada e a miscigenação tinham de ser evitadas, e modelos patriarcais foram acrescidos. Raças civilizadas que eram militarmente inferiores aos europeus eram "efeminadas", as mais atrasadas eram "imaturas". Sir Lepel Griffin, um oficial britânico sênior na Índia, fundiu racismo e patriarcado de um modo explêndido, declarando:

> As características que desqualificam as mulheres para a vida pública e suas responsabilidades são inerentes ao seu sexo e são dignas de honra, pois ser feminina é o maior mérito para uma mulher, assim como ser masculina é sua pior desgraça, mas quando homens como os bengalis são desqualificados para a emancipação política pela posse de características essencialmente femininas, devem esperar ser tratados com enorme desprezo pelas raças mais fortes e mais valentes, que lutaram por liberdades que conquistaram ou retiveram (Sinha, 1995; cf. Sen, 2002; Stoler, 2002: 78).

O racismo patriarcal tendeu a converter o governo indireto em *apartheid* segregado. Os nativos africanos eram vistos como mais primitivos, mas estavam se tornando cristãos, de modo que o darwinismo social nunca poderia triunfar sobre noções lamarckianas e cristãs de melhoramento. Através da cristianização e do desenvolvimento, diferenças raciais poderiam, em teoria, ser transcendidas. Escolas missionárias também proviam alfabetização, talvez o maior benefício do império. Os missionários tiveram muito menos sucesso entre muçulmanos, hindus e budistas. Caso os romanos tivessem conquistado um povo importante que possuísse uma religião de salvação rival, também poderiam ter tido dificuldades. Já tiveram problemas o bastante com uma pequena seita, os judeus.

O racismo visceral tornou difícil para os nativos se identificarem com os imperialistas. Muitos foram atraídos à civilização britânica, mas foram repelidos social e racialmente pelos brancos. Alguns eram leais porque dependiam dos britânicos para seus privilégios. Todavia, o racismo experienciado privada e publicamente pela nova classe média impediu o Império Britânico e o Francês de tomar a rota romana ou chinesa Han para a assimilação cultural. Embora relações de poder econômico, político e militar tivessem ajudado a formar o racismo, a influência básica veio da ideologia, a busca dos britânicos por uma explanação para as diferenças de civilização que fosse filtrada pelas ideologias britânicas correntes. A maior importância do racismo foi seu efeito, pois é a última ideologia que os imperialistas deveriam adotar! A inabilidade dos colonizados para se sentirem britânicos ou serem aceitos como britânicos (ou franceses) condenaria o projeto de uma aliança de classe interétnica, especialmente quando o desenvolvimento econômico e a representação política começavam a avançar, à medida que isso expandia o nacionalismo de classe média. O imperialismo europeu continha uma contradição terminal: embora a ideologia do racismo pudesse aumentar a coesão dos colonizadores brancos, isso era sobrepujado pela perda de legitimidade que trazia aos nativos. O racismo foi o suicídio imperial.

De um modo geral, o império não beneficiou os nativos. Os altos-comandos do poder militar, político e econômico eram ocupados por europeus, fortalecidos por uma ideologia cada vez mais racista, mais intensa no domínio privado do que no público. Não surpreende que os nativos se ressentissem disso e depois resistissem. Geralmente, termino mais próximo do negativismo pós-colonial do que do entusiasmo pró-imperialista. Novas colônias foram adquiridas com sangue e ferro. Após a pacificação, os custos para os nativos declinaram, embora os benefícios raramente surpreendessem. O mundo deveria agradecer à Grã-Bretanha por suas revoluções agrícola e industrial, ciência e botânica, mas não por seu império. Embora seu império fosse relativamente brando comparado a outros, o mundo estaria melhor sem ele. O mundo permaneceu fraturado em vez de avançar na direção de um sistema mundial único; a integração transcontinental foi predominantemente reservada para o povo branco do mundo.

O enfraquecimento dos impérios

Foram necessários 400 anos para que o Império Britânico se expandisse plenamente, mas somente 40 anos para colapsar. A dominação europeia foi breve; impérios ultramarinos eram difíceis de integrar, os colonizadores brancos exigiam governos representativos, e o racismo impedia a assimilação em outros lugares. As duas guerras mundiais foram os assassinos finais. A Índia enviou 1,2 milhão de soldados para ajudar os britânicos na Primeira Guerra, e 2 milhões na Segunda. A participação militar gerou exigências políticas similares como na própria Grã-Bretanha. Em resposta, reformas de autogoverno foram implicitamente prometidas para o final da guerra. Um nacionalista indiano celebrou prematuramente, pois a Primeira Guerra "havia adiantado a história em cinquenta anos". Em 1917, Sir Edwin Montagu, o secretário de Estado liberal na Índia, buscando "deter a futura deserção da opinião moderada", prometeu "um governo responsabilizável" (B. Porter, 2004: 232-234). O fim da guerra também disponibilizou soldados revigorados e desmobilizados que se juntaram a professores, advogados, sindicalistas e funcionários públicos para formar movimentos nacionalistas nas colônias. A ascensão do Japão incentivou a resistência entre o povo asiático. Em 1917, o Presidente Wilson os entusiasmou quando declarou que os Estados Unidos entraram na guerra para assegurar que "todo povo tem um direito de escolher a soberania sob a qual viverá". Naquele mesmo ano, os bolcheviques anticoloniais tomaram o poder na Rússia, inspirando outros nacionalistas radicais ao redor do mundo.

A Primeira Guerra Mundial trouxe derrota para a Alemanha, que agora perdera seu império muito pequeno. Trouxe vitória para os britânicos e franceses, que enfrentaram as consequências turbulentas em seus impérios muito maiores com uma mistura de repressão e ajuste pragmático às elites locais. O governo foi ainda mais leve nas colônias americanas. O Japão foi também vitorioso na guerra, e avançou com um império governado mais diretamente, o qual discuto nos capítulos 4 e 12. A recompensa para os nativos nos impérios europeus, contudo, foi mínima, exceto pelos brancos nos Domínios e na Irlanda. A colonização pós--guerra trouxe ainda mais traição, uma vez que algumas colônias de potências derrotadas foram transferidas para as vencedoras. Woodrow Wilson não conseguiu obter uma declaração que apoiasse a autodeterminação no Estatuto da Liga das Nações, e o Japão foi incapaz de fazer com que alguém, inclusive Wilson, concordasse com uma cláusula de igualdade racial – que ameaçava ambos os impérios e o próprio Partido Democrático de Wilson. As grandes potências conspiraram para manter o imperialismo à tona.

A maior parte dos nacionalistas nas colônias se sentiu traída pelas consequências da guerra. Não havia muitos deles, mas os impérios estavam criando seus próprios coveiros. Como os nativos se tornavam mais educados e urbanos, eles absorviam mais da ideologia oficial dos impérios, no caso britânico o liberalismo e no francês, o republicanismo secular. O contraste entre essas ideologias e a exploração do mundo real e o racismo dos impérios era gritante, e propício à resistência.

O poder aéreo se mostrou uma ferramenta barata e efetiva de repressão, ao manter mínimas as baixas de quem faz uso dela. Aldeias iraquianas rebeldes foram bombardeadas e pulverizadas com gás mostarda quando a Grã-Bretanha enfrentou uma revolta árabe-curda em 1920. Foi devastador, e forçou a capitulação de grande parte dos líderes de aldeias. Quando as notícias sobre as baixas dos bombardeios foram divulgadas, o secretário colonial Winston Churchill foi ousado, declarando: "Não entendo esse mal-estar quanto ao uso do gás. Sou fortemente a favor de usar gás envenenado contra tribos incivilizadas [para] espalhar um terror vívido". O poder aéreo era visto pelos britânicos como "um instrumento explicitamente moral de controle social" contra os "semicivilizados". Pressagiava o *militarismo de transferência de risco*, transferindo o risco das forças para os soldados e civis do inimigo. Contudo, quando os bombardeios cessaram, os britânicos tiveram de recorrer ao dividir e governar indireto, como o Império Otomano antes dele e os americanos recentemente. Os britânicos se dirigiram ao hachemita Faisal – um rei de reserva da Síria no exílio –, entronaram-no, e confiaram em uma combinação de seu apoio sunita e xeiques tribais para governar camponeses xiitas, curdos e sunitas (Dodge, 2003: cap. 7). Isso foi lançar as sementes da posterior opressão étnico-religiosa, transformada em realidade por Saddam Hussein e os americanos.

Todavia, um sentimento geral havia emergido no Ocidente de que os impérios poderiam em breve ficar obsoletos. Valores derivados inicialmente do Iluminismo e das revoluções americana e francesa estavam sendo reinterpretados globalmente à luz da repressão imperial e racial. Mesmo nas pátrias dos impérios, isso estava provocando inquietude ideológica. No período entreguerras, somente Japão e Itália ainda estavam adquirindo colônias, e houve denúncia mundial de suas atrocidades – embora essas não tivessem sido piores do que aquelas de impérios anteriores. Liberais e socialistas cada vez mais consideravam o império aceitável somente se fosse relativamente pacífico e levasse ao desenvolvimento. Ideais de civilizar e assimilar povos nativos estavam se espalhando. Ideais de assimilação se espalharam no começo do século XX entre os administradores imperiais franceses, mas isso criaria mais africano-franceses do que a população da França. Isso era obviamente inaceitável para os franceses, de modo que a assimilação foi direcionada apenas à minoria educada ou *métis*. A política mais ampla mudou em direção à *association*, o termo francês para governo indireto. Nas regiões muçulmanas, o Império Francês dependia de alguns emires, irmandades e seitas para reprimir outros – dividir e governar (Betts, 1961; Conklin, 1998; D. Robinson, 2000). Na década de 1920, funcionários coloniais franceses e britânicos fizeram *lobby* em favor de mais fundos de desenvolvimento, mas os governos disseram que não poderiam dispor do dinheiro. A retórica era mais fácil, e o Império Britânico era declarado agora uma "Commonwealth", que incorporava "liberdade, tolerância e progresso" (B. Porter, 2005: 312). O império agora tinha de ser bom, uma dura exigência. Por fim, o nacionalismo racialmente incentivado triunfaria. Em 1939, parecia que ainda levaria muito tempo para extirpar o jugo imperial, mas então veio a Segunda Guerra Mundial – e tudo estava terminado.

3
A América e seu império na era progressista, 1890–1930

Quando os Estados Unidos passaram a dominar o mundo após a Segunda Guerra Mundial, suas instituições se tornaram de importância global, e é por isso que neste volume dou bastante atenção a elas. Os Estados Unidos hoje são a mais capitalista das potências e o único poder imperial remanescente, e ambos esses aspectos possuem importantes reverberações mundiais. O tropo mais comum empregado para explicar isso é o *excepcionalismo americano*, a afirmação de que os Estados Unidos têm sido há muito tempo completamente diferente de qualquer outro país. Veremos nos últimos capítulos que isso tem sido enormemente exagerado, exceto em um aspecto – a raça. Em geral, contudo, o tropo funciona melhor hoje do que no passado. Neste capítulo, examino (o período em que os Estados Unidos lidavam, tanto interna como externamente) dentro de seus domínios quanto no exterior, dentro de seus domínios lidando com um movimento de reforma progressista distinto mesmo quando estava se juntando ao clube imperialista ocidental – uma história muito misturada.

Os americanos não gostam de ser chamados imperialistas. Os Pais Fundadores e a Constituição não acenderam a lâmpada da liberdade para o mundo? Os Estados Unidos não lideraram a luta contra o fascismo, comunismo e outros impérios? Considera-se que os Estados Unidos tenham inspirado a liberdade, não o império, com seus envolvimentos no exterior ajudando outros povos a também obter liberdade – "intervencionismo wilsoniano", não imperialismo. Os americanos se recusam a admitir a verdade sobre o império porque os Estados Unidos começaram com a conquista de um império dentro de seu próprio continente, depois dentro de seu próprio hemisfério, e finalmente conquistaram quase a dominação global. Após a fase continental, ocorreram três ondas imperiais para o exterior, um após 1898, um segundo após 1945, e um terceiro, fracassado, veio na virada do século XXI. Neste capítulo, foco a onda de 1898. Excluo o envolvimento americano no leste da Ásia, que virá em capítulos que focam a China ou o Japão. O envolvimento americano na Primeira Guerra Mundial é discutido no capítulo 5.

Imperialismo, fase 1: império continental, 1783-1883

Nesta primeira fase, americanos brancos conquistaram e colonizaram o que agora é conhecido como a parte continental dos Estados Unidos. Como os estados agora estão integrados em um país, isso não é considerado imperialismo. Na verdade, no final do século XIX, a palavra "império" era reservada para conquistas ultramarinas. Todavia, a fase continental americana foi, na verdade, a mais brutal, pois desapossou e matou mais de 95% dos 4-9 milhões de habitantes nativos. Eles morreram principalmente por doenças, embora isso fosse visto com fria indiferença entremeada com irrupções de extermínio deliberado. O ritmo do etnocídio e genocídio acelerou quando os Estados Unidos conquistaram a independência da Grã-Bretanha e a Califórnia e o sudoeste foram tomados da Espanha e do México. Essa aceleração também ocorreu na Austrália e numa extensão menor no Canadá, na Nova Zelândia e na África do Sul, quando os colonizadores brancos conquistaram o autogoverno. Colonizadores em quase toda parte eram mais letais do que autoridades coloniais ou eclesiásticas – quanto mais efetivo o autogoverno dos colonizadores maiores eram seus extermínios. Documentei tudo isso em *The dark side of democracy: explaining ethnic cleansing* (*O lado escuro da democracia: explicando a limpeza étnica*) (2005: cap. 4). Para os Estados Unidos, essa fase foi considerada como mero colonialismo de assentamento – apoderação de terras sem os nativos. Nada havia de wilsoniano ou de humanitário nisso, tampouco muitos valores iluministas, mas também não foi excepcional, exceto na escala. Os colonizadores também importaram escravos da África; após a escravidão ter sido abolida no Império Britânico em 1833, os Estados Unidos se tornaram o principal lar da escravidão (exceto pela própria África). Assim, uma hierarquia racial foi gerada: brancos civilizados no topo, depois latinos decadentes, depois afro-americanos, depois americanos nativos selvagens. Isso teve consequências para a fase dois do imperialismo americano, em que foi possível encontrar grupos raciais similares no hemisfério.

Em 1883, o Pacífico foi alcançado e a fronteira territorial, fechada, o que encerrou a primeira fase imperial. Nenhuma potência importante ameaçava os Estados Unidos. O Império Britânico era o maior rival no hemisfério, mas era amigável e partilhava a identidade anglo-saxã. A doutrina Monroe da América de 1823, que advertia as outras potências contra interferência no hemisfério, só era imponível com a ajuda da Marinha Real Britânica. Os Estados Unidos ainda não eram expansionistas no exterior. O Congresso não permitia a existência de impostos para guerras, e exceto pelo enorme choque da Guerra Civil, o exército era pequeno, adequado apenas para intimidar índios, mexicanos e trabalhadores em greve. Em 1881, a marinha consistia em apenas cinquenta navios, muitos obsoletos. O Departamento de Estado estava focado no comércio, movimentado principalmente por embarcações estrangeiras. Talvez o imperialismo americano tivesse acabado – isso era o equivalente do século XIX à União Europeia, boa, mas inofensiva.

Durante esse período, da década de 1880 à Primeira Guerra Mundial, o tropo do excepcionalismo americano focou duas supostas diferenças internas em relação aos países europeus: uma ausência de socialismo e um Estado fraco. O livro de Werner Sombart *Why is there no socialism in the United States* (Por que não há socialismo nos Estados Unidos) (1976) foi a expressão clássica da primeira. Sombart contrastou a América com a Alemanha, sua pátria. Havia pouco socialismo na América e muito na Alemanha, mas a Alemanha – não os Estados Unidos – era a exceção. Nenhum outro país naquela época teve um movimento marxista grande. Países como a Suécia, Dinamarca e Áustria desenvolveram mais tarde partidos marxistas, mas esses não são comparações apropriadas. Como os Estados Unidos foram inicialmente povoados por pessoas das ilhas britânicas, esperaríamos mais similaridades culturais e institucionais com os britânicos e irlandeses do que com alemães e escandinavos. Poderíamos esperar maiores similaridades com Canadá, Austrália e Nova Zelândia, também sociedades anglófonas e de assentamento. Todavia, nenhuma das anglófonas experienciou muito socialismo, e seus movimentos trabalhistas rejeitaram explicitamente o marxismo (Bosch, 1997; McKibbin, 1984). Os Estados Unidos não foram excepcionais em carecer de socialismo, desde que comparados com países similares. Todavia, podemos reformular a questão de Sombart, porque os Estados Unidos por vezes diferiram dos outros anglos. Esses países desenvolveram políticas *liberal-trabalhistas* (*Lib-Lab politics*), fundindo uma antiga tradição liberal com um movimento trabalhista emergente. Para Grã-Bretanha, Austrália e Nova Zelândia, políticas liberal-trabalhistas eram adotadas por partidos trabalhistas não socialistas poderosos o bastante para formar governos. Canadá e Irlanda tiveram apenas pequenos partidos trabalhistas que atingiram *status* secundário em governos de coalizão. Os Estados Unidos, contudo, nunca tiveram um partido trabalhista sério. Nesse sentido, têm sido os mais extremos dos anglos. A questão excepcional apropriada seria "Por que nenhuma tradição liberal-trabalhista?" – exceto que essa emergiu no New Deal.

Os Estados Unidos têm sido excepcionais em terem um Estado fraco? Felizmente, como os outros anglos, têm sido fracos em termos de *poder despótico* – a habilidade de um governante emitir comandos sem consulta de rotina aos súditos/cidadãos. A Constituição americana expressamente designou instituições para impedir a emergência seja de um monarca/ditador seja de um governo das massas (*mob rule*). Ela separou e dividiu poderes entre o governo federal, estadual e local; os ramos executivo, legislativo e judiciário; no executivo, entre funcionários eleitos e nomeados; e no legislativo, entre Senado e Congresso. A extensão da separação dos poderes é, na verdade, excepcional entre os estados modernos.

Contudo, o *poder infraestrutural* dos Estados Unidos, sua habilidade para penetrar em seus territórios e fazer com que seus comandos sejam executados, não tem sido pequena, embora federalmente dispersa. Podemos aproximadamente medir isso em termos da proporção do PNB consumido pelo governo em todos os níveis – federal, estadual e local. Sob essa medida, o governo americano no século XIX ficou bem atrás dos países europeus importantes devido ao pequeno tamanho de seu exército. Se contarmos somente a despesa do governo civil, foi apenas ligeiramente menor – todos os governos americanos consumiram 7% do PNB comparados aos 8% na Grã-Bretanha, 9% na França e 10% na Alemanha (Mann, 1993: Tabelas 11.3-11.4). Em termos de poder infraestrutural, sua força foi suficiente para seus propósitos (Novak, 2008), e o Leviatã estava despertando.

A Segunda Revolução Industrial

Devido ao seu tamanho, a abundância de recursos naturais, o clima temperado e a colonização pelos europeus, os Estados Unidos sempre tenderam a se tornar uma grande potência econômica. Eram maiores do que todas as outras potências, um continente repleto de recursos de solos férteis e minerais, situado a milhares de milhas de qualquer predador. Desde o início, os americanos se alimentaram melhor e foram mais saudáveis, altos e longevos do que os europeus, tornando o destino mais tentador do mundo para migrantes. Eles chegavam aos milhões, primeiro das Ilhas Britânicas e do noroeste da Europa, depois do resto da Europa, América Latina e Ásia. Os migrantes eram mais jovens, mais educados e mais empreendedores do que aqueles deixados para trás. Havia comunidades industriosas inteiras fugindo da perseguição – puritanos, judeus e perdedores, de classe média, das revoluções do século XX em Cuba, Irã e Vietnã. A promessa central desse Novo Mundo era uma liberdade que combinava tolerância religiosa, liberdades políticas e iniciativa econômica. A associação de liberdade civil e política com capitalismo continuou a atrair novas ondas de migrantes e a ser característica da ideologia americana.

Tudo que era exigido para esse capital humano florescer em meio a essa abundância natural era um governo capaz de auxiliar a exploração dos recursos naturais e humanos, desenvolver boas estruturas de comunicação e transporte através de um continente subpovoado, e manter a imigração aberta. A escassez de força de trabalho poderia então ser compensada pelo uso dos abundantes recursos naturais, além do capital importado para mecanizar e aumentar a produtividade dos trabalhadores. A confiança na tecnologia de economia de força de trabalho e intensiva em capital e recursos tem sido o modo americano. A escassez de força de trabalho qualificada estimulou a padronização das técnicas industriais como a de partes transferíveis, que depois permitiu a transferência de tecnologia para produção em massa e indústrias baseadas na força de trabalho cada vez mais desqualificada. Os serviços geológicos do governo expuseram os recursos naturais e o governo tinha o poder de doar terras supostamente virgens para exploração. O capital vinha principalmente da Grã-Bretanha, porque a taxa de retorno era elevada e os britânicos eram amigos e parentes. Os Estados Unidos acabaram tendo uma vantagem única na era industrial como o maior depredador dos recursos da natureza, desenvolvendo manufaturas cujo desperdício era depois excretado na natureza, que era concebida como um buraco sem fundo. A América foi extremamente dissipadora ao longo da cadeia de produção em seu uso dos recursos naturais (Abramowitz & David, 2001: 42-44). Isso costumava ser visto como um sinal da virtude americana; agora, é visto como um vício. Em 1910, contudo, os Estados Unidos eram a maior e mais populosa nação industrial. Não era inevitável que se tornasse uma grande potência militar; isso foi mais conjuntura.

O governo federal subsidiava e regulava infraestruturas de comunicação como os correios, telégrafo e telefonia (John, 1997); os estados e autoridades locais patrocinavam e doavam terras para ferrovias e canais. Isso não era *laissez-faire*; não havia restrições à imigração até 1882. Posteriormente, a despeito das restrições associadas a Ellis Island, Leis de Exclusão dos Asiáticos e à fronteira sudoeste, a política de imigração permaneceu basicamente aberta. O capital humano foi cultivado através de medidas de educação e de saúde pública. Em 1890, os Estados Unidos ocupavam a posição superior dos países em gastos com educação e na proporção de crianças que recebiam educação primária e secundária (Lindert, 2004: cap. 5). Concessões de terras foram usadas de 1862 em diante para estabelecer universidades que "ensinariam ramos do conhecimento relacionados à agricultura e as artes mecânicas". Os empregos governamentais, incluindo os governos estaduais e locais ocupavam o terceiro lugar em números proporcionais entre quatorze países – o maior era o Reino Unido, seguido pelos Países Baixos (Tanzi & Schuknecht, 2000: 25-26).

A rápida urbanização do século XIX nos Estados Unidos, como em outros países em industrialização, havia produzido um aumento nos índices de mortalidade, principalmente por meio de doenças transmissíveis. Na década de 1890, governos municipais melhoraram a proteção, filtragem e cloração dos fornecedores de água; instalaram sistemas de esgoto separados; melhoraram a higiene em hospitais e padronizaram a pasteurização do leite e a segurança da carne. Isso representou a redução de cerca de metade da mortalidade ocorrida nas cidades desde o último terço do século XIX até a Segunda Guerra Mundial. A Segunda Revolução Industrial proveu a outra metade ao melhorar o poder de compra e as dietas. A consequência foi uma população mais saudável e mais alta, capaz de trabalhar mais e pensar melhor (Floud et al., 2011). Em termos de desenvolvimento, diz Novak (2008: 758), "A marca do Estado está em tudo". O poder infraestrutural do governo penetrou todos os cantos desse país de tamanho continental. Não era um Estado infraestruturalmente fraco, embora seu nível federal fosse pequeno. Como seus rivais globais eram impérios distantes ultramarinos, mais difíceis de integrar, o poder político infraestrutural americano sobre seus domínios inteiros era de fato maior.

Na década de 1870, ocorreu uma Segunda Revolução Industrial, baseada em inovações tecnológicas que entraram completamente em funcionamento no começo do século XX. Ela centrou-se em novas indústrias de alta tecnologia – produtos químicos, ferro e aço e mineração – que utilizavam eletricidade e motores de combustão interna, duas "tecnologias genéricas" que se disseminavam na economia. Havia meio século de descobertas científicas e tecnológicas contínuas que dominaram o século XX (Smil, 2005), o que iniciou a era do que Collins (1994) chamou "ciência de descobertas rápidas de alto consenso". Essas descobertas, quando feitas em tecnologias de trabalho, mudaram tanto o capitalismo como o mundo. É por isso que Schroeder (2011) quer tornar ciência e tecnologia a terceira parte de sua tríade de instituições modernas, junto ao capitalismo de mercado e ao Estado. Muitas descobertas não foram feitas pelos funileiros e cientistas independentes da Primeira Revolução Industrial. A ciência agora tinha alguma autonomia institucional nas universidades e outros laboratórios, e seus achados de pesquisa eram submetidos à revisão de outros cientistas. Todavia, a exploração tecnológica e comercial vinha basicamente dos novos departamentos de pesquisa de grandes corporações capitalistas e patrocinadores ricos que esperavam fundar corporações desse tipo, auxiliados por sistemas de patentes nacionais que garantiam os direitos de propriedade aos inventores. Em meio à feroz concorrência internacional, cada pequeno refinamento de técnica era apoiado por uma patente, o que capturava a inovação científica e tecnológica para a posse privada, a consequência das novas leis de patentes.

A Segunda Revolução Industrial foi responsável pela noção de Schumpeter de que o único dom do capitalismo era gerar a "destruição criativa". Para ele, a "criação" vinha da "competição da nova mercadoria, da nova tecnologia, da nova fonte de fornecimento, da nova organização... competição que exige um custo decisivo ou vantagem qualitativa e que atinja não as margens dos lucros e as produções das firmas existentes, mas suas fundações e suas próprias vidas". Ele negligenciou apenas o grau de envolvimento estatal na nova tecnologia (especialmente ferrovias) e a extensão dos direitos de patentes, que tornaram o investimento em novas tecnologias mais previsivelmente lucrativo. A "destruição" vinha à medida que os novos meios de produção anulavam posições de mercado correntes, o que condenava inventários, ideias, tecnologias, habilidades e modelos de negócios existentes. Assim, o capitalismo "revoluciona incessantemente a estrutura econômica *a partir de dentro*, destruindo incessantemente a velha, criando incessantemente uma nova. Esse processo de Destruição Criativa é o fato essencial sobre o capitalismo. É no que o capitalismo consiste e onde deve residir a preocupação de cada capitalista" (Schumpeter, 1942: 82-85).

Foi de fato a segunda grande fase de destruição criativa do capitalismo. A primeira, no final do século XVIII e no início do XIX, havia criado tanto a Revolução Agrícola como a Industrial, no processo de destruir grande parte da força de trabalho agrícola. A segunda centrou-se no capitalismo corporativo, alimentado basicamente a carvão, que gerou a produção industrial de massa e aumentou a produtividade tanto na agricultura como na indústria que estavam se difundindo pelos países avançados no novo século. A produtividade da agricultura continuou aumentando, gerando melhores dietas com ingestão calórica mais elevada tanto para homens como para mulheres. Todavia, ao mesmo tempo, não aumentou muito os salários reais nem estimulou muito a demanda por consumo de massa. O capitalismo era excelente para dietas, não tanto para salários. Contudo, independentemente de suas imperfeições e flutuações, o capitalismo estava inaugurando um nível de desenvolvimento econômico sem precedentes.

Listo algumas das principais descobertas patenteadas. O uso de materiais inorgânicos por Von Liebig para fornecer nutrientes para plantas levou à fixação do nitrogênio, nitrogênios sintéticos e sulfatos de amônia. Esses novos fertilizantes incrementaram a produtividade agrícola, impedindo, talvez, uma crise malthusiana no começo do século XX; do contrário a população poderia ter crescido além da capacidade da agricultura de alimentá-la. Em troca, os alimentos foram barateados e a ingestão calórica, expectativa de vida e o fluxo de trabalhadores da agricultura para a indústria aumentaram.

A química sintética também mudou a guerra, gerando produção de massa de explosivos e gás venenoso. Essas descobertas indicam o lugar central da indústria química nessa fase de desenvolvimento capitalista. O motor de combustão interna, o motor a diesel, e a energia elétrica incrementaram a engenharia mecânica, tornando possíveis carros, caminhonetes e tanques. Eles ampliaram o transporte de mercadorias, desenvolvendo mercados através de áreas geográficas mais amplas. Eles também ampliaram o poder letal de estados, um traço importante do século XX. As lâmpadas incandescentes e depois as de neon, o concreto reforçado, a telegrafia sem fio e o telefone, o alumínio e depois o aço inoxidável, os raios-X, a radioatividade, a síntese da aspirina e os condicionadores de ar passaram rapidamente de invenções a tecnologias úteis, comerciais, gerando um aumento massivo no poder econômico coletivo (Smil, 2005) – e lucros para aqueles que investiam neles.

A ciência vinha de muitos países, mas os Estados Unidos e a Alemanha lideraram em levá-la ao mercado. A Alemanha inventou a universidade de pesquisa e os Estados Unidos lideraram em bancadas de trabalho e linhas de montagem elétricas e no transporte motorizado, ferramentas poderosas para intensificar a produção e os mercados. Os Estados Unidos tinham as vantagens de um mercado interno maior e de mais recursos naturais, especialmente o carvão, que antes da Primeira Guerra Mundial fornecia cerca de 90% do combustível para a indústria ao redor do mundo. De fato, ele permaneceu a maior fonte de energia ao longo desse período, embora o uso do gás natural, da energia hidroelétrica e especialmente do petróleo tenha crescido após a guerra. A liderança americana não era em tamanho de empresas, uma vez que a Europa possuía corporações de tamanho quase igual (Hannah, s.d.). Residia mais na maior produtividade, nascida das tecnologias de recursos intensivos e melhoramentos na saúde humana. Floud e seus colaboradores (2011) enfatizam um círculo virtuoso: trabalhadores mais saudáveis poderiam não apenas trabalhar mais, poderiam também pensar melhor, aumentando o índice de mudanças tecnológicas, que por sua vez aumentava a riqueza e a dieta, permitindo que as pessoas trabalhassem ainda mais produtivamente. Isso estava ocorrendo nos países mais avançados, mas os Estados Unidos tinham a liderança e a mantiveram ao longo da primeira metade do século XX.

Isso tudo também ampliou a escala de organização do capital e do trabalho; intensificou as ligações entre capital industrial e financeiro. Em 1915, Hilferding chamou isso "Capitalismo organizado"; Chandler (1977) chamou-o a substituição da "mão invisível" do mercado pela "mão visível" da corporação que abriga a produção de massa e coordena diferentes ramos – pesquisa e desenvolvimento, produção, vendas etc. Esse crescimento em escala continuaria até a década de 1970 nas economias avançadas. Seu efeito era "massificar" a forças de trabalho em grandes unidades de produção e controlá-las pela hierarquia burocrática mais rigorosa. Artesãos independentes perderam muito de sua autonomia quando se converteram em empregados qualificados e semiqualificados da corporação. Eles resistiram, é claro, alimentando o crescimento de sindicatos trabalhistas, assim como estados-nações mais rigorosos alimentaram o crescimento da resistência socialista e liberal-trabalhista.

Corporações são burocráticas e hierárquicas com governos por decreto a partir de cima em cada nível de seus organogramas. Nesse sentido elas são como qualquer regime despótico, ainda que as relações entre corporações permanecessem basicamente governadas pelo mercado, o que prolongou o "desarraigamento do capitalismo de mercado das restrições da comunidade tradicional". Polanyi (1957) pensava que isso era somente uma fase até a década de 1950, quando as comunidades reagiram contra a dureza dos mercados e os "rearraigaram". Schroeder (2011) discorda, argumentando que os mercados retiveram e inclusive estenderam seu poder. Neste volume, mapearei o contra-ataque de Polanyi, deixando a questão de quão bem-sucedido e permanente foi para o volume 4.

A Segunda Revolução Industrial transformou a América na maior economia nacional, embora não fosse globalmente dominante. Seus mercados eram principalmente internos, protegidos por tarifas elevadas. Embora seu capitalismo financeiro estivesse crescendo, ainda era uma destinação estrangeira para o capital britânico, e uma parte do segmento da economia mundial do Atlântico Norte.

O Estado também cresceu, e continuou a crescer até a década de 1970. A "equiparação" econômica dependia da imitação ou adaptação de novas tecnologias e organizações, e os estados eram bem-adequados para coordenar a coleta de informações, a coleta de capital e o desenvolvimento infraestrutural. O "desenvolvimento tardio" foi, portanto, mais estatista do que os pioneiros industriais, como veremos no caso do Japão. A força relativa e a combinação precisa de corporações e estados – de poder político e econômico – variou ao longo do tempo e do espaço, e variações em suas interações ajudaram a estruturar não apenas relações de poder econômico como também políticas internas e geopolíticas.

As corporações americanas eram muito fortes politicamente, sua dominância se expressou em uma aliança entre empresas manufatureiras do nordeste e o Partido Republicano, ambos comprometidos com o padrão-ouro e tarifas altas, flanqueados por uma Suprema Corte vigilante na proteção à integração do mercado nacional, e deixando de lado o Sul, que privilegiava o livre-comércio (Bensel, 2000). Isso deu aos capitalistas do norte a habilidade de subjugar a organização coletiva dos trabalhadores. A rápida industrialização e o crescimento do poder corporativo, contudo, aumentou a desigualdade, a urbanização e a imigração, que eram cada vez mais definidas como problemas sociais. Da direita, o Reverendo Josiah Strong vituperava contra os sete grandes "perigos" que atacavam o país – imigração, catolicismo, educação pública pobre, mormonismo, alcoolismo, socialismo, disparidades econômicas e urbanização (Blum, 2005: 217). Do centro e da esquerda vinham críticas ao poder corporativo do Movimento Progressista.

Os progressistas: modernização *versus* redistribuição

Movimentos para reformar e regular o capitalismo apareceram em todos os países avançados nessa época. O movimento americano se intitulou Progressista em resposta a uma percepção generalizada de que uma nova sociedade urbano-industrial, corporativa e multiétnica estava emergindo, incompatível com instituições tradicionais. Conforme Woodrow Wilson, era "um novo mundo, lutando com dificuldades sob leis antigas". Os progressistas comunicavam dois sentidos principais. Um era *modernizar* as instituições existentes, torná-las mais eficientes em gerar crescimento econômico e ordem social nas novas condições. Isso não era intrinsecamente direita nem esquerda, e assim obteve apoio de todo o espectro político. O liberalismo britânico e o republicanismo francês possuíam algumas dessas qualidades. O outro era mais radical: restringir o capitalismo e *redistribuir* o poder das corporações aos americanos menos privilegiados, para restaurar uma maior igualdade de poder e riqueza e a maior autonomia das pessoas comuns, que se acreditava (corretamente) existirem no passado. Avaliarei os pesos dessas duas tendências de progressismo.

A ala modernizadora defendia o aumento da capacidade e eficiência do governo, ainda dominado por partidos de orientação patronal (especialmente nos níveis local e estadual) e os tribunais de justiça. O governo era dominado pelos 40 estados e 6.000 entidades políticas locais, muitas vezes administradas por "máquinas" municipais ou cliques de notáveis rurais. Os modernizadores diziam que o governo federal necessitava ampliar e todos os governos necessitavam se proteger da patronagem e corrupção. Isso tendeu a uma ideologia estatista que favorecia a regulamentação racional da sociedade pelo Estado. Richard Ely disse: "Consideramos o Estado uma agência cuja assistência positiva é uma das condições indispensáveis do progresso humano" (Jacoby, 2004: 5). O tamanho do governo federal aumentou, embora apenas proporcionalmente ao tamanho da economia, e um sistema mais uniforme de impostos emergiu (Campbell, 1995: 34). A Lei Pendleton de 1882 começou uma lenta burocratização que reduziu o sistema de "saque". Contudo, muitos americanos, especialmente democratas e sulistas, bloquearam reformas posteriores, temendo o "governo grande" (Mann, 1993: 365-367, 393, 470-471; R. Harrison, 2004: 265-270; Orloff, 1988: 45-52). Os radicais defendiam mais responsabilização, não mais governo de burocratas e corporações. Eles asseguraram o direito de eleição de senadores, o retorno dos referendos populares em cerca de 20 estados por volta de 1920, e eleições primárias em 16 estados. Eles esperavam que essas restringissem o poder das elites corporativas e governamentais, mas as elites se adaptaram trazendo recursos financeiros para influenciar os referendos e obter os resultados que desejavam, como ainda fazem hoje (Goebel, 2002: 154-156, 194-196). Os radicais queriam a supremacia legislativa e estatutos mais explícitos de modo que a administração e os tribunais tivessem menor arbítrio ao interpretá-los. Em grande medida, eles fracassaram; os tribunais continuaram a interpretar a lei com um viés conservador, pró-empresas (Sanders, 1999: 388-389).

Os radicais também atacavam concentrações do poder econômico, argumentando que concessões, licenças e contratos do governo levaram um conluio entre ferrovias, bancos e trustes a explorar as pessoas e destruir pequenos negócios. Contudo, suas leis antitruste encorajaram perversamente fusões legais de companhias inteiras que aumentaram a concentração corporativa (W. Roy, 1997). Beneficiando-se de uma onda de protestos, e levando o movimento populista para o Partido Democrático, William Jennings Bryan rompeu com a desconfiança tradicional do Partido com relação à exigência, pelo governo, de regulamentação dos maus trustes. Ele perdeu a eleição de 1900, mas seu vitorioso oponente republicano, Theodore Roosevelt, roubou parte de seu programa antitruste. Reformas de planejamento de cidades e de habitações asseguraram água mais limpa, esgotos e hospitais, mas os radicais eram com frequência frustrados pela devoção do judiciário aos direitos da propriedade privada. Contudo, quando os tribunais bloquearam planos para o controle municipal de ferrovias, os radicais estabeleceram comissões ferroviárias, que permitiram o monitoramento público de taxas e serviços. Esse método de controle foi estendido às utilidades públicas (Rodgers, 1998: 160-207; R. Harrison, 1998). Isso foi um sucesso; embora limitado à esfera dos serviços públicos, teve grandes implicações para a saúde e a produtividade da população.

Mesmo alguns líderes corporativos reconheciam a necessidade de regulamentação para proteger o negócio legítimo do ilegítimo, aumentar a previsibilidade do mercado e construir políticas em torno da ordem econômica mais racional que, eles diziam, a corporação representava. Eles também esperavam que reformas brandas mitigassem esquemas mais radicais. As Leis Sherman e Clayton restringiram o poder dos trustes, embora não tanto quanto os radicais queriam; os tribunais agradaram as empresas ao garantir ao patrimônio corporativo os mesmos direitos de proteção da propriedade privada. O período estabeleceu o que é chamado liberalismo corporativo ou gerencial (Weinstein, 1968: ix-x; Sklar, 1988; Dawley, 1991: 64; Kolko, 1963: 3, 284). Alguns intelectuais progressistas haviam inicialmente apoiado as exigências radicais feitas pelos trabalhadores e pequenos agricultores, mas depois subestimaram isso "para estabelecer um novo tipo de administração especialista não política... [que]... criaria um Estado moderno eficiente que... insularia o governo das pressões de políticos democráticos", uma "democracia corporativa administrada". Eles também denunciaram radicais e socialistas pregando utopias aos trabalhadores (N. Cohen, 2002: 15, 113, 255-256; Fink, 1997: cap. 2). A redistribuição de poder foi subordinada a uma ordem burocrática e corporativa eficiente (Wiebe, 1967: 132, 145-146, 166, 295). As desigualdades econômicas subiram na primeira década do século XX ao nível mais alto durante aquele século. Ao mesmo tempo, subsídios e transferências do governo americano aos pobres foram os mais mesquinhos (junto ao Japão) em uma amostra de sete países (Lindert, 1998; James & Thomas, 2000; Tanzi & Schuknecht, 2000: 31). Houve reformas, mas essas foram dominadas pelos modernizadores, não pelos radicais. O poder capitalista foi de algum modo regulado, mas não reduzido.

O sul tendeu a se dividir sobre esses problemas, pois embora permanecesse segregacionista, desconfiado dos direitos dos estados e moralmente conservador, também continha muitos populistas agrários. Os agricultores, ainda 37% da população em 1900, ficaram enfurecidos pelas ferrovias, bancos e trustes monopolistas, e tarifas que os exploravam em benefício da indústria. Eles não quiseram criar um Estado maior, mais regulador; no entanto, esse foi um resultado não pretendido de sua luta para se protegerem dos grandes trustes (Sanders, 1999: 1, 29, 388-389). Sua maior influência veio quando senadores e congressistas da periferia sul e oeste puderam se unir com dissidentes republicanos de estados do meio-oeste e da fronteira – mais alguns democratas que eram sensíveis aos sindicatos trabalhistas – para derrotar o centro corporativo do norte do Partido Republicano, no poder em Washington de 1896 a 1912. Após essa data, eles fortaleceram a regulamentação ferroviária, assegurando ao menos alguma legislação antitruste, e desempenharam um papel na criação de um Sistema de Banco Central em 1913. Doze novos bancos regionais controlavam fluxos de dinheiro e crédito e atuavam como prestamistas de última instância em pânicos bancários, coordenados por um Conselho do Banco Central em Washington (Sanders, 1999: 77-78). Essas medidas beneficiaram não apenas os modernizadores corporativos, mas também pequenas empresas e agricultores que eram vulneráveis aos custos ferroviários e crises financeiras. Todavia, a economia política continuava a privilegiar a indústria em detrimento da agricultura, e os agricultores não puderam impedir o declínio de longo prazo de seu setor. As receitas dos agricultores caíram até a Segunda Guerra Mundial.

Na Suécia e na Dinamarca, reformas redistributivas foram asseguradas por uma aliança agricultores-trabalhadores, mas a aliança agricultores-trabalhadores americana foi apenas tênue. Sanders diz que os sindicatos de trabalhadores foram apenas um "suplemento muito pouco criativo e muito pouco exigente" da aliança, lutando por seus próprios interesses seccionais. Os sindicatos da Federação Americana do Trabalho (American Federation of Labor – AFL) geralmente ignoravam as políticas federais porque eles identificavam o Estado com repressão, como fizeram os "wobblies"*.

Assim, temas trabalhistas eram marginais aos programas progressistas (Bensel, 2000: 143-156; R. Harrison, 1997, 2004 (dupla checagem de 2005): cap. 4; Lichtenstein, 2002: cap. 1). Dawley diz: "os programas de justiça social na plataforma progressista incorporaram exigências socialistas diluídas a respeito de salários, horas e condições de trabalho. [...] Ao desviar ideias socialistas para canais seguros, e depois se colocarem como a única alternativa ao cataclismo, os progressistas foram bem-sucedidos em sobrepujar os socialistas" (1991: 134-136). Poucos desses programas de justiça social foram implementados.

Skocpol (2003) mostrou que associações voluntárias de massa americanas prosperaram do final do século XIX a meados do século XX. Isso incluía sociedades de fraternidade como os maçons; sociedades religiosas como a União Cristã de Mulheres pela Temperança (Women's Christian Temperance Union); organizações de veteranos como a Legião Americana e o Grande Exército da República (Grand Army of the Republic); grupos de pressão da educação como a Associação de Pais e Professores (Parent Teacher Association – PTA); organizações de agricultores como a Grange** e a Federação Agrícola Americana (American Farm Bureau Federation); grupos empresariais e sindicatos. Associações locais enviavam representantes para associações regionais ou estaduais, que depois elegiam representantes para um corpo nacional. Habilidades aprendidas dentro da associação eram exercidas para pressionar políticos. Muitas das

---

* Nome dos membros do *Industrial Workers of the World* (Trabalhadores industriais do mundo), uma organização trabalhista radical fundada em Chicago em 1905 [N.T.].

** No original, *Grange* (The National Grange of the Order of Patrons of Husbandry): organização civil americana fundada em 1867 que estimula famílias a se unirem para promover a agricultura e o bem-estar econômico e político da comunidade [N.T.].

maiores associações reuniam pessoas de diferentes níveis ocupacionais e de renda, encorajando um sentimento de companheirismo nacional e uma cidadania comum. Por esses meios, pessoas comuns exerciam poder político.

Embora algumas pessoas comuns tivessem exercido algum poder, a julgar pelos resultados, parece que as empresas foram as mais bem-sucedidas; os grupos pela temperança se saíram bastante bem; a maior parte dos outros buscou interesses mais especializados e tiveram resultados variados; os sindicatos se saíram muito mal.

Em um estudo da Califórnia, Wisconsin e Washington, Clemens (1997) observa algumas das condições para a efetividade. Políticas de grupos de pressão se constituíram com mais sucesso a partir do nível local em estados com partidos políticos fracos e economias mistas, ela diz. Ela foca três associações: a Aliança de Agricultores e a Confederação Geral dos Clubes de Mulheres que alegaram ter 1 milhão de membros entre os dois, e a AFL, que alegou ter 1,5 milhão. Eles realizaram algumas reformas graduais no nível estadual, quando abandonaram a retórica radical e se organizaram como federações estaduais. Para os sindicatos, os principais temas eram compensação dos trabalhadores, pensões para mães e idosos, seguro-desemprego e seguro de saúde. Muitas propostas de lei apoiadas pelos trabalhadores foram introduzidas em legislaturas estaduais, e algumas passaram, mais tarde se tornando modelos para as reformas do New Deal (cf. Orloff, 1988: 55-57). Federações de cooperativas de agricultores foram efetivas onde trabalharam estreitamente com agências agrícolas estaduais; os clubes de mulheres foram efetivos onde puderam trabalhar com agências educacionais estaduais. Certamente, Clemens escolheu estados que experienciaram reformas (muitos experienciaram reformas muito diferentes ou não as experienciaram de modo algum); muitos não experienciaram ou experienciaram reformas muito diferentes. Ao longo dos estados do Cinturão Bíblico, associações voluntárias pressionaram por mais conservadorismo moral, incluindo leis sexuais repressivas, segregação e criacionismo. Associações voluntárias eram meios para pressionar as agendas de seus membros, mas essas agendas eram extraordinariamente variadas.

O principal problema dos radicais era a dominância empresarial. As empresas acolhiam os gastos do governo com autoestradas e escolas porque isso trazia contratos de construção, custos de transação menores e uma força de trabalho mais qualificada. O gasto do Estado e do governo local nesses itens aumentou dez vezes entre 1902 e 1927. Contudo, as empresas se opunham categoricamente aos programas de assistência social redistributivos, e poderiam ameaçar um Estado progressista com uma *greve de investimentos* – as empresas poderiam se deslocar para onde quer que os custos fossem mais baixos e os sindicatos mais fracos. Grande parte da indústria têxtil agora se movia do norte para o sul. Os gastos do governo estadual e local em assistência social aumentaram quatro vezes ao longo daqueles anos, mas isso foi menos que o crescimento geral na economia. Os gastos com assistência social permaneceram apenas 9% dos gastos com autoestradas e 6% dos gastos com educação (Hacker & Pierson, 2002: 293-294). Em muitas áreas, a cidadania social permaneceu basicamente estagnada. Isso era o capitalismo não tolhido pelo Estado. A causa dos trabalhadores ficou para trás.

Movimentos trabalhistas, mas não da classe trabalhadora

A Segunda Revolução Industrial inevitavelmente trouxe a resistência coletiva dos trabalhadores. Meu segundo volume (1993: 635-659) comentou que antes da Primeira Guerra Mundial, os trabalhadores americanos eram tão agressivos em fazer valer seus interesses como os trabalhadores em outros países (cf. Voss, 1994). Entre seis países líderes, somente os trabalhadores britânicos eram mais propensos a se filiar a sindicatos do que os americanos, mas a proporção de greves americana era a mais alta dos seis. Foi somente na década de 1920 que o sindicato e a proporção de greves começaram seriamente a ficar para trás de muitos outros países industriais, mas a classe trabalhadora necessitava de aliados. Depender dos agricultores não era mais uma solução de longo prazo porque a agricultura estava favorecendo grandes lavouras consolidadas e pequenos agricultores e trabalhadores estavam sendo forçados a abandonar as terras. Feministas eram poucas; a agitação entre afro-americanos, mexicanos ou asiáticos alienava muitos brancos; e os trabalhadores estavam por sua própria conta.

No volume 2, capítulo 3, esbocei uma teoria polimorfa do Estado, argumentando que estados se "cristalizam" em diferentes formas, de acordo com as áreas temáticas e o equilíbrio de forças sociais envolvidas. Uma das formas mais importantes de cristalização do Estado moderno é a capitalista, o que gera as políticas de luta de classes, como os marxistas argumentam. Contudo, os estados modernos também se cristalizaram em outras formas, algumas das quais minaram a formação da classe trabalhadora. Discuto agora sete supostos pontos fracos da classe trabalhadora (identificadas por Lipset & Marks, 2000) a partir dessa perspectiva, traçando paralelos com os casos mais comparáveis, os outros países anglófonos.

(1) A classe trabalhadora americana enfrentou o poder militar. A proporção de greves era alta porque os empregadores não resolviam disputas pacificamente e tinham acesso ao poder militar. Mostrei no volume 2 que antes da Primeira Guerra Mundial foram mortos muito mais trabalhadores americanos do que europeus em disputas trabalhistas, exceto pelos russos. Essa violência fluía da repressão montada pela polícia, paramilitares de empregadores privados como Pinkertons, a Guarda Nacional e mesmo pelo exército regular (Archer, 2007: cap. 5). Poucos trabalhadores viam isso como um Estado despoticamente fraco!

Os Estados Unidos haviam se cristalizado como militaristas internamente a fim de reprimir os nativos americanos e policiar a escravidão e os mexicanos. O poder militar agora era usado principalmente contra os trabalhadores, menos contra sindicatos profissionais (*craft unions*) que lutavam por interesses seccionais do que contra sindicatos industriais gerais e manifestações e greves lideradas por socialistas. Essas eram vistas como especialmente perigosas por que suscitavam o espectro da solidariedade da classe trabalhadora, enquanto os sindicatos profissionais não. Assim, os "novos sindicatos" mais amplos que faziam sua aparição tanto na Grã-Bretanha como na Austrália na década de 1890 eram muito mais fracos nos Estados Unidos (Archer, 2007: 31-39). O medo da repressão levou a AFL a confinar sua organização a trabalhadores qualificados que pudessem usar seu poder no mercado de trabalho para forçar os empregadores a negociar. O sindicalismo seccional, não o de classe, dominou até o New Deal, e isso foi parcialmente devido ao poder militar. Quando a Rússia tzarista empregou muito mais repressão, contudo, isso encorajou os trabalhadores ao socialismo revolucionário. Por que isso não aconteceu nos Estados Unidos? Os empregadores deviam possuir igualmente outras vantagens.

(2) A violência do empregador poderia ser retratada como imposição legítima da lei. Como se observou com frequência, esse Estado se cristalizou como um dos "tribunais e partidos", e os tribunais permaneceram antissindicatos, preservando os direitos de propriedade absoluta dos empregadores. Os Estados Unidos tinham todos os três critérios de Fukuyama para o bom governo, incluindo o Estado de direito – mas direito de quem? Orren (1993) diz que o direito trabalhista foi inclusive imbuído de leis "feudais" que governavam as relações "servo-senhor". Os juízes ministravam estatutos importados da Grã-Bretanha que tratavam os trabalhadores como propriedade de seus empregadores. Um juiz disse que a lei reconhecia somente "a superioridade e o poder" do senhor, e o "dever, sujeição e... lealdade" do trabalhador. Estatutos sobre vagância obrigavam homens fisicamente capazes a irem ao local de trabalho, e o contrato "inteiro" os mantinha lá: um trabalhador contratado por um período não tinha o direito a qualquer de seus salários até que completasse o prazo inteiro de seu contrato. Alguns tribunais também exigiam que os trabalhadores que buscassem emprego obtivessem uma carta testemunhal de seu empregador anterior. Como os empregadores não tinham obrigação legal de fornecer essas cartas, os tribunais podiam impedir os trabalhadores de se moverem. A liberdade era para empregadores, não para trabalhadores (Glenn, 2002: 86-88; Burns, 2009). A esse respeito, a América, não a Europa, era feudal, atrasada em direitos civis dos cidadãos.

Roy e Parker-Gwin (1999) identificaram como o principal propósito dos poderes do empregador a proteção legal da colaboração do empregador através do reconhecimento das corporações, fusões a associações de comércio, mas o não reconhecimento das ações coletivas dos trabalhadores, que eram vistas como infrações às liberdades individuais e aos direitos de propriedades. A ação coletiva era com frequência definida como "conspiração criminosa". Tribunais revogavam leis aprovadas por estados pró-sindicatos contra contratos *yellow-dog* que proibiam os trabalhadores de se filiar a sindicatos. Alguns tribunais reconheciam que os trabalhadores poderiam se reunir para negociar salários, mas raramente sobre alguma outra coisa. Sobre o máximo de horas de trabalho, os tribunais podiam paternalisticamente proteger os trabalhadores que os juízes considerassem vulneráveis – como crianças, mulheres e por vezes homens em trabalhos perigosos como mineração –, mas não homens em ocupações "normais". Entre 1873 e 1937, a proteção das mulheres foi no início mais forte no nível estadual, mas depois os tribunais federais aderiram; todos os tribunais se tornaram mais protetivos das crianças no começo do século XX (Novkov, 2001). Em contraste, a recusa em assistir os trabalhadores homens durou até o New Deal.

Nesse período na Austrália, acusações de conspiração contra sindicatos não eram mais endossadas, e no final do século veio o sistema de arbitração trabalhista progressista discutido no capítulo 9 (Archer, 2007: 95-98). Os direitos coletivos dos sindicatos britânicos foram legalmente reconhecidos em 1875, e o Estado em grande medida se retirou das relações trabalhistas, dando aos sindicatos completa liberdade de negociação. Na Alemanha, França e outros países o Estado assumiu um papel mais ativo, mas, embora funcionários usualmente ficassem do lado dos empregadores em disputas trabalhistas, eles também eram conscientes de seu dever de preservar a ordem pública. Se sentissem que a intransigência do empregador fosse a maior ameaça à ordem pública, pressionavam-nos a ceder. Isso raramente ocorria nos Estados Unidos, porque a preservação dos direitos de propriedade capitalista era considerada sinônima de ordem.

(3) A lei ajudou a isolar ideologicamente os sindicatos mais do que em países europeus. O capitalismo vinha incrustado em uma ideologia mais ampla de direitos individuais de pessoa e propriedade, e alguma violência do Estado ou de empregadores era considerada legítima para preservar os direitos de propriedade. Isso dava aos sindicatos problemas de legitimidade entre os americanos caso violassem a lei (Lipset & Marks, 2000: 237-260; LaFeber, 1994; Rosenberf, 1982: 48). Mais tarde, veremos que os trabalhadores japoneses enfrentaram obstáculos militares, políticos e ideológicos similares, de modo que os Estados Unidos não eram inteiramente excepcionais sob esses aspectos.

(4) A força de trabalho americana era dividida por raça, etnicidade e religião, e isso era em grande medida excepcional. Quando trabalhadores brancos e negros trabalhavam na mesma companhia ou indústria, os empregadores podiam explorar a disparidade racial. A Pullman Car Company dividia e governava, colocando trabalhadores já preconceituosos uns contra os outros. A raça minaria a classe na Pullman por quase um século (Hirsch, 2003), embora o racismo com

frequência reforçasse o senso de solidariedade dos trabalhadores brancos. No entanto, a diversidade étnica era muito importante na força de trabalho australiana, e não impediu a solidariedade de classe lá. Era a religião – protestante ou católica – que mais dividia os trabalhadores americanos (em contraste com os australianos ou britânicos), diz Archer. Contudo, o Partido Republicano se arriscou ao apelar aos trabalhadores através de linhas religiosas, e foi recompensado com uma grande votação da classe trabalhadora de 1896 em diante. Os sindicatos também poderiam ter feito isso, ele argumenta, mas não fizeram (2007: cap. 2). Para manter o sul com baixos salários e não sindicalizado, as elites sulistas alegavam que a classe trabalhadora organizada queria enfraquecer a raça branca. Nesse período, o sul era proporcionalmente maior do que é hoje – 17 estados tiveram segregação educacional até 1954. Uma grande razão de a classe trabalhadora ser nacionalmente fraca era devido ao fato de a raça ultrapassar a classe em um terço do país.

(5) Dizia-se por vezes que o sucesso do desenvolvimento econômico americano explicava a fraqueza da classe trabalhadora americana – a prosperidade tornava os trabalhadores felizes. Contudo, os Estados Unidos não eram excepcionais a esse respeito. Os trabalhadores australianos eram ainda mais prósperos e comiam melhor do que os americanos; no entanto, formaram sindicatos poderosos e um Partido Trabalhista (Archer, 2007: 23-30). A diferença econômica crucial da América era em ser continental, com divisões entre "um centro industrial avançado e em desenvolvimento, no norte, uma fronteira oeste rapidamente assentada e uma periferia relativamente em estagnação no sul" (Bensel, 2000: 99). Cada um continha conflitos de classe distintos, o que tornava a solidariedade de classe nacional improvável: capitalistas contra trabalhadores no noroeste, agricultores contra credores no oeste, minifundiários (*smallholders*) e meeiros (*sharecroppers*) contra fazendeiros comerciantes no sul. A indústria no norte dominava os principais temas federais da economia política, tarifas, impostos, débitos e ouro (Bensel, 2000: 175-178). Partes do oeste e do norte eram economicamente interdependentes, mas o sul se sentia explorado pelo norte, especialmente por sua política de tarifas altas.

(6) Esse Estado havia se cristalizado como uma semidemocracia que presta contas aos homens brancos. Os trabalhadores não eram excluídos da cidadania política. Na Alemanha e na Rússia, a exclusão política de todos os trabalhadores ocultava diferenças seccionais, segmentares, regionais, étnicas ou religiosas dos trabalhadores. Meu volume 2 mostrou que a exclusão política, mais do que a exploração econômica, foi a principal motivação para a formação da consciência da classe trabalhadora na Europa. Esse motivo estava ausente nos Estados Unidos, mas também estava ausente na Austrália e na Nova Zelândia; e em grande medida na Grã-Bretanha. O que desavantajava distintamente a classe trabalhadora americana não era a cidadania, mas o sistema de partidos.

(7) As economias e políticas britânica, australiana e neozelandesa tenderam a gerar uma divisão partidária nacional entre liberais e conservadores. A classe trabalhadora depois se inseriu no liberalismo e cresceu para dominá-lo, gerando políticas liberal-trabalhistas. Diferenças regionais por vezes eram importantes, mas não diminuíram muito esse conflito nacional. Contudo, nos Estados Unidos, como a economia política assumiu uma forma regional, os partidos políticos se cristalizaram como regionais. O Partido Republicano representava, sobretudo, a indústria do norte, mas a partir de 1896 também representava os interesses setoriais dos trabalhadores industriais do norte. O Partido Democrático representava muito claramente o sul e a agricultura. Ambos os partidos representavam regiões, setores e etnicidades distintos e máquinas patronais organizadas em torno dessas identidades. Qualquer que fosse a experiência da exploração de classe no local de trabalho, era menos fácil traduzir o conflito de classes em políticas. Somente outros pequenos partidos como o Greenback e o Populista se mobilizaram em uma base de classe, entre pequenos agricultores e trabalhadores agrícolas, buscando apoio do trabalhador com plataformas pró-trabalhistas. A região e o setor econômico superavam a classe e impediram uma ampla aliança agrícola-trabalhista, e no sul a raça superava tudo.

Os dois principais partidos conseguiram algum apoio dos trabalhadores. Trabalhadores do sul e trabalhadores imigrantes que não eram do sul mais muitos agricultores de subsistência apoiavam os democratas. Afro-americanos, agricultores de subsistência e trabalhadores nativos no norte votaram nos republicanos. Contudo, os trabalhadores não eram influentes em qualquer dos dois partidos. Corporações do norte dominavam os republicanos; empresas menores dominavam os democratas do sul. Os trabalhadores podiam confrontar seus empregadores no local de trabalho, mas não podiam fazer isso nas eleições. Não era uma questão de ausência de socialismo, mas de qualquer influência política nacional – em um regime que paradoxalmente garantia o direito de voto aos trabalhadores. De 1896 a 1912, os republicanos dominaram a Casa Branca e o Congresso, tornando-se mais como um partido conservador modelo de grandes empresas, mas os democratas não ofereciam uma alternativa liberal-trabalhista. A cristalização regional das políticas foi decisiva em isolar os sindicatos de uma base de classe mais ampla e de ideologias dominantes, tornando, assim, mais fácil a repressão militar deles.

(8) Alguns estudiosos enfatizam as instituições políticas. Eleitoralmente, enfatizam os obstáculos enfrentados por um terceiro partido em um sistema eleitoral majoritário (*first-past-the-post system*). Todavia, Grã-Bretanha, Austrália e Nova Zelândia possuem o mesmo sistema eleitoral e seus movimentos trabalhistas primeiro venceram eleitorados da mineração e industrial e depois foram adiante. As eleições presidenciais têm somente um eleitorado nacional. Aqui, um voto para um candidato trabalhista de um terceiro partido fere qualquer candidato do centro, ajudando uma vitória conservadora. O sistema

eleitoral americano poderia produzir congressistas de terceiro partido e inclusive alguns senadores, mas não facilmente um presidente. Esse foi um fator, ainda que dificilmente decisivo. Presidentes tinham de respeitar o poder do sul, independentemente de suas próprias concepções sobre raça. A razão pela qual eles não respeitavam igualmente o poder da classe trabalhadora era que outras cristalizações enfraqueciam esse poder. O federalismo americano é outra instituição política; é muitas vezes visto como um obstáculo para a classe trabalhadora. Questões trabalhistas eram a preocupação do governo federal somente se envolvessem comércio interestadual, e muitas eram importantes apenas para os estados. Alguns dizem que os sindicatos foram obstaculizados por terem de lutar as mesmas batalhas continuamente, estado por estado. Contudo, o federalismo poderia igualmente ajudar a classe trabalhadora a obter ganhos iniciais em estados industriais simpáticos contendo muitos membros sindicalizados, e depois levar suas estratégias para estados mais difíceis. O federalismo também deu a cada estado um incentivo para baixar seus custos trabalhistas para atrair investimentos empresariais, gerando uma corrida para o fundo (*a race to the bottom*) (Robertson, 2000). Isso não foi decisivo na Austrália, também com um sistema federal. Lá, partidos trabalhistas foram formados em cada estado e depois se fundiram em um partido trabalhista nacional (Archer, 2007: 84-86). Esses dois aspectos procedimentais da democracia não eram obstáculos insuperáveis.

Algumas dessas 8 causas enfraqueceram o poder da classe trabalhadora nos Estados Unidos, em comparação a outros países industrializados. Nessa democracia masculina, a cristalização regional (também racial no sul) influenciou muitos alinhamentos políticos e enfraqueceu muito as perspectivas para uma aliança trabalhadores-agricultores como a que emergiu na Escandinávia e na Austrália. Os democratas geralmente expressavam um radicalismo rural no oeste e no sul, embora no sul incorporassem sentimentos racistas e antiunião. Empresas do norte controlavam o Partido Republicano no poder, embora trabalhadores da indústria fossem seus clientes. O sistema político era um obstáculo para a organização da classe trabalhadora, dando aos empregadores o controle dos tribunais e do poder militar. Isso não deteve todo sindicalismo, mas impediu sindicatos profissionais de formarem sindicatos industriais ou partidos políticos mais amplos em aliança com trabalhadores menos qualificados. Se tivessem tentado se expandir entre trabalhadores menos qualificados, usando ideologia de classe, isso teria provocado repressão. Gompers, presidente da AFL, formulou a conclusão pragmática de que era melhor evitar sindicatos classistas e partidos trabalhistas e se organizar com base em monopólios profissionais (*craft monopolies*). Os sindicatos da AFL eram também basicamente protestantes, o que os tornava menos atrativos aos católicos. Havia sindicatos, mas não havia uma classe trabalhadora organizada. Isso oferece algum apoio para o tropo "excepcional".

Meu volume 2 enfatizou eventos contingentes cruciais, especialmente as duas conferências nacionais da AFL de 1892 e 1893, na qual Gompers frustrou uma tentativa dos sindicados industriais de formar um partido trabalhista fraudando os procedimentos de votação. Caso essa eleição dúbia tivesse transcorrido de outro modo, talvez um partido trabalhista pudesse ter roubado uma grande fatia dos votos republicanos e democratas e um sistema de terceiro partido tivesse emergido. Voss (1994) vê uma janela anterior de oportunidade, na década de 1880, quando os Paladinos do Trabalho brevemente estabeleceu uma ponte entre associações de ofícios e sindicados industriais, mas depois foram rechaçados, ela diz, pela repressão vinda de empregadores unidos apoiados pelos governos. Robertson (2000) sugere uma terceira janela posterior, logo após 1900, quando o grande movimento de fusão corporativa levou a uma "guerra de empresas de empregados não sindicalizados" (*Open Shop War*), que os sindicatos da AFL perderam. Todos os três desafios de classe ao *status quo* perderam, provavelmente, um padrão e não mera contingência. Os sindicatos americanos partilhavam muito pouco no crescimento sindical do período, e, diferente dos europeus e de outros países anglófonos, os trabalhadores não chegaram a acordos com os liberais que levaram o país por caminhos liberal-trabalhistas ou socialistas. As causas liberal-trabalhistas estavam começando a enfraquecer na era progressista. Em geral, isso tornou os Estados Unidos um país extremo, embora não completamente excepcional.

Redistribuições conquistadas: educação, gênero

Duas importantes reformas distributivas foram realizadas durante esse período, nenhuma delas sendo basicamente relacionada a problemas de classe. Uma concernia a gênero: garantir o voto para mulheres brancas em 1920 dobrou os números daqueles com direito à cidadania política. Os Estados Unidos não estavam no primeiro grupo de estados a conceder o direito de voto às mulheres (Nova Zelândia em 1893, Austrália em 1902, Finlândia em 1906 e Noruega em 1913), mas na segunda irrupção (1918-1929), quando quinze países concederam às mulheres o direito de voto. A segunda concernia à educação: os Estados Unidos permanecia entre os países líderes em gasto educacional geral e na proporção de meninos e meninas educadas nos níveis primário e secundário. Os Estados Unidos haviam desenvolvido escolas primárias públicas de massa antes dos países europeus (Lindert, 2004: cap. 5). No começo do século XX, os Estados Unidos também expandiram o ensino secundário. Entre 1910 e 1940, a proporção de jovens que se graduavam no ensino secundário aumentou de 9% para mais de 50%.

A democratização precoce é com frequência vista como uma causa importante do progresso educacional americano (Skocpol, 1992: 88-92), embora a Prússia autoritária fosse também líder em educação. As mulheres americanas eram educadas muito antes de conseguirem votar. Mais importante era o controle local da educação, bem como ou o protestantismo, ou a diversidade religiosa ou um forte movimento secularista, que geraram uma educação melhor (Lindert, 2004: 104-110). A escolarização americana era controlada localmente, como nas outras colônias de assentamento anglo-brancas, que também estavam na vanguarda da reforma educacional. Nesses países, as comunidades locais escolhiam pagar impostos a fim de beneficiar seus filhos, um investimento muito importante. Quando mais homogênea e estável a comunidade local, mais precoce a decisão de expandir escolas elementares e secundárias, e distritos com maior escolaridade tinham mais igualdade e eram mais etnicamente homogêneos (Goldin & Katz, 1999; 2003). Escolas sempre foram centrais tanto à vida de comunidades locais como ao sentimento de nação (*nationhood*) nos Estados Unidos. As crianças de uma nação de imigrantes, em um país de dimensões continentais, recebiam sua educação em um sistema definitivamente de falantes do inglês, onde aprendiam que viviam no país mais livre sobre a Terra. Como em outros países, o ensino da história era concebido como um modo de ensinar as virtudes nacionais. Os principais debates nacionais desse período concerniam à religião: se as escolas deveriam continuar a comunicar temas essencialmente protestantes ou se a imigração católica havia tornado isso indesejável.

As meninas recebiam menos formação que os meninos – como nos outros países importantes –, mas não eram usualmente educadas nas mesmas escolas que os meninos (Goldin & Katz, 2003). O patriarcado era um pouco mais fraco nos Estados Unidos, assim como nas outras colônias de assentamento brancas. Isso é geralmente atribuído à *vida nas colônias* – a uma carência de instituições estabelecidas, à necessidade de todos os membros da família de um colonizador contribuírem para a produção e a uma escassez de mulheres, o que aumentava o poder das mulheres na família. A discriminação era mais marcada no mercado de trabalho, embora o emprego de mulheres tenha dobrado entre 1880 e 1900, e aumentado mais de 50% na década de 1920. Diferenças de salário entre homens e mulheres eram estáticas, uma pequena conquista em uma era em que desigualdades de renda estavam em geral se ampliando.

Nenhum país viu grandes aumentos nos outros direitos de cidadania social nessa época. Nenhum país pensava que estivesse se dirigindo a um Estado de Bem-estar Social até após a Primeira Guerra Mundial, mas os homens americanos estavam atrasados. Entre os quinze países mais industrializados antes do New Deal, os Estados Unidos se encontravam entre o nono e o décimo quinto lugar na adoção, difusão e obrigatoriedade de cinco diferentes programas de bem-estar social para homens – quinze medidas de bem-estar social ao todo (Hicks et al., 1995: 337; cf. Tanzi & Schuknecht, 2000; Hicks, 1999; Rodgers, 1998: 28-30; Keller, 1994: 178-182)[1]. Extraordinariamente, as mulheres se da-

---

1. A exceção foram as pensões da Guerra Civil concedida aos veteranos e suas viúvas e dependentes. Em seu auge, elas eram mais de um terço de todo gasto federal americano, recebido por um

vam um pouco melhor que os homens em programas de bem-estar social antes do New Deal. Pouco foi obtido por um sexo ou outro no nível federal; no nível estadual, os homens obtiveram pouco. Havia mais chance de se aprovar uma legislação pró-sindicatos nos estados do oeste – que tinham pouca indústria – do que nos estados industriais do norte (Hacker & Pierson, 2002: 289-290, 294-295). Antes de 1923, nenhum Estado aprovou leis regulando o máximo de horas ou salários-mínimos, mas leis sobre o máximo de horas para mulheres haviam sido aprovadas em quarenta e um estados e leis sobre salário-mínimo, em quinze. Não havia seguro-desemprego até o New Deal. A indenização dos trabalhadores homens por ferimentos sofridos no trabalho foi estabelecida em quarenta e dois estados na década de 1920, principalmente uma resposta a júris da classe trabalhadora que arbitravam valores maiores a trabalhadores do que os concedidos pelas novas leis de indenização (Bellamy, 1997). Somente seis estados aprovaram leis que estabeleciam pensões para homens idosos. Em contraste, quarenta estados pagavam pensões para mães solteiras pobres cuidarem de seus filhos pequenos; por volta de 1930, quarenta e seis estados pagavam pensões. Os Estados Unidos lideravam na garantia de benefícios a mães solteiras; na Grã-Bretanha, mães solteiras não puderam obter quaisquer benefícios até após 1945 – a imoralidade não deveria ser encorajada (C. Gordon, 1994: 44; Kiernan et al., 1998: 6; Gauthier, 1998: tabelas 3.1 e 3.2).

As mulheres se saíam melhor que os homens porque geravam e cuidavam de crianças. A maternidade era politicamente valorizada porque as crianças eram o futuro da raça (Mink, 1995). O julgamento de 1908 de Muller *versus* Suprema Corte de Oregon estabeleceu a legalidade de horas máximas para mulheres, declarando: "o bem-estar físico da mulher se torna um objeto de interesse e cuidado públicos a fim de preservar a força e vigor da raça". Skocpol (1992) chama isso a rota "maternalista" para os direitos de cidadania social. Junto à segunda rota de emprego, salários-mínimos foram uma conquista genuína, embora limitar as horas fosse considerado protetor do "sexo mais fraco". Minas e fábricas apresentavam duras condições de trabalho, e o sexo mais gentil necessitava de alguma proteção. Certamente, mulheres brancas eram consideradas mais merecedoras de proteção do que as negras, asiáticas ou mexicanas (Glenn, 2002:83-86). Essas proteções, contudo, também reduziram a concorrência no mercado para o principal provedor: o homem.

Argumentos maternalistas promovidos por clubes de mulheres e trabalhadoras sociais alegavam que a saúde pobre dos recrutas militares da Primeira

---

milhão de veteranos ou dependentes (Skocpol, 1991). A França tinha menos pensões militares, e a Alemanha e o Império Austro-húngaro concederam emprego governamental aos veteranos militares após seu serviço. As pensões americanas vieram quando o governo federal tinha um grande excedente de orçamento devido às receitas com altas tarifas, e elas aumentavam e caíam com as tarifas (Hacker & Pierson, 2002: 288-289).

Guerra Mundial resultara de cuidados maternais inferiores (embora os soldados europeus achassem os americanos supremamente saudáveis). Em 1920, as mulheres conquistaram um Departamento de Mulheres (Women's Bureau) federal, seguido no ano posterior por um Departamento de Crianças (Children's Bureau) e de uma lei que empoderava o primeiro programa de saúde pública federal. Essas "novas funções governamentais foram normativamente justificadas como uma universalização do amor materno", diz Skocpol (1992: 522). Ela acredita que os movimentos de mulheres da classe média foram decisivos na conquista dos programas, mas, como com o voto, as mulheres estavam batendo em uma porta já entreaberta. Para o voto, a ideologia do individualismo liberal era explorável pelas feministas; reformas de bem-estar social e ideologias patriarcais e religiosas as favoreciam. As mulheres também lideravam o movimento de temperança, o movimento social mais bem-sucedido da era nos Estados Unidos e provavelmente em qualquer outra parte. Esse movimento assegurou a destruição de locais de prostituição na década de 1910 e a Lei Seca em 1918. Via a bebida como um vício masculino que levava ao maltrato de mulheres e crianças. A recreação unicamente masculina era o problema, a união estável (*companionate marriage*), a solução. Homens eram o sexo fraco, mas as mulheres poderiam fortalecê-los moralmente. Lamentavelmente, a Lei Seca se mostrou um fracasso; os homens eram incorrigivelmente fracos e pecadores.

Programas maternalistas não eram custosos e os negócios não eram hostis, nem sequer para a legislação de horas e salários das mulheres, após os lobistas empresariais terem enfraquecido os projetos de lei (Hacker & Pierson, 2002: 291-292). Havia poucos recebedores, os pagamentos eram baixos, e restrições intrusivas eram colocadas nas exigências de qualificação "para supervisionar e disciplinar assim como para apoiar seus recebedores" (C. Gordon, 1994: 45). Skocpol diz que isso estava potencialmente a caminho de um Estado de Bem-estar Social maternalista, que nunca se materializou (1992: 526). Embora esses programas fossem avarentos, foram o primeiro reconhecimento de que o governo federal deveria assumir uma responsabilidade pela assistência social aos pobres. Até aqui, os Estados Unidos não tinham sido um país retardatário, e foi por vezes um líder na redistribuição de gênero. Foi mais consistentemente um líder na reforma educacional. Essas áreas de reformas bem-sucedidas não constituíam uma ameaça ao poder capitalista. Elas eram ortogonais a ela, uma distinta cristalização política.

Regresso racial

Os Estados Unidos eram um país excepcional entre os adiantados na presença de uma grande raça minoritária reprimida dentro da nação. Embora o Brasil não tivesse abolido completamente a escravidão até duas décadas após os Estados Unidos, o componente racial de sua escravidão nunca foi tão pronunciado como nos Estados Unidos. Como resultado, após a emancipação no Brasil, ex-escravos foram incorporados à sociedade mais do que nos Estados Unidos. Embora a cor da pele persistentemente se correlacionasse com classe no Brasil, não separou os brasileiros negros como uma casta separada. Os aborígenes australianos e os maoris neozelandeses formaram minorias substanciais racialmente definidas em seus países, mas diferiam na medida em que os aborígenes basicamente viviam separados da sociedade branca, e os maoris tinham mais poder.

Durante uma era rotulada como progressista, não houve progresso racial – de fato, exatamente o contrário. Os americanos nativos haviam basicamente sido mortos, e os sobreviventes eram marginais à vida nacional. Os afro-americanos eram diferentes. Muitos viviam no sul, onde, embora essenciais à economia regional, tornaram-se mais segregados, economicamente explorados e excluídos da cidadania civil e política. Muitos negros (e alguns brancos pobres) perderam o direito de votar e foram intimidados no contragolpe da Reconstrução. Na Virgínia, a participação do eleitorado potencial havia diminuído pela metade ao longo de duas décadas, para somente 28% em 1904 (Dawley, 1991: 161). Nenhum afro-americano concordaria que esse fosse um Estado fraco ou democrático.

Muitos "progressistas" eram indiferentes à condição dos afro-americanos, mesmo vendo a segregação como apoiada pela nova ciência racial. A decisão da Suprema Corte em Plessy *versus* Ferguson em 1896 de que a segregação pública era legal foi "um exemplo de jurisprudência progressista em sua confiança na teoria social atualizada e em sua prontidão em aceitar a regulamentação do Estado" (Keller, 1994: 252). A Corte minou consistentemente os direitos dos afro-americanos supostamente estabelecidos após a Guerra Civil nas Emendas 13, 14 e 15 da Constituição, que haviam abolido a escravidão, e garantido o devido processo legal, igual proteção e o direito ao voto (Burns, 2009). Os direitos dos estados foram reassegurados, principalmente para proteger a economia racial de baixos salários do sul, e entre 1890 e 1920 leis sulistas de segregação racial do tipo Jim Crow*, linchamentos e rebeliões da raça branca no norte aumentaram (Bleknap, 1995: 5-9; Dawley, 1991: 240-241). Esse racismo impactaria fortemente o imperialismo americano. O único progresso racial vinha de dentro das comunidades negras segregadas, onde a alfabetização e a escolaridade se expandiam. Em 1865, menos de 10% dos negros do sul eram alfabetizados, mas em 1890, eram 55% (Blum, 2005: 82-83). Igrejas negras adquiriram espaço de organização livre do assédio dos brancos, uma classe média negra surgiu para

---

* As leis de Jim Crow foram leis estaduais e locais que impunham segregação racial no sul dos Estados Unidos no final do século XIX e começo do século XX. Essas leis, impostas até 1925, foram aprovadas por legislaturas dos democratas do sul para retirar o direito ao voto e remover ganhos políticos e econômicos conquistados pelo povo negro durante o período da Reconstrução após a Guerra Civil [N.T.].

servir sua própria comunidade, e houve tentativas persistentes de resistência (Glenn, 2002: 109-143). Levaria um longo tempo para essas mudas florescerem como uma rebelião bem-sucedida.

Houve também um contragolpe nativista* contra imigrantes. Restrições impostas a imigrantes chineses e japoneses culminaram em 1924 na Lei de Exclusão Asiática (com consequências negativas na política estrangeira, como veremos no capítulo 4). À medida que a migração ultramarina declinava, os mexicanos substituíram outros trabalhadores. Na agricultura, a raça se entremeava com formas de trabalho como trabalho contratado, escravidão por dívida, trabalho forçado e leis antivagrância para impedir milhões de trabalhadores de adquirir direitos de cidadãos (Glenn, 2002: 186-192, 156-158). Programas maternalistas bem-intencionados levavam assistentes sociais a impor "libertação racial" às mulheres, fazendo-as adotarem práticas (nutricionais e de cuidados maternos) de criação de filhos e nutricionais da classe média branca. "Ainda comendo espaguete, ainda não americanizado", escreveu (um) uma assistente social sobre uma família italiana. Outro observou que a comida judaica era "geralmente temperada demais, muito rica, muito intensa ou muito concentrada". Um panfleto aconselhava a substituir a comida mexicana por sanduíches de alface ou por *graham crackers*** (Mink, 1995: 90-91). O movimento para uma nação unida por sua comida de baixo valor nutritivo (*junk food*) havia começado.

Não deveríamos reprovar indevidamente os Estados Unidos por seu racismo. Não era excepcional para o período, desde que consideremos colônias no exterior de outros países. Nesse período, Grã-Bretanha, França, Alemanha, Bélgica e Japão estavam adquirindo novas colônias e negando direitos a populações consideradas racialmente inferiores. A libertação desses povos do colonialismo ocorreu em torno da mesma época que afro-americanos conquistaram seus direitos civis, e o povo negro tanto nos Estados Unidos como nas colônias traçaram caminhos paralelos. Europeus e americanos partilharam o legado da escravidão; a única diferença foi que os americanos a herdaram em seus arranjos internos de poder.

De um modo geral, os progressistas ajudaram a modernizar o poder econômico e político e a fazer melhorias de gênero e educacionais. Tornaram as empresas mais honestas e abertas, mas falharam em redistribuir poder. O poder infraestrutural do governo foi atrelado às grandes corporações. A América se tornou dominada pelas corporações, bancos e trustes e auxiliada por burocracias federais e estatais, todos relativamente desinteressados nos trabalhadores ou agricultores, sem qualquer interesse pelos americanos nativos, afro-americanos e asiáticos. A educação avançou, as mulheres fizeram progressos políticos

---

* Política de promoção dos interesses dos habitantes nativos contra os interesses dos imigrantes. [*N.T.*]

** Biscoito levemente doce, feito com farinha integral [N.T.].

enormes, algumas mães pobres receberam uma pequena ajuda e sindicatos se expandiram lentamente. Contudo, essas reformas não foram usualmente conquistadas por meio da ação de classe, e deixaram o conservadorismo econômico dominante no norte e o conservadorismo racial dominante no sul. Os populistas estavam evanescendo, e os sindicatos permaneceram apolíticos. Quase não havia socialismo, e os liberal-trabalhistas estavam fazendo pouco progresso. Os Estados Unidos não eram um país ainda excepcional, mas nesse período foi um dos países avançados mais extremos. Em particular, os trabalhadores foram organizacionalmente subjugados por um capitalismo mais coletivamente organizado. O Japão foi o caso mais comparável.

A conservadora década de 1920

A América experienciou uma Grande Guerra insólita. Embora 2 milhões de soldados americanos tenham sido mobilizados e 1 milhão tenha atingido o *front*, eles combateram apenas por 17 meses. Suas perdas foram 116.000 comparadas a mais de 1 milhão para cada um dos outros combatentes. A guerra de mobilização de massa tinha certas regularidades. Como os Estados Unidos estavam do lado vencedor, a guerra legitimou estruturas de poder existentes. Como sua guerra não durou muito, a raiva americana contra a incompetência do regime governante ou contra os sacrifícios desiguais não teve tempo para irromper, diferente de todos os outros participantes. Como o povo americano não fez sacrifício algum, nenhuma promessa de uma vida futura melhor foi feita. Como os Estados Unidos experienciaram apenas um ano da guerra, sentiram apenas a primeira onda de patriotismo, reunindo-se em torno da bandeira e dos soldados, atacando aqueles que careciam de fervor patriótico pela guerra. Como resultado, essa guerra reforçou distribuições de poder existentes.

Isso foi má notícia para socialistas, sindicalistas e populistas radicais, que pouco antes da guerra estavam mostrando sinais de vida (como em muitos países). Muitos se opunham à guerra, por ela nada ter a ver com o povo americano ou com seus valores. Eles estavam certos, mas sua única recompensa foi a perseguição. Uma onda patriótica apoiou a perseguição em tempo de guerra de pacifistas e da esquerda (Lipset & Marks, 2000: 237-239). Para aprovação geral, o socialista Eugene Debs foi sentenciado a dez anos na prisão por fazer um discurso antiguerra. Ele conseguiu conquistar 6% dos votos na eleição presidencial de 1912, mas em 1920, fazendo campanha de dentro da prisão, sua votação caiu para 3,4%. O socialismo foi prejudicado pela guerra. Tampouco foi ajudado pela emergência do bolchevismo na Rússia. Como em outros lugares, embora a guerra tenha produzido mais regulamentação estatal da economia, isso foi temporário (mesmo que parte dela tenha sido revivida no New Deal). Esquemas de reformas lideradas pelo Estado influentes antes da guerra foram desacreditados, uma vez que muitos derivavam da Alemanha (Rodgers, 1998: caps. 6, 7).

Durante a guerra, o governo federal cooperou com os sindicatos em troca de promessas de não realização de greves. Isso ajudou a onda normal pós-guerra de sindicatos e greves, mas nos Estados Unidos isso desapareceu mais rápida e completamente do que em outros lugares, ajudado pela repressão. Uma era de empresas de funcionários não sindicalizados (*open-shop era*) reemergiu (Haydu, 1997). Ajudado por ataques a bomba anarquistas, o Presidente Harding encorajou o mais letal dos "Alarmes Comunistas" (*Red Scares*) da América. Nos Ataques Palmer (*Palmer Raids*), 10.000 esquerdistas foram presos, muitos espancados e aprisionados, e aqueles que eram estrangeiros foram deportados. Os sindicatos da AFL, predominantemente de base profissional e seccionalistas, foram agrupados com socialistas e sindicalistas "wobbly" em uma única "Ameaça Vermelha". A Legião Americana e a Ku Klux Klan lideraram multidões para dispersar reuniões sindicais, destruir escritórios sindicais e inclusive perpetrar linchamentos.

Houve muita violência na greve ferroviária de 1922. A regulamentação de tempo de guerra havia aumentado a afiliação ao sindicato dos ferroviários para 400.000, e 80% dos trabalhadores depuseram suas ferramentas em resposta à privatização e aos planos de desregulamentação pós-guerra. Empregadores se recusavam a reconhecer os sindicatos, e importaram fura-greves, escoltados pela polícia da companhia, milícia local e estatal, e finalmente oficiais federais. Após os violentos confrontos, o Presidente Harding se sentiu compelido a intervir. Primeiro, buscou um acordo, mas muitos empregadores não cederam. O procurador-geral, então, persuadiu-o de que a solução era uma injunção antitruste geral contra a greve, apoiada pela força federal. Isso, finalmente, quebrou a resistência sindical. Os trabalhadores ferroviários mais afortunados tiveram permissão para voltar ao trabalho, mas nos termos dos empregadores, incluindo serem forçados a se juntar a sindicatos da companhia e assinar contratos *yellow-dog*. Esse conflito de classe nu foi vencido pelos patrões (Davis, 1997).

Embora os sindicatos estivessem estagnados em muitos países na década de 1920, o movimento trabalhista americano estava em sério declínio. A densidade sindical caiu de 17% em 1920 para somente 7% em 1933. Somente o Japão (um país muito menos industrial) tinha agora menos membros. Os sindicatos sobreviveram somente nas antigas associações de ofícios, e estiveram enormemente ausentes das indústrias em crescimento como a química, do aço, automobilística e de produtos de borracha. A afiliação ao Partido Socialista caiu quatro vezes entre 1920 e 1921, de 109.000 para 27.000. Reduziu pela metade no ano seguinte, nunca se recuperando, e o voto socialista caiu à insignificância em 1924.

A repressão possuía apoio geral, porque seus alvos eram descritos na mídia como extremamente violentos e mesmo como traidores para a nação. Socialistas e comunistas eram denunciados como "estrangeiros", e restringir a imigração foi considerado necessário para frear o fluxo de ideias não americanas. A Ku Klux Klan adquiriu uma missão nacional: preservar a Ascendência Protestante Branca contra negros, católicos, judeus e "bolcheviques estrangeiros". Meio milhão de mulheres se juntou ao movimento das mulheres da KKK no começo da década de 1920, e a Klan se tornou "integrada à vida diária normal dos protestantes brancos" (Blee, 1991: 2-3). A reação também ajudou a frustrar as esperanças feministas de aprovar uma Emenda de Direitos Iguais. Os republicanos conservadores dominaram a década de 1920.

Todavia, o crescimento econômico recomeçara; a guerra havia sido lucrativa para os Estados Unidos. Com a Grã-Bretanha e a Alemanha pesadamente endividadas com os bancos americanos, os Estados Unidos eram agora a principal potência econômica do mundo. O crescimento recomeçou quando as corporações tiraram vantagem de sua nova dominância global. A taxa de crescimento anual do PNB real durante a década de 1920 foi mais de 4%; a produtividade manufatureira cresceu mais de 5% (Abramowitz & David, 2001). A concentração de negócios aumentou: em 1930, 100 corporações controlavam quase metade da economia. A bancada de trabalho eletrificada, o motor de combustão interna e a linha de montagem eram tecnologias genéricas que aumentavam a produtividade (David & Wright, 1999; Abramowitz & David, 2001; R. Gordon, 2005). A linha de montagem automobilística se tornou o símbolo da modernidade. Nove milhões de veículos motorizados estavam nas estradas em 1916, 27 milhões em 1930, e a um custo muito menor para os consumidores. Indústrias de aço, vidro, borracha e petróleo cresceram. O crescimento suburbano foi estimulado pelo automobilístico, e esse estimulou a construção. Field (2011) diz que o planejamento pobre, uso ineficiente da terra e bolhas ingênuas de investimento levaram ao sobredesenvolvimento com infraestruturas pobres e subdivisões não econômicas. Contudo, a eletricidade atingiu 60% dos lares, produzindo um pequeno aumento de aparelhos eletrodomésticos. Os têxteis se expandiram através de confecções, e as cadeias de lojas e catálogos ajudaram o crescimento de uma sociedade de consumo da classe média. Jornais e revistas eram financiados por publicidade em massa; rádio, filmes de cinema e músicas gravadas decolaram; e Hollywood substituiu a França como o lar dos cinemas. A nação se tornou mais economicamente integrada, e os economistas responderam com teorias sobre a economia nacional, nacionalmente enjaulada (Barber, 1985).

A legislação racista freou a imigração, e uma taxa de desemprego de apenas 4-5% ao longo da década motivou algumas corporações a reterem seus trabalhadores qualificados oferecendo-lhes as correntes douradas dos benefícios de assistência além de promoções através de mercados de trabalho internos (Berkowitz & McQuaid, 1992: cap. 3; Cohen, 1990). O "capitalismo do bem-estar social" segmentou a força de trabalho, minando a potencial solidariedade de classe. A escassez de força de trabalho estimulou a migração em massa de afro-americanos para o norte, onde ganhavam salários maiores apesar da segregação residencial – uma integração ambígua na América convencional.

Na década de 1920, a renda pessoal *per capita* provavelmente aumentou ligeiramente (Costa, 2000: 22). Davis e Wright (1999; cf. Smiley, 2000) afirmam que os salários reais aumentaram, mas R. Gordon (2005) diz que a parcela do trabalho na renda nacional permaneceu estática. Embora os dados sobre a renda sejam ambíguos, o que não é ambíguo é que a expectativa média de vida no nascimento e o peso médio dos homens nascidos no país aumentou na década de 1920, ambos sinais de nutrição melhor durante um período mais longo de tempo (Steckel, 2002). A desigualdade declinou durante a Primeira Guerra Mundial, mas depois aumentou. Perto do final da década de 1920, a desigualdade de renda e riqueza era mais alta do que em qualquer década do século XX (Wolff & Marley, 1989; Piketty & Saez, 2003).

Economicamente, a agricultura teve o pior resultado. As receitas de trabalhadores agrícolas e de pequenos agricultores caiu marcadamente, junto aos preços dos produtos agrícolas. Em resposta, com frequência, esses trabalhadores esgotavam o solo. Muitos abandonaram suas terras e migraram, enfraquecendo o populismo rural. As cidades permaneciam multiétnicas, mas o conflito étnico entre brancos declinou. A Ku Klux Klan nacional colapsou, e se tornou basicamente uma força sulista (Blee, 1991: 175-176). Os democratas se libertaram das amarras da Lei Seca que separava trabalhadores protestantes dos católicos. Os dois principais partidos estavam se tornando mais como os partidos de outros países industriais, com os republicanos como o partido das empresas, os democratas o partido das classes populares – exceto para o sul (Craig, 1992; Daelwy, 1991: 213-214). Havia agora um potencial para uma aliança liberal-trabalhista, embora a coisa real ainda não tivesse emergido. A liderança democrática permanecia conservadora e não parecia que fosse retornar ao poder tão cedo. A América havia guinado para a direita reforçando grande parte de suas tendências conservadoras anteriores e a impressão do excepcionalismo americano.

A muito alardeada nova sociedade de consumo não era uma adição universal à cidadania, uma vez que não era partilhada por todos. A sociedade americana como descrita por Hollywood era privilegiada e os estrangeiros a invejavam. Os trabalhadores americanos também a invejavam. Metade dos americanos vivia no ou muito próximo ao nível de subsistência e ainda tomava emprestado de penhoristas e de agiotas locais. Apesar da crescente indústria de crédito estar persuadindo famílias de classe média de que financiamentos imobiliários não eram dívidas irresponsáveis, e sim um sinal de independência respeitável, os trabalhadores ainda alugavam suas casas (Calder, 1999). Defensores da teoria do subconsumo argumentavam que o consumo era prejudicado pelo pobre poder de compra entre as massas. Os ricos tinham o dinheiro para investir, mas a massa de trabalhadores tinha menos para gastar. Isso estava bloqueando qualquer transição geral capitalista da grande produtividade para a grande demanda de consumo, como também ocorria em outras economias avançadas. Somente as classes média e alta estavam se beneficiando, e isso trazia o perigo do excesso de capacidade produtiva e uma expansão do mercado de ações (*stock market boom*) com fundamentos instáveis. Em 1929, isso provocou a Grande Depressão, uma crise global que provocaria uma grande onda de descontentamento da força de trabalho suprimida e levaria os Estados Unidos de volta à prática convencional global de políticas internas. O movimento para o convencional ocorrera antes na geopolítica.

Imperialismo, fase 2: o império hemisférico de 1898 até a década de 1930

Bem no final do século, os Estados Unidos repentinamente se moveram para o clube dos imperialistas ultramarinos, expandindo-se para a América Central, Caribe, ilhas do Pacífico e China. O imperialismo ultramarino chegou lentamente. Embora a Doutrina Monroe de 1823 tenha feito uma reivindicação anterior pela dominância hemisférica, ela só pôde se tornar realidade quando a Grã-Bretanha e sua armada passaram a focar a Ásia e a África; os Estados Unidos ocuparam seu próprio continente; a Segunda Revolução Industrial tornou-os a maior potência econômica; e eles adquiriram uma armada substancial. Tudo isso estava ocorrendo pela década de 1890, o que significava que agora os Estados Unidos poderiam buscar o lucro, a suposta segurança e o *status* geopolítico do imperialismo no exterior. Eles prontamente fizeram isso, como outros impérios tardios da época – Alemanha, Japão e Itália. Nada excepcional aqui.

A política americana havia sido buscar um imperialismo informal mínimo voltado a impedir outros de fecharem mercados para os produtos americanos. Para auxiliar isso, tomaram estações de carvão e navais ao longo do Pacífico assim como ilhas ricas em guano para fertilizante. Em 1890, o capitão da marinha americana, Alfred Mahan, publicou seu importante *The influence of sea power on history* (*A influência do poder marítimo na história*), argumentando que uma economia moderna dependia do comércio internacional, que necessitava da proteção de uma frota marítima. Como o governo federal possuía agora um grande excedente orçamentário, esse foi gasto na construção de navios. As elites americanas foram atraídas pela ideologia de uma missão anglo-saxã perante o mundo. A política naval mudou de navios mercantes, cruzeiros e embarcações de defesa costeira para navios de batalha, e por volta de 1898 os Estados Unidos possuíam a terceira maior esquadra do mundo. Era fácil para o país industrial líder desenvolver uma esquadra de batalha. O exército contava apenas 25.000 integrantes, mas guerras terrestres não estavam no horizonte.

Havia também novas considerações estratégicas. O Novo Imperialismo estava ocupando o globo, e os Estados Unidos se juntavam à competição pelo leste da Ásia, relutantes em ser deixados de fora. Sinais de atividade europeia no hemisfério americano deixavam os diplomatas americanos nervosos. A França estava planejando um Canal do Panamá, os investimentos alemães estavam crescendo, e os governos europeus estavam enviando canhoneiras para cobrar dívidas dos governos na região. Havia consenso em Washington de que essa interferência externa deveria parar. Em 1895, os Estados Unidos moveram seus navios para impor uma solução a uma disputa de fronteiras entre a Venezuela e a Guiana Britânica. A Grã-Bretanha foi minimamente consultada; a Venezuela, nem isso. O secretário de Estado, Olney, exultou com seu sucesso, declarando: "Hoje, os Estados Unidos são praticamente soberanos neste continente e seu comando é lei" (LaFeber, 1993: 2.142-2.183; Ninkovich, 2001: 12–13). Em 1898, o Presidente McKinley também havia decidido tomar o projeto do Canal do Panamá dos hesitantes franceses e estabelecer uma Zona de Canal controlada pelos Estados Unidos, um estado inativo entalhado na Colômbia ou Nicarágua. Os Estados Unidos estava tentando comprar, não tomar, o território, assim como comprara a Louisiana e o Alaska anteriormente.

No país, a Segunda Revolução Industrial trouxe conflito crescente entre empregadores e sindicatos trabalhistas e tensões geradas pela imigração étnica em massa. O *imperialismo social*, que desenvolvia o império no exterior para ajudar a aliviar os conflitos de classe e étnicos no país, parecia uma solução para alguns (Weinstein, 1968). Os progressistas defendiam tratar o conflito aumentando os direitos dos trabalhadores e estimulando a demanda de consumo de massa; os conservadores rejeitavam a perda de liberdades dos empregadores e os altos salários que isso implicava. Contudo, o império tinha pouco apoio de cima, basicamente porque não havia um *lobby* de colonizadores. Os americanos ainda estavam focados na ascensão social no país. Como os Estados Unidos continuavam importando mais do que exportando capital, não havia excedente de capital americano buscando novos mercados – o argumento Hobson/Lenin para o imperialismo não se aplicava. Como a Depressão de 1893-1897 foi atribuída a mercados internos saturados, alguns industriais preferiam capturar mercados no exterior para absorver o excedente de produção.

Em 1895, a recuperação econômica foi inicialmente liderada pela exportação, e pela primeira vez as principais exportações eram manufaturados em vez de produtos agrícolas. Eles eram trocados por matérias-primas e produtos agrícolas latino-americanos e caribenhos que os Estados Unidos não podiam produzir, como açúcar, café e banana. Esse comércio era dominado por grandes corporações envolvidas em mineração e plantações de cana-de-açúcar, tabaco, café e frutas tropicais, e era servido por ferrovias e portos de propriedade dos Estados Unidos. Os produtores de banana se amalgamaram em 1899 na gigante United Fruit Company (UFCO). Corporações de açúcar combinavam refino nos Estados Unidos com produção de plantações no Caribe espanhol. Em 1895, empresas americanas haviam investido 50 milhões de dólares na colônia espanhola de Cuba, e o comércio entre os Estados Unidos e Cuba era agora maior do que o comércio cubano-espanhol (Ayala, 1999; Perez, 1990; Schoonover, 1991: 170). Embora essas corporações constituíssem apenas uma pequena parte da economia americana, abrangiam a maior parte dos americanos interessados na política para a região. Um *lobby* imperial estava se formando (e via o que restava do Império Espanhol como uma conquista fácil), via o remanescente império espanhol lá como para ser tomado.

Isso era imperialismo econômico potencial, liderado por corporações e bancos, não as redes *ad hoc* de aventureiros e companhias de comércio armadas, como no Império Britânico. Alguns dizem que esse *lobby* provocou a guerra de 1898 contra a Espanha (LaFeber, 1993: caps. 4, 5; P. Smith, 2000: 27-29; Schoonover, 1991; 2003). Mead (2001) o vê como uma colaboração "hamiltoniana" governo-empresas para expandir uma economia nacional dinâmica. Industriais como Andrew Carnegie e John D. Rockefeller defendiam isso. Embora muitos empresários e muitos presidentes ligassem pouco para a política externa, a eleição de McKinley em 1896 introduziu um presidente republicano pró-empresas comprometido com uma busca ativa por mercados estrangeiros, apoiado por uma frota expandida (LaFeber, 1993: 330-333). McKinley também pôde ver uma oportunidade estratégica para remover a Espanha do hemisfério. Os Estados Unidos tinham de impedir outros impérios de tomar as colônias espanholas. Assim, decidiram tomá-las primeiro.

Contudo, qualquer política teria de lidar com um Congresso relutante em gastar dinheiro em iniciativas arriscadas no exterior; algumas empresas com interesses na região ainda preferiam apoiar o Império Espanhol. A política estrangeira permanecia em baixa nas prioridades congressionais; mesmo pedidos de empresas por um serviço consular melhor no exterior ficavam atolados em conflitos internos partidários (Pletcher, 1998: 4, 26-45). Trubowitz (1998: 31-95) acredita, contudo, que o Congresso estava mudando. Registros de votações ao longo da década de 1890 revelam uma clivagem da política externa entre norte e sul. Os congressistas do norte defendiam tarifas para proteger a indústria nacional, além da expansão naval (a construção de navios estava no nordeste) e o imperialismo informal para buscar mercados abertos nas Américas e na Ásia. Os sulistas defendiam o livre-comércio porque dependiam de exportações agrícolas baratas, e seu principal parceiro de comércio era a Grã-Bretanha, que eles temiam que se alarmasse com a expansão naval. Os congressistas do oeste eram mais orientados para os mercados internos, mas podiam fornecer votos oscilantes em troca de apoio para temas nacionais que considerassem vitais. Os congressistas do norte eram mais dispostos a comercializar votos. Os populistas, oponentes tradicionais do imperialismo, concentrados no sul e no oeste, agora se dividiam. Assim, uma cristalização imperial estava ganhando força no Congresso, mas esse era um governo representativo com eleições competitivas e uma vigorosa imprensa sensacionalista, com a qual atingia um público massivo por meio de apelos aos interesses revestidos de ideais. No último capítulo, observei que na Grã-Bretanha a emergência do amplo sufrágio masculino colocou pressão nos políticos para fazerem o império parecer legítimo. Similarmente, qualquer império americano deve ser retratado como tendo feito bem para o povo, assim como tendo servido aos interesses das grandes corporações, que eram suspeitas para muitos americanos na era progressista.

Alguns argumentam que um sentimento crescente de uma missão americana perante o mundo foi a principal causa dessa onda de imperialismo (Ninkovich, 2001). Muitos americanos à epoca, como agora, acreditavam que eram o povo mais livre sobre a Terra, e isso comunicava um senso de responsabilidade para o mundo. Tratava-se de responsabilidade como exemplo ou como missão? O exemplo estava incorporado na famosa descrição de 1630 de John Winthrop dos americanos erigindo "uma cidade sobre uma montanha, os olhos de todas as pessoas estão sobre nós". Havia um consenso nacional em torno de estabelecer um exemplo como esse, mas isso poderia levar ao isolacionismo em vez de ao império. O segundo sentimento era de uma missão imperial que levaria o exemplo americano ao mundo, redimindo-o através da intervenção humanitária. Theodore Roosevelt declarou que os americanos seriam lembrados por suas virtudes imperiais, como os romanos. "Todas as grandes raças dominantes lutaram contra outras, e no momento que uma raça perde as duras virtudes da batalha... independentemente de quão habilidosa no comércio e nas finanças, na ciência ou na arte, perdeu seu direito de se colocar entre as melhores" (Auchincloss, 2001: 4). O Senador Henry Cabot Lodge se gabava: "Temos um registro de conquistas, colonização e expansão não igualado por povo algum no século XIX. Não vamos ser refreados agora" (Schoultz, 1998: 135). Ele acrescentou que o imperialismo espalharia a "liberdade", não o "materialismo crasso" dos britânicos e franceses. Alguns acrescentavam o darwinismo social: era o dever da raça branca "elevar as raças mais escuras". Outros exigiam que aqueles que sofriam sob o jugo espanhol fossem libertados. Isso tinha um apelo amplo, especialmente entre populistas, que de outro modo rejeitariam uma política externa orientada pelas empresas e elites estratégicas.

Anti-imperialistas declaravam que a liberdade não poderia ser transmitida sob coerção, e que o imperialismo era uma traição das liberdades constitucionais americanas. Outros atingiam o anti-imperialismo por meio do racismo: a intervenção no exterior oferecia o risco da "poluição racial". Nativistas na Califórnia viam asiáticos como a única fonte de contaminação racial; democratas sulistas temiam os latinos e os negros do Caribe. William Jennings Bryan, o candidato democrata derrotado em 1900, juntou argumentos muito diferentes contra o império, declarando: "os filipinos não podem ser cidadãos sem pôr em perigo nossa civilização; não podem ser súditos sem pôr em risco nossa forma de governo" (Schoultz, 1998: 142). Aqui, direitos constitucionais e racismo eram combinados de modo extraordinário para contestar o imperialismo. Imperialistas e anti-imperialistas vinham da esquerda e da direita.

O debate era uniformemente equilibrado, o que levanta uma questão contrafatual: e se os Estados Unidos tivessem permanecido fora das iniciativas arriscadas no exterior? Então, as colônias espanholas teriam conquistado sua independência mais tarde e os Estados Unidos poderiam ter continuado o isolacionismo até a Primeira Guerra Mundial, e inclusive permanecido fora dessa guerra. O mundo teria mudado enormemente, mas essa guerra foi precipitada menos por eventos nos Estados Unidos do que em Cuba. Uma insurreição sangrenta iniciou em 1895. A Espanha respondeu com repressão, incluindo a invenção do "campo de concentração". Nos Estados Unidos, defensores do "Cuba Libre" ressaltavam que as tradições constitucionais americanas exigiam auxiliar os que lutavam pela liberdade. Intervencionistas só triunfaram, contudo, quando o navio de batalha americano *Maine* – enviado em 1898 para o Porto de Havana para marcar presença – explodiu e afundou, matando mais de 200 combatentes americanos. Isso foi popularmente atribuído aos covardes espanhóis, embora tenha sido mais provavelmente um acidente. As emoções se intensificaram e o Congresso pressionou o Presidente McKinley a declarar guerra, embora ele pudesse ter preferido a intervenção. O exército lhe assegurou da vitória, e os rebeldes eram abundantes tanto em Cuba quanto nas Filipinas. O afundamento do *Maine* – claramente um evento contingente – poderia ter sido um pretexto oportuno, pois a essa altura a guerra estava sobredeterminada (Offner, 1992: ix, 225; cf. Peceny, 1999: 56-65).

A Guerra Hispano-americana durou apenas três meses. Houve rápidas vitórias americanas, incluindo a destruição das frotas espanholas de madeira não apenas no Caribe como também ao longo do Pacífico. Uma "esplêndida pequena guerra", disse o secretário de Estado Hay, mas a absorção das colônias espanholas ocupadas não havia sido considerada, e McKinley e seus conselheiros não tinham uma ideia clara do que fazer com elas. Em um sentido, esse foi um império acidental. Durante a expansão continental, a Suprema Corte havia decidido que "a constituição seguia a bandeira" (não para os índios, é claro, mas eles estavam mortos). De modo que a anexação deveria ter dado direitos constitucionais aos anteriores súditos espanhóis. Contudo, McKinley não queria oferecer participação governamental a um grupo misto de um milhão e meio de hispânicos, cubanos e negros, para quem nossa religião, costumes, tradições e hábitos políticos, e modos de pensar são, para falar a verdade honesta, tão conhecidos quanto para o rei de Dahoney" (Schoultz, 1998: 142). Como a palavra "colônia" não era aceitável, Cuba, Porto Rico e as Filipinas, mais algumas ilhas do Pacífico, foram eufemisticamente denominados pela Suprema Corte "territórios não incorporados", a fim de impedir os nativos de se tornarem cidadãos. Na realidade, eram colônias.

A colônia cubana

Cuba era um local estratégico, a somente noventa milhas da Flórida e – com Porto Rico – controlava o acesso ao Caribe e à América Central. Assim, os Estados Unidos ocupou-o (Boot, 2002: 134-135). A administração agora buscava controlar as consequências cubanas. As forças americanas não consultaram os rebeldes cubanos sobre a condução da guerra, excluíram-nos claramente da rendição espanhola, e se recusaram a reconhecer a República rebelde. Os Estados Unidos decidiram que *libre* significava "remover os espanhóis do hemisfério e proteger as liberdades empresariais contra os insurgentes". Em sua mensagem de guerra ao Congresso, McKinley disse que "colocaria restrições hostis em ambas as partes em Cuba" (LaFeber, 1994: 202; Perez, 1983: 178; 1998: 19, 79-80; Offner, 1992: 194, 222). Os insurgentes pareciam perigosos, especialmente os ex-trabalhadores do açúcar e do tabaco. O cônsul americano os descreveu como homens "desacostumados à civilização e ao cristianismo... O elemento negro, com os aventureiros do exterior... [está] buscando poder ou ganho". O ministro da Espanha de McKinley disse que um "protetorado em Cuba me parece muito um suposto cuidado responsável de um hospício" (Schoultz, 1998: 136).

Quando os Estados Unidos suprimiram um movimento rebelde popular, a ocupação não foi bem-vinda. Os clientes americanos eram principalmente elites, descritas como "a classe empresária completamente capaz de bom julgamento", "o elemento decente", "os inteligentes e educados", "donos de propriedades", "homens brancos e de boa família e posição. Entre os principais oficiais militares há somente três de sangue negro". O Governador-geral Wood ficou contente em observar que na assembleia, eleita por um pequeno grupo com direito a voto, "os brancos superaram muito os negros em número". No entanto, mudou de ideia, dizendo: "Deveria dizer que temos cerca de dez homens absolutamente de primeira classe, cerca de quinze homens de qualificações e caráter duvidosos e cerca de seis dos piores canalhas e faquires de Cuba". O Senador Platt observou: "sob muitos aspectos, eles são como crianças" (Schoultz, 1988: 144-148, 202). O Governador-geral Wood e o Secretário Root disseram que levaria décadas de tutelagem americana para se chegar não ao autogoverno, mas à "anexação por aclamação". O General Shafter exclamou: "Autogoverno? Ora, essas pessoas são menos adequadas ao autogoverno que a pólvora ao inferno!" (Healy, 1963: 36, 91-96, 148; cf. Hunt, 1987).

Em 1903, a Emenda Platt foi escrita na Constituição cubana, instruindo Cuba a "manter uma baixa dívida pública; abster-se de assinar qualquer tratado que prejudicasse sua obrigação para com os Estados Unidos; garantir aos Estados Unidos o direito de intervenção para proteger a vida, a liberdade e a propriedade; validar os atos do governo militar; e, se solicitado, fornecer locações navais de longo prazo" (Langley, 1980: 21). Isso era soberania extremamente restringida. A administração militar americana permaneceu na ilha por vinte anos, supervisionando o governo cliente cubano. A base naval na Baía de Guantânamo, adquirida depois, ainda hoje se mostra útil para papéis imperiais duvidosos.

Corporações americanas agora controlavam a indústria do açúcar, como faziam em Porto Rico – também ocupado em 1898 –, e a República Dominicana, após uma ocupação americana de oito anos iniciada em 1916. As ilhas eram seguras para corporações americanas controlarem insumos e obterem vantagem sobre concorrentes, combinando produção com baixos custos de força de trabalho. Houve crescimento econômico, mas os camponeses não se beneficiaram. Ferrovias foram estendidas, mas como é usual nas colônias, elas levavam a produção das companhias estrangeiras para os portos e para fora do país. Muitas das linhas não funcionavam fora da estação do açúcar, e não havia ligações a montante ou efeitos multiplicadores na economia. Isso era crescimento econômico, mas não desenvolvimento (Ayala, 1999; Zanetti & Garcia, 1998). Contudo, isso foi depois da abolição da escravidão, portanto, empregados das corporações americanas foram poupados das piores formas de exploração colonial. Na verdade, usualmente, ganhavam mais do que trabalhadores nos outros setores da ilha.

O poder militar americano foi repetidamente próspero. Se as eleições cubanas fossem na "direção errada" ou um governo cliente se tornasse impopular, as tropas americanas intervinham. O embaixador americano explicou a política: "Faça-os votar e viver por suas decisões". Se houvesse problemas: "Iremos lá e os fazemos votar novamente" (P. Smith, 2000: 52). Os Estados Unidos eram um país muito democrático, mas em Cuba, despóticos.

A colônia filipina

O Presidente McKinley não pensara inicialmente em anexar as Filipinas, mas disse que sua consciência havia triunfado após várias noites sem dormir:

> Ajoelhei-me e roguei ao Deus Todo-poderoso por luz e orientação... uma noite, ocorreu-me... que nada havia para fazermos senão adotar todos os filipinos e educá-los, elevá-los, civilizá-los e cristianizá-los, e pela graça de Deus fazermos o melhor que pudermos por eles, como nossos semelhantes por quem Cristo morreu... E na manhã seguinte, convoquei o engenheiro-chefe do Departamento de Guerra (nosso cartógrafo), e lhe disse para colocar as Filipinas no mapa dos Estados Unidos (Schoultz, 1998: 89).

Ele parecia não saber que a vasta maioria dos filipinos era cristã.

No início, as coisas não foram bem. Uma vez mais o novo governo foi formado sem consultar os aliados insurgentes. Eles resistiram, e uma terceira guerra colonial matou entre 200.000 e 400.000 filipinos, muitos nos campos de concentração americanos adaptados dos espanhóis. Áreas rebeldes foram privadas de alimento, criando o que um oficial americano chamou um "imenso deserto". Mais de 4.000 soldados americanos morreram, principalmente de doenças. Se McKinley tivesse sabido tudo isso de antemão, talvez não tivesse reivindicado as ilhas. A ocupação gerou o primeiro grande movimento anti-imperialista nos Estados Unidos, com Mark Twain como seu mais famoso porta-voz. Um professor de sociologia na Universidade de Yale, William Graham Summer (1899) descreveu a guerra como "a Conquista dos Estados Unidos pela Espanha". Ele queria dizer que ao adquirir as colônias, os Estados Unidos haviam sido conquistados pelos valores imperialistas espanhóis, com os campos de concentração sendo um exemplo.

Os americanos, depois, diminuíram sensivelmente seus objetivos missionários. Eles aprenderam o que os imperialistas britânicos e franceses já haviam aprendido: a repressão só funcionaria quando atrelada a um acordo obtido junto às elites locais – império indireto. As minorias étnicas foram armadas para combater os tagalos que dominavam a insurgência. Os tagalos da classe alta, então, abandonaram suas armas para não perderem suas propriedades. Já que poucos americanos aceitaram participar da missão imperial e estabelecer empresas lá, os *caciques* filipinos – as sessenta famílias mais ricas com vastas redes de patronagem – aprenderam a explorar sua indispensabilidade. As famílias também eram necessárias para aprovar impostos, uma vez que o Congresso americano se recusava a aprovar fundos para a colônia. Isso era diferente de Porto Rico, diz Go (2008), onde o poder econômico das elites locais foi severamente perturbado pela presença americana (e um terrível furacão), forçando-os a mudanças políticas incluindo a aceitação do sistema multipartidário americano, que era ausente nas Filipinas. Embora os americanos reclamassem perenemente da corrupção das relações patrão-cliente da elite, sempre que sugeriam reformas, as famílias invocavam o espectro da revolução e os Estados Unidos recuavam. O principal impacto da administração americana foi que a elite, os *illustrados*, estendeu suas redes de controle da política local à nacional e às novas instituições introduzidas pelos americanos, tais como um sistema escolar reformado e expandido (Hidalgo, 2002; Go, 2003; 2008: 254; Boudreau, 2003; Ninkovich, 2001: 54-59). Como de hábito, o império estava empoderando as elites tradicionais. Mas sem os colonizadores americanos, o racismo branco era comparativamente desimportante e assumiu uma forma lamarckiana. A tutelagem americana, baseada no estudo das instituições imperiais britânicas, elevaria os nativos a um estado de civilização (Go, 2011). O Congresso foi influenciado também por anti-imperialistas, que estavam crescendo em força após a Primeira Guerra Mundial, e por agricultores americanos que concorriam com os produtos filipinos. Como nem a democracia real nem o grande lucro podiam ser atingidos, havia menos sentido em manter as ilhas, e isso foi reforçado quando a marinha decidiu em 1908 que as bases americanas estavam muito expostas e muito longe dos Estados Unidos (Pomeroy, 1974: 158-159). Os eventos de 1941 provaram isso.

Em 1912, os filipinos controlavam seu próprio governo, exceto a defesa e as escolas. O coroamento do sistema de educação expandido foi fornecido pelos 100 *pensionados* filipinos por ano enviados às universidades americanas, principalmente as crianças da elite; em 1920, as matrículas escolares se aproximavam de 1 milhão (Calata, 2002; Ninkovich, 2001: 60-72). Os Estados Unidos haviam se movido rapidamente do governo direto para o indireto, para um autogoverno substancial, muito mais rapidamente do que ocorreu em qualquer colônia britânica. Em 1934, os Estados Unidos começaram uma preparação de dez anos para a independência filipina, a primeira potência imperial a fazer um movimento assim (Villacorte, 2002; Roces, 2002). Embora a agressão japonesa tenha atrasado a completa independência até após 1945, esse foi um genuíno feito do imperialismo americano, embora fosse realmente a elite filipina que tenha obtido o autogoverno.

O racismo americano combinado ao patriarcado tinha um lado bom. Os nativos "imaturos" puderam ser tutorados e levados à "maturidade", muito rapidamente no caso das Filipinas e de Porto Rico. Era nosso dever elevar as raças escuras, que eram "emocionais, irracionais, irresponsáveis, não empreendedoras, instáveis, imaturas", "pequenos irmãos marrons", "carentes de hombridade, efeminados". Latinos e filipinos vinham abaixo dos brancos, mas acima dos negros na hierarquia de raças, e os selvagens viviam no meio do mato. Todos haviam sido "degradados" pelo governo espanhol, mas com a tutelagem, todos, exceto selvagens e muçulmanos, poderiam se governar. Na verdade, como observa Go (2011), foi somente porque os filipinos já tinham atingido um nível elevado de civilização que a tutelagem pôde funcionar, e funcionar mais rápido do que em quaisquer colônias britânicas (cf. Go, 2004; Rosenberg, 1999: 31-35; Hunt, 1987: cap. 3; P. Smith, 2000: 48-49). Desenhos populares mostravam uma Colúmbia, um Tio Sam ou um soldado de grandes dimensões ajudando ou mostrando uma luz ou um caminho para pequenos e imaturos filipinos ou latinos. Alguns descreviam um castigo paterno como o banho forçado de um cubano negro aos berros pelo general americano Wood ou a Colúmbia cortando um rabo de cavalo de um chinês (símbolo de uma sociedade reacionária) com tesouras cujas lâminas eram rotuladas com "progresso do século XX" – racismo e valores iluministas misturados ao modo imperial costumeiro. Todavia, crianças e irmãos pequenos terminam se tornando adultos; as raças não eram vistas como permanentemente inferiores.

A Feira Mundial de St. Louis de 1904 incluiu uma exibição colonial ao vivo dos filipinos, incluindo 1.000 "selvagens" e "tribos não cristãs", arranjados por nível de civilização. Os mais inferiores eram os igorrotes selvagens – que preservavam as cabeças de pessoas assassinadas, comiam cães a andavam quase nus –, eles eram os que mais atraíam as multidões. Os mais civilizados eram os soldados filipinos treinados pelos Estados Unidos, que demonstravam a habilidade americana para civilizar. Na década de 1930, os americanos consideraram que a tarefa havia sido em grande parte realizada. Não havia agora necessidade de colônias, mesmo as virtuais, e o modelo na Ásia era que os Estados Unidos permaneceriam no exterior, impondo interesses americanos – basicamente o livre-comércio das "portas abertas" – por meio do império informal, sem quaisquer incursões territoriais.

Por que as colônias foram temporárias

Pouco antes de 1900, os Estados Unidos por razões tanto econômicas quanto estratégicas haviam embarcado em uma guerra fácil que inesperadamente lhes trouxe colônias. Eles depois se afastaram do império direto ou indireto para considerar somente colônias temporárias e então se moveram adiante para um império apenas informal, por razões que estavam radicadas mais nas condições da época do que em uma inerente aversão americana ao império (cf. Go, 2011). Havia seis razões principais para mudança.

(1) Os Estados Unidos haviam sido inicialmente escaldados em Cuba, Filipinas e Porto Rico. A parte fácil foi derrotar os espanhóis; a parte difícil foi governar sem colonizadores e ter alienado as elites locais. Isso deveria soar familiar porque a recente ocupação do Iraque teve a mesma combinação. Os aliados locais se voltaram contra a ocupação americana, a missão ideal foi abandonada, lugares foram degradados. Os Estados Unidos permaneceram em Cuba por vinte anos, nas Filipinas por quarenta anos e ainda estão em Porto Rico, mas não quiseram mais dessas experiências.

(2) Os Estados Unidos quase não enviaram colonizadores. Na África, o Império Britânico ainda estava sendo compelido por colonizadores e aventureiros britânicos a adquirir novas colônias nos locais. O *lobby* dos colonizadores também foi forte no império do Japão. Os colonizadores ainda estavam entrando, os Estados Unidos, contudo, não estavam saindo. A exceção foi o Havaí, onde uma população ingressante de plantadores americanos assegurou que o Havaí se tornasse uma colônia americana, controlada por eles. Após a Segunda Guerra Mundial, houve um final feliz: o Havaí foi assimilado como um Estado da União. O imperialismo social necessitava de apoio de cima, mas isso estava em falta nos Estados Unidos. Não havia um grande *lobby* popular para colônias.

(3) Os europeus estavam a meio-caminho da competição pela África, provocada por medo de que outras potências tomassem o território primeiro. Nenhum rival estava seriamente competindo pelas Américas. A Alemanha ou o Japão poderiam estar tentados pelas Filipinas, por isso os britânicos insistiram em que os Estados Unidos permanecessem lá. A maior ameaça no hemisfério americano foi uma ou duas canhoneiras estrangeiras, e os Estados Unidos puderam espantá-los por meios informais mais baratos, também preferidos pelos britânicos nesse hemisfério.

(4) Após três séculos de expansão europeia, Grã-Bretanha e França já haviam experienciado instituições colonizadoras – um serviço público colonial, companhias de comércio com licenças de monopólio e exércitos e marinhas coloniais. Esses continuaram fazendo o que haviam sido treinados para fazer. Os impérios tardios Alemanha e Japão tinham militarismo e companhias auxiliadas pelo Estado, e o Japão também enviou colonizadores. O império tardio dos Estados Unidos não tinha essas instituições, exceto por uma marinha que era mais adequada ao império informal do que a colônias. Comparados aos outros impérios, os Estados Unidos careciam de instituições, competência e pessoal coloniais.

(5) Esse foi o começo da era do nacionalismo, quando elites proprietárias educadas da periferia estavam articulando ideologias que envolviam adaptações anti-imperiais e raciais de uma revolução constitucional, difundindo-se globalmente. Era mais difícil estabelecer colônias. Os impérios europeus haviam conquistado países anteriormente, antes que os movimentos nacionalistas modernos tivessem surgido. Agora, contudo, rebeldes tinham mais poder ideológico. Em 1898, um exército italiano foi derrotado na Batalha de Adowa por um monarca etíope que mobilizou um nacionalismo cristão nutrido por conflitos contra vizinhos muçulmanos. De 1899 a 1902, os britânicos no sul da África foram surpreendidos por uma rebelião dos Boers, de origem neerlandesa com sua própria cultura nacional. Como os britânicos no sul da África, contudo, os americanos aprenderam a lidar com rebeldes nacionalistas concedendo-lhes mais autogoverno – eles concederam às elites filipinas privilegiadas a "democracia de caciques" (B. Anderson, 1988). Eles estavam dispostos a dividir o poder com os Estados Unidos para preservar seus direitos de propriedade, mas os Estados Unidos falharam em obter isso em outros lugares, e buscaram modos menos coloniais de controle.

(6) Esse período viu o aumento do capitalismo corporativo, onde grandes trustes do agronegócio e de bancos buscavam extrair concessões de monopólio no exterior. Os países latino-americanos já tinham estados ao estilo ocidental que garantiam direitos de propriedade e emitiam licenças de monopólio. Muitos regimes eram corruptos e dominados por conflitos, mas coercivamente reformá-los em vez de destruí-los era a tática mais simples para as corporações estrangeiras. O caminho para o lucro maior no hemisfério não era colonizar, mas coagir o exterior com canhoneiras. Os britânicos já estavam fazendo isso no hemisfério, e para os americanos o império informal era a solução óbvia. Os americanos escolheram a forma de imperialismo que melhor lhes servia. Era mais capitalista do que estatista, e o estatismo era depois administrado em doses mais suaves.

O império informal com canhoneiras

Os Estados Unidos não extraíram a lição de que deveriam abandonar o imperialismo; eles simplesmente mudaram as formas do imperialismo. Entre

1899 e 1930, os Estados Unidos lançaram trinta e uma intervenções militares punitivas, uma por ano. Na Ásia, permaneceram um parceiro menor dos europeus. Sua política de portas abertas, proclamada pelo Secretário Hay na China em 1899-1900, era uma insistência dos impérios tardios em entrar nos mercados chineses nos mesmos termos que os europeus desfrutavam. Em 1900, os Estados Unidos forneceram 5.000 soldados para a força imperial conjunta que debelou a Rebelião Boxer, e isso os colocou no clube dos Tratados Desiguais, assim como o Japão, com seus 8.000 soldados. O principal mercado que a guerra manteve aberto era o suprimento de ópio para a China, que os rebeldes boxers e o governo imperial chinês haviam tentado fechar. Os Estados Unidos eram, portanto, uma parte em uma das grandes manchas do imperialismo moderno, embora apenas um parceiro menor dos britânicos, que forneciam o ópio. As portas abertas se abriam apenas para um lado, porque até a década de 1930 os mercados americanos permaneceram altamente protegidos (Eckes, 1995).

Vinte e oito das 31 intervenções foram na América Central e Caribe. Os países da região tinham poucas guerras, mas o desenvolvimento desigual significava que em muitos países algumas economias de enclave eram capazes de exportar produtos agrícolas ou matérias-primas, e a maior parte do país permanecia desesperadamente pobre. A desigualdade piorava com o fortalecimento das diferenças de classe, étnicas e raciais. Havia um intenso conflito político entre diretivas conservadoras, liberais e nacionalistas para reformas. A consequência foi instabilidade política e golpes, pelos quais os americanos raramente eram responsáveis (Mares, 2001). Todavia, os negócios estrangeiros intensificaram a desigualdade e frustraram o desenvolvimento nacional, uma vez que seus lucros vinham de concessões de monopólio em enclaves de mineração e de agronegócio, com pouca relação com o resto da economia. Os principais beneficiários nativos eram os proprietários de terras e os comerciantes que eram clientes das empresas estrangeiras, além dos trabalhadores nos enclaves que ganhavam melhor que os trabalhadores em outros lugares (Bucheli, 2005: cap. 6; Dosal, 1993). Muitos lucros eram repatriados ao exterior, e havia poucas ligações a montante. Uma vez mais, isso era crescimento sem desenvolvimento. Um estudo sobre as indústrias do café, sisal e petróleo entre 1850 e 1929 conclui que as companhias americanas afetaram adversamente o desenvolvimento econômico de grande parte da América Latina (Topik & Wells, 1998).

O problema-chave era as concessões de monopólio a empresas estrangeiras, distribuídas por uma oligarquia corrupta, mas submissa, chefiada por *caudillos* cujo papel era manter a ordem e reprimir protestos populares. Isso abortou uma verdadeira ordem constitucional e um desenvolvimento econômico nacional em Cuba, República Dominicana, Guatemala e Nicarágua (Leonard, 1991: 95; Whitney, 2001: 1-9, 18-20; Hall, 2000; Dosal, 1993: 1, 75-94, 119-140). Eles eram intermitentemente desafiados por liberais e radicais que se mobilizavam sob a bandeira do nacionalismo, mas as empresas americanas tendiam a se opor a eles, alarmadas por qualquer coisa que carregasse o "potencial perigoso de revoluções" (Hunt, 1987: 105). Empresas americanas apreensivas induziram o governo americano a um padrão de intervenção que empregava pressões econômicas para desestabilizar os liberais e intervenção militar para destruir os radicais (Paige, 1997: 45-46; Mahoney, 2001: 19-23). Isso era o governo buscando equiparação após provocações de corporações.

Após a intervenção armada, os Estados Unidos poderiam, então, assumir as alfândegas e os orçamentos do Estado para assegurar "finanças sólidas", uma forma mais direta e coerciva dos programas de ajustes estruturais de hoje. Theodore Roosevelt a iniciou, baseando-se na política britânica no Egito (Rosenberg, 1999: 41-52). Durante o governo do Presidente Taft, ela ficou conhecida como "diplomacia do dólar". Os "doutores em dinheiro" americanos traziam empréstimos bancários dos Estados Unidos para estabilizar a moeda local, expressá-la em dólares, mover as reservas de ouro para Nova York, reprogramar as dívidas e supervisionar seu orçamento e a coleta de receitas alfandegárias (Paige, 1997, 79-80, 162-168, 178; Mahoney, 2001: 190). Os doutores buscavam finanças sólidas, garantindo a devolução de dívidas estrangeiras na fonte, o que tornava o país atrativo ao investimento estrangeiro. A diplomacia do dólar também estendeu a zona do dólar, uma discreta redução do domínio global da libra esterlina.

A diplomacia do dólar vinha incrustada em uma versão empresarial de uma missão civilizatória. Na descrição de Veeser (2002) da Venezuela, ninguém mencionava democracia. Em troca, diziam que estavam espalhando a racionalidade e a inevitabilidade dos mercados livres, que depois encorajaria o governo "são e progressista" (a oposição era "insana" ou "irracional"). As ideologias raciais e patriarcais do imperialismo receberam um tom empresarial: a "maturidade" e "hombridade" da raça branca haviam desenvolvido "autocontrole, domínio e habilidade para planejar o futuro... Três séculos de governo espanhol haviam desenvolvido crianças, não homens independentes e autoconfiantes", declarou Edwin Kemmerer, da Universidade de Princeton, a uma audiência ultrajada de estudantes filipinos na Universidade Cornell. Todavia, seus sentimentos eram os mesmos não apenas de banqueiros como também de comerciantes de nível médio de pequenas cidades e profissionais ambiciosos", diz Rosenberg (1999: 33-39). A diplomacia do dólar foi uma forma de tratamento desigual, que beneficiou principalmente empresas americanas e acionistas estrangeiros, depois os clientes locais e muito pouco a sociedade local. Contudo, diferente dos programas de ajustes estruturais modernos, não foi hegemônica e necessitou repetidas intervenções militares. Foi a diplomacia do dólar mais a da canhoneira, uma cristalização política com um eleitorado importante entre aquelas corporações americanas com interesses na região.

Isso não podia resolver os problemas locais subjacentes. O efeito duradouro das intervenções americanas provavelmente agravou a instabilidade local, embora não a tenham criado. Os fuzileiros navais permaneceram entre três meses e vinte e cinco anos (na Nicarágua) sem que os Estados Unidos jamais tivessem reivindicado soberania – o Panamá foi uma meia-exceção devido à importância única do canal. A intervenção foi seguida por uma expansão dos trustes do agronegócio americanos localmente, como Ayala (1999) mostra na indústria do açúcar do Caribe. O supostamente liberal Woodrow Wilson enviou mais fuzileiros navais do que o autoproclamado imperialista Theodore Roosevelt, e isso devolveu os democratas ao imperialismo. A política era agora bipartidária, embora raramente evocasse muita atenção popular.

De 1900 até meados da década de 1930, as administrações americanas por vezes alegavam que haviam interferido para restaurar a democracia. As canhoneiras promoveram liberdade, autodeterminação e autogoverno, mas sempre que havia um indício de revolução social (i.e., de redistribuição) ou de movimentos liberais ou populistas que parecessem ameaçar os interesses empresariais americanos, os Estados Unidos os desmantelavam com intervenções militares breves e incisivas (Schoonover, 1991: 173; Leonard, 1991: 79-81; Whitney, 2001: 138-139). O lucro, seguido a distância pela segurança estratégica, era o motivo dominante evocado pela cristalização estatal imperial. Em Cuba, o Governador-geral Wood disse: "Quando as pessoas me perguntam o que quero dizer com governo estável, eu lhes digo 'dinheiro a 6%'" (Ninkovich, 2001: 102). O presidente venezuelano Juan Vicente Gomez se tornou um aliado leal dos Estados Unidos. Em troca, os Estados Unidos fingiram que não viram as brutalidades de sua ditadura de vinte e sete anos, chamando-o um "César democrático" (Ewell, 1996: 107). Os caudilhos aprenderam a manipular a retórica democrática, denunciando seus inimigos locais como ditadores ou revolucionários. Ao final desse período, tiranos impiedosos governavam países onde os Estados Unidos haviam antes insistido em mais democracia (Drake, 1991: 33). Max Boot, sempre tentando encontrar o bem no Império Americano, concede que esse projeto democratizador fracassara, mas diz que isso foi porque: "A ditadura era nativa; a democracia era um transplante estrangeiro que não deu certo, em parte porque a América não ficou perto pelo tempo necessário para cultivá-la" (2002: 251). Todavia, no geral, as intervenções americanas exacerbaram conflitos sociais e puseram o governo constitucional fora do alcance (cf. P. Smith, 2000: 63).

Não era racional: uma política que encorajasse o desenvolvimento nacional com uma medida de redistribuição teria ajudado a estabilidade e o crescimento econômico locais, aumentando o comércio e os lucros das corporações americanas. A Costa Rica era a prova local de que uma estratégia alternativa assim teria sido benéfica para ambas as partes. Quanto mais independência um país latino-americano tivesse dos Estados Unidos, mais crescimento econômico atingiria, como no Império Britânico. Contudo, o *lobby* de corporações que se beneficiavam das concessões de monopólio impediu isso. O imperialismo americano no hemisfério era extraordinariamente corporativo. Para muitos americanos, assim como para muitas empresas americanas, o império não estava em sua tela de radar. As poucas corporações com concessões de monopólio nas indústrias extrativas e de transporte, ou com plantações na região, diferiam. Como não havia um grupo de contrainteresse importante, essas corporações tinham uma influência maligna no imperialismo americano. Na primeira metade do século XX, países afastados dos Estados Unidos eram mais capazes de controlar e proteger suas economias, e essas cresciam mais rápido do que em países próximos nos quais os Estados Unidos haviam interferido pesadamente. Isso nos leva a considerar esse imperialismo como explorador.

Os objetivos da política também eram filtrados, e pioravam através de uma lente ideológica racista oriunda do país de origem, o impacto mais direto das relações de poder internas nas relações de poder externas. As raças estavam arranjadas em uma hierarquia civilizacional: populações brancas acima de mestiças, acima de negras, acima de indígenas. Os britânicos eram experientes no império indireto, fazendo acordos com elites nativas, identificando grandes diferenças de classe e culturais entre os nativos. Como vimos no último capítulo, seu racismo surgiu livremente por meio da vida privada colonial, mas a política pública era mais pragmática, como refletida nos brandos documentos oficiais britânicos da época. Os documentos do Departamento de Estado diferiam. Um relatório dizia: "A estabilidade política nesses países mais ou menos em proporção direta com a percentagem de habitantes brancos puros". O escritório brasileiro instruía o secretário de Estado que os mestiços eram "autocentrados, amantes do prazer e do poder", e os negros eram "quase completamente analfabetos e de ignorância pueril". O escritório mexicano dizia que o México era "governado por uma raça indígena de baixa civilização, e seria um erro fundamental lidar com um governo assim como se fosse com um de raças brancas altamente civilizadas, ou esperar justiça pela mera força da lógica quando a justiça conflita com aspirações nacionais". O embaixador americano concordou, dizendo: "Há pouco sangue branco no gabinete". Ele, depois, examinou cuidadosamente seus membros individualmente, identificando-os como "índios", "judeus", "índios puro-sangue e muito cruéis", e assim por diante (Schoultz, 1998: 278-279; Hunt, 1987). As pessoas eram "dagos"*, "pretos" ou "selvagens". Os brancos haviam sido "degradados" por séculos de "decadência" e "mistura de raças" espanholas. Roosevelt chamou os colombianos "pequenas criaturas desprezíveis", "lebres", "corruptores tolos e homicidas", "de fraqueza imbecil, ignorância deplorável, crueldade, deslealdade, ganância e completa vaidade". O general dos fuzileiros navais Smedley Butler chamou os nicaraguenses "o monte mais inútil de vermes com que já me deparei". Um oficial militar americano sênior disse: "Os haitianos são, como você sabe, um povo muito histérico". O hemisfério inteiro continha 15 milhões de "selvagens ligeiramente catolicizados", "mendigos sentados

---

* Termo ofensivo para uma pessoa de origem hispânica, portuguesa ou italiana [N.T.].

preguiçosamente em uma pilha de ouro", "um continente quase literalmente desperdiçado". Esses eram preconceitos mais fortes do que os imperialistas britânicos agora expressavam. A força desses preconceitos foi intensificada pelo racismo nacional, e aumentava as chances de intervenção militar.

Hostilidade era dirigida a qualquer um que se opusesse aos Estados Unidos. O presidente nicaraguense Zelaya foi descrito por Roosevelt como uma "indescritível carniça", o presidente venezuelano Castro como "um macaquinho indescritivelmente abominável" (Schoultz, 1998: 210, 243, 254; Ewell, 1996: 98-99, 109; Auchincloss, 2001: 57; McBeth, 2001). Elites latinas mais amistosas (sempre brancas) eram "o melhor tipo", "o elemento comercial", "de boa família e posição". Contudo, eram em número muito menor do que os "bandoleiros políticos irresponsáveis, desesperadamente egoístas... pouco melhores que selvagens". "Os camponeses... têm a mentalidade de uma criança de não mais de sete anos", são "irracionais", "bandido ineficientes", "que agem sem princípios estabelecidos", "cujo apetite pela rapina, sangue e revolução nunca pode ser satisfeito" (Schoultz, 1998: 76, 148, 164, 172, 179, 183, 210; Park, 1995: 23-24, 33, 44, 78-90). Essas citações eram de diplomatas, soldados e empresários americanos. Com uma estereotipia assim, a política americana dificilmente poderia ser realista, baseada meramente em interesses econômicos ou geopolíticos. Parecia óbvio que essas pessoas eram incapazes de bom governo. O imperialismo protegia os interesses empresariais americanos filtrados pela ideologia racista.

Apesar disso, era imperialismo leve. Os Estados Unidos usavam força o bastante para ajudar as corporações americanas a controlarem os setores exportador e financeiro; o público americano mostrava pouco interesse. Isso era, essencialmente, diplomacia privada, que custava pouco, mas após a Primeira Guerra Mundial mais americanos se opuseram ao imperialismo, e o império da canhoneira visivelmente cambaleou. Os fuzileiros navais entravam e em breve partiam. Os regimes instalados e supostamente clientes, contudo, muitas vezes subvertiam as prescrições americanas, fosse por nacionalismo ou por corrupção. A resistência contra as forças americanas se tornava mais persistentes à medida que ideais anti-imperiais se espalhavam (LaFeber, 1984: 16-18, 302, 361; Leonard, 1991: 60-68). Na década de 1920, até os banqueiros decidiram que a diplomacia de canhoneira não estava dando resultados. Em 1928, Herbert Hoover e seu oponente democrata Al Smith fizeram campanha sobre uma política externa mais leve.

Os Estados Unidos já haviam encontrado uma nova tática – treinar militares nativos para suprimir a oposição. De suas fileiras vieram ditadores clientes que manteriam a ordem com assistência militar e econômica americana indireta. Os Estados Unidos agora abandonavam completamente qualquer missão de democratização. "Ele pode ser um filho da puta, mas é nosso filho da puta" é a observação convencionalmente atribuída a Cordell Hull, secretário de Estado de Roosevelt, que descrevia Rafael Trujillo, ditador da República Dominicana. Foi também aplicável a Anastasio Somoza Garcia na Nicarágua, Juan Vicente Gomez seguido por Marcos Perez Jimenez na Venezuela, Fulgencio Batista em Cuba e François ("Papa Doc") Duvalier no Haiti. Um longo período de imperialismo informal por intermediação começava. Houve muitos mais filhos da puta desde então.

Em 1935, o general dos fuzileiros navais aposentado, Butler, havia adquirido uma nova perspectiva sobre sua carreira, que ele expressou na revista *Common Sense*:

> Passei 33 anos e quatro meses no serviço militar ativo e durante esse período passei todo meu tempo como um bandido de alta classe para as grandes corporações, para Wall Street e para os banqueiros. Em suma, fui um extorsionista, um *gângster* para o capitalismo. Ajudei a tornar o México e, especialmente, Tampico seguros para os interesses petrolíferos americanos em 1914. Ajudei a tornar o Haiti e Cuba lugares decentes para os meninos do National City Bank coletarem receitas. Ajudei no saque de meia dúzia de repúblicas da América Central em benefício de Wall Street. Ajudei a purificar a Nicarágua para o International Banking House dos Brown Brothers em 1902-1912. Levei energia elétrica à República Dominicana para os interesses da indústria açucareira americana em 1915. Ajudei a tornar Honduras certa para as companhias de frutas americanas em 1903. Na China, em 1927, ajudei a garantir que a Standard Oil seguisse seu caminho sem ser molestada. Olhando para trás, poderia ter dado algumas dicas a Al Capone. O melhor que ele conseguiu fazer foi operar sua extorsão em três distritos. Eu operei em três continentes (Schmidt, 1998: 231).

Todavia, o *gângster* não foi tão violento. O enorme desequilíbrio no poder entre os Estados Unidos e os países da região significava que intervenções não resultavam em fatalidades massivas. Os Estados Unidos fizeram quatro breves ataques ao México e perceberam que era muito grande para controlar, assim, países menores sofreram o impacto; nem seus governos nem seus rebeldes puderam organizar uma resistência militar duradoura às forças americanas, exceto na selva periférica e áreas de planalto. Como muitas atrocidades cometidas por todos os impérios vinham em resposta à resistência, houve relativamente poucas atrocidades americanas.

Os Estados Unidos também encontraram clientes locais sem dificuldade. Não príncipes, chefes ou imames, como nos impérios britânico e francês, mas famílias de caciques filipinos proprietários de plantações e negócios, e proprietários de terras e empresários latino-americanos orientados para produção para exportação. Essa era uma *burguesia compradora* constituída de advogados, conselheiros financeiros, comerciantes e políticos capazes de difundir uma resistência nacionalista. A classe desestabiliza a nação. Muitos realistas também viam pouco sentido em se opor aos Estados Unidos porque uma rebelião provavelmente não seria bem-sucedida. Em Honduras (sete pequenas intervenções), os liberais terminaram abandonando seu programa de desenvolvimento anterior e encorajando uma economia de enclave, permitindo que os empresários americanos dominassem (Mahoney, 2001: 176-178). O Império Americano aderiria a esse modelo de classe de governo informal ao longo do século XX.

Ao final da década de 1930, o objetivo americano era manter a Alemanha nazista fora do hemisfério. Contudo, a despeito do apelo ideológico do fascismo, os filhos da puta sabiam em que lado do seu pão estava a manteiga. Durante a Segunda Guerra Mundial, somente a Argentina não apoiou os Estados Unidos. A coerção indireta por parte de intermediários não forçou indevidamente as finanças ou a força de trabalho ou mesmo o público americano. Corporações americanas lucravam, assim como a classe de *compradores* local. Roosevelt chamou isso Política de Boa Vizinhança, mas foi basicamente uma mudança de meios. Os Estados Unidos concediam vantagens que tinham se tornado obsoletas e retinham aquelas necessárias aos seus interesses econômicos e estratégicos (Gellman, 1979; 1995; cf. Roorda, 1998: 22-30; B. Wood, 1961; Mares, 2001: 68). A política deu aos ditadores uma pausa para perseguirem seus próprios interesses, e alguns começaram projetos de desenvolvimento nacional que a diplomacia do dólar havia desencorajado antes (mais tarde, eles se transformaram em programas de industrialização em substituição às importações [ISI]). Durante o New Deal, os Estados Unidos pareciam favorecer um capitalismo reforçado, encorajando latino-americanos a acreditarem que os Estados Unidos poderiam em breve incentivar reformas econômicas no hemisfério. Infelizmente, a Segunda Guerra Mundial interrompeu esse prospecto, e o momento se foi.

A política americana para o hemisfério permaneceu constante ao longo do século XX. Ela vigorava antes da Revolução Bolchevique, e a existência da União Soviética fez pouca diferença. A América fazia império, especialmente em seu próprio hemisfério, embora basicamente por meio de formas imperiais mais brandas. Foi pragmática no sentido de que os Estados Unidos aprenderam com sua onda anterior de colonialismo malsucedida a reduzir o governo e torná-lo menos direto, e o governo americano foi mais leve do que o de outros impérios. Isso talvez seja o melhor imperialismo moderno possível, mas não era inteiramente pragmático. Contudo, as opções para os Estados Unidos foram restringidas pela mistura de racismo e medo intenso do anarquismo; mais medo de que a agitação esquerdista produzisse e caos do que uma revolução (Hunt, 1987: caps. 3, 4). Os liberais se opuseram porque poderiam abrir as comportas para o caos. A tragédia da política americana foi ter tornado o caos mais provável, porque intensificou a desigualdade, a corrupção, o despotismo – e, assim, a resistência. Isso foi porque não era puramente materialista ou instrumentalmente racional; foi fortemente emocional, o começo do anticomunismo paranoide.

Conclusão

Neste capítulo, vimos o progresso inexorável dos Estados Unidos para se tornar a principal potência econômica mundial, embora esse poder ainda não fosse projetado globalmente. Seu viés interno, produzido por numerosas forças, era para o capitalismo. Ele desfavorecia não somente a força de trabalho, mas também as minorias raciais e étnicas, embora desfavorecesse mulheres menos do que em muitos países. Como todos os países, os Estados Unidos eram um país único, embora o viés pró-capitalista estivesse começando a parecer um pouco excepcional, como o tropo costumeiro com frequência afirmava. Contudo, isso não duraria muito tempo. Na política externa, os Estados Unidos haviam se movido mais contingentemente para acrescentar ainda outro segmento imperial do mundo, embora ao final do período estivesse se afastando desse papel. As duas tendências resultaram em um desenvolvimento histórico americano que, em sua totalidade, era muito complexo, fustigado por todos os lados por uma pluralidade de fontes de poder e cristalizações. Como todos os impérios, diferia dos outros, mas não era excepcional.

4
Impérios asiáticos: dragão caído, sol nascente

Introdução: a ameaça ocidental

Este volume trata da ascensão e queda do poder europeu no mundo. Os sucessores foram os Estados Unidos, a União Soviética e, por fim, o leste da Ásia, de modo que dedico vários capítulos aos três. Este capítulo trata do leste da Ásia no período até cerca de 1930. Traço o surgimento do Japão, o único país a resistir ao imperialismo ocidental, a se industrializar e desenvolver um império próprio. Ele o fez basicamente às custas do império sobrevivente mais antigo do mundo, a China. Levo as relações China-Japão até cerca de 1930, pouco antes de o Japão lançar o militarismo agressivo que provocaria sua própria queda e auxiliaria a subsequente dominância do leste da Ásia pelo comunismo chinês.

O leste da Ásia estava fora dos limites logísticos das potências ocidentais. Elas não poderiam colonizar fosse a China ou o Japão, e tinham de permanecer contentes com um império informal com canhoneiras. China e Japão eram civilizações avançadas, dotadas de uma solidariedade cultural da qual o nacionalismo moderno poderia surgir, o que os capacitaria a resistir, adaptar-se e conceber suas próprias versões nacionais de modernidade. Contudo, esse foi um processo muito mais longo para a China. Nesse período, contrastarei as elites divididas chinesas – incapazes de perseguir consistentemente as reformas necessárias para modernizar ou reverter o imperialismo estrangeiro – com as elites japonesas mais coesas – capazes de reformar o país e emular o imperialismo ocidental no exterior.

Ao longo de mais de um milênio – de sua unificação em 221 a.C. até 1911 d.C. –, os impérios chineses dominaram grande parte da Ásia. Eles patrocinaram desenvolvimento econômico, comercialização e uma protoindustrialização. As classes altas viveram bem, e o resto havia vivido bem o bastante para a China gerar um grande crescimento populacional. Não surpreende que o imperador se considerasse o Filho dos Céus, e seu reino o "Reino do Meio", superior a todos os outros, capaz de dominar o mundo conhecido. Todavia, no começo do século XV, a China havia se afastado do âmbito global, queimando a última das sete frotas que haviam chegado à África meio século antes que os europeus chegassem lá. Em troca, escolheu focar seus recursos em defender as fronteiras do norte. A China continuou a cobrar respeito e impostos de outros estados asiáticos e ocasionalmente lançava expedições militares punitivas no Turquistão e no Tibete. Todavia, no começo dos tempos modernos, a dominação chinesa consistia basicamente de hegemonia pacífica, com poucas guerras (Fairbank, 1968; Andornino, 2006). Foi parcialmente devido à restrição chinesa que as ilhas do Japão foram capazes de desfrutar de um milênio de independência e crescimento de sua civilização. Redes de produção artesanal e comércio também floresceram ao redor da Ásia para produzir a economia internacional mais desenvolvida do mundo no começo do período moderno.

Todavia, no século XVIII, os europeus desenvolveram o capitalismo mercantil e industrial, e chegaram à Ásia como imperialistas bem armados. No começo do século XIX, o leste da Ásia estava sentindo uma pressão britânica significativa. Um Império Chinês que já estava em declínio estava perdendo autoridade em seus estados tributários, e seu crescimento populacional estava excedendo a produtividade. Os navios de guerra britânicos serviam como punição, enquanto as exportações de ópio da Índia ofereciam uma recompensa viciante minando o poder imperial chinês. O Imperador Qing e sua corte tentaram banir as importações de ópio, mas careciam do poder infraestrutural para implementar o banimento. Na década de 1930, os comerciantes britânicos estavam inundando o mercado chinês a cada ano com 30.000 baús de ópio, cada um contendo 150 libras de extrato de ópio.

Em 1840, os zelosos funcionários chineses destruíram estoques de ópio nos armazéns britânicos e prenderam dois marinheiros britânicos; os britânicos enviaram navios de guerra. Na Primeira Guerra do Ópio, a superioridade militar britânica produziu uma rápida vitória e o Filho dos Céus foi forçado a assinar tratados humilhantes, cedendo Hong Kong, fornecendo "cinco portos" aos britânicos, proibindo os tribunais chineses de processar cidadãos britânicos, e forçando a China a pagar uma indenização por começar a guerra. O comércio de ópio foi intensificado, assim como a exportação do trabalho forçado chinês para os impérios europeus na Ásia. Resistência chinesa adicional gerou uma segunda Guerra do Ópio em 1856-1869 com o mesmo resultado. Os tratados seguintes liberaram de regulamentação o comércio do ópio, e liberaram os cristãos para propagarem sua fé em toda a China. Em poucos anos, outros imperialistas ocidentais também conseguiram tratados desiguais com a China. Esses, tipicamente, restringiram os chineses (e outros países asiáticos) ao imporem tarifas muito baixas (abaixo de 5%) às mercadorias importadas enquanto muitos mercados ocidentais permaneciam muito mais protegidos.

Todavia, a China era muito grande e populosa para ser conquistada, e as autoridades imperiais e elites chinesas ainda forneciam infraestruturas extensivas o suficiente para manter os ocidentais confinados nas províncias costeiras. Os imperialistas ocidentais não puderam colonizar a China nem efetivamente empregar suas táticas de dividir e governar, pois não encontraram as elites nativas dissidentes necessárias para auxiliá-los na deposição dos governantes. A China permaneceria independente.

O funcionário chinês que havia liderado a resistência contra o ópio britânico insistiu em que o império resistisse melhor adotando a organização e a tecnologia ocidentais. Essas ideias se espalharam, funcionários e intelectuais debateram reformas, escritos ocidentais foram traduzidos e houve alguns gestos na direção de reformas institucionais. A corte adotou um cauteloso "Movimento autofortalecedor" tentando adaptar a ciência e a tecnologia ocidentais às instituições chinesas existentes. Contudo, a administração de nível provincial era controlada pelos nobres proprietários locais que também serviam como funcionários locais, e muitos deles não aprovavam mudanças. O Estado imperial tinha menos recursos do que o Estado do Japão – impostos constituíam apenas 5-10% da colheita, comparados aos 30-40% no Japão (Escherick, 1995: 57) –, e os funcionários chineses locais informalmente ficavam com uma parte maior. O equilíbrio diferente das relações estatais centro-locais era a razão crucial para a fraqueza chinesa e para a força japonesa. Todavia, à medida que o capitalismo ocidental entrava na China, muitos proprietários de terras se mudaram para as cidades para tirar vantagem de suas oportunidades, o que enfraqueceu seu controle sobre os camponeses. Tentativas de elevar impostos ou arrendamentos encontraram muito mais resistência local (Bernhardt, 1992). Milícias locais defendiam a aldeia contra o governo, e o banditismo local aumentou. O governo e as elites estavam igualmente perdendo seu poder despótico.

Tentativas holandesas e russas de abrir o Japão haviam fracassado, mas provocaram muito debate no Japão sobre se a resistência deveria fortalecer as tradições nacionais ou adaptar os modos ocidentais (Hane, 1992: 58-64). A ameaça estrangeira foi renovada em 1853, quando quatro navios de guerra americanos ancoraram na Baía de Edo (Tóquio). O Comodoro Perry registrou: "A pressão do vapor foi aumentada e as âncoras foram erguidas, de modo que os navios puderam ser movidos para uma posição onde suas armas comandassem o lugar da recepção". Ele observou com escárnio que os navios a vela japoneses estavam parados, incapazes de se mover acima da foz do rio. Ele enviou um esquadrão de desembarque e comentou:

> O número total de americanos, incluindo marinheiros, fuzileiros, músicos e oficiais, equivalia a aproximadamente trezentos... composto por homens muito vigorosos e fisicamente aptos, que contrastavam fortemente com os japoneses menores e de aparência mais efeminada. Esses reuniram uma grande força [mas] [...] As ordens frouxas desse exército japonês não indicavam qualquer grande grau de disciplina [...] Suas armas eram espadas, lanças e espingardas [...] eles apresentaram ao menos uma ostentosa cavalgada (Hawks, 2005: 247-250).

Os americanos estavam subestimando a força dos japoneses, mas os japoneses estavam também sobrestimando os americanos. Eles não sabiam que os "navios negros" de Perry constituíam um quarto da marinha americana inteira, mas eles sabiam sobre os Tratados Desiguais da China, de modo que perceberam uma ameaça iminente que requeria tanto reformas como diplomacia. O último xógum Tokugawa declarou: "A própria existência de um país depende da observância de tratados... Se nós, sozinhos, em uma época assim, apegamo-nos a costumes ultrapassados e evitamos relações internacionais de um tipo comum a todos os países, nossa ação estará em conflito com a ordem natural das coisas" (Auslin, 2004: 142). Os Tratados Desiguais vieram a seguir. O Japão teve de abrir seus portos, assegurar direitos de extraterritorialidade para residentes estrangeiros, garantir muitas cláusulas de nação mais favorecida e aceitar baixas tarifas fixadas sobre o comércio com o Ocidente. O confronto imperial havia começado para ambas as potências asiáticas.

O sol nascente

Na época do Comodoro Perry, o Japão era governado em nome de um imperador por um xógum, flanqueado por 250 senhores feudais (*daimiôs*), inicialmente com fortes raízes locais. À medida que os poderes dos daimiôs enfraqueciam no final do período Tokugawa, os das comunidades locais se fortalecia, ao mesmo tempo – diferente da China – o que as tornava mais interconectadas. Isso se tornou um sistema estatal e de mercado "descentralizado ainda que hierarquicamente integrado", com muita capacidade para organização coletiva (Ikegami, 1997: 133, 171, 235). Em 1864, forças japonesas resistiram à diplomacia da canhoneira britânica, infligindo algumas perdas de vidas aos britânicos (Auslin, 2004: cap. 4). Contudo, com a humilhação da China em vista, mais japoneses estavam insistindo em que a sobrevivência exigia não apenas adaptação às técnicas de poder ocidental, mas também mudança nas instituições japonesas.

Em um subsequente conflito de poder entre conservadores e reformadores, os conservadores não puderam concordar entre si sobre uma política coerente, de modo que os reformadores venceram (Hane, 1992: cap. 4). Entre 1866 e 1868, eles depuseram o xógum, debelaram rebeliões e inauguraram as reformas conhecidas como a Restauração Meiji. Isso devolveu formalmente o governo do xógum ao imperador Meiji e deu poder real a uma oligarquia de samurais das províncias de Satsuma e Choshu numa aliança com nobres de nível inferior da antiga corte em Quioto. Eles visavam aumentar o poder militar e econômico do Japão e ao mesmo tempo obter o que chamavam um "país rico, um exército forte" capaz de se equiparar ao Ocidente. Os oligarcas consequentemente deram o passo dramático de abolir todos os privilégios feudais e de classe, bem como restrições à participação na vida econômica. Os domínios dos daimiôs foram abolidos, e 420.000 samurais tiveram seus estipêndios anuais comutados em salários e pensões estatais e títulos do governo. Isso foi um programa determinadamente radical e nacionalista promovido por uma elite coerente da corte.

Não foi inteiramente uma revolução a partir de cima. Embora o Estado central Meiji tenha pressionado as comunidades locais para as reformas, não as pôde compelir. Assim, uma aliança se desenvolveu entre o Estado, de um lado, e comerciantes, manufatureiros e camponeses mais ricos locais, do outro, todos a favor de modernizações econômicas e políticas das quais pudessem se beneficiar conjuntamente, em oposição a uma antiga ordem feudal mais personificada pela massa de samurais. A reforma não foi tranquila. A mudança do Estado para taxas monetárias fixas forçou muitos pequenos camponeses a gerar dinheiro vendendo terras, de modo que se tornaram arrendatários ou trabalhadores. O Estado por vezes emitia moeda para financiar a reforma, levando a uma inflação galopante seguida pela contração no fornecimento de moeda. Isso intensificou a resistência, primeiro, dos samurais – que foram subjugados em 1877-1878 – e depois dos camponeses mais pobres – que sofreram na depressão da década de 1880. O descontentamento dos camponeses permaneceu, porque, como muitos estados industrializados, esse subsidiou a indústria tributando a agricultura. Como Barrington Moore (1967) observou, esse foi um exemplo de agricultura "repressiva da força de trabalho", tão severo quanto em projetos comunistas de industrialização. Contudo, a resistência dos camponeses de fato ajudou os reformadores porque líderes locais assustados pediram ao Estado que enviasse seu exército conscrito para restaurar a ordem, o que concedeu, assim, o poder militar e a autonomia política ao Estado central. A coesão do Estado e das elites locais foi assegurada, e eles retiveram o poder despótico.

O estatismo japonês foi baseado em um militarismo centralizado sem paralelo algum na China, mas não veio pronto de uma cultura japonesa de obediência à hierarquia, nem foi simplesmente imposto pelos oligarcas Meiji. Foi obtido gradualmente, ao longo de algumas décadas, mas somente após intensos conflitos. As reformas eram destinadas não apenas a modernizar, mas também a proteger as elites locais de modo que pudessem manter o poder independentemente das rupturas que a modernização trouxesse. O objetivo era conceber um sistema para explorar a energia do povo japonês sem deixá-lo partilhar do poder. O ideal era um Estado governando em nome do povo, mobilizando o nacionalismo, mas sem a participação do povo no governo – um Estado-nação despótico.

Os oligarcas Meiji puderam se apoiar em quatro pontos fortes do país. Primeiro, a ecologia produzia concentrações populacionais muito mais densas, permitindo mais mobilização nacional do que na China. Segundo, o Japão Tokugawa tardio já possuía mais integração comercial e cultural do que a China; a disparidade urbano-rural não era tão grande. Terceiro, diferente das elites políticas chinesas, os oligarcas Meiji conseguiram permanecer unidos e assegurar algum controle das localidades assim como do centro, possibilitando a implementação das reformas. Um quarto ponto forte se encontrava na situação geopolítica do Japão, que era mais benigna do que a da China. Isso permitiu às suas elites disputarem e reformarem por três décadas sem intervenção estrangeira séria. Os impérios brancos estavam nos limites de seu alcance logístico e nesse período focaram outros lugares. Os Estados Unidos estavam distraídos com sua própria Guerra Civil e Reconstrução, e a Grã-Bretanha e a Rússia não estavam mais interessadas na China do que no Japão. Essa contingência oportuna significava que os tratados desiguais impostos ao Japão se mostraram menos prejudiciais à sua economia do que aqueles impostos à China. Os japoneses acreditavam que isso fosse somente uma pausa antes que as potências ocidentais atacassem novamente.

Durante essa pausa vital, que durou até o século XX, o Japão enviou missões diplomáticas ao Ocidente. A mais famosa, a Missão Iwakura, de 1872-1873, teve um duplo propósito (Nish, 1998). O primeiro era revisar os Tratados Desiguais, mas nenhum país que visitaram estava preparado para fazer isso. O segundo era aprender sobre instituições, ciência e tecnologia ocidentais e sugerir como o Japão poderia se adaptar àquelas que parecessem úteis. Esse foi muito melhor sucedido. O principal ponto de referência era agora o Ocidente, não a China ou o leste da Ásia, como fora no passado. Havia pouco racismo antibrancos, pois havia muito o que aprender com os *gaijin* estrangeiros. Eles se referiam ao Ocidente como "civilização e esclarecimento" e estavam determinados a forçar um programa de desenvolvimento tardio adaptado dos últimos modelos ocidentais.

As reformas Meiji cobriram todas as quatro fontes de poder social. No poder político, introduziram um Estado ao estilo alemão no sentido de que uma burocracia forte partilhava poder com o parlamento. A isso eles acrescentaram o distinto ponto focal japonês do imperador divino, o *tenno*, em cuja pessoa residia a soberania. A Constituição Meiji, que durou até meados do século XX, começava com as palavras: "O império do Japão será reinado e governado por uma linha de imperadores ininterrupta até a eternidade". A constituição reservou o exército, polícia, bem-estar social, revisão constitucional e poderes emergenciais ao imperador, embora em outras esferas ele tivesse de obter aprovação para suas ações do parlamento ou da Dieta Nacional (a câmara baixa legislativa), embora isso pudesse ser retroativo. Ideologicamente, a legitimidade do imperador era fortalecida pelos valores da autoridade, lealdade e devoção familiar religiosamente sancionados. O sistema do imperador, o *tennosei*, baseava-se nos deveres de uma pessoa para com seu pai. Os *kokutai*, os princípios que governavam o regime político nacional, incorporavam a noção de harmonia política e lealdade à nação e ao Estado, personificada pelo imperador, que era – literalmente – seu pai.

Todavia, os oligarcas dificilmente tendiam a ceder seus poderes a um imperador que até então havia somente sido um títere. Na prática, os *tennosei* funcionavam diferentemente. Os oligarcas não gostavam do que viram de republicanismo e individualismo na França e na América, e modelaram um Estado no qual as elites pudessem continuar a governar por meio de instituições coletivas que incorporassem patriarcado, dever e lealdade. Como na Alemanha, o executivo e o legislativo possuíam poder. A Dieta Nacional possuía muitos poderes orçamentários e (diferente da Alemanha) com frequência rejeitava o orçamento do primeiro-ministro. Era controlada por uma câmara alta aristocrática, a Casa dos Pares. Todavia, o primeiro-ministro e seu gabinete poderiam não provir de qualquer uma das casas. Eles eram indicados individualmente pelo imperador, sob orientação de seus conselheiros. Não havia responsabilidade de gabinete, e cada instituição política importante – parlamento, burocracia, exército, marinha, primeiro-ministro, ministros individuais – era separada das outras. Elas se comunicavam formalmente (entre si) somente por meio do imperador, que tinha, em princípio, o poder de tomar decisões executivas, especialmente em temas relativos à guerra e à paz. O acesso ao imperador era, portanto, crucial ao exercício do poder, o modo de anunciar e implementar as políticas. Alguns membros sênior do gabinete de elevado *status* social, bem como os membros de um influente Conselho Privado de oligarcas, muitos dos quais não eram ministros, tinham acesso pessoal ao imperador. Do mesmo modo também os oficiais militares mais elevados. A política era feita dentro desses círculos, mas não era claro quem era de fato responsável – exceto, finalmente, o imperador. Diferentes facções da elite podiam "capturar" a pessoa do imperador e alegar falar em seu nome. Assim, a constituição dessa ambiguidade poderia ser orientada para diferentes direções.

Bix (2001) observa que o sistema dos *tennosei* permitia ao imperador desempenhar um papel importante fosse na formulação da política fosse no fracasso em corrigir aqueles que alegassem estar falando em seu nome. O sistema funcionava principalmente por meio dos vínculos penetrantes de rede social dos oligarcas, e através de valores partilhados e normas voltadas para a comunidade, hierarquia e dever em vez de ao individualismo, igualdade e direitos. Como Woodiwiss (1992: caps. 1, 2) observa, o novo código legal Meiji conferia direitos aos indivíduos, mas circunscrevia muitos deles pela necessidade de ordem pública como definida pelas agências estatais. Esse era provavelmente o elemento mais conservador da constituição, que limitava os direitos do cidadão. A liberdade capitalista de propriedade não era absolutamente garantida, tampouco os direitos de os trabalhadores se organizarem. Isso era mais governo autoritário pela lei do que Estado de direito, e não apenas o judiciário administrava a lei como também a polícia e o exército (Hane, 1992: 95-97, 128-130). Tudo isso era distintamente japonês, diferente dos modernizadores ocidentais.

Todavia, esse despotismo idealizado nunca foi completamente realizado, e as políticas se tornaram fendidas por uma contradição entre os oligarcas conservadores e forças tecnocráticas e de classe postas em movimento pela rápida industrialização. Os oligarcas não podiam controlar essas forças, e, de fato, não queriam bloqueá-las. Eles acreditavam que os partidos políticos eram socialmente divisivos e alegavam que era melhor governar pelos "gabinetes transcendentes" capazes de transcender interesses partidários ou faccionais. Contudo, a partir de 1895, eles necessitaram firmar acordos com partidos políticos formados na Dieta Nacional, que representavam principalmente grupos de classe média. Esses acordos asseguraram uma ampliação gradual do sufrágio, que era para cerca de apenas 1% da população adulta em 1910. O sufrágio universal masculino foi aprovado na Câmara Baixa em 1911, mas foi rejeitado pela Casa dos Pares. Na década de 1920, os partidos da Dieta Nacional começaram a ter o controle, aprovando o sufrágio universal masculino em 1825, (e o primeiro-ministro se tornou um líder de partido) com o primeiro-ministro sendo um líder de partido pela primeira vez. Durante um tempo, partidos liberais ganharam às custas dos conservadores ao mesmo tempo que a organização trabalhista crescia. À medida que o Japão se industrializava, a posse da indústria pesada e das finanças também se tornava mais concentrada, e os líderes dessas corporações conglomeradas, *zaibatsu*, adquiriam poder, basicamente pelo exercício do papel de conselheiros políticos informais e pelo financiamento de partidos políticos. De meados até o final da década de 1920, o Japão parecia estar se movendo para uma mistura de democracia e capitalismo reconhecidamente da mesma família de regimes ocidentais, embora ainda contendo distintamente características japonesas.

Contudo, a cidadania civil do Japão permaneceu mais restrita, parcialmente porque o exército exercia um poder mais autônomo. A justificação oficial foi que isso era necessário como uma proteção contra o militarismo estrangeiro. A constituição lhe dava "o direito de comando autônomo" de modo que o alto-comando se dirigia diretamente ao imperador, não ao primeiro-ministro ou gabinete. Os oficiais militares nem sempre preferem a guerra, mas tentam expandir os orçamentos, *status* e autonomia militares. Batalhas sobre orçamentos uniram oficiais divididos sobre questões estratégicas. Com sua conexão direta com os *tennosei*, os oficiais japoneses acreditavam que as forças armadas incorporavam o espírito dos kokutai, que era essencialmente harmonioso. A dissensão deve ser reprimida; assim, o exército desempenhava um papel mais autônomo e reacionário nas políticas internas do Japão do que era a norma nos países ocidentais, suprimindo a esquerda e instituições parlamentares opostas como divisivas e corruptas.

O militarismo era chave, mas também novo, a despeito do fato de que o Japão fora feudal por séculos, repleto de samurais armados de espada. Todavia, estava em paz, e os samurais haviam sido adestrados como "burocratas-vassalos", sua cultura marcial se desviou da guerra para uma "proceduralização de honra" ritualizada. Eles portavam espadas na rua, mas não as usavam. Durante a turbulenta Restauração, os oligarcas descobriram que milícias mistas de agricultores-samurais lutavam melhor do que forças apenas samurais, por isso a formação de um exército conscrito camponês comandado por ex-samurais. Levou tempo para que os camponeses aprendessem a disciplina e obediência pela qual as forças japonesas mais tarde se tornaram famosas. A cultura samurai se voltou para o serviço militar para a nação e o imperador (Ikegami, 1997; A. Gordon,

2003: 66-67). A visão de imperialismo de Schumpeter como gerado por estruturas sociais antigas, tradicionais, tem menos relevância para o Japão do que para outros poderes discutidos até agora. Seu imperialismo militarista era novo, gerado pela precária posição geopolítica do Japão, e a organização interna de suas forças armadas foi elaborada tendo conscientemente como modelo o Ocidente, especialmente o exército francês e a marinha britânica.

Os reformadores Meiji também tiveram um sucesso econômico considerável. Eles puderam contar com os desenvolvimentos do período Tokugawa tardio porque, nos meados do século XIX, os mercados comerciais de um tipo capitalista eram mais igualmente desenvolvidos do que por toda a China, e haviam difundido amplamente uma produção protoindustrial. Thomas Smith (1988: 43-44) diz que muitas famílias agricultoras japonesas tiveram ao longo de uma geração a experiência de trabalhar em tempo parcial em ocupações não agrícolas. Habilidades manuais e artesanais eram difundidas, especialmente em têxteis. Sugihara (2000; 2004) sugere que a protoindustrialização arraigada na agricultura familiar do Japão criou uma forma de desenvolvimento industrial baseada no trabalho, primeiro nos têxteis, depois em outras indústrias – muito diferente, ele diz, do desenvolvimento baseado em capital do Ocidente. Onde quer que terras e capital fossem escassos, a força de trabalho era barata e qualificada. A força de trabalho das mulheres era fortemente explorada, e a alfabetização era elevada para uma sociedade agrária – cerca de 40% de homens e 10% de mulheres eram alfabetizados, bem acima dos níveis chineses (Ikegami, 2004: 214-216, 300-302). Essa era uma economia de alta produtividade e salários baixos – inusual para um país em desenvolvimento. Ikegami diz que o período Tokugawa experienciou uma "revolução em rede", uma combinação de um tipo de regime descentralizado, uma economia de comércio, uma cultura difundida de artes performáticas e redes de publicações comerciais em expansão. Isso produziu uma "sociedade civil", na qual as camadas superiores e médias da sociedade Tokugawa partilhavam um senso de cultura "protomoderna", que consistia de "modos tácitos de comunicação de identidade nacional japonesa", cindidas por diferenças de *status*, mas gerando solidariedade social através de rituais de interação de *status*. Isso, ela diz, forneceu os fundamentos ideológicos da modernização do Japão (2004: 10, 221).

O Estado, então, assistiu ao crescimento guiado pelo investimento ao abolir os privilégios feudais e de classe, e o novo imposto territorial de 1873 lhe deu uma receita anual previsível que permitia investimentos públicos. O capitalismo comercial já era dinâmico, mas agora o Japão conquistava o capitalismo industrial, a ciência e a tecnologia ocidentais (Lockwood, 1954: 35). Contudo, havia suspeitas em relação ao investimento estrangeiro, considerado o modo pelo qual a Grã-Bretanha e a França começaram a capturar colônias (A. Gordon, 2003: 71). Cerca de 30-40% da formação de capital geral, uma percentagem muito grande, vinha do próprio Estado, que permitia a construção de infraestruturas e fábricas-modelo e o subsídio discreto de indústrias nascentes, uma vez que os Tratados Desiguais proibiam a proteção através de tarifas. O investimento remanescente vinha das elites agrícolas rurais e de comerciantes entrando na produção de carvão e têxtil, empregando energia a vapor e elétrica adquirida do Ocidente. Os japoneses aprenderam rápido: as firmas britânicas construíram a primeira linha ferroviária no país em 1874; oito anos mais tarde, os engenheiros japoneses construíram uma linha de comprimento similar ao longo de um terreno mais difícil, sem ajuda estrangeira (T. Smith, 1988: 45).

Uma industrialização mais rápida iniciou após 1885, e até 1913 o PNB subiu em cerca de 2,6 e 3,6% ao ano, um crescimento mais alto do que ocorreu no Ocidente (Crawcour, 1998: 391). Economias de escala subsidiadas pelo governo geraram depois as famosas firmas conglomeradas zaibatsu, no início cliques financeiros, e depois de 1900 incluindo conglomerados industriais. A indústria pesada foi subsidiada e capital e assistência técnica eram oferecidos às indústrias de exportação. Guerras em 1894 e 1904 levaram a mais subsídios estatais para indústrias relacionadas à guerra. Os gastos governamentais com mercadorias e serviços subiram para 10% do PNB na década de 1880, mais alto do que nos países ocidentais. O papel crucial da intervenção governamental, diz Crawcour (1997a: 446), era que o governo poderia induzir a inicialização coordenada, digamos, de uma fundição de ferro, de uma mina de carvão e de uma linha ferroviária – atividades interdependentes que, se construídas juntas, uma poderia tornar a outra lucrativa. O mercado sozinho não poderia fazer isso, porque investidores privados não estariam dispostos a financiar qualquer uma dessas atividades por si sós. Como o Japão foi um desenvolvedor tardio, poderia buscar no exterior (pessoas como aqueles engenheiros ferroviários britânicos trabalhando no Japão) os modelos requisitados para a industrialização, depois o Estado poderia estimular capitalistas privados a implementá-los. Como ocorreu no leste da Ásia ao longo do século XX, essa era uma economia industrial mais coordenada do que planejada pelo Estado. Iniciando agora e continuando ao longo do século, o Japão foi muito bem-sucedido na promoção do desenvolvimento econômico.

O desenvolvimento foi também capitalista, e a direção do Estado vista como uma ajuda temporária. Uma vez que a industrialização iniciasse, o governo supostamente se retiraria da vida econômica, embora nunca o tenha feito. Indústrias leves eram inteiramente privadas. As grandes potências haviam direcionado o Japão para o comércio quase livre em 1868, e como os mercados da China e do Império Britânico estavam abertos (e a Grã-Bretanha acolheu o desenvolvimento japonês como um contrapeso à Rússia), o Japão exportava para toda Ásia, especialmente têxteis. O Japão era inusual na medida em que suas indústrias pesadas (que inicialmente importavam seu maquinário do Ocidente) produziam para o consumo interno; sua balança de pagamentos era mantida por exportações da indústria leve, produzidas por uma força de trabalho de mulheres produtivas, mas com baixo salário, que poderia superar as manufaturas ocidentais. O tamanho dos mercados asiáticos permitiu às exportações japonesas se tornarem grandes e gerarem o capital para comprar tecnologia ocidental. Isso, diz Sugihara, foi a chave para a distinta forma de industrialização baseada em trabalho do Leste Asiático.

A Primeira Guerra Mundial (cujas causas nada tiveram a ver com o Japão), gerou então um crescimento econômico repentino para o país. O Japão entrou na guerra do lado Entente, mas só foi militarmente ativo (e bem-sucedido) durante suas primeiras semanas. Em breve, descobriria que poderia satisfazer a demanda mundial por mercadorias não militares que as potências combatentes não eram mais capazes de produzir. Os anos de guerra experienciaram um crescimento de quase 9% ao ano, e o Japão liquidou a maior parte de suas dívidas estrangeiras. Até agora, a agricultura havia provavelmente partilhado a expansão, ainda que fosse tributada em excesso. Contudo, dificuldades pós-guerra seguiram o desenvolvimento repentino, e o crescimento foi lento durante a década de 1920. A agricultura teve resultados piores devido à superprodução global e às importações baratas das primeiras colônias do Japão. Houve importantes revoltas do arroz em 1918, seguidas pelo devastador terremoto de Kobe de 1923. Houve recuperação até a Grande Depressão em 1930 e 1931, embora o Japão tenha se recuperado rapidamente. De um modo geral, essas foram boas décadas. Entre 1913 e 1938, a taxa média anual de crescimento do Japão foi de 3,9%, muito mais alta do que qualquer outro país – somente a Noruega atingiu 3%. A taxa de nascimentos aumentou constantemente até cerca de 1923, mas o aumento da expectativa de vida assegurou que o crescimento populacional continuasse depois disso (Mosk, 2001; Minami, 1994; Pratt, 1999; Tsutsui, 1998; Crawcour, 1997a; 1997b; T. Nakamura, 1998: tabela 2; Maddison, 2007: tabela 4). Embora não tenha se desenvolvido como as potências ocidentais, o Japão se industrializou substancialmente, e a cada ano superava a China.

Um sistema nacional de educação elementar compulsória e uma educação secundária e terciária em expansão foram desenvolvidos junto à expansão da publicação comercial privada de jornais, panfletos e livros. Contudo, a solidariedade ideológica japonesa foi dificultada, pois sua escrita, o *kanji*, era complexa demais para ser usada como uma escrita universal. Esse foi o principal tema de debate entre os reformadores: os liberais queriam simplificações importantes; mas os reformadores mais conservadores resistiam. Propostas para mudar do kanji para os sistemas mais simples do *kana* ou *romanji* fracassaram, mas o próprio kanji foi simplificado. Agora, as crianças aprendiam a escrever da forma coloquial da linguagem em vez do conjunto de estilos históricos e clássicos usados anteriormente. Isso era provavelmente uma barreira cultural para as massas participarem do poder. Contudo, pela primeira década do século XX, o Japão estava publicando mais títulos do que qualquer outro país, exceto a Alemanha, e duas vezes mais que os americanos (Gluck, 1985: 12). Tanto a mídia pública como a privada propagavam as noções dos tennosei e kokutai, combinando o novo com o tradicional: culto ao imperador, nacionalismo, a centralidade das forças armadas e do império, atrelados às antigas virtudes da comunidade aldeã agrária, à família e ao espírito do *bushido* e do confucionismo xintoísta. O nacionalismo era inculcado pelas escolas, forças armadas, instruções militares nas escolas, a Associação da Reserva Militar Imperial e muitas campanhas de propaganda. Um cínico comentou que os japoneses tinham de "comer pela nação, lavar nossos rostos pela nação, ir ao banheiro pela nação" (A. Gordon, 2003: 137). A estreita conexão entre educação e o exército levaria o nacionalismo japonês mais facilmente à agressão.

É difícil dizer até que ponto os japoneses de classes e regiões diferentes internalizaram os valores oficiais. Variava, com certeza, conforme o quanto as pessoas pensavam que se beneficiariam com essa ordem social. Embora houvesse um crescimento econômico sem paralelo em qualquer lugar do mundo, havia também os ciclos normais capitalistas exacerbados por uma economia cada vez mais global nesse período especialmente provocado pela superprodução agrícola. A migração massiva saída do campo provocou perturbação, assim como guerras. Portanto, aos debates sobre formação do Estado e formação da nação foram acrescidos os "problemas sociais da modernidade" (Gluck, 1985: 27-28). Liberalismo, socialismo e feminismo apareceram, embora houvesse um senso mais social, menos individualista, de moralidade do que no Ocidente e menos glorificação da aquisição de riqueza. A moralidade, contudo, continha uma tensão entre valores comuns igualitários como cidadania e oportunidade iguais *versus* hierarquia, obediência filial, obediência à competência de posição, burocrática e militar, e lealdade ao imperador (Gluck, 1985: cap. VIII). Restavam caminhos alternativos de desenvolvimento.

A emergência do imperialismo japonês

Em 1900, o Japão estava emulando o imperialismo ocidental. Muitos viam o imperialismo japonês como derivado de uma economia e um Estado altamente militarizados, mas isso não foi verdadeiro inicialmente. Quando ocorreu, deveu muito a fatores contingentes: a carência interna do Japão de matérias-primas para industrialização, seu mercado interno relativamente restrito e sua alta densidade populacional (completamente oposto aos Estados Unidos) pressionaram para alguma forma de expansão no exterior. Como o Japão se industrializou, tinha de importar uma proporção cada vez maior de seus recursos – muito mais do que as outras potências –, e tinha de pagar por elas aumentando as exportações. Quando a economia japonesa começou a crescer e sua transição populacional começou, a superpopulação parecia também iminente. Assim, os modernizadores do Japão concordaram em que o país deveria garantir mais acesso a matérias-primas e mercados de exportação, e enviar mais colonizadores ao exterior. Isso tornava o imperialismo mais provável.

Que forma o imperialismo tomaria? As elites japonesas esperavam expandir ao exterior, como as nações ocidentais haviam expandido, empregando uma série de políticas, de tratados de comércio que abrissem mercados estrangeiros à aquisição de colônias. Até a década de 1890, a política japonesa dominante era o imperialismo informal – abrir mercados, se necessário pela intimidação, para dar ao Japão os mesmos direitos desiguais que as potências ocidentais já desfrutavam na região. Contudo, as potências ocidentais foram relutantes em suspender os Tratados Desiguais que haviam imposto ao Japão, e mais ainda em permitir ao Japão acesso igual aos mercados chineses. Grã-Bretanha, França e os Países Baixos já possuíam colônias substanciais na Ásia. Os franceses estavam colonizando o Vietnã, e a Rússia estava se movendo em direção ao norte da China e da Coreia, construindo rodovias conectadas aos seus próprios territórios no Extremo Oriente. Estados Unidos, França, Alemanha e Grã-Bretanha estavam se movendo para além dos Portos de Tratado para esferas territoriais de influência no interior, construindo ferrovias, minas e fábricas e arrendando grandes extensões de terra com direitos políticos e jurídicos extraterritoriais. Eles estavam buscando o controle de mercados através do imperialismo informal apoiado pela intervenção militar. Muitos asiáticos acreditavam que esse fosse um passo para uma subsequente partição da China costeira em colônias ou protetorados.

Nesse mundo, comentou um estadista japonês: "o forte come a carne do fraco". Ao enfraquecer a China, o ministro residente japonês observou: "Quando há um fogo na loja do joalheiro, não se pode esperar que os vizinhos se abstenham de se servir" (Tarling, 2001: 25). Se um país pobre em recursos como o Japão fosse excluído de oportunidades como essas, poderia então ser forçado a uma submissão similar. Assim, não fazia sentido para o Japão buscar meramente uma política de mercado aberto, especialmente quando operava sob tratados desiguais. Uma forma de imperialismo expansivo era o modelo óbvio de desenvolvimento para o Japão – assim como seus rivais. O Japão não estava se juntando apenas à era industrial, mas também à era do imperialismo.

A expansão imperial era possível e também não muito custosa, pois, no nordeste da Ásia, estados dependentes da China poderiam ser alvejados. Dois alvos eram especialmente tentadores: Coreia, um Estado fraco; Taiwan, quase sem Estado. Ambos eram dependentes da China, que agora tinha somente uma vacilante influência sobre a Coreia e quase nenhuma sobre Taiwan. O Japão estava na situação geopolítica oposta aos Estados Unidos, ameaçado pelo imperialismo estrangeiro. Ele se voltou para seu próprio imperialismo para evitar o destino visível de uma China enfraquecida, e a expansão era a melhor forma de defesa. Assim, o imperialismo japonês é mais fácil de entender (e talvez de perdoar) do que a expansão americana desse período. Tampouco os ocidentais se surpreenderam com o imperialismo japonês; eles o reconheciam como sua própria prática. Somente seu sucesso os surpreendeu.

Os gastos militares cresceram de 15% dos desembolsos governamentais no final da década de 1880 a uma média de 34% entre 1891 e 1900, e a 48% entre 1901 e 1910 (Crawcour, 1997a: 445). As políticas dos oligarcas Meiji, reforçadas pela urbanização, industrialização, culto ao imperador, um exército nacional e um sistema de educação nacional, haviam gerado um nacionalismo kokutai popular que os oligarcas viam como uma arma interna útil contra conflitos internos. Isso os tentou na direção do *imperialismo social*, mobilizando as massas a partir de cima, desviando tensões domésticas através de uma busca por sobrevivência coletiva e expansão contra ameaças estrangeiras.

Na Coreia e em Taiwan, preocupações com segurança eram inicialmente básicas. Esses territórios eram vistos como chave para a construção de um perímetro defensivo em torno do arquipélago japonês. Havia também minerais na Coreia, mas tanto Coreia quanto Taiwan enviavam produtos agrícolas para o Japão em troca de colonizadores e produtos manufaturados do Japão. Os dois gradualmente se tornaram economias dependentes. No período entreguerras, 70-90% de seu comércio era com o Japão, e em 1935 as colônias recebiam aproximadamente um quarto das exportações do Japão quando os minerais da Manchúria e os mercados da China foram adicionados. Se qualquer um desses territórios chegou a justificar os desembolsos utilizados para adquiri-los é outro problema, uma vez que sua contribuição à economia japonesa nunca foi enorme (Lockwood, 1954: 52). Esse era um problema mais geral dos impérios nessa época, pois poucos estavam obtendo um lucro líquido. Não era simplesmente uma orientação instrumentalmente racional para o lucro econômico que levava o imperialismo adiante. O desejo emocional por glória, preocupação com segurança por medo de rivais, fraqueza local e oportunidades estimuladas por grupos de interesse particulares – alguns deles economicamente motivados, outros vendo-as como uma estratégia de aumento de poder interno –, mais o apelo de lucros futuros plausíveis os levavam adiante, um passo de cada vez – como fizeram com o Japão.

A partir de 1876, o Japão pôde impor tratados desiguais à Coreia. Em 1894, o fracasso em lidar com uma rebelião interna na Coreia expôs a fraqueza da monarquia. Quando a China enviou um pequeno exército para restaurar a ordem, o governo japonês usou isso como um pretexto para a guerra. O Japão compreensivelmente venceu a breve guerra devido a oficiais melhor treinados que agiram como uma força coesiva, diferente das forças chinesas desencontradas – uma reflexão sobre as diferenças mais amplas entre as elites nas duas potências asiáticas. O Japão foi cuidadoso em mostrar autocontrole em outros lugares de modo a não alienar os ocidentais. De qualquer modo, a Grã-Bretanha foi amistosa, porque queria que o Japão contrabalançasse a mais temida Rússia.

A Grã-Bretanha foi a primeira em repelir os Tratados Desiguais com o Japão em 1894, e as outras potências o fizeram em seguida em 1899. Como um resultado da guerra, o Japão adquiriu mais direitos de autoridade na Coreia sem colonizá--la. O Japão também recebeu uma indenização financeira da China, tornou-se parte dos seus Tratados Desiguais, e anexou nominalmente a ilha chinesa de Taiwan, aparentemente com pouco planejamento, simplesmente porque havia se tornado disponível a um custo muito baixo.

Esses foram os frutos de uma guerra breve bem-sucedida. O Japão estava agora se movendo do medo do imperialismo de outros para o reconhecimento de suas próprias oportunidades imperiais. A essas alturas, "os tomadores de decisão japoneses sofriam menos de paranoia do que de euforia" (Dickinson, 1999: 256). Os Estados Unidos aproveitaram, com grande prazer, oportunidades comparáveis em outros lugares do mundo três anos mais tarde. A guerra era também uma parte da economia internacional: O Japão estava pagando por suas guerras tomando emprestado do mercado de Londres, e foi lá que investiu sua indenização chinesa. O imperialismo era uma forma legítima de investimento internacional, e os financistas britânicos estavam investindo no imperialismo japonês (Metzler, 2006: cap. 2). A globalização continuava sua ascensão complexa, com nações-Estado cada vez mais buscando um imperialismo fraturado em meio a uma economia mais ampla que possuía tendências distintamente transnacionais. O fato de o Japão estar se tornando uma potência normal predatória era uma péssima notícia para a China.

O dragão debilitado

Para o dragão chinês, a derrota de 1895 foi devastadora. As pretensões chinesas à superioridade na Ásia se revelaram vazias. Os japoneses haviam tomado dois territórios dependentes sem muita dificuldade. Havia um sentimento de crise na corte Qing; reformas autofortalecedoras haviam fracassado em lidar com pressões crescentes. As instituições chinesas necessitavam mudar, dizia o movimento constitucionalista anticorte e antimanchu (a Dinastia Qing era originalmente da Manchúria). Esse centrava-se nos estudantes e intelectuais, especialmente aqueles educados no exterior, além dos funcionários e oficiais favoráveis a reformas. Contudo, seu nacionalismo tinha pouca ressonância entre a classe de funcionários e proprietários de terras que dominava as províncias. As divisões políticas nas elites chinesas se ampliaram, especialmente logo após a fracassada rebelião Boxer contra os imperialistas estrangeiros em 1904. A corte prometeu uma constituição, mas falhou em entregá-la.

O resultado foi a Revolução de 1911, uma revolução política, não social (Skocpol, 1979), limitada à deposição do imperador e sua corte. Os camponeses – a maioria da população – não foram envolvidos. Foi um movimento da nobreza e da classe média urbana com ideais baseados nos famosos "Três Princípios do Povo" de Sun Yat-sen – nacionalismo, democracia e subsistência do povo. "Nacionalismo" significava deposição da dinastia "estrangeira" Qing e a expulsão dos imperialistas estrangeiros. "Democracia" significava introdução de uma forma republicana eleita de governo, embora com direito a voto apenas para proprietários de terras e sem soberania parlamentar, pois Sun acreditava que a modernização exigia um centro autoritário. "Subsistência do povo" envolvia alguma reforma agrária sob o *slogan* de "terras para o lavrador" e algum capitalismo estatal. Sun mais tarde desenvolveu um partido político de modelo leninista para atingir esses objetivos, com uma pequena vanguarda de revolucionários profissionais apoiada por um número maior de membros contribuintes, organizados em células, obedecendo ao líder do partido. O Comintern soviético ficou impressionado, e instruiu o pequeno Partido Comunista Chinês (CCP) a auxiliar Sun (Dreyer, 1995: 120-121). Contudo, o partido de Sun possuía pouca base social, porque a China carecia de uma burguesia – ou na verdade de uma classe trabalhadora –, e a maioria dos camponeses mostrava pouco interesse. Sem uma base massiva, a nova República da China foi uma tentativa de reformas pelas elites influenciadas por diversas correntes liberais, socialistas e nacionalistas de pensamento operando em um ambiente muito desordenado. Eles enfrentaram uma dura batalha.

Em 1912, o último imperador – o menino Pu yi – foi forçado a abdicar. Sun teve de conceder a presidência da nova república a Yuan Shikai, um senhor da guerra reformista e comandante em chefe do exército. Houve disputas violentas entre as várias facções militares e políticas do novo regime, uma das quais era o recém-formado Partido Kuomintang, o KMT (GMD em algumas transliterações do chinês). A incompletude da revolução enfraqueceu ainda mais a autoridade do Estado sobre as províncias. Elites de funcionários e proprietários de terras detinham o poder localmente, e muitos eram hostis ao novo governo. Os mais fortes controlavam sua própria região como líderes militares. Como Skocpol (1979: 238-242) enfatiza, isso era diferente da situação pré-revolucionária da França e da Rússia. Na China, a classe de proprietários de terras havia detido grande parte de seu poder local, mas estava sendo afastada do Estado central. Ela poderia controlar seus próprios camponeses locais, mas se as *jacqueries* começassem, não seria fácil recorrer ao Estado central por ajuda. A China estava se fragmentando devido a uma falta de solidariedade entre o Estado e seus agentes naturais de apoio nas províncias. Essa foi a diferença decisiva com relação ao Japão. Não havia equivalente à Restauração Meiji, nem uma união de oligarcas chineses reformistas.

Enquanto a nova república lutava para se impor sobre os líderes militares regionais, o Japão aproveitou a Primeira Guerra Mundial para se juntar ao lado Entente e se apropriar das possessões alemãs na China. Depois, aumentou a pressão sobre a China, tentando tornar o Presidente Yuan Shikai um cliente japonês.

Ele resistiu à pressão, e em 1915 se declarou corajosamente o novo imperador da China. Isso escandalizou seus aliados republicanos, e ele foi forçado a abdicar no ano seguinte. Em 1917, a China havia parcialmente se desintegrado em alianças instáveis de líderes militares regionais, nenhuma capaz de controlar mais do que uma fatia do país. Em uma "era de líderes militares", que durou de 1917 a 1927, movimentos de autodefesa de camponeses, como o Lanças Vermelhas, expandiram-se para defender suas comunidades locais contra japoneses, bandidos, líderes militares, comunistas ou a própria república (Perry, 1984: 439-441).

Nas cidades costeiras mais avançadas, onde alguma indústria e comércio haviam aparecido, aspirações constitucionais subsistiam. Em 1919, manifestações estudantis contra o governo de líderes militares de Pequim e a interferência japonesa irromperam, espalhando um assim chamado Despertar entre as classes urbanas. O impulso desse movimento nacionalista de 4 de Maio permitiu a Sun Yat-sen estabelecer um governo nacionalista KMT em Nanquim em aliança com o Partido Comunista. Após a morte de Sun em 1925, o General Chiang Kai-shek assumiu a liderança do KMT. Ele enfrentou líderes militares e fascistas à sua direita e comunistas e radicais do KMT à sua esquerda. Contudo, em 1931, ele havia reconstituído um governo republicano em Nanquim com controle sobre grande parte do leste e do centro da China. Ele havia contido a ala esquerda do KMT, massacrado comunistas e assegurado a submissão de muitos líderes militares, mas isso trouxe radicais e líderes militares para dentro de seu regime, reduzindo sua coesão. Na província de Jiangsu, por exemplo, a esquerda do KMT continuava a controlar as instituições partidárias locais, conduzindo boicotes antijaponeses, atacando comerciantes como ferramentas do imperialismo, e destruindo templos em campanhas antissuperstição. Confrontos faccionais continuaram até a década de 1930, por vezes irrompendo em conflito armado (Geisert, 2001). Antes de 1927, o regime KMT de Chiang fez algum progresso (discutido adiante), mas política e militarmente o dragão chinês permanecia debilitado, não mais um predador, mas uma presa tentadora.

A China era tentadora porque sua economia costeira estava mostrando sinais de vida. A economia permanecia basicamente agrária, comercializada há muito tempo, mas sem muito desenvolvimento recente. Era dominada por pequenos camponeses, cerca de metade donos de seus próprios lotes, e a outra metade arrendatários. Seu atraso significa que temos poucos dados agregados confiáveis e as estimativas gerais diferem amplamente. Estatísticas de Rawski (1989) sugerem um rico crescimento econômico *per capita* de mais de 1% por ano nos anos entre 1914 e 1937 – não era um crescimento aos níveis japoneses, mas melhor do que da Índia britânica. Brandt (1989) também vê a comercialização levando ao crescimento na produção agrícola e nos salários reais. Perkins (1975) viu algum crescimento agregado do PNB no período, embora anulado pelo crescimento populacional. Philip Huang (1985; 1990), ao discutir áreas empobrecidas do norte da China e a região mais rica do delta em torno de Xangai, detecta somente *crescimento involuntário*: as famílias de camponeses tinham de trabalhar mais duro a fim de permanecer exatamente onde estavam. Embora essas disputas não tenham sido resolvidas, houve provavelmente algum crescimento econômico durante esse período (Ma, 2006: 10; Richardson, 1999: 81-82), mesmo que muitos chineses estivessem vivendo próximos ao nível de subsistência. Havia diferenças regionais marcadas e não muita integração econômica nacional, mas a Grande Depressão não atingiu seriamente a China; ela estava protegida por seu atraso, falta de integração nacional e baixo volume de comércio estrangeiro. Estava também sob um padrão-prata, não ouro. A indústria provavelmente cresceu durante a Depressão. Distúrbios militares, não econômicos, foram o maior problema do período (Wright, 1991; 2000; Chang, 1969: 60-61; Myers, 1989).

Duas regiões viram definitivamente crescimento e modernização: a Manchúria e partes do norte da China possuíam indústrias extrativas e pesadas; um setor manufatureiro-comercial próspero crescia em torno dos Portos de Tratado, especialmente Xangai. A região de Xangai contribuía com cerca de 76% do PIB da China (Ma, 2006: 9; Perkins, 1975: 119). Essas áreas viram infraestruturas de transporte melhoradas, investimento significativo estrangeiro e mais tarde chinês, e mais direitos de propriedade assegurados. A indústria manufatureira cresceu em torno de 10% por ano entre 1912 e 1936 (Chang, 1969: 71). O sistema de Portos de Tratado agora forneciam benefícios econômicos substanciais. Na análise de sistemas mundiais, a China é vista como tendo experienciado desenvolvimento dependente, como uma economia periférica submissa ao centro capitalista ocidental. Todavia, a comercialização chinesa já existia por séculos e era basicamente independente do Ocidente, e a Manchúria e os Portos de Tratado estavam se tornando menos dependentes (Bergère, 1989: 4; Ma, 2006; Brandt, 1989).

Contudo, a divisão entre a Manchúria e os Portos de Tratado *versus* a vastidão rural se tornou ainda mais clara nos desenvolvimentos políticos e militares subsequentes. A China vista por estrangeiros era a costa e a Manchúria, ambas com ganhos tentadores. Dada a ideologia normal do imperialismo, os estrangeiros acreditavam que poderiam desenvolver substancialmente o país e desfrutar do lucro sozinhos. Eles viam os mercados chineses potenciais como enormes. A tragédia da China era que suas áreas de modernização econômica, das quais qualquer ponto forte nacional poderia ser derivado, eram também suas áreas de maior vulnerabilidade estratégica. Embora os britânicos e americanos estivessem agora se afastando das colônias – buscando métodos mais informais de expansão na China –, os japoneses estavam tendo boas experiências com colônias – e, como os russos, eles estavam perto.

Japão: a luz do sol colonial

O imperialismo japonês era superior aos outros imperialismos sob um aspecto importante: o crescimento econômico. Em Taiwan, mais de quarenta anos de administração japonesa direta trouxeram um crescimento médio anual do PIB entre 1913 e 1941 de algo em torno de 4 e 4,5%. Isso lançou as bases do milagre econômico pós-1950 (Kim & Park, 2005; Maddison, 2007: tabela 4). O peso dos homens tailandeses aumentou até cerca de 1930, e depois se estabilizou até depois da Segunda Guerra Mundial. Isso é um sinal de que a saúde havia melhorado (Olds, 2003; Morgan & Liu, 2007). A Coreia era maior, com um Estado e uma cultura coesiva existentes. Os japoneses no início buscaram governar a Coreia indiretamente, através da monarquia e das elites coreanas. Todavia, não puderam encontrar um regime-cliente coreano confiável, e o conflito com a Rússia sobre a Península Coreana estava crescendo. Em 1898, as outras potências haviam forçado o Japão a ceder a Península de Kwantung na Manchúria (tomada da China em 1895) para a Rússia. O Japão e a Rússia agora possuíam projetos concorrentes de construção de ferrovias nessas áreas. A Grã-Bretanha permaneceu mais preocupada com a Rússia, e assinou um tratado naval com o Japão em 1902. Como os Estados Unidos e a França tiraram da Grã-Bretanha o controle da área, o Japão não enfrentaria interferência das potências ocidentais. O Japão era agora a potência estrangeira mais forte na Coreia, mas permanecia frustrado com a interferência russa em um país que via como "a pedra fundamental da defesa nacional" (Duus, 1995: 175-184).

O exército foi inicialmente relutante em confrontar a Rússia, no entanto, ponderou que a Rússia seria levada ao limite logisticamente por uma guerra grande no Pacífico até que terminasse de construir todas as suas ferrovias e portos projetados. Nesse ponto, o equilíbrio de poder poderia pender para a Rússia, de modo que o Japão decidiu confrontar as forças russas preventivamente em 1905 – muito similar ao ataque preventivo da Alemanha à Rússia em 1914. Ninguém mais interveio, e o a *Times* de Londres aprovou o ataque surpresa (Lone, 2000: 100-105). O Ocidente não esperava um resultado decisivo, mas, para surpresa geral, os japoneses triunfaram. A principal frota russa zarpou de milhares de milhas do Mar Negro para chegar ao Mar do Japão. Lá, na Batalha de Tsushima, navegou perto demais das baterias costeiras japonesas e fatalmente subestimou suas habilidades navais, sofrendo "uma aniquilação raramente vista na história moderna de guerras marítimas" (Dickinson, 1999: 256; Evans & Peattie, 1997: 124). O desempenho do exército russo foi melhor na Sibéria e na Manchúria, onde ambas as partes tiveram perdas pesadas, embora a organização japonesa superior tenha gradualmente prevalecido. Vários estereótipos comuns dos japoneses foram falsos durante esse período. Embora a mídia de massa no Japão fizesse propaganda de um nacionalismo agressivo, glorioso, seus cinejornais, retratando o sofrimento dos soldados chocaram muitos japoneses. Uma análise dos diários de soldados mostra que os soldados japoneses, nesse estágio, não estavam lutando fanaticamente pela nação e pelo imperador. Eles temiam a morte e pensavam em suas cidades e seus entes queridos. Eles também tratavam bem os prisioneiros inimigos. O serviço militar fez muitos soldados se aperceberem pela primeira vez de que eram japoneses, como opostos a russos, chineses ou coreanos (Shimazu, 2009). Eles haviam internalizado o nacionalismo banal, e as nações inimigas estavam atirando neles, mas não havia ainda um nacionalismo muito agressivo.

A Rússia, assolada pela Revolução de 1905 em seu país, necessitava de seu exército para propósitos internos. Queria que a guerra terminasse rapidamente, de modo que fez concessões importantes. O Tratado de Portsmouth (New Hampshire) deu ao Japão o governo indireto incontestado na Coreia e na Península de Kwantung na Manchúria. O resto da Manchúria chinesa era, na prática, controlado pelo exército japonês e por líderes militares locais. Era a primeira vitória de guerra por séculos infligida por não europeus a uma grande potência europeia. Não só o Japão celebrou como também muitos dos povos oprimidos do mundo.

Até aqui, a expansão japonesa se assemelhava à expansão ocidental, embora em virtude de ser forçosamente aberto e também enfrentar uma carência natural de recursos naturais o Japão foi levado mais rápido ao imperialismo. Embora a guerra com a Rússia tenha sido preventiva, também o foram as guerras do século XIX da Prússia e as guerras americanas de 1898. As elites japonesas viam a guerra com a Rússia como a primeira grande missão do Japão. Com a morte do imperador Meiji em 1912, o governo viu que o Japão estava recebendo respeito dos "países que se voltavam ao Japão como o girassol ao sol" (Gluck, 1985: 90, 216-217).

A próxima expansão imperial ocorreu em 1910, quando o Japão aumentou sua força militar na Coreia e discretamente a anexou. Esse passo não foi provocado, pois com a Rússia derrotada e ainda se recuperando da turbulência revolucionária, não havia ameaça ao Japão. Todas as facções políticas japonesas acreditavam na expansão na Coreia. Os moderados esperavam fazer isso auxiliando os reformadores coreanos a conquistarem a ordem pública e finanças sólidas, mas os reformadores coreanos – assediados internamente tanto por monarquistas quanto por nacionalistas antijaponeses – fracassaram em fazer muito progresso. Os japoneses se sentiram sugados a um governo mais direto a fim de estabelecer a ordem, embora sua presença garantisse a desordem. Um fator desestabilizante foi a presença em 1910 de 170.000 colonizadores japoneses exigindo mais segurança, apoiados por nacionalistas linha dura e oligarcas conservadores no Japão. Embora o Japão estivesse experienciando uma revolução industrial, levaria quase um século (como com os britânicos) para essa nova riqueza chegar às pessoas ordinárias japonesas, especialmente se fossem agricultores camponeses. Para eles, o apelo das colônias de assentamento era forte. O imperialismo social incitando o nacionalismo agressivo tinha uma base social. As potências ocidentais contestaram a anexação japonesa, mas o Japão respondeu que ela tinha resultado das inadequações do imperialismo informal. Embora se esperasse que a anexação diminuísse as inseguranças japonesas, aumentou-as ao elevar os sentimentos antijaponeses entre seus rivais. As forças armadas agora exigiam e haviam conseguido orçamentos militares mais elevados para a defesa imperial. Portanto, o militarismo japonês estava engrenando, embora ainda sem qualquer plano geral (Duus, 1995; Lone, 2000: caps. 8-10).

As elites japonesas conceberam a declaração de missão imperial usual, alegando que os coreanos eram incapazes de se modernizar, eram "incivilizados" e "atrasados", vivendo na "sujeira, esqualidez e indolência", suas políticas dominadas pela "passividade, corrupção e adulação". Isso deveria soar familiar, considerando de meus capítulos sobre os impérios Britânico e Americano. Todavia, havia suficiente herança étnica e afinidade cultural compartilhada entre os dois países asiáticos para fazer a "elevação" dos coreanos parecer possível. Os japoneses tentaram a assimilação cultural: se coreanos e outros pudessem ser induzidos ou forçados a falar o japonês e a usar os conceitos culturais japoneses (por exemplo, na escolha de seus nomes), poderiam se tornar mais ou menos japoneses. Acima de tudo, a asserção difundida de que coreanos, taiwaneses e outros eram "vizinhos" – talvez do mesmo ancestral original – significava que o colonialismo japonês não era de fato tão racista quanto o colonialismo europeu e americano da época (Duus, 1995: 203, 399-423; Eiji, 2002).

Contudo, os japoneses não tratavam os nativos bem. Como a Coreia estava na vizinhança, o Japão poderia mover um grande exército, suas matérias-primas e mercados consumidores poderiam ser integrados ao Japão, e havia muitos colonizadores japoneses dispostos. O protetorado reprimiu cruelmente a resistência coreana, e os colonizadores receberam privilégios de conquistador, comprando terras por preços extremamente baixos e dominando os setores governamentais e empresariais lucrativos. Duus (1995: 431) diz que os atores coloniais japoneses-chave "não eram os poderosos interesses empresariais metropolitanos, mas elementos inquietos, ambiciosos e frugais dos estratos médio e inferior da sociedade japonesa". O comércio com a Coreia não era enorme, no entanto, a gestão japonesa obteve grandes lucros (Duus, 1995: 284-288). Portanto, interesses de colonizadores e empresários encorajaram uma forma de imperialismo social no Japão que era mais populista do que o imperialismo social dominado pelas empresas concebido por Hilferding.

O Japão foi bem-sucedido em modernizar a Coreia. Exceto por suas possessões micronésias, o Império Japonês era muito mais compacto e mais próximo ao país de origem do que as possessões de outros impérios, e a própria população do Japão era (junto aos Estados Unidos) maior do que a de todas as suas colônias combinadas. Não havia medo de competição ou de ser subjugado, nem desejo de excluir os povos coloniais dos benefícios econômicos do império. A tecnologia agrária e industrial era transferida livremente para as colônias. Em Taiwan, o desenvolvimento foi liderado pelo governo colonial muito mais do que pela iniciativa privada (Peattie, 1988: 254-255). Ferrovias e estradas integraram a península, construídas para propósitos militares, mas fornecendo benefícios econômicos. Em 1945, a extensão de estradas modernas na pequena Coreia era a metade das existentes na China. O sistema educacional se multiplicou. A decadência dos antigos sistemas de irrigação do país foi revertida, e fábricas de fertilizantes foram construídas. Os investimentos japoneses aumentaram primeiro na agricultura, depois na indústria. A manufatura aumentou de 6% do PIB em 1911 para surpreendentes 28% em 1940 – ultrapassando em muito a China ou a Índia ou qualquer outro país na Ásia exceto o próprio Japão. Durante as primeiras duas décadas do protetorado, a Coreia era vista como um cesto de arroz pelo Japão, mas após cerca de 1933, suas indústrias foram uma base avançada de fornecimento em um complexo industrial-militar que se estendia do Japão à Manchúria. A taxa de crescimento anual do PIB entre 1911 e 1939 foi em torno de 4%, a mesma de Taiwan e do próprio Japão. A Coreia foi a única colônia de qualquer império a ter experienciado tanta industrialização (Kim & Park, 2005; 2008; Eckert, 1996; Chou, 1996; Cha, 2000; Ho, 1984; Maddison, 2007: tabela 4). Como em Taiwan, os japoneses lançaram a base para o milagre econômico pós-Segunda Guerra Mundial. A expectativa média de vida coreana também subiu, de 26 para 42 anos ao longo da vida da colônia, demonstrando que o crescimento econômico se traduziu em uma vida material melhor para muitos coreanos. Essa primeira onda de imperialismo japonês não contribuiu para a grande divergência global, e serviu para integrar em vez de fraturar partes do leste da Ásia.

Essas conquistas, contudo, foram compensadas por um lado negro. O controle das empresas foi em grande parte assumido pelos japoneses, o trabalho forçado predominava, a repressão à resistência era selvagem e houve tentativas violentas de suprimir a língua, os sobrenomes e a cultura coreanos. Adotar sobrenomes japoneses significava rejeitar toda a orientação patrilinear da cultura familiar coreana em favor do japonês ie, o sistema de organização familiar (Chou, 1996; Eiji, 2002: 334-335). As colônias japonesas também terminaram sofrendo terrivelmente nos últimos estágios da Guerra do Pacífico, durante a qual milhares de mulheres coreanas sofreram abusos em massa do sistema de "mulheres de consolo" (comfort women).

Para essas colônias, qualquer resposta à questão: "O Império Japonês fez algum bem a alguém?", deve diferir daquela dada para o Império Britânico. Para os britânicos, no capítulo 2, tentei equilibrar benefícios marginais contra custos marginais. Os custos e benefícios japoneses foram ambos maiores, tornando o juízo geral difícil. Depende de como avaliamos o bem-estar econômico em relação à repressão brutal; muitos coreanos acreditam que a segunda excede o primeiro. Eles lembram somente do dano que os japoneses lhes fizeram, embora os taiwaneses sejam mais generosos em relação aos seus conquistadores anteriores. Estudiosos coreanos recentemente também reconheceram os benefícios de longo prazo do governo japonês (Shin et al., 2006). Já os milhares de colonizadores japoneses que tiveram a riqueza e a ascensão social negados na sociedade mais fechada do Japão se deram melhor. Isso foi importante na construção do apoio popular para um império do sol nascente.

O debate japonês sobre o imperialismo

O imperialismo foi uma cristalização política firmemente arraigada. Poucos japoneses duvidaram de sua utilidade, e as disputas concerniam a que tipo de imperialismo deveria ser (A. Gordon, 2003: 74, 122-123). O imperialismo territorial direto terminou sendo o caminho escolhido, mas isso não foi predeterminado. Todas as potências imperiais tiveram suas esferas de influência: a Rússia no norte da Manchúria; o Japão em partes do sul da Manchúria, Coreia e Taiwan; os Estados Unidos nas Filipinas; a França na Indochina; a Grã-Bretanha no Vale Yangtze, sul da China e sul da Ásia; a Alemanha na Península Shantung e em ilhas espalhadas do Pacífico. Juntos, eles participaram das concessões internacionais da China. Esse poderia ser um equilíbrio de poder aceitável? O Japão poderia agora se contentar com o que tinha, além de uma expansão gradual do imperialismo informal e uma participação crescente nos mercados internacionais?

A Ásia estava sendo preenchida por impérios, e a ameaça de guerra se tornaria maior se as outras potências vissem o Japão menos como um contrapeso à Rússia do que potencialmente dominando a região. Após 1905, o exército e o *establishment* civil japoneses duvidaram da sabedoria de usar a força para promover a esfera de influência japonesa no nordeste da China. Uma alternativa menos arriscada seria garantir a neutralidade da região através de acordos internacionais que dessem acesso ao mercado a todos os estrangeiros. Isso evitaria que a Rússia buscasse vingança quando tivesse se restabelecido, e diminuiria também os gastos militares. Contudo, a Primeira Guerra Mundial e a Revolução Bolchevique perturbaram esse equilíbrio de poder. A Alemanha foi excluída da figura por sua derrota, os russos foram uma vez mais enfraquecidos e França e Grã-Bretanha necessitavam de tempo para se recuperar. Parecia haver uma janela de expansão para o Japão. O país teve ganhos fáceis no primeiro ano da guerra, adquirindo as colônias alemãs de Shantung e Tsingtao além das ilhas micronésias. Shantung era um possível ponto de partida para expansão, fosse na Manchúria ou no norte da China. O Japão havia tomado partido dessas aquisições em 1915 fazendo "Vinte e uma exigências" à China, que incluíam o reconhecimento dos direitos japoneses em Shantung e a construção de uma ferrovia na China. Tanto para os nacionalistas chineses como para outras potências essas exigências pareciam pressagiar uma expansão japonesa adicional.

Na década de 1920, o Japão possuía um império colonial em Taiwan e na Coreia; um império informal em outras partes da Manchúria e da China; e um comércio substancialmente livre com o resto da Ásia, o Império Britânico e os Estados Unidos. Havia consenso de que o Japão deveria defender sua "linha de soberania", o Japão e suas colônias, ao mesmo tempo protegendo uma "linha de interesse" mais ampla. Como o comércio internacional japonês ainda estava em expansão, o posicionamento dessa linha de interesse não era claro. A expansão poderia ser pela extensão de mercados internacionais; pela ampliação do imperialismo informal através de esferas de influência na Manchúria, partes no norte da China e Fukien (a província chinesa oposta a Taiwan); ou pela extensão da linha de soberania, com a aquisição de mais colônias.

Os historiadores japoneses distinguem liberais de nacionalistas ou militaristas nos debates dobre política exterior. Nenhuma das principais facções era liberal no sentido ocidental de favorecer somente mercados abertos, mas nem o próprio Ocidente era assim. Em um mundo de impérios, muitos liberais japoneses não queriam alienar as outras potências, mas poderiam radicalizar se pensassem que o militarismo pudesse funcionar a um custo baixo. Esses debates lançavam aqueles que favoreciam o império informal contra os que defendiam colônias ou protetorados. Debates sobre a Coreia e a Manchúria revelavam isso expandir pela força armada ou pela negociação de mais concessões dos chineses e manchus, e parar na Grande Muralha por enquanto ou ir além dela. O serviço estrangeiro tendia a favorecer o primeiro conjunto de opções e o exército, o segundo (Duus, 1995; Matsusaka, 2001; Brooks, 2000).

A década de 1920 parecia favorecer os liberais. A Primeira Guerra Mundial viu o triunfo das potências liberais, a criação da Liga das Nações e os Tratados Navais de Washington de 1922 (Dickinson, 1999: 151, 242-256). Os tratados limitavam o tamanho das marinhas, incluindo a do Japão, terminou a dominância britânica na Ásia e permitiu ao Japão a possibilidade de virar os Estados Unidos contra a Grã-Bretanha. Os Estados Unidos eram agora o maior parceiro comercial e fornecedor de capital estrangeiro do Japão, e muitos políticos favoreciam uma política cautelosa de expansão comercial além do império informal na China, não mais colônias. Shidehara Kijuro, o dominante ministro das Relações Exteriores da década de 1920, defendia a expansão, mas preferivelmente em cooperação com outras potências. Qualquer expansão seria às custas da China, mas muitos japoneses mantinham esperanças de consentimento chinês para um renascimento asiático liderado pelo Japão. Eles acreditavam que os chineses poderiam acolher a tutelagem japonesa. Todavia, o crescente nacionalismo chinês tornou isso ilusório. O Japão estava se expandindo muito tarde no tempo histórico mundial. Esse ainda era o tempo dos impérios, mas as partes mais civilizadas dos impérios estavam sendo cada vez mais confrontadas pelo nacionalismo – como os britânicos estavam descobrindo na Índia e os japoneses estavam prestes a descobrir na China.

O governo KMT buscava ab-rogar os Tratados Desiguais da China. Shidehara, apoiado por funcionários consulares japoneses na China e muitas grandes empresas, estava preparado para ceder à pressão britânica e americana para renegociar os tratados, contanto que a China pagasse suas dívidas para com o Japão. O medo do esquerdismo unia muitas elites (Hata, 1988: 282-286), mas o militarismo não era muito popular. Quando a guerra terminou, políticos buscaram reduzir o orçamento militar com apoio popular, porque isso significava impostos mais baixos. À medida que os orçamentos militares foram reduzidos o ímpeto oscilou na direção dos moderados, e quanto mais o Japão se industrializava, mais dependente ficava dos mercados internacionais. Muitos economistas aconselhavam conformidade às regras da economia internacional. Como os mercados dos quais o Japão mais dependia eram os do Império Britânico e dos Estados Unidos, não seria uma boa ideia alienar essas potências.

Quando o debate econômico mudou, trouxe adesão às doutrinas econômicas liberais: economia clássica, mercados abertos, o padrão-ouro, políticas deflacionárias e uma concomitante retórica moral de austeridade. O Japão não estava no padrão-ouro na década de 1920, e os liberais insistiam em seu restabelecimento. Isso recebeu oposição tanto à direita quanto à esquerda daqueles que favoreciam um caminho de desenvolvimento mais estatista e nacionalista. Os conservadores queriam preservar seu poder na Constituição Meiji através da burocracia e da Casa dos Pares. Império, armas e autoritarismo eram vistos pelos conservadores como o núcleo dos kokutai japoneses, e os admiradores liberais da civilização anglo-saxônica favoreciam políticas parlamentares internas e o império informal no exterior. Os assim chamados alemães, que favoreciam o caminho anterior, saíam principalmente das oligarquias; o corpo de oficiais do exército e os burocratas estatais, "anglo-saxões", eram mais influentes entre os partidos políticos e a classe média civil.

Os níveis médios do corpo de oficiais eram os mais extremos, e estavam começando a mostrar alguma independência do alto-comando. Estavam imbuídos de autoconfiança nascida dos recentes feitos militares. Eles viam o Japão liderando uma gloriosa resistência pan-asiática ao Ocidente (um nacionalismo de dois níveis) através ou da "guerra total" ou do "Modo Imperial". O Modo Imperial se tornou importante mais tarde, e é discutido no capítulo 13. A facção da guerra total era liderada pelo Tenente-coronel Kanji Ishiwara, um teórico militar influente que via na história ciclos de breves, incisivos e decisivos confrontos seguidos por "guerras pela aniquilação ou exaustão" travados por povos inteiros até a morte. As guerras anteriores do Japão haviam sido do tipo breve e decisivo, requerendo organização, vigor no ataque e moral elevado. O surgimento do Estado industrial moderno, contudo, estava tornando a guerra breve e decisiva obsoleta. Um período de guerras de aniquilação seguiria agora, levando a um embate final entre os Estados Unidos – liderando o Ocidente – e o Japão – liderando a Ásia. Ele escreveu: "A última guerra na história está se aproximando... 'um conflito titânico, sem precedentes na história' – que será o portal para uma era de ouro da cultura, uma síntese do leste e oeste, o último grande estágio da civilização" (Peattie, 1975: 29, 57-63). Sua visão histórica do mundo era de um triunfo final e glorioso japonês.

A facção da guerra total concluiu que o Japão deveria acumular recursos materiais para essa guerra futura se expandindo na Manchúria e na China para construir uma base de força industrial autossuficiente no continente asiático, preferivelmente com a cooperação chinesa. Economistas nacionalistas como Takahashi Korekyo disseram que o caminho para tornar o Japão uma grande potência era trabalhar com a China para criar "uma unidade. [...] juntando harmoniosamente o poder financeiro do Japão e os recursos naturais da China, as habilidades industriais do Japão e a força de trabalho da China" (Metzler, 2006: 128). Ishiwara propôs que na Manchúria os japoneses gerissem uma indústria pesada e de alta tecnologia, os chineses, pequenos negócios e os coreanos fariam o cultivo do arroz (Peattie, 1975: 100). O que o Japão deveria fazer se os chineses e os coreanos recusassem essa oferta ele não disse. A política econômica deveria ser aparelhada pelo incremento militar de longo prazo, não pelos lucros de curto prazo de banqueiros ou zaibatsu. Oficiais em serviço deveriam também se aventurar no domínio político para influenciar a política. A política de guerra total deveria adquirir colônias ricas em recursos naturais, construir um complexo industrial-militar no Japão e fortalecer o papel militar na política, embora preferivelmente sem o aventureirismo militar que poderia alienar as outras potências. A guerra com elas poderia terminar ocorrendo, mas como o ministro da Marinha, Kato, disse: "A menos que tenhamos dinheiro, não podemos fazer a guerra" (Iriye, 1997: 50-62).

Aqueles favoráveis às colônias ou protetorados argumentavam que o Japão tinha a força militar para expandir no vácuo deixado pelo declínio da China. Essa era a vizinha japonesa, e as outras potências estavam distantes, exceto por uma Rússia enfraquecida pela revolução. Ações militares já haviam sido bem--sucedidas, aumentando a atração de outras intervenções. Acreditava-se que a China decadente, corrupta e dividida seria uma conquista fácil e gradual através de breves e incisivos confrontos contra os líderes militares. Uma esfera de influência japonesa em expansão no nordeste da China asseguraria seus recursos econômicos. Uma guerra breve daria uma pausa e traria benefícios de recursos de longo prazo. O Japão não poderia ficar parado, especialmente na Manchúria. Sua influência lá deveria crescer ou ele seria obrigado a se retirar. Esses argumentos dominaram círculos de planejamento militar (Peattie, 1975: 96-98; Barnhart, 1987; Jordan, 1987).

Havia pressões internas também. As primeiras vitórias haviam dado ao nacionalismo agressivo uma certa base popular, e oligarcas conservadores e burocratas favoreciam o imperialismo social como um modo de se manter no poder e derrotar "elementos subversivos". A União Soviética estava aumentando suas forças no norte; elementos esquerdistas do KMT estavam ativos na China costeira. Conservadores temiam que o apelo de uma república pudesse se espalhar da China ao Japão, de modo que eles e o exército enfatizavam a ameaça do bolchevismo e do expansionismo soviético. Interesses de colonizadores e de empresários na China estavam prometendo riqueza para todos, e havia demandas populares para subsidiar colonizadores. Embora especialistas em populações duvidassem de que colônias de assentamento fossem viáveis e favorecessem a migração assistida à América do Sul, havia muita agitação midiática por migração auxiliada pelo governo para a Ásia (Wilson, 1995: 253–255; L. Young, 1998). Essa coalizão também mobilizou uma declaração de missão atrativa de defesa da raça asiática contra o Ocidente (Iriye, 1997: 13-26). Exageros da mídia sobre a acolhida disponível aos colonizadores japoneses na Coreia e em Taiwan contrastavam fortemente com as notícias dos Estados Unidos, onde leis racistas contra imigrantes chineses e japoneses culminaram na Lei de Exclusão Oriental Federal de 1924, banindo toda imigração japonesa aos Estados Unidos. A opinião japonesa ficou chocada com a ameaça do "perigo amarelo" no Ocidente (Iriye, 1997: 26-28). O Japão havia falhado em obter uma cláusula antirracista no Estatuto da Liga das Nações, uma vez que as outras grandes potências ou tinham impérios racistas ou eram internamente racistas. O "liberalismo" ocidental parecia hipócrita.

A escolha entre essas opções geopolíticas não foi decidida por alguma percepção racional dos interesses objetivos do Japão, mas pelo equilíbrio do poder distributivo no próprio Japão. Após a Primeira Guerra Mundial, isso inicialmente pendeu para a esquerda. Houve tensões entre oligarcas conservadores e os novos burocratas tecnocratas e profissionais urbanos. O governo operava uma política de alimento barato, auxiliada pela importação de alimentos das colônias, que reduzia os preços para os agricultores camponeses, alimentando protestos e revoltas rurais. Os trabalhadores também estavam se rebelando por maiores direitos, incluindo o direito ao voto, estimulado pela Revolução Bolchevique e por demandas populares pela redução do orçamento militar. Sob ameaça, alguns oligarcas acreditaram que era necessário um acordo. Para fortalecer o Japão, as massas deveriam ser trazidas para dentro da nação política, com a Dieta Nacional atuando como uma válvula de segurança para a agitação popular. Os oligarcas continuaram a perder terreno enquanto partidos políticos começavam a dominar a câmara baixa do parlamento durante o período da Democracia Taisho da década de 1920. O sufrágio universal masculino foi introduzido em 1925, e os direitos de cidadania civil também aumentaram (Benson & Matsumura, 2001: 21-38; Nish, 2002).

Contudo, o liberalismo foi minado de três modos. Primeiro, o sufrágio representava em demasia as áreas rurais (como ainda o faz hoje), e o interior era mais facilmente controlado por redes de patrão-cliente – os camponeses eram representados por notáveis proprietários de terras, não por camponeses. Segundo, o sufrágio masculino foi acompanhado por uma Lei de Preservação da Paz, que restringia a cidadania civil. Esse governo de lei classista bania grupos que buscassem alterar a forma de governo ou abolir a propriedade privada e permitia à polícia reprimir partidos socialistas e comunistas e sindicatos de comércio e interferir em eleições com base na ordem pública. Terceiro, a maior parte da classe média, agora com direito a voto e no controle de seus próprios partidos liberais nas áreas urbanas, abandonou sua breve aliança com as massas de classes mais baixas. Partidos conservadores e liberais – controlados pela classe alta, apoiados pela classe média – disputavam o poder com esquerdistas, trabalhadores e camponeses em grande parte excluídos. Os direitos de cidadania cessaram, deixando muitos japoneses metade súditos, metade cidadãos.

A volta do poder distributivo para os conservadores e ao imperialismo não resultou das necessidades do capitalismo japonês – ela teria se beneficiado de uma rota mais liberal. O argumento do liberal do século XIX John Hobson de que o imperialismo foi guiado pelo excesso de capital em busca de lucro no exterior não pode ser aplicado ao Japão, que era um importador substancial de capital até a Primeira Guerra Mundial e nunca teve muito capital excedente. Tampouco poderia se aplicar a noção de Lenin de superlucros sendo extraído das colônias, uma vez que muito pouco investimento de capital privado japonês ou estrangeiro ia para as colônias. O capital privado quase todo ia para o próprio Japão, porque isso era mais lucrativo (Lockwood, 1954: 35). Tampouco a ênfase de Lenin no poder dos monopólios de capital financeiro funciona para o Japão, e noções mais recentes de um complexo industrial-militar dominante consistindo dos conglomerados zaibatsu e das forças armadas somente se tornou importante mais tarde – quando trouxe desastre ao Japão. Até a década de 1930, os zaibatsu estavam mais focados nas atividades bancárias e comerciais do que na indústria pesada, e as grandes corporações não estavam muito envolvidas com as iniciativas coloniais do Japão, nas quais predominavam empresas menores (havia exceções como a Mitsui, ativa na China). Na verdade, as grandes corporações permaneceram ambivalentes sobre o imperialismo até o final da década de 1930. Embora as empresas suprissem o exército, dependiam muito das importações anglo-americanas. Importantes líderes empresários apoiavam Shidehara. As coisas mudaram no final da década de 1930, quando a economia como um todo passou a se assemelhar a um gigante complexo industrial-militar, com os "novos zaibatsu" em seu núcleo. As grandes corporações não precipitaram essa mudança, embora participassem dos acordos corporativos obtidos entre todos esses grupos no período de 1937-1938 (T. Nakamura, 1998; Berger, 1977: 85, 225, 333-334, 345-346; J. Snyder, 1991: 134). O capitalismo corporativo não impulsionou diretamente o Império Japonês, embora insistisse na supressão dos grupos de esquerda e da classe trabalhadora que se opunham ao imperialismo.

A fraqueza dos camponeses e da classe trabalhadora também enfraqueceu o grupo anti-imperialista. Os tennosei desempenharam sua parte nisso, gerando um viés ideológico na direção da harmonia social, dever, obediência e patriarcado em detrimento do conflito e da classe. Isso não impediu trabalhadores e camponeses de fazer greve ou mesmo de se rebelar em apoio de seus ressentimentos, mas encorajou-os a buscar compensação ao reivindicarem respeito, dignidade e o direito à benevolência dentro do sistema; ou seja, de buscar soluções colaborativas de classe em vez de conflito de classe (T. Smith, 1988: cap. 10). Esse foi também o viés do código legal, especialmente as várias Leis Policiais e de Preservação da Paz de 1900 em diante, que exigiam a conciliação por meio das autoridades públicas em vez do conflito entre empregador independente e organizações de trabalhadores. O código legal não tolerava o papel dos "intrusos" (i.e., sindicatos nacionais) em disputas trabalhistas, e isso teve o efeito de mitigar a consciência de classe (Woodiwiss, 1992: 58-66).

Portanto, os sindicatos nacionais permaneceram não desenvolvidos. Organizações de trabalhadores apolíticas haviam sido herdadas de períodos anteriores. O Japão havia desenvolvido trabalhadores qualificados "itinerantes" como os aprendizes (*journeymen*) no Ocidente, embora sem as organizações artesanais que no Ocidente haviam fornecido os primeiros sindicatos nacionais com base profissional. Quando as fábricas japonesas se desenvolveram, elas limitaram a organização dos trabalhadores na iniciativa individual. Os trabalhadores agitavam em um chão de fábrica de cada vez, não nacionalmente. Houve várias tentativas de fundar sindicatos nacionais, mas a principal motivação da ação coletiva residia na firma. O Japão adaptou a usual variedade de movimentos de trabalhadores – anarcossindicalista, comunistas, socialistas, social-democráticos e sindicalismo conservador-corporativista – mas todos existiam simultaneamente nas diferentes firmas e cidades do Japão, sem qualquer resolução nacional de seus variados objetivos e táticas. O faccionalismo enfraqueceu sua habilidade de aproveitar os períodos nos quais a atividade de afiliação e de greve se expandiu, durante 1917-1919 e a uma extensão menor em 1930-1931 (A. Gordon, 1985: 416-425, 251; 1991: 203).

O Japão também desenvolveu uma economia dual. O setor da indústria pesada – químicos, ferro e aço e maquinário – era baseado em capital, suprindo principalmente as próprias necessidades. O setor requeria trabalhadores altamente qualificados que se adaptassem à mudança tecnológica e não fossem indisciplinados. Mas podia pagar seus trabalhadores – homens, principalmente – para isso, oferecendo salários por tempo de serviço e algum tipo de capitalismo de bem-estar (Taira, 1988: 618-619; A. Gordon, 1985). O setor secundário muito maior consistia de pequenas empresas na indústria leve e na agricultura, que exportavam seus produtos. Baseado em trabalho, o setor pagava salários baixos. Fábricas têxteis eram as mais numerosas, operadas principalmente por mulheres jovens fornecidas mediante contrato por suas famílias ou aldeias até que pudessem se casar. Elas recebiam somente 50-70% dos salários dos homens por mais horas, mas se viam como trabalhadoras temporárias. Elas eram material pobre para sindicatos, embora tenham se tornado mais ativas durante a década de 1920. Contudo, o Japão ainda era um país de pequenas empresas. Até 1930, somente 40% dos trabalhadores estavam em estabelecimentos de cem ou mais pessoas, e cerca da metade desses eram mulheres jovens. As mulheres formavam uma proporção maior da força de trabalho manufatureira do que em qualquer outro país, sendo maioria efetiva na década de 1920, embora não na década de 1930. Quase 40% das famílias agricultoras do Japão estavam envolvidas na criação do bicho-da-seda, e suas filhas iam para os moinhos para fiá-lo (Taira, 1988: 619-621; A. Gordon, 1991: 36-37, 64, 75-78, 185; Gordon, 2003: 100-105; Metzler, 2006: 226). Havia desigualdade setorial e ampliação de disparidades entre salários agrícolas e de manufatura, bem como entre os dos setores primário e secundário. Isso tornou difícil gerar sindicatos gerais de trabalhadores ou movimentos de trabalhadores-camponeses. A identidade de classe era fraca.

Os camponeses se juntaram à esquerda no período dominado por conflitos de 1917 a 1925. As reformas Meiji haviam incluído pouca reforma agrária, e a comercialização empobreceu muitos dos agricultores arrendatários que cultivavam quase metade da terra arável do Japão. As áreas mais comercializadas viram a maior parte do conflito, e seguindo as Revoltas do Arroz de 1918, os sindicados de agricultores arrendatários floresceram. Os camponeses continuaram a expressar descontentamentos, mas raramente em termos de classe. Eles queriam afiliar-se à comunidade rural existente, mas em termos mais justos. As autoridades, brevemente em pânico durante os anos de conflito, tomaram medidas para envolvê-los em mediação administrada pelo Estado e em organizações cooperativas (Taira, 1988: 578-589). Como seus filhos constituíam a maior parte dos soldados do Japão, as famílias rurais dependiam ao menos em parte dos salários militares. Elas eram também levadas a acreditar que poderiam se livrar da pobreza pela migração como colonizadoras para as colônias. Essa combinação significava que o militarismo de direita passou a ter mais ressonância em muitas áreas rurais do que o socialismo. A população rural japonesa nunca mais desenvolveu vínculos com a classe trabalhadora, o radicalismo ou anti-imperialismo urbanos como aqueles que apareceram no final do século XIX e começo do século XX em países como França, Espanha ou Estados Unidos.

Analisei os movimentos de trabalhadores como uma disputa entre três tipos de organização: classe, setor e segmento. Quanto mais os trabalhadores eram separados por diferenças setoriais entre indústrias e diferenças segmentares entre empregadores, menores as chances para uma organização da classe trabalhadora e de movimentos socialistas de massa. A classe trabalhadora urbana era dividida entre indústria pesada e leve e segmentarismo dentro da indústria pesada. Como nos Estados Unidos, seus empregadores esperavam evitar a necessidade de sindicatos. Tudo isso enfraquecia tanto os movimentos da classe trabalhadora quanto os liberais. Sob esses aspectos, o Japão em 1929 se parecia aos Estados Unidos. Também não era excepcional, ambos tinham experienciado um período de reação, mas isso ainda não era definitivo. Seria necessário os eventos mais contingentes da Grande Depressão e da guerra na China para o Japão avançar para o imperialismo militar no exterior e para o despotismo semifascista no país, em uma época em que os Estados Unidos se voltavam para a esquerda e se distanciavam do imperialismo. Na Ásia, os anos de 1930 e 1931 se mostrariam cruciais, como veremos no capítulo 12.

Conclusão para os capítulos 2-4: Os três impérios

Ao longo dos últimos três capítulos, analisei três impérios cujos países-mãe estavam em três continentes diferentes. Mais amplamente, o império havia se tornado inteiramente normal para qualquer potência industrial ascendente, assim como foi para as potências antigas. Japão, Estados Unidos, Alemanha, Itália e Bélgica eram todos impérios tardios. Embora todos tenham tido modos diferentes de se industrializar, envolvendo combinações distintas de corporações e Estados, havia apenas um modo ótimo de chegar ao império: fortalecer as forças armadas moldadas segundo as dos imperialistas estabelecidos. Embora a modernização interna do Japão tenha tido formas distintas, as forças armadas com que travou guerras e capturou colônias eram quase idênticas às forças ocidentais. Impérios rivais e militarismo, concebidos originalmente por europeus, haviam se espalhado para potências não europeias e depois dominado quase o mundo inteiro.

Contudo, embora o direcionamento americano ao imperialismo ultramarino (como os alemães, italianos e belgas) tenha chegado após debates confinados às elites com apenas momentos de ressonância popular, o direcionamento do japonês foi mais amplamente apoiado. A principal razão para a diferença era que, embora os Estados Unidos não fossem ameaçados de fora e seu império tenha sido a escolha de algumas pessoas em meio à indiferença geral, muitos japoneses acreditavam ter pouca escolha. A expansão ao exterior, eles acreditavam, era a única defesa possível contra o imperialismo estrangeiro. A alternativa era ficar espremido entre Rússia, Grã-Bretanha e Estados Unidos. Como o declínio da Espanha no hemisfério americano, o declínio da China parecia oferecer ganhos na vizinhança. Após a guerra total em 1898, a Espanha havia sido expulsa de suas colônias e os americanos haviam encontrado um imperialismo informal mais leve, apropriado a um país que carecia de colonizadores ultramarino, cujo Estado carecia de competência imperial e cujo público maciço não estava interessado no império. Em contraste, na década de 1920, o declínio chinês permanecia tentador, havia 1 milhão de colonizadores japoneses no exterior, e os primeiros experimentos japoneses com colônias haviam sido bem-sucedidos, diferentes daqueles dos americanos. A década relativamente liberal de 1920, no país e no exterior, restringiu temporariamente outras aventuras japonesas, mas ao final dessa década, isso havia estagnado. A maior diferença entre os dois países era o maior poder e popularidade do exército no Japão. Essa se mostraria a força desequilibradora na direção de mais imperialismo, sem qualquer paralelo nos Estados Unidos ou na Grã-Bretanha, quando a Grande Depressão ocorreu. Sem essa crise global, poderia nunca ter se desequilibrado.

O Império Britânico era o mais complexo. Seu capitalismo era o mais transnacional, de modo que sua expansão excedeu perenemente seus domínios imperiais efetivos. Isso resultou em dois processos distintos. Primeiro, o Estado estava basicamente tentando se equiparar, lutando para governar domínios que tinham sido conquistados primeiro por aventureiros independentes, companhias de comércio e colonizadores. Segundo, a expansão econômica e financeira britânica excedeu seu controle imperial, formando o embrião do que se tornaria depois de 1945 uma forma mais universal, transnacional, de globalização. Nos dois impérios tardios, os Estados Unidos e o Japão, a Segunda Revolução Industrial viu duas formas de capitalismo diferentes e mais organizadas. Nos Estados Unidos, essa era basicamente corporativa, mas não estatista, embora fosse voltada para dentro e protecionista. No começo do novo século, houve uma onda de expansão imperial, embora não tenha obtido grande apoio interno e em breve tenha se tornado mais leve. Tanto o imperialismo britânico quanto o americano eram relativamente pragmáticos, exceto pelo racismo partilhado e pelo nascente anticomunismo americano. No Japão, o capitalismo corporativo foi mais coordenado pelo Estado, com poder de iniciação política pendendo para o Estado. Isso gerou uma forma direta de imperialismo no exterior guiada pelo exército, buscando um caminho mais emocional, com vistas à glória. Isso foi amplamente defendido como vital para manter a prosperidade japonesa, mas terminaria por destruí-la.

Impérios rivais fraturaram o globo de novos modos. Não foi somente que cada império estabeleceu barreiras contra os de fora, pois havia outras fraturas mais complexas. A expansão britânica e americana eram parte de uma economia interdependente do Atlântico Norte – que é por vezes tomada por globalização *tout court* –, mas não era, uma vez que estabeleceu principalmente uma nova fratura macrorregional. O racismo fez isso em uma escala mais expansiva à medida que a solidariedade da raça branca aumentava. Acrescendo complexidade, esses dois países, mais as colônias de assentamento brancas britânicas, por vezes restringiram isso à raça anglo-saxônica. Havia uma tendência contrária, no início, entre os países-mãe mais na direção de um sentimento de nação. Contudo, a expansão econômica poderia ser vista como um passo intermediário em direção a uma globalização universal, transnacional, especialmente porque o capital financeiro estava se difundindo mais livremente através das fronteiras nacionais. Todavia, a grande divergência estava também ampliando a diferença econômica entre os países-mãe do império e suas colônias mais os países pobres independentes. Argumentei, contudo, que a exploração imperial contribuiu relativamente pouco para a divergência. Ela foi provocada principalmente por uma diferença simples dentro dos países: aqueles no Ocidente se industrializaram, o Resto não. O Império Japonês diferia, pois não havia tendência para uma divergência econômica maior entre o Japão e suas colônias. Todos tinham taxas similares de crescimento e suas economias estavam se tornando mais integradas. Contudo, outras formas de exploração japonesa e de sentimento semirracial japonês de sua superioridade em relação a outros asiáticos impediram muita integração nas outras relações de poder. O globo ainda estava seriamente fraturado. O ano de 1914, definitivamente, revelaria isso.

5
Crise quase global: a Primeira Guerra Mundial

Durante a primeira metade do século XX, o mundo foi profundamente fraturado por duas grandes guerras. Na verdade, é convencional tratar o período 1914-1945 como um contraste completo aos períodos precedentes e seguintes, um período no qual o conflito e o caos reinaram. Ninguém discutiria a fratura que ocorreu nesse período, mas já enfatizei fraturas que estavam ocorrendo bem antes da guerra. Veremos como a Grande Guerra basicamente as intensificou.

Após um século de apenas pequenas guerras na Europa, a Grande Guerra atingiu o continente como um cataclismo. Seu epicentro pode ter sido a Europa, mas reverberou através de muitos continentes para se tornar quase global. Discuti suas causas mais detalhadamente no capítulo 21 do volume 2, embora agora acrescente mais de uma ênfase na cultura guerreira europeia (discutida no capítulo 2) que havia espalhado o imperialismo agressivo dentro do continente e no exterior. No século XIX, as guerras haviam recedido na Europa enquanto sua crescente devastação se tornava aparente e as grandes potências formavam alianças com a intenção de detê-las. Em 1914, as duas principais alianças abrangiam a Alemanha, o Império Austro-húngaro e Itália contra Rússia, França e Grã-Bretanha, com o Império Otomano não alinhado. O equilíbrio de poder havia penetrado o discurso diplomático como algo que poderia impedir a guerra. Todavia, a guerra ainda era o modo padrão de diplomacia, os exércitos continuavam a se modernizar, e os homens jovens do continente eram conscritos e treinados como tropas de reserva – tudo bem antes dessa guerra. Somente a Grã-Bretanha, com um exército de capital em vez de força de trabalho, carecia de conscrição. As crianças (meninos e meninas) liam histórias de aventuras imperiais românticas e heroicas e socializavam em uma cultura militar. Europeus ainda eram de marte. A Europa era o que nos volumes prévios chamei uma civilização de atores-multipoderes, composta de muitos atores competitivos distintos emergindo das quatro fontes de poder e completamente descentralizados. Lá, elogiei o dinamismo dessa configuração em gerar o "Milagre Europeu" de crescimento econômico sem precedentes. Não há razão necessária pela qual sistemas multi-Estado devam gerar muitas guerras, mas quando se veem envolvidos em uma cultura de militarismo, como a Europa vinha, tendem a gerar guerras intermináveis e imperialismo competitivo.

Todavia, embora essa guerra tenha sido travada basicamente entre países com impérios, disputas sobre suas possessões coloniais ou sobre o comércio internacional não a provocaram. As colônias pareciam agora menos essenciais ao lucro comercial, uma vez que o recente conflito africano havia produzido resultados desapontadores. Como a raça branca tinha um interesse comum em manter os nativos sob controle, muitos também raciocinaram corretamente que a guerra entre brancos só poderia desestabilizar todos os impérios (Strachan, 2001: 495-496). Ela foi, de fato, uma guerra basicamente europeia, travada pela dominação naquele continente. Houve pouca movimentação militar na Ásia e nenhuma na América Latina. A participação japonesa na guerra não durou muito. Em troca, os conflitos precipitadores em 1914 residem, como de costume, na própria Europa. A guerra veio na forma tradicional de ataques de duas grandes potências – Império Austro-húngaro e Alemanha – sobre duas pequenas – Sérvia e Bélgica – às quais a ajuda veio de potências protetoras importantes. Isso revelou a essencial dependência do caminho do imperialismo imperial na Europa durante todo um milênio.

Por outro lado, a eclosão da guerra na Europa foi também muito contingente, pois veio após uma sequência confusa de eventos que poderiam facilmente ter ocorrido de outro modo. Em 28 de junho de 1914, um jovem nacionalista sérvio, Gavrilo Princip, estava saindo de uma *delicatéssen* em Sarajevo, então parte do Império Austro-húngaro, onde fora comer após ter fracassado, junto com seus amigos, em uma tentativa de assassinato do Arquiduque Franz Ferdinand, herdeiro do trono Habsburgo, que estava visitando a cidade. Para grande surpresa de Gavrilo, ele repentinamente viu o carro aberto do arquiduque virando em direção a ele; o veículo havia se perdido. Um chofer confuso estava prestes a provocar a Grande Guerra! Aproveitando sua chance, Gavrilo correu junto ao carro, sacando sua pistola. A polícia não teve tempo de reagir. Ele disparou dois tiros a queima-roupa no arquiduque e sua esposa, a Duquesa Sofia; ambos estavam mortos dentro de meia hora. Os conspiradores foram cercados. Foi provado que tinham conexões no governo sérvio – o chefe de inteligência militar sérvio havia fornecido suas armas, e membros do gabinete sérvio sabiam do plano ainda que nada tivessem feito para impedi-lo[1].

A Sérvia havia recentemente retirado a Macedônia e Kosovo do Império Otomano, e tinha intenção de se expandir em meio às comunidades sérvias remanescentes da região, presentemente governadas pelo Império Austro-húngaro. Ironicamente, o arquiduque morto havia sido uma voz moderada instando negociações com a Sérvia. Sua morte fortalecia o partido de guerra austríaco, que convencera grande parte da corte de que tinha de punir os nacionalistas sérvios ou enfrentar outros nacionalistas assertivos que buscavam desmembrar o

---

1. Os parágrafos que seguem se baseiam em meu volume 2, capítulo 21, suplementados especialmente por Williamson e May (2007).

império multiétnico. A corte, incapacitada pela querela entre Viena e Budapeste sobre orçamentos militares, também acreditava que a guerra poderia ser o único modo de conseguir modernizar o exército. A monarquia foi tranquilizada quando o governo alemão lhe ofereceu apoio incondicional em 5-6 de julho. Após muito debate em Viena, pois o idoso Imperador Franz-Josef era um homem cauteloso, a Áustria entregou ao governo sérvio um duro ultimato em 23 de julho, exigindo uma comissão independente de inquérito para o assassinato. A Sérvia respondeu evasivamente, e começou a mobilizar suas forças armadas. Assim, em 28 de julho, a Áustria mobilizou suas forças e declarou guerra à Sérvia – embora o marechal de campo Conrad dissesse que suas forças não seriam capazes de atacar de fato antes de 15 de agosto. Havia tempo suficiente para frear a corrida para a guerra, e esse ainda era na ocasião somente um conflito regional.

Todavia, a Rússia era a grande potência protetora da Sérvia, e seu regime esperava que, caso se mobilizasse, isso dissuadiria a Áustria de entrar em guerra, restauraria o prestígio da Dinastia Romanov e mitigaria o conflito interno. Em 28 de julho, o tsar ordenou uma mobilização parcial, somente contra a Áustria. Supunha-se que isso evitaria a guerra, mas os austríacos imediatamente se contramobilizaram contra a Rússia e a Sérvia. O alto-comando do tsar lhe informou então que somente uma mobilização geral, contra a Alemanha também, era tecnicamente possível. No próximo dia, eles convenceram o tsar a ordenar essa mobilização geral. Ela começou um mês depois do assassinato original e apenas uma semana depois do ultimato austríaco à Sérvia. Coincidentemente, o presidente francês Poincaré e seu ministro de relações exteriores estavam visitando São Petesburgo naquela época. Eles não tentaram restringir seu aliado russo. Os líderes franceses ainda esperavam que suas alianças com a Rússia e a Grã-Bretanha detivessem a Alemanha, e raciocinaram que não era ruim para a Rússia ameaçar a Alemanha.

Ao longo da crise, os líderes alemães pareciam imunes a ameaças, preparados a arriscar uma guerra geral em apoio à Áustria. Em Berlim, a mobilização geral russa era vista como ameaçadora, embora o alto-comando soubesse a partir de registros da inteligência que provavelmente não era. Pretenderam se sentir ameaçados porque queriam a guerra, e estavam preparados para tomar a França e a Rússia, sequencialmente em vez de as duas juntas, como esperavam. Assim, o governo alemão respondeu com sua própria mobilização no oeste e no leste. Para a aparente surpresa da maior parte do gabinete alemão, isso incluiu tomar os terminais ferroviários e fortificar posições na Bélgica e em Luxemburgo, países estrangeiros, cuja neutralidade França e Grã-Bretanha garantiam. Esse foi um movimento provocativo, especialmente porque a mobilização alemã do Plano Schlieffen, que buscava expor o flanco dos exércitos franceses, pretendia atacar o norte da França através da Bélgica. Então, os alemães se dirigiriam ao leste na direção de Paris para desferir um golpe decisivo que poria a França fora da guerra. Alternativamente, se os franceses contra-atacassem pelo norte, os alemães poderiam cercar seu flanco na Bélgica. Em ambos os casos, a Alemanha se dirigiria, então, para a frente de batalha leste e lidaria com a Rússia, vista como seu inimigo mais poderoso. A suposição, partilhada por outros militares, era que a tecnologia e organização militares haviam se desenvolvido a um ponto no qual a ofensiva dominaria a defesa, e um rápido ataque abrangente poderia levar à vitória[2]. Como estavam errados!

A disposição dos líderes alemães para encorajar uma possível guerra de duas frentes de batalha pode parecer surpreendente, mas eles esperavam que uma ofensiva rápida evitasse isso. Adicionalmente, o kaiser e alguns outros não esperavam que a Grã-Bretanha lutasse, a despeito de sua aliança com a França e a garantia da neutralidade belga. O governo da Grã-Bretanha se recusou a prometer ajuda à França, e falhou em dar um ultimato de guerra à Alemanha sobre a Bélgica. Seu Partido Liberal profundamente dividido, no governo, tinha somente uma pequena maioria parlamentar. No gabinete, o número daqueles que se opunham a ameaçar uma guerra superava o daqueles que a favoreciam (essencialmente, apenas o secretário das relações exteriores, Grey, o ministro da Marinha, Churchill e o Primeiro-ministro Asquith). Esse foi o único governo no qual pacifistas se opuseram significativamente a militaristas. Embora esses fossem de menor estatura no gabinete, a liderança temia que seus eleitores desertassem em levas caso o governo adotasse uma posição belicosa. Esse foi um limite localizado na cristalização militar do Estado. A ameaça de guerra civil na Irlanda, que ainda governava, era também uma preocupação mais premente para o governo britânico. Muitos políticos consideravam os problemas internos mais importantes do que os externos, e esse era o caso aqui. Assim, a Grã-Bretanha falhou em deter a Alemanha.

Privadamente, os líderes dos dois maiores partidos britânicos e os profissionais do escritório das relações exteriores concordaram que não poderiam tolerar que os alemães chegassem aos portos do canal. Por séculos, os britânicos haviam baseado sua política em sustentar um equilíbrio de poder no continente da Europa. Os Aliados sempre foram essenciais porque na Europa a Grã-Bretanha era somente uma entre várias grandes potências. Suas alianças européias haviam permitido a expansão constante do Império Britânico em outros lugares a uma posição de dominância sobre grandes segmentos do mundo. Portanto, a dominação alemã da Europa, e mais especificamente dos portos do Mar do Norte, era inaceitável para os geopolíticos profissionais. A Grã-Bretanha importava a maior parte de seus alimentos, e se o poder da Marinha Real fosse desafiado, disse Kipling, poderia não haver "café ou *bacon* no café da manhã". Todavia, os líderes

---

2. Alguns duvidam de que a Alemanha estivesse comprometida com o Plano Schlieffen, ou na verdade de que um plano firme assim realmente existisse. Todavia, em 1914, o exército alemão tentou implementar uma versão mais flexível do suposto plano. Cf. Zuber, 2002; Strachan, 2001: 163-184.

também acreditavam que o povo britânico não aceitaria motivos geopolíticos frios e calculistas para a guerra. Assim, preferiram esperar até que a "pequena Bélgica" fosse atacada, quando poderiam instigar o ultraje moral e obter mais apoio para a guerra entre os eleitores liberais – sua saída diante dos limites pacíficos que haviam imposto sobre o governo. Também se mostrou conveniente que as forças alemãs que entraram na Bélgica tivessem cometido atrocidades amplamente publicizadas. Pois, como vimos no capítulo 2, o Império Britânico se considerava uma organização caridosa para proteger o resto dos povos desafortunados do mundo. Na realidade, os líderes britânicos participaram da Primeira Guerra Mundial, como participariam da Segunda Guerra Mundial, para defender o poder de seu Estado imperial, não a independência da Bélgica (ou, em 1939, a da Polônia).

Muitos líderes alemães pensavam que a Grã-Bretanha provavelmente participaria da guerra se a França fosse atacada, mas sabiam que os britânicos haviam evitado fazer quaisquer promessas, e muitos não tinham se apercebido de que seus próprios planos de mobilização envolviam a invasão da Bélgica. Quando se aperceberam disso no final de julho, não se retiraram por acharem que isso traria uma perda de prestígio, pois subestimavam a força da Grã-Bretanha e alguns deles de fato queriam a guerra. Muitos alemães estavam convencidos de que os britânicos eram mais capitalistas do que marciais. Acreditando tolamente na hipocrisia liberal britânica, viam os britânicos como "comerciantes", não como "heróis", na formulação famosa de Werner Sombart. Os britânicos careciam de "espírito" marcial e de um sentimento de "honra", eles diziam. Sempre que os britânicos lutavam, era por mero lucro, e era difícil ver lucro nessa guerra vindoura. Assim, não participariam dela ou não se sairiam bem. Os generais, que eram importantes na tomada de decisões alemã, estavam certos em não dar uma classificação elevada ao exército britânico, mas o militarismo britânico não era prontamente visível para a Europa, uma vez que era basicamente naval e global. Não os europeus, mas nativos muito distantes, haviam sentido sua cúspide – embora pudessem dirigi-la levemente para um danoso bloqueio naval à Alemanha. Mesmo os alemães que apreciavam isso viam o Império Britânico basicamente como instável, e esperavam que a guerra pudesse encorajar seus nativos a se revoltarem. Eles também viram que a Grã-Bretanha havia entrado em um período de relativo declínio (Strachan, 2001: 1128-1130). Isso poderia ter se tornado verdade, mas eles estavam se precipitando. O declínio britânico estava apenas começando, e teria sido melhor para a Alemanha esperar mais dez anos antes de lançar um desafio assim, porque até então já teriam conquistado a hegemonia econômica na Europa (Offer, 1989). A falibilidade humana foi uma importante causa dessa guerra.

Portanto, a Primeira Guerra Mundial começou na primeira semana de agosto, uma vez que todos os estadistas declararam guerra um ao outro. Sua declaração foi a consequência de um oportuno assassinato seguido por uma série de decisões pelas grandes potências para apoiar seus aliados inferiores. Alguma autonomia de planejamento militar do controle civil e uma inabilidade de prever as decisões de outros governos ou de prever a natureza da campanha militar que estava por vir – que não privilegiava a ofensiva sobre a defesa – agravaram mais a situação. Uma crise balcânica havia se tornado uma crise envolvendo três grandes monarquias, depois todas as potências, e depois uma guerra semi-mundial. Isso não era inevitável; foi um acúmulo de pressões, uma concatenação de diferentes cadeias causais, algumas das quais profundamente arraigadas nas estruturas de poder e outras mais contingentes. Foram expostas fraquezas que, de outro modo, teriam permanecido latentes, mas que reforçavam o impulso para a guerra – como a divisão entre liberais britânicos ou a autonomia de alguns exércitos. O impacto que tiveram um no outro foi basicamente muito contingente, mas seu efeito combinado foi aumentar a probabilidade da guerra. Isso foi intensificado pela passividade ideológica, como o modo militar padrão aparentemente aceitável de diplomacia iniciado, combinado ao medo da humilhação caso recuassem. Os limites impostos pela cristalização militar do Estado favoreciam a guerra não a paz. Incentivado pela teoria pseudocientífica do darwinismo social, eles viam a guerra como inevitável, inclusive necessária. O mais apto expulsaria o atrasado e decadente (todos eles se consideravam os mais aptos, é claro). Alguns também pensavam que o patriotismo inspirado pela guerra poderia oferecer alívio para os conflitos de classe ou étnicos internos, e alguns pensavam que essa guerra não duraria muito. A combinação fez os estadistas acreditarem que a pior coisa a fazer em uma civilização militarista multipoderes fosse recuar.

Os estadistas não identificavam os interesses nacionais em termos particularmente materiais. Embora alguns territórios estivessem em disputa, não eram inicialmente os problemas em questão para a maior parte das potências, exceto pela disputa sérvio-austríaca. Somente após a guerra ter começado, as pretensões dos rivais de guerra a territórios, indústrias e comércio foram formuladas. Antes disso, os estadistas estavam basicamente lutando por *status*, no sentido de Max Weber para o termo. Embora assumissem que a vitória traria ganhos materiais, não haviam submetido isso a um exame rigoroso. O que é mais surpreendente é sua ênfase partilhada na honra, glória, *status*, credibilidade e vergonha, medo de serem vistos como fracos e, portanto, ridicularizados – as inseguranças emocionais de meninos brigando na área de recreação. Concepções de ser um homem estavam envolvidas. Todos os tomadores de decisão eram, é claro, homens. Offer (1995: 234) diz: "O começo da Primeira Guerra Mundial foi uma cadeia de insultos que nenhum líder em uma posição de visibilidade pública poderia se dar ao luxo de ignorar". Entre os estadistas, preocupações com *status* e masculinidade eram nacionais e pessoais. Eram nacionais porque recuar ou fracassar em honrar compromissos com aliados era considerado diminuir o *status* de seu Estado; eram pessoais porque os estadistas não poderiam encarar sua própria humilhação se recuassem. Com certeza, eles estavam convenientemente muito velhos para lutar.

Preocupações com *status* também estavam incrustadas em concepções ideológicas mais amplas. Esses eram basicamente estados nacionais se tornando estados-nações, alegando incorporar alguns valores universais, usualmente valores do Iluminismo. Para eles, a França representava a liberdade, a Grã-Bretanha, a democracia, a Alemanha, uma cultura elevada, e a Rússia e a Áustria – sendo multiétnicas e dinásticas – incorporavam tradição e ordem. Essas qualidades se difundiam para cada comunidade nacional. Recuar era diminuir a influência daqueles valores no mundo. Como uma causa da guerra, o poder ideológico era importante no nível emocional, nacional e universal – e assim permanece hoje.

Contudo (uma vez mais, como hoje), um genuíno sentimento de honra estava em toda parte misturado com manipulação. A guerra tinha de ser vista como defensiva e, portanto, honrável, de modo que dissimularam para atingir essa impressão. Os líderes alemães usaram a mobilização russa para alegar a base moral elevada, assim como os britânicos usaram a invasão da pequena Bélgica. Essa combinação ideológica de militarismo europeu – seu *status* padrão, emoções de meninos/marciais, manipulações – é o que desejaria acrescentar à análise mais detalhada da corrida para a guerra que dei no final do meu segundo volume. Lamentavelmente, Ferguson (1999: 1-30) não está correto em dizer que o militarismo europeu estava em declínio. Esse permanecia um continente militarista, ainda que demonstrando o *páthos* e o poder do militarismo, e existindo agora com interesses pateticamente pouco materiais em jogo.

Contudo, três das grandes potências foram indubitavelmente mais provocativas do que outras. A corte habsburga via esse como um tempo de sobrevivência. Se não enfrentassem os sérvios, acreditavam que seu império dinâmico poderia colapsar. Seu motivo avassalador era a insegurança estratégica. Russos e alemães tinham motivos de segurança mais mistos. De um lado, o governo russo tinha recentemente alegado um pretexto pan-eslavo e acreditava que não poderia evitar agora ajudar os sérvios sem uma perda significativa de prestígio, que em troca poderia ameaçar a sobrevivência da Dinastia Romanov. De outro lado, alguns líderes russos viam oportunidades territoriais: agora, era o momento de expandir às custas dos habsburgos, chegar aos Estreitos de Constantinopla (um objetivo há muito desejado), embora isso estivesse misturado com um desejo de restaurar o orgulho russo após a derrota para o Japão em 1905. O clima provocativo entre elites alemãs tinha dois sentidos. Havia a insegurança geopolítica de um poder centralmente localizado "cercado" de inimigos, sentindo que deveria agir contra eles em autodefesa. No entanto, havia confiança na bravura das forças armadas da Alemanha. Historiadores variam no peso que dão a esses dois sentimentos. Ferguson (1999: 149-154) e Strachan (2001: 1-35) veem os líderes alemães como nervosos e inseguros, movendo-se como apostadores, arriscando um ataque imediato à Rússia, antes que os atuais planos de modernização russa tivessem se realizado, presos entre a necessidade de atacar Rússia e França imediatamente e a necessidade de esperar antes de atacar a Grã-Bretanha. Todavia, as evidências de Hewitson (2004) revelam muitos líderes alemães à vontade com a política diplomática arriscada, vendo a guerra como o modo padrão normal de crescimento nacional, confiantes de que o exército alemão traria a vitória. Qualquer que fosse a emoção dominante, eles partilhavam a necessidade de lutar, agora.

Esses três regimes eram despóticos, a Rússia muito, a Alemanha menos. As três dinastias e suas cortes temiam um modernismo que não fosse apropriado ao seu estilo de governo. Uma guerra poderia prolongar seu governo; afinal, qual era o sentido de dinastias se não pudessem travar e vencer guerras? A guerra fora sempre a rota para a glória dinástica, um objetivo decididamente não instrumental. A única peculiaridade alemã era que seu militarismo havia sido recentemente muito bem-sucedido, dando aos seus líderes mais confiança na agressão. Era arriscado, mas poderia funcionar. Para os outros dois conjuntos de elites, era insensatez ideológica. Desconfortáveis com a modernidade capitalista e democrática, esses antigos regimes decidiram se apegar ao que conheciam bem: o militarismo. Caso os governos dos Habsburgos, dos Romanov ou da Alemanha tivessem sido dominados por industriais, financeiros ou outros civis, é improvável que tivessem entrado em guerra. A Rússia estava a meio-caminho de um programa de modernização militar; o Império Austro-húngaro não estava em condição de lutar em uma grande guerra; e a taxa alemã de expansão econômica significava que em uma década ou mais a Alemanha teria dominado a Europa e assegurado seu lugar ao sol pacificamente. Contudo, elites civis de base ampla não estavam no controle nesses três países. Tampouco o povo, que permaneceu basicamente passivo e possuía pouco conhecimento do que fora posto em risco em seu nome.

A democracia fez alguma diferença? A França era uma democracia eleitoral masculina, a Grã-Bretanha era substancialmente assim, e não eram os agressores. Contudo, a democracia ainda era muito débil. Exceto onde os trabalhadores eram urbanizados, industrializados e "massificados", muitas pessoas ainda respeitavam seus "melhores" e eram politicamente muito passivas, especialmente quanto à política estrangeira. De qualquer modo, é difícil dizer se a democracia contribuiu para essa diferença na Grã-Bretanha e na França, uma vez que eram também potências saciadas, satisfeitas com os impérios que já tinham. Ambas podem ser acusadas de não terem produzido uma diplomacia mais arrojada e mais coordenada para impedir a guerra. Contudo, a democracia contribuiu para o fracasso britânico, pois os líderes liberais respeitaram a forte tendência de pacifismo em seu partido e no que acreditava ser o predominante sentimento antiguerra do povo. Eles preferiram esperar até que a pobre pequena Bélgica fosse atacada. Líderes mais corajosos poderiam ter enfrentado a oposição interna – nem que fosse para preservar seus poderes imperiais, deveriam ter deixado claro para a Alemanha antes sua posição sobre a Bélgica e a França. Alternativamente, poderiam ter sido mais compreensivos em relação ao desejo da Alemanha de possuir poder geopolítico correspondente ao seu poder econômico. Ferguson (1999: 168-173) observa que nesse estágio a Alemanha possuía objetivos limitados de guerra no continente, o que não ameaçava enormemente o poder britânico[3]. Ela apenas aumentou seus objetivos de guerra mais tarde, após a guerra estar a caminho. Os britânicos não poderiam aceitar que a França tivesse declinado e a Alemanha agora fosse a potência dominante na metade ocidental do continente europeu? A Grã-Bretanha não poderia viver com isso?

O presidente da França, Poincaré, hesitou, pois estava em uma situação difícil. Temendo a agressão alemã, passou seus anos na função fortalecendo o exército francês e fortalecendo alianças britânicas e russas. Isso incluía fazer seus generais abandonarem possíveis ataques preventivos na Bélgica. Esses faziam sentido militar porque a França possuía um exército maior, embora a Alemanha necessitasse de tempo para convocar seus reservistas. Contudo, esse plano isolou os britânicos e foi engavetado. Todavia, sua principal falha foi na Rússia durante a crise de julho, quando fracassou em impedir os russos. Na verdade, contra a orientação de seu ministro estrangeiro, Viviani, ele lhes fez uma promessa incondicional de lealdade. Poderia ter feito melhor, mas a responsabilidade dos regimes britânicos e franceses era muito menor. Em agosto, a França teve de lutar, uma vez que fora invadida; houve consenso popular sobre isso. A Grã-Bretanha lutou porque seus estadistas acharam que os navios de guerra alemães nos portos da Bélgica eram inaceitáveis, e, adornados com histórias de atrocidades alemãs na Bélgica, o povo basicamente aceitou isso. Ambos os países possuíam impérios globais, mas suas pátrias agora pareciam vulneráveis.

Outros estados periféricos se juntaram mais instrumentalmente. O Império Otomano se declarou a favor das potências centrais em 1914, porque a Alemanha lhe ofereceu mais ajuda, e a Rússia era seu inimigo mais ameaçador; o Japão se declarou a favor da Entente em 1914 porque poderia se apropriar mais facilmente das colônias alemãs vizinhas; subornada com territórios austríacos, a Itália desertou da Tríplice Aliança e se juntou à Entente em 1915. Esses eram motivos materialistas – contanto que seu lado vencesse! Os pequenos estados balcânicos foram em ambas as direções, e a América e a China se juntaram à Entente mais tarde, somente em 1917, e por motivos muito variados.

Ao longo de toda essa variedade, uma irracionalidade fica evidente, como na maior parte das guerras. Quase todos os estados que estavam indo à guerra expressavam confiança na vitória, mas como isso pode se dar quando existem ao menos tantos perdedores quanto ganhadores? Essa guerra também tendia a trazer consigo imensos custos, e o número de ganhadores genuínos poderia ser

---

3. Após recriminar Ferguson no capítulo 2 por suas visões sobre o Império Britânico, é um prazer citar repetida e positivamente seu excelente livro sobre a Primeira Guerra Mundial.

muito pequeno. Como acabou ocorrendo, podemos dizer que apenas os Estados Unidos e o Japão tiveram "boas" guerras, que compensaram o esforço (relativamente pequeno) que colocaram nela. O excesso de confiança em outra parte teve muito a ver com o isolamento dos líderes (e povos, como vemos mais tarde) em suas jaulas nacionais. Lá, eles absorveram um entusiasmo coletivo pela guerra, basicamente inconscientes do entusiasmo idêntico do inimigo.

Quando a guerra foi declarada, o poder militar assumiu o controle. O combate se espalhou, tornando-se severo em torno dos limites externos da Europa, na frente de batalha leste, nos Bálcãs e na frente de batalha caucasiana entre a Rússia e a Turquia. Como os principais combatentes possuíam colônias, ela também se tornou uma guerra anti-imperial, com o combate espalhado pelas colônias do mundo. A guerra foi quase global. Grã-Bretanha e França usaram recursos substanciais de suas colônias e domínios. O exército indiano da Grã--Bretanha tinha 1,2 milhões de soldados, a maior força voluntária no mundo – 60% eram punjabis. Os Domínios brancos da Grã-Bretanha forneceram outros 1,2 milhões de soldados para a guerra. Dois milhões de africanos combateram ou trabalharam pelas potências europeias, e ao menos 250.000 deles morreram na África (sem contar o número de mortos das pandemias que ocorreram no final da guerra). O combate se espalhou ao longo da África, exceto pela Libéria, Etiópia e as pequenas colônias da Espanha e da Itália, embora fosse em uma pequena escala devido às enormes dificuldades logísticas. Um corpo do exército indiano viajou ao redor do mundo para fortalecer as tropas britânicas na Frente Ocidental, e outras tropas africanas e coloniais, totalizando mais de 600.000 soldados, substituíram as enormes perdas francesas. O general francês Mangin era famoso pelo respeito racista por seus soldados senegaleses: ele acreditava que eram mais resistentes à dor do que os franceses. Bizarramente, os japoneses combateram os alemães na Micronésia, e os australianos e neozelandeses lutaram contra os turcos na entrada do Mar Negro. Os alemães a chamaram uma Guerra Mundial, e ela quase merece esse título; os britânicos e franceses a chamaram a Grande Guerra, e ela certamente foi isso. Ela pode ser vista agora como um passo intermediário mortal na rota para um processo de globalização menos fraturado, mais universal – embora poucos tivessem visto isso com antecedência – que, em si, foi um terrível fraturamento da civilização europeia.

Contudo, a guerra eclodiu dentro da Europa, e foi focada lá, não nas colônias, de modo que foi essencialmente uma guerra europeia em vez de global. Após os britânicos vencerem a batalha naval das Ilhas Falkland em dezembro de 1914, mesmo as assim chamadas frotas mundiais da Grã-Bretanha e da Alemanha ficaram basicamente confinadas ao Atlântico Norte e vias marítimas adjacentes. A guerra concernia à "sobrevivência" na Europa, especialmente para os Habsburgos, Romanovs, otomanos, Sérvia e Bélgica; à França, em uma extensão menor, e mesmo os britânicos e alemães se persuadiram de uma ameaça à sua sobrevivência. As grandes potências combateram por *status* geopolítico filtrado pela noção de segurança e honra, que impedia qualquer um de recuar. Se alguém aceitasse que a única guerra que faz sentido é aquela travada com uma boa chance de ganho material ou estratégico, essa guerra não fazia sentido. Poucas guerras fazem.

O fato de que não era uma guerra muito materialista significa que não era fundamentalmente sobre capitalismo. Nenhuma das potências ameaçava o capitalismo, e houve poucos capitalistas belicosos anteriormente. Os teóricos dos sistemas mundiais dizem que a guerra era sobre hegemonia – uma Alemanha ascendente tentando assumir a hegemonia no sistema mundial de uma Grã-Bretanha decadente. A essa altura, como veremos no capítulo 7, o papel da libra esterlina como moeda de reserva só era possível graças à ativa cooperação do Bundesbank e de outros bancos centrais importantes. O comércio britânico-alemão também estava aumentando, e suas economias estavam se tornando mais interdependentes. Na verdade, em geral, a economia atlântica do século XIX estava se expandido enormemente nas décadas antes da guerra. Esse foi o período em que a proporção de comércio internacional em relação ao PIB mundial cresceu ao seu nível mais elevado antes da década de 1990 (Chase-Dunn et al., 2000). Grande parte do crescimento, especialmente em padrões de investimento, era substancialmente transnacional. A economia estava se globalizando de formas muito cooperativas. Além disso, a Grã-Bretanha nunca foi realmente uma hegemonia, e os líderes alemães não queriam se tornar uma. Eles desejavam meramente enfraquecer Grã-Bretanha, França e Rússia, e tomar seu lugar próprio entre elas sob o sol em um sistema multipoderes. As outras potências resistiram, é claro, como nos últimos oito séculos. As relações de poder econômico e militar estavam tomando rumos diferentes, o primeiro cada vez mais cooperativo e o segundo mais fraturado, mergulhando em uma guerra que obviamente prejudicaria muito a economia.

A principal preocupação dos capitalistas era obter lucros, preferivelmente seguros em vez de arriscados. Os capitalistas raramente se envolviam muito em políticas exteriores, embora mostrassem um claro interesse, e exercessem intensa pressão sobre o Estado em relação a problemas internos diretamente relevantes para sua taxa de lucro – tais como tributação, subsídios, níveis de salários, sindicatos trabalhistas, e assim por diante. De sua parte, os políticos querem permanecer no poder, e normalmente reconhecem que a riqueza da economia capitalista nacional é essencial para isso. Assim, é essencial esperar encontrar uma congruência de interesses entre estados e capitalistas, embora governos de esquerda levem preocupação aos últimos. Com base nessa reciprocidade, uma teoria marxista funcional do Estado surgiu, afirmando que estados modernos buscam os interesses do capital em geral, incorporando a "racionalidade capitalista" (Zeitlin, 1980: 25), e isso será assim mesmo com governos nominalmente de esquerda (Offe & Ronge, 1974; Block, 1987, Zeitlin, 1980). Rejeito esse funcionalismo, embora conceda alguma verdade às suas asserções empíricas quando a tomada de decisões políticas se cristaliza em temas econômicos, especialmente os internos. Contudo, como argumentei no capítulo 3 do volume 2, estados são polimorfos, cristalizando-se em diferentes formas, pressionados por diferentes eleitorados, em diferentes arenas políticas. Os capitalistas geralmente têm pouco interesse em religião, moralidade, gênero ou questões familiares, sobre o terrorismo ou muitas (embora nem todas as) guerras, e o Estado não irá usualmente incorporar a racionalidade capitalista a qualquer um desses temas. Assim, embora muitas empresas em todos os países não desejassem a guerra em 1914, não exerceram muita pressão pela paz nem seguiram as complexidades diplomáticas e militares, narradas acima, que provocaram essa guerra.

Ferguson (1999: 33) está correto em declarar: "A interpretação marxista das origens da guerra pode, portanto, ser consignada à lata de lixo da história". A guerra não era sobre lucro ou salários, porque a paz era, e era considerada, melhor para ambos. Contudo, embora fosse sobre hegemonia, era um modo irracional de buscá-la. Na verdade, a guerra deveria trazer revoluções contra o capitalismo, e muitos suspeitavam disso de antemão. Como os mercados de ações mostraram, os capitalistas não eram parte da ameaça de tormenta. Somente na última semana de julho, após o ultimato austríaco à Sérvia, os preços das ações começaram a cair; quando a guerra começou, os mercados tiveram de ser fechados para evitar colapso (Ferguson, 2006: 84-91). Certamente, uma vez envolvidos na guerra, os capitalistas entenderam como ganhar dinheiro com ela – capitalistas podem ganhar dinheiro com qualquer coisa. Quando a Alemanha começou a fazer exigências territoriais sobre partes ricas em recursos da Bélgica e da França e nas colônias britânicas e francesas, os proprietários das indústrias pesadas alemães se lançaram avidamente sobre elas. Contudo, nem a indústria nem o capital começaram a guerra. Ela foi iniciada por estadistas ideologicamente influenciados, obcecados com *status*, exercendo razões geopolíticas que não faziam muito sentido.

Tampouco o povo em seu suposto nacionalismo a começou. Embora a essas alturas muitas pessoas tivessem um sentido banal, rotineiro, sobre sua própria nacionalidade, poucas eram nacionalistas agressivas, e muitas apenas acreditavam no que seus melhores lhes haviam dito. O nacionalismo não era o problema. A força de trabalho organizada, muitos camponeses e inclusive grande parte da classe média não eram beligerantes (exceto aquela fração da classe média que denominei nação-estatista no volume 2). Os grupos de pressão nacionalistas e imperialistas que organizaram manifestações pró-guerra foram excedidos em número antes da guerra por protestos antiguerra maiores. O povo, contudo, foi basicamente irrelevante para a tomada de decisões. Essa foi uma guerra decidida pelas elites políticas e militares, embora devessem ser aquelas mais bem-informadas e propensas a ter reservas sobre o que estava por vir. A esse respeito, não está claro que qualquer uma dessas potências fosse uma democracia (muito além das limitações de seus eleitorados contemporâneos), porque as decisões políticas mais importantes e mais devastadoras para um século não foram tomadas através de qualquer processo de consulta às massas. Isso permanece inteiramente normal em "democracias" na esfera da política externa.

Todavia, uma vez declarada, a guerra – como quase todas as guerras modernas – recebeu muito apoio das classes e do espectro político (Strachan, 2001: cap. 2; Audoin-Rouzeau & Becker, 2002: cap. 4). Os estadistas poderiam puxar levemente as cordas das identidades nacionais e lealdades hierárquicas que já estavam bem-estabelecidas. Em meu segundo volume, argumentei que haviam sido estabelecidas pela extensão gradual de infraestruturas de poder ao longo dos territórios de estados. Economias, condições de trabalho, saúde, infraestruturas de educação e conscrição militar eram cada vez mais nacionalmente reguladas pelo Estado. As pessoas eram factualmente implicadas no Estado-nação como uma rede circunscrita de interação social. Isso levou a um sentimento um pouco latente de identidade nacional bem descrito pelo termo de Billig (1995) "nacionalismo banal". Isso envolvia uma identidade nacional segura, intermitentemente renovada pelo que ele chama "embandeiramento" de símbolos cotidianos da identidade nacional. Em vez de ser agitada com fervor, a bandeira apenas pendia dos prédios; língua, cozinha, música e paisagens distintas evocavam a identidade nacional. Devemos ser cuidadosos, contudo, para não projetar retroativamente sentimentos de hoje. Em 1914, muitos desses sentimentos eram filtrados através de estruturas sociais que permaneciam hierárquicas. As pessoas respeitavam os notáveis locais, homens jovens respeitavam seus idosos e melhores, e as mulheres respeitavam os homens. As mulheres apoiaram lealmente a guerra, exceto por algumas feministas radicais que eram enormemente excedidas em número pelas mulheres que urgiam que os homens "fossem homens" e se alistassem – e entregando penas brancas para aqueles que não se alistavam. Embora todos os tomadores-chave de decisões fossem homens, nessa época poderia não ter mudado muita coisa caso metade deles fosse de mulheres. Acima do nível das pessoas comuns se encontravam os partidos, muitos deles ainda redes hierárquicas de patrão-cliente. Esses eram meio-cidadãos, meio-súditos.

Esse nacionalismo banal, mas hierárquico, em breve se tornou "quente", o que nesse contexto significava entusiástico e confiante na justiça da causa nacional e na provável consequência, assim como a disposição de lutar. Embora alguns estadistas estivessem soturnos no começo da guerra – como a famosa observação do secretário de relações exteriores britânico, Grey: "As luzes estão se apagando em toda Europa" – não houve muito medo expresso na imprensa popular ou nas manifestações de rua após a guerra começar. Isoladas em seus estados-nações, experienciando um breve comício em torno da bandeira, muitas pessoas bizarramente percebiam essa como uma guerra defensiva, travada em defesa de sua versão de civilização contra o barbarismo de outras. Aquelas que acreditavam em Deus pensavam que Ele estivesse do seu lado. Elas pensavam que seria fácil – como nas histórias de aventura que haviam lido. Assim, animadamente, esperavam irracionalmente vencer a guerra rapidamente. Os soldados saíam de casa gritando: "Estarei de volta no Natal!"

Temos o benefício da retrospectiva. Sabemos que os únicos soldados que voltaram para o Natal estavam mutilados e incapacitados – pois os mortos foram queimados no campo. Durante essa guerra, mais de 60 milhões de homens foram mobilizados nas forças armadas. Os mortos em ação chegaram a 9,2 milhões, mais de 15 milhões foram feridos, e quase 8 milhões foram listados ou como prisioneiros de guerra (POWs) ou desaparecidos. Muitos dos desaparecidos eram homens cujos cadáveres estavam muito mutilados para serem identificados – isso foi cerca de mais da metade dos franceses que morreram defendendo seu país. Metade de todos os soldados era, portanto, denominada "baixas". Os pequenos países balcânicos tiveram a maior proporção de mortos – a Sérvia perdeu 37% de seus soldados; entre 15 e 20% dos soldados alemães, austríacos, russos e franceses foram mortos; e entre 10 e 15% dos soldados britânicos, italianos e otomanos morreram. As perdas da infantaria foram maiores, porque a maior parte de seus soldados servia na frente. Os franceses perderam um em cada três oficiais de infantaria, um em quatro soldados rasos. Novecentos soldados franceses e 1.300 alemães morreram por dia, e o caos durou por quatro anos inteiros. A Primeira Guerra Mundial foi provavelmente a mais custosa em vidas de combatentes, a mais destrutiva do terreno sob o qual foi travada e a que mais desperdiçou armamentos. Ela foi travada entre os maiores exércitos jamais manobrados, exigindo a maior organização logística de suprimentos jamais reunida.

O poder militar tinha suas próprias técnicas, organização social e lógica de desenvolvimento, mas é uma lógica como nenhuma outra, porque na guerra nada é inevitável. O poder militar possui um traço inerentemente contingente. Caso as coisas tivessem ido de acordo com o plano da frente de batalha ocidental, a Alemanha teria vencido a guerra rapidamente, e, na verdade, poderia tê-lo feito. Os líderes alemães haviam apostado tudo em uma guerra rápida e esperavam que a ofensiva triunfasse sobre a defesa. Ela não triunfou; a defesa sim. Milhões de homens poderiam ser eficientemente enviados aos terminais ferroviários, mas para avançar mais eram necessários homens e cavalos caminhando lentamente ao lado de vagões ao longo de estradas obstruídas sob bombardeio de artilharia. Problemas de suprimentos e de coordenação arruinaram os alemães. Os belgas arrancaram as linhas ferroviárias, não havia estradas o suficiente no norte da França, e os vagões alemães continuavam quebrando. Extraordinariamente, o primeiro exército alemão de Kluck ainda chegou em massa em Marne, em agosto, de acordo com o planejado. Havia se movido 14,4 milhas por dia durante 3 semanas, acompanhado por 84.000 cavalos, que requeriam 2 milhões de libras de forragem por dia – um feito militar notável. Contudo, eles chegaram cansados e sem muita artilharia – sem condições de subjugar as forças francesas. Ao longo do próximo mês, no Rio Marne, tropas alemãs foram repetidamente repelidas pelas forças francesas de Joffre – com 250.000 baixas, um massacre em massa para a Alemanha. Isso deu tempo para os britânicos enviarem suas forças para a França. Seguiu-se uma corrida ao mar, uma vez que ambos os lados tentaram flanquear o outro a oeste. Aqui, a batalha decisiva foi em outubro-novembro em Ypres na Bélgica, a única cidade belga importante ainda controlada pela Entente. Embora esse encontro tenha destruído grande parte da Força Expedicionária britânica, também freou o aumento de mortes alemãs. O mito alemão lembrava a batalha como a Kindermort, ou morte das crianças, os jovens recrutas nos batalhões de reserva que compunham a maior parte das forças alemãs lá. As possibilidades de uma guerra curta terminaram com a detenção do avanço alemão em dois setores da frente de batalha ocidental.

A guerra avançou como um moedor de carne em uma frente de batalha ocidental que se estendia 475 milhas da fronteira suíça ao Mar do Norte, 10.000 soldados por milha. Um nível maduro de industrialização significava que os alemães, britânicos e franceses poderiam manter milhões de homens no campo durante o ano inteiro, armados, alimentados, vestidos e livres de doenças sérias (uma novidade na história da guerra). Os alemães tiveram claramente a dianteira pelos próximos dois anos, mas mesmo eles não tinham levado em conta como tomar e controlar territórios em meio a uma tecnologia de campo de batalha dominada pela artilharia e metralhadoras, na época, mais adequadas para defesa. Infantaria em massa podia fazer o avanço inicial, embora a um grande custo de vidas. Depois, contudo, os defensores conseguiam trazer, por trem, reservas para trás das trincheiras mais rapidamente do que os atacantes podiam caminhar. O contra-ataque em grandes números seguiu-se – empurrando a frente de batalha para trás, para a linha de frente de batalha inicial, a proporção de reabastecimento começou a reverter. Todos os principais combatentes despejaram dinheiro na ciência e tecnologia para matar pessoas, recompensados com o desenvolvimento extraordinariamente rápido de submarinos, aviões de combate, tanques e bombas. O desenvolvimento mais letal no campo de batalhas vinha na forma de bombas de artilharia, principalmente de estilhaços, apontados não para meios de comunicação e equipamentos estratégicos (como na Segunda Guerra Mundial), mas para a destruição da infantaria inimiga. O fogo de artilharia provavelmente provocou a maioria das baixas desde a era dos mosquetes. Agora, a cifra aumentara para mais de dois terços (Collins, 2008: 58).

Isso significou um enorme sacrifício de vidas para tomar pequenos pedaços de terra. O Marechal de campo Von Falkenhayn havia orientado anteriormente o kaiser para negociar a paz, mas, como comandante das forças alemãs na frente de batalha ocidental, terminou ironicamente envolvido no que chamou uma "guerra de atrito" para matar quantos franceses pudesse em torno de Verdun em fevereiro de 1916. Isso, ele acreditava, poderia levar a França à mesa de negociação. Após 10 meses, esse atrito havia custado 550.000 baixas francesas e 434.000 baixas alemãs, mas não tomou Verdun nem levou os franceses a negociarem. Foi essa severa e determinada defesa francesa – sob o *slogan* "Les Boches ne passeront pas" (os boches não passarão) – que forneceu a chave militar para a guerra no Ocidente. Esse foi um contraste completo com a abertura da Segunda Guerra Mundial.

Então, parcialmente para afastar os recursos alemães desse setor, uma força composta por dois terços de britânicos e um terço de franceses contra-atacou ao longo de uma extensão de doze milhas do Rio Somme. Forças da Entente atacaram simultaneamente na Galícia na frente de batalha oriental e na Itália. Os cinco meses da Batalha do Somme custaram 1,1 milhão de baixas. Em 1º de julho (o primeiro dia), a despeito do disparo de 3 milhões de bombas nos alemães, foi o dia em que o exército britânico teve o maior número de perdas – 57.000, incluindo 19.000 mortos. Foi também o dia do maior número de perdas para qualquer exército em ambas as guerras, talvez em qualquer batalha jamais travada (a menos que acreditemos nas cifras dadas em antigos anais chineses). Ao final da Batalha do Somme, os britânicos haviam recuperado suas perdas territoriais. Haviam avançado três quilômetros, com um índice de mortalidade de dois homens por centímetro! Contudo, sua determinação também teve uma consequência maior. O alto-comando alemão agora decidia que não poderia vencer o que chamou uma "guerra de máquinas" em terra e se voltou ao conflito submarino no mar, uma decisão momentosa.

A frente de batalha oriental continha mais espaços abertos, poucas trincheiras e mais movimentação. Os alemães empregaram um terço de suas forças e fizeram maiores conquistas territoriais iniciais contra as forças russas, assim como os russos contra os austríacos e turcos. Aqui, contudo, os sistemas de comunicações locais eram primitivos, tornando difíceis outros avanços coordenados e ataques de artilharia. Os austríacos contra-atacaram, tomando o território russo. O número de mortos continuava aumentando no leste, também, mas houve uma consequência decisiva. As forças russas colapsaram sob a pressão, a revolução eclodiu e os bolcheviques apelaram por um acordo (cf. capítulo 6).

Na frente de batalha ocidental, o atrito não favoreceu a Alemanha no longo prazo. Uma vez contidas, as potências centrais estavam em uma desvantagem quantitativa cada vez maior de recursos de poder econômico. Eram duas vezes mais pesadas em população, PIB, navios de guerra e em número de soldados. Tiveram seu comércio exterior estrangulado por um bloqueio naval britânico, e achavam cada vez mais difícil abastecer seus soldados e populações civis. Seu PNB estava declinando, o da Grã-Bretanha estava aumentando, e o da França começou a se recuperar a partir do final de 1915. Na frente de batalha ocidental, a Alemanha fora confrontada pela França – com um exército maior – e pela Grã-Bretanha – mais rica, com mais recursos globais, capaz de tributar mais eficientemente, emprestar a juros baixos e de fornecer suprimentos (especialmente carvão) e subsídios financeiros para seus aliados franceses (Broadberry & Harrison, 2005; Ferguson, 1999: cap. 5; Offer, 1989). Quando essa discrepância se tornou clara, nenhum novo combatente deixou de apoiar a Entente para apoiar as potências centrais. Como uma aliança, as potências centrais eram mais fracas do que a Entente, e se tornaram ainda mais fracas.

A Alemanha havia contrabalançado força militar com os soldados mais bem treinados (todos regulares ou reservistas) e oficiais de nível inferior capazes de tomar decisões flexíveis de acordo com as condições locais. O exército alemão era mais eficiente, com uma proporção superior de soldados de linha de frente, e quase invariavelmente infligindo mais baixas e capturando mais prisioneiros do que seus inimigos. Ferguson (1999: 300, 336) diz que entre agosto de 1914 e junho de 1918, a cada mês os alemães matavam ou capturavam mais soldados da Entente do que perdiam. Ele estima que custava à Entente $36.485 para matar um soldado inimigo, enquanto para as potências centrais somente $11.345 para matar um soldado da Entente, uma desproporção surpreendente. Inicialmente, um golpe final na frente de batalha ocidental era sempre possível, todavia os franceses conseguiram se esquivar e os britânicos conseguiram organizar um pacto em terra muito maior do que jamais haviam vislumbrado. Então, à medida que a coordenação e tecnologia das forças francesas e britânicas melhorava, um golpe final se tornava menos provável. Os alemães fizeram um último grande esforço na frente de batalha ocidental no começo de 1918, e os líderes britânicos se preocuparam com a possibilidade de um avanço decisivo em curso, todavia, sob tudo isso, o poder econômico estava lentamente subjugando o poder militar para impedir uma vitória alemã.

O impasse foi ajudado também pelo fato de que nenhuma das duas grandes potências podia desferir o golpe final na outra: os britânicos (mesmo com os franceses) não poderiam derrotar o exército alemão na frente de batalha ocidental, e os recursos do Império Britânico eram muito formidáveis em outros lugares ao redor do globo. O primeiro chefe da Marinha Britânica, o Almirante Fisher, via o bloqueio naval britânico da Alemanha como parte de uma "federação de todos que falavam a língua inglesa". Offer (1989) concorda: "As posses reais para a segurança britânica eram os laços e recursos do mundo falante do inglês". Isso era correto, exceto que muitos dos soldados coloniais da Grã-Bretanha não falavam inglês. As colônias e os Domínios brancos praticamente dobraram os recursos econômicos da Grã-Bretanha e forneceram outros 50% de sua força de trabalho militar.

A vanguarda da Grã-Bretanha era sua Marinha Real. A despeito de ter se dado muito bem em sua investida no Mar do Norte na Batalha de Jutland em maio de 1916, a frota superior alemã recuou para suas bases durante o resto da guerra. Havia, na verdade, navios alemães em portos belgas, como nos pesadelos britânicos, mas estavam confinados lá pela Patrulha Dover, e a Alemanha não poderia sair do continente. A guerra submarina foi uma reação alemã ineficaz para sua força naval inferior – outra aposta alemã em uma guerra curta, buscando dizimar os destróieres e navios comerciais britânicos. Nessa guerra, porém, não foi muito eficaz, e no longo prazo produziu uma reação. Um submarino tinha apenas duas escolhas: ou afundar um navio comercial ou deixá-lo passar. O submarino não poderia vir à tona para verificar a nacionalidade ou carga do navio sem perder sua grande vantagem – a invisibilidade. Assim, os submarinos alemães se mantiveram afundando os navios de países neutros, incluindo os dos Estados Unidos – um plano arriscado. De sua parte, os britânicos bloquearam a Alemanha, eliminaram-na da maior parte de suas colônias na África, terminaram derrotando o Império Otomano em 1918 no Oriente Médio, e ofereceram apoio e subsídios suficientes na frente de batalha ocidental para permitir que as forças francesas sobrevivessem ao ataque alemão. Esse, contudo, foi o limite da capacidade britânica. Ela necessitava da entrada dos Estados Unidos na guerra para produzir uma vitória decisiva.

As forças russas terminaram se desintegrando na revolução, permitindo à Alemanha vencer a guerra no leste e começar a transferir algumas tropas para o oeste no final de 1917. Na época, a guerra submarina alemã, unida à ambição global americana, havia levado os Estados Unidos à guerra. As ofensivas alemãs na primavera de 1918 ganharam terreno, mas, como de costume, sobre-estenderam sua linha de frente, e as forças da Entente fizeram com que recuassem novamente. No verão, a Entente estava fazendo ganhos, e seus novos tanques e aviões estavam sendo afetados. Com o fracasso dos últimos ataques desesperados alemães no Marne de 15 de julho a 5 de agosto de 1918, a realidade ficou evidente – mais de um milhão de soldados americanos haviam chegado à França (embora estivessem malpreparados e mal-orientados). A entrada da América também assinalou empréstimos financeiros ilimitados a seus aliados. Woodrow Wilson havia feito campanha nos Estados Unidos com o *slogan*: "Ele nos mantém fora da guerra". Esse grande liberal, muito reveladoramente, contou a Lansing, seu secretário de Estado, que a neutralidade era essencial porque: "A civilização branca e seu domínio sobre o mundo repousava basicamente em nossa habilidade para manter esse país intacto". Contudo, uma combinação de seu desejo de ser o árbitro da Europa e os crescentes laços econômicos do país com a Grã-Bretanha fez depois com que se juntasse a eles. Manipulando a ameaça de guerra submarina, levou seu país à guerra. Os generais alemães agora diziam a seus líderes que não poderiam continuar a lutar.

Sem a entrada dos Estados Unidos, a Alemanha provavelmente teria continuado a lutar, e uma paz mais igual poderia ter sido negociada – e esse poderia ter sido um resultado melhor para a guerra. Contudo, com a América na guerra, não havia alternativa senão a Alemanha se render. Os britânicos e franceses também sabiam que deveriam fazer a paz, uma vez que quanto mais a guerra durasse maior seria o poder americano sobre eles. Havia duas importantes consequências contrafatuais possíveis da guerra. Primeiro, a Alemanha poderia ter dado seu primeiro golpe final na França, expulsado os britânicos da França, e depois se dirigido à Rússia. Com sucesso lá, os britânicos provavelmente teriam chegado a um acordo e aceito a predominância alemã no continente. Segundo, caso a Alemanha não tivesse intensificado sua guerra submarina, poderia ter mantido a América fora da guerra. Então, poderia ter havido uma paz negociada quando os alemães, franceses e britânicos se apercebessem de que a vitória não era possível. Um deles teria provavelmente evitado uma ascensão nazista ao poder, a Segunda Guerra Mundial, e muito mais além disso. Contudo, como nenhum desses contrafatuais emergiu, a disparidade no poder econômico entre os dois blocos determinou o resultado final: a aposta em uma guerra curta fracassou.

Por que os soldados lutaram?

Essa pode ter sido uma guerra precipitada pelas elites, mas foi travada pelas massas. Como e por que os soldados e civis mantiveram um poder militar assim? A guerra impactou mais os combatentes. Por que lutaram e por que continuaram lutando, uma vez que enfrentavam enormes riscos?

De certo modo, nessa civilização marcial, era rotina. Países faziam persistentemente guerras; era normal, e era normal para homens jovens obedecerem ordens e partirem para lutar. Uma mistura de entusiasmo e rotina disciplinada começou essa guerra. Reservistas treinados, acostumados à disciplina militar, poderiam rapidamente aumentar exércitos profissionais. Suas fileiras foram suplementadas durante o primeiro ano ou dois por voluntários, um produto do entusiasmo de guerra nacionalista inicial. O número de voluntários alemães aumentou para 308.000 no início de 1915. No começo, os britânicos, sem muitos reservistas, contaram quase inteiramente com voluntários não treinados, recebendo tantos quantos pudessem controlar – um número notável de 2,4 milhões nos primeiros dezoito meses da guerra. O alto desemprego ajudou a primeira onda no começo da guerra, mas a onda maior veio no começo de setembro, quando estava começando a ficar claro que a guerra não seria apenas um passeio no parque (A. Gregory, 2003: 79-80). O voluntariado começou a declinar, e a conscrição foi introduzida em toda parte. A Grã-Bretanha demorou em institui-la, introduzindo-a somente em 1916. Nenhum país teve dificuldade de impor a conscrição para aumentar os números de soldados exigidos. Somente algumas populações minoritárias pareciam relutantes – como os católicos irlandeses e os franco-canadenses. Havia cinco razões importantes para a adesão.

(1) Homens jovens eram envoltos por uma cultura militarista que descrevia guerras como normais, honráveis, heroicas e gloriosas. As histórias lidas por meninos de escola britânicos eram sobre a glória do império e da marinha – e os heróis com os quais os leitores poderiam se identificar sempre sobreviviam, para serem galardoados com a glória. 41% dos meninos britânicos pertenciam a organizações como os Escoteiros ou a Brigada de Meninos. A Grã-Bretanha, como a Europa como um todo, estava acostumada a exercícios militares.

(2) Motivos aventurosos se apresentavam sob a forma do desejo de escapar da faina do trabalho mundano ou da vida de classe média, e de uma busca por aventura entre homens jovens. Eles não concebiam a aventura como levando à morte; ela não levava à morte nas revistas em quadrinhos e livros britânicos.

(3) Os recrutas se alistavam acreditando que essa era uma guerra legítima de autodefesa. Isso era o que seus governos, notáveis locais e a mídia de massa diriam a eles, e não havia fontes alternativas de informações sobre países estrangeiros. Outros países os haviam atacado ou estavam "estrangulando" (a versão alemã) e Deus estava ao seu lado. Após a guerra ter começado, eles a perceberam como a defesa da civilização contra a barbárie, ajudada pela publicidade das atrocidades inimigas. Os alemães foram enfurecidos pelos *francs tireurs* – as guerrilhas francesa e belga que matavam seus soldados fora da batalha –, depois pelo bloqueio britânico que os deixava famintos. As atrocidades alemãs na Bélgica e no norte da França enfureciam os britânicos e franceses. Embora as inseguranças dos soldados e a propaganda exagerassem as atrocidades, algumas eram reais.

(4) O recrutamento era local. Os voluntários se alistavam em unidades locais, por exemplo nos "Batalhões dos Camaradas", e seu comprometimento era para com pessoas que conheciam e notáveis que respeitavam. Eles eram honrados e parcialmente financiados por sua comunidade local. A pressão dos pares para o alistamento instigava-os a não serem covardes. Ser homem era uma importante motivação emocional, especialmente como se refletia aos olhos das mulheres, reforçadas por suas penas brancas. Esse era um reforço local em vez de nacional.

(5) O pagamento fixo foi um fator no começo, e continuou entre os pobres, uma vez que a guerra em breve trouxe pleno emprego (Silbey, 2005: 81, 123; Winter, 1986: 29-33).

Embora alguns desses motivos fossem expressos em termos nacionalistas, sua substância havia estado presente entre recrutas para os exércitos europeus durante grande parte do milênio anterior: uma cultura militarista; inimigos supostamente bárbaros; pressões da comunidade local impostas por notáveis locais respeitados; masculinidade; aventura; pagamento fixo; e encorajamento das hierarquias sociais.

Inicialmente, eles não tinham medo, pois esperavam vencer rapidamente. Uma vez na frente de batalha, contudo, a guerra não era como as histórias de aventuras. A morte caía sobre eles, mas raramente como resultado do combate pessoal heroico. Vinha normalmente do fogo de artilharia de longo alcance. Era insuportável se agachar diante dele em trincheiras ou em áreas próximas à parte posterior com chances quase completamente imprevisíveis de morrer. Os oficiais estavam convencidos de que a experiência devastava seus homens e que somente cerca de 10% de seus soldados tinham o "espírito de ofensiva" para atacar o inimigo. Matar era muito difícil, exceto aqueles que compunham as baterias de artilharia (Bourke, 1999: cap. 2, 73). Os exércitos mantinham sua coesão, apesar de tudo. Na frente de batalha, a intimidade das condições de vida dos soldados e sua experiência compartilhada e interdependência extremas reforçavam a camaradagem. Um homem sozinho era um homem morto; sua unidade era um grupo de apoio, por vezes inclusive uma família substituta. Uma vez mais, havia uma combinação de camaradagem e hierarquia, a tradicional organização dual do poder militar. Infelizmente, não houve pesquisa sistemática sobre isso até os estudos clássicos sobre a Segunda Guerra Mundial, *American Soldier* (Soldado americano). O volume 2 desse projeto revelou que muitos soldados de infantaria americanos diziam que sua motivação básica durante o combate derivava de seus fortes vínculos emocionais que desenvolveram na unidade em vez que qualquer compromisso social mais geral fosse para com o exército como um todo ou para com a ideologia nacional (Stouffer et al., 1949)[4]. Esse foi provavelmente também o caso na Primeira Guerra Mundial, dizem Smith, Audoin-Rouzeau e Becker (2003: 98-100), embora também detectem alguma nacionalização ocorrendo entre as tropas francesas. Como os dialetos locais bloqueavam a comunicação, uma "gíria de trincheira" apareceu. As refeições do exército forçaram os homens a uma dieta "francesa" comum, cujas culinárias eram regionais. Os soldados franceses absorviam mais cultura nacional francesa à medida que a guerra progredia.

A intensificação das jaulas nacionais no volume 2 significava que os soldados tinham um sentimento de identidade nacional, vendo-se como abertamente alemães, franceses, britânicos e assim por diante. Tropas coloniais não brancas, contudo, não. Os anzacs* descobriram por meio de seus conflitos com oficiais britânicos meticulosos que também não eram britânicos. Quase todos traziam a noção de que essa era uma guerra defensiva, de modo que a identidade nacional se tornou defesa patriótica.

Isso foi obviamente assim para os soldados franceses. Audoin-Rouzeau e Becker (2002: cap. 5) argumentam que muitos soldados franceses acreditavam que lutavam em uma causa justa, defendendo a civilização contra o barbarismo. Eles acreditavam que Deus abençoava sua causa. Outros historiadores franceses são céticos, duvidando que o compromisso ideológico fosse muito relevante às experiências dos soldados nas trincheiras. Maurin sugere que em 1916, os *poilus* ("cabeludos") haviam esquecido por que estavam lutando. Lutavam porque lhes

---

4. Como veremos no capítulo 14, isso pode não ter sido verdade sobre todos os exércitos da Segunda Guerra Mundial. A despeito de conclusões similares (influenciadas pela pesquisa *American Soldier*) de Shils e Janowitz (1948) sobre a Wehrmacht alemã, pesquisas mais recentes sugeriram que um grande número de soldados alemães eram fortemente motivados pela ideologia nazista.

* Soldado das forças armadas australiana ou neozelandesa [N.T.].

disseram para lutar e porque isso ressoava em meio às hierarquias disciplinadoras às quais estavam acostumados: classe, Estado, escola e Igreja (1982: 599-637). Smith et al. (2003: 101-112) detectam o patriotismo francês de um tipo mais arraigado, "banal". Os poilus achavam que tinham de expulsar os boches da França, e sendo em sua maioria camponeses, apreciavam que isso exigisse cavar trincheiras a cada metro do caminho. A defesa do solo da França não era um conceito abstrato para eles. Eles também acreditavam que estavam defendendo suas famílias e comunidades e criando uma "Nova França" para seus filhos. Eles também manifestaram um tradicionalismo cultural. Durante horas de lazer, esculpiam e moldavam madeira, metal e outras substâncias em estatuetas e baixos relevos, "idiomas conservadores e convencionais enraizados nas conformidades pré-guerra". Balas e metal torcido se tornavam crucifixos e esculturas do Sagrado Coração e paisagens, e pintavam nus femininos exatamente como aqueles nos jornais populares. O patriotismo era revelado mais na prática e disciplina impostas pelas estruturas de autoridade rotinizadas do que na retórica abstrata.

Tropas britânicas parecem mais próximas do modelo de Maurin. Sua defesa da Grã-Bretanha não era tão direta, pois estavam lutando no exterior. Seu sentimento de serem britânicos incluía uma medida de patriotismo, mas também obedeciam porque estavam acostumados a obedecer aos seus superiores sociais. Eles exibiam deferência aos oficiais contanto que esses oficiais tratassem sua própria autoridade como normal e não condescendessem a eles (Bond, 2002). Essas eram todas ainda sociedades hierárquicas, agora fortalecidas pela disciplina militar estrita. O Império Austro-húngaro tinha provavelmente o compromisso menos popular com o regime. Em 1917, os politicamente conscientes entre as nacionalidades minoritárias sabiam que estariam melhores na derrota do que na vitória, todavia, lutavam quase até o fim; era difícil fazer diferente. Todas as hierarquias estavam operando, e as pessoas faziam o que lhes diziam para fazer porque era assim que o mundo funcionava.

Uma importante fonte de legitimidade para a estrutura de autoridade era que eles não estavam pedindo aos homens que fizessem coisa alguma que os oficiais – ou ao menos os oficiais juniores visíveis – não estivessem fazendo. Os oficiais lideravam pelo exemplo, e suas taxas de baixas eram superiores às dos seus homens. Na Grã-Bretanha, a classe média inferior, em postos de trabalho comerciais e administrativos, tendia mais do que trabalhadores a se alistar para lutar. Como eram também mais saudáveis e tendessem mais a passar no exame médico e assim receberem atribuições para tarefas na linha de frente, tinham maior probabilidade de morrer. Jovens estudantes de Oxford e Cambridge, a elite do corpo de oficiais juniores, eram os que mais tendiam a morrer, assim como os graduados de St. Cyr e da École Normale Superieure, cujos alguns coortes sofreram uma taxa de baixas de 50% (Winter, 1986; Smith et al., 2003: 69). Enquanto a carnificina prosseguia, todos os exércitos tiveram de expandir seu corpo de oficiais, e mais eram promovidos das fileiras. O combate se tornou uma experiência mais niveladora de classe, ampliando o sentimento de camaradagem. A maior desigualdade era urbano-rural: trabalhadores da indústria, especialmente trabalhadores qualificados, estavam muitas vezes em ocupações protegidas e tinham menor probabilidade de serem conscritos e mortos do que camponeses e trabalhadores agrícolas, cujas famílias podiam trabalhar nas terras enquanto seus homens lutavam. Essa desigualdade foi amplamente ressentida nas áreas rurais, minando a potencial unidade de classes pós-guerra entre trabalhadores e camponeses. Desse modo, o potencial descontentamento de classes era evitado. Tudo isso mais tarde abasteceria o fascismo.

Naturalmente, as motivações dos soldados variavam. Muitos tentavam manter suas cabeças baixas, alguns eram superpatriotas, alguns odiavam visceralmente o inimigo, alguns permaneciam excitados com a aventura masculina de alta octanagem, e alguns apenas gostavam de matar pessoas (Ferguson, 1999: 357–366; Bourke, 1999). Contudo, a noção de busca da glória não durou muito nas trincheiras. A relutância dos soldados pós-guerra em falar sobre suas experiências envolvia consciência de que seu comportamento – por vezes cruel, por vezes covarde, muitas vezes prudente – não havia sido consistente com os supostos ideais do guerreiro. Contudo, respostas definitivas não são possíveis, e estudiosos da violência em geral se dividem: alguns acreditam que nós, entes humanos, não gostamos de violência, especialmente de matar, e somos muito deficientes nisso (Collins, 2008); outros acreditam que adoramos. Quaisquer que sejam as disposições "naturais" humanas, as sociedades humanas desenvolvem organizações sociais e rotinas legítimas que tornam matar em uma escala de massa muito mais fácil (Malesevic, 2010) – especialmente em uma Europa tradicionalmente belicosa.

Na frente de batalha havia mais resignação do que entusiasmo. Morte ou ferimento eram riscos substanciais; mais da metade dos soldados franceses foi ferida duas vezes ou mais. Muitos homens ficaram intermitentemente aterrorizados e com danos emocionais duradouros. Álcool e tabaco ajudavam, embora a medicina psiquiátrica fosse rudimentar e não houvesse diagnóstico real de soldados que sofriam. Os britânicos e americanos reconheciam a "neurose de guerra" (shell-shock), os franceses a commotion ("concussão") ou obusite (Audoin-Rouzeau & Becker, 2002: 25), mas as autoridades militares e médicas muitas vezes assumiam que fossem disfarces para evasão. Considera-se que, na Segunda Guerra Mundial, a "exaustão pelo combate" foi responsável por tornar muitos soldados americanos improdutivos após 140-180 dias, e 1 em cada 10 soldados americanos foi hospitalizado por perturbações mentais. Na Grande Guerra, os soldados serviram continuamente por períodos muito mais longos. Keegan diz que essa guerra revelou um limiar psicológico entre soldados acima do qual eles não se envolveriam em outras ofensivas, e que todos os principais exércitos atingiram esse limiar pelo verão de 1918, exceto pelos recém-chegados americanos, que foram, portanto, capazes de decidir a questão (1978: 335; 1999: 331,

338, 348-350, 401). Manifestações de nacionalismo ou patriotismo pareciam de mau gosto em um ambiente assim e eram desencorajadas pelos soldados.

Muitos dos bávaros estudados por Ziemann (2007) serviram em zonas muito quietas. Suas cartas para casa os revelavam combatentes relutantes, não nacionalistas em favor da paz de 1917 em diante. A consciência de classe era forte, porque os soldados viam seus oficiais como prussianos abusivos e arrogantes. Eles eram mantidos no lugar por uma dura disciplina, aliviada por licenças privilegiadas para retornarem às suas terras em épocas de pressão sazonal.

A despeito dos horrores das trincheiras, disciplina e camaradagem significavam obediência às ordens. Render-se era perigoso porque a resposta inimiga era imprevisível. No calor da batalha, muitos dos que depunham suas armas eram mortos por seus captores, "limpadores de trincheiras" especializados, consumidos pelo ódio pela morte de seus amigos ou temerosos de que escoltar prisioneiros de volta à terra de ninguém era muito perigoso (Audoin-Rouzeau & Becker, 2002: 40). Render-se era mais fácil em grandes números, e isso só aconteceu no final da guerra. Os russos se renderam massivamente em 1917, e a partir de agosto de 1918, as rendições alemãs na frente de batalha ocidental quase quadruplicaram (Ferguson, 2006: 131).

Desertar também era arriscado: o soldado poderia ser pego e sumariamente morto. A taxa de deserções francesas foi somente de 1% (Maurin, 1982: 522). Foi mais alta na Itália e na Rússia, mas não era considerada um problema sério pelos altos-comandos (Wildman, 1980: 203-245; Ferro, 1972). Foi provavelmente mais alta nos exércitos otomanos, no qual as autoridades careciam das infraestruturas para capturá-los. Soldados turcos e curdos podiam se dispersar caso fossem destacados para próximo de suas casas, mas na frente de batalha a sobrevivência era vista como permanecer na estrutura de comando em vez de sair dela. Tropas da linha de frente eram mais bem abastecidas de comida, álcool e tabaco do que os civis. No inverno de 1917-1918, encontros massivos de soldados britânicos protestavam que, embora arriscassem suas vidas pelo seu país, suas esposas e filhos não eram alimentados apropriadamente em casa. Os oficiais gradualmente se aperceberam de que o moral era mais elevado se os soldados tivessem repouso, lazer e licenças. Uma rotina material segura reforçava o sentimento de lealdade da unidade que se desenvolvia em muitos exércitos. Era o único ambiente protetor disponível envolvendo o soldado (Keegan, 1978: 274-278, 314-317). Era uma verdadeira jaula (me apercebo agora de que a metáfora do enjaulamento que usei para o Estado-nação é somente uma tendência limitada), na qual os animais bem alimentados se sentiam mais seguros estando dentro do que fora, e de onde não podiam ver muito longe fora dela. Os veteranos franceses de Maurin dizem que não sabiam praticamente coisa alguma sobre a conduta geral da guerra além do que liam em jornais trazidos da retaguarda (1982: 581-597). Os veteranos britânicos de Middlebrook (1972) do Somme viam apenas algumas jardas em cada direção, e seus testemunhos expressavam uma batalha caótica, incompreensível. Novos recrutas na frente de batalha eram mais bem-informados e mais nacionalistas, uma vez que havia muito mais propaganda em seu país do que na frente de batalha. As comunicações e logística dos soldados eram controladas pela cadeia de comando. É por isso que muitos soldados lutavam até o fim, e não por um comprometimento ideológico independente.

Assim, houve poucos motins, ao menos até as semanas finais da guerra. Nos exércitos britânicos, alemães, otomanos e americanos quase não houve. O incidente mais sério no exército britânico foi atrás das linhas em Etaples no Pas de Calais, dirigido não contra os generais, mas contra a polícia militar e oficiais não comissionados (NCOs). As tropas australianas se defendiam, embora alguns de seus protestos fossem definidos por oficiais britânicos como motins. Pouco mais de 3.000 soldados britânicos foram sentenciados à morte por deserção, covardia, amotinação ou outras ofensas, embora somente 346 sentenças tenham sido executadas. Contudo, isso foi mais do que o total de execuções francesas e sete vezes mais do que a cifra alemã – embora os italianos tenham executado duas vezes mais esse número (Ferguson, 1999: 346). Esses eram todos números pequenos considerando o tamanho dos exércitos.

De aparência muito mais séria foram os grandes motins franceses de junho--dezembro de 1917. Eles atraíram uma considerável atenção – culminando no poderoso romance alegórico de William Faulkner, *A fable* (Uma fábula) (1954; para trabalhos acadêmicos, cf. Pedroncini, 1967; Smith et al., 2003: 117-131). Entre 25.000 e 40.000 soldados, em um movimento de repercussão num setor da frente de batalha que se recusou a obedecer ordens para implementar a estratégia de infantaria agressiva de Marshal Nivelle. Em abril de 1917, ele havia começado uma intensa concentração de artilharia em um estreito corredor, o infame Chemin de Dames, que pretendia resultar no avanço elusivo quando a infantaria atacasse. Tudo o que de fato produziu foram perdas francesas devastadoras. Por várias semanas os poilus se recusaram a avançar contra as linhas alemãs, exigindo melhor comida e abrigo e paz (mas não rendição). Eles não atacaram seus oficiais, não cederam terreno algum para o inimigo, e diziam que se os alemães atacassem eles responderiam. Praticamente, nenhuma propaganda revolucionária foi encontrada entre os regimentos afetados, e eles estavam isolados de militantes de esquerda na retaguarda. Mesmo as comunicações entre as unidades amotinadas eram deficientes. Foi mais uma onda de greves selvagens do que um motim.

Ironicamente, a onda ocorreu logo após o General Nivelle ter sido substituído por Pétain, que acreditava que ataques frontais custavam vidas demais. Ele estava mudando para o gasto com máquinas em vez de vidas, e melhorou as condições dos soldados. Como Pétain, os soldados buscavam uma mudança na política e não se viam como saindo dos canais legítimos de protesto. Smith et al. sugerem que eram parte da mudança para a esquerda do esforço de guerra francês, personificado na capital pela ascensão de Clemenceau ao poder, e na frente de batalha pela estratégia de Pétain de *tenir* ("conter"), que substituía a *grignotage* ("avançar 'mordiscando'"). Pétain lidou com os descontentamentos dos soldados, embora quarenta e nove chefes de grupo tenham sido mortos como um aviso para futuros amotinadores (Pedroncini, 1967: 194, 215). A despeito desses incidentes, e de enormes perdas, os exércitos franceses perseveraram. Ao final da guerra, estavam em melhor forma do que antes, e provavelmente em melhor forma do que os alemães.

Após a Batalha de Caporetto, soldados italianos debandaram antes que os austríacos avançassem, mas essa foi uma debandada militar, resultado de uma estrutura de comando incompetente e desintegrada. O exército italiano era o menos experienciado em guerras anteriores. Havia esperado operações fáceis com o iminente colapso do Império Austro-húngaro, mas mesmo em declínio, os Habsburgos lideraram um exército profissional. Como na França, a indicação de um comandante mais competente e mais atencioso resolveu o problema italiano, e atraiu soldados mais "afastados" a recobrarem o entusiasmo. Os soldados otomanos experienciaram duas debandadas, a primeira quando seu comandante em chefe Enver Pasha liderou-os muito precipitadamente a um ataque frontal às posições entrincheiradas russas no começo da guerra em 1914; a segunda debandada, nas mãos dos britânicos em setembro de 1918 em Megiddo na Palestina. Entretanto, a despeito de experienciarem condições piores do que quaisquer outros exércitos, reagruparam-se e lutaram duramente, ganhando o respeito de seus adversários.

À medida que a guerra progredia, a habilidade dos austro-húngaros de resistirem às forças russas enfraqueceu. Eles colapsaram diante da ofensiva de Brusilov em 1916, e os alemães tiveram de ajudar. Os austríacos agora operavam autonomamente somente contra inimigos italianos e balcânicos; foram poupados depois pela Revolução Russa. Todavia, a fraqueza provinha principalmente da organização e equipamento deficientes. Em comum com a Rússia, o alto-comando tinha dificuldades em meio a comunicações primitivas lutando em uma guerra de duas frentes de batalha (apenas os alemães conseguiram isso competentemente), e o corpo de oficiais em breve foi dizimado, enfrentando as tendências centrífugas de um império multinacional e multilíngue. Os húngaros lutavam basicamente sua própria guerra, independentemente do alto-comando austríaco. Motins eram raros nos regimentos centrais austríacos e húngaros. Mesmo em regimentos compostos de minorias nacionais – que em 1917 queriam claramente deixar a Monarquia Dual – houve apenas alguns incidentes sérios, no começo de maio de 1918, e não na escala dos motins franceses (Zeman, 1961: 140-146, 218-219; Rothenberg, 1977: 78-84). Falkenhayn e Ludendorff fortaleceram os regimentos minoritários ou integrando-os às unidades alemãs ou introduzindo oficiais alemães e NCOs*. Majores e sargentos prussianos

---

* Oficiais Não Comissionados (*Non-Commissioned Officer*) [N.T.].

persuadiram tchecos, rutenos, croatas e outros a lutarem pelo soberano Habsburgo, até o fim (Stone, 1975: 254–255, 262–263, 272–273). Uma legião tcheca foi formada por POWs detidos pelos russos para lutar contra seus ex-soberanos, mas com essa exceção o exército multinacional se enfraqueceu devido mais à sua fraca estrutura de comando e ao abastecimento deficiente do que à falta de disposição para lutar.

Os navios das duas potências centrais experienciaram motins em 1918. Os motins alemães resultaram de uma ausência de combate – a frota havia sido detida pelos britânicos em e em torno de seus portos por dois anos. Houve um motim nas unidades navais austríacas no Golfo de Kotor em fevereiro de 1918, exigindo melhores condições e um fim para a guerra. Houve um breve conflito antes que as unidades leais os impedissem. Quatro marinheiros foram executados, e nada mais inesperado ocorreu. Os motins em exércitos alemães e austríacos no final da guerra tenderam a ocorrer entre os escalões da retaguarda em vez de na frente de batalha (Carsten, 1977: 21). Contudo, nem a potência central falhou jamais em encontrar soldados da retaguarda dispostos a implementarem a lei marcial em civis – até que se tornou conhecido que os altos-comandos não queriam mais prosseguir a guerra.

Então, tudo mudou. Agora, decisões diárias tinham de ser tomadas autonomamente pelos grupos de oficiais e soldados. Liberados das restrições hierárquicas, estavam livres como indivíduos e pequenos grupos para tomar decisões. A rotina logística de mover suprimentos e homens continuará amanhã? Os soldados deveriam permanecer onde estavam, inativos e confinados aos quartéis e posições? Havia algum sentido em lutar, quando a rendição era iminente? Muitos soldados austríacos agora decidiam parar de lutar. A Revolução Alemã começou quando marinheiros de Kiel se recusaram a zarpar contra os britânicos sob essas circunstâncias. De um modo mais geral, oficiais, soldados e marinheiros agora discutiam o que deveriam fazer. As consequências variavam: alguns obedeciam ordens, alguns se amotinavam, muitos ficavam quietos. Somente a primeira consequência manteria o regime, uma vez que as revoltas haviam começado e os regimes necessitavam de soldados para suprimi-las. Quando interrupção do comando significava discussão e escolha, não haveria obediência rotinizada suficiente fora do próprio corpo de oficiais. Enquanto as unidades do exército estivessem engajadas no combate, a estrutura de comando apenas raramente permitiria o que poderíamos imaginar ser uma massa de soldados se comunicando entre si.

A derrota veio com uma velocidade inesperada para a Alemanha e o Império Austro-húngaro. Quando as ofensivas Primavera Alemã e Junho Austríaco diminuíram, Ludendorff se apercebeu de que seus exércitos não poderiam se manter por muito tempo contra a chegada de ondas de americanos. Em 14 de agosto ele comunicou isso aos dois monarcas. Semanas mais tarde, eles estavam buscando acordo. Os armistícios foram assinados no começo de novembro; em outubro, o novo imperador Habsburgo Charles havia praticamente abdicado quando garantiu o direito das minorias de formarem seus próprios estados. Quando a organização do regime se desintegrou na derrota, soldados e trabalhadores se insurgiram em uma revolta. No fim, obediência e legitimidade haviam sido menos ideológica do que organizacionalmente baseadas, e agora a organização da disciplina colapsara. Lido com essas revoluções no capítulo 6.

Guerra total

Em 1916, alguns a chamavam "guerra total". O termo indica a mobilização e a condução de economias e populações nacionais. Exagera, é claro, porque as frentes de batalha eram bastante estáticas, havia pouco bombardeamento de civis e o sofrimento foi desigualmente distribuído ao longo das nações combatentes. Todavia, transmite o sentido de que a mobilização envolvia não apenas as forças armadas e sua logística, mas também grande parte da vida econômica e civil. Foi um tipo de guerra possibilitada por uma economia industrial, científico-tecnológica coordenada por um Estado moderno. Observei no volume 2, capítulo 1, que os melhoramentos do século XIX em logística infraestrutural haviam possibilitado uma organização centralizada muito maior de recursos de poder. Estados ocidentais não haviam buscado (nem lhes seria permitido) exercer sequer uma fração desses poderes potenciais. Agora, contudo, o emprego de exércitos de milhões armados até os dentes e de marinhas constituídas de muitas centenas de navios tecnologicamente complexos requeriam uma massiva intervenção do Estado na economia. Os governos fizeram cálculos demográficos rápidos sobre o suprimento de homens jovens para substituir as baixas, e sobre a demanda por força de trabalho militar, industrial e agrícola. O exercício os tornou conscientes da escassez de força de trabalho, uma vez que no início eles haviam cometido o erro de retirar trabalhadores demais de indústrias necessárias para encaminhá-los às forças armadas. Para compensar, buscaram aumentar o fornecimento de força de trabalho feminina e adolescente, e contavam com as mulheres para gerir as plantações enquanto os homens lutavam. Os governos também tentaram controlar salários e preços, para mediar entre capital e trabalho, e para planejar o volume de armamentos, têxteis, comida e outras mercadorias produzidas. Como os governos combatentes ainda não necessitavam negociar – o que agora teria sido a coisa razoável a fazer –, intensificaram seus esforços, especialmente em 1916 quando vários antigos regimes foram postos de lado. A tomada do poder por Lloyd-George na Grã-Bretanha, Clemenceau na França e dos generais Hindenburg e Ludendorff na Alemanha significava comprometimento com a guerra total. A jaula capturou civis soldados, embora não na mesma extensão. A guerra, embora quase global, intensificou os estados-nações nas partes mais avançadas do mundo.

Os efeitos nos estados foram dramáticos. O salto na proporção do PIB indo para propósitos militares em tempo de guerra se assemelhava ao padrão que observei nos volumes 1 e 2 ao longo da história registrada. Subiu vertiginosamente na Primeira Guerra Mundial para até agora proporções desconhecidas – para 59% na Alemanha, 54% na França e 37% na Grã-Bretanha durante o ano mais elevado (ou 1917 ou 1918). Potências mais atrasadas não conseguiram administrar um nível de extração tão alto. A Rússia e o Império Austro-húngaro conseguiram administrar apenas um terço, e o Império Otomano provavelmente apenas um quinto (Broadberry & Harrison, 2005: 14-15). Grande parte da atividade da indústria privada e, a uma extensão menor, da agricultura estava agora subordinada às necessidades da guerra. Comitês de produção, organizados pelo Estado, decidiam o que produzir ao longo de toda uma série de indústrias. A guerra total era estadocêntrica.

Contudo, essas economias capitalistas permaneceram. Em todos os países, exceto a Rússia, comitês de produção crucial foram constituídos conjuntamente por industriais e financistas trabalhando junto a ministros, funcionários públicos e generais. Na Alemanha, o alto-comando dominava formalmente os comitês, mas na prática os generais tinham de negociar com os industriais e muitas vezes falharam em controlá-los (Feldman, 1966). Ministros e funcionários públicos britânicos negociavam com empresários e excluíam os militares (Burk, 1982). Na França, todos os três – ministros, alto-comando e industriais – foram levados às organizações centrais de planejamento de tempo de guerra, embora fora de Paris os empresários desfrutassem de muita autonomia (Smith et al., 2003: 61-64). Os empresários predominavam nos Estados Unidos (Koistinen, 1967) e, basicamente, na Itália (Sarti, 1971: 10). A Rússia autocrática se desviou. Quando industriais patrióticos estabeleceram Comitês Industriais de Guerra voluntários, foram amplamente ignorados. O regime não pretendia partilhar o poder, mesmo com capitalistas (Siegelbaum, 1983: 118-119, 156-158; Gatrell, 2005). Muitos empresários possuíam identidades nacionais garantidas, de modo que se tornaram muito patrióticos e acreditavam no esforço de guerra, e as relações com o governo eram geralmente muito amigáveis. Contudo, como empresários tinham autonomia para alocar trabalho e investimentos entre si, o resultado foi cartelização, fixação de preços e lucros altos. Como a demanda do Estado era insaciável, os lucros continuaram fluindo; o patriotismo era bom para os negócios. O capitalismo não provocou a guerra, mas assumiu o comando de sua infraestrutura econômica.

A guerra foi mais total em alguns países do que em outros: o Japão só lutou durante os primeiros meses dela; os Estados Unidos foi somente um combatente pelos últimos quinze meses. Ambos esses países lucraram com a guerra, exportando para os países da Entente mercadorias que eles não mais produziam. Os Estados Unidos estavam em recessão em 1914, mas em 1918 seu PIB havia crescido 13% (Rockoff, 2005). A Itália se juntou ao conflito somente em 1915, e seu sul não foi grandemente afetado. Se pudermos acreditar nas cifras, o PIB italiano cresceu 15% em 1918 (Galassi & Harrison, 2005). No outro extremo, a Bélgica e partes da Ucrânia e Belarus foram "totalizadas", ocupadas e impiedosamente exploradas pelos exércitos alemães (Horne & Kramer, 2001; Zuckerman, 2004; Liulevicius, 2000).

Os combatentes também variavam na medida em que a guerra poderia ser adaptada às suas economias. A Grã-Bretanha era a mais economicamente avançada dos combatentes iniciais, e também controlou as ondas. Assim, permaneceu mais livre para comercializar e fazer transações financeiras internacionalmente. Como vimos no capítulo 2, os anglo-saxões também controlaram a economia internacional. A coordenação do Estado britânico da economia de guerra foi *ad hoc*, um conjunto de reações graduais a exigências e impedimentos à medida que surgiam, porque a adaptabilidade de sua economia de mercado fez grande parte do trabalho pesado para a guerra. Embora o povo britânico tenha feito sacrifícios pela guerra, a Grã-Bretanha não foi atacada, e experienciou um crescimento do PIB de cerca de 15% entre 1914 e 1918 (Broadberry & Howlett, 2005). Como havia pleno emprego e o racionamento governamental do que era abastecimento adequado de alimentos, isso também se traduziu em melhoramentos nos padrões de vida em massa. Winter (1986; 1997) calcula que as diferenças na expectativa de vida entre as classes se reduziram na Grã-Bretanha no tempo da guerra, e a expectativa de vida geral melhorou – a despeito do extermínio de homens jovens em Flandres. Quanto ao resto, a guerra foi muito boa para eles, e a redistribuição ocorreu sem a necessidade de políticas diretamente redistributivas.

A França se beneficiou da conexão de britânicos e americanos, capaz de emprestar e receber matérias-primas de ambos. Os britânicos e franceses também podiam combinar seus arranjos de compras do resto do mundo. A França possuía uma economia capitalista mais descentralizada – uma vantagem em um país invadido – e pôde se recuperar de uma dificuldade em 1914 e 1915, envolvendo a perda de seus territórios produtivos do norte, a um nível de recuperação que evitou grande sofrimento. Fora de Paris, os industriais, liderados pelas grandes empresas em cada indústria, receberam autorização para organizar sua própria produção de armamentos – e lucros. Contudo, como a produção aumentou e forneceu emprego pleno, e a França rural fora do norte também estava indo bem, muitos civis franceses não sofreram muito com a guerra (Godfrey, 1987; Hautcoeur, 2005; Smith et al., 2003: 60-68). Portanto, dois terços da Entente original não se perturbaram com a guerra total.

Foi diferente na Rússia, assim como para as potências centrais. A guerra totalizou suas economias. A Alemanha canalizou mais de sua economia para as necessidades de guerra do que qualquer outro país, e privilegiou mais consistentemente seus militares em detrimento dos civis. Ela também sofreu durante um bloqueio britânico efetivo que a isolou da economia internacional. A despeito de saquear os recursos das regiões conquistadas no Leste Europeu – ou o que quer que tivesse restado após a retirada dos russos ter destruído completamente o interior –, sua receita nacional declinou em um terço durante a guerra. Em 1918, a produção de carvão era de 83% e a de ferro e aço 53% do que havia sido em 1913. Para a população urbana mais pobre, o maior problema era conseguir comida. Embora a Alemanha tivesse indústrias avançadas, sua agricultura não era moderna, sendo dividida entre lavouras de grande escala e pequenas produções agrícolas de camponeses. Era difícil conseguir que proprietários de terras e camponeses liberassem seus excedentes no mercado – a preços que as classes trabalhadoras urbanas ou a classe média baixa pudessem pagar – em vez de no mercado negro mais lucrativo, que na Alemanha se tornou grande, embora não na Grã-Bretanha ou na França. Em Berlim – especialmente se levarmos em conta o mercado negro – a inflação disparou; isso não aconteceu em Londres ou em Paris (Manning, 1997: 258-260; Ritschl, 2005). As dificuldades eram ainda maiores no Império Austro-húngaro, também bloqueadas, com menos indústrias e uma coordenação deficiente entre suas províncias. A produção declinou, os distritos agrícolas estocavam comida, e a população urbana passava fome. Embora o Estado tivesse começado a guerra absorvendo mais de 30% do PIB, o colapso da economia significava que o governo podia extrair cada vez menos dele (Schultze, 2005).

Os otomanos governavam uma economia agrária, e careciam do poder infraestrutural para extrair mais recursos. Eles só puderam financiar sua guerra com enormes déficits (Pamuk, 2005) e expropriando as posses da população armênia massacrada. Esse império atrasado não poderia realmente atingir a guerra total – exceto por seu genocídio contra os armênios (Mann, 2005: caps. 4-5). Contudo, ao resistir a todas as tentativas da Entente de tomar o Dardanelos, que controlava o acesso ao Mar Negro, deixou claro que a Rússia permanecia bloqueada, incapaz de receber suprimentos ao longo do ano de seus aliados. Isso aumentou os problemas econômicos da Rússia provocados por perdas importantes de território, estocagem de alimentos por parte dos camponeses e dificuldades crônicas de transporte, que trato em detalhes no próximo capítulo. Como vemos lá, a crise russa foi de uma ordem e magnitude maiores do que em outros países.

Alguns dizem que a democracia lida melhor com a guerra total. Feldman (1966) diz que embora a máquina militar da Alemanha fosse mais eficiente, seu governo autoritário era incompetente: as democracias foram melhores na organização da indústria para a guerra total e na distribuição de comida e outros materiais para soldados e civis. Neiberg (2005: 7) concorda, dizendo que Grã-Bretanha, França e Estados Unidos venceram a guerra porque "dependiam menos da autoridade de sistemas monárquicos antiquados" (cf. Winter, 1997: 10-11; Offer, 1989). Outros discordam: Ferguson (1999: 257-281) observa com perspicácia que se a Entente tivesse sido mais eficiente e tido muito mais recursos, a guerra poderia ter terminado muito antes. Houve disparates da Entente assim como das potências centrais – por exemplo, o enorme arsenal, especialmente construído, mas inútil, em Roanne, e a escassez de bombas britânica. Adamthwaite (1995: 25ss.) diz que a diplomacia francesa era dominada por "caos e confusão", seu sistema de receita de impostos era inadequado e suas práticas financeiras antiquadas. O aumento real de salários na Grã-Bretanha pode indicar uma inabilidade em devolver os excedentes ao esforço de guerra. Alguns viram o sistema de distribuição de alimentos alemão como produzindo excedentes podres em depósitos militares enquanto as cidades careciam de alimentos, com muitas agências insuficientemente coordenadas falhando em atingir uma distribuição igualitária de mercadorias e serviços (Bonzon & Davis, 1997; Winter, 1997: 21-22). Todavia, outros dizem o oposto: Allen (2003) elogia a administração de entrega de alimentos alemã. Ele diz que ela tomava o cuidado de consultar grupos da sociedade civil, incluindo socialistas. A despeito das deficiências do sistema de racionamento, muitos berlinenses preferiam-no ao mercado negro. Portanto, quem foi mais eficiente?

Para a Alemanha e a Áustria, dificuldades adicionais foram apresentadas pelo bloqueio, atraso da agricultura e uma guerra travada contra todas as probabilidades que tinha de privilegiar os militares e as indústrias de guerra em detrimento dos civis e outras indústrias. Para o governo, lidar com isso e ser visto distribuindo alimentos adequadamente, freando um crescente mercado negro, era praticamente impossível. A incompetência estava, sobretudo, em ter declarado guerra, não em seu prosseguimento, quando as coisas ficaram difíceis. Sem algumas medidas comparativas mais precisas não podemos classificar os países em efetividade, exceto que a Rússia estaria na base e a Grã-Bretanha no topo – não coincidentemente, os países menos e mais economicamente avançados. Se a democracia fez alguma diferença, foi marginal. A diferença essencial foi o nível de desenvolvimento econômico. A disparidade dos recursos econômicos entre os dois lados, exacerbadas pela habilidade da Grã-Bretanha de bloquear as potências centrais, impôs pressões sobre seus administradores de guerra que Grã-Bretanha, França e Estados Unidos não tiveram de enfrentar. Menos a democracia do que maiores recursos econômicos constituíram a diferença crucial.

O impacto sobre civis: apoio para a guerra

Não podemos ser precisos sobre a opinião pública porque não havia eleições nacionais ou pesquisas de opinião, mas muita censura. Se descontentamento fosse expresso, o governo o suprimia. O *establishment* era geralmente leal, e muitos partidos políticos e grupos de pressão apoiavam a guerra. Houve algum entusiasmo positivo inicial pela guerra, especialmente entre as classes média e alta, mas também havia ansiedade e alarme. Na Grã-Bretanha, cartas a jornais expressavam sentimentos variados: escritores galeses muitas vezes careciam de entusiasmo, e muitos correspondentes ingleses diziam que teriam preferido neutralidade à guerra. Eles também expressavam mais hostilidade à Rússia e à Sérvia do que à Alemanha. A supostamente "massiva" manifestação pró-guerra no feriado bancário de 3 de agosto na véspera da guerra terminou sendo de apenas 6.000 a 10.000 manifestantes, em uma cidade de quase 7 milhões. O "entusiasmo de guerra" na Grã-Bretanha em agosto de 1914 foi apenas um mito (Gregory, 2003). Mueller (2003: 66) diz que o povo britânico e o alemão sentiam simultaneamente "medo e entusiasmo, pânico e prontidão para a guerra". Em toda parte, a guerra era vista mais comumente como um mal necessário (Ferguson, 1999: cap. 7). O nacionalismo estava lá, mas ainda não havia se tornado ódio ao inimigo nacional ou muito agressivo.

Becker (1985: 324) diz que a Union Sacrée francesa tinha uma base estreita: a França havia sido o alvo de agressão estrangeira e necessitava ser defendida; além disso, a política permanecia divisiva. Diferentes tendências políticas deram suas próprias interpretações da guerra. Socialistas conseguiram se infiltrar por meio de suas tendências pacifistas declarando que não lutariam contra o povo alemão, somente contra seus líderes reacionários e a classe capitalista. Becker (1977) examinou ensaios de crianças francesas e descobriu grandes diferenças regionais e mais apoio à guerra em áreas urbanas do que em rurais. Contudo, o apoio popular cresceu quando guerra começou e o Presidente Poincaré convenceu o público de que a Alemanha era o agressor. Depois, a propaganda entrou em ação, basicamente transmitida por meio do patriotismo voluntário e da autocensura dos editores e dos próprios jornalistas, que escreviam sobre o sucesso militar ininterrupto entremeado de heroísmo. Com o tempo, o público francês aprendeu a decodificar o significado real de relatos como: "Nossos jovens bravos camaradas estão longe de derrotados. Eles riem, brincam e pedem autorização para retornar à linha de fogo". Isso significava uma derrota – todas essas vitórias e ainda assim a linha de frente não se movia! Todavia, qual era a alternativa? Quase todo mundo desejava a paz, e esquerdistas, grevistas e outros a exigiam intermitentemente, mas os líderes alemães não estavam oferecendo paz, e o único elemento da Union Sacrée que sobreviveu foi a ideia de que a paz não deve ser comprada ao preço da derrota (Becker, 1985: 325, citado de 38).

Muitos alemães mais tarde lembraram da experiência de agosto de 1914 como um momento de intensa solidariedade nacional, o final da conquista da unificação alemã. Todavia Verhey (2000; cf. Ziemann, 2007) mostra isso como um mito. Havia muita propaganda do governo; aqueles que aprovavam a guerra tinham licença para publicizar suas visões, mas dissidentes eram censurados. Havia uma atmosfera de carnaval nas cidades que durou seis semanas, e depois evanesceu. Urbanitas eram mais belicosos que aldeões; trabalhadores e camponeses eram mais pacíficos do que a burguesia e os educados. Os entusiastas reais da guerra diferiam de acordo com sua classe e suas políticas. Os conservadores esperavam que a guerra suprimisse o conflito de classes e trouxesse uma congregação patriótica em torno da bandeira e do regime. Liberais e socialistas esperavam que a guerra trouxesse mais benefícios progressistas para o povo, especialmente porque era reconhecido que essa era guerra total, envolvendo um grande sacrifício das massas. Os alemães esperavam que os súditos se tornassem cidadãos; os franceses esperavam por uma nova França; e os britânicos uma terra digna de heróis. Todos estavam esperando fazer uma transição mais completa de súdito a cidadão. A direita do Partido Democrático Social Alemão e talvez grande parte de seus apoiadores da classe trabalhadora não tinham dificuldade em combinar socialismo e patriotismo. O Centro Socialista teria se oposto à guerra caso não temesse que isso desse ao governo fundamentos para suprimir o partido. Somente a extrema-esquerda expressou oposição abertamente, embora seus deputados ainda votassem a favor de leis para financiar a guerra. Era difícil se opor à guerra sem adotar um derrotismo impopular, uma vez que o inimigo não estava buscando a paz. Somente na Rússia, Itália e Estados Unidos grupos socialistas substanciais continuaram a apoiar seus princípios e a denunciar a guerra. Em geral, políticas práticas lamentavelmente triunfavam sobre princípios.

Muitas pessoas endossavam a convocação para a guerra. Poucas tinham experiência internacional que pudesse ter levado a firmarem visões alternativas. Nessa ausência, a defesa da pequena Bélgica, da democracia (Grã-Bretanha), da República (França), de nosso lugar ao sol, de nosso idealismo espiritual (Alemanha) ou mesmo da monarquia (Império Austro-húngaro) poderiam inicialmente justificar muito. Visões negativas do inimigo como criminosos ou estrangeiros aumentaram. Os franceses eram vistos como decadentes, materialistas e corruptos; os alemães eram regimentais e hostis à liberdade; os britânicos eram capitalistas vorazes; os russos eram asiáticos, corruptos, vivendo sob despotismo, com uma religião primitiva. O espectro russo era especialmente útil na Alemanha porque poderia congregar católicos e protestantes, liberais e socialistas assim como conservadores; a aliança da Grã-Bretanha com a Rússia era vista como uma traição da civilização ocidental (Hewitson, 2004: cap. 3; Nolan, 2005: 2-6, 47-48; Mueller, 2003; Verhey, 2000: 118, 131). O nacionalismo não foi responsável pela guerra; e o nacionalismo agressivo foi a consequência dela.

Audoin-Rouzeau e Becker (2002: cap. 5) observam que a guerra era vista como uma "cruzada", uma "luta entre civilização e barbárie", em todo lugar se considerava que o inimigo estava cometendo atrocidades contra civis – assassinatos, estupros, mutilações e deportações. A escala de morte não era apenas o produto da tecnologia; necessitava de homens criminosos também. Havia estereótipos do inimigo: as tropas francesas afirmavam que os alemães cheiravam mal e davam explicações raciais para isso; os alemães denunciavam a traição racial dos britânicos e franceses, cujos soldados não brancos na Europa eles acusavam de canibalismo. Isabel Hull (2005) diz que o exército alemão já havia concebido uma "cultura institucional", de uma "guerra de aniquilação" rápida, decisiva, impiedosa e selvagem na destruição do inimigo, a fim de compensar por sua falta de números e vulnerabilidade a uma guerra de duas frentes de batalha. Todavia, exércitos russos e balcânicos parecem ter sido igualmente terríveis em relação aos civis, e todos os exércitos estupraram mulheres e atiraram em prisioneiros. O bloqueio britânico poderia ser visto como a maior atrocidade: durou além do final da guerra, até junho de 1919, e se estima que matou mais de meio milhão de civis.

A primeira série de vitórias trouxe mais entusiasmo na Alemanha, visível pela bandeira tremulando nas vizinhanças da classe trabalhadora. Contudo, o impasse da guerra depois dissipou isso. Os alemães que ainda favoreciam a guerra mudaram de demonstrações abertas de entusiasmo para uma determinação severa de apenas prosseguir. Após a rendição alemã, os militares tentaram mover a culpa para os civis, que eles afirmavam ter falhado em manter essa determinação – o mito da facada nas costas.

O impacto sobre os civis: sofrimento e conflito de classes

Enquanto a guerra continuava, avançou um pouco mais fundo nos países mais "totalizados". Viena teve os maiores problemas, uma vez que a Hungria e outras regiões pararam de lhe enviar comida. O governo podia impor controles de preços sobre a comida, mas os agricultores podiam vender a preços mais altos aos comerciantes que usavam o mercado negro para vender aos mais ricos. Filas para comida eram longas e em toda parte. À medida que a escassez aumentava, aumentavam o desespero, os mercados negros, a criminalidade e as recriminações entre vizinhos. "Nessa guerra o inimigo não era a Rússia, a França ou a Grã-Bretanha, mas o vizinho de alguém e seus colegas", diz Maureen Healy (2004). As tensões étnicas em Viena foram exacerbadas pela ruptura gradual dos serviços essenciais. Estereótipos étnicos do "judeu usurário" e do "tcheco russófilo" aumentaram, tornando inimiga grande parte da população vienense. Homens jovens que não se alistavam, mas permaneciam na cidade eram atacados como "judeus covardes" ou "tchecos conspiradores". Sob as pressões, mesmo a família se enfraqueceu. A autoridade paterna deixou de definir a masculinidade ou de legitimar a monarquia; a masculinidade existia somente na frente de batalha. As mulheres tinham de manter a família unida, ainda que lhes fosse negada legitimidade como chefes de família. Healy conclui que a sociedade vienense havia colapsado sob a pressão antes de a guerra terminar.

Embora os homens britânicos consumissem cerca de 3.400 calorias ao longo da guerra, a ingestão calórica dos homens alemães caiu para menos da metade disso, com a ingestão das mulheres ainda mais baixa. Belinda Davis (2000) descreve os protestos por comida que ocorreram em Berlim a partir do começo de 1915, culminando em outubro, como mulheres enfurecidas atacando mercados por restos de batatas ou de pão. O bloqueio britânico, a conscrição em massa, os confiscos de gado, transporte e sistemas de armazenamento frágeis, e a falha em regular os preços se combinaram para gerar uma séria crise urbana de alimentos. O bloqueio britânico passou a vigorar completamente em março de 1915: o colapso das importações de ração animal e fertilizantes foi particularmente prejudicial, contribuindo para uma queda na produção agrícola da Alemanha de ao menos 40% (Offer, 1989). No começo de 1916, as taxas de mortalidade em Berlim começaram a subir dramaticamente, gerando uma crise demográfica duradoura ausente em Londres e Paris, que viram mais crises temporárias – Londres em 1915, Paris em 1917 (Winter, 1997: cap. 16). As autoridades alemãs se esforçaram para responder com melhoramentos na distribuição de alimentos. Keith Allen (2003) diz que um grupo impressionante de autoridades municipais e de organizações voluntárias forneciam almoços e garantiam fornecimento de pão em Berlim. Também houve tentativas de estender a provisão do Estado de Bem-estar Social para a família, com um esquema de Auxílio à Família e tentativas crescentes de autoridades locais de pagar benefícios de desemprego (Daniel, 1997: 176-181). Tudo isso trouxe ao regime uma extensão de legitimidade.

Contudo, as coisas pioraram à medida que a guerra transcorria. As rações ficaram menores: o regime não conseguiu persuadir ou coagir os agricultores e comerciantes a fornecerem suprimentos de alimentos a preços acessíveis em vez dos preços mais altos no mercado negro. Isso levou à inflação e ao declínio de legitimidade do governo de 1916 em diante. Boletins de ocorrência policial destacavam mulheres da classe trabalhadora mostrando mais descontentamento, pois não podiam ser facilmente penalizadas (enviando-as à frente de batalha, por exemplo) e eram responsáveis pela difícil tarefa de colocar comida na mesa da família. Elas organizavam numerosas manifestações. A escassez de alimentos minou tentativas de levar mais mulheres para as indústrias de guerra, como as atitudes conservadoras dos empregadores alemães. Qual era o sentido de um salário baixo se nada havia para comprar com ele? Melhor colocar os esforços em meios legais de obter comida (Daniel, 1997: 196). O resultado foi uma escassez de força de trabalho, assim como de comida. O aumento do descontentamento também significava que as autoridades se sentiam forçadas a estender sua propaganda e aparatos de vigilância. O descontentamento não era necessariamente de esquerda. Houve convocações para um "ditador da comida" com poder de forçar os "inimigos internos", como os agricultores e comerciantes, a um comportamento mais patriótico, e havia pouca solidariedade de classe entre trabalhadores e camponeses (Moeller, 1986). Alemães e austríacos expressavam estereótipos antissemitas contra os acumuladores de alimentos (K. Davis, 2003: 132-135; Daniel: 1997: 253). O populismo podia se desviar para a esquerda ou para direita.

Essas dificuldades levaram a mais solidariedade, ao menos entre a população urbana. O sofrimento rompia distinções de classe, com pessoas da classe média baixa experienciando escassez junto aos trabalhadores. Keith Davis (2000:

cap. 3) registra muita simpatia da classe média pelos protestos das "mulheres de menos meios". Jeffrey Smith (2007) vê um "vernáculo nacionalista" crescente, um populismo patriótico emergindo em oposição ao regime Wilhelmine, inicialmente liderado pela classe média, mas depois unindo os alemães através das linhas de classes, fragmentando o mundo dominado por *status* e classe da monarquia. O nacionalismo era capaz de se metamorfosear. Essa ideologia transformada atingiu um tipo de sucesso com o estabelecimento da ditadura de Hindenburg e Ludendorff no final de 1916, tornando o kaiser irrelevante, e a substituição de Bethmann-Hollweg como chanceler por Michaelis, creditado pela melhora da distribuição de alimentos. Essa foi uma tentativa de cima para baixo de substituir o descontentamento populista, e funcionou parcialmente. O populismo ainda não se opunha ao governo de classe. Todavia, Smith vê a revolução de novembro de 1918 (discutida no próximo capítulo) não como uma disjunção provocada por uma guerra repentinamente perdida, mas como uma intensificação mais firme desse vernáculo nacionalista ascendente. Depois de terem sido politicamente ativas durante a guerra, as mulheres experienciaram descontinuidade, sendo marginalizadas quando os partidos políticos e sindicatos retornaram no final da guerra.

Os salários da indústria de guerra se mantiveram melhores. Os governos asseguraram que diferenciais de qualificação se estreitassem, e os salários das mulheres se aproximassem aos dos homens à medida que entravam em indústrias mais pesadas, que pagavam melhor, e os salários dos homens caíam. Contudo, a subsistência se tornou mais difícil em muitos lugares. O estoque de habitação se deteriorou sob a pressão de refugiados de zonas de guerra e do movimento nas indústrias de guerra. A inflação subia mais rápido do que os salários, e os padrões de vida em massa na Rússia e nas potências centrais declinaram a partir do começo de 1916, depois mais rapidamente em 1917 à medida que os bloqueios aumentavam. Na França, o pleno emprego e horas extras tendiam a compensar pelo declínio nos salários reais, as famílias de soldados recebiam benefícios de assistência social, e a economia camponesa se deu bem à medida que os preços subiram. Os capitalistas franceses lucraram muito, embora os trabalhadores e camponeses fossem capazes de retornar a uma adequação básica de padrões de vida. Becker (1985) apresenta pesquisas oficiais francesas mostrando que os civis conseguiram evitar privação econômica real. As pessoas britânicas comuns se deram melhor, e os americanos prosperaram com pleno emprego, autossuficiência nacional, e exportação de mercadorias e créditos para a Entente. As potências centrais sofreram quando o bloqueio britânico se tornou efetivo. A Rússia sofreu quando o bloqueio turco-alemão foi efetivo e seu sistema de distribuição se tornou sobrecarregado pelas demandas de mover alimento para as cidades, matérias-primas para os centros manufatureiros, soldados para a frente de batalha e refugiados para fora das zonas de guerra (para França, cf. Smith et al., 2003; Gallie, 1983: 231; para Rússia, Gatrell, 2005; Ferro, 1972: 19-22;

Hasegawa, 1981: 84-86; para Alemanha, Moore, 1978: 282-284; Feldman, 1966: 472; Daniel, 1997: cap. 3; para Grã-Bretanha, Routh, 1980: 136-146; I. McLean, 1983: 168; para uma comparação entre Alemanha, Grã-Bretanha e Estados Unidos, cf. Bry, 1960: 191-214, 306-309; para comparações entre Paris, Londres e Berlim, cf. Winter & Robert, 1997).

As condições de trabalho pioravam enquanto as pessoas trabalhavam mais duro por mais horas. As mulheres trabalhavam particularmente duro, levadas para a indústria e agricultura para substituírem soldados que partiram, e ainda realizando trabalho doméstico. Nos países menos afortunados, catavam comida. As mulheres também sabiam que seriam dispensadas da indústria quando a guerra terminasse. A disciplina de trabalho se tornou mais autoritária. Poderes coercivos maiores se alojavam nos empregadores, apoiados por ministros e autoridades militares. Medidas de emergência restringiam códigos de saúde e segurança, especialmente para mulheres e adolescentes. Liberdades do mercado de trabalho e dos sindicatos foram basicamente suspensas. Trabalhadores estrangeiros, comuns na Alemanha e na França, eram maltratados.

Na Alemanha, se a guerra exacerbou ou não a desigualdade de classes tem sido muito discutido. Kocka (1984: cap. 2) afirmou que sim, mas foi questionado por Ritschl (2005), que mostra que, embora a quota de salários tenha caído nos armamentos, subiu em outras indústrias. Como havia emprego pleno, arrendadores, e aqueles que viviam da riqueza, sofreram com o declínio das ações e especialmente dos títulos. Em geral, na Alemanha, como em outros países, as desigualdades diminuíram (Manning, 1997). Muitos acreditavam que os lucros na indústria e na agricultura fossem enormes, buscados em detrimento do esforço de guerra. O racionamento foi introduzido, mas foi percebido como injusto quando os sistemas de distribuição falharam e os mercados negros para os mais ricos prosperaram (Feldman, 1966: 63-64, 157, 469-470, 480-484). Fazendeiros alemães praticavam aumento de preços, restringindo suprimentos de alimentos das cidades. À medida que a guerra atacava os padrões de vida e reduzia a ingestão calórica, a capacidade dos trabalhadores de trabalhar produtivamente declinou. Na verdade, a saúde melhor dos trabalhadores dos países da Entente deve ter sido uma vantagem na produtividade industrial e na capacidade de fazer a guerra. Nas cidades, alguns alemães não conseguiam encontrar comida o suficiente e outros consumiam conspicuamente. A experiência aproximou os padrões de vida de trabalhadores e das classes médias baixas. Capital e trabalho pareciam revelados como dois grandes campos polarizados, como o Manifesto Comunista havia previsto, mas os tempos de paz não haviam confirmado. O nacionalismo parecia superar a consciência de classe em 1914 e 1915, mas depois isso mudou na direção da coabitação desconfortável dos dois. Grupos desconectados muitas vezes liderados por esquerdistas estavam desenvolvendo uma versão mais populista do nacionalismo, tomando-o das classes superiores. Isso não era a classe sobrepujando a nação, desviando-a para propósitos mais progressistas. Somente na Rússia isso ocorreu completamente, embora possamos detectá-lo como uma tendência em quase toda parte.

Na Alemanha, contudo, afetou menos o interior, uma vez que os camponeses podiam sobreviver melhor à, e inclusive se beneficiar da, escassez de alimentos. Relações de classe eram mais transparentemente coercivas. Empregadores podiam convocar o Estado para suprimir conflitos sobre temas como demissão arbitrária, transferência, rebaixamento de qualificações e bônus por horas extras, turnos e trabalho árduo e perigoso (muito controverso em armamentos). Isso criou a impressão de uma classe dominante e uma elite estatal integradas e todo-poderosas. Uma vez terminada a guerra, poderia enfraquecer a capacidade do capital de franquear organizacionalmente movimentos de trabalhadores e de camponeses, pois depois ambos os lados seriam organizados em nível nacional. Antes da guerra, o capital tinha também uma considerável organização transnacional. A guerra, durante um período, encerrou isso. O capital estava se tornando aprisionado no terreno do Estado.

O que também contribuiu para o desconforto foram as constrições da guerra – escassez de alimentos, falta de variedade no consumo e lazer, interrupções nos projetos de vida, a ausência de homens jovens. Todavia, as privações, desigualdades e coerção não levaram ao conflito aberto de classe durante a guerra – exceto pela Rússia. Havia mais problema em países neutros, sofrendo menos dificuldades econômicas, ausência de mortes violentas e pouca privação emocional. A proporção de greves começou a aumentar nos países combatentes para os quais não temos dados durante os dois últimos anos da guerra, mas não se aproximaram à dos níveis pré-guerra, e não estavam aumentando tão rápido quanto em países neutros como Noruega, Suécia e Espanha (Meaker, 1974: 30-39, 76-95, 141-145). Embora a privação e a turbulência pós-guerra estivessem ligadas, o momento das perturbações esteve apenas erraticamente relacionado ao custo dos movimentos, e o centro revolucionário se apresentou relativamente como indústrias prósperas de metalurgia (Cronin, 1983: 30; Feldman, 1977; Meaker, 1974: 38-39).

Contudo, o partido cooptado e líderes sindicais não puderam mais organizar tanto descontentamento. Eles podiam transmitir reivindicações através da administração estatal, e concessões lhes foram feitas para ajudar a fortalecer sua autoridade sobre os trabalhadores. Assim, a dissensão de classe através dos canais convencionais foi "organizada fora", e foi lentamente encontrando novas formas organizacionais de chão de fábrica para se expressar. Independentemente do que os trabalhadores pensassem sobre a guerra, eles cooperavam. Pisar fora da cooperação trazia o risco da censura da comunidade oficialmente organizada, e depois da repressão. Manifestações e greves em apoio aos descontentamentos relacionados ao trabalho ou à escassez de alimentos eram arriscadas. Organizadores eram muitas vezes radicais, mas queriam que parecesse que os sentimentos antiguerra ou políticos tivessem emergido espontaneamente da multidão. Se sua participação fosse detectada, seriam presos e conscritos ou julgados.

Onde os representantes dos trabalhadores qualificados eram fortes, os empregadores tinham de conciliar no chão da fábrica, especialmente em indústrias metalúrgicas e de munição. Eles eram pressionados pela escassez de força de trabalho e por uma necessidade desesperada de produção: trabalhadores não organizados podiam sair de um emprego para outro. Trabalhadores organizados podiam resistir quietamente. Enquanto os representantes dos trabalhadores mantivessem a resistência contida à fábrica, a conciliação poderia ocorrer, ajudada pelas autoridades militares ou ministeriais. Quando os empregadores resistiam a isso o governo por vezes tentava pressioná-los, embora não com grande sucesso (Kocka, 1984: cap. 4). Se os trabalhadores tentassem o protesto público o governo poderia demiti-los, recrutá-los ou julgá-los por sedição. Quando Karl Liebknecht, o socialista de esquerda, votou em dezembro de 1914 na Reichstag contra os créditos de guerra (o único deputado a fazê-lo), foi recrutado e enviado à frente de batalha. Os sindicatos britânicos eram mais fortes. Quando Lloyd--George tentou remediar a escassez de força de trabalho trazendo trabalhadores "diluídos" (*dilutees*) (não qualificados) para trabalhos qualificados, ele, mais tarde, comentou com arrependimento: "Os arranjos efetivos para a introdução da força de trabalho não qualificada tinham de ser feitos separadamente em cada oficina, com o acordo dos trabalhadores qualificados lá". A proporção de greves no tempo da guerra na Grã-Bretanha foi muito mais elevada do que na Alemanha (Ritschl, 2005: 55-57). Os sindicatos franceses eram mais fracos: os sindicatos foram excluídos do governo e das negociações com empregadores até bem tarde na guerra. Se homens qualificados eram enviados de volta do serviço militar porque a indústria necessitava deles, permaneciam sob disciplina militar, e seus empregadores poderiam enviá-los de volta à frente de batalha por insubordinação, o que era inconcebível na Grã-Bretanha. As condições francesas depois melhoraram quando o ministro socialista de armamentos Albert Thomas tornou a negociação coletiva compulsória e introduziu salários-mínimos. As condições russas eram mais duras: trabalhadores que expunham reivindicações eram muitas vezes ameaçados com recrutamento, usualmente executado no caso dos grevistas. Em toda parte, no chão da fábrica, trabalhadores estendiam quietamente seus poderes informais, embora em última instância contidos pelo sindicato e por líderes do Partido Socialista e controles governamentais (Smith et al., 2003; Godfrey, 1987; Becker, 1985: cap. 17; Gallie, 1983: 232-234; Pedersen, 1993, cap. 2, esp. 84-86; Hasegawa, 1981: 86-89; I. McLean, 1983: 73-75, 83-85, 91, 120, 138; Feldman, 1966: 116-137, 373-385, 396, 418-420; Broue, 2005: 53).

Como essa passou a ser, a partir de 1916, uma guerra do povo, exigia-se e se esperava que um sacrifício popular fosse recompensado com mais direitos de cidadania política e social no futuro. O nacionalismo se tornou progressista. A guerra não era supostamente um regime contra o outro, mas a nação inteira defendendo sua segurança e seus valores. A maior mudança política ocorreu na Grã-Bretanha. Cerca de 60% dos homens já tinham direito ao voto, mas em março de 1917, todos os homens britânicos (mas não as mulheres) receberam esse direito. Na Alemanha e na Áustria, essa foi a primeira ocasião em que socialistas jamais foram consultados sobre questões políticas importantes, e o direito de voto classista prussiano foi abolido em 1917, embora permanecesse nas outras Länder, e a Reichstag alemã não tivesse obtido poderes soberanos completos. Algum despotismo monárquico permaneceu. No domínio econômico, racionamento, salários-mínimos e regulação de preços pareciam um prólogo possível para a cidadania social no sentido de Marshall. A ascensão ao poder de Lloyd--George e de Clemenceau e mesmo da ditadura militar na Alemanha parecia o reconhecimento implícito da mudança.

Durante a guerra, mais direitos de cidadania foram prometidos, mas apenas vagamente. Lloyd-George prometeu uma "terra digna de heróis" – no futuro. Movimentos nacionalistas austro-húngaros assumiram que receberiam mais autogoverno após a guerra em troca de seus sacrifícios. Os povos ultramarinos do império também foram infectados pelas aspirações de cidadania. Promessas políticas definidas foram feitas na política britânica para os árabes que se revoltaram contra o Império Otomano: eles teriam seu próprio Estado se tornassem sua a causa das tropas britânicas contra o império. Muitos deles concordaram. Lamentavelmente, Perfídia Albion apenas os tornou parte do Império Britânico. Os indianos e outros movimentos nacionalistas avançados nos impérios britânico e francês fizeram a mesma suposição e esperaram mais autogoverno, embora não houvesse promessas definidas. Uma vez mais, eles seriam enganados. Expectativas populares não aumentaram ao redor do globo, mas em muitos lugares sim. Isso era perigoso para os regimes existentes – especialmente se perdessem a guerra. Contudo, os perdedores não possuíam muito império no exterior, de modo que as represas romperam na Europa. As duas revoluções russas em fevereiro e outubro-novembro de 1917 eclodiram primeiro, encorajando militantes globalmente, mas, em janeiro de 1918, era como se a própria revolução pudesse se espalhar em outra parte na Europa. Trato disso no capítulo 6.

Conclusão: uma Grande Guerra sem sentido

Quando ela finalmente terminou, os três impérios dinásticos que a haviam começado estavam destruídos, assim como o Império Otomano. Os estados--nações, muitos deles incorporando maiores direitos de cidadania, estavam estabelecidos em quase todo lugar na Europa, mas os impérios ulltramarinos permaneceram. O poder britânico e francês foi formalmente restaurado, embora irreparavelmente danificado, e somente os americanos e japoneses lucraram muito. Os Estados Unidos passaram de um grande devedor a banqueiro do mundo, pelas somas massivas que lhes deviam todas as potências europeias.

O Japão havia adquirido colônias alemãs no Extremo Oriente, inaugurando postos para expansão posterior na China e ao longo do Pacífico. A Europa foi profundamente fraturada pela Grande Guerra europeia após seus estadistas terem cometido uma série de erros terríveis pelos quais seu continente pagaria a um grande custo. Agora, o poder começaria a mudar para outros continentes, uma vez que processos mais pacíficos de globalização continuaram durante um tempo. Para entender por que eles começaram a guerra, devemos nos colocar retroativamente em uma cultura na qual a guerra era considerada normal e legítima, que considerava que os estados tinham interesses de sobrevivência e de segurança, os quais os cidadãos, homens comuns, deveriam defender com suas vidas, e na qual todos obedeciam a figuras de autoridade independentemente de quão estúpidas fossem – até a morte. Essa era a Europa de 1914. O nacionalismo agressivo emergiu principalmente como uma consequência da guerra, não como sua causa. Foi depois transmutado em um nacionalismo populista, cheio de descontentamentos sobre desigualdades de poder na conduta da guerra, e ansiando que a guerra terminasse. A guerra ajudou as massas a entrarem em cena.

Certamente, essa não foi uma guerra racional, embora tivesse sido gerada pela cultura e instituições de um militarismo originalmente racionalista e que ainda era tratado como tal. Tampouco, os tratados de paz que se seguiram racionalmente orientados para obter seus dois objetivos principais, frear o poder alemão e ainda encontrar um acordo de paz duradouro. A guerra foi vista por muito tempo sob uma luz negativa, como sem propósito, liderada por incompetentes – "leões liderados por burros", como os britânicos descreviam seu exército. Historiadores recentes tentaram reabilitar a reputação de políticos e generais, e afirmam que para Grã-Bretanha e França, ao menos, valeu a pena lutar a guerra (Bond, 2002). Sou cético. Deveríamos condenar esses estadistas. Por sua impaciência com a diplomacia, sua estupidez em levar a Europa à guerra, e depois, quando chegou ao impasse, por seu fracasso em novamente usar a diplomacia para negociar um acordo de paz. De seu ponto de vista, sua busca de uma combinação de segurança estratégica e *status* – prestígio tanto pessoal como nacional – poderia ter parecido racional, mas foi insensível e estúpida. Deveríamos considerar suas políticas como irracionais e desumanas. Deveríamos condenar os generais que continuaram a sacrificar seus soldados aos seus deuses moedores de carne. Nem os estadistas nem os generais estavam na linha de frente de batalha, arriscando suas próprias vidas. Na guerra moderna, elites lutam por sua própria honra com as vidas de outros; o militarismo de esporte de espetáculo é fácil de executar. Deveríamos tirar uma lição importante dessa guerra: jamais deveríamos permitir que a cultura militarista dessa civilização se tornasse legítima novamente de modo que o extermínio em massa pudesse ser considerado como fora outrora válido ou necessário.

Rudyard Kipling escreveu um comovente dístico sobre a morte de seu filho na Batalha de Loos em 1915, o dia após seu aniversário de 18 anos:

Se alguém perguntar por que morremos
Diga-lhe, porque nossos pais mentiram.
("Epitáfios de Guerra 1914-1918", *The years between* (*Os anos intermediários*), 1919)

Isso foi desconfortavelmente próximo da verdade. Os pais deveriam ter mais juízo que os filhos. A guerra fora posta em movimento por estadistas honrando uma guerra lutada por outros como o modo padrão de diplomacia entre estados. Esse era o calcanhar de Aquiles dessa civilização de atores de poder múltiplo, que em breve desmoronaria. Todavia, a guerra teve um lado bom: enfraqueceu o governo dos mais velhos e melhores. Foi lutada, provisionada e sofrida pelas massas, que, como uma consequência, foram trazidas agora completamente para o estágio de cidadania e poder na Europa pós-guerra.

Seu resultado – quem ganhou, quem perdeu – não foi, no fim, acidental. Embora outras consequências pudessem ter resultado do primeiro ano ou dois, como se viu, tornou-se mais provável que os batalhões maiores do capitalismo democrático ocidental vencessem, uma vitória mais por sua força do que por sua virtude. Mesmo que não tivesse sido completamente uma guerra total, o militarismo europeu sacudiu as fundações da sociedade europeia, provocando seu declínio, embora ainda não seu colapso. Os dois grandes impérios da Europa, Grã-Bretanha e França, haviam apenas sobrevivido, embora a guerra tenha ajudado a passagem de poder a outros. Ela destruiu a monarquia despótica ao longo de grande parte do continente, embora outras instituições tradicionais tivessem tentado fingir que nada havia mudado muito. Todavia, todos estavam sendo vigorosamente desafiados, uma vez que as massas em cena estavam ouvindo novas ideologias que emergiram dos sofrimentos da guerra e depois dela. Se as massas experienciaram vitória ou derrota, sua participação e sofrimentos agora mudariam o mundo e suas próprias aspirações pelo futuro – como já vimos no capítulo 2 no caso dos indianos. Em nenhum lugar isso foi mais claro do que na Rússia.

6
Explicando as revoluções: Fase 1, revoluções proletárias, 1917-1923

Introdução: teorias da revolução

Na superfície, o século XX parece dominado pela mudança evolucionária, uma vez que houve um considerável progresso material ao longo desse período. As estruturas de poder presentes no começo do século depois se difundiram globalmente – capitalismo, Estado-nação e (menos completamente) a democracia –, mas o processo não parecia tão evolucionário na época. Duas revoluções dominaram sua primeira metade, lançadas pelos bolcheviques e pelos comunistas chineses. Elas inspiraram revoluções e contrarrevoluções posteriores ao redor do globo – incluindo o fascismo e a estratégia de contra-insurgência de terra arrasada dos Estados Unidos. Esse se tornou um período de ideologias rivais se alastrando pelo globo. O último quarto do século foi depois dominado pelo desdobramento dessas revoluções, e (menos completamente) pelo triunfo de uma ideologia.

Essas eram tendências amplas, transnacionais, e mesmo globais. Poderiam ser vistas como um *equilíbrio pontuado*, tendências gerais sendo repentinamente recanalizadas por guerras e revoluções. Todavia, com o colapso dos impérios europeus multinacionais, tendências e rupturas também foram parcialmente enjauladas pelos estados-nações, com cada um deles tendo experienciado guerra e revolução (ou reforma) diferentemente, de acordo com o equilíbrio de forças em cada um deles. Isso envolve uma abordagem nacionalista que analise cada país importante separadamente, e também o reconhecimento da difusão transnacional de ondas revolucionárias e contrarrevolucionárias ao redor do globo. Discuto as ondas revolucionárias e contrarrevolucionárias que se espalharam da Rússia para a Europa Central neste capítulo. Discuto a Revolução Chinesa no capítulo 13, e discuto a onda que ela induziu no volume 4, que também inclui minha explanação final sobre as revoluções modernas.

Muitas definições de revolução combinam a supressão das relações políticas e sociais ou econômicas. Estendi esse uso, definindo revolução como um movimento insurgente popular que suprime radical e violentamente ao menos três das quatro fontes do poder social. O termo "revolução" é por vezes definido como uma transformação de relações políticas apenas, como Tilly (1993) define. Assim, ele encontra não menos de 709 casos na Europa apenas entre 1492 e 1992. Chamo quase todas essas revoluções políticas, preferindo limitar o termo "revolução" a alguns casos mais transformadores. Deixe-me observar que, até aqui, revoluções políticas foram dominantes. No período moderno, essas tomaram basicamente uma forma constitucional, separando a autoridade legislativa e a executiva de acordo com as regras formuladas em constituições ou no direito comum. Essas revoluções políticas vieram em ondas desde as revoluções americana e francesa, embora estivessem adquirindo um conteúdo social mais reformista ao longo do século XIX. A última onda de revoluções políticas constitucionais veio logo antes da Primeira Guerra Mundial, durando da revolução fracassada em 1905 na Rússia à tomada do poder pelos Jovens Turcos no Império Otomano em 1908 à Revolução Mexicana de 1910 e à Revolução Chinesa de 1911. Em todas essas revoluções, o ideal era predominantemente político e não econômico. A Revolução Bolchevique mudou fundamentalmente isso, e as ondas que emanaram dela dominaram o restante do século XX.

Revoluções não são fáceis de explicar porque são de algum modo contingentes e imprevisíveis. Quando multidões provocam distúrbios nas ruas e insurgentes se armam, o resultado é inerentemente incerto. A qualidade da tomada de decisões e a liderança obviamente importam. Repressão feroz ou reformas judiciosas podem impedir a sua insurgência no início, de modo que alguns casos potenciais de revolução nunca chegam à nossa atenção. Revoluções urbanas geralmente começam como revoluções puramente políticas e depois escalam de forma irregular, embora muitas revoluções políticas, posteriormente, não escalem. Revoluções rurais tendem a ter mais conteúdo social e usam violência antes. Tudo isso torna mais difícil explicar a revolução.

O marxismo dominou tanto revoluções como a teoria revolucionária no século XX. Nesse sentido, tornou-se, junto ao constitucionalismo liberal, a primeira ideologia verdadeiramente global, com seus adeptos acreditando que seus modelos se aplicavam ao globo, que terminariam levando a uma sociedade global. Ele pode ser considerado uma forma secular de salvacionismo, e dava a seus quadros poder ideológico comparado ao das religiões de salvação. Observando a contingência dos distúrbios revolucionários, os marxistas os explicavam, de um modo geral, em termos de seu conceito-mestre: o conflito de classes. O marxismo vê as revoluções – da Guerra Civil inglesa à Revolução Francesa – como conflitos entre as antigas classes feudais e a ascendente burguesia. A primeira Revolução Russa de fevereiro-março de 1917 foi vista como um triunfo de curta duração da burguesia, a Revolução Bolchevique de outubro-novembro de 1917 foi o triunfo da classe trabalhadora, e a Revolução Chinesa foi o triunfo do campesinato. Interpretações marxistas depois suplementaram esse modelo básico com análise de outros grupos sociais, bem como da organização e liderança em ambos os lados das barricadas. Barrington Moore (1967), claramente influenciado pelo marxismo, ofereceu uma análise em termos das relações de poder entre classes sociais e o Estado. Teorias marxistas são de longo prazo, vendo a revolução como uma consequência de tendências estruturais de prazo muito longo. Contudo, importantes contribuições marxistas à teoria vieram de revolucionários, como Lenin, Trótsky, Mao e Che Guevara, e eles acrescentaram táticas de curto prazo para causas estruturais.

O sumário de 1920 de Lenin sobre as causas revolucionárias na Rússia pode ser nosso ponto de partida:

> Não basta, para a revolução, que as massas exploradas e oprimidas entendam a impossibilidade de viver do modo antigo e exijam mudanças; é essencial, para a revolução, que os exploradores não sejam capazes de viver e governar do modo antigo. Somente quando as *"classes inferiores" não desejarem* o modo antigo, e quando as "classes superiores" *não puderem prosseguir do modo antigo* – somente então a revolução pode triunfar (edição de 1947: II, 621, ênfases suas).

Observe sua mesma ênfase em ambas as classes principais: uma classe inferior buscando depor a ordem antiga, e uma classe superior cuja resistência se torna enfraquecida. É necessário ao menos dois para fazer uma revolução.

Uma segunda linha de teoria foge do funcionalismo estrutural, enfatizando tendências, desequilíbrios e dissensões como causas da revolução. Essas condições, contudo, não são fáceis de operacionalizar, e são muito mais difundidas do que revoluções, que são muito raras. Isso também é um problema para teorias focadas na privação relativa sentida seja por elites dissidentes seja pelas massas. O modelo de curva J de privação relativa tem a vantagem de ser testável, pois sugere que revoluções ocorrem durante um período de declínio econômico seguindo um longo período de crescimento – aspirações surgem e são depois frustradas, tornando as pessoas mais descontentes. Todavia, por vezes isso ocorre antes de uma revolução e por vezes não. Ela necessita se estender para servir seja à Rússia seja à China, as duas principais revoluções do período, porque um declínio econômico não é o melhor modo de descrever dois países devastados pela guerra de mobilização de massa, e o processo revolucionário da China durou vinte anos. Essas teorias sugerem que revoluções ocorrem quando as pessoas estão insatisfeitas, embora muitas pessoas se ajustem à exploração, por pior que possa ser, se sentem que há pouco que podem fazer para melhorar sua sorte. Revoluções ocorrem quando pessoas insatisfeitas acreditam que o regime governante se enfraqueceu a tal ponto que podem desafiá-lo. A segunda causa aduzida por Lenin retroage à sua primeira causa.

Estudos recentes seguiram a orientação de Lenin focando ao menos tanto em como os regimes governantes se enfraquecem quanto nos movimentos insurgentes a partir de baixo. Theda Skocpol começou essa mudança. Ela explicou as revoluções Francesa, Russa e a Chinesa de 1911 em termos de pressões geopolíticas sobre estados interagindo com conflitos de classe. Assim, ela argumentava, as revoluções modernas foram provocadas por "(1) organizações estatais suscetíveis a colapso administrativo e militar quando sujeitas a pressões intensificadas vindas de países estrangeiros mais desenvolvidos, e (2) estruturas sociopolíticas agrárias que facilitavam as revoltas difundidas contra proprietários de terras" (1979: 154). Ela via essas duas como causas necessárias da revolução, e que, combinadas, são uma causa suficiente. Quando ambas estão presentes, resulta necessariamente a revolução. Ela argumentava que seus três estados estavam despendendo muitos recursos em guerras, perdendo guerras que os enfraqueciam e dividiam, tornando-os vulneráveis. Isso agora é geralmente aceito, mas ela diz que o movimento insurrecional vinha dos conflitos de classe agrários e especificamente de camponeses descontentes. Isso envolveu seu estudo de três variáveis principais: "o grau e tipos de solidariedade das comunidades campesinas... o grau de autonomia campesina de supervisão direta e controle diários pelos proprietários de terras e seus agentes... [e] o relaxamento das sanções coercivas do Estado contra revoltas camponesas" (1979: 115, 154). Isso faz sentido, mas não havia outro ator importante? Não havia a burguesia no caso da França, e o proletariado no caso da Rússia?

Outros acrescentaram à sua abordagem. Goldfrank (1979: 148, 161) identificava quatro causas necessárias e cumulativamente suficientes da revolução. Duas afetavam os governantes, duas os insurgentes: (1) um contexto mundial tolerante ou permissivo no qual forças estrangeiras não intervirão ou ajudarão os rebeldes; (2) uma consequente crise política que paralisa a capacidade administrativa e coerciva do Estado; (3) rebelião rural generalizada; e (4) movimentos de elite dissidentes no setor urbano. As primeiras três interagiam para produzir uma situação revolucionária; a quarta emergia para efetivar a transformação política e social após a superioridade militar dos revolucionários ter ficado clara. Essa última frase me parece sugerir uma quinta condição necessária: a superioridade do poder militar. Goldstone (2001) distingue três condições essenciais para a sobrevivência do regime: (1) se possui os recursos necessários para assumir efetivamente ou com justiça as tarefas requeridas dele; (2) se as elites estão unidas em vez de divididas ou polarizadas; e (3) se as elites de oposição podem se associar ao protesto de forças populares abaixo. Foran (2005), escrevendo sobre revoluções do século XX, identifica cinco condições favoráveis para a revolução: (1) desenvolvimento econômico dependente; (2) um declínio econômico; (3) um Estado repressivo, excludente e personalista; (4) uma forte cultura política de oposição; e (5) uma "abertura sistêmica mundial".

Essas perspectivas se sobrepõem, enfatizando as divisões políticas no antigo regime, geradas principalmente por pressões geopolíticas externas. No lado dos insurgentes, é necessário que tanto as classes rurais como as urbanas desejem mudanças importantes e possam se associar às elites de oposição que encabeçam o movimento. Alguns escritores colocaram o papel do Estado acima de todas as outras causas, dizendo que um Estado altamente repressivo, mas com uma base restrita (i.e., faccionalizada), excludente ou personalista, ou um Estado patrimonialista sem raízes fortes na sociedade civil são os mais vulneráveis. Eles dizem que se apenas o conflito de classes importasse, os trabalhadores e camponeses atacariam os capitalistas e proprietários de terras, não o Estado. Para uma consequência política, necessitamos de causas políticas (Goodwin 2001; cf. Goldstone, 2004). Há algum sentido em todas essas teorias.

Não me afastarei muito delas, embora enquadre causas em termos das quatro fontes do poder social, todas as quais auxiliam ou impedem a revolução. Observo também que um Estado tentando lidar com insurgentes poderia ser enfraquecido de dois modos diferentes: poderia ser faccionalizado, tornando-se incapaz de apresentar uma frente unida aos insurgentes, ou poderia carecer de poderes infraestruturais básicos para impor sua vontade ao longo do país. Também enfatizo mais as causas militares. Nas ondas de revolução e de tentativas de revolução do século XX, o conflito de classes era importante, mas também era importante a coesão ideológica dos oponentes, a força e o ponto de vista do Estado existente, e o equilíbrio do poder militar entre o Estado e outros estados e entre os movimentos nacionais contenciosos. Enfatizo o papel dos camponeses, trabalhadores e soldados: esses eram todos países industrializados, que eram ao menos metade (por vezes, mais da metade) agrícolas, daí a importância de trabalhadores e camponeses. A guerra de mobilização de massa também teve um efeito profundo na possibilidade de revolução no século XX. Muitas revoluções – e todas as principais – ocorreram no curso de guerras ou de seu desfecho, mas para a revolução, o poder deve ser tomado violentamente. O equilíbrio de poder militar e paramilitar na sociedade termina determinando se uma revolução é bem-sucedida ou não, ou se na verdade dissuade os militantes de sequer contemplar a revolução.

Minha metodologia também se afasta um pouco dos modelos convencionais. Sigo Foran na comparação de revoluções à "não revolução", na qual uma tentativa de revolução fracassou. Contudo, predomina um método comparativo nacionalista, tomando cada revolução nacional como um caso independente e depois buscando fatores causais comuns através delas. Esse método tem seus pontos fortes, mas revoluções raramente foram casos independentes. Quase todas as revoluções modernas foram lideradas por pessoas que se tornaram marxistas, orientando-se a uma teoria da história que acreditavam que tivesse aplicação global. Eles tinham um objetivo utópico, embora isso não os tivesse impedido de adaptar ou mudar a teoria à luz de suas próprias experiências. Havia um processo de aprendizagem levando a novas táticas, como havia entre as contrainsurgências. As revoluções interagiam uma com a outra através do tempo e do espaço. Além disso, o método comparativo é muito igualitário. Duas revoluções foram muito mais importantes do que todas as outras juntas: a Revolução Bolchevique e a comunista chinesa imediatamente ativaram uma onda de tentativas de revolução posteriores em suas macrorregiões além de influenciar o mundo. É provável que sem uma ou outra muitas outras revoluções não teriam ocorrido. Tampouco, o tempo revolucionário era linear; revoluções ocorreram em duas ondas iniciadas por essas duas revoluções, e ocorreram durante e imediatamente após as duas grandes guerras do século. Assim, para entender as revoluções do século XX, devemos focar primeiro as duas grandes cuja importância excede todas as outras. Devemos analisá-las em seu contexto temporal e espacial, e devemos dar às relações de poder militar um papel maior do que aquele referido por qualquer um dos estudiosos antes deste capítulo. O final da Primeira Guerra Mundial viu a revolução se espalhar da Rússia para a Europa Central e Oriental, ainda que essas outras revoluções tenham fracassado. Tento, aqui, explicar por quê.

Reforma e revolução no começo do século XX

O problema-chave para os países relativamente avançados na primeira metade do século XX era como satisfazer as aspirações das classes populares – camponeses, trabalhadores e a classe média baixa – para a cidadania completa no Estado-nação. Isso concernia às três formas de direitos do cidadão de T.H. Marshall (discutidas com mais detalhe no capítulo 9): civil, política e social. A participação poderia ter sido buscada através da revolução, embora isso fosse muito raro. Muito mais comum era a cidadania obtida por meio de reformas, nas quais as classes dominantes e elites eram pressionadas a ampliar o sufrágio, reconhecendo direitos civis e sindicatos trabalhistas, e oferecendo assistência social para fornecer um padrão garantido de vida para todos em um capitalismo reformado. A reforma era a norma, não a revolução, como veremos no capítulo 9.

Que caminhos foram seguidos imediatamente antes da eclosão da Grande Guerra? Como discuti isso em detalhes nos capítulos 17-20 do volume 2, aqui, reviso brevemente o contexto. A Segunda Revolução Industrial trouxe as corporações e fábricas maiores, especialmente de ferro, aço, manufatura de metais, químicos e mineração, assim como mais urbanização, burocratização estatal e expansão do exército. A força de trabalho estava sendo homogeneizada, uma vez que empregados e sua vanguarda organizacional eram trabalhadores de fábrica qualificados vivendo nos distritos da classe trabalhadora das cidades (e comunidades de mineração mais rurais). Sujeitos a, e muito ressentidos com, mais controle hierárquico do que no passado, esses trabalhadores se revoltaram. Em todos os países industrializados, sindicatos trabalhistas estavam agitados. Contudo, como argumentei no volume 2 (e repeti no capítulo 3), os trabalhadores poderiam ter formado três diferentes tipos de movimentos: (1) organizações de classe que buscassem representar os interesses dos trabalhadores como um todo e que marchassem sob bandeiras socialistas ou sindicalistas; (2) organizações seccionais que representassem somente um tipo particular de ocupação (usualmente qualificada); ou (3) organizações segmentares que se organizassem a partir de seu local atual de emprego, do qual dependessem grandemente porque suas habilidades e recompensas não eram facilmente transferíveis para outro lugar. A Segunda Revolução Industrial estava concentrando a força de trabalho; uma ofensiva dos empregadores visava a desqualificar seccionalmente trabalhadores profissionais organizados, forçando-os aos postos crescentes dos semiqualificados. Isso produziu mais crescimento sindical baseado em classe, envolvendo uma onda de greves, socialismo e sindicalismo pouco antes da eclosão da guerra; a agitação da força de trabalho estava em ascensão antes da guerra (Silver, 2003: 125-128).

Essa ainda não era uma ameaça massiva. Por volta de 1914, nenhum movimento trabalhista organizara metade da força de trabalho. A Austrália tinha 31% de sindicalização, a Grã-Bretanha e a Dinamarca 23%, a Alemanha 17%, e os outros países vindo atrás dos Estados Unidos com somente 10%. Nas indústrias mais concentradas de metais, mineração, química e têxtil os sindicatos eram mais fortes, e a consciência de classe estava crescendo. Todavia, muitos sindicatos eram liderados por trabalhadores profissionais cujo seccionalismo permanecia forte. Corporações novas e maiores também requeriam habilidades particulares para cada firma ou setor, no qual administração e trabalhadores tinham um nível mais elevado de dependência mútua. Isso induziu o sindicalismo segmentar, organizado no nível da firma. Alguns eram sindicatos de companhias – nos Estados Unidos desdenhosamente chamados sindicatos *yellow dog* –, mas outros mostraram tendências sindicalistas independentes. Tanto o sindicalismo seccional quanto o segmentar tendiam a minar a solidariedade de classe entre trabalhadores, e, na prática, muitos movimentos trabalhistas continham elementos dos três. Também argumentei que a exclusão política prejudicava muito o equilíbrio na direção da organização de classe e dos sentimentos revolucionários. Se todos os trabalhadores fossem excluídos da cidadania política, isso poderia anular as diferenças seccionais e segmentares para gerar movimentos confessadamente de classe, por vezes adotando sentimentos revolucionários – embora suas práticas diárias efetivas pudessem ser mais reformistas.

Partidos socialistas e trabalhistas também estavam aumentando em toda parte, exceto nos Estados Unidos. Seu voto nas eleições estava subindo muito rapidamente pouco antes da guerra. O Partido Socialista Alemão (PSA) liderou facilmente o caminho, em 1912, tornando-se o maior partido único com 35% dos votos. Nenhum outro partido socialista ou trabalhista teve mais que 25%. Como os trabalhadores muitas vezes associavam o Estado a repressão, desconfiavam muitas vezes das políticas nacionais. Contudo, tanto sindicatos quanto o socialismo ou o anarcossindicalismo estavam crescendo, preocupando cada vez mais os antigos regimes do mundo, os mais alertas deles estavam começando a conceber estratégias, além da repressão, que pudessem afastar os trabalhadores do extremismo (cf. capítulo 9).

Cada país combinou essas tendências de modos distintos. Como vimos no capítulo 3, os Estados Unidos há muito desfrutavam da democracia masculina branca, com exclusão política apenas de afro-americanos e mulheres. Todavia, as elites políticas e as classes dominantes produziram poucas reformas econômicas, e empregadores e governo recorreram com mais frequência à repressão do que em outros países, exceto pela Rússia tsarista. Os Estados Unidos eram uma estranha combinação de democracia e repressão, deixando a classe trabalhadora mais frustrada do que os socialistas. A essas alturas, a Grã-Bretanha e suas ex-colônias de assentamento brancas haviam dado direito ao voto a muitos homens, e sindicatos e partidos trabalhistas estavam livres para se organizar. Existiam organizações de classe, mas elas adotaram pouco socialismo. Os países anglófonos ofereciam variantes de um caminho liberal-trabalhista para reformas. Variantes mais socialistas desse caminho foram encontradas ao longo da Escandinávia e dos Países Baixos, Bélgica e França. O noroeste da Europa já parecia estar se encaminhando para o reformismo da democracia liberal, sindicatos livres e os primeiros indícios de reformas de bem-estar social. Espanha e Itália eram mais misturadas: embora tivessem parlamentos e eleições com um amplo eleitorado masculino, esses eram corruptos e controlados por notáveis locais. O *caciquismo* era o termo espanhol para essa forma de cima para baixo de controle de classe corrupto; *transformiso* era a palavra italiana para a habilidade do executivo de subornar partidos para formarem um conjunto de ministros aquiescentes. Os trabalhadores poderiam formar sindicatos e partidos, mas sua exclusão prática da cidadania política os dirigia à esquerda para o socialismo e sindicalismo. Ambos os países continham descontentamento agrário em algumas regiões. Eles também tinham igrejas católicas poderosas e conservadoras. Havia uma perspectiva para confrontos revolucionários em ambos os casos.

Os impérios alemão e austro-húngaro retiveram instituições mais despóticas. Possuíam parlamentos com sufrágio universal masculino, mas a eleição era dominada pela classe e o imperador, não o parlamento, era soberano. Eram permitidos sindicatos, mas sua liberdade de reunião e de greve era restringida por formas rituais que disciplinavam os trabalhadores sem muito recurso à violência. A combinação criou grandes partidos socialistas, excluídos da participação no governo, ostensivamente comprometidos com a revolução, mas moderados em suas práticas efetivas. Além disso, o regime e muitas autoridades locais estavam patrocinando reformas de bem-estar para impedir o socialismo e dividir a classe trabalhadora.

O caso mais extremo foi a Rússia tsarista. A despeito da rápida industrialização que produziu as maiores fábricas no mundo, o regime se recusava a conceder reformas democráticas ou econômicas e permitia aos trabalhadores poucos direitos coletivos. A exclusão total previsivelmente gerou a consciência revolucionária entre trabalhadores, camponeses e mesmo entre as classes médias. Quando uma reforma mínima produziu mais demandas a partir de baixo, seguiu-se a repressão. Quando a Rússia foi derrotada pelo Japão na guerra de 1905, houve um aumento súbito de violência revolucionária. Embora fosse reprimida, a Rússia, durante o governo do último tsar, parecia dirigida menos para reformas do que para outra tentativa de revolução.

Finalmente, como observado no capítulo 19 do volume 2, relações de classes agrárias eram variadas. Em 1910, somente a Grã-Bretanha havia dizimado sua população agrária. Apenas quatro países – Grã-Bretanha, Bélgica, Austrália e Suíça – tinham mais empregados na manufatura do que na agricultura. Os Estados Unidos ainda tinham 32% na agricultura, a Alemanha 37%, a França 41% e a Rússia e o Império Austro-húngaro mais de 55% (Bairoch, 1982: tabela A2). Essas eram realmente sociedades agrário-industriais duais. Na França, Espanha, Itália e Estados Unidos algumas regiões de camponeses eram radicais, outras conservadoras; na Alemanha e no Império Austro-húngaro, elas tendiam mais ao conservadorismo. A Rússia continha muito descontentamento agrário, como a revolução abortiva de 1905 revelou.

Antes da guerra, a Rússia tinha o regime mais excludente e depois experienciou a única revolução bem-sucedida; a Alemanha e o Império Austro-húngaro praticavam uma exclusão menor e depois viram revoluções fracassadas; os outros, com mais inclusão, viram reformas. Esse ordenamento poderia sugerir que a guerra poderia não ter sido uma parte necessária da explanação da revolução. Talvez os resultados tivessem ocorrido mesmo que não tivesse havido guerra. Como vimos nos capítulos anteriores, a guerra não era o produto dessas relações de classe – foi basicamente atribuível ao militarismo tradicional das potências europeias. Se as relações de classe mudariam como resultado da guerra obviamente dependia dos dois principais eixos de participação militar. Primeiro, alguns países estiveram apenas marginalmente envolvidos na guerra, como o Japão e os Estados Unidos. Era improvável que a guerra os afetasse muito. Alguns foram totalizados pela guerra – Rússia, Alemanha e Áustria. Segundo, houve ganhadores e perdedores. Esperava-se que a vitória pudesse legitimar as relações de poder existentes, sujeitas apenas a reformas fluindo da guerra do povo. A derrota poderia ter a consequência oposta, deslegitimadora.

A Revolução Bolchevique

A Rússia foi excepcional de dois modos: teve a única revolução bem-sucedida, mas também foi o único caso no qual a revolução eclodiu durante a guerra e não depois dela. Perturbações revolucionárias entre trabalhadores, camponeses, soldados e multidões urbanas começaram no final de janeiro de 1917, e continuaram ao longo daquele ano. A Dinastia Romanov foi deposta no começo de março, e um Governo Provisional passou brevemente ao poder em uma suposta revolução política constitucional que também levou a uma transformação ideológica. Contudo, não houve transformação econômica enquanto o exército russo ainda estava lutando desesperadamente contra os alemães. Depois, em outubro, os bolcheviques depuseram o Governo Provisional. Ao final de 1921, os bolcheviques haviam cimentado seu poder, rejeitado o constitucionalismo, e estavam transformando as relações de poder político, econômico e ideológico. Eles haviam substituído o capitalismo pela posse do Estado; religião, monarquismo, conservadorismo e liberalismo por uma ideologia oficial do marxismo-leninismo; e a monarquia despótica, não por uma democracia socialista constitucional, mas por um Estado monopartidário despótico. Chegando como um resultado da insurgência popular de massa, era claramente uma revolução. Na verdade, permanece a única revolução exitosa na história do capitalismo ocidental.

Como indiquei, a Rússia já estava em dificuldades antes da Primeira Guerra Mundial. Reformadores por vezes foram bem-sucedidos em extrair concessões da corte Romanov – estabelecendo um parlamento com poderes restritos de voto (a Duma), procedimentos de conciliação com a força de trabalho, e assim por diante. Contudo, a cada vez, a pressão popular resultante por mais concessões alarmava os conservadores que tinham o controle da corte. Nicolau II realmente acreditava em seu direito divino de governar. A corte era guiada mais pela ideologia do que pela racionalidade instrumental de como sobreviver por meio do acordo. Repressão e retirada das concessões seguiram-se. Contudo, isso revelou um Estado dividido, mas como os reacionários sempre sucediam e os liberais e constitucionalistas tinham pouco poder, isso não era fatal à relativa coerência do regime. Todavia, a vacilação que terminou na repressão aumentou o descontentamento entre o povo – não ao ponto no qual as duas condições de Lenin fossem de fato satisfeitas, mas ao ponto em que ondas de demonstrações e greves persuadiram os conservadores na corte a insistir na entrada da Rússia na guerra em 1914 (dentre outras razões) a fim de subjugar o descontentamento com uma gigantesca onda de patriotismo.

Os pequenos partidos revolucionários da Rússia tiveram uma influência inicial em um movimento popular que exigia reformas constitucionais, não revolução. O núcleo das três principais facções socialistas – mencheviques, bolcheviques e socialistas revolucionários ou SRs (que eram mais moderados do que seu título sugere) – era formado por estudantes, professores e alguns trabalhadores (ou camponeses, no caso dos SRs) relativamente bem-instruídos, intelectualmente orientados, tentando muito, sem muito sucesso, estabelecer uma base de massa. A teoria inicial de Lenin de um pequeno partido de vanguarda reservado estava na realidade fazendo a maior parte de um trabalho ruim. O Partido Bolchevique afirmava ter 23.000 membros no começo de 1917; a cifra real deve ter sido muito menor.

Analisei os históricos dos sessenta e oito principais bolcheviques em 1917, dos membros dos comitês centrais do partido e dos bolcheviques no Comitê Revolucionário Militar dos soviéticos. Dos sessenta e um cujos históricos de parentesco eram conhecidos, somente dezenove deles eram trabalhadores ou camponeses. Somente dois eram mulheres, uma delas sendo Krupskaya, esposa de Lenin. Mais tarde, duas mais foram acrescentadas, uma delas sendo a esposa de Trótsky. Os principais bolcheviques eram altamente instruídos: somente nove saíram após a educação fundamental (dos sessenta e seis cuja formação é conhecida). Eles eram a *intelligentsia* atraída pelas ideologias gerais, mas mais abandonaram a universidade ou o instituto técnico do que se graduaram (dezenove para dezessete), um sinal de sua desafeição pelas ortodoxias intelectuais. Dos sessenta e seis cujas ocupações são conhecidas, quatorze haviam começado como trabalhadores, dez tinham carreiras de classe média, e seis sempre combinaram uma ou outra com a atividade revolucionária. Isso deixou trinta e seis (55%) que na vida adulta foram revolucionários profissionais, sem qualquer outra ocupação. A média de idade em que todos os sessenta e oito adquiriram pela primeira vez um registro policial era de apenas dezessete anos (abrangendo dos treze aos vinte e sete anos). Sua média de idade em 1917 era obviamente maior, de trinta e quatro anos. Como Riga (2009) mostra em uma população maior de bolcheviques importantes, eles também eram desproporcionalmente judeus ou de minorias étnicas da Rússia, com bases distintas para isolamento da sociedade russa. Essa era uma *clique* (*groupuscule*) de marginais, que não fazia progresso algum. A perseguição tendeu a torná-los mais coesos e comprometidos com uma teoria de longo prazo da história (pois o curto prazo parecia muito ruim). Seu credo utópico, salvacionista, só poderia se tornar relevante se a Rússia colapsasse. Embora muitas pessoas esperassem que algum tipo de crise irrompesse na Rússia, quase ninguém – incluindo Lenin – esperava que ela levasse a uma revolução socialista.

Então, veio a guerra, como um trovão. Os russos agora experienciavam o mesmo ciclo de sentimentos populares que os povos nas outras potências, mas mais rapidamente. O entusiasmo patriótico irrompeu, mas mal sobreviveu às derrotas catastróficas da Rússia no leste da Prússia nos primeiros meses da guerra. A Polônia estava perdida, e os alemães ainda pressionavam (Jahn, 1995). As perdas russas foram enormes – quase 4 milhões haviam morrido no final de 1915. As greves desapareceram quando a guerra começou, mas somente até uma onda de greves de julho de 1915, que veio muito antes do que em outros países combatentes. A repressão sufocou isso. K. Murphy (2005: 255) observa que em uma fundição gigante de Moscou, prisões feitas pela polícia de segurança tsarista foram muito maiores do que as que os bolcheviques realizariam na década de 1920. A repressão dispersou os militantes revolucionários, mas não originou a rebelião de trabalhadores. Uma segunda onda de greves ocorreu no outono de 1916. Em novembro de 1916, os moderados na Duma estatal alertaram o tsar Nicolau de que o desastre viria a menos que se encaminhasse a um governo constitucional. Em resposta, ele dissolveu a Duma e adiou as eleições por um ano. Como Luís XVI antes dele, a obstinação reacionária do tsar foi provavelmente uma condição necessária para o que seguiu. Em resposta, no começo de 1917, ocorreu uma insurgência total enquanto os exércitos russos ainda estavam envolvidos na guerra.

Começou com uma onda de greves em janeiro e fevereiro. São Petersburgo foi paralisada por greves, manifestações e motins do pão; o mesmo ocorreu em Moscou. As mulheres foram proeminentes numa manifestação importante no Dia Internacional das Mulheres e nos motins do pão e em outras manifestações. As multidões exigiam pão, paz e reformas e denunciavam o tsar pessoalmente. Elas estavam aparentemente sem uma liderança geral. Os moderados da Duma agora pediam ao tsar que abdicasse, esperando substituí-lo por um soberano mais voltado a reformas. Ele, novamente, ignorou-os, e em 25 de fevereiro pediu ao comandante do exército da região de São Petersburgo que usasse toda força necessária para suprimir a insurgência. O general tentou obedecer, mas seus soldados se amotinaram no dia 27, com muitos dos soldados se juntando aos manifestantes. Depois, o motim se espalhou para Moscou. Dali em diante, os revolucionários passaram a ter armas e soldados treinados. Um imperador sem soldados é um imperador sem roupas; esse foi o fim para Nicolau.

O gabinete do tsar apresentou sua renúncia no dia 27 e sugeriu uma ditadura militar, mas os generais recuaram de uma proposta que não tinha precedente histórico no país. Em 2 de março, a corte, os ministros e o alto-comando abandonaram o tsar, e no dia seguinte abandonaram tentativas de encontrar outro tsar da Família Romanov. Isso não era, como na França em 1789, a maturação de um faccionalismo que gestava há muito dentro do Estado. Os poucos liberais da Duma haviam sido incapazes de fazer qualquer coisa além de protestar verbalmente. Essa revolução política ocorreu repentina e inesperadamente a partir de baixo, embora isso tenha dado aos moderados liberais uma oportunidade. Uma minoria da Duma proclamou um Governo Provisório do Príncipe Lvov. Como o ânimo popular mudou para esquerda, o SR Kerensky, um centrista, sucedeu Lvov como chefe do governo. Ele prometeu novas eleições com sufrágio universal. Essa foi a última tentativa de uma revolução puramente política buscando um governo constitucional.

As sementes da revolução posterior foram plantadas ao mesmo tempo. A Rússia permaneceu um país predominantemente agrário, mas sua indústria era inusualmente concentrada e moderna. Em torno de Moscou e São Petersburgo (agora Petrograd), havia fábricas gigantes e importantes comunidades de classe trabalhadora, assim como distritos de mineração. Isso contribuiu para uma forte classe trabalhadora nessas áreas-chave, que não dependiam muito dos sindicatos trabalhistas, uma vez que em meio à repressão eram ineficazes, mas geravam muitos movimentos não oficiais. Os chefes também foram enfraquecidos, porque muitas das fábricas e minas eram de propriedade estrangeira. Como Trótsky (1957) observou, esses dois fatores contribuíram para um grau usual de conflito de classes nas principais áreas urbano-industriais. Os trabalhadores agora estabeleceram os Deputados do Soviete dos Trabalhadores de Petrogrado, baseado nos conselhos de trabalhadores estabelecidos em muitas cidades russas durante a revolução fracassada de 1905. Os grevistas elegeram deputados para representá-los, juntando-se a eles os representantes dos soldados e de partidos socialistas, principalmente mencheviques e SRs. O primeiro decreto do Soviete foi estabelecer os sovietes dos soldados (conselhos governamentais) em todas as áreas militares, mas nesse estágio o Soviete não estava aspirando a se tornar governo, buscava meramente colocar pressão no Governo Provisório. Esses ainda eram democratas sociais, não revolucionários.

Em fevereiro, a recusa do exército em reprimir os manifestantes foi chave; os oficiais estavam divididos. Alguns duvidavam da habilidade da autocracia para governar no século XX. As forças armadas foram modernizadas, e por volta de 1911 apenas metade dos oficiais do exército eram de nobres (abaixo de três quartos em 1895), e somente 9% de generais de divisão ou superiores possuíam terras ou uma casa em 1903. As forças armadas estavam se modernizando, mas o regime não. A insatisfação depois aumentou durante a guerra, quando as infraestruturas do regime se mostraram incapazes de suprir o exército com munições o suficiente. Os oficiais teriam preferido uma monarquia constitucional, mas uma república liberal serviria se pudesse garantir ordem e suprimentos militares. Diante de uma escolha entre a Duma e a reação, eles preferiram a Duma. Isso foi especialmente assim nos corpos de oficias inferiores, pois a elevada quantidade de baixas entre oficiais havia exigido promoções de homens de procedências inferiores.

Poucos oficiais se importavam muito com política. Eles queriam acima de tudo lutar na guerra, e, a poucos dias da eclosão da revolta em 1917, muitos deles viram que seus homens não continuariam lutando pelo tsar. Dentro de um mês ou dois eles estavam inclusive aceitando um papel como sovietes de soldados, correndo o risco de compartilhar o comando com pessoas que consideravam agitadoras. Eles foram forçados a aceitar isso para preservar alguma autoridade sobre as tropas. Alguns foram coagidos por seus homens, mas muitos tentaram encontrar alguma estrutura de autoridade que pudesse movimentar suprimentos, fazer os homens defenderem suas posições, estabelecer barreiras de artilharia, e mesmo ocasionalmente atacar o inimigo. Por isso, as estridentes recriminações dos monarquistas após a revolução: as forças armadas haviam traído o antigo regime (Hasegawa, 1981: 459-507; Wildman, 1980; Mawdsley, 1978; N. Saul, 1978). Os oficiais confirmaram a afirmação de Lenin: eles não "podiam prosseguir do modo antigo". Todavia, isso resultava principalmente da outra causa de Lenin: os soldados, a parte armada das classes baixas, não desejavam prosseguir do modo antigo. Embora já houvesse uma preocupação na classe dominante, o antigo regime só se tornou impotente quando defrontado pela recusa das massas em obedecer. Ele não pôde então garantir a ordem, a exigência básica do bom governo. Essa foi uma revolução a partir de baixo contra um regime cujo poder infraestrutural, devastado pela guerra, enfraqueceu seu poder repressivo.

É verdade, a habilidade do regime de isolar a *intelligentsia* e os modernizadores dividiu as seções da classe dominante (Haimson, 1964). Contudo, isso não era muito visível fora da corte e da administração. De qualquer modo, as disputas na corte entre as pessoas moderadamente liberais e as de linha-dura geralmente terminavam com o triunfo das últimas. O faccionalismo entre a classe dominante não era um problema importante na Rússia. Em troca, o colapso do poder infraestrutural do regime devido à guerra foi seu calcanhar de Aquiles.

Duas grandes divisões que, como veremos, dividiram os revolucionários potenciais na Alemanha, Áustria e Hungria, foram de importância menor na Rússia. A primeira diz respeito ao campesinato, a segunda, à classe trabalhadora, e ambas se estenderam a populações rurais e urbanas mais amplas. Como observei, essas eram sociedades agrárias. Embora a agricultura tenha sido profundamente tocada pelo capitalismo, os ressentimentos de classe que gerou diferiram, e a guerra acrescentou conflitos por falta de pão entre as populações urbanas e rurais. Na Rússia, no começo do século XX, o descontentamento massivo estava emergindo simultaneamente em ambos os setores. Trótsky (1957: cap. 1) explicou as revoluções russas em termos do "desenvolvimento combinado e desigual". Conflitos severos de classe que em outros países apareciam separadamente na época, aqui, apareciam juntos: proprietários de terras contra camponeses, a crise final do feudalismo, vista por Trótsky como tendo ocorrido antes em outros países, coincidiu na Rússia com capitalistas contra trabalhadores, a crise do capitalismo.

O nível de turbulência entre camponeses russos era mais elevado do que em outros países. Da emancipação dos servos em 1861 à implementação das reformas de Stolypin após 1907, a agricultura russa experienciou uma transformação muito mais rápida do que a de outras grandes potências. Esse processo havia criado proprietários de terras arrendadores absentistas mais exploradores, e enfraqueceu seu poder no interior; os camponeses que trabalhavam diretamente na terra tinham mais autonomia lá. Isso levou também à emergência de comunidades de aldeias camponesas mais fortes. Os camponeses agora tinham os descontentamentos e o poder para se revoltar. E o fizeram em 1905, mas o fracasso dessa revolução convenceu os bolcheviques e muitos dos mencheviques nas cidades e os revolucionários socialistas no interior de que o conflito de classes não era apenas uma metáfora (como era para muitos marxistas na época): eles teriam de lutar e se militarizar de fato a fim de obter a vitória. Aquela revolução da Primavera de 1917 revelou que se a autoridade tsarista hesitasse, massas de camponeses se recusariam a pagar arrendamentos, atacariam feudos e tomariam e redistribuiriam terras pertencentes à nobreza, camponeses ricos e outros proprietários privados que haviam recebido terras comuns durante as reformas de Stolypin (Gill, 1979: 1-17, 38-46; Skocpol, 1979). Lenin disse que as apropriações revelavam o conflito de classes entre proprietários de terras e camponeses ricos e pobres, no qual os socialistas deveriam se aliar aos camponeses pobres. Todavia, em 1917, os camponeses só se moveram após a queda da monarquia, em fevereiro. Eles não foram os iniciadores da ação.

Tampouco, havia qualquer conexão econômica intrínseca entre os descontentamentos dos camponeses e os dos trabalhadores industriais. Os partidos políticos haviam fracassado em conceber um programa coerente de reformas apelando a ambos. Os SRs expressavam descontentamento rural, mas sua ressonância urbana declinou. Inversamente, nas cidades e na indústria, socialistas mencheviques e bolcheviques se tornaram proeminentes, mas tinham pouca ressonância no interior. Durante 1917, os bolcheviques conceberam um programa *ad hoc* para apelar aos camponeses, mas esse oportunismo contradizia sua teoria marxista. Embora tivessem proposto a coletivização da indústria e a nacionalização da terra, em agosto de 1917, após pedidos de Stalin e de outros, Lenin mudou de direção e propôs conceder terras aos camponeses individuais – ou, melhor, aos camponeses que pudessem manter a terra que já tinham tomado! As revoltas de trabalhadores e camponeses ocorreram quase simultaneamente, e eram dirigidas à mesma classe dominante. Todavia, suas demandas diferiam, e sua coocorrência não era governada pelas mesmas forças econômicas. Para uma revolução ocorrer, outros vínculos entre os setores urbano e rural eram necessários.

O primeiro era muitos trabalhadores serem ex-camponeses em decorrência da rapidez inusual do desenvolvimento industrial na Rússia, que a guerra intensificou. Em São Petersburgo, o número de trabalhadores de fábrica aumentou de 73.000 em 1890 para 243.000 em 1914, e para 393.000 em 1917 (S. Smith, 1983: 5-36). Muitos dos novos trabalhadores industriais não qualificados ou semiqualificados eram camponeses que migravam para as cidades, embora muitos líderes fossem de origem urbana, mais bem-educados e mais qualificados. Um padrão similar de migração foi visível na Espanha nessa época, com o mesmo resultado: maiores contatos e influências mútuas entre movimentos urbanos e rurais, com socialistas e anarcossindicalistas ativos em ambos os setores. As contribuições relativas dos ex-camponeses e dos trabalhadores de origem urbana para a revolução permanecem controversas, mas uma quantidade significativa de ambos esteve envolvida nas greves e manifestações. Os sovietes, conselhos de trabalhadores, embora famosamente associados ao proletariado industrial, derivavam da tradição aldeã camponesa de eleger o líder (Bonnell, 1983: 433-434; Mandel, 1983; S. Smith, 1983: 57).

O segundo eram as ligações involuntariamente fornecidas pelo Estado. A intervenção estatal nas relações de classe foi maior do que em outra parte, e a guerra intensificou isso. O Estado era agora responsável por entregar suprimentos às tropas e cidades e por cuidar dos milhões de refugiados desalojados por suas próprias táticas militares de terra arrasada quando recuavam. Sob pressão, o sistema de transporte primitivo colapsou. O Estado tsarista poderia usar as indústrias modernizadas num fim da cadeia e os exércitos em modernização no outro, mas carecia das infraestruturas para conectá-las eficientemente. Essa foi a principal razão do desempenho tão ruim que seus exércitos tiveram. A perda da Polônia, Galícia e grande parte da Ucrânia significava que a receita da Rússia caíra cerca de um terço, a produção industrial fora reduzida pela metade e a produção de alimentos declinara. Quando os suprimentos começaram a declinar, o regime recorreu ao que conhecia melhor – a coerção. Ele tentou forçar os camponeses a entregarem seus excedentes de alimentos ao exército e às cidades. Contudo, o Estado central encontrou resistência das autoridades administrativas locais que tentaram impedir que os excedentes de grãos deixassem suas áreas. Os camponeses preferiam vender sua produção no mercado negro, cujos preços eram mais altos do que os oficialmente sancionados. O Governo Provisório estabelecido após a revolução de fevereiro não teve uma sorte melhor ao enfrentar o problema. À medida que o poder no centro enfraquecia, os nacionalistas nas regiões periféricas começaram a fazer exigências por uma autonomia maior às minorias nacionais. Muitos deles se aliaram primeiro com os constitucionalistas e depois com os marxistas. Eles se tornaram particularmente sobrerrepresentados entre os bolcheviques. A desordem civil cresceu.

A guerra intensificou enormemente o descontentamento e as ligações entre as massas rurais e urbanas. Derrotas militares, crises econômicas, escassez de pão e hordas de refugiados afetaram grande parte da Rússia europeia, rompendo diferenças de classe, lançando trabalhadores, camponeses e a classe média em uma massa popular – um povo, cada vez mais convencido de que era governado por incompetentes. O tsar era ridicularizado como uma mulher velha, idiota e bêbada por seu fracasso em conduzir propriamente a guerra. O patriotismo mudou dos vínculos com o tsar, a bandeira e o império para os camaradas e o povo, um sentimento nacional bem diferente. O sentimento popular depois se tornou firmemente antiguerra. Algumas vitórias contra os austríacos ajudaram, e vitórias contra os alemães poderiam ter salvado o regime, mas era improvável que acontecessem. A raiva se tornou o sentimento popular dominante dirigido primeiro ao tsar e depois às elites e à burguesia, vistas como "outros" isolados situados fora da nação, ameaçando a renovação da Rússia, sem merecer partilhar de seus frutos (Gatrell, 2005; McAuley, 1991; Jahn, 1995: 91-97; Gill, 1979: 170-187; Steinberg, 2001: Introdução). A corte, industriais, credores, proprietários de terras e o mercado negro eram exploradores distintos, mas o Estado estava incrustado em todos eles, e isso unificou diversos protestos. Trabalhadores, camponeses e mesmo grande parte da classe média comum passaram a se ver como aliados, e a ver salvação na transformação.

O terceiro e mais importante vínculo era que camponeses e trabalhadores conscritos serviam juntos na guerra, e estavam armados! 60% dos soldados e oficiais juniores eram camponeses; um terço dos marinheiros era de trabalhadores de fábrica, e um quarto deles era de camponeses. Perdas pesadas significavam que mais deles eram promovidos ao corpo de oficiais inferiores (Mawdsley,

1978: 6-7, 157-159; Wildman, 1980: 98-101). Os marinheiros resmungavam por diferentes razões após dois anos de inatividade em navios assolados por doenças, trancados pelo gelo do inverno, e pela superioridade da frota alemã no Báltico, incapazes de romper o bloqueio otomano no oeste do Mar Negro. A conscrição militar era particularmente importante para os camponeses. Como Shanin (1971: 259) observa: o "exército de recrutas é uma das poucas organizações nas quais o campesinato participa ativamente. A segmentação do campesinato é, assim, interrompida". Ex-soldados há muito forneciam o núcleo de muitas rebeliões de camponeses. Amotinação durante o serviço ativo não era muito comum, mas nessa guerra, por mais de dois anos, os soldados haviam sido usados como bucha de canhão, jogados diretamente aos alemães para compensar pela inferioridade da artilharia russa. Faltava-lhes comida, calçados, munições e até armas. Depois, eram enviados à frente de batalhas sem armas, e orientados a pegarem as dos seus camaradas abatidos. O exército alemão fazia picadinho deles. O número de soldados russos mortos na guerra pode ter sido de 2 milhões, mas 5 milhões também se tornaram prisioneiros de guerra. Essas perdas surpreendentes levaram a amotinações, fraternização com o inimigo e deserções. Desertores armados eram proeminentes nas apropriações de terras dos camponeses em meados de 1917. Como Skocpol diz: "grande parte dos políticos das aldeias da Rússia rural em 1917 assumia a forma de homens jovens, com armas e ideias trazidas para casa da experiência militar de guerra, questionando a autoridade e cautelosos com líderes tradicionais mais velhos do *mir*, que eram também muitas vezes de famílias patriarcais". Ela acrescenta: "O resultado era quase certamente levar a revolução da terra para sua conclusão mais breve e violentamente" (1979: 138). Todavia, os camponeses não se mexeram antes que a insurgência urbana tivesse posto o regime de joelhos. Em uma sociedade predominantemente agrária, a insurgência camponesa era uma condição necessária para o sucesso da revolução, mas os camponeses não a iniciaram.

Amotinações militares sérias haviam começado em 1916. Diferente dos motins franceses descritos nos capítulos anteriores, os generais russos não tinham a opção de remediar os descontentamentos de seus soldados mudando para bombardeios de artilharia, pois lhes faltavam munição. Quando o descontentamento se tornou politizado, frotas inativas e guarnições de retaguarda assumiram a liderança. Marinheiros e soldados destacados com a Frota Báltica e as guarnições da capital (com um contingente de 330.000) se juntaram às insurreições urbanas tão logo começaram. Nem um único regimento se moveria para contê-los, a despeito das repetidas ordens. Isso foi decisivo; o Estado não tinha mais o monopólio do poder militar. Ao longo de 1917, a insurgência veio tanto de soldados como de trabalhadores, e eles sucessivamente transferiram suas lealdades do tsar para o Governo Provisório, para os sovietes, e depois aos bolcheviques dentro dos sovietes (Rabinowitch, 2004: cap. 8; Wildman, 1980: 375). Camponeses e trabalhadores tinham objetivos compatíveis, mas não poderiam agir facilmente juntos até que fossem camaradas uniformizados. O poder militar havia mudado do regime para os insurgentes, de modo que uma revolução bem-sucedida era possível.

Houve também um teste preliminar da revolução em 1905, precipitado também por uma guerra malsucedida. As apropriações de terras de camponeses haviam coincidido com o protesto de trabalhadores e seus sofrimentos comuns como soldados e marinheiros em uma guerra incompetentemente gerida. A derrota para o Japão havia levado à formação dos sovietes soldados-trabalhadores nas províncias do Extremo Oriente, e para separar protestos de trabalhadores e camponeses (praticamente sem a participação de soldados) nas províncias ocidentais mais cruciais. O regime respondeu primeiro com ofertas de reforma, mas quando se sentiu seguro em 1907 se voltou à repressão. Essa havia sido uma guerra curta, sem crises de alimentos prolongadas ou muita solidariedade entre soldados, trabalhadores, camponeses e populações urbanas. Devido a isso, os militantes aprenderam a desconfiar de concessões oferecidas pelo regime.

Essa união entre trabalhadores, camponeses e soldados se mostrou única ao longo da Europa. A posição dos camponeses diferia amplamente entre países, mas eles raramente voltavam seus descontentamentos contra o Estado ou o capitalismo. A Espanha foi a principal exceção. Lá, greves e manifestações urbanas também ocorreram ao longo do mesmo período amplo que o da rebelião dos camponeses. Como na Rússia, havia poucas conexões intrínsecas entre os descontentamentos dos trabalhadores e o dos camponeses. Na Espanha, ambos se insurgiram, mas separadamente. Suas insurreições foram meses uma da outra: os trabalhadores socialistas se insurgiram em 1917; os camponeses anarcossindicalistas no verão de 1918; os trabalhadores sindicalistas em março de 1919. Todavia, a defasagem de tempo foi o suficiente para um exército espanhol sob disciplina militar normal suprimir uma por vez. Meaker (1974: 1, 63) atribui o fracasso da esquerda revolucionária na Espanha à desunião entre camponeses e trabalhadores e entre marxistas e anarcossindicalistas, ambas as divisões sendo reforçadas pela geografia. A Espanha, contudo, foi neutra na guerra mundial, e seu Estado não oferecia uma causa comum para trabalhadores e camponeses descontentes e para nenhuma massa de soldados descontentes. Sem a unidade provida pela incompetência tsarista na guerra, o destino da revolução na Rússia pode ter sido uma versão muito mais violenta dos eventos da Espanha.

Além disso, divisões entre reformadores e revolucionários não eram muito evidentes no chão da fábrica. Embora os partidos políticos discordassem, poucos militantes dos trabalhadores estavam seguindo suas disputas. Os trabalhadores estavam se radicalizando autonomamente, e isso era mais evidente nas empresas geridas pelo Estado, que empregava um terço dos trabalhadores de fábrica de São Petersburgo (S. Smith, 1983: 10). A disposição do tsarismo de apoiar os empregadores com o uso da força, mesmo contra exigências moderadas dos trabalhadores, deu aos trabalhadores reformistas pouco encorajamento.

É difícil ser um reformista quando ninguém lhe oferece reformas. Alguns empregadores russos liberais persuadiram alguns representantes de trabalhadores a se tornarem membros de comitês de indústrias de guerra, mas esses eram tão assediados pela hostilidade do regime e pelas próprias suspeitas dos trabalhadores que foram ineficazes (Siegelbaum, 1983: 159-182).

A experiência comum da exclusão e repressão forçou trabalhadores qualificados e não qualificados a sentimentos mais radicais e violência. Em 1914, trabalhadores de São Petersburgo em grandes fábricas metalúrgicas estavam respondendo mais à linguagem de classe do que ao sindicalismo seccional. Trabalhadores da construção, transportes, comunicações e serviços também estavam começando a formar sindicatos. As exigências da guerra expandiram a manufatura metalúrgica e química, bem como o número de trabalhadores menos qualificados, ex-camponeses, jovens e mulheres. Trabalhadores profissionais ainda forneciam liderança sindical; trabalhadores desqualificados, ex-camponeses e mulheres forneciam membros ativistas e multidões. As mulheres eram sub-representadas no movimento trabalhista, mas sobrerrepresentadas em protestos do pão. Nas indústrias sem tradições profissionais, os protestos eram menos organizados, menos políticos, mas por vezes mais explosivos. A combinação encorajava a identidade de classe e mais movimentos de protesto turbulentos (Hogan, 1993; McKean, 1990; S. Smith, 1983: 190-208, 253; Bonnell, 1983; Mandel, 1983; K. Murphy, 2005: cap. 1).

No começo de 1917, facções marxistas ainda estavam em disputa nos bastidores. Havia tão pouca coesão entre revolucionários quanto entre o regime tsarista, com sérios problemas, e no emergente Governo Provisório. Embora os bolcheviques fossem influentes em alguns setores, nenhuma facção política única poderia se organizar em uma base por toda cidade, sem falar numa base ao longo da Rússia. Assim, eventos em 1917 começaram com movimentos de trabalhadores e urbanos fluidos e basicamente espontâneos. Uma "subelite revolucionária" de metalúrgicos jovens, educados e nascidos na cidade faziam grande parte da operação, exigindo o controle dos trabalhadores através dos sovietes. Eles permaneciam desconfiados do sectarismo de Lenin e de outros líderes exilados. Embora Lenin tenha retornado à Rússia em abril, permaneceu um pouco mais nos bastidores (McKean, 1990).

O colapso do sistema de suprimento tsarista levou fome às cidades e minou aqueles que apoiavam o esforço de guerra – conservadores, cadetes e os mencheviques e SRs que haviam se juntado ao Governo Provisório. Grande parte das pessoas que eram vocais favorecia um governo não monárquico que poderia lhes dar pão, terras (no caso dos camponeses) e, acima de tudo, paz. Talvez as partes do Governo Provisório pudessem ter gerado uma constituição democrática semelhante à da República de Weimar. O Governo Provisório decretou algumas liberdades civis e prometeu eleições, mas muitos de seus membros temiam uma democracia que pudesse ser controlada pelos camponeses, propensa a ratificar apropriações de terras, cancelar dívidas estrangeiras e fazer a paz. Caso o Governo Provisório tivesse organizado eleições, os SRs, dominantes entre a maioria campesina, teriam provavelmente vencido, e as chances desse partido frouxo, descentralizado e um pouco incoerente manter um governo estável não eram grandes.

O Governo Provisório se recusou a fazer uma paz separada com as potências centrais. Em junho, escolheu em troca lançar uma ofensiva contra os alemães. Isso fracassou miseravelmente, e desperdiçou muitas vidas russas. Se o governo russo tivesse sido capaz de persistir para se tornar um dos vitoriosos da guerra, sua legitimidade teria aumentado (Service, 1997: 52-53). Em 1917, contudo, à medida que as baixas aumentavam, a derrota se aproximava. Os bolcheviques denunciaram plausivelmente o Governo Provisório como imperialistas instigadores da guerra. O governo declarou que seria responsável, respeitaria as obrigações de seu tratado e continuaria a guerra. Caso tivesse feito a paz, teria havido uma boa chance de ter impedido a Revolução Bolchevique. Na realidade, permaneceu dominado por sua ala conservadora, algumas das quais ainda esperando por uma vitória final que pudesse inclusive ganhar Constantinopla, um objetivo tradicional da expansão russa imperial. Max Weber, um patriota alemão, avaliou as chances de a Rússia deixar a guerra. Ele concluiu que ela não a deixaria, uma vez que grande parte da Duma e da administração permanecera "extremamente imperialista". Isso, ele argumentou, era por propósitos nacionais: a guerra mantinha os camponeses subordinados no exército, e era o modo de obter empréstimos do capitalismo internacional que temia o cancelamento das dívidas russas. Ele pensava que, quanto a isso, os radicais no Governo Provisório eram os perdedores, concordando com "manifestações imperialistas" que "no longo prazo, cavariam suas próprias sepulturas" (M. Weber, 1995: 264-265).

Isso foi verdade, exceto que Weber não viu que o Governo Provisório estava cavando sua própria sepultura. Uma preparação mais suicida veio à medida que retardou a reforma agrária e outras reformas até após a eleição de uma Assembleia Constituinte. Ele esperava que essa assembleia não as aprovasse, mas para evitar riscos anunciou que não poderia organizar uma eleição durante a guerra. Os SRs, até então, ativos nas fábricas, agora, haviam desaparecido de lá. Em contraste, os bolcheviques e seus aliados entre os SRs da Esquerda e os Internacionalistas-mencheviques denunciaram a guerra e insistiam em seu fim imediato. Por agora, o Soviete Petrogrado havia se transformado em um movimento nacional liderado pelo Comitê Executivo Central de Toda Rússia dos Sovietes. Os bolcheviques, apesar de bem separados disso, agora eram seus aliados, insistindo em "Todo Poder para os Sovietes". Eles exigiam a ratificação de todas as apropriações de terras pelos camponeses e insistiam em que isso acontecesse imediatamente, antes de quaisquer eleições. Seu *slogan* famoso era simplesmente "Pão, Terra e Paz!"

A mudança seguinte em direção aos bolcheviques é simples de explicar: eles ofereciam o que muitas pessoas queriam. Durante 1917, a opinião pública e a militância mudaram na sua direção, em estágios. Muitas fábricas já tinham sovietes tentando manter a produção que poderia pagar os salários dos trabalhadores. No começo de abril, os bolcheviques haviam patrocinado milícias para proporcionar a ordem local, e essas se tornaram as "Guardas Vermelhas". Muitos trabalhadores viam os sovietes e as Guardas Vermelhas não como revolucionários (o que quer que isso significasse), mas como protegendo sua própria subsistência. Havia uma grande lacuna entre todas essas aspirações concretas – por paz, terras, pão, controle das fábricas e pela ordem pública – e utopias marxistas de uma sociedade sem classes, livre de conflitos sem patriarcado, que os bolcheviques também professavam. Sua ideologia de salvação era mais importante dentro da hierarquia dos bolcheviques do que em suas relações com as massas. Sua teoria da história os fez acreditar que ela estivesse do seu lado, um incentivo ideológico muito poderoso para eles. Todavia, a teoria ortodoxa lhes havia ensinado que a revolução burguesa era necessária antes da sua, de modo que tinham de se aliar aos liberais burgueses. Contudo, eles acreditavam que o processo histórico subjacente poderia ser acelerado (o próprio Marx havia indicado isso). De modo que consideravam alianças pragmáticas com outros grupos como necessidades de curto prazo. Eles por vezes fingiram ser reformistas, e falavam sobre o povo em vez de sobre o proletariado a fim de atrelar o novo nacionalismo populista que a guerra havia criado. Contudo, eles tinham os olhos firmemente fixados em uma revolução proletária, e havia pouco perigo de que pudessem retornar a um reformismo permanente. Nesse ínterim, a ideologia revolucionária de fato os ajudou a serem oportunistas. Essa dualidade permaneceu após terem tomado o poder, pois lhes deu a direção geral da extraordinária transformação revolucionária que tentariam e se mostrou útil como um meio de desvios de curto prazo daquela direção.

Todavia, em termos práticos, muitos trabalhadores já estavam agindo como revolucionários, independentemente de suas crenças. Ao criarem os sovietes e as Guardas Vermelhas, eles estavam expropriando a propriedade capitalista e suplantando o monopólio do Estado sobre os meios de violência. O Governo Provisório carecia de meios próprios de mobilização de massa e tinha de recorrer aos generais para suprimir os sovietes. A tentativa mais importante de golpe foi a do General Kornilov, mas quando ele convocou os regimentos para atacarem o quartel-general revolucionário, os soldados não seguiram seus oficiais. De qualquer modo, os trabalhadores ferroviários e de outros transportes não os deixaram se mover. Muitos dos trabalhadores e soldados organizados – não apenas os bolcheviques – depois identificaram esses movimentos militares, alguns dos quais eram apoiados pelo Governo Provisório, como contrarrevolucionários: a burguesia estava buscando reprimir o proletariado. Essa análise marxista era essencialmente correta, e tornava incrível a estratégia de longo prazo de esperar pela burguesia. Os bolcheviques tinham claramente de fazer uma mudança estratégica. Afinal, seu poder estava aumentando. No outono de 1917 eles estavam vencendo muitas das eleições para os sovietes de fábrica e para o soviete nacional. Eles tinham agora 100.000 membros (Rabinowitch, 2004; Mandel, 1983; McKean, 1990; Suny, 1998: 54; Wade, 2000; Figes, 1997: 331; Kenez, 2006: 27-28; Melancon, 1997; K. Murphy, 2005: 53-62).

Os bolcheviques perderam alguma popularidade nos "Dias de Julho", quando falharam em apoiar um aumento para os soldados e trabalhadores de Petrogrado, acreditando ser prematuro. Houve muito debate depois quanto a se eles tinham agido sensatamente. Recuperaram alguma popularidade ajudando a frear o golpe de Kornilov. Propuseram, depois, uma reconciliação aos mencheviques e SRs em setembro, pedindo-lhes apenas para romper com os Cadetes e outros partidos burgueses. Como não houve resposta, os bolcheviques tomaram o poder sem eles – talvez ao que Lenin tinha visado o tempo todo. Com a ajuda de um número muito pequeno de soldados revolucionários eles lançaram seu golpe em outubro, meses após o poder de base nas principais cidades ter sido adquirido pelos trabalhadores e soldados. Foi muito sangrento, como, essencialmente, Marx e as primeiras gerações de marxistas subsequentes esperaram. Embora Marx tivesse escrito sobre uma tomada violenta do poder que seria seguida por um povo armado em uma atitude vigilante em relação à ditadura do proletariado, isso envolvia multidões invadindo e protegendo prédios, com apenas alguns deles de posse de armamento letal. Em 1917, tentativas de golpes da direita não foram diretamente impedidas pela força militar revolucionária; em troca, os soldados golpistas se dispersaram antes de chegarem ao seu destino. Poucas revoluções subsequentes seriam como essa, e os bolcheviques em breve descobririam que necessitavam de mais força militar para defender sua revolução.

Nem os bolcheviques nem Lenin possuíam os poderes extraordinários de perspicácia e manipulação por vezes atribuído a eles (Pipes, 1990; J. Dunn, 1972: 42). Se tanto, foram hesitantes, seguindo os trabalhadores – isso é o que Trótsky dizia. Lenin terminou percebendo a janela de oportunidade, e usou seu carisma pessoal e argúcia organizacional para persuadir a maioria mais cautelosa do partido. Teoria ortodoxa mais décadas de perseguição e isolamento haviam induzido um medo de atacar muito cedo. A principal contribuição de Lenin à revolução era superar esse medo. Lenin, Trótsky e depois outros bolcheviques foram muito responsivos, ouvindo com uma percepção aguçada as demandas populares, depois agindo de acordo com elas. Rabinowitch exagera ao dizer que nesse estágio o bolchevismo tinha um "caráter essencialmente aberto e de massa", mas não era o partido de vanguarda organizado definido quinze anos antes em *O que deve ser feito?*, de Lenin, nem a ditadura viria em breve. Sua linha era simplesmente popular. Em Guzhon, a maior fábrica de metais de Moscou, Murphy diz que existiam nove bolcheviques em abril de 1917, e seu número aumentou pouco durante o ano; o sindicato dos metalúrgicos de lá apoiava a linha bolchevique, e tinha 3.000 membros em setembro, com 500-800 frequentando reuniões de fábrica regulares. Eles resistiram às tentativas do regime de fechar a fábrica ocupando-a eles próprios: os bolcheviques, na prática, não em princípio. Nas áreas rurais, os SRs de esquerda faziam grande parte das operações – mais radicais do que seus líderes nas capitais. Ao redor da periferia russa, nacionalistas minoritários que buscavam autonomia regional lideraram. Sob todos os três aspectos, os bolcheviques vigilantes se aperceberam de que sua ortodoxia de estágios distintos de revolução, no comando de um jogo de espera, poderia ser ignorada. As massas estavam prontas. Esses três movimentos contribuíram para a revolução, mas sua consequência foi decidida por um número muito pequeno de pessoas nas duas capitais (Rabinowitch, 2004: 311; 169-173, 308-309; Wade, 1984; 2000: 207-208; Suny, 1998: 50-52; Figes, 1997: 471; K. Murphy, 2005; Raleigh, 2003; S. Smith, 1983; Mandel, 1983; McKean, 1990; Anweiler, 1974).

Diferentemente de muitos teóricos recentes, identifiquei as classes populares – não apenas a classe trabalhadora – como os principais impulsionadores da revolução. Trabalhadores, camponeses, multidões urbanas – incluindo muitas mulheres – e especialmente soldados e oficiais inferiores puseram o regime de joelhos, permitiram aos constitucionalistas liberais seu momento fracassado do destino, e encorajaram os bolcheviques à sua revolução. Fora do corpo de oficiais, divisões no regime desempenharam um papel relativamente menor até o ponto em que se tornou claro que o antigo regime poderia não sobreviver à insurgência popular. Isso é muito próximo à visão de Marx sobre uma revolução da classe proletária. Não apoio a ênfase de Goldfrank ou de Goldstone sobre dissidência e faccionalismo entre as elites urbanas. O tsarismo foi rapidamente sucedido pelo Governo Provisório; nenhum deles foi muito dividido pelo faccionalismo interno – com a exceção crucial dos militares. Foi sua inabilidade para produzir políticas que as massas pudessem aceitar que desfez ambos.

Tampouco aceito a ênfase de Skocpol sobre camponeses com a exclusão dos trabalhadores. É verdade, o descontentamento demasiado dos camponeses em decorrência da demasiada expropriação de terras significava que eles não ajudariam a reprimir os revolucionários nas cidades. Essa era, de fato, uma condição necessária para uma revolução bem-sucedida. Contudo, essa revolução foi realizada pela tomada do poder estatal, sobretudo, nas duas capitais, e esse foi o trabalho de trabalhadores industriais e outros trabalhadores urbanos, intelectuais urbanos e contingentes militares e da marinha que não eram formados basicamente de camponeses. A guerra imobilizou a maior parte das forças armadas, o que significava que apenas poucos soldados relativamente armados eram necessários para invadir o Palácio de Inverno. A grande massa insatisfeita de soldados camponeses voltou para casa, muitos deles liderando insurgências locais. Na China, seria diferente, onde tanto cidades e poder estatal foram tomados por um exército de camponeses. Na Rússia, os camponeses fizeram sua própria insurreição no interior, e permaneceram lá. De fato, a tomada do poder estatal nas cidades também era uma condição necessária para o sucesso das insurgências camponesas. Sem ela, as forças armadas de um Estado intacto teriam subjugado os camponeses, como foi o destino de muitas insurreições camponesas na história. Embora a mobilização e depois o apoio dos soldados camponeses fossem necessários ao sucesso da revolução, trabalhadores, soldados trabalhadores e seus líderes locais foram os principais impulsionadores.

O poder militar na forma de pressão implacável no solo russo foi o principal fator propulsor do descontentamento popular em massa na direção do apoio a um movimento potencialmente capaz de realizar uma revolução. Isso é mais próximo de Skocpol do que de Marx, pois causas militares eram estranhas ao seu pensamento. A explicação da revolução por Goldfrank em termos de um contexto internacional permissivo ou de um contexto apoiador dos rebeldes ou a ênfase de Foran no sistema mundial também estão na direção correta, mas são muito anódinas para capturar o poder causal da guerra e devastação ferozes lançadas pelo Império Alemão no solo russo. Todavia, o argumento de Goldstone de que uma elite dissidente deve ser capaz de se juntar à insurgência popular certamente se encaixa. É isso que a guerra permitiu aos bolcheviques fazerem.

Sem essa sequência, a consequência mais provável teria sido o caos e a desintegração no Império Russo – assim como em breve aconteceria aos impérios austro-húngaro e otomano. Não poderia ter havido uma transformação revolucionária diferente, porque nenhum outro grupamento político poderia mobilizar a força popular para realizar uma. Havia pouca chance de uma revolução burguesa duradoura, uma vez que o Governo Provisório, que era o único veículo possível, carecia de poder de mobilização de massa e dependia de oficiais do exército reacionário para sua sobrevivência (Hobsbawm, 1994: 58, 64-65). A única estratégia alternativa minimamente possível para evitar a revolução poderia ter sido uma aliança mais firme entre todas as facções liberais e socialistas do Governo Provisório e os mais cautelosos bolcheviques e alguns dos sovietes de trabalhadores. Isso poderia ter produzido um regime viável dirigido a uma forma de democracia social? Teriam sido necessários enormes sacrifícios por parte das facções mais conservadoras do governo, aceitando a destruição de direitos de propriedade no interior assim como nas fábricas, arriscar as eleições que tinham uma boa chance de colocá-los no poder. Eles não estavam preparados para esses sacrifícios. Foi nesse ponto que a coesão dos dois lados mudou, o Governo Provisório se tornou mais faccionalizado e a disciplina do partido dos bolcheviques restringiu seu faccionalismo potencial.

Minha ênfase na guerra significa que rejeito uma explicação que enfatize contradições sociais ou econômicas sistêmicas, causas estruturais de longo prazo, diferente de Marx, Marrington Moore, e do estudioso russo Haimson (1964). Haimson argumentava que o aumento na violência trabalhista pré-guerra, a polarização entre trabalhadores e outras classes e o aprofundamento das divisões dentro do regime teriam levado a revolução à Rússia, mesmo sem a guerra. Os camponeses já estavam altamente descontentes, o corpo de oficiais e outros supostos reformadores estavam se perguntando se o tsarismo era apropriado à modernidade, se o regime tsarista estava criando inadvertidamente revolucionários trabalhadores ao suprimir sindicalistas seccionais e reformistas políticos e se o regime estava hesitando sobre reformas e depois reprimindo-as. Concordo que tendências estruturais de longo prazo do regime e capitalismo russos teriam produzido uma tentativa de revolução sem a guerra, mas duvido que pudesse ter havido uma revolução bem-sucedida – que é a única que conta. Embora não devamos subestimar a estupidez dos Romanov, a revolução não foi possível apenas devido aos dissidentes parlamentares e trabalhadores. Como poderiam ter se juntado aos camponeses sem a guerra? Mesmo que pudessem ter se juntado a outros grupos, restava o poder militar: como evitar a repressão se o regime tinha as armas? Quando ordenados a atirar contra os manifestantes trabalhadores, os soldados quase sempre o fazem, independentemente de suas origens sociais, porque estão sob disciplina militar estrita. Para eles, o poder militar supera a identidade de classe. Na Rússia, contudo, essa disciplina desabou sob as pressões extremas da guerra. Duvido que a corte real fosse tão estúpida a ponto de permitir que suas divisões impedissem que isso acontecesse em tempos de paz.

A guerra se intensificou, tornou-se transparente, e se sobrepôs a cada um dos diversos pontos fracos pré-guerra do regime tsarista para criar uma cascata revolucionária. A união dos trabalhadores, camponeses e soldados foi muito inusual, sustentada pela opressão do Estado combinada à incompetência da guerra de mobilização de massa. Isso permitiu aos bolcheviques atacarem o regime com invocações de exploração cada vez mais plausíveis. Curiosamente, os bolcheviques, como marxistas, viam o capitalismo como o real inimigo; poucos russos sentiam a mesma coisa. Eles queriam, sobretudo, depor o tsarismo, mas a guerra induziu-os a depor o capitalismo também.

Todavia, o poder ideológico também importou nos estágios finais dessa revolução, especialmente dentro do movimento bolchevique. Seu salvacionismo secular prometia uma utopia mundana nesse mundo com base na solidariedade social (de classe) e reforçou muito seu senso de camaradagem disciplinada e de que a história estava ao seu lado. O poder do objetivo significava que eram menos exigentes em relação aos meios. Assim, a ideologia apresentada às massas era simples, populista, não ortodoxa e oportunista. Ao dirigirem um forte apelo aos camponeses, eles preencheram uma lacuna no marxismo tradicional, mas lhes prometeram seu próprio lote de terra desviado de seu programa revolucionário de coletivismo.

Antes de chegar ao poder, Lenin assumira que, se os bolcheviques tirassem vantagem do radicalismo das fábricas e ruas, o apoio para uma revolução socialista viria. Todavia, à medida que trabalhadores, camponeses e soldados mostraram ter políticas variadas, os bolcheviques viram que mais orientação de cima era necessária para a salvação. Uma vez tomado o poder do Estado em outubro, reimpuseram controles hierárquicos, incluindo uma gestão individual e disciplinar da força de trabalho, e incorporaram sovietes e sindicatos em seu próprio Estado. Quando as linhas gerais dessa ditadura se tornaram claras, muitos trabalhadores se voltaram contra eles (S. Smith, 1983: 260-265). Todavia, os bolcheviques agora tinham o poder militar para reprimir dissidentes. Esse poder foi tão decisivo na manutenção da revolução quanto em sua manutenção. O fato de soldados revolucionários terem mantido suas armas e distribuído algumas aos trabalhadores favoráveis havia permitido a revolução. Agora, os bolcheviques detinham as armas por meio das Guardas Vermelhas e outras formações. Isso lhes deu poder que conservaram durante a guerra civil que seguiria. A marcha militar em direção ao despotismo monopartidário havia começado, pervertendo a direção de sua rota. A combinação significava que, após a revolução, e após um curto período de relaxamento pragmático, eles retornariam mais à sua ortodoxia ideológica original, mas seria salvação por meio da força.

Sem essa guerra desastrosa seguida pela emergência de um partido revolucionário organizado que combinava uma ideologia de salvação a uma percepção aguda do sentimento popular, a revolução não teria sido bem-sucedida. Alguns marxistas subsequentes também enfatizaram a guerra, mas a explicaram nos termos do imperialismo capitalista, que vimos no último capítulo ser falso. Em troca, o militarismo europeu, havia tornado a guerra o modo padrão de diplomacia. Lenin observou repetidamente que a Rússia era o elo mais fraco na corrente capitalista. Em termos militares, certamente era. Skocpol e outros enfatizam corretamente o poder causal de crises políticas internacionalmente induzidas, mas a Rússia em 1917 não era um caso de uma crise de orçamento induzida por excesso de guerras. Isso é muito insípido para comunicar a catástrofe da guerra total, invasão, cidades passando fome e aglomerações de refugiados. O poder militar foi fundamental para converter conflitos de classe em revolução. A guerra foi fundamental para produzir a decrescente cascata política que aumentava o faccionalismo do Governo Provisório, mas depois a solidariedade ideológica dos bolcheviques tornou a revolução bem-sucedida.

Essa revolução envolveu a conjunção de duas correntes causais distintas: uma conduzida a partir de uma monarquia autoritária que apoiava um capitalismo altamente concentrado pela força, gerando classes inferiores descontentes; a outra que levou do militarismo europeu à guerra de mobilização de massa e ao desastre militar da Rússia. A primeira deu à classe trabalhadora e à campesina o desejo pela revolução; a segunda lhes deu a unidade e poder para realizá-la. O crescimento do Partido Bolchevique foi um produto da primeira corrente embora sua política tenha tirado vantagem da segunda. Membros do partido tinham uma confiança ideológica na vitória final e uma forte disciplina partidária originalmente adquirida em condições de clandestinidade. Isso ajudou a manter a coesão bolchevique em meio à espiral descendente do país, e ajudou a estratégia de capturar o nacionalismo populista a fim de realizar a revolução de classe.

Após a revolução, seu poder ideológico e disciplina se tornaram decisivos na estruturação da forma da sociedade socialista estatal.

Sem a guerra, trabalhadores e camponeses poderiam ainda ter se insurgido, mas as insurreições seriam debeladas separadamente, como na Espanha. Mesmo que as duas insurreições tivessem sido combinadas, o poder militar do regime não teria sido neutralizado. Com raras exceções (como no Irã em 1979), isso só aconteceu nas sociedades do século XX por meio da derrota na guerra. Sem a guerra, o futuro russo não prometia muito benefício para as massas – na melhor das hipóteses, um regime autoritário apoiando um capitalismo explorador, na pior, desintegração e caos. Sem a guerra, os dois sucessos dos bolcheviques – capturar e manter o poder e preservar a Rússia como uma grande potência – não teriam tido, portanto, impacto massivo no mundo. As relações de poder militar da Primeira Guerra Mundial criaram a União Soviética – e foram também, no fim, responsáveis pelo terror, metade da derrota do fascismo, uma corrida armamentista nuclear, uma Guerra Fria, e assim por diante.

Guerra e movimentos trabalhistas europeus

A Revolução Bolchevique influenciou o mundo: por vezes encorajou trabalhadores e camponeses a uma resistência maior; por vezes inflamou contrarrevolucionários. Contudo, tentativas sérias de revolução foram feitas somente na própria macrorregião da Rússia, no centro e leste da Europa. Divisões entre reformistas e revolucionários ocorreram em todos os movimentos trabalhistas europeus, reforçadas por diferenças secionais entre trabalhadores profissionais e não qualificados e diferenças segmentares entre indústrias. Quando os empregadores conciliavam reformadores ou foram pressionados a fazê-lo por seus estados, isso minava a esquerda, que necessitava da classe trabalhadora unida para realizar a revolução; reformistas não necessitavam de unidade além do nível dos empregadores individuais para atingir seus objetivos. O período pré-guerra imediato havia visto mais militância e convergência na direção do socialismo profissional na indústria, reformismo esquerdista na política e comunidades urbanas de classe trabalhadora solidárias.

(1) Como na Rússia, indústrias de armamentos e de metalurgia pesada cresceram e se tornaram a vanguarda do movimento trabalhista. Embora a produção de guerra ameaçasse o controle profissional da mecanização com a introdução de mais trabalhadores semiqualificados e disciplina coerciva, trabalhadores especializados permaneciam privilegiados em termos de salários, controle do chão da fábrica e isenções de conscrição. Entre eles e a principal massa de trabalhadores em expansão – migrantes rurais não qualificados, muitas vezes mulheres – havia menos solidariedade do que na Rússia. Por volta de 1916, a militância aumentou, liderada por metalúrgicos, mas ainda incorporava uma contradição entre socialismo e seccionalismo.

(2) Diferente da Rússia, líderes trabalhistas europeus foram incorporados ao regime uma vez que a guerra havia trazido a primeira dose substancial de *corporativismo*, relações de classe mediadas por instituições tripartites de representantes do Estado, empregadores e trabalhadores. Partido Socialista/ Trabalhista e líderes sindicais foram levados a gabinetes na Grã-Bretanha e na França; na Alemanha, Áustria, Hungria e Itália eles foram consultados sobre legislação pela primeira vez. Em troca, eles votavam créditos a favor da guerra, desfrutavam do patriotismo em suas bases, e buscavam deles garantias de não greve. Na Alemanha, a direita do Partido Social-Democrata (SPD) endossou completamente a guerra e os planos do governo de anexar territórios estrangeiros; seu centro olhava para ambos os lados, apoiando a guerra ao mesmo tempo em que pressionava ineficazmente em prol de negociações de paz. O nacionalismo superava a consciência de classe por variadas razões, algumas delas instrumentais. Sindicalistas eram colocados em quadros para supervisionar relações trabalhistas e a produção industrial. Eles levavam as reivindicações dos trabalhadores ao governo e aos empregadores e policiavam leis de não greve e novos códigos trabalhistas. Em troca, os empregadores tinham paz industrial e estabilidade além da garantia de lucros altos e frequentes. No nível nacional, organizações de empregadores e sindicais aumentaram suas atividades. Na Alemanha, isso introduziu cooperação entre sindicatos socialistas e não socialistas assim como o primeiro Conselho Industrial de empregadores (Feldman, 1966: 119).

A incorporação depois se estendeu às hierarquias sindicais inferiores. A Lei de Serviços Auxiliares alemã, de dezembro de 1916, introduziu a mobilização civil compulsória, abolindo a liberdade dos trabalhadores para mudarem de trabalho. Em troca, comitês incluíram representantes sindicais em todas as empresas registradas com mais de cinquenta empregados. Compensações similares ocorreram na comissão de reclamações austríaca de março de 1917 e nos comitês italianos de mobilização industrial de agosto de 1915. Sindicatos e funcionários de partido, por vezes ainda se chamando socialistas revolucionários, estavam se incorporando, mostrando ao antigo regime quão responsáveis poderiam ser. Isso envolveu suprimir descontentes da base que conflitavam com códigos acordados.

(3) Sob esse sistema, militantes da base perderam poderes de organização formal e careciam dos dilemas de responsabilidade que os acompanhavam. Greves e manifestações antigoverno foram banidas e restrições foram colocadas sobre negociações em fábricas e locais. Informalmente, representantes dos trabalhadores que representavam trabalhadores profissionais em indústrias de guerra essenciais mantiveram poderes ilegais ao nível do chão da fábrica e podiam estabelecer redes de militantes afins ao longo das principais cidades industriais. Contudo, eles não podiam confiar nas estruturas de partidos políticos abertos do SPD ou no Partido Democrático Social Inde-

pendente (USPD), esquerdista e antiguerra. Se expostos, seriam conscritos ou presos.

Em tempos de paz, o dilema entre reforma e revolução havia confrontado muitos movimentos da classe trabalhadora. Agora, a guerra incorporara a liderança, e militantes de base estavam livres para se comprazer com a retórica radical, mas restritos a agir em segredo. Seu "movimento revolucionário de representantes de trabalhadores" carecia da organização que a liderança nacional reformista havia construído ao logo de um período de trinta anos (Sirianni, 1980). Por vezes, líderes nacionais ajudaram a reprimir greves esquerdistas (Feldman, 1966: 128-129). Suas inclinações reformistas se intensificaram, porque podiam obter concessões pela participação nos estados capitalistas, embora fossem menos hábeis para mobilizar o movimento para pressionar por reformas. Líderes esquerdistas minoritários que permaneciam fora das estruturas corporativas – usualmente devido à oposição à guerra – se tornaram mais radicais e hostis em relação aos reformistas, especialmente onde sua própria perseguição piorou. Eles construíram redes de protesto contra a guerra e o regime, mas foram privados pela perseguição de extensos canais organizacionais entre trabalhadores. Militantes do chão de fábrica, centrados nas áreas metalúrgicas, formaram um movimento revolucionário de representação de trabalhadores; eles controlavam as fábricas e muitas vezes se opunham à liderança sindical nacional, mas tinham pouca organização além da fábrica (para a Grã-Bretanha, cf. J. Hinton, 1973; I. McLean, 1983). A massa de trabalhadores estava experienciando sacrifícios, e via injustiças sistemáticas na conduta da guerra. Todavia, eram ambivalentes em relação aos três conjuntos de líderes disponíveis. A consequência em toda parte, nos países avançados e no mundo colonial e semicolonial, foi uma explosão pós-guerra de protestos de trabalhadores (Silver, 2003: 125-129). A Revolução Bolchevique fortaleceu radicais e amedrontou conservadores em toda parte, mas ambos tentaram aprender com a Rússia. A consequência foi tentativas fracassadas de revoluções, mas somente em sua macrorregião, e somente entre as potências derrotadas.

Alemanha: revolução fracassada, reformas precárias[1]

Com a derrota, o Reich alemão colapsou. Nas últimas duas semanas da guerra, unidades navais e do exército se amotinaram. Em 28 de outubro de 1918, marinheiros em Kiel se recusaram a zarpar; em 3 de novembro, eles tomaram sua base e marcharam em cidades próximas. Isso estimulou trabalhadores, soldados e outros manifestantes urbanos a tomarem as administrações e fábricas

---

1. Para 1918-1919, baseei-me principalmente em Broue, 2005: parte 1; B. Moore, 1978: 275-397. Sobre o SPD, cf. Broue, Breitman, 1981; Hunt, 1970; sobre o USPD, cf. D. Morgan, 1975; sobre o KPD, cf. Fowkes, 1984; Broue, 2005: parte 2. Para comparações com outros países, cf. Carsten, 1972; ensaios em Bertrand, 1977; Cronin e Sirianni, 1983.

locais ao longo da Alemanha. Eles encontraram pouca resistência. Muitos insurgentes queriam um novo governo, desconfiados de um composto por notáveis do antigo regime. Os últimos, vividamente temendo uma repetição da Revolução Bolchevique, iniciaram negociações com os líderes da facção reformista majoritária do Partido Democrático Social (SPD) para impedir o ultraesquerdista Karl Liebknecht e representantes de trabalhadores revolucionários de proclamarem um governo "bolchevique". O SPD carecia da coesão dos bolcheviques. Embora todos afirmassem ser marxistas, os reformistas tinham desenvolvido uma teoria marxista evolucionária: a de que o socialismo terminaria vindo após um longo processo de reformas crescentes, mas negociadas. O pragmatismo não era apenas para o curto prazo, como entre os bolcheviques; seria por um período considerável. Isso dificilmente era salvacionismo. O kaiser abdicou em 9 de novembro. Houve tumultos, e talvez doze pessoas tenham sido mortas naquele dia, mas a transferência de poder foi pacífica. O Príncipe Max de Baden, o último chanceler imperial, entregou formalmente seus poderes ao presidente do SPD, Friedrich Ebert, um ex-curtumeiro. Dois dias depois, a Alemanha se rendeu.

A ordem política na Alemanha guilhermina pré-guerra repousava na cooperação entre a monarquia e os partidos conservadores, usualmente com o apoio condicional do Partido Liberal Nacional e/ou do Partido Central Católico. Nas primeiras eleições pós-guerra, contudo, o declínio dos conservadores e dos liberais nacionais e o repentino aumento do Democratas Sociais transformaram as políticas parlamentares (Childers, 1983: 15-49). O Partido Central Católico manteve seu voto e se comprometeu pela primeira vez com o sufrágio universal e com a cooperação com o Democratas Sociais. A mudança da Igreja Católica de reação para democracia foi importante na Alemanha. Como um regime governante, a antiga ordem de monarca, proprietários de terras, oficiais, industriais e notáveis políticos conservadores parecia terminada.

Representantes dos trabalhadores buscavam predominantemente revolução, não reformas, mas agressivamente. Eles estenderam os comitês de trabalhadores do tempo de guerra coordenando a distribuição de alimentos, alocação de moradias e alívio para veteranos e seus dependentes. Esses se tornaram conselhos de trabalhadores, em paralelo com os conselhos de soldados. Muitos conselhos estavam lidando com o caos nas fábricas, ruas e na comunidade, não perseguindo uma estratégia política. Todavia, eles incluíam os Representantes de Trabalhadores Revolucionários de Berlim, que estavam preparando um golpe quando a investidura de Ebert como chanceler os impediu. Ninguém poderia estar certo sobre as intenções dos conselhos de trabalhadores e soldados, e muitos no antigo regime e na burguesia temiam que o bolchevismo os privasse de seu poder e propriedades – pode-se estar aterrorizado com uma grande ameaça mesmo que tenha uma baixa probabilidade de ocorrer. Carecendo, momentaneamente, de poderes coercivos, as classes proprietárias de terras estavam preparadas para fazer acordos para evitar o desastre.

Isso era conveniente para a facção majoritária do SPD para quem a contradição pré-guerra entre retórica marxista e eleitoralismo moderado agora se intensificara. Alguns haviam votado a favor de créditos de guerra devido ao entusiasmo nacionalista, acreditando que poderiam ser socialistas e patriotas. Contudo, muitos do SPD haviam votado a favor da guerra, acreditando que, de outro modo, o governo os reprimiria. Eles então se comprometeram com o antigo regime a manter suas organizações intactas para uso pós-guerra. Durante a guerra, elas foram incorporadas às agências governamentais – diferente de suas contrapartes na Rússia. Logo após a guerra, os líderes do SPD aproveitaram sua oportunidade. Após consultarem o Partido Central Católico, os liberais radicais e o USPD (que havia se dividido em 1917 em oposição à guerra), o SPD estabeleceu um governo provisório e pôs em movimento procedimentos para uma constituição republicana e eleições por sufrágio universal, dando às mulheres o voto e encerrando a votação dominada pela classe entre os homens. Isso foi uma revolução política, de uma monarquia semiautoritária a uma república parlamentar.

Grandes empregadores tomaram iniciativas tão logo se aperceberam de que a monarquia cairia. Alguns possuíam compromissos adquiridos da cooperação de tempo de guerra com sindicatos, mas seu medo do bolchevismo era sua maior motivação, de modo que a retórica e as ações dos socialistas revolucionários foram muito úteis para os reformistas. Essa foi a rota indireta, de cima para baixo para uma maior cidadania social que enfatizo no capítulo 9. Os empregadores diziam que reconheceriam os sindicatos como representantes dos trabalhadores, estabeleceriam os comitês de trabalhadores de fábrica e instituiriam centrais de empregos e comitês de mediações baseados em representação igual. Em troca, eles pediam aos sindicatos que concordassem com a "manutenção da economia", no sentido da manutenção do capitalismo e dos poderes administrativos. Duas semanas mais tarde, representantes dos empregadores concederam um dia de oito horas, acordos salariais coletivos e o fim de subsídios aos "sindicatos *yellow*". Esses foram negociados pelo direito da administração de operar seus próprios negócios. Os empregadores "compraram tempo para o capitalismo" (Balderston, 2002: 8). As concessões constituíam grande parte do programa dos movimentos trabalhistas pré-guerra, e os sindicatos aceitaram o acordo. Ambos os lados queriam colocar a indústria em funcionamento novamente (Feldman, 1966: 521-531).

Uma democracia liberal, um governo SPD, e algumas políticas democráticas sociais foram estabelecidos em um mês, um feito reformista considerável de ambos os lados do conflito de classes. Como nenhuma resistência séria havia sido encontrada, nenhuma das antigas instituições exceto a monarquia foi destruída. Os líderes do SPD agora combinavam negociações públicas com aqueles à sua esquerda – os conselhos, movimento de representantes de trabalhadores e o USPD – sobre quanto socialismo poderia ser injetado na nova república, e conversações privadas com notáveis do antigo regime. Em 10 de novembro, o Chanceler Ebert e o USPD chegaram ao acordo quanto à composição do governo provisório. Eles teriam igual representação no Conselho dos Representantes do Povo, supervisionado por um Conselho Executivo escolhido pelos conselhos de trabalhadores e soldados – revelando quão forte era considerada a esquerda agora. Contudo, ao retornar ao seu palácio, Ebert, na tradicional narrativa da história, foi chamado ao telefone para falar com o sucessor de Ludendorff, o General Groener, o principal negociador com os trabalhadores durante a guerra. Groener, mais tarde, recordou das linhas de sua conversação: "O corpo de oficiais só poderia cooperar com um governo que assumisse a luta contra o bolchevismo... Ebert havia decidido sobre isso... Fizemos uma aliança contra o bolchevismo... Não havia outro partido que tivesse influência o bastante sobre as massas para permitir o restabelecimento de um poder governamental com a ajuda do exército" (Broue, 2005: 169; B. Moore, 1978: 293-294; Ryder, 1967: 149-164).

Assim, capitalismo, posse de terras, o exército e o serviço público foram preservados em troca de uma democracia política, reformas de bem-estar social e conciliação industrial. A liderança do SPD era a favor de reformas, mas seus contatos com o antigo regime constrangiam sua liberdade de manobra à esquerda. A arena de poder decisiva reside nas forças armadas. Os conselhos de soldados queriam que as forças armadas fossem mais democráticas, sem disciplina brutal, e com oficiais eleitos partilhando a administração com comitês eleitos. Eles se declararam prontos para lutar para atingir esses objetivos, e poderiam ter subjugado os Freikorps e outras bandas de veteranos da direita agora perambulando pelo país. Permanecia incerto quem controlaria o exército oficial de 100.000 homens permitido pelo Tratado de Paz de Versalhes. Se Ebert tivesse sido mais radical, teria pedido ao alto-comando que lhe entregasse seus poderes enquanto organizava seu sucessor. Ele também falhou em reformar o serviço público superior ou o judiciário, que permaneceu uma força reacionária, muitas vezes desautorizando a legislação de direitos sociais de Weimar durante a década de 1920 (Mommsen, 1996). O SPD compreendia o poder econômico, via o poder político como partidos e eleições e negligenciava a burocracia, o judiciário e as forças armadas. As reformas não se estenderam a essas esferas – uma revolução altamente imperfeita mesmo da política. Ebert via os conselhos de soldados não como aliados, mas como ameaças. A revolução não era o que a maioria dos líderes do SPD tinha em mente; eles necessitavam do exército e do judiciário para se proteger tanto da direita quanto da esquerda.

A esquerda, perdendo a esperança com os líderes do SPD, discutiu se poderia organizar sua própria revolução sem eles. A posição antiguerra dos socialistas de ultraesquerda, o USPD e alguns dos conselhos de trabalhadores e de soldados ganharam cada vez mais apoio ao longo de 1918 – provavelmente mais do que seu socialismo. Eles eram fortes em algumas cidades, incluindo Berlim, mas careciam de organização nacional. Para compensar, proclamavam o socialismo como um *movimento*, uma emergência orgânica na classe trabalhadora em vez de uma organização chegando à classe trabalhadora a partir de um partido de vanguarda exterior. Essa era a linha de Rosa Luxemburgo, expressa em seus famosos panfletos anti-Lenin, *Greve de massas* (1906) e *Problemas organizacionais da democracia social* (1904). A esquerda defendia greves de massa como o caminho para a revolução, e apoiava os conselhos de trabalhadores. Contudo, embora esquerdistas se opusessem à deslealdade do SPD, não podiam concordar com uma estratégia alternativa. Quando Ebert agiu, eles hesitaram, desintegraram-se e falharam em exercer os poderes que seu acordo com Ebert parecia ter-lhes dado. O terem hesitado era compreensível, dada sua situação – revolucionários fervorosos, mas com pouco apoio da massa.

À medida que os conselhos de trabalhadores estendiam seus poderes sobre as políticas da comunidade-ruas-fábricas, sua diversidade crescia. Os representantes de trabalhadores revolucionários de profissionais metalúrgicos e das indústrias pesadas foram menos incorporados ao Estado no tempo de guerra, e tinham experiência em manifestações locais e em fábricas, mas careciam de organização regional ou nacional. Junto à esquerda do USPD, eles formaram a facção espartacista, que exigia que os trabalhadores controlassem a produção. Eles viam os conselhos de trabalhadores como a instituição-chave da futura sociedade socialista, como os sovietes eram vistos por suas contrapartes na Áustria, Hungria, Itália e Rússia. Os espartacistas eram importantes em Berlim, mas não nacionalmente. Eles viam os eventos do final de 1918 através de lentes bolcheviques: a primeira revolução política havia estabelecido uma democracia burguesa, e essa seria em pouco tempo deposta por uma segunda, a revolução proletária – como na Rússia. Infelizmente, sua teoria não correspondia às realidades de poder. Não havia apoio da massa para uma segunda revolução; muitos trabalhadores apoiaram a maioria do SPD na eleição nacional de janeiro de 1919. Eles queriam ordem, a reconstrução da economia e a satisfação das exigências tradicionais dos trabalhadores por número máximo de horas, salários mínimos, seguro desemprego e de incapacitação e direitos de organização. A maioria do SPD estava trabalhando duro para obter isso, mas, na eleição, o SPD ficou desconcertado ao descobrir que os partidos burgueses haviam praticamente retomado sua força pré-guerra. As políticas do ativismo trabalhista haviam dominado os últimos meses, e o SPD havia esquecido que as políticas eleitorais deram expressão às áreas rurais, à classe média e às igrejas. Eles aconselharam os trabalhadores a não exigirem mais, e muitos concordaram.

Depois, a esquerda se dividiu. Os ultras tinham o apoio de alguns conselhos de soldados, e não buscaram se aliar com eles quando perceberam que muitos não eram revolucionários. Eles careciam de uma teoria do poder militar. Focados na luta dos trabalhadores industriais no processo de produção, viam o inimigo como a classe capitalista. Sua teoria do Estado a via como reguladora do capitalismo e repressora. Eles não apreciavam a natureza polimorfa do Estado ou a autonomia do exército. Embora fosse óbvio que estados e capitalismo estivessem cambaleando devido ao colapso militar, não à crise capitalista, foi teorizado que a revolução era muito menos um processo militar do que econômico. Contudo, se a Reichswehr permaneceu intacta, e se os conselhos de soldados estavam autorizados a desaparecer através da desmobilização, a revolução estava acabada. De fato, o jogo acabou muito rapidamente, quando o Chanceler Ebert chegou a um acordo com o alto-comando, e a esquerda não construíra seu próprio exército. As tropas estavam desmobilizadas e voltaram para casa, deixando suas armas para trás. Os conselhos de soldados se dissolveram.

Assim, na época da primeira conferência nacional de representantes dos conselhos em dezembro de 1918, poucos representantes dos soldados permaneceram, e a conferência foi dominada pelo SPD. O SPD nunca se tornou uma organização monolítica, e os esquerdistas permaneceram livres para expressar suas visões e aprovar resoluções no congresso (Harsch, 1993). A partilha de poder pelo Conselho Executivo parece nunca ter ocorrido, e o USPD permaneceu regionalmente fragmentado, exercendo pressão esquerdista, mas sem articular um programa claro. Sem a organização nacional, os conselhos de trabalhadores restantes eram células isoladas de uma futura utopia socialista, não um método de governo revolucionário (Mayer, 1977).

Contudo, alguns espartacistas decidiram arriscar tudo e lançar a segunda revolução. Eles acreditavam que tinham de fazê-la uma vez, antes que o novo regime fosse institucionalizado e os soldados fossem para casa. Havia somente uma centena de espartacistas, comparados aos 25.000 bolcheviques na Rússia em 1917. Uma massa de trabalhadores estava pronta para fazer greve ou manifestações, mas não para se envolver em um conflito armado. Durante a breve insurreição espartacista de janeiro de 1919, liderada (contra seu melhor juízo) por Karl Liebknecht e Rosa Luxemburgo, o USPD hesitou e ofereceu pouco apoio. Muitos conselhos de trabalhadores se alinharam à liderança do SPD, posicionando cordões de proteção em torno de prédios públicos. O governo do SPD permitiu aos oficiais das unidades leais do exército lidarem com a rebelião. Eles mutilaram e depois mataram Liebknecht e Luxemburgo, e dispersaram outros esquerdistas (Broue, 2005: cap. 12). Foi um fiasco sangrento, que não pode ser romantizado. Foi tolo, e somente prejudicou as causas progressistas.

Enfurecidos com o SPD por ter traído a revolução, ultraesquerdistas sobreviventes mantiveram seu otimismo quanto ao descontentamento dos trabalhadores poder ser traduzido em revolução. Eles se moveram para o Partido Comunista, o KPD, fundado pouco antes do golpe espartacista, e que agora substituía o USPD como o principal partido de extrema-esquerda. O SPD era, sobretudo, uma organização eleitoral, consciente dos votos da classe média e das mulheres criados pelo sufrágio universal. A liderança não queria que o bolchevismo os espantasse, e acreditava que muitas mulheres votariam para o centro e para a direita. Na primeira eleição, de janeiro de 1919, o SPD recebeu mais votos do que jamais teve – 38% –, mas teve de formar um governo de coalizão com o Centro Católico e os liberais. Ele estava preparado para isolar a esquerda a fim de conciliar o centro; essa estratégia eleitoral foi amplamente bem-sucedida. Em 1924, 46% de seus votos vieram das mulheres, uma proporção que manteve até o fim; até 1930, entre 30 e 40% de seu voto era não manual (Hunt, 1970: 111-148).

A repressão do SPD aos ultras estabilizou o Estado, reassegurou a classe média e preservou a democracia. Também isolou a esquerda, e alguns trabalhadores passaram para o lado do USPD, depois ao KPD. Na segunda eleição da República em 1920, a votação do SPD caiu para 22%; o USPD subiu de 8% para 18%. O SPD se recuperou para permanecer eleitoralmente superior, mas para governar necessitava do apoio da burguesia. Em 1919 e 1920, as greves se tornaram maiores e mais políticas, especialmente na Ruhr industrial, não sendo até então um centro importante de revolução (Tampke, 1978; Geary, 1981; B. Moore, 1978: 227-353). Isso levou à insurreição de Ruhr de 1923, sob a liderança do KPD, que Broue (2005: 709) chama "uma situação pré-revolucionária sem precedentes... o Outubro Alemão", uma vez que inflação e desemprego haviam nivelado diferenças de classe. O assim chamado Exército Vermelho na insurreição de Ruhr pode ter chegado a mais de 50.000 trabalhadores (B. Moore, 1978: 328). Contudo, a coordenação foi mínima, muitos trabalhadores não lutariam e ninguém os havia armado. Trótsky, que também considerou essa uma situação revolucionária, lamentou a incompetência militar do KPD (Broue, 2005: 900). Projetos revolucionários malplanejados, suprimidos por um Estado que era parcialmente SPD, contribuíram para uma rixa sangrenta entre socialistas e comunistas, que dez anos mais tarde minaria as chances de uma esquerda unida para fazer frente aos nazistas.

Era muito tarde: o ponto de oportunidade política máxima (a rebelião espartacista) ocorrera ao menos um ano antes do ponto de desilusão máxima da classe trabalhadora com o reformismo do SPD. A república e o capitalismo estavam agora semi-institucionalizados, assim como a divisão no movimento trabalhista. Um partido socialista altamente organizado e a principal federação sindical estavam defendendo uma república burguesa como o caminho para reformas sociais, e potencialmente – afirmava – para o "socialismo evolucionário". Broue (2005: 168) conclui que diferenças fundamentais da Rússia impediram uma revolução alemã: a burguesia alemã permaneceu forte, ele diz, porque possuía dois instrumentos adicionais à sua disposição, o apoio de um partido socialista de massa e um corpo de oficiais "de rara qualidade". Contudo, isso também pressupunha uma classe trabalhadora dividida, o que não era o caso na Rússia, mas a burguesia não era tão unida quanto Broue sugere. Grande parte dela não quis se comprometer com o SPD na crise pós-guerra, e, quando o perigo da esquerda diminuiu em meados de 1920, essa facção se reafirmou e estava a caminho do fascismo. Liberais, católicos e industriais tinham mostrado perspicácia tática durante a crise pós-guerra, fazendo sacrifícios pela sobrevivência. Eles foram importantes em evitar o destino de suas contrapartes na Rússia. Eles impediram a revolução.

O fracasso dessa revolução foi, de certo modo, sobredeterminado. Houve quatro causas principais, nenhuma das quais poderia tornar improvável uma revolução bem-sucedida. Primeiro, havia uma divisão importante dentro do movimento da classe trabalhadora, contrastando grandemente com os bolcheviques. Como sua ala reformista foi capaz de tomar o poder e fazer reformas bem-sucedidas, foi muito mais popular entre os trabalhadores do que a ala revolucionária. A segunda, uma vez que a monarquia fora eliminada, as classes dominantes permaneceram unidas e (no primeiro período crucial) pragmáticas. Elas se comprometeriam com os socialistas reformistas, e assim sobreviveriam – mais tarde renegariam esse acordo. Isso foi similar à estratégia bolchevique. A terceira, não havia tradição de revoltas campesinas, nem muita indicação de descontentamento entre a população rural. Nenhuma aliança entre os militantes urbano-industriais e camponeses foi possível, embora essa causa fosse menos importante do que nos outros países, uma vez que a Alemanha era muito mais industrial e menos agrária do que os outros países. Quarta e crucial, foi a ausência de um exército em revolta. Não só alguns esquerdistas foram armados, como também os paramilitares da Freikorps e unidades de um exército, cuja autonomia o Chanceler Ebert havia garantido. Isso significava que os revolucionários não poderiam atingir o primeiro estágio de uma revolução: a ocupação bem-sucedida da capital e seus prédios governamentais. Esse quarto fator foi uma consequência de um resultado de guerra diferente para a Rússia – derrota acompanhada por desmobilização. Foi isso mais as divisões entre os socialistas que desempenharam a maior parte na derrota da revolução na Alemanha.

Áustria: revolução fracassada, reforma urbana[2]

A derrota austro-húngara levou à desintegração da monarquia nos estados nacionais e à turbulência revolucionária nas duas ex-capitais, Viena e Budapeste. Viena agora se tornara a capital de um pequeno país chamado Áustria, povoado predominantemente por alemães. Seus dois partidos burgueses, os Sociais Cristãos e o menor os Nacionais Alemães, tinham um histórico de oposição ao regime habsburgo, de modo que não estavam tão implicados em sua derrota militar como suas contrapartes conservadoras na Alemanha. Eles dominavam o interior e as classes médias. O grande Partido Socialista (o SPO) era forte em Viena e entre a classe trabalhadora nas cidades. Em 1921, os sindicatos socialistas haviam recrutado 59% da força de trabalho não agrícola, uma proporção muito alta para

---

2. Nesta seção, apoiei-me em Carsten, 1972; Gulick, 1948; ensaios em Rabinbach, 1985; e Zeman, 1961: 134-138.

a época. No setor urbano-industrial, o socialismo austríaco era hegemônico. Ele também conseguiu permanecer relativamente unido ao longo da turbulência da guerra e de suas repercussões. Como em outros lugares, a Segunda Revolução Industrial e a guerra encorajaram um movimento de representantes de trabalhadores revolucionários e uma facção socialista de esquerda, mas esses optaram pela influência no Partido Socialista austríaco em vez de se aventurarem fora. Diferente da Alemanha, os socialistas não tiveram de enfrentar muitos ultras ou comunistas perturbadores competindo em seu flanco esquerdo. Esse foi um partido mais genuinamente marxista do que sua contraparte alemã, e seu principal teórico, Otto Bauer, foi mais esquerdista que suas contrapartes alemãs. Ele manteve sua coesão e parte de seu poder ideológico – um reformismo agressivo foi pensado para prometer um futuro muito diferente –, mas havia um equilíbrio desigual de poder entre a esquerda e a direita. Nenhum poderia subjugar ou outro. Até 1920, eles trabalharam cautelosamente juntos para estabelecer uma república democrática.

Os socialistas tinham uma vantagem sobre seus camaradas em outra parte. Quando o exército multinacional habsburgo se desintegrou, muitos de seus oficiais partiram prontamente para seus estados nacionais. Assim, em Viena, a estrutura de comando militar desapareceu amplamente, deixando os conselhos de soldados como as principais unidades militares remanescentes nas cidades. O SPO aproveitou sua oportunidade, liderando a reestruturação das forças armadas assim como do serviço público. Os socialistas também formaram uma força paramilitar bem-treinada, a Schutzbund, para defender seu eleitorado central. Nas cidades, isso significava uma habilidade para resistir a tentativas de golpes comunistas em abril e junho de 1919, usando seus próprios recursos. Inversamente, as áreas rurais foram seguramente controladas pela direita e sua Heimwehr ("Guarda Nacional") paramilitar, formada por veteranos da direita.

Bauer tentou introduzir uma terceira via entre capitalismo e socialismo com o objetivo de criar instituições e uma cultura socialistas embrionárias duradouras na estrutura de uma sociedade capitalista. Isso foi exemplificado pelo "Viena Vermelha", no qual um reformismo agressivo foi imposto nos locais de trabalho, na comunidade e em políticas eleitorais por meio da educação e programas de bem-estar social, programas de construção da comunidade e subsídios de locação para os pobres. Ele conseguiu uma redistribuição econômica importante em Viena, embora isso também tenha isolado grande parte da classe média da capital (Jill Lewis, 1983). Tinha um grau de comprometimento ideológico arraigado na comunidade, embora estivesse amplamente confinado na capital em um país que não era tão urbano ou tão industrial quanto a Alemanha. Eleitoralmente, o SPO não poderia equiparar o voto da classe média e rural combinados, de modo que depois de 1920 permaneceu na oposição. Uma consequência disso foi que as forças armadas oficiais do país passaram a ser controladas pela direita.

Bauer acreditava que essas limitações resultassem do equilíbrio de poder de classes no país. No curto prazo, ele via o conservadorismo como forte demais para ser rechaçado por todo o país. Assim, os socialistas deveriam converter seus eleitorados em fortalezas seguras. O Programa Linz do partido, de 1927, era inusual para um partido Democrático Social, declarando abertamente que a força militar poderia ser necessária em algum momento no futuro para se proteger de um ataque burguês. No longo prazo, disse a liderança do partido, o partido poderia manifestar a superioridade de seu socialismo, instituições e cultura municipais a uma maioria de austríacos. Por meio da educação e da formação (*Bildung*), o socialismo poderia triunfar (Rabinbach, 1985). Contudo, o equilíbrio de poder de Bauer significava que o partido – como outros partidos socialistas do período – carecia de uma estratégia de organização agrária. Acreditava-se que o exemplo de Viena atrairia o campesinato, não a mobilização rural direta.

A despeito do declínio normal da afiliação sindical na década de 1920, os sindicatos austríacos ainda tinham 34% da força de trabalho não agrícola em 1931, o voto socialista permanecia estável, e por uma década a cidade foi militarmente protegida pelo Schutzbund. Os socialistas terminariam sucumbindo às forças militares mais fortes do exército e da milícia Heimwehr, controlada pelo conservadorismo rural e da classe média. No fim, o pessimismo da liderança do partido subjugou-o. Ele só usaria o Schutzbund para se defender contra uma direita cada vez mais autoritária e inclusive fascista, resistindo às exortações de seus esquerdistas e do movimento jovem para lutar, quando fosse tarde demais. Em troca, tentou fazer concessões com a direita, criando instituições democráticas para o corporativismo na vã esperança de que a Áustria sobrevivesse com parte de sua democracia e socialismo municipal intactos. Mais tarde, no exílio, Bauer amargou seu erro: a liderança do partido, ele refletiu, deveria ter convocado uma greve geral, mobilizado o Schutzbund, e lutado contra os fascistas em março de 1933. Havia, portanto, uma chance de vitória, mas o partido docilmente se submeteu, deixando somente alguns de seus militantes mais entusiastas tentarem uma rebelião não oficial, que foi suprimida. A rebelião ocorreu em Linz, cidade natal de Hitler (Mann, 2004: 232). Após 1933, com o fascismo em ascensão e Hitler lançando olhares de cobiça ao país, seria difícil para os austríacos perseguirem seu próprio caminho. Hitler obliterou os socialistas em 1938.

Todavia, isso foi quase um incidente, embora, para um reformismo agressivo, não uma revolução ao estilo bolchevique. Deixe-me revisar os mesmos quatro fatores como na Alemanha. Primeiro, diferente da Alemanha, não havia divisões importantes na esquerda, embora ela estivesse visando não à revolução, mas aos primeiros estágios reformistas do que seus teóricos acreditavam ou esperavam poder levar a uma transformação gradual e evolutiva da sociedade. Segundo, como na Alemanha, uma vez que a monarquia foi deposta, as classes dominantes e a Igreja permaneceram unidas, produzindo um tipo de impasse no conflito de classes. Terceiro, como na Alemanha, o interior era conservador, geralmente apoiando a Igreja e as classes dominantes, produzindo um tipo de impasse entre esquerda e direita. Como a Áustria era mais rural do que a Alemanha, isso abalou o equilíbrio geral de poder um pouco para a direita. Quarto, dada a desintegração do antigo exército imperial, houve também um certo impasse entre milícias de esquerda e de direita, mas a emergência do austro-fascismo e do nazismo viu uma direita mais determinada em seu uso das forças paramilitares do que a esquerda mais branda. Nunca foi vislumbrada uma revolução no sentido bolchevique, mas o impasse foi relativamente sobredeterminado, e o resultado consequente foi o triunfo da vontade fascista.

Hungria: revolução e contrarrevolução[3]

As elites húngaras haviam dominado a metade sudeste da Monarquia Dual habsburga. A derrota foi experienciada, como na Áustria. Os partidos burgueses não estavam comprometidos pela participação no antigo regime, e formaram com os socialistas um governo de coalizão transicional. O exército se desintegrou, deixando os conselhos de soldados como as unidades militares intactas na capital. A Hungria sofreu derrotas subsequentes ao combater pequenos estados vizinhos apoiados pela Entente, que propôs privar a Hungria de metade de seus territórios pré-guerra. Os húngaros esperavam que o governo liderado pelos liberais do Conde Karolyi dissuadisse a Entente disso, mas Karolyi falhou, e continuou a perder a guerra nas fronteiras. O regime perdeu a autoridade, e Budapeste foi governada principalmente através de conselhos de trabalhadores e de soldados, com seu exército incapaz de conquistar uma paz honrável. Isso teve semelhanças com a Rússia.

O movimento trabalhista se dividiu em três facções. Um partido socialista havia sido propelido de uma insignificância pré-guerra em um país atrasado economicamente a posições ministeriais. Nunca tendo sido incorporado a relações de poder políticas ou econômicas (diferente dos socialistas alemães), carecia de prática reformista e era relativamente aberto ao esquerdismo. Uma facção se dividiu para formar um partido comunista, e prisioneiros de guerra e exilados húngaros se converteram ao bolchevismo na Rússia. Eles retornaram em novembro de 1918, durante a liderança habilidosa de Bela Kun, como um partido e força paramilitar compacto. Indústrias de guerra em expansão haviam gerado um movimento de representantes de trabalhadores revolucionários entre metalúrgicos qualificados em Budapeste. Com os conselhos de soldados, eles controlaram as fábricas e ruas. Os comunistas do Kun se mostraram dinâmicos, e conseguiram recrutar muitos esquerdistas do Partido Socialista como mem-

---

3. Esta seção se apoia em Carsten, 1972: 238-246, Tokes, 1967; Janos e Slottman, 1971; Eckelt, 1971, e Vermes, 1971.

bros ou simpatizantes. Os dois partidos estavam começando a se sobrepor. Kun e outros comunistas importantes foram depois aprisionados pelo governo de coalizão. Aparentemente é como se os eventos pudessem seguir o padrão alemão: faccionalismo, deslealdade do Partido Socialista, ação confusa nas ruas e aventureirismo da esquerda.

Karolyi agora dispensara o governo ineficaz e convidara os socialistas para formar um novo. Sem que soubesse, os socialistas e comunistas estavam no processo de se fundir em um partido socialista húngaro único, e o que ele de fato obteve foi um governo dominado por comunistas astutamente liderados por Bela Kun. Em resposta à pressão das ruas de Budapeste e acreditando na declaração de Kun de que um exército russo estava vindo para o resgate, em março de 1919, os socialistas proclamaram uma república soviética húngara, com Kun como ministro das Relações Exteriores, mas o líder real por trás das cenas. O novo regime dispensou prontamente Karolyi de sua posição como presidente. A promessa de Kun de restaurar as fronteiras pré-guerra da Hungria, tornando-a uma federação de etnicidades autogovernantes, angariou-lhe popularidade e o apoio de alguns oficiais patriotas. Os partidos burgueses fugiram para o interior, onde juntaram forças com os proprietários de terras e fizeram abordagens para atacar os exércitos eslovacos, sérvios e romenos.

A revolução pode ter parecido o caminho para o sucesso, e por quatro meses o regime sobreviveu, com seu faccionalismo dissimulado pela necessidade de defesa. Um Exército Vermelho foi apressadamente reunido e lançado com sucesso contra as forças eslovacas, mas o regime estava carente de recursos, e não ajudou sua causa com um programa de coletivização agrária quando os camponeses queriam sua própria terra. O interior foi também isolado pelo comprometimento ideológico do regime com a transformação total. Isso notadamente incluiu uma campanha antirreligiosa – melhor focar as vastas posses de terras da Igreja –, e forças paramilitares itinerantes praticando terror vermelho contra aqueles que se lhes opunham. Esse era o país mais agrário dos casos europeus centrais. Havia algum descontentamento campesino; uma aliança trabalhadores-camponeses era uma possibilidade, mas foi desperdiçada pela ortodoxia produtivista marxista do regime revolucionário (Tokes, 1967: 185-188, 193, 195; Eckelt, 1971: 82-87). Essa revolução também tentou reformas ideológicas e culturais importantes – seu ministro da Educação era o intelectual marxista Georg Lukacs. O credo salvacionista estava lá, mas ficou confinado em Budapeste, e o soviete não podia sequer reabastecer os exércitos que enfrentavam forças superiores no interior. O regime contava com a ajuda da Rússia ou de revoluções nos países vizinhos, mas nem uma nem outra aconteceram. Os bolcheviques na Rússia estavam muito envolvidos na guerra civil, e outras revoluções evanesceram. Em 2 de agosto de 1919, o Soviete colapsou quando o avanço de um exército romeno derrotou o Exército Vermelho. Após uma curta fase de governo conciliatório, a repressão Branca começou seriamente. Exercendo uma feroz re-

tórica anti-"judaico-bolchevique" (pois vinte dos vinte e seis ministros e vice-
-ministros de Kun eram judeus), o terror branco matou dez vezes mais do que
os vermelhos haviam sido capazes. Estava tudo terminado para os socialistas.
Muitos insurgentes pagaram com suas vidas – Bela Kun pagou com a sua mais
tarde, nas mãos de Stalin.

Havia alguns problemas na esquerda com relação ao faccionalismo e à falta
de coesão ideológica. Primeiro, os comunistas se conformaram ao marxismo
salvacionista, como os bolcheviques, mas isso isolou grande parte da população
fora de Budapeste, incluindo os camponeses – os votos oscilantes cruciais. Segundo, o inimigo também estava unido, encorajado pelo medo do bolchevismo,
recebeu um apoio importante da Igreja. Terceiro, embora os exércitos húngaros
tenham colapsado no final da guerra, e o equilíbrio inicial do poder militar entre
os dois lados tivesse pendido apenas levemente para a direita, a intervenção de
forças contrarrevolucionárias estrangeiras foi decisiva. Essa foi uma revolução,
a despeito de todos os prognósticos em contrário. O ponto fraco fundamental
estava em lidar com o campesinato. Os vingativos exércitos rurais espezinha-
vam os enclaves urbanos do socialismo. Na Hungria, a relação entre derrota na
guerra e revolução fracassada foi levada a um desfecho mais dramático.

Uma breve nota sobre a Itália

Finalmente, a Itália é um caso "intermediário", tanto na guerra quanto na
revolução, e isso apoia meu modelo geral. Ela foi nominalmente vitoriosa na
guerra, ainda que seus inimigos tivessem de fato sido derrotados pelas forças
austríacas. Como a Itália combateu do lado dos vitoriosos, seu governo e o
exército permaneceram intactos. Não havia conselhos de soldados, somente
desertores e veteranos ressentidos. A retórica insurrecional emergiu tanto na
esquerda quanto na direita, mas sem um antigo regime enfraquecido. Ela também experienciou uma meia-revolução: houve greves em massa e ocupações de
fábricas, mas sem que os esquerdistas tentassem tomar o Estado. As ocupações
não se espalharam fora do centro da classe trabalhadora, e o movimento desapareceu. O ex-socialista Mussolini – que tinha uma estratégia política, uma força
paramilitar armada e a simpatia de muitos oficiais do exército, funcionários do
Estado e capitalistas – assistiu ao fracasso com interesse. Militarmente, a esquerda era mais fraca do que as forças do Estado ou as forças paramilitares fascistas,
e esse foi o fator decisivo no resultado. O Estado aprendeu com o fracasso dos
governos tsarista e provisório na Rússia, e os fascistas adaptaram seu modo de
organização dos bolcheviques. Os socialistas italianos ainda não estavam condenados – as ações decisivas dos fascistas foram necessárias para isso –, mas sua
situação não era invejável (Lyttleton, 1977; Williams, 1975).

Conclusão

Este capítulo examinou a revolução e a tentativa de revolução no período de 1917-1923. Nesses casos, vimos que o nacionalismo não havia simplesmente superado a consciência de classe. Os revolucionários foram mais bem-sucedidos quando puderam declarar a liderança do povo, combinando nacionalismo em um modelo de sociedade de classes. Vimos também indicações disso nos movimentos trabalhistas reformistas discutidos neste capítulo, mas sua combinação veio principalmente depois, como veremos no capítulo 9. De fato, onde o conflito de classes permaneceu em grande parte suprimido, nos Estados Unidos, o nacionalismo foi de fato muito fraco. Classe e nação continuaram a crescer juntas.

A turbulência revolucionária foi em quase toda parte a consequência da derrota na Primeira Guerra Mundial. A Itália, que não foi exatamente derrotada, viu a menor turbulência dentre esses países. A Espanha, um país neutro, foi uma exceção. A conexão entre derrota na guerra e turbulência revolucionária foi correlação ou causa, ou foi espúria, produzida por alguma outra causa subjacente? As potências derrotadas já eram menos democráticas. Isso apressou a derrota militar, e também as tornou mais vulneráveis aos insurgentes? No último capítulo, rejeitei a conexão entre democracia e consequência da guerra, mas há uma versão mais fraca do argumento. Três estados foram potencialmente mais fracos na derrota do que os outros Estados. Na Rússia, Alemanha e Áustria-Hungria, o exército era central ao regime. Os monarcas, seus parentes e seus indicados eram o governo e o alto-comando, e suas cortes e governos eram dominados por uniformes militares. Se seus exércitos falhassem, o governo monárquico também falharia. Não havia essa identidade na Grã-Bretanha, França, Itália ou nos Estados Unidos. Os líderes políticos poderiam ser mudados sem danificar a legitimidade do Estado como um todo. Embora regimes políticos despóticos pudessem permanecer ou cair pelo resultado da guerra, democracias parlamentares poderiam substituir um partido governante por outro.

A extensão da colaboração entre capital e Estado na repressão dos protestos de trabalhadores e camponeses também variou. Em um extremo estava a Rússia, onde a mão pesada do Estado dominava as relações de trabalho-capital. Depois veio a Alemanha, seguida pelo Império Austro-húngaro, depois a Itália e a França. E por fim a Grã-Bretanha. Os Estados Unidos eram mais complexos, com repressão de trabalhadores, mas exercida menos pelo governo federal do que pelos governos estaduais e tribunais de justiça. Contudo, se o Estado russo fracassasse na guerra, os negócios russos teriam menos recursos de poder autônomo para lidar com trabalhadores radicais do que as empresas em uma Alemanha ou Áustria derrotadas, teriam menos recursos autônomos do que a Itália e a França, e assim por diante. O capitalismo era mais vulnerável em alguns regimes do que em outros. Alemanha, Áustria e Rússia não perderam a guerra por não serem democracias, mas, uma vez que a perderam, estavam mais em perigo de revolução. Essa poderia ser uma revolução econômica, bem como política, dirigida à classe capitalista como ao Estado, pois durante a guerra os dois haviam se tornado transparentemente conectados na exploração das massas.

Somente a Rússia viu uma revolução bem-sucedida. Na Alemanha, Áustria e Hungria, a derrota e a Revolução Bolchevique criaram tentativas de revoluções que fracassaram. Na Itália, uma guerra ruim produziu menos turbulência revolucionária. A derrota havia destruído grande parte da organização do Estado, levou o capitalismo a cambalear e encorajou um movimento socialista a mobilizar trabalhadores, mas não o bastante para ocorrer uma revolução. A invasão e a derrota em ambas as guerras mundiais levaram a revoluções bem-sucedidas (na Rússia e na China); um grande sacrifício de tempo de guerra seguido por derrota ou grande perturbação, mas sem ocupação estrangeira, trouxe um breve período de turbulência revolucionária e revolução fracassada. Como veremos no capítulo 9, onde o sacrifício de tempo de guerra foi seguido pela vitória, o capitalismo e antigos regimes reformaram, modernizaram e fortaleceram a cidadania democrática. Os vitoriosos não viram ondas de turbulência revolucionária, embora tivessem experienciado ondas de greves voltadas a extrair reformas do Estado e empregadores. Isso também aconteceu em muitos países neutros. Todos os escandinavos neutros experienciaram eventos similares aos conflitos reformistas na Grã-Bretanha e na França. O extremo foi a Suécia em 1917, quando regimentos de soldados marcharam lado a lado com trabalhadores em protesto, mas não carregavam armas, as manifestações ocorreram pacificamente, e seu resultado principal foi a fundação de um partido político legal socialista de esquerda.

A turbulência revolucionária foi maior após a Primeira Guerra Mundial do que após a Segunda. Na primeira, os principais estados derrotados não foram ocupados ou controlados pelos vitoriosos. Exércitos alemães e austro-húngaros se renderam permanecendo quase em toda parte em solo estrangeiro. Somente forças vitoriosas perfunctórias entraram em seus territórios. O Império Otomano teve alguns de seus territórios ocupados e desmembrados, embora as forças turcas tivessem permanecido no controle do centro anatoliano, que se mostrou menos propício à revolução do que a reformas internas. Contudo, em 1945, os vitoriosos assumiram o território das potências derrotadas, incluindo o Japão, para assegurar novos regimes satisfatórios. Os vitoriosos deixaram claro que as reformas triunfaram sobre a revolução. Vários países experienciaram uma sequência mais complexa de colaboração de regime com as potências do Eixo, a derrota de suas forças, e depois a "liberação" por forças parcialmente nacionais, parcialmente estrangeiras. Esses foram parcialmente livres para formar seus novos regimes, de modo que três deles viram alguma turbulência limitada: a Bélgica em 1945, a França no final de 1947 e a Itália em 1949. Na Grécia, uma guerra civil de dois estágios (dezembro de 1944-janeiro de 1945 e 1946-1949) foi travada entre um governo conservador apoiado pela Grã-Bretanha e pelos Estados Unidos e o Partido Comunista grego. Sem o uso da força americana e britânica, esses casos teriam sido mais insurrecionais, e a Grécia poderia ter caído para os comunistas. Vemos que guerras de mobilização de massa sempre tiveram efeitos importantes nas relações de classe, mas o efeito variou entre os vitoriosos, os vencidos e os neutros, e de acordo com equilíbrios locais de poder de classe, incluindo, nos casos mais revolucionários, o equilíbrio de poder militar.

Na Alemanha, Áustria, Hungria e Itália após a Primeira Guerra, a revolução fracassou pelo fato de as condições presentes na Rússia serem marginais lá. Isso dizia respeito a três grupos que proveram o ímpeto revolucionário na Rússia – soldados, camponeses e trabalhadores – posicionados contra as elites e as classes dominantes. Houve várias causas de sucesso ou fracasso. Primeiro, em todos os casos, a classe trabalhadora industrial e sua liderança, muitas vezes intelectual, lideraram conflitos revolucionários e reformistas; as classes dominantes formaram o centro da resistência. Segundo, a coesão ideológica e política da esquerda era fraca. O faccionalismo da esquerda era mais preocupante na Alemanha e na Itália, e se espalhou completamente para o chão da fábrica. Na Alemanha, o reformista SPD estava disposto a recorrer a milícias de direita para suprimir sua própria esquerda, como Kerensky e seus aliados socialistas moderados na Rússia estiveram dispostos a fazer. Contudo, o SPD, diferente de Kerensky, possuía um apoio considerável entre trabalhadores para isso. Na Itália, uma facção do Partido Socialista e sindicalistas se dividiram para formar partidos fascistas. Terceiro, exceto pela Rússia e Hungria, a esquerda foi dominada por reformistas, não por revolucionários. Uma vontade firme, encorajada pelo compromisso com o credo salvacionista do marxismo, era evidente na Rússia e na Hungria, mas somente os bolcheviques combinavam isso com um pragmatismo de curto prazo sintonizado com o imprevisível fluxo de eventos. Quarto, a coesão e poder infraestrutural da classe dominante também foram importantes. O regime governante na Rússia não era muito faccionalizado até que a combinação da guerra com um processo revolucionário em desenvolvimento o dividiu. Muito mais importante aqui foi o caos que a guerra representou para os poderes infraestruturais do regime: ele não podia alimentar as cidades ou abastecer o exército. O inverso foi verdadeiro em outros países, onde a ruptura dos poderes infraestruturais no final da guerra e a desintegração das monarquias permitiram a expressão do descontentamento das massas, mas a classe dominante recuperou prontamente sua coesão, percebendo que o que acontecera na Rússia poderia acontecer novamente. Do fluxo global de conflito de classes, ambos os lados aprenderam lições, mas o capitalismo estava seguro e os socialistas moderados ajudaram a salvá-lo.

Quinto e sexto, enfatizei o papel dos soldados e camponeses. Para os soldados, a diferença da Rússia era crucial. Os soldados russos se rebelaram durante a guerra, mantiveram suas armas, que foram um fator importante na revolução. Em outra parte, as ações dos soldados ocorreram no final da guerra, logo após ou durante a desmobilização. A vitória era boa, a derrota não, mas a desmobilização desativava a ação coletiva e dava aos soldados individuais uma opção melhor – retornar para casa, deixar suas armas para trás. As milícias se formaram, mas mais na direita do que na esquerda política. Onde os socialistas formaram milícias, na Áustria e mais tarde na Alemanha, ainda foram relutantes em matar pessoas. Exceto pela Hungria, os socialistas eram bons demais para seu próprio bem – o oposto dos fascistas, que terminaram se mostrando maus demais para seu próprio bem. Corpos de oficiais e milícias da direita suprimiram as revoluções. De fato, nem mesmo na Rússia os socialistas iniciaram a violência revolucionária, pois ascenderam ao poder nas costas dos soldados insurrecionais. Embora o marxismo usasse uma retórica de conflito de classes e revolução, que soava violenta, não tinha ainda uma teoria militar efetiva, um lapso curioso para um movimento revolucionário. A teoria se concretizou com Trótsky durante a Guerra Civil russa e com Mao após o desastre de Xangai.

Para os camponeses, as condições também diferiam. Transformações agrárias haviam começado antes, e agora estavam institucionalizadas. Em nenhum lugar os camponeses estavam tão disponíveis para a esquerda quanto na Rússia, e o conflito era tão provável quanto a solidariedade entre as populações urbanas e rurais. Industrialização e urbanização mais lentas resultaram em um proletariado mais hereditário e em maiores diferenças ideológicas entre campo e cidade. Durante a guerra, a escassez de comida piorou o conflito rural-urbano. Os camponeses preferiam preços fixos altos para seus produtos ou o mercado negro; habitantes das cidades queriam controles de preços estritos e racionamento. Soldados campesinos se ressentiam da dispensa dos trabalhadores industriais de lutarem, de modo que, quando a turbulência revolucionária irrompeu ao longo da Europa Central, camponeses raramente participaram. Nesses países, metade ou mais da população e mais da metade do exército foram recrutadas no interior. Conservadores mantiveram suas bases de poder rural e subjugaram os insurgentes urbanos. Em um extremo, na Hungria, a falta de apoio dos camponeses foi provavelmente uma causa suficiente de fracasso, uma vez que era o caso mais rural. Na Alemanha industrial, o apoio dos camponeses poderia concebivelmente ter sido dispensado. Talvez uma liderança revolucionária determinada pudesse ter subornado o campesinato, como na Rússia, mas essa estratégia só ocorreu aos bolcheviques depois de os camponeses já estarem se apropriando de terras. Os partidos socialistas da Europa Central eram industrialmente orientados. Os camponeses interferiram em sua consciência principalmente como soldados, o instrumento provável de sua opressão. Eles estavam certos – mas eles ajudaram a fazer isso.

Essas revoluções fracassadas mostram que, mesmo quando os poderes da classe trabalhadora foram encorajados pela derrota na guerra, não estavam destinados a realizar a revolução. Isso não foi meramente o resultado da lógica desenvolvimentista geral do capitalismo. O sucesso da Revolução Bolchevique se deveu à repentina intervenção das relações de poder militar e político, mas em outros lugares levou os esquerdistas a exagerarem suas próprias chances revolucionárias. Essas teriam sido melhores caso tivessem mobilizado apoio entre os estratos rurais explorados, embora isso fosse sem dúvida difícil. Contudo, sem o apoio dos camponeses e com as divisões de trabalhadores, com menos armas nas mãos dos revolucionários do que nas da direita militarista, a derrota era certa. Isso levou então à derrota posterior, enquanto metade da Europa introduzia novas formas de direitismo despótico, notadamente o fascismo. Lá, exceto pela Rússia, não a revolução, mas a contrarrevolução estava ascendendo. Ao redor do mundo, as alternativas ideológicas tinham se ampliado grandemente: socialismo, liberalismo e autoritarismo de tendência fascista ofereciam utopias atingíveis. A globalização foi gradualmente se tornando menos fraturada – mais universal –, mas era também polimorfa.

7
Uma crise quase global: Explicando a Grande Depressão

Introdução

A Grande Depressão foi a segunda maior perturbação a atingir o mundo no século XX. A crise, como a Grande Guerra antes dela, foi quase global, embora substancialmente transnacional, rompendo fronteiras estatais e imperiais por mais de uma década, provocando estragos em metade das economias do mundo. Neste capítulo, vemos uma globalização negativa, desintegradora.

Os estados responderam tentando se retirar um pouco da economia global, intensificando as jaulas estados-nações. Como seu epicentro foi no que era agora a maior economia nacional – os Estados Unidos –, foco mais lá. Comparada a todas as outras recessões capitalistas, a Grande Depressão foi fora da escala em sua profundidade e longevidade, e foi percebida na época como uma crise do próprio capitalismo. A esquerda foi encorajada, vendo-a equivocadamente como o começo dos estertores do capitalismo, mas o sentido da crise também foi mundial entre os maiores apoiadores do capitalismo – investidores e empreendedores, políticos conservadores e economistas. Eles convocaram um grande esforço para salvar o capitalismo e, após uma série de compromissos políticos entre direita e esquerda, o capitalismo terminou sendo salvo, mas mudado para melhor, para uma versão mais regulada, social-democrática ou liberal-trabalhista, que incorporava cidadania social para todos.

Como a Depressão foi um fenômeno econômico, deveríamos esperar que suas principais causas residissem em relações de poder econômicas antecedentes. Muitos economistas vão muito além, vendo economias como sistemas amplamente fechados orientados por atores racionais que geram mercados nos quais as leis da escassez, abastecimento e demanda se movem continuamente para um equilíbrio, pontuado por ciclos de negócios. Os keynesianos qualificam isso ao não verem uma orientação necessária de curto prazo ao equilíbrio, embora pensem que no longo prazo o equilíbrio será restabelecido. Economistas marxistas contestam todo equilíbrio, substituindo-o pela alternativa funcional das contradições econômicas. Nada disso é tolo. Na verdade, quando economistas aplicam seus modelos sistêmicos às economias do mundo real, fazem predições sobre o curto prazo que muitas vezes tem um índice de sucesso de bem mais de 50% – que está acima do nível obtido por outras ciências sociais. Na verdade, os economistas desenvolveram uma compreensão muito boa dos ciclos de negócio de curto prazo.

Infelizmente, para eles, o desenvolvimento da economia moderna incluía ondas de crescimento e crises que estavam longe de ser ciclos normais. Houve uma séria depressão na década de 1870, agora outra em 1929, depois um Grande *Boom* após a Segunda Guerra Mundial, e finalmente a Grande Recessão que iniciou em 2008. Esses não foram meros ciclos; foram muito grandes e impactados por mudanças estruturais na economia, embora de modos diferentes. Assim, apresentam dois grandes problemas para as teorias econômicas convencionais: um que emana principalmente de dentro das relações de poder econômico, o outro de fora.

O problema interno é a completa complexidade das economias. Para que mercadorias sejam produzidas, vendidas e consumidas – ou seja, para que os mercados funcionem – muitas fases da atividade humana estão envolvidas. Muitos economistas (e muitos marxistas) acreditam que existe um conjunto de relações, descobrível e determinado, entre essas fases. O ideal de seus esforços é a criação de uma equação matemática que combine todos eles, mas as inter-relações podem não ser determinadas. Em teoria, o abastecimento deveria igualar a demanda, mas pense em todas as fases e atores envolvidos na grande cadeia entre eles – investidores, inventores, trabalhadores, empregadores, consumidores, poupadores, além de todos os lobistas e movimentos sociais e governos. Todos eles estão relacionados entre si na economia, porém imperfeitamente. Eles consistem em uma longa cadeia causal, com cada parte vinculada a uma cadeia lateral, e podem estar fora de sincronia entre si. Em momentos normais do tempo, muitos desses vínculos estão suficientemente coordenados para gerar uma economia capitalista funcional, que funciona imperfeitamente, mas bem o bastante para produzir um equilíbrio aproximado e crescimento econômico. Quando uma fase da economia não está funcionando bem, isso é normalmente chamado uma crise, por exemplo, a sobreacumulação de capital ou a demanda inadequada. Qualquer fator contribuinte pode ser tanto muito grande como muito pequeno para atenuar o funcionamento. Somos familiarizados, no mundo pós-Segunda Guerra Mundial, com as dificuldades de equilibrar abastecimento e demanda, de modo que a economia navega entre uma redução de lucros para os capitalistas e subconsumo para os trabalhadores. Similarmente, atrasar a inovação tecnológica pode levar à estagnação industrial, ou, quando muito rápida, pode levar à substituição de indústrias de força de trabalho intensiva por indústrias de capital intensivo, aumentando o desemprego e diminuindo a demanda de consumo. Uma economia capitalista funcionando bem poderia ser vista como um processo de se mover para o meio em cada fase de atividade, evitando demais ou de menos. O processo está longe de ser uma receita para o equilíbrio contínuo.

Os modelos de economistas podem lidar com uma crise específica em qualquer fase única, e podem inclusive sugerir uma solução – ou ao menos uma solução *band-aid* – mas uma crise estrutural muito maior não deveria ser vista meramente como uma crise específica maior ou uma crise sistêmica singular. Em troca, é uma concatenação de múltiplas crises mais contingentes, estendendo-se em ondas à medida que mais pontos fracos inesperados são "expostos" em outras fases, criando um tipo de "tempestade perfeita" do capitalismo. Uma crise na produção agrícola pode expor fraquezas insuspeitas em operações bancárias rurais; rápida inovação tecnológica pode levar a superinvestimento, que expõe pontos fracos do mercado de ações; uma crise de endividamento que infecta setores financeiros em vários países pode expor pontos fracos na União Europeia; e assim por diante. Argumentarei neste capítulo que a Grande Depressão foi uma concatenação de crises como essa. Observe, contudo, que se o oposto é o caso, se todos os aspectos estão em sincronia, como estavam após a Segunda Guerra Mundial, um crescimento extraordinário pode seguir.

O problema externo é reconhecido pelos economistas, muitos dos quais aceitam que não se deram muito bem em desenvolver uma teoria de crescimento ou declínio econômico secular. Eles reconhecem que forças extramercado como instituições, cultura e tecnologia desempenham papéis importantes no crescimento e declínio econômico, mas eles só as estudam de forma perfunctória. Na verdade, sociólogos não oferecem muita ajuda, pois carecemos de um modelo acordado de cultura, de desenvolvimento institucional e de inovação tecnológica. Todavia, temos um modelo assim; eu os vejo como guiados pelas fontes do poder social, mas com suas próprias capacidades emergentes para o poder social e desenvolvimento econômico. As instituições que mais importam nas sociedades modernas são as econômicas (mercados, propriedade e corporações), militares (forças armadas e forças paramilitares) e políticas (estados), com a geopolítica desempenhando um papel político e militar misto. Em meu modelo, a cultura – para a qual prefiro o termo "ideologia" – é amplamente gerada pelas inter-relações do poder econômico, militar e político, embora uma lógica interna da própria ideologia seja uma orientação para descobrir o significado último no mundo. Contudo, quando a crise ocorre e relações de poder existentes parecem incapazes de encontrar soluções adequadas, novas ideologias emergem, e algumas delas se tornam poderosas, mudando as configurações de poder, incluindo a economia. Minha visão de tecnologia é que ela é consistentemente dirigida para a obtenção ou retenção de poder distributivo pelos atores do poder econômico, militar, político e (ocasionalmente) ideológico, mas possui poderes coletivos emergentes.

Isso pode soar muito abstrato, embora envolva claramente uma explanação multicausal de crises econômicas estruturais. Mais especificamente, este capítulo apresenta uma explanação multifatorial da Grande Depressão, vendo-a como uma concatenação de várias crises econômicas distintas se acumulando no topo uma da outra, exacerbada por uma onda de inovação tecnológica e de erros políticos que não foram acidentais, mas impulsionados por ideologias de classe e geopolíticas.

O impacto da Primeira Guerra Mundial

A Grande Guerra lançou uma sombra longa e muito global. Para seus participantes, trouxe perturbação e elevação vertiginosa de gastos militares. No Reino Unido e na Alemanha, aumentou dez vezes; nos Estados Unidos, treze (embora a partir de uma base muito inferior). O inverso ocorreu quando veio a paz: em 1920, o gasto militar retrocedeu a níveis pré-guerra. Economistas chamam o aumento em tempo de guerra de má alocação de fundos, e observam as dificuldades de restaurar alocações ao equilíbrio mais tarde, que é um modelo de equilíbrio pontuado. Muitos desses problemas, contudo, pareciam terminados em meados da década de 1920, exceto por alguns países. Grande parte do portfólio estrangeiro da Grã-Bretanha havia sido vendido a preço baixo para a América a fim de pagar pela guerra. Nunca retornou, e seu poder geral declinou. O desmantelamento do Império Austro-húngaro e o banimento da cooperação pós-guerra entre Alemanha, Áustria e Hungria provocaram problemas econômicos para esses países que somente Hitler deveria resolver. Países neutros que haviam se dado bem na guerra, como o Japão e aqueles que exportavam produtos agrícolas, sofreram dificuldades quando as economias combatentes retomaram a produção normal, passando a necessitar menos de seus produtos.

Todavia, nenhum desses pode ser dito ter de fato causado a Depressão. Perturbações similares, além da destruição física de recursos, vieram da Segunda Guerra Mundial, e isso não levou à Depressão global, mas a um *Boom*. Em meados da década de 1920, grande parte do mundo havia aparentemente se recuperado dessa guerra e estava experienciando um crescimento moderado. A normalidade parecia restaurada antes de a Depressão ocorrer. Tampouco, os grandes problemas da Primeira Guerra Mundial afetaram adversamente os Estados Unidos, que haviam se beneficiado economicamente dela ainda que agora levassem à Depressão. Contudo, a guerra teve efeitos indiretos na Depressão, porque impactou geopolíticas, a condição da agricultura e o conflito de classes, e esses, por sua vez, impactaram diretamente a Depressão e ajudaram a difundi-la ao redor do mundo. Contudo, como o mundo permaneceu dividido em Estados-nações, alguns com impérios, esses efeitos diferiram de acordo com a posição de cada Estado/império na ordem internacional, o peso da agricultura em sua economia nacional e o poder de suas classes em conflito. Nem tudo era transnacional. Abordo primeiro a geopolítica.

A geopolítica pós-guerra: hegemonia e o padrão-ouro

Muitos descrevem a ordem econômica pré-guerra como incorporando a *hegemonia* econômica britânica, ou seja, a Grã-Bretanha fornecia bens públicos e estabelecia as regras da economia internacional. Eles diagnosticaram o problema entreguerras como a falta de um poder hegemônico único capaz de fornecer bens públicos ou novas regras para a economia internacional. Kindleberger (1986: 289) afirmou famosamente: "De 1919 a 1929, a Grã-Bretanha não pôde, e os Estados Unidos não poderiam, agir na condição de líder mundial". Embora não tivesse usado a palavra "hegemon", ele originou o que é conhecido como teoria da "estabilidade hegemônica", que é aceita por muitos economistas assim como por sociólogos do sistema mundial. Eles vêem a hegemonia britânica como tendo fornecido tanto bens públicos como ordem antes da Primeira Guerra Mundial, e a hegemonia americana como os fornecendo após a Segunda Guerra Mundial. Como o período do entreguerras careceu de um hegemon, também careceu de estabilidade, uma vez que – dizem – a economia internacional não pode ser gerenciada por um comitê (Arrighi, 1994; Arrighi & Silver, 1999). Essa é uma teoria hobbesiana da ordem: necessitamos de um soberano para nos impor regras; de outro modo, a vida social é sórdida, brutal e curta.

Todavia, a Grã-Bretanha não havia sido hegemônica antes da guerra; seu poder dentro da Europa sempre fora limitado e dependente da aliança com outras grandes potências. Ela tinha o maior segmento imperial ao redor do mundo e a maior marinha, mas essas eram apenas diferenças quantitativas. De fato, a libra esterlina, vinculada ao ouro, ainda era o pivô das finanças mundiais, mas os britânicos não eram mais poderosos o bastante para administrarem o sistema sozinhos. Ajustes na taxa bancária no Banco da Inglaterra, sem ajuda, não produziu estabilidade econômica. Na virada do século, o padrão-ouro era mantido pela cooperação internacional entre os bancos centrais e tesouros da Grã-Bretanha, França, Alemanha e Rússia. Quando a economia internacional estava funcionando bem, o Tesouro britânico a conduzia. Quando a crise ocorria, os outros tinham de intervir para auxiliar. Foi um comitê informal das grandes potências que ajudava a Grã-Bretanha a conduzir o mundo ao longo de crises financeiras. Eichengreen conclui: "O que tornava o compromisso com o padrão-ouro crível... era que o compromisso era internacional, não meramente nacional. Esse compromisso era ativado pela cooperação internacional" (1992: 31; cf. Clavin, 2000: 44). O equilíbrio econômico não era um fenômeno puramente econômico; era de fato ajudado pela geopolítica.

O sistema permitia alguma flexibilidade conforme o poder econômico e estabilidade de um país. Existiam várias categorias de países, de acordo com se aderiam fielmente ao padrão-ouro (como Grã-Bretanha ou França), se poderiam abandoná-lo em uma crise, mas retornar à paridade mais tarde (como os Estados Unidos ou a Itália), ou se poderiam não aderir (como muitos países latino-americanos). Cada categoria tinha algo semelhante à classificação de créditos de hoje (Bordo & Rockoff, 1996). Os britânicos lideravam o padrão-ouro, coordenando uma coalizão de poderes que reconhecia a mutualidade de seus interesses. Isso fazia o processo funcionar muito bem. Na verdade, como descrevi no volume 2, os banqueiros internacionais tinham se esforçado muito para evitar a guerra. Quando a Grande Guerra iniciou, não foi sua falta.

O padrão-ouro terminou durante a guerra, quando todos, exceto os Estados Unidos, retiraram suas moedas do ouro, e as moedas de livre-flutuação fizeram o mesmo em seguida. Por um tempo após a guerra, a instabilidade financeira internacional acompanhou o tumulto nacional. Quase todas as moedas depreciaram rapidamente em relação ao dólar, o que difundiu a inflação globalmente. A guerra também destruiu a liderança financeira britânica. A Grã-Bretanha fez uma grande hipoteca para vencer a guerra, e estava endividada com os financistas americanos. Grande parte da Europa estava endividada com bancos americanos e britânicos. Wall Street estava substituindo a Cidade de Londres como o mercado financeiro importante do mundo, mas as instituições internacionais ainda não refletiam isso. O mundo pós-guerra não era um mundo de um equilíbrio de poder, mas de uma estrutura de poder desestabilizada.

Os governos depois começaram a retornar um por um ao ouro. Quando a Grã-Bretanha vinculou a libra ao ouro novamente, em 1925, o padrão-ouro foi efetivamente renovado. Ele agora carecia de um líder, embora, na realidade, o peso da economia americana e das reservas de ouro dominassem. Não era o sistema padrão-ouro clássico do período pré-guerra. Envolvia cooperação voluntária *ad hoc* entre bancos centrais, que tentavam manter um conjunto díspar de paridades ouro, e alguns países restaurando a convertibilidade completa. Houve uma colaboração anglo-americana (especialmente entre Montagu Norman e Benjamin Strong, os líderes efetivos de seus bancos centrais), mas convocações de instituições permanentes de coordenação foram ignoradas. Houve um período de relativa estabilidade, e quase todos os políticos, banqueiros, empresários e economistas acreditaram que o revivido padrão-ouro a manteria. O desempenho econômico melhorou entre 1925 e 1929 (Aldcroft, 2002).

O padrão-ouro não envolvia apenas questões técnicas. A convertibilidade ao ouro colocava um limite superior no papel-moeda que os governos podiam imprimir, e isso impedia inflação e déficits orçamentários, que eram considerados irresponsáveis. Diferente de anos recentes, não havia prática geral de inflação modesta a fim de promover crescimento. Um comprometimento acreditável com um padrão-ouro exigia que um país mantivesse segurança fiscal para os investidores, de modo que sua autoridade monetária pudesse assegurar estabilidade de preços e convertibilidade de longo prazo, com reservas de ouro o bastante para garantir a moeda. Devido a hipóteses ideológicas correntes, essas condições teriam de ser estabelecidas antes do retorno ao ouro, mas raramente eram (Hamilton, 1988). Uma escassez de ouro não ajudou. Além disso, muitos governos retornaram suas moedas ao seu nível de paridade pré-guerra como um sinal básico de credibilidade, que diziam ser necessária para a honra nacional, de modo que a ideologia nacionalista também desempenhou um papel (Eichengreen, 1992: 163; Nakamura, 1988: 464). Um país manifestava seu poder ao sobrevalorizar sua moeda; a credibilidade era para os investidores, que tinham a habilidade de começar a operar nas moedas. "A confiança nos negócios", que Block considera geralmente o principal limite colocado na autonomia do Estado, foi nessa década basicamente a do capital financeiro. O poder transnacional de especuladores financeiros, tão evidente hoje, não é de fato novo, tampouco a tensão entre aspectos nacionais e transnacionais do capitalismo. No período entreguerras, contudo, os investidores provinham principalmente de famílias com terras e propriedades do "antigo regime", a classe dominante, do final do século XIX à Grande Depressão.

O nível escolhido para retornar ao padrão-ouro tinha pouca relevância para a saúde econômica corrente. Muitas moedas eram sobrevalorizadas (Grã-Bretanha, Itália, Japão e países escandinavos), embora a de dois países importantes fossem subvalorizadas (França e Estados Unidos). Provisões de ouro e moedas eram deficientemente calibradas: 40% das reservas de ouro do mundo haviam sido sugadas pelos Estados Unidos, e a subvalorização francesa terminou absorvendo outros 30%. Eles acumulavam, "esterilizavam", seu ouro em vez de usá-lo produtivamente, disponibilizando-o para outros países. Do ponto de vista da economia mundial, esse foi um erro sério, orientado ideologicamente em meio à rivalidade geopolítica. Criou reservas de ouro inadequadas em outros lugares, deixando investidores ansiosos. As decisões eram tomadas por autoridades financeiras em cada Estado-nação separadamente; ninguém assumiu a responsabilidade pela ordem internacional (Moure, 2002: 262-263). O isolacionismo americano desempenharia um papel especialmente prejudicial. Assim, o enjaulamento nacional foi o primeiro problema para o padrão-ouro. Essa estava se tornando uma economia global, mas não havia um hegemon nem um comitê responsável por ela. Esse foi um ponto fraco da economia do entre-guerras, mas não necessitava ter sido tão custoso. Todavia, isso seria exposto por uma crise econômica.

O viés deflacionário significava que países com moedas sobrevalorizadas se sentiam compelidos a seguir uma política monetária restritiva para deter fugas de ouro e especulação de mercado. Eles deliberadamente reduziram suas economias, em vez da necessária expansão monetária e fiscal, mantendo seus pagamentos em ouro, sinalizando segurança aos investidores. Governos com moedas subvalorizadas poderiam ter reinflacionado, mas não havia penalidades caso não o fizessem, e Estados Unidos e França nunca reinflacionaram o bastante para melhorar a economia mundial. Em troca, havia equilíbrio obsessivo de orçamentos (Bernanke & James, 1991; Clavin, 2000: 55; Temin, 1989: 19-25). Esse foi outro ponto fraco, mas, novamente, não necessariamente importante.

Houve implicações para o conflito de classes, que tinha sido intensificado após a Primeira Guerra Mundial e a revolução bolchevique. A economia política havia sido formulada para agradar os investidores, não as massas. Ministros de finanças e banqueiros centrais provinham de classes de investidores. O final da Primeira Guerra Mundial viu um aumento de democracia e consciência de classe popular. Trabalhadores, pequenos agricultores e outros viam que o viés de classe inflacionário do padrão-ouro os prejudicava. Inflação moderada ajuda trabalhadores e pequenos agricultores, deflação os prejudica, assim como setores econômicos que estão endividados ou que necessitam de empréstimos para atividade financeira. A deflação abaixa o preço de suas mercadorias e aumenta o valor real de suas dívidas, mas ajuda grande parte das classes média e alta, especialmente aqueles com receitas fixas e arrendadores cujas posses se valorizam em termos reais (Clavin, 2000: 58-59).

Esse conflito de interesses de classes permaneceu importante nas políticas nacionais ao longo da década de 1920. Não foi um ponto fraco fundamental porque foi mitigado pela habilidade dos conservadores para mobilizarem instituições tradicionais de deferência e clientelismo para assegurar muitos votos da classe trabalhadora e da classe baixa. Os primeiros anos pós-guerra testemunharam uma ofensiva esquerdista, como descrito nos capítulos 6 e 9. Para aplacar trabalhadores recém-organizados, os salários aumentaram acentuadamente. Todavia, como as outras classes resistiam à redistribuição efetiva, o resultado era inflação, especialmente nos países com movimentos trabalhistas fortes, como a Alemanha. A inflação prejudicava muitas pessoas, e aumentava o apoio para conservadores comprometidos com a deflação. Seus governos depois afetavam fortemente os trabalhadores, aumentando o desemprego e reduzindo salários. Governos deflacionários sabiam que estavam intensificando o conflito de classes, e por vezes modificavam políticas para ajudar grupos particulares cujo poder eles temiam, mas a tendência era claramente regressiva.

Na França, um Cartel des Gauches chegou ao poder e propôs impostos sobre riquezas e capital para reduzir o déficit. Isso provocou fuga de capital, aumentando a crise fiscal. Investidores foram cobertamente apoiados pelo Banco Central da França, disposto a arriscar o colapso monetário para derrubar a esquerda. Havia centristas suficientes, persuadidos a desertar do Cartel para provocar sua queda e introduzir um regime mais conservador com Poincaré. O parlamento depois lhe deu poder para resolver o orçamento sem requerer um voto parlamentar. Ele abandonou tentativas de apertar os ricos, introduzindo uma política orçamentária restritiva que detivesse a fuga de capital (Moure, 2002: caps. 4, 5, p. 261; Eichengreen, 1992: 172-183). Esses conflitos revelaram o poder político superior da confiança transnacional dos empresários sobre a força de trabalho nacionalmente enjaulada, embora apoiada pelos principais partidos nacionais e grande parte da classe média. O poder do capital financeiro é mais antigo do que muitos comentadores contemporâneos pensam, como teóricos do sistema mundial já perceberam.

Defrontados com o poder de classe similar, um governo trabalhista minoritário na Grã-Bretanha também caiu. A libra esterlina foi sobrevalorizada em cerca de 10%, de modo que industrialistas tiveram de cortar seus custos em 5-10% para permanecerem competitivos. Eles tiraram principalmente dos salários dos trabalhadores, mas isso intensificou o conflito industrial (Clavin, 2000: 50-51). Keynes compreendeu as implicações de classe do retorno do chanceler conservador Winston Churchill ao padrão-ouro, denunciando-o como uma "intensificação deliberada do desemprego" a fim de baixar o nível dos salários. Ele previu que isso traria aumento do conflito social e inclusive ameaçava a democracia (Skidelsky, 1983: 203). Na greve geral de 1926, Churchill representou novamente o papel do guerreiro da classe, mas venceu. Os sindicatos foram derrotados após uma longa e amarga greve. Keynes estava errado; a democracia prosseguiu, embora em um caminho mais à direita.

Na Alemanha, a deflação e o retorno ao padrão-ouro também permitiram aos empregadores aumentarem as horas de trabalho e reduzirem os salários reais, ao mesmo tempo em que a tributação se tornava mais regressiva. Os ganhos anteriores conquistados pelos trabalhadores na República de Weimar foram invertidos. Em quase todos os países, os custos da deflação foram impostos basicamente aos trabalhadores e agricultores (Polanyi, 1957: 229-233; Alesina & Drazen 1991: 1.173–1.174). Isso foi especialmente claro nos Estados Unidos, onde a organização da classe trabalhadora foi desprezível. Os governos continuaram a priorizar o valor de suas moedas, para manterem a "confiança" de investidores transnacionais, apoiados por uma classe média mais combativa. A resistência de esquerda foi sobrepujada, e os políticos em meados da década de 1920 foram para a direita. Contudo, isso acarretou um declínio econômico, pois diminuiu o consumo de massa e o potencial para crescimento. O antigo regime persistia, mas esse foi outro ponto fraco que poderia ser exposto em uma crise efetiva.

O padrão-ouro também enfrentou o aumento do nacionalismo dirigido para o exterior, embora não fosse muito agressivo, uma vez que quase todo mundo estava cansado da guerra. Antes dela, rivalidades geopolíticas eram mais protegidas das finanças internacionais. Agora, os tratados de paz forçavam a Alemanha e o Império Austro-húngaro a pagar grandes quantias em reparações para a França e a Grã-Bretanha. Keynes viu que as reparações foram uma forma não produtiva de redistribuição, trazendo dificuldades financeiras. Embora os Estados Unidos fossem mais compreensivos do que a Grã-Bretanha e a França quanto às reparações, insistiu no ressarcimento de seus próprios empréstimos. A Alemanha, inicialmente em apuros econômicos desesperados, só pôde pagar reparações com a ajuda de grandes empréstimos privados americanos para reconstruir sua economia. Os dólares tornaram possível às nações estrangeiras pagarem reparações e empréstimos, embora os Estados Unidos, abalados por pressões políticas nacionais, mantivessem uma taxa tarifária de 33%, o que tornou difícil para estrangeiros exportarem mercadorias suficientes para os Estados Unidos para pagarem por seus empréstimos americanos. Como colocou um banqueiro: "As dívidas do mundo exterior para conosco são cordas em torno dos pescoços de nossos devedores, por meio das quais os puxamos na nossa direção. Nossas restrições de comércio são forcados pressionados contra seus corpos, por meio dos quais os mantemos afastados" (Clavin, 2000: 87). Uma teoria da dependência aplicada ao globo! O dinamismo tecnológico da economia americana levou a uma produtividade maior dos trabalhadores e a uma sobrecapacidade, baixando ainda mais os preços das mercadorias americanas. Claramente, qualquer redução nos empréstimos americanos desligaria o sistema. Os Estados Unidos continuaram emprestando, mas não ajustaram as políticas nacionais em troca de ajustes comparáveis no exterior. Havia pouca cooperação geopolítica (Moure, 2002; Clavin, 2000; Eichengreen, 1992: 209-210). Kindleberger estava certo em seu pronunciamento negativo sobre o período entreguerras: Não havia regime internacional estável, mas, fundamentalmente, porque a Primeira Guerra Mundial não solveu as rivalidades geopolíticas. Globalmente, essa era uma economia transnacional-internacional dual sem instituições efetivas de ordem. Não quer dizer que o mundo necessitasse de um hegemon para obter ordem; e sim que esse sistema multipoder particular não poderia oferecê-la em uma crise, diferente de sua contrapartida pré-guerra.

Em 1923, o governo alemão anunciou que não poderia fazer as devidas reparações. Em retaliação, os governos francês e belga enviaram tropas para ocupar a Renânia. A Alemanha, apenas com o pequeno exército decretado pelo Tratado de Versalhes, não pôde resistir, mas a população local ultrajada fez uma greve sentada, apoiada pelos empréstimos do Reichsbank, que provocou hiperinflação e tornou ainda mais difícil para a Alemanha pagar quer as reparações ou os empréstimos. Os franceses não puderam financiar seu orçamento com os pagamentos pelas reparações, como esperavam. Em troca, tiveram que aumentar impostos, o que provocou conflito de classes. O governo americano se recusou a aliviar a crise reduzindo o tamanho das dívidas europeias, mas em troca ofereceu empréstimos americanos privados que somente aumentaram a dívida. Os Estados Unidos intervieram com o Plano Dawes para reprogramar as reparações alemãs. Isso poderia ter funcionado, mas, em 1928, a crise estava suscitada em toda parte, e isso minou seriamente a cooperação internacional.

Um comitê poderia ter operado um padrão-ouro, como antes da guerra, mas não em meio a esses conflitos geopolíticos. Os Estados Unidos poderiam ter assumido, em princípio, a hegemonia política, mas não na prática, porque muitos americanos acreditavam na primazia da política nacional. O congresso tinha de aprovar a política econômica, mas era paroquial, indisposta a ver um benefício potencial de longo prazo para seus próprios distritos ou estados com uma economia internacional saudável. Woodrow Wilson falhou em falar aos americanos na Liga das Nações. Os americanos não estavam muito interessados na cooperação internacional, sem falar em hegemonia. Nem um comitê de poderes nem os Estados Unidos seriam capazes de liderar a economia mundial. Isso não era necessariamente desastroso, mas se tornaria problemático caso outra crise ocorresse.

Da recessão à Grande Depressão

Uma recessão começava agora em vários países. Atingiu a Austrália e as Índias Orientais Holandesas em 1927, Alemanha e Brasil em 1928, e no começo de 1929 Argentina, Canadá e Polônia – todos antes da quebra dos Estados Unidos. Além da Alemanha, os primeiros a sofrerem foram os países agrícolas, e a agricultura foi a precipitação inicial da crise. Ela era sem dúvida a indústria mais importante do mundo. A Primeira Guerra Mundial havia oferecido oportunidades de exportação para agricultores em países não combatentes, mas no final da guerra houve uma recuperação agrícola nos países combatentes e nos bloqueados, e, combinado ao desenvolvimento tecnológico agrícola contínuo, isso produziu superprodução e queda de preços e receitas. Muitos camponeses ao redor do mundo venderam sua produção para comerciantes que a venderam às cidades e para exportação. Os camponeses necessitavam de dinheiro para pagar seus impostos, mas quando os preços caíram, os camponeses nas colônias e nos estados independentes como a China foram pegos em um apuro entre suas próprias receitas em queda e as exigências dos proprietários de terras e funcionários da arrecadação de impostos. Eles recorreram a agiotas, mas depois se arriscaram a perder sua própria terra para eles. Embora a atenção dos economistas tivesse focado as finanças e a indústria na Depressão, os camponeses do mundo foram mais atingidos (Rothermund, 1996). Mesmo em países avançados como os Estados Unidos ou França, cerca de 30% da população ainda trabalhavam na agricultura. Sua demanda reduzida foi uma força deflacionária global importante na Depressão – como fora na última Grande Depressão da década de 1870.

A recessão, depois, cresceu muito nos Estados Unidos e em outros países avançados. Algumas indústrias americanas já não estavam bem antes que ocorresse. Mineração, madeireiras e têxteis estiveram em dificuldades durante grande parte da década; a construção entrou em declínio após 1925. Um fator em muitos países foi demográfico. Devido às mortes da guerra e, nos Estados Unidos, ao declínio da imigração, poucas famílias se formavam, reduzindo a demanda, especialmente por habitação. O índice da produção industrial geral depois declinou na primeira metade de 1929, antes da quebra da bolsa de valores, indicando problemas na economia real. Investimento fixado excessivo, seguido de sobrecapacidade e de uma rápida queda nos investimentos estavam provocando deflação e ajudaram a desencadear a recessão. Aqueles que estavam em dívida em meio à deflação de preços ou à demanda reduzida por seus produtos arriscavam inadimplir seus empréstimos. Eles cortaram gastos correntes para manter seus pagamentos, diminuindo ainda mais a demanda. Os negócios começaram a falir à medida que a construção e a indústria afundavam. Essa é a visão "dívida-deflação" da Depressão, sustentada, dentre outros, pelo atual presidente do Banco Central (2000). Ironicamente, em 2008, ele teve de lidar com uma sequência similar de eventos.

Isso foi inesperadamente exacerbado por uma bolha do mercado de ações resultante de uma cadeia causal diferente. Em 1928 e 1929, o índice dos preços das ações repentinamente aumentou muito mais rapidamente do que o índice de dividendos, um sinal do sobreaquecimento do mercado de ações. Em meados de 1929, a combinação do índice de preços das ações de fundos mútuos de investimento fechado se mostrou sobrevalorizada em cerca de 30%, também um sinal da sobreconfiança dos investidores (White, 1990; De Long & Shleifer, 1991; Rappoport & White, 1993, 1994). Esses indicavam uma bolha alimentada pelo crédito que parcialmente ocultou a recessão a caminho. Não é fácil explicar um mercado de ações sobrevalorizado como esse, mas o crédito era muito fácil e os lucros eram altos, de modo que os valores das ações e dos lucros continuaram ascendentes e os investidores assumiram que isso continuaria. Esse foi um período de celebração e orgulho na América, ao ritmo da inovação tecnológica no país, o que se acrescentou ao mercado de ações em alta excessiva. A combinação dos dois problemas – sobreinvestimento orientado para a tecnologia (especialmente na eletrificação industrial) e baixo consumo – era insustentável, criando uma capacidade de excesso de capital substancial de cerca de 14 a 31% em 1929 (Beaudreau, 1996).

O que era necessário para a parte da criação do processo de destruição criativa de Schumpeter era o crescimento em novas indústrias como automóveis e eletrodomésticos duráveis, mas a demanda de consumo era muito baixa para apoiar a expansão necessária. Quando os salários estavam aumentando muito menos do que a produtividade ou os lucros, sobrecapacidade e sobreinvestimento romperam a bolha do mercado de ações. Aumentar a desigualdade também não ajudou a demanda, porque os ricos gastam uma proporção menor de sua receita em consumo do que as classes média e trabalhadora. Instituições de crédito para essas pessoas eram muito pouco desenvolvidas, de modo que não puderam ajudar a aumentar a demanda artificialmente (embora nossa experiência das décadas de 1990 e 2000 não sugira que essa fosse uma solução satisfatória!).

O Presidente Hoover, seus conselheiros e o Banco Central reconheceram que a especulação era excessiva. Infelizmente, a facção dominante acreditava na "liquidação". Eles esperavam que o mercado se ajustasse por si – poderíamos chamá-los neoliberais no linguajar de hoje. O papel do governo, eles acreditavam, era meramente ajudar o mercado a liquidar dinheiro ruim, produtores ineficientes, investidores tolos e trabalhadores com salário elevado! Assim, em janeiro de 1928, o Banco Central começou a deflacionar para pressionar os mercados, reduzindo a oferta de dinheiro e aumentando a taxa de desconto em um ponto e meio para 5% (Hamilton, 1987). Ele também desencorajou o empréstimo colateralizado com ações. O Banco Central combateu com sucesso duas pequenas recessões na década de 1920 com deflação (às custas dos trabalhadores), e viu essa como outra oportunidade para liquidar, engendrando um declínio nos valores no mercado de ações, um aumento no desemprego e uma redução de salários. Para muitos funcionários do governo e economistas, essa era a cura. Foi endossada por economistas tão distintos como Schumpeter, Hayek e Robbins. Eles viam recessões como uma saída inevitável das ineficiências – o lado negativo da visão de capitalismo de Schumpeter como destruição criativa. Na verdade, Schumpeter argumentava que a escolha era entre recessão agora e uma recessão pior no futuro, caso o governo tentasse estimular a economia.

Eles estavam errados. Infelizmente, a deflação funcionou bem demais, à medida que a economia já havia declinado, e a combinação transformou o rompimento da bolha na "quebra" de 29 de outubro de 1929, um dia no qual as ações comuns americanas perderam 10% de seu valor. Um grande agregado de choques de demanda negativa veio após a quebra (Cecchetti & Karras, 1994). Os desempregados e aqueles que temiam o desemprego estavam drasticamente cortando gastos em produtos duráveis. O consumo colapsou em 1930, aprofundando a recessão (Romer, 1990; 1993: 29; Temin, 1976: 65; 1981; R. Gordon 2005). Aqueles com capital agora tinham incentivos para não investirem; em meio à deflação, seu dinheiro se valorizava se simplesmente o mantivessem. Isso promoveu o declínio na produção industrial, aumentando a sobrecapacidade e longos inventários. A motivação de lucro, a chave do capitalismo, estava se tornando perversa. A soma das preferências capitalistas individuais poderia ser o mal coletivo. George Orwell ilustra a insanidade coletiva da Depressão nessa cena de seu *The road to Wigan Pier* (*O caminho para Wigan Pier*): "Centenas de homens arriscam suas vidas e centenas de mulheres revolvem" o lodo por horas... buscando avidamente pequenas lascas de carvão para aquecer suas casas. Para eles, esse carvão "livre", arduamente ganho, era "quase mais importante do que comida". Próximo a eles, encontrava-se, parado, o maquinário que usavam anteriormente para extrair mais carvão em cinco minutos do que poderiam coletar em um dia.

No final da década de 1930, o primeiro dos quatro pânicos bancários a varrer os Estados Unidos. Setecentos e quarenta e quatro bancos faliram, muitos nas áreas rurais, em consequência da depressão agrícola. À medida que as taxas de juros subiram, as dívidas dos agricultores atingiram níveis insuportáveis, e com mais bancos pequenos do que outros países, o sistema bancário americano nas áreas rurais era vulnerável. Como não havia seguro de depósito, os poupadores podiam perder tudo, de modo que entraram em pânico e retiraram seus fundos. Uma segunda onda de falências bancárias ocorreu de junho a dezembro de 1931. Não menos que 9.000 bancos faliram durante a década de 1930. Os bancos que sobreviveram se tornaram mais cautelosos em seus empréstimos, e, em vez de fazê-los, passaram a acumular seu estoque de capital, aumentando a pressão deflacionária e acelerando a espiral decrescente de oferta de dinheiro. Com os preços caindo 10% anualmente, a melhor estratégia dos investidores era não investir, mas esperar até o próximo ano, quando seus dólares valeriam 10% mais. O governo respondeu à queda de receitas cortando gastos, aumentando as pressões deflacionárias. Uma mudança veio quando Roosevelt declarou um "feriado bancário" de uma semana em março de 1933. Enquanto os bancos estavam fechados, um exército de inspetores os percorreu, separando os solventes dos insolventes. Isso ao menos restaurou a confiança no setor bancário. A regulação deles foi acompanhada pela Corporação Federal de Seguro de Depósitos (FDIC), em janeiro de 1934.

Em 1930, isso foi algo muito pior do que uma mera recessão cíclica, especialmente nos Estados Unidos. O declínio médio na produção para os quinze países que começaram a declinar antes de 1931 foi de 9%, mas nos Estados Unidos foi de 21%. O índice de preços ao consumidor caiu 2,6%, o fornecimento de moeda em circulação e de reservas bancárias caiu 2,8%, e a taxa de juros reais subiu a mais de 11%, a mais alta desde a recessão de 1920-1921 (Hamilton, 1987). Entre 1929 e 1933, o PIB real americano caiu 30%, o desemprego oficial aumentou de 4 para 25% – embora a taxa real estivesse próxima de 33% – e o investimento privado no produto interno bruto caiu a impressionantes 85%. Como vimos, essa não foi uma única grande crise, mas uma série de choques que se sobrepuseram, expondo pontos fracos na economia e na política do governo.

Todavia, a Depressão atingiu o mundo de maneira desigual. Atingiu duramente o oeste europeu e os países anglófonos. Canadá, Estados Unidos e Alemanha foram os que mais sofreram, embora Bélgica, França, Itália, Grã-Bretanha e alguns países latino-americanos também tenham sido abalados. Contudo, mesmo nessas duas macrorregiões, Estados Unidos e Canadá perderam seis vezes mais renda *per capita* do que a Grã-Bretanha, e três vezes mais do que a França. A Depressão mal afetou outras grandes áreas do mundo. A China foi apenas levemente atingida, e União Soviética, Japão e suas colônias Coreia e Taiwan, e o leste da Europa continuaram a crescer durante a Depressão. Além disso, vários países avançados saíram dela muito rapidamente ao abandonarem o padrão-ouro e reinflacionarem suas economias. Os Estados Unidos poderiam ter feito o mesmo, e de fato começaram a fazê-lo, mas a confiança excessiva dos americanos em 1937 produziu outra recessão, e somente a demanda industrial ampliada da Segunda Guerra Mundial permitiu uma completa recuperação. Essas diferenças internacionais e macrorregionais me fazem perguntar se o termo "Grande Depressão" não poderia de fato ser muito etnocêntrico. Inusualmente, os brancos foram os que mais sofreram. Não acho que "Grande Depressão Branca" pudesse pegar, embora fosse um tanto acurado, mas nem todos os brancos sofreram; algumas indústrias recentes prosperaram, e seus salários subiram. Na verdade, debaixo de toda espuma superficial dos ciclos econômicos, a riqueza dos povos nos países avançados, medida pela crescente elevação, continuou a aumentar (Floud et al., 2011). Foi uma semicrise, quase global, do capitalismo.

Economistas discutem as causas

Nos Estados Unidos, a cascata de crises foi verdadeiramente atroz. Ao longo de toda sequência de choques díspares, o Banco Central continuou com suas políticas financeiras restritivas, que continuaram a piorar as coisas (Romer, 1993). Ele deixou os bancos falirem. Monetaristas haviam focado essas políticas equívocas do Banco Central. Milton Friedman e Anna Schwartz (1963: 396) dizem abertamente: "Forças monetárias foram a principal causa da Grande Depressão". Todavia, seu método não pode apoiar uma declaração forte assim, porque só discutem fatores monetários; sua narrativa é mais uma narrativa monetária do que uma explicação. Eles narram como em meados da década de 1920 o Banco Central permitiu que a oferta de dinheiro se expandisse muito rapidamente, e depois passou o resto da década tentando restringi-lo, continuando a fazer isso a despeito de uma recessão. De um pico em agosto de 1929 a uma queda em março de 1933, o estoque de dinheiro caiu em mais de um terço. Eles redenominaram a Depressão "Grande Contração" – uma queda de receita, preços e empregos provocada pelos efeitos chocantes de uma política inepta de restrição de oferta de dinheiro. Se o Banco Central tivesse adotado a ação própria e emitido mais dinheiro, fornecendo financiamento a bancos com problemas ou comprando títulos do governo no mercado aberto para injetar mais liquidez após a falência dos bancos, isso "teria mitigado a severidade da contração e muito provavelmente a teria encerrado em uma data muito anterior" (1963: 300-301).

A primeira dessas declarações parece verdadeira; a segunda é mais discutível. As políticas financeiras restritivas mantidas até 1933 aprofundaram a crise. Como os Estados Unidos tinham uma grande parte do ouro do mundo, a expansão monetária poderia não ter afetado a convertibilidade de sua moeda e poderia ter sido empregada contra a recessão. Bordo et al. (1999) argumentam que o Banco Central poderia ter reagido a ataques especulativos com maiores compras em mercado aberto. Então, eles dizem, os pânicos financeiros não teriam ocorrido, e a recessão poderia não ter se aprofundado levando à Depressão. Certamente, os funcionários do governo teriam que ter as somas e o momento oportuno exatos, o que é fácil somente em retrospecto.

Ao analisar por que a política monetária foi tão inepta, Friedman e Schwartz podem somente sugerir uma improvável teoria do "grande homem". Se Benjamin Strong, diretor do Banco Central de Nova York por quatorze anos, não tivesse morrido em 1928, mas permanecido como a figura dominante no Banco

Central, a Grande Contração poderia não ter acontecido. Eles dizem: "A história detalhada de cada crise financeira em nossa história mostra o quanto depende da presença de um ou mais indivíduos excepcionais dispostos a assumirem a responsabilidade e a liderança. Foi uma derrota do sistema financeiro que era suscetível a crises resolvíveis somente com uma liderança assim" (1963: 418). Isso não é muito plausível; é improvável que Strong tivesse se comportado diferentemente, caso estivesse no comando em 1929, uma vez que aceitava a sabedoria liquidacionista (Temin, 1989: 34, Eichengreen, 1992: 252). Praticamente, todos os funcionários do governo aceitavam; eles haviam usado essas políticas antes, e tinham aparentemente funcionado. Eles pensavam que tinham boas razões para suas políticas, e essas estavam profundamente arraigadas na sabedoria e na sociedade de seu tempo. Por que todos pensavam desse modo é algo que devemos tentar explicar.

Vários economistas haviam tentado determinar os pesos relativos das causas díspares enumeradas acima. Cecchetti e Karras concluem que os choques e a contradição na oferta de dinheiro contribuíram quase igualmente para o declínio inicial, e foram seguidos no final de 1931 por um colapso no lado da oferta. Até 1931, fatores monetários podem ter sido secundários; antes disso, fatores não monetários foram responsáveis por cerca de três quartos do declínio nas receitas nominais (Gordon & Wilcox, 1981: 67, 71; Gordon & Veitch, 1986; R. Gordon, 2005: 25-28). Fackler (1998) avalia três mecanismos alternativos pelos quais a recessão se tornou depressão: um declínio no estoque monetário (como Friedman e Schwartz argumentam), um declínio do consumo (a explicação de Temin) e a deflação de dívida ou visão de crédito (Bernanke, 2000: cap. 2). Seus resultados sugerem que todos os três estavam envolvidos, sobrepondo-se um ao outro (cf Brunner, 1981).

Friedman e Schwartz (1963: 359) acrescentam corretamente que os problemas da América foram transmitidos ao mundo através do padrão-ouro. Suas taxas cambiais fixadas – quando os Estados Unidos e a França estavam acumulando ouro – transmitiram o impacto da queda dos preços e lucros nos Estados Unidos para outras economias. Empréstimos internacionais americanos declinaram imediatamente, o que atingiu especialmente países agrários e reduziu a capacidade dos estrangeiros para exportar. Eles sentiam que tinham de restringir o crédito e elevar suas taxas de juros, o que significava que também estavam deflacionando em meio à recessão. Se os políticos tivessem afrouxado a política monetária e fiscal, isso teria ameaçado sua capacidade para trocar ouro em sua taxa contratual. Os governos sentiam suas mãos amarradas enquanto suas economias colapsavam, a menos que abandonassem sua vinculação da moeda ao ouro (Eichengreen, 1992: 12-13, 216-222, 392; Bernanke, 2000: cap. 1). Como Keynes dizia: "grilhões de ouro" restringem economias nacionais, estendendo o impacto deflacionário das políticas do Banco Central ao redor do mundo.

Havia um remédio nacionalista: cada nação deveria abandonar o padrão-ouro e depois reinflacionar, como Keynes argumentava. Na verdade, aqueles que o deixaram mais rápido e depois reinflacionaram se deram melhor. Economias menores tenderam a deixar primeiro: Austrália deixou em 1929, seguida pela Noruega, Suécia, Dinamarca, Finlândia, Nova Zelândia, Canadá, Japão, alguns países latino-americanos, um grande – o Reino Unido – em 1931 (Bernanke & James, 1991). Aqueles que depois desvalorizaram imediatamente suas moedas se recuperaram mais rápido da Depressão, porque isso retirava as restrições deflacionárias e estimulava suas exportações. O nacionalismo funcionou, diminuindo a globalização! Como veremos no capítulo 13, no Japão, o ministro da Fazenda, Takahashi, tirou o iene do ouro, diminuiu taxas de juros e cambiais e aumentou o gasto fiscal, realizando a recuperação mais rápida de todas. A Espanha, que nunca havia entrado no padrão-ouro e tinha pouco comércio exterior, não experienciou qualquer depressão. Os benefícios de abandonar diminuíram à medida que mais países saíam do padrão. As três maiores potências – Alemanha, Estados Unidos e França – permaneceram mais tempo, com a ajuda de controles cambiais estritos. Entre 1930 e 1933, o chanceler alemão Bruning seguiu uma terrível estratégia deflacionária, tentando equilibrar os livros por meio da austeridade, permanecendo, ao mesmo tempo, no padrão-ouro. Na Alemanha, as crises prosseguiram em cascata.

Desvalorizações competitivas não fizeram um bem geral. Se um país desvaloriza, suas exportações ficam mais baratas e, em princípio, poderia ser capaz de sair da recessão por meio das exportações. O efeito, contudo, é a perda se seus parceiros de comércio fizerem o mesmo. Na década de 1930, vinte países desvalorizaram suas moedas em mais de 10% e vários o fizeram mais de cinco vezes, de modo que quase nenhum país ganhou competitividade, exceto brevemente. Tampouco os países puderam sair da recessão por meio das exportações, uma vez que a demanda internacional estava muito deprimida. O comércio declinou em um terço durante a Depressão, uma indicação do declínio da globalização. Foi útil que um país após o outro tivesse se movido para afrouxar a política monetária uma vez que não se preocupasse mais em defender a taxa cambial. Esse estímulo monetário foi sentido globalmente, e ajudou a iniciar uma recuperação sustentada. Como também tendia a redistribuir do capital para o trabalho, dívidas para com acionistas tiveram seu valor depreciado. Certamente, teria sido melhor se os países tivessem coordenado políticas monetárias estimulantes – evitando flutuações descontroladas de taxas cambiais –, mas como não havia instituições para fazer isso, soluções nacionalmente enjauladas foram tentadas. Aqueles com problemas achavam que não tinham escolha senão seguir políticas unilaterais e o alívio monetário por meio da desvalorização competitiva era melhor do que nenhum alívio.

Muitos economistas favoreciam uma explanação monetária de dois fatores da Depressão: erros do Banco Central e o padrão-ouro (Eichengreen, 1992;

Bordo et al., 1998; Bernanke, 2000: cap. 1; Smiley, 2002; H. James, 2001; Clavin, 2000). Ambos envolviam mecanismos regulatórios que falharam. Para os neoliberais, isso prova que o governo não deveria tentar interferir no mercado. A implicação é que não havia qualquer coisa estrutural imprópria que políticas oficiais mais leves e hábeis não pudessem ter consertado. Esses são todos temas altamente técnicos, forçando os limites de minha especialidade, mas a discussão parece muito estreita. Devemos com certeza colocar o Banco Central, o padrão-ouro e, na verdade, todos os fatores financeiros juntos ao que estava acontecendo no mundo da produção. Embora teorias correntes de crescimento econômico enfatizem instituições e tecnologia, essas abordagens à Depressão mal mencionam uma ou outra, exceto pelas instituições financeiras. Todavia, a recessão havia começado na produção, não no mercado de ações, bancos ou Banco Central. Cole et al. (2005) mostram que choques monetários e deflacionários só contribuíram em cerca de um terço do declínio ao longo de dezessete países que estudaram ao longo dos anos de 1929 a 1933. Choques de produtividade contribuíram com dois terços. Portanto, permita-me dirigir-me à produção.

Bernstein (1987) vê a crise financeira como exacerbando um problema de produção desigualmente distribuída ao longo das indústrias. Ele foca o impacto dos choques de 1928 a 1932 em uma economia nacional em transição, de uma era dominada pela Segunda Revolução Industrial, centrada em indústrias como as têxteis, ferro e aço, equipamentos de transporte e mineração. Essas haviam fornecido grande parte do valor agregado na economia antes da Primeira Guerra Mundial, embora, como já enfatizei, essa ainda fosse uma economia de demanda de consumo muito baixa. Contudo, os Estados Unidos estavam agora se movendo na direção de uma economia que após a Segunda Guerra Mundial seria dominada por indústrias orientadas mais aos bens e serviços de consumo de massa, como eletrodomésticos, automóveis, aviões, petróleo, tabaco, químicos e alimentos processados e serviços como comércio, transportes, financeiros e governamentais. O problema era que no período entreguerras o conjunto antigo de indústrias ainda dominava a economia geral, fornecendo grande parte do emprego industrial da América; todavia, essas indústrias não eram mais dinâmicas. Elas eram maduras e relativamente concentradas, com sua era de dinamismo tecnológico atrás delas. Assim, não eram mais tão atrativas a investidores. As indústrias recentes eram o inverso: em expansão, altamente competitivas e tecnologicamente dinâmicas. Elas atraíam investimentos, na verdade, ações da indústria de alta tecnologia eram o centro da bolha do mercado de ações. Seu colapso foi, num sentido, o produto da inovação tecnológica muito rápida. O índice de investimentos nesse setor deveria se recuperar muito rapidamente após a Depressão, mas eram ainda relativamente pequenos, incapazes de absorver todo capital excedente circulante.

Field (2011) diz que, a despeito das aparências, durante a década da Depressão a produtividade da economia estava na verdade crescendo com as novas indústrias e produtos. Em 1941, havia uma produção quase 40% maior do que em 1929, com quase nenhum aumento nas horas de trabalho ou de ingresso de capital privado. O aumento da produção por hora resultou principalmente dos avanços tecnológicos e organizacionais. Houve um grande aumento de investimentos na pesquisa e desenvolvimento (PeD), a despeito da queda na demanda e do declínio em outras formas de investimentos. Novos produtos foram ajudados em consequência tanto do programa de construção de estradas do New Deal e, diz Field, quanto das respostas criativas de empreendedores à adversidade. Esses benefícios vieram principalmente do último período do New Deal; na própria Depressão, os novos produtos ainda não tinham um peso suficiente na economia para estimular investimentos nacionais agregados, emprego e demanda em níveis saudáveis. Essas novas indústrias dependiam mais da demanda de consumo, e essa crescera apenas lentamente na década de 1920 devido a uma distribuição relativamente desequilibrada de renda para os ricos. Eles foram depois atingidos pelo fracasso pós-1929 na demanda efetiva. Embora tenham crescido, seu crescimento foi retardado pela baixa demanda agregada. A destruição criativa pode envolver atravessar com dificuldade um período de destruição antes que a criação realmente floresça. O capitalismo não é um sistema de equilíbrio. A criação de um tipo que possa garantir emprego pleno não é uma tendência necessária do capitalismo – como vemos novamente hoje. Após a Grande Depressão, ele necessitou da Segunda Guerra Mundial para gerar aquele crescimento geral que desse às novas indústrias peso suficiente na economia para liderarem o crescimento futuro com base tanto no crescimento da produtividade quanto na demanda de consumo de massa.

A noção de uma economia em transição das indústrias pesadas da Segunda Revolução Industrial para a manufatura orientada ao consumo ajuda a explicar por que a Depressão foi iniciada pela sobreacumulação de capital, por que foi uma ocorrência única, e também por que durou tanto tempo nos Estados Unidos. Mesmo políticas keynesianas de medidas para estimular a economia (*pump priming*) que operaram no nível agregado não foram a resposta política mais apropriada, pois estimularam igualmente indústrias novas e antigas. Políticas industriais mais seletivas, distinguindo entre as necessidades de diferentes indústrias, teriam sido melhores, embora, uma vez mais, a retrospectiva ajuda! Durante o New Deal, um dos conselheiros próximos a Roosevelt, Rexford Tugwell, defendeu uma estratégia assim. Bernstein sugere que se ele tivesse sido ouvido, uma recuperação mais rápida poderia ter se apresentado. Tugwell, contudo, estava na esquerda dos New Dealers, não no comando da política, e, como em muitos períodos, o governo tendeu a ser capturado pelas antigas indústrias politicamente entrincheiradas em vez de pelas novas tecnologicamente dinâmicas. A Administração de Recuperação Nacional de Roosevelt estabeleceria códigos de preços para cada indústria, o que perversamente ajudou mais as indústrias estagnadas.

Szostak foca a inovação tecnológica. Como a tecnologia também havia sido a agente dominante do crescimento americano, seus fracassos também são importantes. Ele explica o começo e longevidade da Depressão em termos do desenvolvimento tecnológico desigual. Os três setores-chave do crescimento industrial da década de 1920 – automóveis, fornecimento de energia elétrica e rádio – haviam saturado seus mercados na época da Depressão, e haviam introduzido inovações no processo de economia de força de trabalho. "Eletrificação, linhas de montagem e processamento contínuo induziram o maior aumento da década na produtividade laboral que o país jamais vira na década de 1920". Se essas indústrias também tivessem criado vários produtos novos no período entreguerras, poderia ter resultado na estabilidade econômica. Todos os três, contudo, viram intervalo até que os produtos pudessem ser postos na fase de produção de massa. Em 1929, automóveis eram "uma força desgastada", e o avião moderno (o Douglas DC-3 de 1935) ainda não estava em produção. O rádio havia saturado seu mercado, e a televisão ainda não estava em operação. A tecnologia de processo contínuo estava gerando avanços em plásticos, fibras sintéticas e fármacos como as sulfonamidas e as vitaminas, mas essas envolviam tecnologias mais complexas que levaram décadas (e uma guerra) para serem desenvolvidas. Elas atingiram os mercados de massa somente após a Segunda Guerra Mundial (1995: 112-113).

Na década de 1920, essas indústrias dinâmicas aumentaram a produtividade, não o emprego, e não necessitavam de muito investimento. O número de trabalhadores na manufatura permaneceu constante na década de 1920, embora a produção tivesse aumentado 64%. Os principais avanços tecnológicos estavam descartando, não criando empregos (Szostak, 1995: 6, 103). Szostak estima que indústrias usando essas tecnologias lideraram na criação de desemprego durante a Depressão. Após considerar outras indústrias e adicionar efeitos multiplicadores, ele estima o total adicional de desemprego dessas fontes em 13 milhões – o índice de desemprego no ponto mais baixo da depressão (1995: 295). Ele considera, brevemente, outros países, e acha a experiência desses consistente com seu argumento. Sociedades agrárias, carentes dessas tecnologias, recuperaram-se rapidamente da Depressão. A Grã-Bretanha teve problemas similares aos dos Estados Unidos, mas, como estava atrás em inovações na década de 1920, podia reconquistar terreno agora e se recuperar mais rapidamente da Depressão (1995: cap. 13).

Duménil e Lévy (1995) acrescentam inovações administrativas. A produtividade laboral aumentou em firmas e indústrias onde foi combinada a sistemas de administração corporativa modernos – incluindo linhas de montagem eletrificadas –, compras, vendas e pesquisas racionalizadas, e processos de desenvolvimento. Como Beaudreau, eles diziam que isso resultava em sobrecapacidade. A década de 1920 já tinha visto uma falência anual elevada entre firmas, de 1,05%. Os modernizadores eram usualmente capazes de superar a Depressão, mas grande parte do estoque de capital vinculado a indústrias e firmas tradicionais estava obsolescente. Entre 1930 e 1932, o índice anual de falências de firmas subiu 1,35%, mas muitas firmas sobreviventes também tiveram de fechar alguns estabelecimentos. Metade deles na indústria automotiva fechou, embora fábricas maiores tenham geralmente sobrevivido. Não havia somente utilização de capacidade menor, mas também destruição completa de capacidade produtiva, o que aumentou o impacto da contração. Isso depois piorou a crise de investimentos, uma vez que várias firmas dinâmicas não necessitavam de novos financiamentos, e investidores não emprestariam a firmas estagnadas.

À medida que a recessão se aprofundou e se ampliou, governos e banqueiros reconheceram a necessidade de mais cooperação econômica internacional. Não era desarrazoado para os banqueiros resolver os problemas técnicos do padrão-ouro, e eles se apressavam para consultar um ao outro. Ajudou o fato de, independentemente de sua nacionalidade, provirem da mesma classe social, "o clube mais exclusivo do mundo". Ficavam à vontade na companhia um do outro, e raramente necessitavam de intérpretes. Esses homens altamente refinados – eram todos homens, claro – falavam inglês ou francês. Marx poderia tê-los chamado um comitê executivo para administrar os assuntos comuns do capital financeiro, e eles certamente equivaleriam a uma pequena classe capitalista transnacional existindo muito tempo antes que os sociólogos identificassem essa fera. Contudo, eles estavam aprisionados principalmente por sua ortodoxia, e, embora legalmente autônomos, com praticamente nenhuma regulação governamental de suas atividades, na prática careciam do apoio político necessário de seus governos e partidos para fazer com que a cooperação internacional vingasse.

Como vimos, a geopolítica havia pressionado a economia política internacional de 1918 em diante, especialmente por meio de mecanismos de reparações e dívidas de guerra. Na época da Depressão, o nacionalismo estava se fortalecendo. Nacionalistas alemães, austríacos e húngaros ainda exigiam um fim das reparações, mas se tornaram mais preocupados com o retorno de seus territórios perdidos, tomados deles pelos Tratados de Paz de Versalhes e de Trianon. Como consequência do nacionalismo veio uma pressão na direção da autarquia econômica. Tornou-se mais tentador para cada Estado se afastar rapidamente. Alguns sensivelmente se afastaram do padrão-ouro, mas, na Depressão, os governos também começaram a impor tarifas e cotas sobre importações para proteger suas reservas cambiais estrangeiras e produtores nacionais. Os Estados Unidos lideraram o caminho com as tarifas Smoot-Hawley de 1930. Originando-se nas promessas pré-Depressão a agricultores do Presidente Hoover, a lei escalou uma vez que republicanos orientados para empresas no congresso saíram em debandada para elevar tarifas sobre os produtos de suas indústrias locais. Se as tarifas diminuíssem a competição estrangeira no mercado interno, eles pensavam que diminuiria a sobrecapacidade. Foi uma solução enganadoramente fácil para uma recessão, mas ameaçou juros de longo prazo porque outros países retaliariam e o comércio internacional poderia se tornar deprimido. De um lado a saúde econômica foi ameaçada pelo poder transnacional do capital financeiro; de outro, foi ameaçada por nacionalismo econômico em excesso. Instituições para restringir ambos ainda tinham de ser concebidas; mas isso tinha de esperar até depois da Segunda Guerra Mundial. Para o presente, as economias estagnaram, a integração econômica estacionou e os estados descobriram novos papéis econômicos.

Hoover tinha suas dúvidas sobre tarifas, 1.000 economistas americanos se manifestaram contra elas e o Senado estava relutante em assiná-las. Todavia, a piora da Depressão persuadiu aqueles indecisos a aprovarem-nas. As novas tarifas eram nominalmente muito altas, e enviaram um sinal a outros países para retaliarem (Temin, 1989: 46). Canadá, o maior parceiro comercial dos Estados Unidos, prontamente o fez. Os britânicos se voltaram às *preferências imperiais*, tarifas para proteger o império inteiro (pela primeira vez em 100 anos), e outros seguiram. As importações e exportações globais declinaram e o pagamento de dívidas internacionais foi interrompido, porque os países estavam menos capazes de exportar aos Estados Unidos. Os europeus começaram a inadimplir e a colapsar na Depressão completa (Eichengreen, 1992: 222-223).

Nos momentos cruciais acordos internacionais se mostraram fora do alcance, de modo que a crise se aprofundou. As relações azedaram à medida que a Depressão se entremeou às reparações e ao revisionismo territorial. O governo alemão tinha de partilhar o controle de sua própria moeda com o Banco de Compensações Internacionais, o que levava a constantes altercações. O governo francês de Pierre Laval, interessado em manifestar nacionalismo ao eleitorado francês, insistia em que o preço de resgatar o primeiro grande banco da falência, o Kredit-Anstalt austríaco, em maio de 1931, era o de a Áustria enfraquecer seus vínculos com a Alemanha e renunciar a uma união aduaneira prospectiva entre os dois países. O governo austríaco recusou tempo o bastante para a operação de alívio colapsar. A economia austríaca igualmente colapsou, levando alguns bancos alemães a cambalearem, deflagrando pânicos bancários ao longo da Europa (Eichengreen, 1992: 264-280). Outros empréstimos emergenciais foram muito poucos e muito tarde. Esse foi o inverso da situação pré-Primeira Guerra Mundial, onde a ordem geopolítica havia fracassado, mas a ordem financeira havia funcionado. Agora, ninguém desejava ir à guerra, de modo que lutaram com seus talões de cheques.

Para explicar a Grande Depressão, devemos então incorporar problemas na produção assim como no sistema monetário, e na geopolítica assim como na política. A Depressão veio à medida que uma recessão expôs uma série de pontos fracos na produção, finanças, governo e geopolítica. Os problemas estruturais foram maiores na América do que em outros lugares, uma vez que, paradoxalmente, essa era a economia mais dinâmica, em transição da Segunda Revolução Industrial com um alto grau de inovação tecnológica que ainda não podia produzir emprego pleno de força de trabalho ou capital. Contudo, a depressão agrícola global, as repercussões internacionais do padrão-ouro, o apego ideológico à deflação, e as tensões geopolíticas espalharam rapidamente os problemas semiglobalmente por meio de processos tanto transnacionais quanto internacionais. Vários pontos fracos se sobrepuseram, aprofundando a recessão. Caso algum deles estivesse ausente, a Depressão poderia não ter sido grande. Se dois ou três deles talvez estivessem ausentes, não teria sido uma Depressão, mas algo mais próximo a uma recessão cíclica. Quanto a soluções, em um extremo, a explanação monetarista tem o encanto aparente de uma solução rápida, enquanto, no outro, problemas de desenvolvimento desigual pareceriam muito obstinados. Para corrigir o subconsumo seria necessária também uma mudança social radical, mas a ideologia também importava.

O poder ideológico: teorias contemporâneas da depressão

Parece notável que muitos continuaram a acreditar por tanto tempo no padrão-ouro. Muitos funcionários públicos e economistas americanos acreditavam em liquidar excessos especulativos e em defender as reservas de ouro, uma vez que isso indicaria aos atores privados a necessidade de provocar a autocorreção dos mercados. O Presidente Hoover havia sido secretário de comércio antes de se tornar presidente, e via a Depressão como um fenômeno global arraigado nas reparações alemãs. Ele se esforçou muito pela colaboração internacional, mas o nacionalismo econômico crescente o frustrou. Ele tentou iniciativas voluntárias para induzir a cooperação entre grupos de interesse econômicos, especialmente para aumentar os investimentos, mas, no verão de 1931, seu voluntarismo encorajado pelo Estado com certeza não estava funcionando. O mercado não estava se ajustando, ainda assim Hoover não recorreu a medidas compulsórias e buscou equilibrar o orçamento para manter as taxas de juros baixas, encorajar os investimentos e manter o padrão-ouro (Barber, 1985; Kennedy, 1999). Assim, em junho de 1932, ele cometeu um grande erro: conseguiu fazer um congresso obediente aprovar o maior aumento de impostos na história americana em tempos de paz, um ato desastroso em uma Depressão. No mês seguinte, o Banco Central também suspendeu suas operações expansionistas de mercado aberto. Tanto os funcionários do governo como os políticos estavam se debatendo.

O mesmo ocorreu em outros países avançados. Funcionários de bancos conseguiram moedas vinculadas ao ouro e deflacionadas para impedir a fuga de capitais. Mesmo após os países deixarem o padrão-ouro, muitos não buscaram imediatamente políticas expansionistas. Muitos economistas se opunham à expansão, incluindo Schumpeter, Robbins, Hayek e a escola australiana (DeLong, 1990). Somente alguns discordavam, como Hawtrey, Fisher e Keynes. Eichengreen e Temin (1997) observam que o consenso era baseado em mais do que apenas razão técnica ou instrumental; Aldcroft (2002) chama isso "dogma recebido – quase uma religião". Era, em meus termos, uma ideologia, uma adesão comprometida a normas e valores assim como a crenças sobre os fatos. Aderir ao padrão-ouro era demonstrar as virtudes da austeridade, da disciplina e da responsabilidade. O ouro era "moral, íntegro e civilizado, dinheiro gerido era o oposto", concordam Eichengreen e Temin. Eles citam o famoso apelo à moralidade do secretário do tesouro americano Mellon: "Liquidar a força de trabalho, liquidar ações, liquidar os agricultores, liquidar imóveis... purgar a podridão do sistema... [de modo que]... as pessoas vão trabalhar mais duro, viver uma vida mais moral". Eles também citam o lamento posterior de Hoover de que o padrão-ouro era "quase uma fórmula sagrada", embora dissesse que o defendia como a única alternativa ao "coletivismo", revelando também ideologia de classe. Um tema comum era que os empresários eram mais morais do que os trabalhadores. Os sem trabalho, declarava o presidente da Associação Nacional dos Manufatureiros, "nada fazem... praticam o hábito da austeridade e conservação... desperdiçam suas economias" (Leuchtenburg, 1963: 21). Na teoria da economia clássica, contudo, era fácil culpar os trabalhadores, pois a solução para a recessão era diminuir salários. Assim, muitos concluíam que salários mínimos, contratos de salários fixos e sindicatos deveriam ser abolidos – guerreiros da classe, mas somente para o bem geral!

A moralidade era pregada em outros países também. No Japão, entre 1928 e começo de 1930, o governo havia deflacionado a economia de modo que o Japão pudesse ir para o padrão-ouro. Ele distribuiu um lote de terra para cada família que pedia redução de gastos. Essa "mobilização geral de educação moral" incluía poemas, músicas e filmes, dirigidos especialmente às mulheres, consideradas as principais gastadoras. Aqui estão um par de estrofes e o coro de uma canção (reproduzida por Metzler, 2006: 204-205) que se tornou um sucesso como canção-tema do filme *Mulher número um*:

> Mesmo a flor que desabrocha deve fechar,
> não é?
> Agora, é tempo de a bolsa aberta fechar
> (isso é absolutamente certo).

> [Coro]
> É o tempo, é a estação,
> todos juntos, de mãos dadas (sim!),
> Vamos economizar, vamos economizar.

> Você abre mão do sal, eu abro mão do chá
> não é assim?
> Suspender o embargo ao ouro
> (isso é absolutamente certo),
> até à alegre suspensão ao embargo ao ouro.

Não há registro do ministro da Fazenda, Inoue, ou de qualquer um administrando o governo japonês, abrindo mão do sal ou do chá.

A retórica moral da austeridade, probidade, disciplina e retitude foi aplicada não apenas ao padrão-ouro, mas à submissão das forças do mercado de um modo mais geral. Em seu estudo sobre a França, Moure diz que a veneração ao padrão-ouro era uma parte de "concepções rígidas da ortodoxia econômica", exigindo "a disciplina do trabalho e economia" de todos. Era um "sistema natural", que apenas as "estranhezas da moeda" desafiava (2002: 2, 51, 270-271). A fé no dogma neoclássico buscou a deflação a despeito de uma Depressão.

A importância da moralidade para "o espírito do capitalismo" foi famosamente enfatizada por Max Weber (2002). Ele a retrocedeu à "afinidade eletiva" entre o calvinismo e o capitalismo no mundo falante do inglês dos séculos XVII e XVIII. Aquelas virtudes de austeridade, probidade e retitude são consideradas essencialmente puritanas, assim como a noção de disciplina moral que o capitalismo necessitava instilar em seus trabalhadores (Gorski, 2003). Contudo, no começo do século XX, essas virtudes não eram meramente protestantes, mas também permeadas de um sentimento de ultraje moral nas exigências "socialistas" dos trabalhadores. A economia clássica via o nível de emprego determinado somente pelo preço da força de trabalho. Assim, os economistas insistiam em que os trabalhadores se restringissem e se disciplinassem. Os governos e a imprensa insistiam em que os trabalhadores aceitassem cortes salariais para o bem do país. Se recusassem, seguiam-se lamentações de que a classe trabalhadora não podia pospor gratificação. As virtudes identificadas por Eichengreen e Temin foram aplicadas como um polo de uma antinomia de classe, contrapondo "nossas" virtudes à falta de disciplina, austeridade e mesmo de civilização na classe trabalhadora. Venom foi direto especialmente contra socialistas falando em nome dos trabalhadores, oferecendo utopias ilusórias de riqueza e luxo para todos. Por trás da teoria técnica e da retórica moral estava a defesa de privilégios, a propriedade e o direito de ter empregados – essa era, afinal, a essência da civilização na percepção desses homens. Era também além dos limites do mero interesse material. A combinação de teoria, moralidade e interesse em uma ideologia intensamente sentida era a razão pela qual a repressão da classe trabalhadora e do socialismo era tão feroz nos Estados Unidos, onde a ameaça real do socialismo era quase não existente (como vimos no capítulo 3). Isso era um antigo regime tentando superar sinais visíveis de desintegração banhando-se em virtude, e na prática apoiando-se na repressão – incluindo a repressão econômica oferecida pela deflação. Ela parecia ter superado a onda de consciência da classe trabalhadora do pós-guerra, e era dependente do padrão-ouro porque era visto como o pivô de sua própria civilização.

Quando a Depressão chegou, o antigo regime percebeu algo solto na política monetária e fiscal como ameaçando a habilidade de um governo de manter sua obrigação de trocar ouro em sua taxa contratual. Enfraquecer desse modo comunicaria uma falta de responsabilidade para com "os mercados", reduzindo a confiança dos investidores em um governo e sua moeda. Isso geraria fuga de capital. O poder de investidores e especuladores para punir ao menor sinal de desvio reforçava o compromisso com o padrão-ouro. Essa pressão de classe pressupunha o padrão-ouro, mas não eram coletivamente organizados. Era mais como o comportamento de um rebanho de gado, agindo enquanto o medo de perdas circulava contagiosamente entre eles.

A Grã-Bretanha foi o primeiro grande país a deixar o padrão-ouro, em setembro de 1931, forçada a abandonar devido a massivas fugas de capital especulativo envolvendo a perda de metade das suas reservas de ouro (Eichengreen, 1996). Isso teve um grande efeito em outros países do bloco de ouro influenciados pela Grã-Bretanha, lugares em que o poder britânico permanecia forte como a Dinamarca e o Japão (cf. capítulo 13). Os Estados Unidos foi o principal defensor do padrão-ouro, e depois de os britânicos saírem, seu apoio se tornou ainda mais crucial porque o padrão estava claramente em dificuldade. O dólar foi especulativamente atacado; o Banco Central agora sentia que não tinha escolha senão elevar as taxas de juros para conter a fuga de ouro (Eichengreen, 1992: 293-298). Qualquer suspeita de que um governo pudesse abandonar o ouro levava os investidores a transformarem a moeda local em ouro ou em uma moeda convertível. Retiradas de depósitos espalharam pânico e reduziram os empréstimos. Isso terminou fazendo com que todos os governos abandonassem o ouro, mas mais tarde do que deveriam tê-lo feito. Funcionários do governo estavam em um dilema genuíno, instados a atingirem objetivos contraditórios de encerrar a Depressão e proteger o padrão. O primeiro pressupunha facilitar o crédito, o segundo, restringi-lo; o primeiro agradaria a população, o segundo agradaria o capital financeiro. Eles se mantiveram leais ao segundo, ao padrão--ouro e à deflação, porque acreditavam que essa era a coisa certa e própria a fazer, porque temiam o poder do capital financeiro, e porque pertenciam àquela mesma classe. Há lições aqui para hoje.

Havia oposição a essa ortodoxia, arraigada nas mudanças na estrutura de classe e a um crescimento das noções de cidadania social. Eichengreen e Temin (1997) sugerem que extensões da democracia após a Primeira Guerra Mundial tornaram os governos mais responsivos às demandas dos eleitores da classe trabalhadora por uma parcela maior nos lucros do capitalismo. Os governos foram forçados a trocar o objetivo tradicional da estabilidade da taxa de câmbio por novos objetivos como manter o emprego e os salários elevados, como não fizeram no período pré-guerra. Eles citaram a taxa de câmbio britânica, que era muito alta em relação ao nível de preços e salários deixados pela inflação do tempo de guerra. Ou os preços e salários da Grã-Bretanha deveriam cair a fim de tornar os produtos britânicos competitivos em mercados mundiais ou a taxa de câmbio com o ouro deveria ser desvalorizada para reduzir o custo das exportações britânicas. Todavia, eles dizem, os sindicatos britânicos haviam se tornado muito fortes para aceitarem cortes nos salários, e o governo não desvalorizaria a libra. Isso produziu um tipo de impasse, que eles veem como ajudando a empurrar a Grã-Bretanha para a recessão antes que a Depressão chegasse. O argumento também se aplica à França e à Alemanha. Investidores ficaram nervosos com medo de que os governos não priorizassem seus interesses tão automaticamente quando priorizaram antes da guerra.

Todavia, na década de 1920, o poder da classe trabalhadora foi limitado a ficar incomodando à margem da política econômica. Como vimos nos capítulos anteriores, trabalhadores e camponeses raramente cooperavam, e isso enfraqueceu enormemente a esquerda em um período em que ambas as classes estavam sofrendo. Havia pouca chance de uma tomada do poder por parte da esquerda na Europa após a onda esquerdista pós-guerra inicial ter diminuído. As políticas deflacionárias regulavam tudo. Eichengreen e Temin estão certos em ver uma resistência democrática crescente às políticas deflacionárias na Europa durante a década de 1920, mas ela permaneceu no chão da fábrica e na ala esquerda dos partidos que estavam basicamente fora do poder. Tornou-se entrincheirada na esquerda do Partido Trabalhista britânico e no Partido Socialista francês (ambos partilhando o poder brevemente em meados da década de 1920), na esquerda do SPD e do SPO, que estavam perdendo força nas repúblicas de Weimar e austríaca, e depois na oposição aos partidos comunista e fascista. Talvez, a introdução das classes inferiores na democracia tenha feito os governos vacilarem. Contudo, eles terminaram colocando a ortodoxia do capital financeiro acima dos trabalhadores e camponeses. A esquerda francesa foi derrotada em 1926. Na Alemanha, Bruening e seus sucessores autoritários, Papen e von Schleicher, caíram lutando por políticas deflacionárias. Entre 1930 e 1932, eles decretaram um corte de 10% nos preços, cortes de 10 a 15% nos salários, e uma redução do gasto público em um terço. A oposição a isso incluiu os nazistas. Quando chegaram ao poder, foi o fim para a deflação. Houve um resultado similar no Japão militarista.

Na Grã-Bretanha, um governo trabalhista minoritário chegou ao poder após a eleição de 1929, mas foi prontamente precipitado na Depressão. Necessitando de apoio do Partido Liberal, o Partido Trabalhista defendeu o padrão-ouro e buscou equilibrar o orçamento, ainda que estivesse provendo assistência para os desempregados sob um programa que o havia implementado. Como o desemprego cresceu, os custos com a assistência aos desempregados desequilibrou o orçamento, deflagrando uma crise de confiança nos mercados e uma demanda geral pela libra. Isso era conflito de classes, contrapondo o poder do capital financeiro transnacional ao da força de trabalho organizada nacionalmente, mas era também um conflito sobre a alma do Partido Trabalhista. A pressão do capital e dos liberais fez o governo trabalhista concordar em mudar de direção e deflacionar, mas, incomodado pela oposição de esquerda interna, o governo se desarticulou e renunciou em agosto de 1931. Alguns líderes trabalhistas se juntaram ao assim chamado governo Nacional (na realidade, dominado pelos conservadores), mas o Partido Trabalhista oficial entrou em oposição até à Segunda

Guerra Mundial. Se um governo conservador estivesse no poder em 1929, teria enfrentado o mesmo problema de aumento de benefícios de desemprego. Ele os teria presumivelmente cortado, e os trabalhistas poderiam ter se beneficiado eleitoralmente, como os social-democratas na Suécia e os democratas nos Estados Unidos. Esses chegaram ao poder com teorias e políticas econômicas que não privilegiavam o capital, e elas funcionaram. Um período de disputa de classes e de variação política, como ocorreu na Grã-Bretanha, França e Alemanha, não era obviamente uma solução, mas tampouco a ortodoxia econômica – e foi muito mais responsável por provocar a Depressão.

Não havia teorias alternativas para a ortodoxia dos mercados autoajustadores, liquidação e deflação. Nos Estados Unidos, economistas "estruturalistas" ou "novos" eram mais sensíveis à emergência de uma economia nacionalmente integrada. Eles rejeitavam a noção de um mercado transnacional governado por leis econômicas imutáveis. Acreditavam que a "manipulação informada" da política fiscal e monetária poderia conter "flutuações em uma atividade econômica agregada". Eles trouxeram um nacionalismo brando para a economia, argumentando que uma economia nova e melhor poderia ser desenvolvida nacionalmente, conduzida pelo governo federal. Era possível ter "capitalismo em um país" de um tipo mais popular. A noção de um capitalismo mais popular atraiu inicialmente tanto republicanos quanto democratas. O Presidente Hoover recrutou estruturalistas para estudarem o desemprego, e eles anteciparam Keynes ao sugerirem que o gasto público contracíclico poderia ajudar a mitigar a recessão e o desemprego, embora discordassem quanto à extensão do gasto público previsto (Barber, 1985; Bernstein, 2002: cap. 2).

Os "institucionalistas" eram ex-progressistas, e permaneciam fortes em algumas universidades, especialmente em Wisconsin e Colúmbia. Diferente dos neoclassicistas, eles não acreditavam que a economia pudesse ser separada de seus propósitos sociais. Estudantes em Wisconsin aprendiam mais sobre relações, sindicatos e bem-estar social do que sobre abastecimento e demanda. Institucionalistas tinham um senso de missão: melhorar a quantidade de trabalhadores em sincronia com a justiça social e estimular o consumo, que viam como o caminho para o crescimento econômico. John Commons, a figura líder em Wisconsin, mais tarde observou: "Eu estava tentando salvar o capitalismo, tornando-o bom". Em sua visão (a típica fé dos progressistas na ciência e na razão), empregadores e sindicatos "razoáveis" salvariam conjuntamente o capitalismo, um rejeitando a mão invisível, o outro rejeitando o socialismo. Sindicatos ajudariam os capitalistas a promoverem estabilidade macroeconômica, contrabalançando tendências de subconsumo na economia. Os institucionalistas simpatizavam com a classe trabalhadora, mas eram financiados por liberais corporativos, especialmente a Federação Cívica Nacional e fundos da família Rockefeller. Homens como Commons, Slichter e Douglas defendiam políticas econômicas contracíclicas para desobstruir ciclos de crescimento e queda de negócios (Kaufman, 2003; 2006; Rutherford, 2006).

Quase ninguém, além de socialistas ávidos por prever o fim do capitalismo, suspeitava que a recessão de 1929 se aprofundaria cada vez mais. A funesta ciência falhou em compreender exatamente o quão funestas as coisas poderiam ficar. Contudo, "subconsumidores" estavam bem preparados para responder quando a depressão começasse. Eles argumentavam que a economia estava produzindo consistentemente mais do que poderia consumir, uma vez que muitos consumidores eram muito pobres. O aumento da desigualdade era o grande culpado, diziam. Os lucros não poderiam ser usados produtivamente e o subconsumo já tinha gerado sobrecapacidade, de modo que os lucros foram para alimentar a bolha do mercado de ações de 1928-1929. Eles também identificavam problemas de longo prazo. Sob pressão da administração pró-negócios de Coolidge e de interesses empresariais, eles diziam, o Banco Central manteve a taxa de desconto baixa na década de 1920. Isso havia encorajado investimentos altos e por fim excessivos em fábricas. A política significava que os negócios lucravam às custas dos trabalhadores e agricultores. Economistas populares como Stuart Chase e George Soule observaram que, embora os salários tivessem crescido em torno de 1% ao ano, os lucros haviam crescido 9% no período de 1923-1928. Isso, dizia Soule, provocou "uma falta fatal de equilíbrio entre a produção industrial e o poder de compra popular" (Dawley, 1991: 337-338). Durante a primeira administração Roosevelt, economistas do New Deal dariam à teoria do subconsumo um verniz mais teórico (Moulton, 1935).

Marxistas iam mais longe, alegando que a principal contradição do capitalismo era entre as forças de produção (tecnologia, habilidades) e as relações de classe da produção. Quando a sobrecapacidade tecnológica sufocava os lucros, o resultado era uma crise de acumulação. Isso afetava as duas principais classes, embora os trabalhadores sofressem mais. Eles estavam basicamente certos. Depois, previam, viria a revolução. Isso estava obviamente errado. Embora não houvesse muitos marxistas na América, essa teoria reverberava popularmente, inspirando esperança entre trabalhadores radicais e algum medo entre capitalistas inseguros. Combinados, esses sentimentos foram o bastante para persuadir outros a um compromisso de classe, como veremos no próximo capítulo.

Hoje, a teoria do subconsumo tem sido amplamente rejeitada. Keynes mostrou que a demanda de consumo reduzida não necessita provocar uma recessão, uma vez que investimentos privados em fábricas, maquinário e moradias ou compras governamentais ou um excedente de exportação poderiam todos estimular, em troca, a demanda agregada. A proporção de consumo na receita nacional não mudou significativamente na década de 1920 (Temin, 1976: 32), embora, se aceitarmos o argumento de Beaudreau de que inovações tecnológicas aumentaram massivamente a produtividade, os Estados Unidos teriam necessitado de um aumento nos gastos dos consumidores, gastos do governo ou nas exportações para que a capacidade de produção aumentada fosse utilizada. O aumento do gasto infraestrutural do New Deal tentaria isso.

Na época, muitas pessoas pareciam ter acreditado na teoria do subconsumo, especialmente os agricultores, que ainda constituíam 23% da força de trabalho americana. Vimos no capítulo 3 que a economia política americana por muito tempo favoreceu a indústria manufatureira do norte, às suas custas. Uma breve pausa viera com a Primeira Guerra Mundial, mas depois, em meio à sobreprodução global, os preços caíram, as dívidas dos agricultores aumentaram, e políticas deflacionárias pioraram seu endividamento. Trabalhadores industriais estavam basicamente se mantendo na década de 1920, e seu sofrimento apenas começou com a Depressão. Desemprego, consumo deprimido e aumento de endividamento foram também problemas importantes para pequenos negócios. A economia era disputada em termos de semiclasses, porque não era somente uma questão da melhor política nacional – poder coletivo –, mas também de poder distributivo – quem se beneficiava e quem perdia.

Quando a recessão piorou, os subconsumistas tinham sua resposta pronta: a expansão monetária e as políticas federais de *pump priming* para estimular o consumo. Redistribuir o poder de compra, embora mantendo a produção industrial, mas reinflacionar preços e salários, para forçar grande parte do aumento inflacionário para os bolsos dos consumidores. Depois, os consumidores gastariam e lucros, emprego e salários subiriam, de modo que os capitalistas também se beneficiariam – economia *trickle up!** Como já havia fábricas mais que o sufuciente, o governo deveria financiar grandes projetos de construção. Quando o liquidacionismo ortodoxo fracassou em resolver a crise ao longo de três anos inteiros do mandato de Hoover, o subconsumismo pareceu plausível e útil na mitigação do conflito de classes que surgiu durante a Depressão. Em termos práticos (embora não teóricos), no curto prazo, era similar às prescrições keynesianas.

Hoover não poderia ir tão longe. "A única função do governo", ele dizia, "é provocar um estado de coisas favorável ao desenvolvimento benéfico da empresa privada". Roosevelt concordou com ele até ser eleito, mas depois ele e os democratas se voltaram para a escola de Wisconsin. Na época, ela oferecia a abordagem mais influente na América, porque suas ideias faziam sentido para aqueles políticos mais responsivos ao descontentamento dos trabalhadores e agricultores do que às ansiedades dos investidores. Em uma democracia, eles tinham a vantagem dos números.

Teorias econômicas se tornam importantes na medida em que podem mobilizar os compromissos dos atores do poder. Seu conteúdo de verdade é contes-

---

* Teoria econômica de John Maynard Keynes (1883-1946), segundo a qual o crescimento econômico é melhorado quando o governo baixa os impostos para a classe média e aumenta o gasto governamental [N.T.].

tado e limitado, mas isso pode importar menos do que sua plausibilidade como ideologias na explicação da experiência cotidiana. *Laissez-faire* mais deflação fazia sentido para a experiência do antigo regime, mas quando esse passou a ter dificuldades, fez menos sentido para as classes populares, que depois foram em busca de ideologias alternativas. A Depressão colocou explanações em colisão frontal, com resultados variáveis. Nos Estados Unidos houve um compromisso, mas um compromisso no qual estruturalistas e subconsumistas progrediram, antes de ceder, no final da década de 1930, a uma alternativa semikeynesiana.

Essas abordagens americanas eram versões mais simples das teorias dos economistas da Escola de Estocolmo, na Suécia, e de Keynes, na Inglaterra. Keynes visava a solver depressões e estimular o emprego sem sacrificar a democracia capitalista, como o fascismo e o socialismo estatal estavam fazendo. Em seu *A teoria geral do juro, da moeda e do emprego*, publicado em 1936, Keynes argumentava contra a teoria do equilíbrio geral segundo a qual os mercados necessariamente se corrigiriam. Uma economia poderia permanecer atolada na recessão por um longo tempo. Os salários, ele concordava com os economistas clássicos, eram chave. Para sair de uma recessão através das forças do mercado, os salários reais teriam de baixar. Contudo, Keynes observou que somente os salários nominais eram determinados por meio de negociações sobre os salários-mínimos, contratos salariais, poder sindical e assim por diante. Os economistas clássicos atacavam todos esses obstáculos para flexibilizar os mercados de trabalho; Keynes via isso como moralmente indesejável e ignorando as realidades de poder. Os trabalhadores certamente resistiriam às reduções nominais de salários, a menos que vissem uma equivalente queda nos preços, mas o emprego só poderia ser estimulado se os salários reais (o poder de compra dos trabalhadores) declinasse, e para isso os salários nominais teriam de cair mais do que os preços. Isso também reduziria a demanda de consumo, piorando a recessão. E isso depois reduziria as receitas empresariais e os lucros esperados. Os investimentos em novas fábricas e equipamentos seriam mais arriscados. Se salários e preços estivessem caindo, aqueles com dinheiro esperariam que caíssem mais. A economia poderia decrescer continuamente enquanto aqueles com dinheiro não gastassem esperando que a queda dos preços tornasse seu dinheiro mais valorizado. A ortodoxia clássica assumia que se o consumo caísse, a taxa de juros cairia, o que levaria ao aumento dos investimentos, e a demanda permaneceria constante – o mercado se corrigindo.

Todavia, dizia Keynes, isso ignora a motivação de lucro que sempre opera em condições de incerteza. Expectativas e confiança são cruciais: empresários só investem se estão confiantes em obter lucro. Se a queda no consumo parece propensa a ser de longo prazo, eles esperarão vendas futuras mais baixas. Assim, sua preferência de liquidez nessa situação é não investir, mas manter sua riqueza. A resultante "greve de investimentos" converte uma recessão em um colapso. Isso explica por que o capitalismo poderia permanecer em uma condição longe de ótima por longos períodos de tempo. Contudo, acrescentava Keynes, o governo pode intervir. Ele poderia primeiro cortar impostos e deixar os negócios e consumidores manterem sua renda, e assim gastá-la, aumentando a demanda efetiva agregada. O ponto fraco disso, contudo, era que eles poderiam não gastá-la, mas guardá-la ou pagar suas dívidas com ela. Isso não aumentaria a demanda efetiva. Segundo, ele poderia intervir mais diretamente aumentando seus gastos, porque assim todo o aumento seria gasto. Isso estimularia a demanda efetiva. Também envolveria aumentar déficits modestos, mas esses seriam mais do que pagos por um efeito multiplicador em termos de emprego e arrecadação de impostos gerados por mais atividade econômica. Keynes sabia que havia riscos nisso, e devo enfatizar que ele apenas defendeu essas políticas como respostas de curto prazo para recessões. Se houvesse emprego pleno, não funcionariam, mas sua descoberta da demanda efetiva foi tanto nova como politicamente útil. Deveria ser o novo enfoque da política em um período de regulação aumentada, para evitar que as forças do mercado reforçassem as tendências perversas do capitalismo. Era bom tanto para capitalistas como para trabalhadores (Keynes, 1973: 249-250, cap. 19; Ingham, 2009: 43-50). Como Polanyi (1957) observou, a década de 1930 viu os arautos de uma mudança estrutural. Maior intervenção do governo nos mercados nacionais e um nacionalismo cada vez maior no exterior, como o abandono do padrão-ouro e a introdução de desvalorizações e tarifas competitivas, efetivamente encerraram a civilização liberal do século XIX. Como via a economia liberal "desincorporada" do século XIX como uma exceção histórica, pensou que tivesse partido para sempre. Vemos hoje que isso estava errado, embora um período de maior regulação estatal dos mercados tenha seguido imediatamente após ele ter escrito.

Muitos economistas agora concordam sobre a importância das percepções da incerteza nos investimentos e consumo durante recessões. Muitos também concordam com a solução de Keynes: Se atores privados falham em criar demanda agregada durante uma recessão, o governo pode resolver "o problema de ignição", incentivando a demanda agregada ao aumentar seus gastos e financiando projetos de criação de emprego, mesmo ao custo de financiamento de déficit. Empréstimos do setor público limitados não aumentariam excessivamente as taxas de juros. Embora o conceito do efeito multiplicador tenha sido questionado, pesquisas recentes mostraram que em recessões ele funciona, quase no nível previsto por Keynes (Auerbach & Gorodnichenko, 2011). Assim, balanços orçamentários do governo deveriam ser avaliados em relação ao nível de demanda na economia e não às regras da boa administração interna estabelecidas no setor privado. Se há um déficit de orçamento e desemprego em grande escala, o déficit deveria ser aumentado, não reduzido. O governo pode aumentar a estabilidade da economia por meios fiscais assim como monetários. Se ao menos os políticos dos países anglófonos entendessem isso hoje!

Keynes ofereceu justificação teórica para o que alguns atores haviam intuitivamente compreendido. Era similar ao que a Escola de Estocolmo de economistas defendia e o governo democrático social sueco começou a implementar após seu acesso ao poder em 1932. Keynes teve de esperar até o segundo mandato de Roosevelt para que suas ideias se tornassem parte da política econômica americana, mas suas políticas continuaram a funcionar por décadas, embora comprometidas por estarem atreladas às ideias da economia clássica. Ao rejeitar a atemporalidade da teoria do equilíbrio geral, Keynes estava introduzindo na economia os entes humanos reais, suas percepções, suas instituições e suas relações de poder, impedindo quaisquer leis econômicas eternas. Isso também era evidente em sua visão do capital financeiro, que discuto no volume 4.

Conclusão

Há uma tensão espacial dentro do capitalismo. Embora o capital seja em princípio transnacional e global – não reconhecendo fronteiras nacionais, movendo-se para onde quer que veja lucros – no mundo real, é restringido pela existência de fronteiras nacionais e imperiais e suas configurações distintas de relações de poder ideológico, militar e político. Um grande problema para o capitalismo nesse período foi que a política econômica era conduzida no nível nacional, mas as fontes mais importantes de desestabilização eram transnacionais, e a regulação internacional havia colapsado como um resultado da Grande Guerra. Tensões e confrontações geopolíticas continuaram após a guerra. Politicamente, o começo da década de 1920 viu o controle contínuo do antigo regime recuperando-se dos sustos pós-guerra e determinado a preservar seu domínio econômico, mas agora desafiado pelo movimento na direção da democracia. As massas estavam fazendo exigências de cidadania social maiores, mas não podiam ainda obtê-las. Ideologicamente, a década de 1920 viu um aumento tanto da consciência de classe quanto do nacionalismo. Nesse contexto, os governos não podiam lidar com uma crise financeira se espalhando como um vírus além das fronteiras estatais que refletiam pontos fracos estruturais subjacentes de uma economia em transição. A Grande Depressão era uma parte da crescente globalização econômica. Era um fenômeno globalizante, que, em lugar de produzir mais integração global, produzia desintegração. Os estados que assumiram papéis mais ativistas controlaram isso.

Keynes, Roosevelt e a Escola de Wisconsin declaravam que sua missão era salvar o capitalismo. Keynes e Roosevelt eram liberais aristocratas no sentido do começo do século XX, com simpatia por e um senso de responsabilidade para com a classe trabalhadora. A Escola de Wisconsin, de antecedentes sociais mais humildes, tinha relações mais diretas com trabalhadores e seus representantes. Todos acreditavam que uma sociedade de capitalismo mais humano, pacífico, estável e eficiente poderia ser criada desde que incorporasse uma medida de segurança econômica para todos, um grau de cidadania social que eles acreditavam dever envolver alguma redistribuição de classe efetuada por meio da intervenção estatal. O Estado deveria mediar o aumento do conflito de classes do período sem representar o capital nem os trabalhadores, mas buscando a conciliação entre ambos.

Havia mais de um modo de lidar com isso. Os britânicos o fizeram mais ou menos bem, fora do padrão-ouro, ignorando Keynes em favor do corporativismo tóri, e erigindo tarifas em torno de seu império – que produziram um melhoramento moderado. Os franceses procrastinaram, divididos, permanecendo no ouro e fazendo pouca recuperação. As soluções democráticas mais bem-sucedidas foram fornecidas pela família americano-sueco-keynesiana de reformadores liberal-trabalhistas, usando intervenção estatal voltada para o crescimento e uma redistribuição moderada. Para restaurar ordem à economia, os trabalhadores em quase toda parte receberam um pouco mais de cidadania social, gerando uma economia mais eficiente e humana, muito além do que a mera expansão monetária ou a flexibilidade na taxa cambial poderiam oferecer. Ela também fortaleceu o Estado-nação, embora em graus variados nos países.

Houve soluções despóticas também. O fascismo triunfou na Alemanha, Áustria e Itália, assim como o direitismo despótico ao longo de metade da Europa. Essas foram formas de colocar o povo no palco, embora em papéis sem voz. Na Romênia, Manoilescu desenvolveu um programa econômico corporativista, levando soluções não democráticas a dificuldades econômicas. Os regimes despóticos partilhavam um compromisso com a intervenção estatal para resolver problemas econômicos com as democracias (embora isso não signifique que fossem "socialistas", como Temin [1989] diz). No começo de 1932, o Partido Nazista propôs a criação de trabalho financiado por créditos, e disputou a eleição do ano seguinte com essa plataforma. Ela se mostrou popular. Quando Hitler chegou ao poder mais tarde naquele ano, usou a força para tirar a Alemanha rapidamente da recessão por meio de seu gasto militar elevado, depressão de salários, eliminação de sindicatos trabalhistas independentes e aumento do desemprego. Essa foi a dose também imposta aos japoneses, com sucesso marcado (Temin, 1989: 29-31, 61-73, 100-103; Metzler, 2006, cap. 11). Tampouco, o regime teve de combater uma forte tradição *laissez-faire*, e pôde se apoiar em tradições mais estadistas de economia política, mas isso agora carregava um terrível lado negro. O New Deal, a democracia social sueca, o Plano de Cinco Anos soviético, o fascismo, o nazismo e o militarismo japonês foram como Silver (2003: 143) coloca: "diferentes modos de sair do mercado mundial desintegrado para o salva-vidas da economia nacional". Dessas, a social-democracia ou uma mistura de estruturalismo, subconsumismo, Keynes e Roosevelt foram quase tão bons quanto – mas todos os pacotes políticos que foram bem-sucedidos travaram a globalização econômica e reconstruíram economias mais dentro de jaulas nacionais. Quando combinadas com controles inadequados nacionais e internacionais, a globalização econômica tinha provocado a Grande Depressão, e a solução foi fortalecer jaulas de Estado-nação. Infelizmente, as jaulas mais fortalecidas provocaram uma guerra mundial.

Muitos economistas gostam de retratar a Grande Depressão como uma aberração, uma ocorrência extraordinária que removeu o capitalismo de seus ciclos brandos normais como um resultado ou de flagrante incompetência humana ou da intervenção de influências não econômicas. Ela certamente foi extrema, e, como usual nos assuntos humanos, a incompetência foi evidente. Contudo, também incorporava mecanismos capitalistas normais. Excluindo erros do Banco Central, a Depressão viu mecanismos do mercado que funcionavam bem no sentido de que as informações negativas fossem eficientemente transmitidas para os atores principais, fazendo-os realizarem ações que perversamente intensificaram a recessão na Depressão. Sacrificar muitos outros objetivos para reter a confiança empresarial – nessa época de especuladores – é também normal nos estados capitalistas. O capitalismo se torna maligno por vezes, porque a soma da busca racional individual de lucro como expressa nos mercados nem sempre gera o bem coletivo.

Vimos que uma cascata de choques que se sobrepuseram um ao outro levou de uma recessão para a Grande Depressão. Muitas economias nacionais da década de 1920 nunca foram pujantes, mas em meados da década de 1920 veio uma recessão agrícola global provocada pela superprodução, que em troca foi provocada por uma mistura do legado da Primeira Guerra Mundial e inovações tecnológicas levando a uma produtividade mais elevada. Nos Estados Unidos, um declínio na construção e manufatura começou em 1928. Isso poderia ser visto como um ciclo de negócios normais, mas, infelizmente, ela coincidiu com uma bolha de mercado de ações devido a investidores superconfiantes na capacidade do rápido progresso tecnológico em gerar lucro. Sobreinvestimentos e produção deprimida geraram sobrecapacidade, falências, falências bancárias e aumento vertiginoso do desemprego. O crédito secou. O governo e o Banco Central responderam equivocadamente ao deflacionar e restringir a oferta de dinheiro, como a ideologia econômica dominante ditava. Ele sustentava que as forças autorreguladoras do mercado restabeleceriam o equilíbrio e o papel do governo deveria ser somente o de ajudar a liquidação dos valores das ações do mercado, de empresas ruins, do excesso de trabalhadores e dos altos salários. Depois, as forças autorreguladoras do mercado restabeleceriam o equilíbrio. Como vimos, essa também era a ideologia de classe do antigo regime, mas terminou piorando a recessão na Grande Depressão. Os problemas da América foram depois transmitidos para uma economia internacional já vacilante ao expor os pontos fracos do padrão-ouro. Suas taxas de câmbio fixadas transmitiram o impacto da queda de preços e lucros nos Estados Unidos para outras economias. Os empréstimos internacionais americanos declinaram, reduzindo a capacidade dos estrangeiros de exportarem. Eles sentiam que tinham de restringir o crédito e elevar as taxas de juros, o que significava que também estavam deflacionando em meio a uma recessão.

A Depressão só prejudicou seriamente metade do mundo – o mundo branco – e, em grande parte dele, não durou muito. Países aplicaram remédios econômicos nacionais – saindo do padrão-ouro, elevando tarifas e reinflacionando na direção do emprego pleno. Estados-nações estavam se recuperando e inclusive intensificando seus poderes, encontrando novos papéis e modos de combater as pressões transnacionais do capitalismo. Polanyi (1957) enquadrou isso em termos do duplo movimento do capitalismo; de um lado, a perpétua expansão das relações supostamente autorreguladoras do mercado, do outro as reações defensivas da sociedade para se proteger das consequências da operação do mercado. Essa é a autoproteção social, que ele via como a característica decisiva da nova civilização que surgia. Esse modelo funciona muito bem em um nível geral nesse caso – embora não pudesse explicar por que alguns foram para o fascismo, outros para a social-democracia, e por que necessitava de uma guerra mundial para completar o movimento para a autoproteção. Polanyi era muito economicista.

Para explicar tudo isso tive de ampliar a análise focando nos mercados financeiros e fiscais e na política monetária para cobrir as estruturas tecnológicas e industriais, a estrutura de classe e a ideologia, e a rivalidade geopolítica e o nacionalismo. Isso introduz as fontes do poder social de um modo mais geral. Quatro grandes transformações estruturais nas relações de poder estavam a caminho. Primeiro, a agricultura – o esteio tradicional das economias – estava declinando, deprimida devido à superprodução global – talvez a primeira dose verdadeiramente universal de globalização no século XX. Suas atribulações contribuíram para o primeiro estágio da Depressão. Segundo, a indústria estava passando por uma rápida mudança tecnológica, das indústrias pesadas da Segunda Revolução Industrial para a manufatura mais leve orientada ao consumo, mas a combinação não podia ainda suportar o peso da economia do emprego pleno. As antigas indústrias não estavam mais expandindo, e as novas ainda eram muito pequenas. A destruição criativa estava ocorrendo, mas muito lentamente. Terceiro, a classe do antigo regime – ainda controlando as finanças do mundo avançado – estava tentando preservar sua dominância tradicional por meio da pressão especulativa a estados e da adesão ideológica ao liquidacionismo e ao padrão-ouro; isso levou metade da economia global além do limite. Inversamente, a classe trabalhadora e a classe média baixa em expansão, buscando mais cidadania social, não tinham o poder para desafiar essa ortodoxia até que a Depressão estivesse a caminho. Quarto, houve uma transição no poder geoeconômico para longe da hegemonia britânica, misturada à coordenação entre as grandes economias nacionais, mas até então não havia outra hegemonia nem cooperação internacional estável, uma vez que as potências estavam geopoliticamente divididas por conflitos oriundos dos tratados de paz que encerraram a Primeira Guerra Mundial.

Em todos esses campos díspares da vida social, os pontos fracos que nunca poderiam ter sido expostos o foram enquanto uma recessão se espalhava e se aprofundava em uma Grande Depressão. Essa não foi uma crise única de todo um sistema, guiada pela lógica interna do desenvolvimento do capitalismo, quer isso pudesse ser um esforço para o equilíbrio e crescimento (como na economia neoclássica) ou para contradições sistêmicas (como no marxismo). Em troca, foi uma concatenação sucessiva de crises mais específicas expostas uma após a outra, todas se tornando conectadas – porém, contingentemente, de modo parcial – enquanto as quatro grandes transformações – com suas próprias cadeias causais – colidiam. Essa foi uma crise estrutural, mas não sistêmica. Não era completamente global porque seus desastres estiveram basicamente confinados aos países avançados e à raça branca – vingança justificada, os outros poderiam dizer, pelos males dos impérios brancos!

Muitos economistas considerarão que isso não é bem uma explicação, uma vez que as várias cadeias causais estão apenas se sobrepondo uma à outra, sem pesos numéricos e não convertíveis a equações matemáticas aplicáveis a todos os lugares e espaços. Contudo, é assim que parece ter acontecido na realidade. Lawrence Summers (1986), um economista proeminente muitas vezes tentado pelo neoliberalismo, observa: "Os economistas são muito melhores em analisar a resposta ótima de um único agente econômico a condições econômicas em mudança do que em analisar os equilíbrios que resultarão quando diversos agentes interagem". Quão mais verdadeiro é isso quando analisamos as condições que resultam em desequilíbrios!

Também vejo apoio a essa abordagem no que aconteceu durante e imediatamente após a Segunda Guerra Mundial – pois a Grande Depressão não foi mais extraordinária do que o igualmente sem precedentes Grande *Boom* que a seguiu. Como vemos no volume 4, isso representou o amadurecimento de todas estas quatro transições: migração massiva da agricultura fornecendo a força de trabalho para setores urbano-industriais em expansão; uma era de expansão de indústria de consumo começando em resposta à alta demanda; cidadania social universal emergindo através de benefícios de bem-estar social, impostos progressivos e comprometimento político com o emprego pleno; e os Estados Unidos, indubitavelmente, uma potência hegemônica, fornecendo regras praticáveis para a economia internacional. A combinação equivaleria a uma forma mais universal de globalização. A comparação revela que economias estão sempre entremeadas a outras fontes de poder social, tanto nos bons quanto nos maus tempos.

8
O New Deal: a América se volta para a esquerda

Introdução: A esquerda no poder

Este capítulo analisa a resposta à Grande Depressão em seu epicentro. Serve também como um estudo de caso do aumento da cidadania social no norte do mundo, analisada mais geralmente no próximo capítulo. Durante a década de 1930, os Estados Unidos concederam cada vez mais direitos de cidadania social estimulando o emprego, políticas de bem-estar social, direitos sindicais e tributação progressiva. Anteriormente, os Estados Unidos haviam estado atrás com relação a esses aspectos; agora, estavam se equiparando ao conceberem um regime de bem-estar social liberal-trabalhista. Eles não eram mais tão diferentes de outros países avançados, excepcionais somente quanto ao momento de sua equiparação. Neste capítulo, discuto sua extensão, causas e efeitos imediatos. As causas são simples: sobretudo, a necessidade de se equiparar foi provocada pela Grande Depressão. Como vimos no capítulo anterior, ela atingiu duramente os Estados Unidos. A Primeira Guerra Mundial havia produzido apenas uma resposta levemente conservadora nos Estados Unidos, diferente de muitos países, mas a Depressão a substituiu como uma influência radicalizadora.

A segunda causa – e juntas essas duas oferecem uma explicação praticamente suficiente – foi política. A Depressão teve um efeito político quase uniforme ao redor do mundo. Os regimes no poder em seu começo foram desacreditados e caíram, fossem da esquerda ou da direita. Na Suécia e Dinamarca, governos conservadores caíram, e uma aliança do Partido Social Democrata-Agrário usou políticas keynesianas para influenciar a recuperação – e estabelecer os Democratas Sociais como o partido normal do governo durante grande parte do século. No Canadá, um governo conservador propôs reformas progressivas, mas as eleições o removeram do posto, e seu sucessor liberal herdou suas políticas de reforma. Na Grã-Bretanha, o governo trabalhista se dividiu, caiu e permaneceu fora do posto até 1945. O governo trabalhista australiano também caiu, também atrasou as reformas, mas na Nova Zelândia o oposto ocorreu: os conservadores caíram e os trabalhistas aprovaram as reformas. Essas eram todas democracias institucionalizadas; os governos foram substituídos pacificamente por meio do processo eleitoral. A grande virtude da democracia liberal institucionalizada e da cidadania política foi que era autossustentável. Democracias e semidemocracias recém-instauradas eram mais vulneráveis. Os governos responsabilizados pela

Depressão perderam eleições, mas também muitas vezes sofreram golpes. No Japão, um governo centrista caiu, e seu sucessor de direita promoveu a recuperação ao deixar o padrão-ouro e adotar o militarismo autoritário. Na Alemanha, a Depressão ajudou a desacreditar todos os políticos democráticos e depois alguns autoritários também, até os nazistas adquirirem poder e promoverem a recuperação econômica e muitas outras coisas. Essas foram consequências variadas. A despeito das esperanças da esquerda de que essa fosse a crise final do capitalismo, não foi. Tampouco a Depressão beneficiou globalmente a esquerda. O capitalismo sobreviveu em toda parte, embora reformado de diferentes modos.

Os Estados Unidos foi um dos países em que a Depressão desacreditou os conservadores – tanto os republicanos, que estiveram no poder por uma década, como os democratas conservadores, que haviam estado no comando de seu partido desde meados da década de 1920. Os mandatos fixos de quatro anos do sistema político americano asseguraram que os republicanos tinham três anos de fracasso para lidar com a Depressão. Depois veio a dupla vitória de Roosevelt, em 1932, sobre Al Smith na Convenção Democrática e Hoover na eleição geral (Craig, 1992: cap. 11). Os democratas controlaram a presidência, o Senado e o Congresso. Um grupo de republicanos progressistas também favoreceu reformas. As empresas e os republicanos haviam perdido a vantagem, parecendo ter decepcionado o povo. Como as empresas tinham pouca habilidade para investir, qualquer ameaça de uma greve de investimentos para disciplinar a administração ou os estados mais radicais teria sido vazia. Nas eleições de 1934 e 1936, os democratas aumentaram o número de assentos no congresso e no Senado. Uma inversão eleitoral ocorreu em 1938, mas de 1934 a 1938 um partido liberal governou os Estados Unidos pela primeira vez – embora os democratas conservadores do sul ainda controlassem comitês importantes. Ainda haveria acordos de bastidores e retrocessos, mas muitos democratas e seus funcionários e conselheiros – um bando ruidoso diverso de especialistas, charlatões e desclassificados – ajudados por alguns republicanos progressistas favoreceram mais intervenção, gastos e cidadania social.

Durante a campanha, Roosevelt prometeu mudanças radicais por meio de seus "Três Rs – Relief, Recovery and Reform (Alívio, Recuperação e Reforma)". Ele declarou: "Prometo a vocês, prometo a mim mesmo, um novo pacto (*new deal*) ao povo americano". O New Deal se encaixa perfeitamente na noção de Polanyi de autoproteção da sociedade contra as consequências danosas dos mercados, mas em que poderia consistir seu New Deal, quanto a isso, Roosevelt permaneceu vago. A plataforma do partido de 1932 não havia mencionado os trabalhadores, e embora tivesse prometido aumentar o auxílio aos desempregados, ao mesmo tempo cortaria o gasto governamental – em um ponto, ele declarou, em 25%. O "fundamento da recuperação econômica permanente", ele disse: seria "um completo e honesto equilíbrio do orçamento" (Leuchtenburg, 1963: 10-12; Barber, 1996: 19). Contudo, sua retórica dificilmente foi honesta.

Na primeira fase do New Deal, durante seus primeiros 100 dias, veio uma enxurrada de leis que visavam principalmente ao alívio tanto para o capital quanto para o trabalho. Ela incluía: ajuda para bancos, muitos dos quais haviam colapsado ou estavam cambaleando; a Comissão de Valores Mobiliários (Securities Exchange Commision) regulava os valores mobiliários e bancos e a Corporação de Garantia de Depósitos do Banco Central (Federal Bank Deposit Insurance Corporation) (FDCI) fornecia garantia para eles; uma Lei do Corpo Civil de Conservação (Civilian Conservation Corps) instituiu campos de trabalho para 250.000 homens jovens; uma agência federal de alívio distribuiu 500 milhões de dólares a estados e localidades; a Lei de Ajuste Agrícola (Agricultural Adjustment Act – AAA) criou uma agência federal para subsidiar agricultores para manterem preços e receitas e cortarem a produção. Uma Autoridade do Vale do Tennessee (Tennessee Valley Authorithy) construiu barragens e usinas elétricas para gerar emprego e desenvolvimento regional; o Serviço de Emprego americano foi estabelecido; havia assistência à construção e à indústria de empréstimos para habitação; uma Lei de Recuperação Industrial Nacional (National Industrial Recovery Act – NIRA) criou uma administração (a National Recovery Administration – NRA) para formular códigos de competição justa para cada indústria para regular preços e rendas, com a participação dos trabalhadores; e o padrão-ouro foi abandonado.

Depois de 1935, veio o Segundo New Deal, mais radical. Algumas das medidas descritas anteriormente foram fortalecidas: a Corporação de Reconstrução Financeira (Reconstruction Finance Corporation) foi expandida em um banco maior. A Administração para o Progresso de Obras (Works Progress Administration – WPA) foi estabelecida em 1935 como uma agência ampliada para prover trabalho aos desempregados. Contudo, a Lei de Previdência Social (Social Security Act) de 1935 estabeleceu programas de bem-estar social completamente novos baseados no provimento de seguro-desemprego e pensões de aposentadoria, que forneciam aos estados subsídios federais para assistência direta aos idosos, pessoas com deficiência e pais solteiros pobres. A Lei Wagner de 1935 finalmente concedeu aos sindicatos trabalhistas direitos de organização similares aos de outros países democráticos, impondo-lhes também regulações similares, por meio de um Conselho Nacional de Relações de Trabalho (National Labor Relations Board – NRLB). Embora a Administração de Recuperação Nacional tivesse sido declarada inconstitucional pela Suprema Corte, outras agências continuaram a regular indústrias como as ferroviárias e de utilidades públicas. Em 1938, veio uma segunda Lei de Ajuste Agrícola (para substituir o primeiro, também revogado pela Suprema Corte) e uma Lei de Habitação (Housing Act) para financiar moradias e empréstimos hipotecários. A Lei de Normas Igualitárias de Trabalho (Fair Labor Standards Act – FLSA) aboliu o trabalho infantil e estabeleceu as horas máximas e salários mínimos para muitas indústrias envolvidas no comércio interestadual (mais tarde foi estendida a outros trabalhadores também).

Esse incremento de cinco anos foi uma cornucópia dos progressistas, uma atualização de programas que haviam falhado em implementar. Kennedy vê três temas: um nível básico de segurança para americanos através de obras públicas e regulação estatal; a crença keynesiana de que o setor privado sozinho não poderia gerar investimentos e empregos o bastante para sustentar uma economia moderna; e a suposição nacionalista de que "os Estados Unidos eram uma nação economicamente autossuficiente" – a resposta defensiva à globalização do capitalismo (Kennedy, 1999: 374-375). Sem a Depressão desacreditando o conservadorismo, nenhuma mudança comparável teria ocorrido. Sem dúvida que o Estado teria se tornado maior mais gradualmente, ou talvez a Segunda Guerra Mundial (caso tivesse ocorrido sem uma Depressão) tivesse dado seu estímulo. Pela primeira vez nos Estados Unidos, havia uma tensão na direção de um regime liberal-trabalhista, uma mistura de ideais trabalhistas liberais e não socialistas, como nos outros países anglófonos. Repentinamente, reformadores europeus estavam olhando para os Estados Unidos mais do que o contrário (Rodgers, 1998: 409-412), uma inversão dramática. Parecia um presságio de uma virada importante nas relações de poder americanas, evidência posterior de que um excepcionalismo duradouro não pode explicar o desenvolvimento americano.

Em seu estudo comparativo dos programas de bem-estar social, Hicks (1999: cap. 3) observa que a segunda fase de expansão de bem-estar social, nas décadas de 1930 e 1940, veio basicamente das iniciativas de partidos democráticos sociais ou trabalhistas (por vezes em aliança com liberais progressistas ou católicos), embora no Canadá e nos Estados Unidos viesse de um partido liberal secular. Contudo, o pacote norte-americano de manutenção da renda, tributação progressiva e regulação macroeconômica e industrial no nível nacional era muito similar à agenda obtida em outra parte pelo Democratas Sociais. Esses ocasionalmente afirmavam adesão à ideologia marxista; os liberais americanos estremeciam com a ideia. Contudo, as políticas eram similares: os Estados Unidos não eram mais retardatários.

Argumentos sempre reclamaram sobre o New Deal. Economistas argumentavam sobre quanto crescimento trouxera. Historiadores argumentavam sobre tudo. Sociólogos se dividiam quanto à causação. O New Deal resultava da autonomia do Estado ou do conflito de classes, e deveríamos favorecer explanações "de cima para baixo", enfatizando as elites ou as frações de classe capitalista, ou as explanações "de baixo para cima", enfatizando forças populares (Manza, 2000).

Cinco teorias sociológicas

Podemos identificar cinco abordagens principais, que derivam das teorias do Estado que distingui no volume 2, capítulo 3. A primeira é o *pluralismo*, a visão oficial da democracia liberal. Essa abordagem vê o governo do povo mediado pelos partidos plurais e grupos de interesse cujos poderes se contra-balançam. Na verdade, Roosevelt adquiriu, manteve e terminou reformando o poder por meio de eleições livres justas e conflitos parlamentares entre partidos e facções. Embora a democracia americana não operasse tão idealmente quanto os pluralistas desejavam, há um lugar para uma descrição de pluralismo imperfeito do New Deal.

A teoria da autonomia do Estado gera a segunda e terceira abordagens, dois modos de proclamar a primazia do poder político. Alguns enfatizam a autonomia das *elites do Estado*, argumentando que especialistas em Estado tanto no nível federal quanto no individual, atuando por meio de *think tanks* e agências administrativas, tiveram um impacto substancial nas políticas do New Deal onde essas agências possuíam uma alta capacidade infraestrutural de conceber e implementar políticas coerentes através do país. Reformas foram implementadas onde especialistas e capacidades estatais eram fortes e fracassaram onde eram fracas. Elas enfatizavam o papel dos cientistas sociais, especialmente economistas, assistentes sociais agrônomos. Theda Skocpol e seus colaboradores enfatizaram especialistas em seu trabalho inicial (Skocpol, 1980; Skocpol & Amenta, 1985; Skocpol & Ikenberry, 1983; Orloff, 1988). Esses estudiosos liam como progressistas americanos, vendo a modernização adquirida pela razão, carreada pelos profissionais científicos, coordenada pelo governo efetivo.

Sou cético sobre o poder das elites e especialistas nos estados democráticos liberais. Embora no volume 1 enfatize as elites autônomas em regimes fascistas e comunistas, as democracias liberais tentam prevenir essa autonomia, e nenhuma constituição democrática tenta mais do que a americana. Certamente, Roosevelt foi um político efetivo que conscientemente explorou sua popularidade a fim de aumentar o poder da presidência (Campbell, 1995: 103-104). Nesse período, o poder executivo aumentou, mas poderia ser circular explicar isso em termos de poder especialista. Talvez, os eleitores, políticos e grupos de interesse econômico poderosos desejassem que o poder burocrático aumentasse para combater a Depressão, e que o New Deal pudesse terminar caso se impacientassem com os especialistas e burocratas. Encontrarei muitas evidências para isso.

A Constituição, como institucionalizada mais tarde, havia estabelecido uma elite muito poderosa e autônoma de especialistas estatais, mas foi acusada de restringir o poder executivo. Esses especialistas foram recrutados somente dentre sua própria profissão muito semelhante a castas, eles tinham muita competência em um corpo arcano e sagrado de conhecimento, e eram vitalícios: os juízes da Suprema Corte. Os juízes eram basicamente conservadores. Eles desempenharam um papel importante no New Deal – principalmente ao tentar freá-lo, bloqueando a legislação do New Deal que parecia aumentar os poderes do governo federal sobre os estados. Eles também declararam inconstitucionais leis que davam aos especialistas das agências administrativas poderes que deveriam propriamente pertencer à legislatura. Os juízes sentiam que deveriam ser somente especialistas poderosos dentro do Estado! A elite mais poderosa obstaculizou mais do que ajudou o New Deal.

Os especialistas também têm identidades de empregadores sociais. Eles são contratados, portanto, têm autonomia limitada em relação ao seu empregador. Advogados e empresários (com seus conselheiros políticos) formavam grande parte dos especialistas da administração, seguidos a alguma distância por assistentes e cientistas sociais. Empresários poderiam ser tratados mais em termos de sua identidade de classe, embora os liberais corporativos entre eles rejeitassem parte do conservadorismo de sua classe. As identidades dos assistentes sociais tendiam a ser liberais, como Harry Hopkins ou Frances Perkins. Os advogados eram mais mistos; eles não eram especialistas restritos, pois liam extensamente e absorviam o pensamento econômico e social da época (Schwarz, 1993). Uma massa de jovens advogados foi levada para redigir a legislação proposta e ocupar posições nas novas agências federais. Bernstein (2002: 64) diz que o FDR "criou mais oportunidades para advogados no serviço federal do que quase todos os outros campos profissionais e acadêmicos combinados". Muitos eram jovens graduados da Ivy League*, muitas vezes de antecedentes judaicos ou católicos liberais, mas após um período de serviço público dois terços deles retornaram para a prática privada, principalmente com firmas em Nova York ou Washington, lidando com os casos de grandes corporações. Uma minoria trabalhava para sindicatos, tornou-se docente de direito ou permaneceu a serviço do governo (Irons, 1982: 3-10, 299). Como Domhoff (1990: 92) observa, esses especialistas não parecem tão autônomos quanto Skocpol e outros sugerem.

A segunda linha de argumento vindo de teóricos da autonomia do Estado sugere que as *instituições* do Estado desempenham uma parte considerável na estruturação de consequências. Eles denominam isso um "processo político-institucional" ou "política institucional" (Orloff, 1988: 40; Amenta & Halfmann, 2000). A variável dependente a ser explicada nesse caso é a política do governo. Se quisermos explicar consequências, geralmente, devemos nos voltar, primeiro, às suas causas. Assim, das consequências econômicas para as causas econômicas, das consequências militares para as causas militares, das consequências ideológicas para as causas ideológicas e das consequências políticas para as causas políticas. Por vezes, a principal linha de causação seguirá um caminho diferente, e pode envolver outras fontes de poder social. Contudo, deveríamos esperar que as políticas do New Deal tenham sido influenciadas enormemente por relações de poder político, o que nos Estados Unidos envolve os sistemas federal e partidário, política de patronagem, poder distinto do sul no Capitol Hill, e as eleições – embora grande parte dessas instituições também sejam enfatizadas por pluralistas. Institucionalistas também enfatizaram a *dependência do*

---

* Grupo de oito universidades privadas dos Estados Unidos (Harvard, Brown, Cornell, Yale, Princeton, Universidade da Pensilvânia, Dartmouth, Columbia) [N.T.].

caminho: desenvolvimentos políticos são parcialmente estruturados ao longo de caminhos estabelecidos por instituições antigas, introduzindo trajetórias mais conservadoras. Como estamos buscando explicar mudanças muito radicais, a dependência do caminho deve ter sido limitada.

A quarta e quinta abordagens compreendem o que os cientistas políticos chamam "teoria do recurso de poder", e o que costumava ser chamado teoria de classes. Alguns enfatizam o *conflito de classes*, geralmente trabalhadores e pequenos agricultores contra capitalistas. Eles tendem a ver o New Deal como tendo sido arrancado das relutantes classes dominantes por pressões a partir de baixo; reforçado por ideologias liberais, radicais e socialistas; eles viam suas limitações expostas onde o equilíbrio de poder de classe pendia para o capital. Eles veem os trabalhadores, agricultores e outros forçando concessões em uma situação na qual a consequência final era decidida pelo conflito de classes (Goldfield, 1989; Piven & Cloward, 1977).

A segunda teoria de classes vê o New Deal como envolvendo o conflito entre *frações* (ou segmentos) *de classe* das principais classes. A classe trabalhadora organizada era dividida entre sindicatos profissionais e sindicatos industriais. Dentro de uma classe capitalista geralmente conservadora reside uma fração liberal corporativa ou moderada corporativa, herdeira da ala modernizadora do movimento progressista discutido no capítulo 3. Eles estavam dispostos a fazer concessões às forças populares a fim de salvar o capitalismo e se aliar temporariamente às frações responsáveis da força trabalhista para frustrar tanto radicais quanto conservadores, que viam como muito limitados para ver que o capitalismo necessitava se modernizar. Não há consenso sobre que indústrias e setores esses liberais corporativos ocupavam (Domhoff, 1990, 1996; Domhoff & Webber, 2011; Swenson, 2002; Quadagno, 1984; C. Gordon, 1994; Tomlins, 1985; Jenkins & Brents, 1989). A força das duas abordagens de classe é que a Depressão foi uma crise do capitalismo e desencadeou a agitação popular, que depois gerou debates entre as elites sobre como manter seu próprio poder. Como o New Deal envolveu basicamente política econômica, deveríamos esperar que atores do poder econômico fossem importantes tanto para impulsioná-lo como para se contrapor a ele – embora devêssemos resistir a um determinismo econômico que vê as forças e classes econômicas como automaticamente traduzidas em formulação de políticas.

As abordagens partilham alguns argumentos em comum. Reconhecendo a força das pressões eleitorais, cada um deles as afirma como parte de seu próprio modelo. Os pluralistas veem eleições como o processo central; para os teóricos da autonomia do Estado elas revelam a importância das instituições políticas, especialmente os partidos; e para os teóricos de classe, as pressões eleitorais refletem o conflito de classes. Todos também reconhecem o papel dos estados do sul no fortalecimento do conservadorismo, os teóricos da autonomia do Estado atribuindo isso principalmente às instituições congressionais; os teóricos de classe aos salários baixos; mercados de trabalho segregados à agricultura de plantação e ao capitalismo racial. Os pluralistas reconhecem que o sul é uma exceção ao seu modelo. Trato ligeiramente de todas as abordagens em minha narrativa sobre o New Deal, e confronto-as diretamente em minha conclusão.

Objetivos do New Deal: recuperação, regulação e alívio – e reeleição

O primeiro "R" do New Deal era *Recuperação* – tentando desfazer as causas da Depressão como eram entendidas na época. Como a Depressão tinha surpreendido os economistas, os conselheiros de Roosevelt ficaram divididos sobre a recuperação. As discussões continuaram ao longo da década de 1930, entre equilibradores orçamentários, monetaristas insistindo em aumentar a oferta de dinheiro, e estruturalistas insistindo no aumento do consumo. Quando alguns acrescentaram uso prolongado do gasto público, tornaram-se semikeynesianos. Eles diziam que a administração deveria manter preços e receitas e ajustar desequilíbrios estruturais na economia, especialmente aqueles entre setores urbanos e rurais. Ela deveria prover mais dinheiro para alívio; subsidiar agricultores, desempregados e pobres; e fazer empréstimos para proprietários de casas e pequenos empresários que formavam grande parte do eleitorado que recém tinha votado para os democratas. Muitos dos empresários, o grupo de Wall Street e o grupo fazendário em torno do secretário Henry Morgenthau, além da maioria dos economistas, diziam que a administração deveria tentar fazer tudo isso ao mesmo tempo em que mantinha a confiança dos empresários alta e em conformidade com o mercado, por meio da manutenção das taxas de juros baixas e do equilíbrio orçamentário (Brown, 1999: 32-39; Barber, 1996; Olson, 1988; Kennedy, 1999: cap. 5).

Isso tudo não poderia ser feito ao mesmo tempo. Como um antídoto à Depressão, o New Deal parecia repleto de ação, mas sua economia era cautelosa. Políticos americanos não estavam prontos para o keynesianismo, e Roosevelt detestava financiar déficit. Ele também enfrentou um congresso dividido quanto a gastar dinheiro. Ele esperava (como Hoover) que os investidores privados restaurassem a estabilidade econômica, e focou inicialmente a manutenção de preços. As melhores decisões de Roosevelt foram provavelmente deixar o padrão-ouro e se dedicar à expansão monetária. A inflação moderada consequente era boa para a economia – como ocorreu nas primeiras décadas pós-Segunda Guerra Mundial. Houve crescimento econômico após o desastre. Uma forte recuperação iniciou em 1933, interrompida por uma breve recessão em 1937. O PIB real subiu 90% entre 1933 e 1941. Field (2011) diz que isso se deveu parcialmente a processos de "destruição criativa" ocorrendo enquanto novas indústrias e produtos surgiam, como o avião DC-3, refrigeradores, automóveis melhorados e meias de náilon – embora muitos desses tenham surgido no final da década. Ele acrescenta que os programas de obras públicas, especialmente a extensa construção de estradas do New Deal, aumentaram consideravelmente a eficiência e tornaram o transporte rodoviário uma indústria próspera. Instituições financeiras foram modernizadas e reguladas para torná-las mais seguras. A Lei Bancária Glass-Steagall de 1933 separou bancos de investimentos de bancos, assegurando fundos de depósitos contra perdas advindas de atividades especulativas. Ela foi reforçada pela Corporação de Garantia de Depósitos do Banco Central (Federal Bank Deposit Insurance Corporation) (FDCI, mais tarde FDIC), que assegurava depósitos bancários individuais até $5.000, assim como pela exigência de operações empresariais transparentes reguladas pela Comissão de Valores Mobiliários (Securities Exchange Commision). Juntos, esses encerraram as crises bancárias americanas no século XX, um avanço importante. O fim do Glass-Steagall em 1999 ajudou a provocar outra crise capitalista. No outro extremo, a NRA é vista como um cartel ineficiente fixador de preços, mantendo preços e salários altos, de acordo com a teoria do subconsumo, mas deprimindo a produção e o consumo, o oposto de seu objetivo. Mesmo muitos defensores do New Deal ficaram infelizes com isso. Contudo, a NRA estabeleceu um número máximo de horas e salários mínimos nacionais, e encerrou o trabalho infantil e as fábricas clandestinas (*sweatshop*). Ela foi mais efetiva na redistribuição do que no aumento coletivo da nação (Leuchtenburg, 1963: 69; Brinkley, 1996: 46-47).

O público via a Recuperação basicamente como criação de trabalho, focada na melhoria das infraestruturas e meio ambiente da nação. O Corpo Civil de Conservação (Civilian Conservation Corps) provia empregos e melhorava o meio ambiente. Mais de 200 milhões de árvores foram plantadas, o que ajudou a estabilizar a erosão do solo. À medida que o Corpo Civil de Conservação se desenvolvia, ambientalistas o criticavam por focar exclusivamente a produção de recursos, no plantio de muito poucas espécies e nas necessidades recreacionais, em vez de na criação e manutenção de ecossistemas mais complexos e de na proteção da vida selvagem contra o uso excessivo. O debate energizou o movimento ambientalista e lançou os Estados Unidos para a vanguarda dos debates verdes durante as próximas décadas (Mäher, 2008). O gasto direto nesses programas foi muito pequeno em relação ao tamanho geral da economia, de modo que a função de *pump priming* não foi importante. Contudo, houve benefícios no aumento da produtividade no transporte, nas utilidades públicas e na distribuição de atacado e varejo, e esses setores ajudaram a compensar a produtividade desigual da manufatura da década de 1930.

No geral, isso foi uma meia cura, que produziu uma meia recuperação. Foi melhor do que Hoover e France haviam feito, mas não tão bom quanto outros países. O Japão e a Alemanha administraram déficits de orçamento maiores e se recuperaram melhor, mas o ativismo e a popularidade do New Deal deram aos consumidores, companhias e investidores a confiança de que a recuperação era possível. Produziu também muitas instituições estatais que mais tarde encorajaram o crescimento econômico sustentado (Romer, 1992; Steindl, 2005; Temin, 1989: cap. 3; Field, 2006).

Quanto dessa meia-recuperação se deveu à administração Roosevelt? Aqueles que acreditam que estados podem ajudar a recuperação econômica enfatizam o impacto de algumas das reformas. Aqueles que acreditam que economias capitalistas funcionam melhor quando não sofrem interferência creditam a recuperação aos capitalistas e os fracassos ao governo (Smiley, 2002; Shlaes, 2008). Todavia, mesmo Smiley concede a desigualdade estrutural, e concorda que indústrias dinâmicas contribuíram com uma parcela muito pequena e indústrias estagnadas com uma parcela muito grade do PNB. Ele concorda que ao longo da década de 1930 o principal problema era que o investimento privado permaneceu muito baixo, o que ele atribui ao medo dos empresários da intervenção do governo (2002: 126-132). Todavia, ele não apresenta qualquer evidência para isso, e é improvável, uma vez que a administração não interveio muito na iniciativa privada nem impôs grandes impostos aos empresários. Era mais provável devido a oportunidades inadequadas de mercado para lucro substancial. As indústrias dinâmicas obtinham investimento, mas eram pequenas. As grandes indústrias estagnadas não eram atrativas a investidores, mas isso significa que a seletividade da intervenção governamental necessária para estimular investimentos era muito maior do que os políticos podiam aceitar. Bernstein vê Rexford Tugwell como o principal expoente da estratégia de investimento seletivo na administração. A NRA e o imposto sobre lucros de 1936 foram medidas inspiradas em Tugwell que visavam a desequilíbrios setoriais (1987: 190-192, 196-203). Todavia, ambas foram repelidos após dois anos.

Algum sucesso era evidente. No tempo de Roosevelt na função, o desemprego caiu a cada ano, exceto durante a recessão de 1937-1938, parcialmente devido aos programas de frentes de trabalho. O PIB real cresceu a uma taxa anual de cerca de 9% durante seu primeiro mandato, e após 1938 em cerca de 11%. A recessão de 1937 foi popularmente chamada a "recessão de Roosevelt" porque era amplamente atribuída a uma redução do gasto do governo combinada ao impacto de novos impostos exigidos pela Lei de Previdência Social (Social Security Act), que reduziu o gasto privado. Isso estimulou soluções keynesianas, e Roosevelt respondeu com o déficit orçamentário. Todavia, isso atingiu somente 3 milhões, cerca de 3% do produto nacional – comparado, por exemplo, ao déficit orçamentário do governo Obama do começo de 2009, que equivalia a 10% da produção. Equilibradores orçamentários da Fazenda e de Wall Street permaneceram poderosos, e nenhuma instituição do governo poderia estimular a economia (*pump prime*) livremente, de modo que cada rodada de gastos posterior exigiu batalhas trabalhosas no Congresso (Brinkley, 1996: caps. 4, 5). Isso era muito desencorajador, de modo que a política oscilava. Mesmo em 1940, 15% dos americanos ainda estavam desempregados. Somente a Segunda Guerra

Mundial trouxe um déficit orçamentário massivo (equivalente a 30% do PIB em 1943), emprego pleno e recuperação.

Regulação: aqui, os defensores do New Deal poderiam emprestar de instituições introduzidas temporariamente na Primeira Guerra Mundial (Leuchtenberg, 1963; Rodgers, 1998: 415). Ajudada por guerras subsequentes, quente e fria, aumento no gasto e na regulação federais se mostrou duradouro, uma interrupção permanente com o passado. Bordo et al. (1998; cf. Campbell, 1995: 34) oferecem uma série temporal para compras governamentais totais de mercadorias e serviços como uma parte do PNB. Esteve estável em cerca de 8% na década de 1920, mas a partir de 1933 subiu rapidamente a um novo platô de 14-15% até os Estados Unidos entrarem na Segunda Guerra Mundial, quando mais uma vez subiu acentuadamente. Os gastos do governo federal subiram ainda mais acentuadamente, de menos de 4 para 9% do PNB em 1936. Como Higgs (1987) observa, a Depressão gerou o primeiro grande "efeito catraca" (*ratchet effect*) do Estado americano (e a Segunda Guerra Mundial gerou o segundo).

O crescimento do Estado foi enquadrado nas novas teorias macroeconômicas. Roosevelt poderia escolher entre conselheiros econômicos que eram estruturalistas, reinflacionistas, inflacionistas, monetaristas, planejadores, subconsumistas e defensores do déficit orçamentário. Todavia, ele carecia de interesse em teorias, e era um homem de política mais do que de políticas (Domhoff & Webber, 2011: 3-5). Um conservador fiscal e nunca um keynesiano, passou a favorecer uma solução estruturalista, porém, barata (Barber, 1996). Ele esperava que programas de alívio não de déficit orçamentário levassem à recuperação econômica. Seus conselheiros confiáveis estavam divididos: tipos conservadores pró-empresas como o diretor de orçamento Douglas eram apoiados por muitos democratas e republicanos do sul; outros desejavam reformas importantes, mas não podiam concordar quanto a quais. Frankfurter, Corcoran e Cohen pensavam que o modo de recuperação era restaurar o capitalismo revivendo os mercados competitivos, opondo a "maldição da grandeza" com regulação para controle de Wall Street e das corporações. Esse intervencionismo liberal foi entrelaçado aos sentimentos antitruste, mas a fim de restaurar mercados livres. Essa facção recrutou centenas de "realistas legais" imbuídos de uma ética do serviço público, para ocupar uma área das agências do New Deal e lutar contra o melhor de Wall Street. Berle, Tugwell, Eccles e Hopkins eram liberais sociais, aceitando a concentração econômica como um traço irreversível de uma economia industrial moderna, mas buscando uma dose de capitalismo de Estado para controlá-lo por meio do planejamento, expansão do crédito público e estímulo de receitas, um argumento implicitamente keynesiano. Eles tinham o apoio externo de organizações trabalhistas e de agricultores e liberais no Congresso (Schwarz, 1993).

Em 1933, o grupo Frankfurter aceitou a necessidade de agências de planejamento central como a NRA e a Administração do Ajuste Agrícola (Agricultural Adjustment Administration). Os planejadores aceitaram a necessidade de reforma bancária e regulações de segurança para tornar os mercados financeiros mais livres. A ênfase mudou do planejamento central *ad hoc* em 1933-1935 para o déficit orçamentário keynesiano e a política antimonopólio para combater a recessão de 1937, e finalmente para a mobilização de guerra que levou a mais planejamento central keynesiano. Como os especialistas obtinham seu poder do centro, tendiam a favorecer a administração federal, não do Estado, de programas, embora tivessem de abandonar isso, caso confrontados pelo Congresso ou pela Suprema Corte. O modo mais simples de lidar com as facções era deixar que cada uma tivesse suas próprias agências e Roosevelt mantivesse o controle político geral.

Uma agência muito grande foi a Corporação de Recuperação Financeira (Reconstruction Finance Corporation – RFC), introduzida por Hoover, mas agora empoderada para fazer empréstimos diretos para empresas, companhias de seguro, cooperativas agrícolas, distritos escolares e agências do New Deal. Ela se tornou a maior investidora na economia. Ser a maior credora de numerosos bancos, bancos de poupança, associações de construção e empréstimo e ferrovias significava que podia controlar o fluxo de capital e o nível de dividendos e salários corporativos. Isso era planejamento estatal em uma larga escala, embora nada tivesse a ver com socialismo. Seu chefe, Jesse Jones, um madeireiro texano e banqueiro bilionário, era pró-empresas, embora anti-Wall Street (Olson, 1988). Sua Corporação de Recuperação Financeira (Reconstruction Finance Corporation – RFC) resgatava os bancos e o sistema de crédito, embora seus empréstimos à indústria tivessem atingido pouco. Jones era demasiadamente empresário para aceitar o capitalismo de Estado defendido por Tugwell e Berle. Ele desejava que o RFC revivesse o empréstimo comercial privado, não o substituísse. O RFC e outras agências de obras públicas lançaram projetos de desenvolvimento econômico importantes no sul e sudoeste voltados à redução de desigualdade regional e à geração de uma economia nacional mais integrada. Eles foram muito efetivos nisso, embora tenham sido gastos militares durante e depois da Segunda Guerra Mundial que cimentaram o feito (Schwarz, 1993; J. Smith, 2006). Isso era regulação em nome do capitalismo, não reforma redistributiva, exceto que estava comprometida com uma economia de salários e de consumo altos. Essas agências eram basicamente operadas por advogados e empresários corporativos.

A regulação na agricultura diferia; a autonomia do Estado e teóricos de classe debatem por quê. Finegold e Skocpol (1984, 1995) contrastam o sucesso da AAA com o fracasso da NRA, voltada para a regulação industrial. Ambas foram estabelecidas para reduzir a produção e aumentar preços. Finegold e Skocpol dizem que o maior sucesso da política agrícola foi basicamente devido à capacidade do Estado. A AAA, eles dizem, estava incrustada em uma burocracia estatal já efetiva – o Departamento da Agricultura dos Estados Unidos (U.S. Department of Agriculture – USDA) – com agentes se voltando à produção agrícola, utilizando especialistas agrícolas formados nas escolas de concessão de terra, e prestando consultoria para o USDA (eles podem ter acrescentado que questões agrícolas também foram tratadas por um comitê congressional solidário aos problemas dos agricultores). Eles argumentam que a NRA carecia desses atributos. Na ausência de qualquer burocracia existente anteriormente, sua administração foi entregue a empresários que buscavam vantagens para suas próprias empresas. Isso era inevitável, à medida que o governo federal ainda carecia de muita capacidade burocrática em temas empresariais. Contudo, foi realmente a enormidade da tarefa da NRA que foi tão desencorajadora. Mais de 550 autoridades de código de preços e 2 milhões de empresários foram envolvidos. Eles também estabeleceram códigos de preços muito elevados, o que produziu uma chuva de críticas dos consumidores, compradores do governo e trabalhadores. Sem crescimento econômico, isso era ruim para a economia (Domhoff, 1996: 109-111). A enorme ambição do projeto era provavelmente mais importante do que a incapacidade burocrática de derrotar a NRA. Nenhum outro país tentou sair da Depressão impondo códigos de preços para a economia inteira. O Estado americano carecia de capacidade burocrática para essa tarefa, assim como qualquer outro Estado na época.

Havia uma razão mais óbvia para o sucesso do programa agrícola. Se você oferece dinheiro aos agricultores e em troca lhes pede para trabalharem menos, eles cooperarão. Os agricultores "trocaram parte de sua liberdade por lucros mais altos", diz Hayes (2001: 135). Trabalhadores agrícolas saíram perdendo porque de um modo geral eram desorganizados, sem sindicatos. Grandes agricultores se deram melhor do que os menores, mas a AAA prejudicou especialmente os agricultores afro-americanos, também desorganizados (Hayes, 2001: 132, 158). Robert Harrison diz que essa foi "uma intervenção radical no mercado por princípios essencialmente conservadores" (1997: 191). A legislação originada nos *think tanks* dos liberais corporativos e especialistas governamentais entrou nas discussões mais tarde. A burocracia outrora estabelecida para administrar não era autônoma, uma vez que era exercida por empresários e grandes agricultores (Domhoff & Webber, 2011: cap. 3; Domhoff, 1996: cap. 3). À medida que a AAA prosseguia, favoreceu cada vez mais agricultores mais ricos, como tem sido feito desde então (Finegold & Skocpol reconhecem isso). Sob um aspecto, o New Deal foi o fim da linha para os progressistas. Tendo sido os radicais centrais na Era Progressista, os pequenos agricultores foram relegados às margens da política americana. A intervenção agrícola foi dirigida mais pelos interesses do que pelas elites do Estado, embora nesse setor o conflito de classes estivesse evanescendo.

Foi diferente nas indústrias onde o conflito de classes e o conflito entre frações de classes era mais aberto. A NRA foi minada pela rivalidade entre empregadores, exacerbou o conflito de classes com sindicatos e não deu dinheiro a nenhum deles. Embora, em princípio, tenha estabelecido os poderes dos sindicatos, na prática muitos empresários se recusaram a cooperar com eles, o que intensificou o conflito de classes. Quando combinados às disputas sem fim entre todos os partidos sobre os códigos, isso tornou a agência inviável (Domhoff, 1996: cap. 4). Aqui, uma capacidade de explicação do Estado parece menos poderosa do que uma de uma classe simples e setorial: agricultores eram subornados, trabalhadores agrícolas eram desorganizados e industrialistas e seus trabalhadores eram faccionalizados. De fato, até aqui, a capacidade do Estado não parece ser a causa de muitos dos programas do New Deal. Obviamente, especialistas trabalhavam nos detalhes dos programas, e quando se tratava da regulação das finanças isso era um tema muito técnico no qual tinham muita influência. Em geral, contudo, eles foram encurralados por políticos que tinham visões econômicas muito conservadoras e pressão de massa exigindo mais mudanças radicais.

O New Deal figurou nas vidas de muitos americanos como *Alívio*. Programas de obras públicas conectaram medidas contra a Depressão com redistribuição para os pobres e desempregados. Em 1933, o gasto na Administração de Obras Públicas foi maior do que as receitas totais do governo, representando quase 6% do PIB (J. Smith, 2006: 2). Amenta (1998: 5, 142-148) mostra que em 1938, os Estados Unidos esteve repentinamente liderando o mundo no gasto social. Isso consumiu 6,3% do PIB e 29% de todo gasto governamental, comparado a 5,6% do PIB e 18,7% do gasto do governo na Alemanha nazista, 5% do PIB e 17,5% do governo na Grã-Bretanha, e 3,2% do PIB e 17,8% do gasto do governo na Suécia. Grande parte do gasto dos Estados Unidos foi em alívio. Só a WPA consumiu 55% de gasto social e empregou 2,1 milhão de trabalhadores adultos, mais 1 milhão em programas de emprego para jovens. Ela foi priorizada em detrimento da Lei de Previdência Social ao passar pelo Congresso, e foi visível ao longo da nação. Permanece visível hoje sob a forma de autoestradas, escolas, represas, hospitais e financiamento público para as artes. Ela mudou a paisagem da América. O alívio equivalia a mais de 70% do gasto social, superando os 16% em bem-estar social com base no princípio do seguro. Assim, a "liderança" dos Estados Unidos pode ser somente temporária. Se a taxa de desemprego baixasse, esse gasto social também baixaria. Não deveríamos tirar muitas conclusões dos números de Amenta.

Se os programas de Alívio eram redistributivos ou não dependia de como fossem financiados. Grande parte do pagamento vinha de mais endividamento nacional, contra as promessas iniciais da administração. Ela estava sendo levada meio deliberadamente para a economia keynesiana. A contradição entre equilibrar o orçamento e sustentar as receitas foi resolvida pela priorização da segunda, ampliada a um programa de estímulo à demanda pelo déficit orçamentário. Essas políticas foram um pouco redistributivas; eram geralmente populares. Durante a eleição de 1936, os republicanos acusaram corretamente Roosevelt de ter quebrado sua promessa inicial de equilibrar o orçamento. Todavia, isso parecia importar menos aos eleitores do que o fato de ele estar fazendo algo em relação às suas dificuldades.

Havia um quarto "R" – *Reeleição*. Preocupações eleitorais nunca são secundárias para políticos, especialmente um político tão astuto quanto Roosevelt. Embora na crista de uma onda eleitoral, ele ainda se preocupava. Primeiro, vinham os empresários, que ele não queria isolar. Muitos deles apoiavam a legislação contra-Depressão do primeiro New Deal, mas se voltavam contra a legislação mais orientada a reformas de sua segunda fase e apoiavam a oposição republicana. Cerca de 80% dos executivos corporativos estudados por Webber deram dinheiro aos republicanos em 1936. As únicas exceções importantes foram empresários judeus e sulistas, que contribuíram mais aos democratas; empresários católicos se dividiam em suas lealdades. Todavia, como muitas grandes corporações eram do norte e protestantes, eram muito solidamente republicanas (Webber, 2000; Manza, 2000). A tática de Roosevelt era promover leis às quais ele sabia que as corporações se oporiam, mas depois se comprometer em reformular o processo. A Suprema Corte também se opunha, e isso produziu mais redução de leis originais, reduzindo especialmente o grau de ativismo federal como oposto ao ativismo em nível de Estado. Os juízes da Suprema Corte formavam a elite estatal mais poderosa do período, e, sendo conservadores, bloquearam alguns programas. Contudo, o New Deal foi adiante, a despeito de o desaprovarem . No fim, tinham somente um poder limitado.

Em uma democracia liberal, partidos políticos se tornam extremamente importantes. Nos Estados Unidos, o que parecia ser um sistema de dois partidos de fato continha três: republicanos, democratas e democratas sulistas. Os democratas sulistas eram poderosos no Capitol Hill, porque (como detalhado no capítulo 3) distritos rurais eram eleitoralmente sobrerrepresentados, eleições do sul eram essencialmente não disputadas, e o sistema de antiguidade e de comitê no Capitol Hill privilegiava aqueles que continuavam sendo reeleitos. Exceto entre 1934 e 1938, os democratas do sul eram dominantes no processo legislativo no Capitol Hill, capazes de combater a regulação federalmente administrada e programas de bem-estar social caso esses parecessem beneficiar afro-americanos ou elevassem salários. As elites de plantadores-comerciantes que administravam o Partido Democrático sulista destituíram do direito ao voto negros e muito pobres, mantiveram seus poderes repressivos locais, e eram comprometidos com sua economia racialmente segregada, de salários baixos, apoiada por um racismo branco mais amplo. Seu poder institucional repousava ao fim e ao cabo em seu domínio seguro do capitalismo racial no sul.

Nenhum dos dois partidos era coeso. No período progressista, os partidos haviam sido regionais e setoriais, e embora a classe votante estivesse agora aumentando, ela não eliminou essas bases rivais de interesse. Os republicanos permaneceram divididos entre corporações do nordeste e a agricultura do oeste, com uma facção progressista do meio-oeste mais próxima de Roosevelt do que de outros republicanos. Sua escolha do moderado Alf Landon de Kansas como seu candidato presidencial de 1936 foi uma tentativa de ocultar suas divisões. Os democratas também não eram coesos. O New Deal promovido pelos democratas urbanos encontrou a oposição congressional do sul, oeste, meio-oeste e mesmo dos democratas rurais da Nova Inglaterra. Um punhado de democratas conservadores usualmente se juntava aos republicanos na votação contra programas do New Deal. Os conservadores podiam votar contra obras públicas, mas a favor de subsídios agrícolas, denunciar déficits orçamentários, mas se recusar a aprovar leis tributárias (Weed, 1994; Patterson, 1967; Kennedy, 1999: 338-339).

Acima de tudo, eles podiam ser comprados. Roosevelt ofereceu um acordo para cada grupo cujo voto era visado por seus conselheiros eleitorais. Os grandes programas de gastos ofereciam dólares federais a estados e governos locais. Sua distribuição era dirigida mais à importância eleitoral de um estado do que ao seu nível de pobreza ou desemprego. Uma parcela desproporcional de gastos federais ia para aqueles estados que penderam para Roosevelt em 1932 – e não aos estados mais pobres (Couch & Shughart, 1998). Em geral, o New Deal ajudou os pobres na proporção de sua utilidade eleitoral, uma forma um tanto corrupta de pluralismo.

O Estado regulatório moderno que Roosevelt defendia era contraditado pelas máquinas de patronagem particularista que ele utilizava. As máquinas ofereciam apoio desde que pudessem lidar com a administração de programas, que Roosevelt muitas vezes concedia (Mayhew, 1986: 292-294; Shefter, 1994). Legisladores do sul ficavam felizes com os programas administrados por estados ou por governos locais, uma vez que isso aumentaria sua própria patronagem. Eles acolheram o alívio local e melhorias infraestruturais. Hayes (2001: 185) diz que o New Deal salvou a Carolina do Sul do colapso econômico. De fato, grande parte do New Deal não poderia ter sido aprovada sem o apoio dos senadores e congressistas sulistas – liberais e racistas unidos! Contudo, eles eram contra reformas redistributivas e controle federal serem implementados no sul. Embora houvesse apoio popular para isso no sul, os políticos da região ignoravam esse fato e eram, em troca, responsivos, à elite proprietária de terras, de plantadores e manufatureira. Seu entusiasmo inicial pelo New Deal depois diminuiu e se transformou em oposição em 1938 (Hayes, 2001: cap. 9; Korstad, 2003). Polls mostrou que muitos sulistas apoiavam programas do New Deal, todavia, muitas pessoas não podiam votar, destituídas pelo imposto eleitoral (*poll tax*) e outras práticas restritivas (Sullivan, 1996: 61-62). Isso não era pluralismo, mas dominação de uma classe dominante. Essas instituições políticas peculiares ofereciam algum apoio aos argumentos institucionalistas políticos, embora repousassem ao fim e ao cabo amplamente em interesses de classe em uma economia racial de salários baixos.

Os acordos eram ubíquos, impedindo a emergência de um Estado completamente burocrático ou de sistema de bem-estar social (Amenta, 1998). Quase toda lei era sujeita a disputa e compra de votos, na qual a tendência era para a diluição de legislação inicialmente abrangente. Todavia, o conflito constante entre os governos federal e estadual e entre o presidente e o congresso produziram um Estado mais centralizador. A proliferação de garantias intergovernamentais de federal para estadual e local reduziu a independência de diferentes grupos de governo, e exigia deles que cooperassem mais entre si do que no passado. Era centralização fiscal e descentralização administrativa. O New Deal aumentou a parcela do governo federal no gasto total em 9%, embora todos os níveis de governo tivessem aumentado (Wallis & Oates, 1998: 170). Não era um governo centralizado ou burocrático como na Grã-Bretanha, França ou Japão, mas era mais do que o "Estado-Corretor... intervindo de um modo *ad hoc* e gradual em nome de grupos e setores favorecidos" identificado por Finegold e Skocpol (1995: 20).

A reeleição funcionou brilhantemente: em 1936, a votação de Roosevelt foi de 61%, os democratas conquistaram sete assentos no Senado, e (incluindo um punhado de aliados do terceiro partido) mais quinze assentos no Congresso. Havia pouca disciplina partidária, mas, por quatro anos, Roosevelt obteve a maioria no Capitol Hill e pôde aprovar leis sem necessitar dos votos dos democratas do sul. Somente na eleição intermediária de 1938, após a segunda recessão, eles perderam isso – perdendo setenta e um assentos no Congresso e sete no Senado. Em1940, a própria votação de Roosevelt e a de seu partido se estabilizou. Os democratas estavam na Casa Branca há duas décadas.

Reforma: conflito de classes e oportunidade política

Os programas da Reforma do New Deal resultaram de pressão popular de baixo para cima ou de pressão de cima para baixo derivada de uma estrutura de oportunidade política em transformação entre elites do Estado e/ou de frações de capital? Começo com a pressão a partir de baixo. O desemprego elevado é usualmente ruim para sindicatos, pois os desempregados perdem o contato com eles e os empregados sabem que seu poder de barganha é fraco e não desejam provocar seu empregador. Dessa vez, dois fatores favoreceram uma resposta mais vigorosa. Primeiro, na Depressão, emprego, produção e demanda caíram tanto que quase todo o país foi afetado, e podia simpatizar com os desempregados. Essa simpatia é necessária ao povo para aprovar programas de assistência aos destituídos. Segundo, a mudança para a administração de Roosevelt e muitas instituições democráticas no estado e cidade significava pouca repressão do Estado. Os empregadores careciam da arma extra da qual vimos que dependiam no capítulo 3.

Milhões de americanos estavam buscando trabalho, alternando esperança, desespero e raiva. Favelas, filas para receber refeições e sopas para os pobres proliferaram. Com ajuda de socialistas e comunistas, eles formavam conselhos, protestavam, marchavam e faziam petições a prefeituras. Recebiam simpatia, especialmente de lojistas e outros cujas existências dependiam de seu consumo. Despejos eram combatidos por inquilinos e seus vizinhos. Se a polícia dispersava protestantes com espancamentos e tiros, manifestações massivas ocorriam (Cohen, 1990: 262-266; Valocchi, 1990). Houve um aumento do esquerdismo popular que se prolongou até 1935, uma irrupção do movimento trabalhista isolado da Era Progressiva que atingiu também muitos grupos de classe média.

Uma Associação do Feriado Agrícola (Farmers Holiday Association) provocou problemas ao longo das áreas rurais. Um "Exército do Bônus" (*Bonus Army*) basicamente de veteranos militares desempregados marchou até Washington em 1932, protestando jamais terem recebido o bônus prometido por lutarem na Primeira Guerra Mundial. Hoover usou tropas para dispersá-los. Quando retornaram para assediar Roosevelt em 1933, ele preferiu enviar Eleanor para falar com eles, e inclusive acedeu a algumas de suas demandas. A partir de 1935, o Movimento Townsend, organizado por um médico aposentado da Califórnia, mobilizou milhões de seguidores para exigir uma pensão de aposentadoria de 200 dólares ao mês para os acima de 65 anos. O Padre Charles Coughlin incitou um séquito populista dirigido contra os ricos e poderosos, que depois se voltou para a direita para se tornar o maior movimento americano de cunho fascista. Embora esses não fossem explicitamente movimentos de classe, incitaram fúria contra os ricos e privilegiados.

As greves aumentaram a partir de 1931, com ondas em 1933-1934 e 1937 (Jenkins & Brents, 1989: 896). Mais trabalhadores se juntaram a sindicatos industriais, exigiram legislação que os legalizasse, e buscaram negociações nacionais de salários e condições de trabalho. Diferenças étnicas entre trabalhadores brancos estavam declinando. Entre 1933 e 1935, mais greves do que jamais ou desde então exigiram representação sindical ou mais controle no chão de fábrica (Wallace et al., 1988: 13). Mesmo o sul não escapou da agitação: uma greve de 1934 afetou a indústria têxtil no Alabama, Geórgia e nas Carolinas; 200.000 trabalhadores entraram em greve (Irons, 2000). Alguns sindicatos da Federação Americana do Trabalho (American Federation of Labor – AFL) também estavam recrutando e fazendo greve fora de suas especialidades, mas muitos empregadores não estavam dispostos a ceder, e seus contra-ataques lhes trouxeram repercussões. A liderança da AFL também permaneceu cética sobre o sindicalismo industrial e político, preferindo ainda confiar nos controles profissionais para levar os empregadores a negociarem, mas isso provocou rebeliões. Liderados por John L. Lewis, chefe dos Mineradores, muitos sindicatos industriais romperam em 1936 para formar seu próprio Congresso de Sindicatos Industriais (CIO). Rompimentos foram provocados pela agitação a partir de baixo (Goldfield, 1989; Kerbo & Shaffer, 1986; Piven & Cloward, 1977: 48-60; Stepan-Norris & Zeitlin, 2003). A sindicalização aumentou de 10 para 25% de trabalhadores ao longo da década. Manifestantes trabalhadores eram muito mais predominantes e efetivos do que qualquer pessoa pudesse lembrar. A Depressão da década de 1890 havia presenciado greves importantes, e houve também algumas em 1919, mas em ambas ocasiões os trabalhadores grevistas estiveram isolados. Agora, manifestantes e grevistas tinham a simpatia nacional. Os políticos se tornaram relutantes em tentar uma repressão assim contra o povo.

A estrutura de oportunidade política estava se ampliando. Os trabalhadores foram empurrados para uma porta entreaberta. A Lei Norris-LaGuardia, aprovada em 1932, baniu interdições da corte em casos oriundos de disputas trabalhistas assim como de contratos *yellow-dog* para todos os trabalhadores. Como o arsenal de repressão enfraqueceu, muitos trabalhadores ousaram se organizar. Eles também estavam desiludidos com o quase-colapso das formas privadas de bem-estar social como associações de crédito comunitário e o capitalismo de bem-estar social. Demandas por programas públicos de bem-estar social aumentaram (Cohen, 1990: 218-249).

Os trabalhadores estavam esperando que a chegada da administração Roosevelt fosse favorável às suas demandas, e foram rapidamente recompensados pelo estabelecimento da NIRA em junho de 1933, cuja 7ª Seção dava aos trabalhadores o direito de "se organizarem e de negociarem coletivamente através de representantes de sua própria escolha, e serem livres de interferência, restrição ou coerção de empregadores". Um Conselho Trabalhista Nacional (National Labor Board – NLB) foi estabelecido para ajudar a resolver greves, embora tenha tido pouco maquinário de coerção. Os trabalhadores pensavam que a NIRA os libertaria; índices de sindicalização aumentaram em meses (Piven & Cloward, 1977: 110; Irons, 2000: 77; O'Brien, 1998; Wallace et al., 1988: 5-7). Os trabalhadores foram encorajados a se erguerem e lutarem em organizações mais amplas do que apenas sindicatos profissionais, e a partir de 1935 o CIO estava criando sindicatos industriais da equipe de trabalho para cima, construindo organizações relativamente democráticas. As eleições intermediárias de 1934 fortaleceram uma vez mais a esquerda. Embora a NIRA tenha colapsado, a epocal Lei Wagner seguiu em 1935. Essa interação entre sindicalização e legislação de um governo favorável foi o primeiro sinal claro de uma aliança liberal-trabalhista. Não havia partido de trabalhadores, mas uma grande parte do partido democrático era agora pró-trabalhadores.

Roosevelt, consciente de que os empresários se opunham a grande parte de sua legislação, sabia que poderia conduzir a mudança para a esquerda. Ele também temia que a Depressão pudesse gerar um terceiro partido, um partido trabalhista explícito. Se os democratas falhassem em combater a Depressão, esses seriam tempos ideais para um terceiro partido. Se conquistasse um número substancial de votos, provavelmente retiraria votos dos democratas e concebivelmente entregaria uma eleição aos republicanos. Já havia trabalho agrícola de esquerda ou partidos trabalhistas em Minnesota, Wisconsin e Nova York, e Roosevelt tomou o cuidado de consultá-los e entregar programas de ajuda federal para as cidades que eles controlavam. Em 1935, o senador democrático populista Huey Long da Louisiana ameaçou concorrer como um candidato "Compartilhe-Nossa-Riqueza". Uma pesquisa de opinião encomendada pelos democratas disse que ele poderia obter 3-4 milhões de votos e entregar alguns estados aos republicanos. Uma chapa eleitoral liderada por Robert LaFollette pôde também se juntar, e não era claro de quem ele poderia tomar votos. Cerca de um entre cinco ou seis americanos diziam que se juntariam a um novo partido progressista caso estivesse disponível. Sua pesquisa privada previa que Roosevelt ainda venceria facilmente, mas poucos políticos se arriscam quanto a eleições. Eles visam à maior vitória possível, só para garantir, caso as coisas, nesse meio-tempo, deem errado.

Como Roosevelt acreditava que os empresários se oporiam a ele de qualquer modo, decidiu reciprocar seu antagonismo como uma arma eleitoral. Aumentou a retórica antinegócios, chamando os grandes empresários "monarquistas econômicos", e ameaçou "equalizar a distribuição de riquezas" e "jogar aos lobos os quarenta e seis homens que sabidamente têm receitas acima de um milhão de dólares ao ano". Harry Hopkins, um defensor radical do New Deal, exultava: "Rapazes, esse é o nosso momento. Temos de conseguir tudo o que queremos – um programa de obras, segurança social, salários e horas, tudo – é agora ou nunca" (Kennedy, 1999: 266-287; Leuchtenburg, 1963: 117). Eles obtiveram uma grande vitória eleitoral, e conseguiram os programas. A Lei de Receitas (Revenue Act) de 1935 elevou a receita e impostos de dividendos para riqueza, junto a um imposto sobre herança mais progressivo e maiores impostos a corporações. Isso inauguraria um período de quarenta anos de impostos progressivos na América. Huey Long reclamou justamente que Roosevelt estava roubando seu programa (Amenta et al., 1994; Kennedy, 1999: 238-242, 275-276). Todavia, incomodado pela hostilidade dos empresários, democratas conservadores e republicanos, a lei foi tão enfraquecida que o efeito geral na redistribuição de renda foi pequeno, exceto que tomou somas substanciais do pequeno número de milionários.

Roosevelt tinha uma estratégia maior em mente. Ele sempre fora ambivalente sobre o apoio ao sul. Declarava que o sul era "o problema econômico n. 1 da Nação", uma região de salários baixos e baixo consumo, atuando como uma draga na economia americana de altos salários e alto consumo que ele desejava. Como muitos economistas da época, ele pensava que isso era uma causa importante da própria Depressão (Sullivan, 1996: 65). Ele duvidava quanto a se muitas reformas poderiam vir de uma região controlada por uma classe dominante que excluía negros e brancos pobres do voto e usava o racismo para manter salários baixos e a economia atrasada. Taticamente, ele tentou comprar sua oposição potencial aos seus programas com concessões. Ele também continuou a estratégia da década de 1920 de reconstruir o partido em uma base urbana do norte, usando patronagem e programas para assegurar o apoio a máquinas partidárias das cidades do norte, deixando os republicanos progressistas cortejarem a agricultura e apelar aos trabalhadores com uma retórica anti-grandes negócios (Kennedy, 1999: cap. 9). Schlesinger (1960: 592) diz que à medida que a campanha de 1936 se desenvolvia:

> O partido democrático parecia cada vez mais submerso na coalizão do New Deal. Os defensores ativos junto a Roosevelt – Ickes, Wallace, Hugh Johnson – eram homens identificados com o New Deal, não com a organização democrática profissional. A lealdade à causa superava a lealdade ao partido como o critério para o apoio da administração.... Era evidente que a base da campanha seria a mobilização além do Partido Democrata de todos os elementos na coalizão do New Deal – liberais, trabalhadores, agricultores, mulheres, minorias.

Essa foi uma estratégia liberal-trabalhista. Caso tivesse funcionado teria confirmado seu partido como democrático social exceto pelo nome.

Durante a década de 1930, muitos americanos mais, especialmente trabalhadores – e particularmente trabalhadores nascidos no exterior –, foram às urnas. Eles votavam cada vez mais para os democratas, cortejados pelo New Deal e pelos Roosevelts; tendiam menos a votar pela etnicidade e religião. A etnicidade estava enfraquecendo, uma vez que uma proporção maior de trabalhadores nascia nos Estados Unidos e que a mídia de massa nacionalizadora, especialmente o rádio, estava se difundindo. A nação estava se solidificando. Eleitores iniciantes tendiam mais a votar nos democratas – os pobres e a coorte mais jovem –, mas a classe também estava se solidificando. Em 1936, os trabalhadores tendiam duas vezes mais a votar nos democratas assim como os eleitores da classe média alta. Historicamente, votando preponderantemente nos republicanos (o partido de Lincoln), mesmo afro-americanos mudaram, dividindo seus votos entre os partidos (B. Anderson, 1979; Cohen, 1990: 253-261; Kleppner, 1982: 55-111; Manza, 2000). Todas essas eram principalmente tendências urbanas – o interior experienciou menos mudanças. Vários programas do New Deal visavam à classe média: o FDCI garantia todos os depósitos bancários até 5.000 dólares e leis de habitação e a Administração Federal da Habitação (Federal Housing Administration – FHA) concediam termos favoráveis para refinanciar empréstimos hipotecários. Era uma estratégia mais popular do que de classe, mas teve muito sucesso entre os trabalhadores.

Em 1937, o sociólogo Arthur Kornhauser entrevistou centenas de cidadãos residentes em Chicago. Quase todos pensavam que empresários ricos tinham poder demais, e três quartos pensavam que pessoas que trabalhavam não eram tratadas justamente. Cerca de três quartos dos trabalhadores manuais entrevistados votaram para Roosevelt, apoiaram o New Deal e queriam que o governo redistribuísse a riqueza. Entre metade e dois terços dos trabalhadores de escritórios também fizeram o mesmo. Os trabalhadores culpavam seus empregadores e o sistema capitalista pela Depressão, mas não eram favoráveis à propriedade pública. Eram favoráveis a um sistema mais justo com alguma redistribuição de riqueza e privilégios, insistiam em seus direitos de se organizar e se viam como contribuintes iguais à nação, com direito à cidadania social completa – um novo senso de direitos morais e materiais (Kornhauser, 1940: 237; Zieger, 1995: 43-44; Cohen, 1990: 276, 282-285, 362-365; Gerstle, 1989; Lipset, 1983: 274-279).

A pressão eleitoral era por uma expansão das agências regulatórias do governo. Assim, a principal seta causal ia da pressão popular, expressa principalmente por meio do sistema eleitoral, para a contratação de especialistas por todos os lados – empresários necessitavam curvar seus interesses na direção das letras miúdas da legislação que consideravam inevitáveis. Depois, os especialistas, seus chefes e o Congresso discutiam sobre o conteúdo exato dos programas. O processo democrático envolvia muito mais do que apenas a classe, mas sua borda afiada era as manifestações, greves e sindicalização. Havia uma interação de conflito de classes e oportunidade política tão estreita que não é fácil privilegiar uma em detrimento de outra. Contudo, na década de 1930, a América estava repentinamente se tornando mais similar à Europa, aproximando-se um pouco mais da política do "conflito de classes democrático", uma frase cunhada por Dewey Anderson e popularizada por Lipset. Foco as duas leis redistributivas importantes.

A Lei Wagner e os sindicatos trabalhistas

A AFL foi um participante marginal aqui. Tinha se oposto sem sucesso à indicação de Frances Perkins como secretária do trabalho (ela foi a primeira mulher num gabinete americano). Pressionaram sem sucesso em favor de uma lei de trinta horas, sua alternativa preferida ao NIRA. Desempenhou um papel menor seja na Lei Wagner ou na Lei de Previdência Social, e mais tarde se opôs às provisões de salário-mínimo da Lei FLSA de 1938 (Manza, 2000; Lichtenstein, 2002: 63-71). Sidney Hillman dos Trabalhadores do Vestuário Amalgamados (Amalgamated Clothing Workers) e John L. Lewis dos Trabalhadores de Minas Unidos (United Mine Workers), ambos sindicatos do CIO, haviam desempenhado um papel no NIRA, e Hillman era somente um líder trabalhista em uma posição administrativa sênior. Ambos foram importantes para pressionar em favor da Lei Wagner. O próprio Roosevelt não havia se interessado muito na legislação trabalhista, e só apoiou a Lei Wagner na última hora. A hostilidade empresarial à legislação trabalhista impediu o tipo de compromisso que ele havia favorecido; ele agora tinha de escolher lados de classes. Sentindo-se traído pela hostilidade empresarial, e, percebendo mais votos nela, voltou-se para a esquerda e apoiou a Lei.

A influência dos trabalhadores foi basicamente indireta – nas ruas e piquetes de grevistas e de congressistas e senadores de distritos urbanos e industriais e estados. A 7ª Seção do NIRA já havia tentado pôr sindicatos na máquina consultiva, mas empregadores raramente os reconheciam, e depois a Suprema Corte desautorizou a iniciativa inteira. Haveria obviamente uma segunda tentativa, dado o conflito crescente na sociedade. Nesse contexto, os especialistas da Escola de Wisconsin de economistas institucionais, discutidos no último capítulo, poderiam ser úteis. Eles acreditavam que líderes sindicais poderiam desempenhar um papel regulatório ao disciplinarem seus membros. Sindicatos responsáveis poderiam ajudar a superar a praga da militância incontrolável, que, em contraste à agressão dos empregadores, estava criando caos industrial. Juntos, líderes corporativos e trabalhistas responsáveis e razoáveis poderiam ajudar a regular a economia. Assim como muitos envolvidos no New Deal, John Commons e seus seguidores desejavam salvar o capitalismo – dando mais poder aos trabalhadores organizados.

Amenta (1998) estudou o New Deal em quatro estados – Virgínia, Illinois, Wisconsin e Califórnia. Neles, descobriu que a força do apoio para programas do New Deal variou de acordo com o grau de democracia (era baixa onde negros e muitos brancos pobres não podiam votar, e muito baixa onde máquinas de patronagem dominavam), a presença de políticos liberais ou de esquerda, e a força dos trabalhadores e outros movimentos sociais reformistas. Amenta diz que isso é um argumento "institucional político", embora também observe pressões de classe consideráveis. Diferente de outros países, políticos de esquerda raramente tinham antecedentes trabalhistas, e quase nunca endossavam as visões socialistas, mas testemunharam o descontentamento e desordem crescentes em seus próprios distritos e desejavam reformas para terminá-los. Eles sabiam que muitos manifestantes e muitos líderes da AFL e do CIO não eram extremistas, e desejavam reformas para ajudá-los a obter ganhos legítimos e a restaurar a ordem entre seus seguidores.

A Lei é popularmente nomeada em homenagem a seu patrocinador – o Senador Robert Wagner, de Nova York – um dos principais defensores do New Deal, com vínculos estreitos com sindicatos e liberais corporativos de Nova York. Ele liderou a primeira tentativa em um Conselho Trabalhista Nacional (National Labor Board) em 1933-1934, e em março de 1935 alertou sobre uma "maré crescente de descontentamento industrial". O Senador Robert LaFollette Jr., de Wisconsin – também um antigo defensor dos trabalhadores –, e um republicano progressista, previu a "guerra industrial aberta" se as exigências dos trabalhadores não fossem tratadas. O Deputado William Connery, de Massachusetts – representando um distrito industrial –, um antigo patrocinador de leis trabalhistas e presidente do Comitê de Trabalho da Câmara (House Labor Committee), previu "os portões do inferno se abriram". O Deputado Martin Sweeney da Cleveland industrial previu "uma epidemia de greves nunca antes testemunhada neste país" (Goldfield, 1989: 1273-1275). Eles estavam pedindo legisladores menos favoráveis aos trabalhadores para salvar o capitalismo. Eles acreditavam que os grandes empresários estavam agora ansiosos por um conflito, e desejavam impedi-los, mas Roosevelt não estava disposto a usar a repressão para resolver o conflito crescente. O primeiro projeto de lei de Wagner foi derrotado. Roosevelt, não muito interessado no projeto, pegou dois de seus melhores advogados para redigir uma lei mais moderada, dando aos sindicatos direitos limitados sem poderes coercitivos. Essa foi aprovada em 1934, e foi fortalecida por uma segunda lei em 1935. Ambas deveram algo a essa onda de greves, mas provavelmente mais às eleições intermediárias, que haviam restituído mais democratas liberais, republicanos progressistas e deputados radicais de terceiro partido. A opinião pública estava se voltando para a esquerda.

A Lei Wagner deu mais direitos aos sindicatos ao banir práticas injustas de empregadores, permitindo aos eleitores que votassem majoritariamente com liberdade naqueles que deveriam representá-los. Ela protegia o direito à greve, impunha um dever a ambos os lados de negociar de boa-fé, estabelecendo um Conselho Nacional de Relações de Trabalho (National Labor Relations Board – NLRB) para supervisionar sua observância. Foi uma grande conquista para os trabalhadores. O preâmbulo da Lei reiterava o subconsumismo: ela ajudaria a promover a recuperação econômica aumentando os salários e o consumo. Ela usava a linguagem dos direitos do trabalhador individual, não dos direitos sindicais coletivos, mantendo a impressão de continuidade com as Leis Railroad e Norris-La Guardia, que muitos republicanos apoiaram (Fraser, 1989: 69; O'Brien, 1998: cap. 8). Esses eram mecanismos para assegurar votos do centro político. Democratas do sul apoiaram o projeto de lei quando Wagner aceitou que não se aplicasse à agricultura ou ao serviço doméstico, as principais indústrias do sul. Assim, virtualmente, todos os democratas e os republicanos progressistas apoiaram a lei; foi desaprovada por praticamente todos os grandes empresários. Essa foi a única peça legislativa importante à qual os empresários moderados contribuíram pouco (Domhoff & Webber, 2011: cap. 4; Swenson, 2002: 213-219). Ela resultou do topo do conflito de classes ao estilo americano, quando liberais trabalhistas puderam invalidar o empresariado americano.

Muitos empresários continuaram a resistir à Lei Wagner, uma vez que tinham a 7ª Seção. Eles ainda se recusavam a reconhecer sindicatos, e, no sul, foram basicamente bem-sucedidos. Os trabalhadores da indústria têxtil do sul haviam sido enormemente encorajados pelo *establishment* da NRA, mas se desiludiram com ela na prática (Schlesinger, 1960: 424; Irons, 2000: 77; cf. Hayes, 2001: 205; Korstad, 2003). Em desespero, os trabalhadores têxteis lançaram uma greve em massa, mas o sindicato tinha pouco dinheiro e pouco pessoal; os trabalhadores foram reprimidos pelos exércitos privados dos empregadores, xerifes delegados e milícias dos estados, que só nas Carolinas chegavam a 15.000. Sete grevistas foram mortos no pior incidente. O Governador Talmadge, da Geórgia, inicialmente se recusou a enviar sua polícia montada estatal, mas o fez quando os manufatureiros têxteis da Geórgia lhe ofereceram 20.000 dólares em contribuições de campanha. Os grevistas imploraram para que os sindicatos do norte e a secretária do trabalho Frances Perkins interviessem. Os sindicatos do norte estavam muito ocupados em outros lugares, e Perkins disse que essa era "uma situação lastimável", mas não ousou intervir, uma vez que a administração necessitava que os democratas sulistas aprovassem sua legislação.

Os trabalhadores do sul eram tão entusiastas quanto os do norte quanto a se associar a sindicatos trabalhistas, e poderiam ter superado a resistência de seus empregadores, mas eram política e militarmente fracos. Os empregadores controlavam o Partido Democrata do sul, e muitos trabalhadores eram impedidos inclusive de votar (Irons, 2000: caps. 9, 10, p. 164-175; Hayes, 2001: cap. 7). Após a demissão de militantes e do emprego de repressão paramilitar, as elites locais jogaram a carta racial, dividindo, assim, os trabalhadores (Sullivan, 1996; Korstad, 2003). No sul, o New Deal fracassou em mudar o equilíbrio de poder de classe e raça; era diferente em alguns estados do norte. Os liberal-trabalhistas locais e funcionários estatais foram levados ao poder pelas eleições de 1932, 1934 e 1936. Os governadores de Michigan e da Pensilvânia se recusaram a enviar a polícia para encerrar as greves – a repressão poderia tê-los tirado do posto devido ao clima popular alterado.

A Lei Wagner prometia reformas em nome tanto da justiça social como da regulação ordenada. Ex-membros da equipe de Wagner lembravam do projeto de lei como sendo mais conservador do que radical e de Wagner justificá-lo dizendo que era o quanto ele podia obter. Eles diziam que fora influenciado pelos escritos de Sidney e Beatrice Webb, membros importantes da Sociedade Fabian britânica, a principal adjunta intelectual do Partido Trabalhista. Ele também percebia que os Estados Unidos estavam atrás da Europa nas relações trabalhistas, e necessitavam de mais justiça social e de um Estado mais regulatório (St. Antoine, 1998). Wagner também era consciente da necessidade de satisfazer a Suprema Corte. Lichtenstein (1992) diz que a Lei era uma "clara concessão à militância disruptiva da época, mas que também buscava canalizar protestos de trabalhadores em padrões previsíveis sob um sistema de regulação estatal". Líderes sindicais responsáveis controlariam seus membros.

Esse motivo era proeminente entre reformadores em todos os países. Como em outros lugares, a ascensão dos trabalhadores dependia de seu próprio poder para criar problemas e da crença dos moderados de outras classes de que o movimento trabalhista poderia ser dirigido a canais mais ordenados que preservariam o capitalismo de desordem ou revolução. Se os sindicatos seriam capazes ou não de perseguir ganhos futuros ou de exercer predominantemente uma função de controle sobre trabalhadores ainda estava em aberto, assim como em outros países. Alguns escritores marxistas enfatizam as funções de controle da Lei Wagner e do New Deal como um todo. Tomlins diz que o "Estado oferecia aos trabalhadores e suas organizações... não mais do que a oportunidade de participar de sua própria subordinação" (1985: 327-328). Contudo, ele está argumentando teleologicamente, retroagindo às tendências da década de 1930 que apareceram mais tarde. Na época, muitos observadores enfatizavam o avanço dos trabalhadores. Os sindicatos haviam saltado da organização de 10% para quase 25% dos trabalhadores americanos em apenas uma década. Um aumento da militância nos sindicatos industriais os havia levado a perderem o apoio dos liberais corporativos (Domhoff, 1990: 82-89), mas isso não parecia importar. Em 1937-1938, sindicatos da CIO ameaçaram a U.S. Steel em um acordo e enfrentaram e derrotaram o poder da General Motors e da Goodyear Rubber em greves de reconhecimento sindicais. Os sindicatos estavam aqui para ficar.

As principais causas da Lei Wagner foram o movimento trabalhista em massa apoiado por legisladores pró-trabalhadores, que, por sua vez, eram responsivos aos eleitores mudando para a esquerda. Isso era um conflito popular superando a resistência dos empregadores, embora a outra condição necessária fosse a compra dos sulistas no Capitol Hill (Domhoff, 1990: 97-100). Não era autonomia do Estado; era mais uma iniciativa congressional do que burocrático-administrativa. Certamente, senadores e congressistas em muitos estados liberais tinham advogados especialistas e economistas institucionais ajudando a redigir a legislação para reconhecer e regular os sindicatos trabalhistas. Todavia, a Lei Wagner resultou predominantemente da tradução democrática do conflito de classes.

A Lei de Previdência Social e o Estado de Bem-estar Social

A Lei de Previdência Social (SSA) era Reforma, irrelevante para Alívio ou Recuperação. Os primeiros benefícios só foram pagos em 1941. Foi mais popular do que a Lei Wagner, e seu apelo era interclasses. Era também mais complexo e técnico, e seus vários componentes apelavam a diferentes eleitores. O seguro-desemprego tinha um eleitorado trabalhista, mas também era o projeto preferido de Roosevelt. O Congresso mostrou mais interesse do que o presidente no componente pensões de aposentadoria. O Auxílio para Crianças Carentes (Aid for Dependent Children) invocava interesses feministas vinculados a agências administrativas, com menos interesse mostrado pelo presidente ou Congresso. O presidente apoiava profundamente a lei no geral, embora tenha deixado claro que o projeto de lei não deveria impor programas federais em detrimento dos direitos dos estados e que deveria ser autofinanciado. Ele odiava o auxílio desemprego (*dole*), insistia em que qualquer programa fosse fiscalmente estável, e se opunha a pagar por ele fora da receita geral em vez das contribuições de seguro previstas (Witte, 1962; cf. Orloff, 1988: 69-76; Kennedy, 1999: 266-269). Os modelos para a legislação também diferiam. A Lei Wagner se baseava na legislação estadual e federal americana anterior e em projetos de lei que não tinham sido aprovados, apenas com empréstimos limitados de precedentes europeus. A Lei de Previdência Social possuía poucos precedentes de política pública, mas havia experiência no setor privado entre companhias de seguro e capitalistas do bem-estar social para adicionar aos modelos europeus. Benefícios de bem-estar social também envolviam conhecimento técnico atuarial e financeiro, de modo que especialistas eram mais importantes, oriundos tanto do setor privado quanto do público.

A lei era popular: em dezembro de 1935, a pesquisa Gallup perguntou: "Você é a favor das pensões de aposentadoria do governo para os necessitados?" 89% respondeu sim; a Depressão criou uma demanda nacional por segurança. O princípio do seguro já estava estabelecido em esquemas privados, mas muitos desses ficaram sob a pressão da Depressão. Trabalhadores ferroviários já tinham recebido um programa de aposentadoria por meio do Congresso em 1933-1934, e os liberais corporativos dos Conselheiros das Relações Industriais (Industrial Relations Counselors – IRC, um *think tank* privado fundado, subsidiado pela Fundação Rockefeller) a haviam tornado atuarialmente segura, tendo percebido que um programa de governo poderia ser mais seguro do que esquemas privados. Isso ampliou o apoio (Domhoff & Webber, 2011: cap. 5). A Depressão também havia aumentado a repercussão da assistência pública para os genuinamente necessitados (i.e., subsídios sem qualquer seguro prévio dos beneficiários). Roosevelt acreditava que o princípio do seguro seria amplamente aceito, e a assistência aos necessitados se encaixava em seu próprio sentido aristocrático de responsabilidade para com os menos afortunados. Outros políticos perceberam a popularidade do conceito de previdência social e poucos queriam ser vistos votando contra ela. A administração assustava aqueles vacilantes com os programas mais radicais sugeridos pela esquerda (Witte, 1962: 103). A SSA foi aprovada em ambas as casas por maioria de nove a um.

Um pequeno grupo de liberais corporativos desejava inserir esquemas privados existentes de seguro em um sistema mais seguro, federalmente garantido (Berkowitz & McQuaid, 1992: 109-114; Jacoby, 1997; Jenkins & Brents, 1989; Domhoff; 1990, 1996: cap. 5; C. Gordon, 1994; Swenson, 2002). Seguindo a teoria dos salários de eficiência em mercados menos competitivos, eles raciocinavam que pagar bons salários e fornecer benefícios de longo prazo ajudava-os a atrair e reter trabalhadores qualificados e a segmentar o mercado de trabalho. Todavia, eles viram em meados de 1934 que seus esquemas necessitavam de apoio do governo federal. Liberais corporativos como Gerard Swope da General Electric, Walter Teagle da Standard Oil de Nova Jersey e Marion Folson da Eastman Kodak inicialmente aprovaram o New Deal, e eles e outros executivos corporativos tinham posições no topo do Conselho Consultivo Empresarial (Business Advisory Council) e no Comitê de Segurança Econômica (Committee on Economic Security). Eles acreditavam que a Lei de Previdência Social aliviaria a concorrência de empregadores de baixos salários e baixos benefícios cujos custos trabalhistas aumentariam. Se a firma permanecesse central aos princípios de seguro da Previdência Social, o novo sistema poderia também ajudar a manter os sindicatos fora de suas fábricas (Swenson, 2002; Berkowitz & McQuaid, 1992: caps. 5, 6; Jacoby, 1997: 206-207). O IRC desempenhou um papel importante nas discussões e nas redações da SSA. Dois dos quatro homens que redigiram as provisões aos idosos eram membros do IRC, e um terceiro era um atuário para uma companhia de seguro de vida. Para o seguro-desemprego, o IRC era colocado na folha de pagamentos do Comitê de Seguridade Econômica (Committee on Economic Security). Portanto, os liberais corporativos foram importantes na aprovação da SSA (Domhoff, 1996: 117-176).

Contudo, eles eram uma minoria em sua classe; muitos empresários se opunham à Previdência Social. Todavia, em 1935, mesmo as associações conservadoras de negócios de pico – a Associação Nacional dos Manufatureiros (National Association of Manufacturers) e a Câmara Americana de Comércio (American Chamber of Commerce) – sabiam que o tempo da Previdência Social havia chegado, tornada inevitável pela derrocada política da Depressão. Assim, eles falavam em termos gerais a favor da Previdência Social – embora não a favor dos termos de qualquer que fosse a versão do projeto de lei que estava circulando naquela semana. Eles lutavam ferozmente pelos detalhes enquanto professavam apoio ao princípio, mas sabiam no final que era uma necessidade estratégica para aceitar uma versão ou outra (Hacker & Pierson, 2002: 299-301). Swenson (2002) discorda, mas suas evidências para um apoio mais amplo dos empresários provêm principalmente depois de eles terem visto a lei funcionando.

No fim, foi um acordo. Os projetos de lei mais radicais Townsend, Share the Wealth e Farm Labor Party continham pagamentos universais garantidos e controle federal. Eles enfrentaram muita oposição para aprovação, mas foram úteis em permitir menos esquemas alternativos ambíguos para prover algum universalismo e federalismo. Frances Perkins disse que sem o Plano Townsend, o seguro para idosos poderia não ter sido aprovado (Orloff, 1988: 67). A administração sabia que grande parte do controle federal poderia ser abolida pela Suprema Corte, e encontraria oposição em um Congresso atento aos direitos do Estado. Os democratas do sul anunciaram que não aceitariam interferência federal, de modo que Roosevelt e Perkins disseram aos relatores para trabalharem dentro dos limites de um programa federal-estadual compartilhado, deixando muitos temas de impostos, benefícios e elegibilidade aos estados e excluindo a agricultura e o serviço doméstico. Isso trouxe o apoio do sul, dando aprovação para o projeto de lei, mas excluía três quintos dos trabalhadores afro-americanos (Witte, 1962; Schlabach, 1969: 114-126; Nelson, 1969: 206-207; Davies & Derthick, 1997; Kennedy, 1999: 257-273).

A AFL passou a apoiar a Previdência Social em 1932 e a insistir fortemente nela. Ela queria que o seguro-desemprego fosse pago apenas pelos empregadores, mas os benefícios eram de fato pagos através de um imposto sobre a folha de pagamento cobrado tanto dos empregadores quanto dos empregados. Contudo, trabalhadores com salário baixo ganhavam mais em benefícios do que pagavam em contribuições. Os defensores do New Deal o consideravam politicamente útil para fazer com que os trabalhadores fizessem contribuições porque isso tornaria mais difícil para os conservadores desmantelá-lo mais tarde. O benefício inicial estabelecido foi muito alto, de modo que trabalhadores mais velhos seriam induzidos a se aposentar, cortando a taxa de desemprego. Os trabalhadores tinham de aceitar discricionariedade local no pagamento da assistência ao desemprego aos pobres necessitados (Witte, 1962; D. Nelson, 1969: cap. 9). Empresas e companhias de seguro queriam manter os esquemas de bem-estar social privados e corporativos intactos. Eles foram bem-sucedidos, mas sem o direito de optar por sair do sistema estadual completamente. O programa era pago de um modo complexo, refletindo um compromisso entre universalismo, interesses dos empregadores e direitos dos estados. Pupilos de John Commons em Wisconsin (como Witte) e outros economistas foram importantes na redação inicial da SSA. Embora suas preferências iniciais fossem por um sistema europeu mais universal, eles se dobraram à pressão e acrescentaram provisões derivadas de sua experiência em esquemas do setor privado. Eles eram especialistas, tiveram um impacto sobre a legislação e tiveram seu propósito inicial preservado na lei, exercendo considerável autonomia. Contudo, pressões do Congresso, de corporações e da indústria de seguros reduziram suas propostas e restringiram sua autonomia.

No fim, disse Frances Perkins, o projeto de lei foi "o único plano que poderia ter sido submetido ao Congresso". O compromisso final incorporado na lei era provavelmente mais próximo aos liberais corporativos do que qualquer outro grupo (Kennedy, 1999: 270; Domhoff, 1990: 56-60, 1996: cap. 5; Domhoff & Webber, 2011: cap. 5; Rodgers, 1998: 444-445). O ator do poder mais dominante sobre seu próprio território foi a Associação Médica Americana, cuja hostilidade, apoiada pela indústria de seguros – ambas com competência reputada –, forçaram Roosevelt a remover qualquer referência a seguro médico do projeto de lei (Witte, 1962: 173-188; Orloff, 1988 75-76). Esse foi o único caso em que praticamente todos os "especialistas" estiveram em um lado da questão – o conservador. Como com a Suprema Corte, os especialistas mais poderosos tentaram bloquear o New Deal.

Contudo, a SSA continha um sistema de seguro nacional e compulsório para idosos assim como programas estaduais amplamente compulsórios e federalmente regulados de assistência aos idosos, seguro-desemprego e auxílio a crianças carentes. Grande parte dele era pago por impostos da folha de pagamento sobre empregadores e subsídios federais comparáveis por programas estaduais. Em termos de qualquer coisa que tenha vindo antes, era radical. Era também redistributivo e provavelmente se tornaria ainda mais assim à medida que a elegibilidade entre americanos gradualmente aumentava. Na verdade, sua base atuarial mudou em 1939, quando a Previdência Social parou de ser completamente subsidiada pelas próprias contribuições dos beneficiários. A fim de pagar os aposentados presentes agora, tornou-se em troca um programa pré--pago, transferindo dinheiro sob a forma de impostos da Previdência Social de trabalhadores a aposentados assim como a seus esposos e viúvos. Isso permaneceu um programa estadual de bem-estar social redistributivo, de modo que a despeito da intervenção de liberais corporativos, sulistas e outros e da complexidade dos jogos de poder envolvidos no processo de redação – todos os quais importantes – a lei refletiu algumas pressões populistas que a Grande Depressão e as vitórias eleitorais dos liberais haviam produzido.

Limitações do New Deal: gênero, raça, dualismo

A Lei de Previdência Social tinha pontos fracos, como grande parte do New Deal. Nem mulheres nem minorias étnicas/raciais ganhavam muito. As mulheres agora votavam, embora não em tantos números quanto os homens, mas organizações de mulheres queriam reformas, assim, Roosevelt tinha de fazer algo para as mulheres para preservar aquela parte de sua grande coalizão. Todavia, os programas de bem-estar social só concediam benefício às mulheres caso fossem membros de famílias conformes ao modelo provedor masculino patriarcal. Aí, elas se beneficiavam porque seus esposos, pais e filhos se beneficiavam, mas não houve progresso para mulheres por si como trabalhadoras ou mães solteiras. Embora houvesse pouca discriminação consciente contra as mulheres, os programas forneciam benefícios para preservar a dignidade dos trabalhadores masculinos e seu *status* como provedores da família; as mulheres não figuravam nos debates sobre pensão para idosos. Em troca, a pensão era a forma de os homens sustentarem suas famílias após se aposentarem. Por meio das pensões às viúvas, os homens podiam sustentar suas famílias mesmo após sua morte (Kessler-Harris, 2001)! As mulheres eram, principalmente, membros indiretos da nação, em cena no teatro do poder, mas em papéis sem voz.

O Auxílio para Crianças Carentes (ADC) era concedido a mães solteiras em lares sem o provedor masculino; esse programa passou sem dificuldades. Vários estados e muitas cidades já tinham esses programas, de acordo com as condições econômicas e somente para os "necessitados". Isso deixou mais fácil para especialistas mulheres e liberais no comitê aprovarem a ADC (Witte, 1962: 162-165). C. Gordon (1994: 284-299) diz que foi um grande passo para as mulheres, ainda que também fosse profundamente sexista. Isso foi um reconhecimento de que o "emprego" para mulheres poderia ser de cuidadoras, embora somente se houvesse crianças, mas nenhum homem na família. Diferente de programas voltados a homens, também envolvia supervisão moral por parte de funcionários públicos, que favoreciam viúvas respeitáveis em detrimento de mães não casadas. A exclusão da agricultura e do serviço doméstico da

SSA também desprivilegiava as mulheres. Ocupações predominantemente femininas como de empregada doméstica, garçonete, esteticista e trabalhadoras do comércio também foram omitidas dos padrões de salário-mínimo e de horas máximas da FLSA. Transferir grande parte das leis da administração do New Deal para os estados e governo local levou à provisão inferior de benefícios, e também tornou os beneficiários – especialmente mulheres – vulneráveis à vigilância de suas vidas por parte de funcionários públicos locais e supostos princípios morais. Isso também foi um problema para as minorias étnicas e raciais, é claro (Mettler, 1999). A WPA oferecia trabalho a mulheres, mas elas recebiam menos do que os homens, e sofriam com a cláusula de que somente um membro da família poderia assumir trabalho na WPA (Amenta, 1998: 155-157).

O movimento das mulheres não lutou muito por mais. Não era um movimento de massa, e muitas feministas focavam os problemas de mulheres brancas, de classe média, como elas, com pouca compreensão dos problemas das mulheres trabalhadoras pobres e mal remuneradas. Outras ainda estavam operando dentro de um discurso maternalista, e viam os padrões pobres de maternidade e imoralidade, não a privação material, como responsáveis por seus problemas. Certamente, o New Deal beneficiou muitas mulheres, porque muitas estavam vivendo em lares sustentados pelo homem (C. Gordon, 1994: 67, 195, 212-213, 258; O'Connor, 2001; Mink, 1995). Contudo, o ímpeto feminista detectável no período antes da Grande Depressão parecia estar diminuindo. A lacuna no New Deal era a ausência de programas para benefícios à maternidade e pensões familiares, que figuravam agora em manifestos de alguns partidos de esquerda – e eram legislados onde esses partidos governavam (Hicks, 1999: 51). Não está claro por que o ímpeto cessou.

O impacto das minorias étnicas foi mais misto. O New Deal ajudou a assimilar os imigrantes europeus nas nações, embora a Depressão tenha levado à emigração em massa e por vezes forçada de trabalhadores mexicanos. Depois, quando a força de trabalho agrícola foi percebida como branca, a simpatia por sua dificuldade cresceu. Programas e investigações federais para sua exploração foram iniciados, embora nenhuma legislação tenha sido aprovada até 1940, quando os conservadores e *lobbies* de agricultores acrescentaram ementas hostis que atingiram duramente sindicatos agrícolas e trabalhadores estrangeiros. Assim, imigrantes mexicanos não se beneficiaram muito do New Deal (Guerin-Gonzales, 1994).

Em contraste, americanos nativos se beneficiaram de programas de obras públicas, dirigidos especialmente a eles, e da Lei de Reorganização Indígena (Indian Reorganization Act) de 1934, que encerrou a venda de terras tribais e restaurou a posse de terras não distribuídas a grupos americanos nativos, permitindo-lhes se tornarem "nações" novamente. Todavia, a expansão do Estado de Bem-estar Social nas terras americanas nativas transformou seus governos nos pagadores de assistência federal, o que melhorava o bem-estar social, mas tendia a limitar a autonomia de cada comunidade americana nativa. Escritores americanos nativos posteriores não viram isso como um ganho imerecido. Ambos esses efeitos emergiram do compromisso dos defensores do New Deal com reformas, mas por meio da autoridade federal, que nesse caso não era contestada pelos empresários nem pelo sul. De qualquer modo, eles não se importavam com os americanos nativos.

Afro-americanos se beneficiaram um pouco, principalmente dos programas de alívio. Eles eram sobrerrepresentados na WPA, e recebiam salários mais altos do que no mercado de trabalho aberto, mas tinham de fazer trabalhos sujos (Amenta, 1998: 158; Cohen, 1990: 279-281). Muitos dos defensores do New Deal eram antirracistas, a Associação Nacional pelo Desenvolvimento das Pessoas de Cor (National Association for the Advancement of Colored People – NAACP) e movimentos antilinchamentos se fortaleceram entre afro-americanos (Hayes, 2001: 170-175). Todavia, poucos afro-americanos foram cobertos por uma Lei de Previdência Social que excluía a agricultura e o serviço doméstico, e havia uma discriminação desenfreada em muitos mercados de trabalho de escritórios do governo. O bloco congressional do sul foi crucial em negar direitos (Katznelson, 2005; Lieberman, 1998: 51-56). Qualquer que fosse a legislação, os sulistas buscavam excluí-los de sua cobertura. Se falhasse, asseguravam que a administração do programa fosse colocada nas mãos de funcionários públicos locais, que no sul eram hostis a candidatos negros (Brown, 1999; Sugrue, 1996). Mesmo projetos de lei antilinchamento eram destruídos. Como o Senador Bailey da Carolina do Norte disse ao presidente: "Eu lhe avisei que nenhuma administração pode sobreviver sem nós". Roosevelt concordou: "Se eu sair em favor do projeto de lei antilinchamento agora, eles bloquearão todo projeto de lei que eu pedir para o Congresso aprovar para impedir o colapso da América. Eu simplesmente não posso correr esse risco". Resistindo à pressão de Eleanor, ele ofereceu apoio limitado ao projeto de lei antilinchamento de 1937. Senadores do sul o obstruíram, paralisando a câmara por seis semanas e impedindo todo processo legislativo (Kennedy, 1999: 342-343). Os afro-americanos ainda não eram membros da nação.

Não apenas os sulistas eram racistas. Alguns brancos questionavam o viés racial, e os sindicatos não eram isentos de práticas racistas. O CIO – exceto por alguns afiliados de esquerda – ou ignorava trabalhadores negros ou mantinha locais segregados (Goldfield, 1997; D. Nelson, 2001). O racismo nacional permanecia exceção entre os países avançados; mesmo os defensores mais liberais do New Deal sentiam que poderiam fazer pouco para ajudar os afro-americanos. Os votos dos sulistas no Congresso asseguraram a passagem da legislação que fortalecia os trabalhadores, estabeleceu salários mínimos e dava alívio e segurança social – para brancos. O New Deal pode ter fortalecido a divisão racial, uma vez que as condições dos brancos da classe trabalhadora melhoraram muito mais do que a dos negros; por outro lado, encorajou os negros a resistirem – e, depois, também, a Segunda Guerra Mundial.

O New Deal criou um Estado de Bem-estar Social de dois níveis (C. Gordon, 1994: 293; O'Connor, 2001; Mettler, 1999: 212; R. Harrison, 1997: 268), não o que os defensores do New Deal haviam intencionado. Isso resultou, parcialmente, de pressões raciais/sulistas, de gênero, parcialmente, da cautela fiscal de Roosevelt. Ele não lançaria o financiamento do déficit necessário para programas universais generosos (Brown, 1999: 32-39, 60-61). O nível superior possuía um programa de seguro relacionado a salários anteriores que era muito generoso, não estigmatizado e administrado federalmente. Esses beneficiários o haviam "merecido". O nível inferior era um Estado de "bem-estar social" menos generoso, localmente administrado e de acordo com as condições econômicas – uma expressão que perdurou na América, carregando tons pejorativos de benefício "imerecido". Trabalhadores industriais, principalmente homens brancos, eram sobrerrepresentados no nível superior; mulheres, afro-americanos, agricultores pobres e trabalhadores casuais eram sub-representados no nível inferior. Isso dificilmente era surpreendente: O nível superior era baseado nas contribuições de seguro e desemprego, todavia, mulheres, negros e outras minorias tiveram mais dificuldade em obter trabalhos permanentes. Se os dois níveis permanecessem, isso seria divisivo para qualquer movimento da classe trabalhadora.

O New Deal deu um grande passo na direção do bem-estar social, mas não era um sistema universal. Tampouco foi concebido para substituir benefícios privados, que haviam se desenvolvido para contemplar trabalhadores privilegiados. O New Deal permitiu que companhias e corporações de seguro privadas usassem seu próprio capitalismo de bem-estar social para suplementar os benefícios fornecidos na Lei de Previdência Social. Os empregadores esperavam que a compra unilateral de seguro em grupo comercial satisfaria seus trabalhadores e evitaria tanto a necessidade dos trabalhadores de sindicatos e a intervenção do Estado no bem-estar social. Os sindicatos estavam promovendo seus próprios esquemas de seguro (Klein, 2003: caps. 3-5). Na provisão médica, as companhias de seguro e a profissão médica eliminaram quase qualquer provisão pública. Os ricos e os empregados estáveis tinham seguro privado, o que era lucrativo para as companhias de seguro e subsidiado pelo governo; o governo aceitava uma responsabilidade mínima pelos pobres não lucrativos (C. Gordon, 2003).

O programa de habitação também operava através de dois níveis. O New Deal estabeleceu leis de habitação pública para famílias de baixa renda e um programa de empréstimo hipotecário garantido para aquelas que pudessem dispor de um depósito de 20%, principalmente famílias de renda média. Ambos os programas começaram em 1934 para ressuscitar a indústria da construção de moradias, mas o programa privado se desenvolveu mais rápido. O projeto de lei Wagner para expandir a habitação pública veio em 1937, e o Congresso removeu várias de suas provisões. Esse pequeno conflito erigiu uma coalizão liberal-trabalhista frágil de reformadores da classe média e sindicatos trabalhistas contra os influentes Conselhos da Associação Nacional Imobiliária (National

Association of Real Estate Boards), pregando prudência financeira, controle local e os perigos do socialismo. Disso resultou um programa de dois níveis, com condições muito diferentes para inquilinos e compradores. Na prática, o programa de empréstimo hipotecário da Administração Federal da Habitação (Federal Housing Administration – FHA) também se tornou racialmente enviesado, e a habitação pública se tornou segregada. Afro-americanos achavam quase impossível obter empréstimos hipotecários, e, se conseguissem habitação pública, era usualmente nos piores projetos.

Contudo, após registrarmos todas essas qualificações, cerca de 75% dos americanos comuns se beneficiaram consideravelmente do New Deal. A cidadania social havia se estendido enormemente, e a nação se tornou mais coesa. Talvez, os 25% remanescentes não estivessem condenados a permanecer fora desse desenvolvimento na cidadania social. Em outros países, o Estado de Bem-estar Social se expandiu gradualmente ao universalismo após ter usualmente começado com sistemas de dois níveis. Por que a expansão nos Estados Unidos não poderia ocorrer também? A resposta viria somente em períodos posteriores.

As relações de trabalho no final da década de 1930: um resultado ambíguo

Em 1936 e começo de 1937, muitos empresários esperavam que a Suprema Corte anulasse a Lei Wagner, mas a Corte a manteve, parcialmente devido às vitórias de Roosevelt nas eleições, parcialmente porque a divisão econômica do NLRB apresentava dados estatísticos convincentes. Entre 1937 e 1940, a Associação Nacional de Manufatureiros e a Câmara de Comércio dos Estados Unidos orquestraram uma campanha de propaganda contra os sindicatos e o NLRB. A partir de 1937, as decisões do NLRB estavam ajudando o crescimento do sindicato. Lobbies de empresários defendiam a sua abolição sob a alegação de que estava desestabilizando a indústria, enfraquecendo a propriedade privada e defendendo o socialismo. O mesmo fez a imprensa conservadora e um Comitê de investigação da Câmara presidido pelo democrata sulista Howard Smith. Ele conseguiu abrir audiências, escolher grande parte das testemunhas e depois iniciar processos legislativos. Audiências hostis culminaram na aprovação pela Câmara do projeto de lei Smith para restringir o poder do NLRB e aumentar os poderes dos empregados para resistirem à sindicalização. O Comitê Trabalhista do Senado obstruiu o projeto de lei, mas após a crise de Munique de 1938 Roosevelt achou que uma possível guerra necessitaria do apoio de empresários e democratas sulistas. Ele se curvou diante de sua pressão e reconstituiu o NLRB, indicando novos membros para o conselho que seriam mais duros com os trabalhadores. Seguiu-se um conflito dentro do NLRB, advogados conservadores contra economistas mais liberais. No clima mais conservador da época, os advogados venceram. A divisão da economia do NLRB fechou em 1940. Organizações empresariais, percebendo a reabertura das portas da oportunidade política, permaneceram na ofensiva até 1941, quando a Segunda Guerra Mundial interveio (Stryker, 1989; Gross, 1981; 1995).

Como de costume, especialistas estavam em todos os lados desse conflito. Os economistas do antigo NLRB eram liberais, os especialistas do novo NLRB enfatizavam o controle e a responsabilidade. Pelegos sindicais também tinham seus especialistas. Fura-greves profissionais eram apoiados por advogados que pregavam os direitos de propriedade e economistas que pregavam que mercados perfeitamente livres funcionavam perfeitamente. Sociólogos e especialistas de relações humanas da Universidade de Chicago eram contratados pelos capitalistas do Estado de Bem-estar Social para conduzir pesquisas de sondagem e experimentos que unissem trabalhadores e gerenciamento, identificassem "causadores de problemas", e impedissem a necessidade de sindicatos. Alguns se envolveram em campanhas antissindicais, como o charlatão Nathan W. Shefferman – consultor e mediador de relações trabalhistas, pretenso cientista social, palestrante motivacional e pelego sindical – anteriormente com o Instituto Americano de Frenologia, agora tentando manter os sindicatos fora da Sears. Embora judeu, recriminava os sindicatos controlados por judeus em campanhas concebidas para o diretor antissemita da Sears, o General Robert E. Wood (Jacoby, 1997: 130-140, 301). No fim, especialistas tiveram de se curvar diante do poder de seus empregadores; os políticos se curvaram diante das tendências eleitorais.

Também havia conflitos nos sindicatos. A Lei Wagner lhes permitia participar da regulação da indústria desde que pudessem compelir empregadores a reconhecê-los. Trabalhadores profissionais podiam controlar a entrada na profissão, de modo que um empregador poderia ceder a um sindicato profissional que ameaçasse entrar em greve. Os sindicatos profissionais da AFL continuavam a negociar, muitas vezes ignorando ou mesmo atacando o Conselho Nacional de Relações de Trabalho (NLRB). Eles esperavam, portanto, enfraquecer o CIO, que estava cooperando com o Conselho. Trabalhadores menos qualificados nos sindicatos industriais do CIO tinham de confiar mais no poder da própria greve para garantir reconhecimento. Como muitos trabalhadores eram relutantes em arriscar seus trabalhos para fazerem greve até que o sindicato do CIO demonstrasse seu poder sobre os empregadores, o CIO dependia muito de seus militantes para o reconhecimento inicial dos empregadores. Os trabalhadores esperavam por sinais de sucesso: "A reintegração de ativistas demitidos, a humilhação de um supervisor odiado, ou a exibição aberta dos botões sindicais tinham um apelo poderoso para esses simpatizantes secretos". Eles podiam entrar em greve, mas era perigoso para aqueles que tinham apenas uma força de trabalho não qualificada para vender (Zieger, 1995: 45). Poucos trabalhadores eram atraídos ao socialismo. As principais disputas diziam respeito a quão militantes deveriam ser na pressão por reivindicações. Como resultado dos conflitos de militantes, os sindicatos conquistaram greves de reconhecimento suficientes para levar ao crescimento substancial de associados, o que continuou durante a guerra.

A NLRB ajudava líderes mais do que militantes, banindo a ação direta como a greve sentada. Na onda de greves de 1936-1937, o poder dentro dos sindicatos do CIO desceu para o chão da fábrica. Líderes negociando com empregadores desejavam ativar e desativar a militância dos membros de acordo com o estágio de negociações. Uma vez feito um acordo, os líderes sindicais necessitavam compelir os membros a aceitá-lo e depois a *"observar seus contratos"* (Zieger, 1995: 71, ênfase no original). Como os empregadores haviam assinado os contratos, eles tentavam incluir promessas de não greve e da manutenção de prerrogativas administrativas durante a duração do contrato. Para obter contratos e ganhos materiais, líderes sindicais muitas vezes transferiam esses poderes, confinando greves e disputas a períodos previsíveis no final do período contratual, mas militantes do chão de fábrica não gostavam de ser restringidos a partir de cima. Stepan-Norris e Zeitlin (2003) dizem que sindicatos de esquerda promoviam mais participação de militantes da base nas decisões, de modo que podiam mobilizar melhor o apoio dos trabalhadores e obter contratos mais curtos contendo melhores procedimentos de reivindicação, o direito de greve e menos prerrogativas administrativas do que sindicatos mais conservadores, menos democráticos. Muitos militantes eram comunistas, mas isso importava menos aos trabalhadores do que os ganhos concretos que sua militância poderia trazer.

Os trabalhadores permaneciam divididos. A AFL lutou mais vigorosamente no nível do chão de fábrica porque muitos dos locais tinham fortes tradições de democracia de chão de fábrica, ajudada por uma afiliação mais etnicamente homogênea de trabalhadores qualificados. Eles podiam esperar mais solidariedade do que nos sindicatos industriais mais étnicos e ocupacionalmente diversos. Os apoiadores do líder dos mineradores, John L. Lewis, pertencentes ao CIO, insistiam na maior independência da NLRB e em mais responsividade aos militantes. Os debates nos sindicatos estavam se intensificando (Zieger, 1995; Lichtenstein, 1992; 2002; Aronowitz, 1973; Tomlins, 1985). No final da década de 1930, diz McCammon (1993), as greves eram menos vinculadas à força do sindicato do que aos ritmos dos contratos, gerando agora um sistema mais ritualizado de resolução de conflitos. A análise de Nelson (2001) de quando e onde sindicalização, greves e eleições comandadas pela NLB estavam ocorrendo revela três causas de crescimento. Havia um crescimento de baixo para cima gerado por militantes trabalhadores – especialmente em 1937 –, mas houve depois um crescimento de cima para baixo maior encorajado pela operação das eleições da NLRB como estabelecidas na Lei Wagner. Essas duas davam conta de cerca de dois terços do crescimento de afiliações sindicais na década de 1930, com grande parte do restante vindo de políticas mais amplas do New Deal. Medidas regulatórias destinadas a restringir a concorrência entre empregadores os capacitaram a obter mais lucro e a oferecer salários mais altos e benefícios, permitindo que sindicatos agressivos conquistassem mais ganhos e recrutassem mais membros. Para homens como os executivos de ferrovias, a negociação coletiva com sindicatos independentes "era um preço pequeno a pagar pela estabilidade de preços e lucros constantes", diz Nelson.

Todavia, muitos empresários não pensavam assim. Embora a Lei Wagner desse aos sindicatos o direito de se organizarem e aos empregadores o dever de negociar com sindicatos devidamente certificados, não forçava os empregadores a satisfazerem as exigências dos sindicatos ou mesmo a assinarem um contrato sindical. Alguns o faziam, mas algumas grandes corporações como a Ford e a Little Steel conseguiram resistir com greves de empregadores, violência e fura-greves, usualmente com apoio da polícia local. Em Chicago, a polícia matou dez metalúrgicos grevistas. A administração ficou infeliz com essa repressão e contratou investigações sobre o rompimento de greves que apresentaram relatórios críticos sobre as táticas dos empregadores. Contudo, Roosevelt e Perkins preferiram manter as disputas distantes, e não interviram. Isso era voluntarismo liberal, não corporativismo.

Após a Lei de Normas Igualitárias de Trabalho (Fair Labor Standards Act), em junho de 1938, o New Deal perdeu o fôlego. Roosevelt havia cometido três erros recentes (Kennedy, 1999: cap. 11). Após a Suprema Corte ter revogado mais de uma dúzia de leis federais e estaduais do New Deal em um período de dezoito meses, ele concebeu propostas que interfeririam na corte e se afastavam da tradição constitucional. O expurgo que propôs foi impopular; quando falhou em impô-lo, perdeu mais apoio – embora a corte tenha sido subjugada (Burns, 2009). Segundo, ele interveio nas primárias democratas estaduais, esperando derrotar os candidatos conservadores. Fracassou, e foi denunciado por infringir os direitos dos estados. Os candidatos nas primárias do sul competiam agora na retórica segregacionista (Leuchtenburg, 1963: 266-271). Terceiro, ele inadvertidamente contribuiu para uma recessão – prejudicialmente conhecida como a recessão de Roosevelt. O resultado foi uma perda da popularidade e as perdas dos democratas na eleição intermediária de 1938. Durante 1937 e 1938, as várias facções conservadoras estavam se juntando, uma vez que os líderes republicanos conseguiram reunir as facções regionais do partido, unidas, ao menos, em seu interesse de tirar vantagem dos erros da FDR. Eles forjaram uma aliança oportunista com os democratas do sul para bloquear iniciativas liberais. Os sulistas haviam se oposto a tentativas do CIO para organizar o sul assim como se opuseram aos liberais do New Deal usando programas agrícolas para ajudar arrendatários agrícolas e trabalhadores negros. Eles haviam se cansado com o New Deal (Weed, 1994). Pela primeira vez, desde 1934, havia mais "antigastadores" do que "pró-gastadores" na Câmara (Amenta, 1998: 137).

Defensores do New Deal ainda permeavam a administração, mas sua base congressional estava mais fraca. Eles podiam propor legislação, mas não podiam aprová-la. O Congresso agora estava à direita da nação – a delegação não democrática do sul sozinha assegurava isso. Todavia, a opinião pública também estava desconfortável com os impostos, déficits e a expansão burocrática envolvida em seus projetos. Dos movimentos de massa, somente os sindicatos sobreviveram, e haviam se tornado mais respeitáveis. Brinkley (1995: 142) observa: "Em nenhum lugar no panorama político houve movimentos vigorosos tão comuns em meados da década de 1930". Os defensores do New Deal estavam empregando metade da macroeconomia keynesiana: financiamento do déficit e inflação moderada para estimular a economia, mas sem o compromisso do emprego pleno. Todavia, eles esperavam mudar a função de consumo para cima, para obter uma economia de "consumo elevado, e baixa poupança" que terminaria combinando um sistema progressivo de impostos, pagamentos de transferência redistributivos, e maior gasto público em saúde, educação e bem-estar social (Barber, 1996: 128-130). Essa visão liberal-trabalhista era comparável ao Estado de Bem-estar Social pós-Segunda Guerra Mundial, Keynes/Beveridge, mas a maré política estava se voltando contra eles.

Conclusão

A Grande Depressão havia tirado os Estados Unidos do conservadorismo dos cinquenta anos anteriores. Como vimos no capítulo 3, os progressistas haviam fracassado em sua agenda radical e sua agenda de modernização havia assumido uma perspectiva pró-negócios. Agora, contudo, os conservadores eram acusados de falhar em lidar com a Depressão, de modo que a América se radicalizou. Embora a palavra "socialismo" permanecesse um tabu, a reforma liberal-trabalhista foi impulsionada de 1934 a 1938. O New Deal ofereceu reformas variadas, mas abrangentes. Algumas delas ajudaram a salvar o capitalismo. Reformas de assistência financeira, habitacional e agrícola foram pensadas para regular o capitalismo mais em bases eficientes e foram promovidas por modernizadores em geral. Empresários que receberam ajuda naturalmente sempre a saudaram, mas outros programas estenderam a cidadania social, e para isso necessitamos de uma explicação que combine essencialmente populismo orientado para a classe e pluralismo imperfeito. De baixo, vieram pressões de massa para que o governo fornecesse trabalho e alívio para os desempregados e necessitados, para a regulação para garantir segurança econômica para todos os cidadãos, e para alguma redistribuição de poder e riqueza. Contudo, distingui entre movimentos de classe atuais radicados na classe trabalhadora e sindicatos e apoio eleitoral mais difuso incluindo vários grupos de classe média e outros grupos de pressão (como idosos ou feministas). Ambos apoiaram muitas reformas, que de fato foram aprovadas, e é por isso que o foram. Esses programas sociais receberam oposição de grande parte das classes proprietárias de terras, embora moderados corporativos e muitos políticos centristas e liberais reconhecessem realisticamente que a pressão vinda de baixo tornava algum tipo de reforma necessária. Muitos foram críticos quanto a aprovar reformas moderadas, que se apropriaram das radicais. Isso foi uma resposta ao conflito de classes, mas foi uma resposta indireta, de cima para baixo, que muitas vezes vemos neste volume.

No próximo capítulo, discuto com mais detalhes as teorias concorrentes sobre o surgimento da cidadania social no século XX. O exemplo do New Deal desse surgimento não apoia a lógica da teoria da industrialização, pois essa não foi uma consequência direta inevitável da industrialização da América; foi uma consequência altamente contingente de conflitos que poderiam ter tido um resultado diferente. Se os democratas tivessem estado no poder durante os primeiros três anos da depressão, como esteve o desafortunado Hoover, o país poderia ter oscilado para a direita, bloqueando quaisquer programas sociais importantes. Caso um movimento semifascista tivesse chegado ao poder, poderia ter havido programas sociais, mas de um matiz muito diferente – embora veja isso como uma consequência muito provável. O New Deal predominantemente apoia o que os cientistas políticos muito delicadamente chamam uma teoria dos recursos de poder, com seu centro sendo os conflitos de classe que depois se espalharam e se obscureceram em um populismo popular – o povo em cena no teatro do poder, e em papéis com voz.

Contudo, as instituições políticas americanas também contribuíram consideravelmente na condução de reformas em certas direções – e essa é a terceira das teorias discutidas aqui: o institucionalismo. Os Estados Unidos eram uma democracia com suas próprias instituições históricas, e reformas só poderiam se tornar lei por meio dessas instituições, pelos representantes eleitos do povo. Nos Estados Unidos, isso veio através de uma separação extrema dos poderes – no nível federal, entre o presidente, as duas Câmaras do Congresso e a Suprema Corte, e com os governos estaduais e locais de posse de poderes consideráveis. Foi de extrema importância que durante o New Deal, embora o presidente e sua administração tenham iniciado reformas geralmente em apoio a demandas populares, a Corte se opusesse a elas, e a morosidade do Congresso diminuísse cada vez mais o passo das reformas e enfraquecesse sua substância. Seu método mais preferido era o da delegação da implementação de programas aos níveis de governos estaduais e locais. Muitos estados produziram menos reformas do que a administração Roosevelt gostaria. Ela foi particularmente difícil para mulheres e minorias.

As políticas se traduziram em um conflito de poder quádruplo. O primeiro grupo no conflito eram movimentos populares mobilizados pela Grande Depressão e seus representantes minoritários na administração e no Congresso. O segundo grupo incluía a classe empresária e outros conservadores e seus representantes minoritários na administração, uma base maior no congresso e nos governos estaduais, e a maioria da Suprema Corte. No terceiro grupo estavam os moderados buscando acordos no meio – o próprio Roosevelt e muitos de seu círculo íntimo assim como liberais corporativos, sindicalistas moderados e cerca de metade do Congresso. Finalmente, estava a delegação congressional do sul, não os moderados, mas no meio, no sentido de que apoiariam programas federais se administrados localmente assim como a legislação que não se aplicava aos trabalhadores do sul, especialmente afro-americanos. As primeiras três facções também vinham com especialistas e funcionários públicos clientes, embora eu não tenha concedido muita causalidade para as "capacidades especialistas/funcionários públicos/Estado" enfatizadas pelos teóricos da elite, com as poucas exceções observadas anteriormente. Especialistas, funcionários públicos e agências estatais eram contratados por outros atores do poder; advogados, economistas, assistentes sociais, agrônomos e outros participaram sob todos os aspectos nos debates políticos em deferência aos seus empregadores. Nos debates, somente uma profissão falou com virtual unanimidade e teve poder profissional suficiente para prevalecer em sua área de interesse: a profissão médica. Assim, o New Deal não continha reforma da saúde. De outro modo, a pressão de classe e as instituições da democracia ao estilo americano foram o que mais importou no New Deal, e não especialistas ou agências. O volume 4 discute se as pressões de classe organizadas estão desempenhando um papel comparável na Grande Recessão de 2008. Com certeza, levou vários anos para a pressão ser suficiente para conquistar reformas durante a Depressão.

Que a pressão de grupos populistas organizados foi tão crucial significava que homens brancos trabalhadores e da classe média se beneficiaram mais do que outros, e como um corolário de que os benefícios foram principalmente vinculados à participação no mercado de trabalho formal. As mulheres ganhavam somente se estivessem vinculadas a um homem empregado, e os direitos das mulheres como as portadoras e cuidadoras de crianças só foram reconhecidos, muito mesquinhamente, no caso das mães solteiras. Isso não foi anormal no período entreguerras, como vemos no próximo capítulo. O conflito de classes basicamente evitou as mulheres. Os homens afro-americanos se beneficiaram um pouco, caso estivessem em emprego industrial formal ou tivessem trabalhos na Administração do Programa de Obras Públicas (Works Program Adminstration), mas não se beneficiavam se estivessem na agricultura ou no sul, como muitos estavam. Outros grupos minoritários também mal se beneficiaram. No New Deal era um caso de dois níveis; a participação na nação foi altamente estratificada.

Todavia, como a administração de Roosevelt durou, na forma normal de governos em exercício em economias ruins, mais americanos começaram a culpá-lo por não fazer mais para restaurar a prosperidade. Isso foi especialmente percebido após a recessão de 1937, para a qual a própria administração havia inadvertidamente contribuído. Agora, as pressões de baixo se tornaram mais ambíguas, e o New Deal parecia estagnado – se isso era temporário ou permanente ainda não era claro. Nessas duas fases – uma da reforma, a outra de sua estagnação –, a democracia ao estilo americano funcionou. Ambos pareciam ter sido a vontade do povo, ao menos como expressa por seus representantes eleitos.

Contudo, era uma democracia institucionalmente imperfeita. Os Estados Unidos haviam sido o primeiro país a se dirigir para a democracia masculina, e havia estado entre os primeiros países a dar às mulheres o direito ao voto também. Contudo, em meados do século XX, não estavam mais na vanguarda. Suas imperfeições eram gritantes no caso do sul segregado, com imposto eleitoral, mas mais sutil em outros lugares por meio da preponderância dos votos e políticos rurais, partidos patronais de cima para baixo, e da influência indireta de corporações de negócios. Todos trabalhavam na mesma direção para enviesar a democracia contra a vontade popular, não tão grotescamente (exceto em relação aos afro-americanos), mas o bastante para tornar a redistribuição mais difícil do que deveria ter sido em uma democracia genuinamente pluralista. A Suprema Corte e a separação de poderes entre governo em nível federal e estadual acrescentou mais conservadorismo, e apelos populares pelos direitos dos estados derivaram principalmente das imperfeições rurais e do sul recém-observadas. Essas envolveram as instituições do governo representativo americano, embora influenciadas por classe e raça. A suposta falta de capacidade estatal nos Estados Unidos não pode ter sido decisiva, uma vez que o New Deal foi bem-sucedido em criar a capacidade estatal de uma natureza federal em várias áreas.

Amenta (1998) também enfatiza a democracia imperfeita. Ele acha que o apoio às reformas do New Deal e a implementação da reforma em nível estadual eram fortemente correlacionadas ao grau de democracia em cada estado. Quanto mais ampla a emancipação e mais fraco o controle exercido pelas máquinas, maior o apoio às reformas. As imperfeições democráticas não estavam confinadas a uma região; nacionalmente, a democracia americana não havia mantido uma separação suficiente entre poder político e econômico, inserindo desigualdades no poder de classe dentro da política. Esse foi parcialmente o legado da Era Progressista, melhor na modernização do que na redução do poder empresarial. A limitação última do período do New Deal foi que o sistema político apoiou mais políticas conservadoras do que o povo. Caso a voz popular tivesse sido traduzida mais diretamente em poder político, o New Deal teria aprofundado ainda mais a cidadania social e Roosevelt teria empregado suas astutas táticas de reeleição um pouco mais para a esquerda.

Embora as reformas tenham sido aprovadas, nenhuma foi tão generosa quanto seus patrocinadores haviam inicialmente esperado. Críticos da Lei de Previdência Social ou da Lei Wagner muitas vezes sugerem que suas limitações impediram qualquer desenvolvimento posterior. A Lei Wagner, contudo, reconhecia os direitos dos sindicatos trabalhistas e esperava que eles disciplinassem seus membros, que é o acordo normal capital-trabalho de capitalismo governado por regras. Não havia razão necessária inserida na Lei Wagner para a AFL ou a CIO declinarem como mais tarde fizeram em vez de se converterem em determinadores de agendas, como as federações sindicais pós-guerra em alguns países. Tampouco era certo que o sistema de bem-estar social continuaria a incorporar dualismo, racismo ou sexismo. Os direitos de cidadania social se desenvolveram progressivamente em todos os países. Eles começaram com programas de bem-estar social imperfeitos, particularistas, de acordo com as condições econômicas, voltados aos trabalhadores mais bem organizados, mas os conflitos continuaram por muitos anos a conquistar um universalismo progressivo de direitos. Isso foi usualmente assegurado como Baldwin (1990) enfatiza, quando eles puderam também recrutar as classes médias para o ideal de Estado de Bem-estar Social. Isso havia começado no New Deal; por que não deveria continuar nos Estados Unidos?

Verdade, alguns programas do New Deal poderiam ser difíceis de estender. Seria difícil para a WPA ou outros programas de alívio continuarem uma vez que o desemprego em massa cessou porque era odiado pelos empresários, que argumentavam que a criação de empregos públicos aumentaria os salários além dos níveis sustentáveis de mercado. Os programas de alívio deveriam ser temporários, até que a recuperação surtisse efeito ou o sistema de previdência social proporcionasse benefícios de desemprego por meio do seguro. Seria difícil em uma democracia as obras de alívio continuarem em tempos econômicos melhores quando muito menos eleitores estariam desempregados. Na verdade, a guerra produziu um *boom* econômico.

Lieberman (1998) observa que onde uma política do New Deal envolvia pagamento automático de benefícios, uma agência federal relativamente autônoma e um nível relativamente baixo de controvérsia política, mostrou-se mais fácil expandi-los pela abertura de benefícios aos afro-americanos. A consequência foi que eles ficaram cobertos mais pela Previdência Social do que pelo seguro de desemprego e pelo Auxílio às Crianças Carentes. Em geral, se os defeitos dos programas do New Deal seriam permanentes ou não dependeria do equilíbrio de poder nos últimos períodos, não do próprio New Deal. Nas décadas de 1960 e 1970, o New Deal foi atacado por críticos de esquerda que denunciavam seus dois níveis e suas supostas funções de controle capitalista. Suas denúncias por vezes pareceram assumir que a mudança revolucionária poderia ter sido possível. Todavia, como vimos em outros capítulos, reformas, não revolução, foram o destino da classe trabalhadora ocidental. Na década de 1980, feministas acrescentaram uma crítica aos controles patriarcais, mas, felizmente, reformas continuaram a erodir esses controles.

Uma crítica mais recente veio de neoliberais denunciando o New Deal como interferindo na liberdade dos mercados. Smiley (2002: x) diz: "A crise econômica da década de 1930 é um testemunho trágico da interferência do governo nas economias de mercado", e ele continua com uma crítica implacável aos programas do New Deal, argumentando que eles prejudicaram a eficiência econômica em geral, especialmente quando tentaram redistribuir recursos ou quando perturbaram instituições que definiam os direitos de propriedade. Todavia, seus julgamentos econômicos parecem enviesados pela consciência de classe. Ele descreve cada ganho para os trabalhadores, cada aumento na tributação para pagar pelos programas, como diminuindo a confiança dos empresários, e acrescenta que isso deprimiu os investimentos e a recuperação. Isso é contraditado pela experiência de outros países, que estavam garantindo reformas comparáveis ou maiores para os trabalhadores que não impediram os investimentos ou a recuperação. Como veremos no próximo capítulo, há modos alternativos de gerenciar eficientemente o capitalismo.

Críticas neoliberais são também politicamente ingênuas. Se o New Deal não tivesse interferido nos direitos de propriedade a fim de regular o capitalismo e fornecer padrões de vida seguros para muitos americanos, o capitalismo teria visto recessões piores, perdido mais legitimidade e enfrentado mais crises sociais. Muitos americanos na década de 1930 acreditavam que o capitalismo de livre-mercado lhes havia trazido a Grande Depressão. Como teriam reagido a um agravamento? A América parecia longe do socialismo ou do fascismo, ainda que pudesse ter visto populismo turbulento e incoerente, resultando em caos e declínio. O capitalismo americano necessitava ser salvo, não do socialismo ou do fascismo, mas de si. Classes sociais superiores naturalmente se opuseram a regulação e impostos, mas o efeito geral foi restaurar seus lucros. Roosevelt, os defensores do New Deal e liberais corporativos fizeram exatamente isso, como disseram que fariam, e no processo fortaleceram a democracia acrescentando cidadania social à cidadania política. "Nós faremos um país", Roosevelt mencionou a Frances Perkins, "no qual ninguém ficará de fora" (Perkins, 1946: 113). Isso não foi estritamente verdadeiro, mas ela e seus colegas estenderam os direitos de cidadania para a grande maioria do país. A dialética entre direitos de cidadania estendidos e nação havia continuado. A nação foi fortalecida – e em um bom momento, dado os desafios militares que estavam por vir.

Este capítulo focou a América. Em vários momentos enfatizei suas peculiaridades, como faria ao tratar de qualquer país. Estados-nações enjaulam seus cidadãos em práticas distintas, mas em um sentido mais geral os Estados Unidos não eram excepcionais. Não temos de voltar aos Pais Fundadores, multietnicidade, federalismo ou outras tradições americanas para explicar por que a América era fundamentalmente diferente porque não era assim muito diferente. Era excepcional em um aspecto importante: tinha racismo em casa, não em um império no exterior. Em geral, os defensores do New Deal haviam criado um regime de bem-estar social liberal-trabalhista comparável a outros do período. Somente após a Segunda Guerra Mundial a Suécia liderou claramente na provisão de bem-estar social. Antes disso, Swenson (2002) diz (talvez exagerando), os democratas do New Deal estavam fazendo mais para promover reformas progressistas do que os Democratas Sociais suecos, que haviam estado no poder desde 1932. Todavia, no final da década de 1930, os defensores do New Deal encontraram uma resistência elevada, liderada pelos empresários e conservadores do sul. O que produziria esse equilíbrio de forças? Os erros recentes de Roosevelt fizeram toda a diferença? O resultado não foi claro. O Vice-presidente Henry Wallace declarou: "Somos filhos da transição – deixamos o Egito, mas não chegamos ainda à Terra Prometida" (Leuchtenburg, 1963: 347). Contudo, os Estados Unidos não estavam sozinhos para encontrar seu caminho. Entra a Segunda Guerra Mundial, a terceira grande crise do século XX, o que, em suma, levaria a América novamente para a direita.

9
O desenvolvimento da cidadania social nas democracias capitalistas

Introdução: O triunfo do capitalismo reformado

O século XX viu duas importantes tendências econômicas. Primeiro, o capitalismo triunfou globalmente, e as relações entre capital e trabalho se tornaram o centro do conflito do poder econômico em toda parte. As principais alternativas ao capitalismo – fascismo e socialismo de Estado – que haviam reprimido o conflito de classes caíram como resultado de suas próprias contradições. Segundo, o resultado do conflito foi que, no Ocidente, o capitalismo foi reformado e recebeu uma face humana por meio dos direitos universais de cidadania civil, política e social. Discuto os últimos processos na América no último capítulo. Continuo, aqui, mas em uma análise comparativa ampla de nações. O enrijecimento dos estados-nações estava entremeado ao crescimento capitalista, de modo que o principal terreno do conflito de classes era o Estado-nação individual e as soluções para esse conflito diferiam em cada país (embora não apenas em cada país, como veremos). Isso justifica a parte nacionalista da análise desse capítulo.

Como vimos no capítulo 2, a divergência dominou as tendências globalizadoras na primeira metade do século XX, uma vez que o Ocidente e o Japão experienciaram rápido desenvolvimento econômico e o resto do mundo não. Durante o colonialismo, a desigualdade global aumentou. Os poucos países "classe-média", principalmente na América Latina, retroagiram em relação ao Ocidente e ao Japão. Após a Segunda Guerra Mundial, a combinação de inovação e demanda de consumo reprimidos, o fim dos impérios coloniais e a *paz Americana* deveriam empurrar o mundo inteiro para cima, e os países ao redor das fronteiras da Europa e do leste da Ásia embarcaram em um desenvolvimento de equiparação. No período coberto por este volume, o mundo continuou a ser diverso, alguns vivendo em comparativa opulência, as massas permanecendo na extrema pobreza. São os poucos opulentos que discuto aqui.

Em 1949, T.H. Marshall argumentou que um crescimento de direitos iguais de cidadania administrou a tensão entre capitalismo e classes, gerando uma versão reformada do capitalismo. Ele distinguia três estágios do desenvolvimento da cidadania. A cidadania civil – liberdade e igualdade diante da lei – ele dizia ter sido uma conquista do século XVIII; a cidadania política – o direito de participação igual em eleições livres – foi uma conquista do século XIX. Fukuyama (2011) concorda que Estado de direito (civil) e responsabilidade do governo (política) são dois dos critérios do bom governo, ao qual ele acrescenta a provisão da ordem social. Marshall acrescenta seu próprio, terceiro, elemento – a cidadania social – que ele disse ter sido a conquista do século XX. A cidadania social ele definiu como uma série de direitos, "do direito a um módico bem-estar econômico e segurança ao direito de participar plenamente da herança social e de viver a vida de um ente civilizado de acordo com os padrões predominantes na sociedade" (1963: 74). Essa era uma forma mais ampla e talvez mais vaga de cidadania do que as outras duas, mas seu núcleo é que a desigualdade não deveria atingir níveis que permitissem a emergência de "sociedades" diferentes dentro da mesma nação, e aqui ele foca especificamente os critérios econômicos e educacionais. Ele está escrevendo sobre estratificação de classes – ignorando formas de estratificação regional, étnica, de gênero e outras –, e está escrevendo também sobre a Grã-Bretanha, onde seu modelo de três estágios funciona bem. Ele não se aplica nessa sequência a muitos países, como observei em um trabalho anterior (Mann, 1987). Todavia, Marshall previu corretamente a difusão da cidadania social ao longo do Ocidente como um todo, e seu modelo se estende para cobrir o surgimento de direitos de cidadania para mulheres e minorias. Gostaria de distinguir quatro componentes principais em sua noção de cidadania social.

(1) Um nível relativamente baixo de desigualdade nas receitas de mercado e posses de riqueza. Como a riqueza declinou como uma fonte de desigualdade em meados do século XX, a desigualdade de receitas se tornou mais decisiva. A igualdade relativa de receitas resultava de uma combinação de dispersão de salários baixos e emprego pleno, parcialmente uma conquista do capitalismo industrial avançado, parcialmente buscada como uma política de Estado deliberada.

(2) Um sistema de impostos progressivos que, em seu conjunto, realocava para os pobres, anulando alguns dos efeitos da receita original e da dispersão de riqueza.

(3) Um sistema de Estado de Bem-estar Social transfere benefícios em dinheiro ou em bens ou serviços, ajudando especialmente aqueles fora do mercado de trabalho a manterem um padrão de vida adequado. Isso realocava para os idosos, doentes, com necessidades especiais, desempregados, pobres e crianças. Em seu núcleo, esse era um esquema de seguro, envolvendo pensões, seguro de desemprego e por incapacitação e benefícios de cuidados médicos.

(4) Uma educação e um sistema de saúde universais. As escolas praticavam o ensino da escrita e da aritmética, indo ao menos até o ensino secundário, com acesso meritocrático a níveis educacionais superiores. Como Marshall

reconhecia, a educação era importante para assegurar o acesso não apenas às recompensas econômicas como também ao seu nível de "civilização". Havia um interesse mais comum aqui, uma vez que uma sociedade industrial – especialmente seus setores do colarinho branco e de serviços – requer capital humano com educação. Isso era ainda mais verdadeiro sobre a saúde, embora essa tivesse um ritmo de desenvolvimento de duas partes. A primeira era na provisão pública de água potável e esgotos e o encorajamento de práticas de higiene. Como a urbanização dos países avançados aproximou mais todas as classes uma da outra, esse era um interesse comum partilhado por todas as classes. Todos os países avançados conquistaram esses objetivos antes ou logo após a Primeira Guerra Mundial, mas o segundo estágio da saúde era o acesso igual aos serviços médicos, e esse não era um interesse comum.

A cidadania social poderia ser conquistada através de diferentes combinações desses quatro componentes. Benefícios de bem-estar social não são a única ou mesmo necessariamente a principal parte da cidadania social. O emprego pleno; impostos progressivos; educação universal e livre; e provisão de saúde pública podem ter o mesmo efeito geral que o Estado de Bem-estar Social. Como poucos estudiosos trataram os quatro componentes juntos, era difícil fazer uma avaliação geral da cidadania social. Tento fazer isso aqui. Observe que todos os quatro encorajam o desenvolvimento da cidadania no nível do Estado-nação (embora provisões de saúde pública vinculem as pessoas mais à sua localidade). É a unidade redistributiva para o bem-estar social e impostos, o emprego pleno oferece participação em um mercado de trabalho nacional e a educação promove a fluência de uma pessoa na língua e cultura nacionais. Esse foi o crescimento da *cidadania nacional*, o sentimento de partilhar da mesma comunidade como cocidadãos. No volume 2, observei como as primeiras infraestruturas nacionais – de estradas, ferrovia, serviços postais, serviço militar e instituições educacionais – estavam criando um senso de rotina da nação, "nacionalismo banal", enjaulando as pessoas em seus estados nacionais, convertendo-os em estados-nações. Esse processo escalou no século XX à medida que os direitos de cidadania se intensificaram. Assim, o nacionalismo também se intensificou, embora nada houvesse de inerentemente agressivo sobre isso. O fortalecimento da nação cessou o conflito de classes, parte da dialética moderna entre classe e nação.

Marshall não discutiu relações de gênero e família, mas elas complicam os direitos sociais de cidadania. A visão geral do século XX é a de que as mulheres continuaram a melhorar seus direitos, conquistando igualdade legal, direito ao voto e direitos sociais consideráveis. Todavia, suas rotas para isso foram distintas. A cidadania é geralmente considerada um atributo do indivíduo, ainda que homens e mulheres difiram em termos de seus papéis sociais e de sua biologia como os portadores e (até agora) cuidadores dos filhos. Além disso, muitos homens e mulheres não vivem como indivíduos isolados, mas em famílias, executando papéis um pouco diferentes. Os benefícios da cidadania poderiam ser acrescidos aos indivíduos seja em seus domínios público ou privado, por meio das ocupações ou famílias. No começo desse período havia uniformidade ideológica e institucional relativa fora da agricultura: os homens eram os provedores na economia formal e eram os chefes da família; as mulheres eram cuidadoras subordinadas na família. Essa era a versão de sociedade industrial do patriarcado – governada pelo chefe da família –, talvez a relação de poder e ideologia mais duradoura ao longo da maior parte da história.

Certamente, a realidade em 1914 era mais complexa. A economia familiar camponesa permaneceu importante em muitos países. Muitas mulheres trabalhavam na esfera pública, especialmente mulheres da classe trabalhadora e (cada vez mais) do colarinho branco inferior, pois o capitalismo estava gerando uma demanda considerável por trabalho, e as mulheres em geral trabalhavam em ocupações de cuidadoras como ensino, enfermagem e assistência social. Movimentos feministas pela primeira vez enfrentaram o desafio do patriarcado em movimentos de temperança e depois em movimentos sufragistas. Na verdade, as mulheres conseguiram o voto em vários países por volta de 1914, e em muitos mais na década de 1930. Contudo, as mulheres ainda tinham muito pelo que lutar, em termos de direitos tanto sociais como políticos. Aquelas que não trabalhavam tinham inseguranças duplas, um conjunto provindo das inseguranças de trabalho dos homens, o outro, das dificuldades familiares como esposos bêbados e violentos (o objeto dos movimentos de temperança) ou da morte do provedor da casa. Viúvas e outras mães solteiras eram particularmente vulneráveis. Aquelas mulheres que tinham emprego formal recebiam salários em média a metade daqueles pagos aos homens. Sindicatos trabalhistas podiam ajudá-las a aumentá-los um pouco caso fossem membros, mas poucas eram. De qualquer modo, muitos sindicatos eram dominados pelo desejo de homens conseguirem um "salário familiar" capaz de manter a família inteira, dispensando a necessidade de grande parte do trabalho feminino. A ideologia institucionalizada do patriarcado e especialmente do salário familiar permaneceu importante ao longo desse período – embora estivesse começando a erodir.

Todavia, papéis sociais e biológicos distintos significavam que as mulheres tinham duas rotas alternativas para enfraquecer o patriarcado. Uma era se esforçarem por ser em grande medida similares aos homens, e essa levava a rota do desemprego na direção da igualdade e seguridade, buscando melhoramentos através do mercado de trabalho. Ironicamente, elas buscaram ter seu trabalho comoditizado a fim de depois conquistar a descomoditificação fornecida pela cidadania social. A outra rota era buscar a melhoria de suas condições como cuidadoras dentro da família – a rota "maternalista". A jornada mais recompensadora era combinar ambas as rotas. O desejo das mulheres de se libertarem do patriarcado visava, por um lado, aos direitos plenos ao emprego com salários e benefícios de bem-estar social iguais, normalmente fluindo do trabalho, como pensões e seguro de desemprego e doença. Por outro lado, elas visavam à licença maternidade e parental, creche, benefícios familiares e controle sobre decisões reprodutivas. Empregadores e estados tinham preferências aqui, fosse para encorajar o tamanho da força de trabalho ou do índice de natalidade. Ao explicarmos o surgimento da cidadania social, devemos relacionar o mercado, o Estado e a família.

A visão geral, com certeza, é a de que a cidadania social e as nações avançaram em toda parte no norte do mundo. Embora grande parte deste capítulo foque as variações na cidadania social, todos os regimes de bem-estar social e todos os sistemas de impostos se tornaram mais redistributivos. O emprego pleno como um objetivo da política de governo também apareceu, embora tivesse de esperar até após a Segunda Guerra Mundial para ser completamente desenvolvido. Os direitos das mulheres também melhoraram, embora sempre atrasados e com variação entre as rotas de emprego e maternal. Minorias étnicas e raciais, onde relevante, também ficaram para trás – embora somente nos Estados Unidos, Austrália e (em uma extensão menor) Nova Zelândia isso tenha importado muito. A expansão da educação pública tem sido o desenvolvimento mais uniforme de todos, com uma variação relativamente pequena ao longo das nações e macrorregiões, e com menos variação ao longo de gêneros e etnicidades. De um modo geral, Marshall estava certo: o capitalismo estava sendo socializado, nacionalizado e civilizado – embora direitos civis e políticos fossem outra questão.

Teorias correntes sobre os estados de bem-estar social

As três principais explanações correntes sobre o desenvolvimento do Estado de Bem-estar Social se estendem para cobrir todos os quatro componentes da cidadania social. A primeira teoria vê o Estado de Bem-estar Social como o produto de uma "lógica da industrialização", funcional em reproduzir a força de trabalho qualificada necessária em uma economia industrial e depois pós-industrial. Ela também lida com outras mudanças modernizadoras: expectativa de vida mais longa (gerando mais pensionistas e preocupação com serviços médicos), urbanização, separação maior entre trabalho e vida doméstica (de modo que as famílias necessitam mais suporte público), e o ingresso das mulheres e minorias na força de trabalho. Isso reflete o declínio da economia doméstica e a separação de vida doméstica e economia, de modo que as famílias não podem mais oferecer o suporte para lidar com os perigos da vida e proximidade da morte, e as inseguranças da esfera econômica. A comunidade nacional é convidada a participar, desenvolvendo toda uma série de serviços sociais administrados ou regulados pelo Estado (Wilensky, 2002). Assim, a lógica da industrialização seria mais acuradamente denominada "lógica da reação à industrialização", a reparação de seus defeitos.

Um determinado nível de desenvolvimento econômico também é necessário antes que um país possa desenvolver um sistema de impostos universal ou dar conta de grande parte de um Estado de Bem-estar Social ou de um sistema educacional universal, de modo que a industrialização leva progressivamente a mais bem-estar social (embora prefira dizer que a industrialização capitalista tenha levado a isso). Nas nações, PIB e renda *per capita* estão correlacionados a gastos com bem-estar social, embora não exista um nível de riqueza necessária para um país começar programas de bem-estar social, e a correlação diminui à medida que os países continuam a ficar mais ricos. Quando chegamos à pós-industrialização, a correlação em países avançados é insignificante – embora isso não seja verdade sobre a educação, que continuou a se expandir em resposta a uma economia pós-industrial. Assim, de um modo geral, essa teoria teve uma aplicação variável, mais útil neste volume do que no próximo. Observe que se considera sua lógica aplicável a todos os regimes políticos, não apenas às democracias.

A segunda explicação tem em seu núcleo o capitalismo e seu conflito de classes. As relações de mercado capitalistas acrescentam mais insegurança a nossas vidas econômicas, enquanto empresas e indústrias surgem e desaparecem. Contudo, não é apenas fracasso econômico. O aumento da produtividade com a substituição do maquinário pela força de trabalho humano obviamente também leva a redundâncias, e o desejo capitalista por lucro leva ao cálculo contínuo, por parte dos empregadores, dos custos de trabalho e um impulso para reduzi-los, talvez pela redução salarial. Esses perigos são sentidos particularmente entre os trabalhadores menos qualificados. Assim, eles reagiam fortemente contra o capitalismo não regulado. Já vislumbramos a resposta revolucionária; aqui, examinamos a versão reformista do conflito de classes: as pressões da classe trabalhadora para promover, através do Estado de Bem-estar Social, acesso igual à educação e a redistribuição de algum lucro aos salários. Isso dependia muito da habilidade dos trabalhadores de desenvolver organizações coletivas poderosas. Muitos estudos mostraram que a força de trabalho – medida pela densidade da afiliação sindical, extensão das negociações das relações de trabalho coordenadas nacionalmente, e anos de governo de partidos centro-esquerda – esteve correlacionada à redistribuição de renda pré-impostos e pós-impostos e à generosidade dos programas de bem-estar social ao longo do século XX (Allan & Scruggs, 2004; Hicks, 1999; Huber & Stephens, 2001; Pontusson, 2005; Bradley et al., 2003: 198). A cidadania social, aqui, representa o triunfo dos movimentos trabalhistas reformistas, e isso ocorre basicamente em democracias. Como Lipset argumentou, a política é a tradução democrática da luta de classes.

Alguns marxistas ainda se apegam a esse modelo de classe. Contudo, muitos cientistas sociais o modificaram de três modos. Primeiro, onde estados, igrejas ou empregados perceberam o aumento do movimento da classe trabalhadora como potencialmente ameaçador, podiam tentar comprar a lealdade dos trabalhadores com concessões sociais-cidadãs. Na verdade, menos conflito de classes do que o desejo de impedir que ocorresse promoveu os primeiros programas no autoritarismo assim como em regimes democráticos (Hicks, 1999). Esse era o modelo indireto ou de cima para baixo de conflito de classes. Segundo, a cidadania social foi conquistada não apenas pelos trabalhadores, mas por alianças mais amplas de classe de trabalhadores, agricultores e grupos de classe média. Esping-Andersen (1985; 1990) observa que trabalhadores comuns (*blue-collar workers*) jamais foram a maioria, de modo que sozinhos seriam incapazes de aprovar legislação implementando suas exigências; eles necessitavam de aliados. Vimos no último capítulo que uma aliança assim foi responsável pelo aumento da cidadania social nos Estados Unidos no período do New Deal. Na descrição de Baldwin (1990) do desenvolvimento do bem-estar social na Escandinávia e na Grã-Bretanha, a classe média e os agricultores muitas vezes desempenharam um papel maior do que os trabalhadores. Terceiro, não apenas as classes emprestaram seu peso – movimentos feministas e de minorias étnicas, movimentos religiosos populistas e os idosos também o fizeram. Embora movimentos do "poder cinza" (*gray power*) tenderam a ser mais influentes na luta por benefícios do Estado no período após 1945, em alguns países, o envelhecimento da população está correlacionado ao aumento das despesas de transferência social desde a década de 1880 (Lindert, 2004). O movimento Townsend durante o New Deal americano foi um exemplo do poder cinza, como vimos no último capítulo.

Em todos esses casos, resultaram consequências do conflito – sejam diretas (de baixo para cima) ou indiretas (de cima para baixo) – em vez de qualquer lógica automática (como na explanação industrialista), de modo que esse permanece mais um modelo de conflito do que de consenso. Ele é denominado "teoria dos recursos de poder" por cientistas políticos. Esses conflitos culminaram não em revolução, mas em reformas. Na verdade, essas alianças reformistas amplas depois alegam ser o povo ou a nação, de modo que movimentos que começaram como conflito centrado na classe perdem seu teor e se tornam a nação, em meio ao consenso nacional amplo. Isso é bom para o desenvolvimento posterior da cidadania social. Lindert argumenta que a generosidade do Estado de Bem-estar Social é maior onde a classe média pode se relacionar com as dificuldades dos pobres e vê-los como essencialmente o mesmo tipo de pessoa que eles. Isso foi concretizado com a nação – partilhamos grandes similaridades com nossos cocidadãos. Eventos que aumentam a solidariedade popular e a importância da nação são bons para a cidadania social; aqueles que a diminuem são maus. Por sua vez, a conquista da cidadania social reforça a coesão do Estado-nação. Tornamo-nos mais nacionalmente enjaulados pelo desenvolvimento dos direitos de cidadania social.

A terceira explanação enfatiza as instituições políticas e foca os partidos políticos, burocratas e especialistas políticos; estados federais *versus* centralizados;

e representação proporcional (RP) *versus* sistemas eleitorais majoritários. Esse modelo é usado principalmente para explicar variações entre países. Em sistemas federais, os direitos dos cidadãos muitas vezes variam nos países – vimos no último capítulo quão importante o federalismo foi nos Estados Unidos. Muitas vezes se considera que o federalismo e os sistemas de RP aumentem o número de pontos de veto no processo legislativo, o que pode frustrar reformas de bem-estar social. Considera-se também que a RP favoreça o governo de coalizão centro-esquerda como oposto aos governos conservadores favorecidos por sistemas majoritários (Iversen & Soskice, 2009; Bradley et al., 2003: 199). Embora proponentes dessa teoria sejam muitas vezes chamados institucionalistas, esse é um âmbito muito variado de relações de poder – não somente institucionais, mas também partidos políticos e elites estatais são enfatizados. As primeiras duas teorias veem o bem-estar social se desenvolvendo basicamente de uma forma inevitável ao longo do século, embora variações nacionais e regionais nos níveis de cidadania social sejam reconhecidas por ambos e sejam enfatizadas na teoria institucional.

Essas três teorias possuem alguma força, e também estão inter-relacionadas. A sociedade industrial não cria automaticamente estados de bem-estar social, exceto onde existem interesses genuinamente comuns em fornecer serviços, como água e esgotos, por exemplo. De outro modo, as reformas necessitam da pressão de atores coletivos como sindicatos trabalhistas ou organizações para os idosos, e esses integrados a movimentos políticos estabelecidos em meio a instituições existentes, que acrescentam suas próprias peculiaridades. Assim, correlações de generosidade de Estado de Bem-estar Social com as variáveis individuais especificadas acima não são particularmente fortes (embora dados quantitativos adequados estejam disponíveis geralmente desde 1960). As correlações mais fortes são aquelas com anos de governo de centro-esquerda em democracias, seguidos pela força sindical, ambos os quais se encaixam na teoria de classes, embora devamos explicar por que alguns países têm mais governos de centro-esquerda e sindicatos maiores. Uma explanação completa deve envolver muitos caminhos causais – e suas perturbações em meio a eventos contingentes importantes do século, como guerras mundiais e depressões cujos efeitos enfatizei em capítulos anteriores.

Essas três teorias devem ter aplicação geral em países capitalistas industriais. Contudo, não apenas os estados-nações são um tipo diferente um do outro, mas macrorregiões mais amplas que compreendem grupos de estados – cada um com certas similaridades culturais e institucionais – também se tornaram importantes. Dois modelos principais para analisar essas macrorregiões emergiram, um focando duas ou mais "variedades de capitalismo", o outro nos "regimes de Estado de Bem-estar Social". O último é mais relevante para este capítulo. Deixo as variedades de modelo de capitalismo para o próximo volume, uma vez que focou o período após 1945.

Esping-Andersen (1990) distinguiu três "regimes de bem-estar social": liberais (que denomino anglo), democráticos sociais (nórdico) e europeus conservadores (euro). Estudando essencialmente o período a partir de 1960, mas originalmente generalizando sobre um período muito mais longo de tempo, vê os países liberais como tendo pequenos sistemas de bem-estar social de acordo com as condições econômicas que deixam muitas pessoas dependentes do mercado para sua sobrevivência. Movimentos feministas na verdade buscavam aumentar a comodificação quando adotaram a rota do emprego na direção da igualdade. Os outros dois regimes têm estados de bem-estar social maiores, mas o nórdico é mais universalista do que o euro. Seus benefícios são direitos à cidadania, que não são baseados na necessidade nem no *status*, e é mais redistributivo. Além disso, as mulheres conquistaram mais direitos tanto no emprego quanto nos aspectos maternais da vida. Em relação a isso, os nórdicos oferecem uma forma mais avançada da cidadania social de Marshall. Os estados de bem-estar social euro são muito menores do que os nórdicos, mas são menos universalistas e redistributivos, sendo baseados no princípio do seguro, com benefícios que variam por *status* ocupacionais e familiares. Ocupações de *status* superior recebem mais benefícios, assim como famílias com crianças, mas as mulheres não são encorajadas a entrarem no mercado de trabalho – uma clara preferência pela rota maternal para as mulheres. Esses *status* distintos derivam do papel menor do socialismo e do papel maior da religião socialmente consciente (usualmente, o catolicismo). Relações de gênero por vezes reforçam, por vezes complicam isso, como veremos. Não deveríamos reificar esses regimes. Mostrarei em particular que os modelos anglo e euro surgiram basicamente após esse período.

Essa tipologia necessita confrontar os quatro aspectos da cidadania social – Estado de Bem-estar Social, impostos, mercados de trabalho e educação e sistemas de saúde – e deve ser situada em meio a processos históricos mais amplos, pois teve trajetórias históricas distintas. Começo no começo.

Fase 1: o desenvolvimento até a Primeira Guerra Mundial

Antes do século XIX, as principais funções dos estados eram guerrear e aumentar impostos para guerrear. Muitos forneciam um mínimo de bem-estar social por meio de leis pobres, mas isso era visto como caridade, não como um direito de cidadania. As funções civis dos estados estavam aumentando ao longo do século XIX, como vimos no volume 2. O aumento em infraestruturas de comunicação, educação, limpeza urbana e iluminação, e água potável e saneamento básico, revelou o compromisso dos estados e partidos com a melhora do bem-estar social de seus cidadãos/súditos. Isso pode ser visto como a condição antecedente dos programas de bem-estar social modernos. À medida que a industrialização capitalista se espalhava, trouxe a riqueza necessária para financiar mais programas públicos, especialmente em educação e saúde.

Em 1900, a educação primária era quase universal na maior parte dos países avançados, a educação secundária estava bem-estabelecida e a expansão universitária estava começando.

O interesse comum mais claro repousa na saúde pública. Essa foi a consequência direta não do capitalismo, mas da industrialização e urbanização. As classes estavam agora reunidas em cidades, e a comunicação de doenças entre elas era rápida; germes não tinham classe. Interesses comuns deram à nação um sentido maior de unidade, mas a solidariedade era expressa mais diretamente no nível municipal. Isso foi um incentivo para inovação científica e tecnológica, quanto à saúde pública. Água mais limpa e sistemas de esgotos e pasteurização e outras regulações de saúde pública deram um salto adiante. Louis Pasteur geralmente é classificado como a pessoa francesa mais importante em pesquisas de opinião francesas, e elas poderiam estar certas. Contudo, incontáveis engenheiros de águas e esgotos, de Joseph Bazalgette – o projetista londrino de meados do século XIX de um sistema de esgotos que reduzia a incidência de doenças transmitidas pela água como a cólera – a William Mulholland – que levou água potável a Los Angeles em 1913 – coletivamente impactaram provavelmente mais. É verdade que os salários médios na Grã-Bretanha e nos Estados Unidos também começaram a aumentar a partir da década de 1870, com um impacto na ingestão calórica, mas os salários reais permaneceram muito estagnados nas primeiras quatro décadas do século XX. O melhoramento perceptível na saúde humana, revelado pelo aumento da expectativa de vida e da altura humanas – visíveis especialmente nas décadas de 1920 e 1930 em muitos países avançados –, deveu-se provavelmente mais aos muitos melhoramentos incrementais na saúde ambiental ao longo do período anterior. Isso se somou ao melhoramento contínuo nas dietas humanas principalmente devido à inventividade da agricultura capitalista e seus ramos resultantes da indústria química (Floud et al., 2011). Misturadas estavam as lógicas tanto do capitalismo quanto da industrialização, que também geraram aumento do PIB ao longo da primeira metade do século XX em muitos países (brevemente pontuado pelas guerras mundiais e pela Depressão), significando que mais impostos de diversos tipos também poderiam ser extraídos para obras públicas e para esquemas de bem-estar social.

Uma preocupação pública coletiva – parte liberal ou caridosa, parte gerada pela pressão da classe trabalhadora – se voltou para o problema da seguridade da riqueza e saúde durante a vida de uma pessoa. Essas várias pressões e possibilidades geraram os primeiros programas de bem-estar social públicos que modificaram antigas leis dos pobres e suplementaram a caridade privada pela provisão pública. No início, muitos foram novamente apoiados pelo governo local em vez do nacional. Os famosos programas de seguro federais alemães bismarckianos do final do século XIX foram superados por uma pletora de programas no nível local e provincial (Steinmetz, 1993). Os líderes educacionais durante esse período – os Estados Unidos, Alemanha e Austrália – deveram isso principalmente às iniciativas de governos locais e provinciais. Não parece ter havido líder local claro na provisão de saúde pública.

Na virada do século, esquemas de bem-estar social eram limitados. Esquemas de seguro por acidente cobriam menos de 20% da população empregada, havia menos seguro de doença, e quase nenhum seguro de desemprego. Sindicatos forneciam suas próprias sociedades mútuas que (muito inadequadamente) asseguravam seus membros contra a pobreza. Esses esquemas eram concedidos apenas aos homens. O principal direito à cidadania social proclamado (e por vezes implementado) era de o homem que recebia salário receber um salário familiar, ou seja, um apoio adequado à sua família. Movimentos sindicais estavam quase todos comprometidos com isso. Assim, era comum que buscassem reduzir o trabalho feminino, que era mal remunerado, e ameaçassem o direito do homem a um salário familiar. A participação da força de trabalho masculina e feminina variava consideravelmente entre os países: a taxa de desemprego de mulheres casadas era cinco vezes tão alta na França quanto na Grã-Bretanha em 1913 (Pedersen, 1993: 71). Em toda parte, os salários das mulheres tendiam a ser apenas 50% do salário dos homens, e a legislação de emprego pró-mulheres tendia a ser "protetora": as mulheres como o sexo vulnerável mais fraco necessitava de proteção contra longas horas e contra fábricas clandestinas (*sweatshops*), que empregavam desproporcionalmente mulheres. No capítulo 3, vimos que isso era assim na América no começo do século XX.

Os primeiros líderes em programas de bem-estar social eram todos países moderadamente desenvolvidos, como Hicks (1999) mostra. O fato de que somente um país menos desenvolvido, a Romênia, tivesse quaisquer políticas de bem-estar social apoiava a lógica do modelo industrialista. Todavia, nos países relativamente desenvolvidos, programas de bem-estar social não estavam significativamente correlacionados ao PIB *per capita*. O país mais rico, os Estados Unidos, era um retardatário em muitos programas de bem-estar social, embora não em educação e direitos das mulheres. Isso sugere que a lógica do modelo industrialista possa ter perdido seu poder explanatório muito cedo. O que se correlaciona fortemente é a densidade sindical seguida pela extensão da votação da esquerda – uma clara reivindicação da teoria de classes.

Hicks examina depois que programas os países introduziram antes de 1913 e se foram *consolidados*, ou seja, se foram legalmente compulsórios ou quase para um conjunto de pessoas, e se foram extensivos e completamente custeados pelo Estado. Ele considera a Alemanha Bismarckiana a líder com três programas satisfazendo esses critérios – pensões por velhice, por incapacitação e de sobrevivência, benefícios por doença e maternidade, e indenização de trabalhadores (*workers compensation*). A Alemanha foi seguida pela Áustria, pelos Países Baixos, Suíça e Suécia – todos com dois –, embora a Suécia tenha adquirido um terceiro em 1916. O Reino Unido tinha três programas, mas embora um satisfizesse ambos os critérios, dois satisfaziam somente um. Esses eram os líderes, e uma coleção muito diversa de países extraídos dos três regimes de bem-estar social de Esping-Andersen, que sugere que seu modelo não se aplicou tão cedo. Para pensões por velhice, dois sistemas diferentes emergiram. No sistema bismarckiano alemão de pensões contributivas, relacionadas ao *status*, os que ganhavam mais recebiam pensões mais altas. Esse se espalhou pouco antes da Primeira Guerra Mundial para a França e os Países Baixos. Esses eram basicamente esquemas de seguros. Em contraste, o que mais tarde ficou conhecido como o sistema Beveridge concedeu pensões fixas, de acordo com as condições econômicas para os pobres idosos a partir dos impostos. Esse era um direito cidadão, mas somente para os pobres, que eram usualmente sujeitos a vigilância intrusiva de sua elegibilidade. A Dinamarca havia iniciado isso em 1891, a Grã-Bretanha seguiu em 1908 e a Suécia em 1913. Esse era mais redistributivo do que o sistema bismarckiano reforçador de *status* (Ebbinghaus & Gronwald, 2009). Até então, contudo, as quantidades envolvidas eram pequenas.

Nesses sistemas de bem-estar social iniciais, Hicks (1999: 124-125) percebe três rotas, embora não sejam as mesmas de Esping-Andersen. Uma ele chama liberal-trabalhista e era constituída por anglos e nórdicos. A segunda era bismarckiana, na qual um Estado semiautoritário tentava cooptar trabalhadores qualificados oferecendo-lhes seguro de desemprego, benefícios por doença e pensões, como na Alemanha e na Áustria. A terceira rota era paternalista católica social, onde grandes partidos religiosos dependiam dos votos de todas as classes. Hicks enfatiza que todos os três foram tentativas de liberais, do Estado ou de igrejas para afastar o apoio da classe trabalhadora ao socialismo, e que resultaram de alianças altamente variáveis de partidos políticos a fim de evitar o conflito de classes – a resposta de cima para baixo para o conflito de classes. Steinmetz (1993) concorda que, na Alemanha, os programas não se deveram diretamente à agitação dos trabalhadores, mas às percepções dos funcionários do Estado dessa agitação.

Nas relações de trabalho, os quatro países liberais diferiam de fato consideravelmente. A Grã-Bretanha já lidava distintamente com o conflito de classes no local de trabalho. Direitos legais foram concedidos a sindicatos, mas o Estado permaneceu distante das relações trabalhistas. O voluntarismo foi a qualidade definidora desse sistema de negociação. Na Primeira Guerra Mundial, Austrália e Nova Zelândia tinham um sistema arraigado de arbitragem da corte em disputas trabalhistas; os governos americanos, tanto federal quanto estadual, ainda estavam reprimindo sindicatos trabalhistas. A repressão estava declinando ao longo da Europa, e acabou sendo substituída por estruturas corporativas de relações de trabalho mais brandas, levando grupos de interesse de trabalhadores e empregadores para dentro do Estado para mediação estatal compulsória. Contudo, isso pode ser remontado à presença maior de organizações coletivas como guildas e cooperativas rurais, por um lado, e por estados mais intervencionistas e burocratizados, de outro, nesse período inicial (Iversen & Soskice, 2009). Voluntarismo e corporativismo teriam mais tarde trajetórias muito distintas.

A Primeira Guerra Mundial estimulou tanto o bem-estar social quanto a tributação progressiva em muitas nações combatentes, embora em extensões diferentes. Ela criou seus próprios problemas de bem-estar social – mais viúvas, órfãos e incapacitados. Como vimos no capítulo 5, ela também levou à guerra de massa mobilizada, quase total. Uma vez que a nação como um todo estava sacrificando muito pelo esforço de guerra, houve um sentimento difuso de que o povo deveria ser recompensado com alguma redistribuição. O estudo de Winter e Robert (1997) sobre Londres, Paris e Berlim mostra que a guerra também mudou as classificações de cidadania social. Antes da guerra, os direitos incorporados nos programas de seguro social da Alemanha wilhelmina para pagamento de aposentadorias, benefícios de desemprego e cuidados médicos estavam adiante daqueles da Grã-Bretanha, cujos programas estavam adiante dos da França. Durante a guerra, os três desenvolveram programas para esposas, dependentes e viúvas de soldados e veteranos incapacitados, mas um nível mínimo de auxílio para os desempregados. Isso ainda era dominado pela noção do salário familiar do homem, com o Estado intervindo somente na ausência de um homem trabalhador na família; outras mulheres se conectavam à nação por meio dos homens de suas relações. O sistema alemão, sob as pressões econômicas de uma guerra travada por um antigo regime, intensificou a concepção bismarckiana de privilégios escalonados, uma combinação de uma solidariedade nacional enfraquecida pelas diferenças de *status*. Ela não foi superada pelos programas de direitos mais universais da França e Grã-Bretanha (razoavelmente) democráticas. A classificação de generosidade no final da guerra foi a Grã-Bretanha na liderança seguida pela França, com a Alemanha atrás (Bonzon, 1997). Ainda não havia desenvolvimento suficiente de políticas de bem-estar social nos Estados Unidos. Todavia, nenhuns benefícios de bem-estar social eram muito grandes nessa era, e essas mudanças não haviam sido grandes.

O tamanho dos gastos do governo haviam, é claro, aumentado vertiginosamente durante a guerra, e, como em outros períodos da história europeia (documentados em meus volumes anteriores), caiu após a guerra, embora não aos níveis pré-guerra. Temos melhores dados sobre receitas do que sobre despesas. Como uma proporção do PIB, em 1920, as receitas haviam dobrado, comparadas a 1913, na Grã-Bretanha, Irlanda e Alemanha, e haviam subido em mais de 50% nos Estados Unidos, Países Baixos e Itália. Depois, no período entreguerras, continuaram a aumentar, embora somente na Alemanha e Itália fascistas – que gastaram muito mais no exército – e nos Estados Unidos, durante o New Deal, o aumento foi muito substancial. Devido à guerra, a dívida governamental havia ampliado. Subsequentemente, o pagamento da dívida continuou em torno do mesmo nível, e despesas com educação, saúde e bem-estar social subiram gradualmente como uma proporção do PIB. Em 1937, a média dos gastos do Estado para onze países avançados foi de 11,4% do PIB, dobrando ao longo de quarenta anos. Dois países, Austrália e Noruega, tiveram menos da metade disso; a Alemanha teve o dobro; e a França 50% mais. Os outros se agruparam em torno dessa média, com os Estados Unidos tendo a mais alta deles em 12,9% (Tanzi & Schuknecht, 2000: caps. 2, 3). Como o PIB *per capita* estava também subindo no período entreguerras, o crescimento do governo foi perceptível em quase toda parte. Estados haviam adquirido mais papéis civis em resposta à exigência por mais cidadania social. Todavia, isso seria superado pelo crescimento dos direitos de cidadania que ocorreram no período pós-Segunda Guerra Mundial. Essas tendências foram similares ao longo dos países avançados – com exceção dos países fascistas – embora, é claro, cada país fosse um pouco diferente.

O problema de como pagar pela guerra era iminente para os combatentes. Os principais meios disponíveis eram empréstimos e títulos de guerra, impressão de papel-moeda e impostos. Empréstimos e títulos tiveram algum impacto na redistribuição intergeracional – foram um imposto sobre gerações posteriores que tiveram de pagá-los, mas tiveram pouco impacto redistributivo de classe. A política universal de tributar o "excesso" de lucros de guerra foi progressiva, mas só durante a própria guerra, uma vez que essas taxas foram abandonadas mais tarde. Impostos sobre consumo, as principais fontes de receita em muitos países, foram aumentados durante a guerra. Eles tenderam a ser regressivos, mas impostos sobre a riqueza geraram muito menos receita durante a guerra porque muitos arrendamentos e dividendos de ações declinaram. O imposto de renda era progressivo em toda parte, uma vez que nessa época só se aplicava aos relativamente ricos, mas sua incidência variou muito.

Os impostos sobre a renda eram mais altos na Grã-Bretanha pré-guerra. Seu imposto de renda havia ajudado a pagar pelas guerras por mais de um século – muito antes de qualquer outro país – e seu nível havia sido elevado pela Guerra dos Boers e pelo custo do programa de insurgência Lloyd-George de 1911. Na Primeira Guerra Mundial, a alíquota do imposto de renda na Grã-Bretanha depois aumentou de 6% no começo para 30% no final, e os números daqueles tributáveis triplicou. O resultado foi marcadamente progressivo. A combinação de imposto de renda, um "superimposto" sobre receitas altas e impostos sobre heranças respondeu por quase metade de todas as receitas estatais britânicas, comparadas a somente 22% na França e 11% na Alemanha. Nos Estados Unidos, a aliança democrata de agricultores, trabalhadores e do sul e oeste varreu as legislaturas estaduais nas eleições de 1910 e 1912, de modo que a 16ª Emenda à Constituição, que legalizava um imposto de renda federal, foi ratificada a tempo para a guerra. A alíquota do imposto de renda americano subiu rapidamente de 1,5% para 18,3% quando a América entrou na guerra, e foi progressiva. Em 1919, contribuía com metade da receita federal. Embora os Domínios brancos dependessem mais dos empréstimos de guerra e de taxas de juros generosas, todos, menos a Austrália, aumentaram impostos sobre a renda significativamente durante a guerra, e depois os mantiveram – a alíquota da Nova Zelândia subiu para 30%. Assim, a guerra estimulou a cidadania social sob a forma de impostos progressivos entre os anglos, incluindo os Estados Unidos. Observe que os Estados Unidos foram particularmente desiguais, introduzindo impostos progressivos, mas ficando atrás em muitos benefícios de bem-estar social até o New Deal.

Um imposto de renda francês foi introduzido por uma aliança socialista e radical de esquerda pouco antes da eclosão da guerra, embora se aplicasse a poucos e sua alíquota fosse somente de 2%. Em 1917, impostos sobre renda, riqueza e herança foram combinados em um pacote progressivo, embora ainda com alíquotas baixas. A França continuou a depender muito mais do que os anglos de impostos indiretos regressivos. A Rússia fez isso em uma extensão muito maior: o regime havia tentado introduzir impostos sobre a renda em 1914, mas a guerra e o atraso administrativo impediram o progresso. Os estados individuais da Alemanha já tinham pequenos impostos sobre a renda pré-guerra. Depois, os socialistas ofereceram apoio ao aumento do gasto militar, caso pudesse ser pago com impostos progressivos federais – uma vez mais mostrando que, para a esquerda, a política interna era quase sempre mais importante do que a externa. O nível de impostos diretos sobre indivíduos era baixo, contudo, e houve pouca mudança durante a guerra, o Império Austro-húngaro arrecadou um pouco mais de impostos diretos durante a guerra, mas a Itália reteve uma carga de impostos diretos muito baixa.

Países neutros por vezes tinham cargas fiscais mais pesadas durante a guerra porque os bloqueios e outros problemas perturbaram suas relações de comércio normais e produziram sacrifícios comuns pelos quais os estrangeiros foram responsabilizados (pois eles haviam começado a guerra). Isso também incitou políticas populistas. Nos Países Baixos, essas foram implementadas por uma aliança entre socialistas e partidos religiosos, que agora conquistavam representação proporcional universal. Isso assegurou que impostos pessoais aumentassem quatro vezes mais e se tornassem mais progressivos. Os holandeses, como os britânicos, estavam mudando a carga de impostos indiretos para impostos diretos. A Bélgica neutra, mas ocupada, seguiu após a guerra (Strachan, 2001: 862-904; Ferguson, 1999: 118-125; Broadberry & Harrison, 2005; Morgan & Prasad, 2009; Tanzi & Schuknecht, 2000: 56-57). Agora, as democracias estavam se dirigindo para impostos progressivos, redistribuição que enfatizava quem vivesse em uma comunidade nacional. Impostos sobre a renda se mostraram difíceis de desmantelar após a guerra porque eram muito populares; eles foram a vanguarda da cidadania social durante meados do século XX.

Já registrei os primeiros indícios de cidadania social. Foram pequenos, limitados pela ideologia de que o lugar dos homens era no mercado de trabalho, ganhando um salário familiar, e de que as mulheres deveriam ser as cuidadoras no lar – a menos que lá não houvesse um homem que trabalhasse, em cujo caso alguns estados e autoridades provinciais concediam à cuidadora ajuda financeira limitada. Foram incentivados pelo sacrifício comum na guerra, mas, com a exceção parcial da saúde pública, variaram dentro e entre nações, e eram maleáveis. Nada ainda era definitivo, e ainda não se enquadravam de modo algum nas tipologias distinguidas anteriormente.

Fase 2: as trajetórias entreguerras: (a) os anglos

Os anglos vitoriosos viram a democracia e o Estado de Bem-estar Social gradualmente se aprofundarem. Eles eram internamente pacíficos, não viram tentativas de revolução e grevistas e sufragistas experienciaram pouca violência (exceto nos Estados Unidos durante os ataques Palmer). Durante todo século XX, o movimento de direitos civis americano e as revoltas nacionalistas na Irlanda produziram a maior parte da turbulência entre os anglos, e nenhum dos dois eram formas de conflito de classes. Esses países foram combatentes em guerras mundiais, mas como vitoriosos sem invasão. Assim, instituições políticas existentes perduraram, embora tivessem variavelmente se intensificado pelo sacrifício na guerra e pelo populismo induzido por ela. O desenvolvimento gradual dependente do caminho dos direitos de cidadania era comum. Nenhum deles desenvolveu partidos ou sindicatos marxistas grandes; seus principais partidos da esquerda eram ou liberais, como nos Estados Unidos, Canadá e Irlanda, ou partidos trabalhistas dominados por sindicatos moderados, como na Austrália, Nova Zelândia e Reino Unido, inicialmente roubando as políticas e votos de partidos liberais maiores.

A Grã-Bretanha, a primeira nação industrial, havia desenvolvido a primeira classe trabalhadora. A lógica da industrialização e do poder da classe pressionou na direção do bem-estar social e da redistribuição. Na década de 1890, sindicatos profissionais haviam se unido aos trabalhadores semiqualificados da Segunda Revolução Industrial. A densidade de afiliação sindical da Grã-Bretanha permaneceu alta, rivalizada somente pela Austrália, até meados da década de 1920. A emancipação foi estendida através de sucessivos estratos ocupacionais masculinos e depois às mulheres, à medida que cada um supostamente demonstrava sua "responsabilidade". Em 1900, vários distritos eleitorais dominados pelos trabalhadores estavam elegendo sindicalistas como seus Membros do Parlamento (MPs). Eles formavam o núcleo de um partido trabalhista cuja emergência pressionou os principais partidos a oferecerem reformas que agradassem os eleitores da classe trabalhadora. Assim, o Partido Liberal se moveu para a esquerda na década de 1900, buscando manter seus eleitores da classe trabalhadora com reformas. Seguiu-se o programa de previdência social de Lloyd-George, de 1911, combinado ao imposto de renda. Na ausência de partidos socialistas ou comunistas, essa se tornou a rota liberal-trabalhista para a cidadania social (Hicks, 1999: 124-125).

Observei no capítulo 3 como a guerra reforçou o conservadorismo americano pelo fato de a intervenção militar americana ter ocorrido tarde na guerra e ter sido rapidamente bem-sucedida. Na Grã-Bretanha, a vitória na Primeira Guerra Mundial tendeu a legitimar o regime, embora a extensão do sacrifício nacional tenha encorajado uma leve intensificação da democracia. O voto foi estendido a todos os homens durante a guerra, e houve reformas brandas e a concessão do direito ao voto a muitas mulheres depois. Seu impacto sobre a Irlanda foi diferente, precipitando o nacionalismo e a independência em relação à Grã-Bretanha – antecipando um padrão geral entre as colônias britânicas após a Segunda Guerra Mundial. Todavia, o capitalismo não enfraqueceu, e feministas tinham reacendido seu ativismo, que muitas abandonaram em nome da unidade do tempo de guerra.

Marwick (1991) vê a Primeira Guerra Mundial como mais radical em seus efeitos, mudando para sempre a relação dos britânicos com seu Estado, uma vez que as reformas de tempo de guerra se tornaram permanentes. O imposto de renda foi estendido do topo de 5-10% a praticamente todo mundo, as ferrovias foram nacionalizadas e os programas de bem-estar foram estendidos. A Lei de Educação de 1918 aumentou em um ano a educação compulsória e entregou seu controle ao Estado. Em 1919, a legislação autorizou a construção de meio milhão de pequenas casas novas, e em 1920 o seguro de desemprego foi estendido de 2 para 11 milhões de trabalhadores. Benefícios para dependentes seguiram rapidamente. Era o fim, diz Marwick, do liberalismo *laissez-faire*. As mulheres também se emanciparam por meio do trabalho em fábricas quando os homens foram para a guerra. Isso levou, ele argumenta, à liberalização dos códigos femininos de conduta e à concessão do direito ao voto às mulheres.

Impostos maiores sobre a renda e aumentos de salário na guerra se mostraram difíceis de desfazer, e alguma redistribuição continuou (Steinmo, 1993: 23-25, 104-108; McKibbin, 1998: 114-118). Contudo, Marwick exagera. De seus três atos, somente o seguro de desemprego foi uma extensão importante. O período pré-guerra já tinha visto a idade de deixar a escola aumentar duas vezes, a epocal Lei de Seguro Nacional (National Insurance Act), crescimento de afiliação sindical, greves, votação nos trabalhistas e um movimento sufragista em expansão. Planos para legislar o sufrágio feminino haviam sido redigidos pelo governo liberal antes da guerra, mas foram engavetados com seu início. Na verdade, em grande parte do Ocidente, o período pré-guerra havia visto muitas inovações político-sociais (Gauthier, 1998: cap. 3).

A guerra ajudou o movimento trabalhista. Um movimento de representantes de trabalhadores consolidou os ganhos de uma onda de greves pré-guerra, e a afiliação sindical dobrou entre 1913 e 1920 para 45% da força de trabalho. A agitação trabalhista disparou, como em quase todos os países no período imediato pós-guerra, mas depois iniciou um declínio até 1932, quando o nível de afiliação sindical foi de 23%, seguido pela recuperação gradual acima de 32% em 1939. Líderes do Partido Trabalhista haviam participado no governo de coalizão do tempo de guerra, e como os líderes liberais Asquith e Lloyd-George se indispuseram e o partido se tornou faccionalizado sob pressão eleitoral, os trabalhistas desfrutaram do sucesso. Em cinco eleições sucessivas entre 1918 e 1929, ele aumentou sua participação nas votações e assentos no parlamento. Juntou-se a um governo de coalizão em 1924, e em 1929 governou sozinho, embora com apoio liberal. Na época, havia atingido cerca de 35% do total de votos, menos que os 40-45% dos conservadores, mas deixando muito atrás os liberais, os quais os trabalhistas estavam agora substituindo. Os sindicatos empurraram os trabalhistas para a esquerda em temas trabalhistas como o seguro de desemprego. A indústria desenvolveu um viés corporativo moderado (Middlemas, 1979), permitindo consultas voluntárias sobre temas de preocupação comum entre líderes sindicais, empregadores e governo, revivendo instituições estabelecidas por Lloyd-George na guerra. Todavia, a greve geral de 1926 interrompeu isso, e em retaliação o governo conservador restringiu os direitos dos grevistas. As conversações Mond-Turner entre líderes sindicais e industrialistas começaram em 1928, mas foram abandonadas em 1933, principalmente devido à oposição dos empregadores que não reconheciam os sindicatos. A Grã-Bretanha não desenvolveu o corporativismo, e a política macroeconômica permaneceu inalterada. Keynes tivera até então pouca influência em sua pátria. Isso foi muito menos mudança do que Marwick havia sugerido.

Embora o Partido Trabalhista fosse o principal veículo de reformas graduais, tornou-se mais centrista e respeitável a fim de garantir os votos da classe média, assim como o SPD alemão estava fazendo. A esquerda do partido foi marginalizada em meados da década de 1920. Um mau momento depois colocou os trabalhistas no poder em 1929, quando o faccionalismo interno a deixou em más condições para lidar com a Grande Depressão (Riddell, 1999; Howell, 2002; Worley, 2005). Ela se dividiu, com muitos de seus líderes indo para um governo nacional de coalizão, cada vez mais dominado pelos conservadores, que duraram até à Segunda Guerra Mundial. Todavia, o governo nacional teve um impacto sobre os líderes conservadores. Eles não pensavam que pudessem vencer as eleições retirando as reformas. Mesmo nos Estados Unidos, dominados pelas administrações republicanas conservadoras durante a década de 1920, eles não puderam se livrar do imposto de renda; o máximo que puderam fazer foi cortar alíquotas e preservar sua forma progressiva. Os governos conservadores britânicos, buscando manter seus votos da classe trabalhadora e pôr em prática sua alegação de serem o partido nacional, cautelosamente estenderam os benefícios de bem-estar social e mantiveram o imposto de renda progressivo. A cobertura de seus programas de pensão, saúde e seguro de desemprego foi maior em meados da década de 1930 do que em qualquer outro país, e seu gasto em educação como uma proporção do PIB foi também maior (Tanzi & Schuknecht, 2000: 34–6).

O Partido Conservador também se reconstruiu, pressionado pelas extensões do sufrágio que em 1929 havia concedido a todos os adultos o voto. Organizações de mulheres e jovens conservadores apareceram, e o partido patrocinava revistas, filmes e centros educacionais que enalteciam as virtudes do patriotismo, da paz industrial, do dever, da decência e da família, uma mensagem voltada para a crescente classe média, mulheres e trabalhadores submissos (McCrillis, 1998). Tudo isso era direcionado para se tornar o partido da nação. Não que classe ou gênero fossem irrelevantes. Homens da classe média se juntavam em clubes de esportes, sociais e de negócios, e as mulheres faziam chás. Os clubes tentavam superar as diferenças religiosas nos interesses de solidariedade. Embora a existência da classe fosse fortemente negada, os clubes eram segregados pela classe. Eles mantinham "a atmosfera correta... atraindo o melhor tipo de pessoas". O críquete desenvolveu a segregação entre "cavalheiros" (amadores não pagos) e "jogadores" (profissionais pagos da classe trabalhadora). Os cavalheiros eram chamados "Sr.", os jogadores eram chamados pelos seus primeiros nomes – mesmo no time nacional de críquete inglês. O futebol americano tinha jogadores e torcidas da classe trabalhadora, mas os clubes eram administrados por empresários. Classe e conservadorismo foram ressurgentes, reformas, preservadas, mas a intensificação da democracia, combatida na esfera social (McKibbin, 1998).

A British Broadcasting Corporation (BBC) acrescentou poder ideológico a esse conservadorismo reformado. Fundada em 1922 por um consórcio de indústrias eletrotécnicas, cujo interesse financeiro era somente em vender equipamento de rádio, nunca tinha comerciais ou foi tão capitalista como suas equivalentes americanas. Tornou-se uma corporação pública em 1927, financiada por impostos, mas independente de partidos políticos e governo. Era muito convencional, evitava controvérsia e usualmente refletia a cultura das classes médias altas, provendo uma versão paternalista do serviço público, buscando elevar os gostos, costumes e linguagem da nação. As emissoras de rádio de nível regional exerciam mais independência, e buscavam tornar seus programas relevantes para as vidas de seus ouvintes. Mais tarde, enquanto a nação se movia para a esquerda durante e após a Segunda Guerra Mundial, a rádio BBC e depois a televisão se tornaram menos *establishment*, mais sem classes, comprometidas com o equilíbrio político e cultural de classes. Permaneceu independente e não comercial. Quando a concorrência da televisão comercial privada foi licenciada na década de 1950, seus anunciantes foram mantidos bem distantes do conteúdo dos programas. Assim, o principal meio ideológico na Grã-Bretanha se tornou amplamente independente daqueles que detinham o poder político e econômico, uma importante contribuição à democracia pluralista, diferente do jornalismo impresso britânico e de quase toda mídia americana.

As mulheres britânicas descobriram que muitos de seus ganhos no tempo de guerra se mostraram efêmeros. Durante a guerra, ganharam salários mais altos, mas ainda menores do que os dos homens. Seus supervisores eram homens, e foram em grande parte demitidas no final da guerra, como fora prometido aos sindicatos. Foi diferente na França, onde os sindicatos eram mais fracos e não haviam sido levados à divisão do poder durante a guerra. Os empregadores franceses eram livres para manter as trabalhadoras, caso considerassem correto, e as mulheres eram mais baratas. Assim, as mulheres formavam quase 40% da população trabalhadora na França em 1921, comparado a somente 29% na Grã-Bretanha (Pedersen, 1993: 123). Na América, todas as mulheres conquistaram o voto em 1918; na Grã-Bretanha, somente mulheres proprietárias e esposas de proprietários de casas com mais de trinta anos conquistaram o voto, embora tenha sido estendido a todas as mulheres em 1929. Todavia, Vellacott (2007) acredita que as mulheres britânicas e francesas poderiam ter se dado melhor sem a guerra. Em ambos os países, muitas feministas radicais haviam se oposto à guerra e foram marginalizadas. No final da guerra, o feminismo britânico foi liderado por londrinas de classe alta com direito ao voto em 1918, que se importavam pouco com as mulheres da classe trabalhadora ainda excluídas. Foi diferente na Alemanha derrotada, na Áustria e (brevemente) na Rússia, onde as mulheres conquistaram o voto imediatamente em 1917-1918 quando partidos socialistas com objetivos universalistas tomaram o poder. A derrota militar foi boa para o sufrágio das mulheres – ao menos no curto prazo. A guerra é culturalmente coisa de homem, e essa guerra foi levada à derrota por um antigo regime patriarcal, de modo que desacreditá-la pela derrota era bom para o feminismo.

As mulheres americanas haviam seguido a rota maternal, principalmente devido à fraqueza da esquerda americana, embora o New Deal tenha mudado as perspectivas das feministas. Como vimos no último capítulo, as feministas puderam se manifestar e obter alguns ganhos tanto no emprego quanto na vida familiar devido à dependência de Roosevelt em um eleitorado de apoio amplo que as incluía. Na Grã-Bretanha, onde os sindicatos eram muito mais fortes, as feministas tiveram poucos ganhos. Isso foi parcialmente porque o Partido Trabalhista havia sido destruído pela Grande Depressão, parcialmente porque o desdém mostrado pelas principais feministas para com as mulheres da classe trabalhadora ajudou a impedir o partido de adotar sua causa. Foi também parcialmente porque os sindicatos foram indiferentes às demandas maternalistas feministas para pensões a esposas e crianças, vendo essas como uma ameaça ao seu objetivo de um salário familiar pago aos provedores masculinos. Quando o governo trabalhista cortou os benefícios de desemprego durante a Depressão, primeiro cortou benefícios para trabalhadoras casadas. Houve, na verdade, menos progresso entreguerras na Grã-Bretanha ou França comparado aos Estados Unidos (Cohen & Hanagan, 1991).

Austrália e Nova Zelândia não eram industrializadas, mas substituíram o radicalismo de uma sociedade fronteiriça (como fizeram os estados do oeste dos Estados Unidos). Os sindicatos cresceram em meio a uma consciência de classe hostil às elites coloniais, e o comportamento dos oficiais britânicos na guerra parecia tipificar isso para os soldados das Anzac. O Partido Trabalhista australiano havia lucrado antes da guerra com o tema da tarifa que dividiu os dois principais partidos. Austrália, Canadá e Nova Zelândia eram todos vitoriosos da Entente. Eles perderam 20% de seus soldados na guerra, mas haviam incrementado suas economias e não houve sacrifício civil, portanto, poucas promessas de uma vida melhor depois. O Partido Trabalhista australiano foi de fato ferido pela guerra, uma vez que se dividiu sobre a conscrição e permaneceu fora do governo até 1929 – um mau momento dado o começo da Grande Depressão. Contudo, os sindicatos continuaram a crescer durante a década de 1920 – de uma densidade de 31% em 1913 a 47% em 1927 – depois a Depressão os atingiu, também. Nova Zelândia e Canadá tiveram ambos governos conservadores antes, durante e depois da guerra. As mulheres neozelandesas já tinha o voto, mas a guerra consolidou sua posição no mercado de trabalho. O Partido Liberal neozelandês depois deteve o poder com a ajuda de sua grande ala de união e foi o principal veículo de reformas até 1935, quando o país conquistou seu primeiro governo trabalhista. Três anos mais tarde, ele introduziu um plano de pensão, parte de acordo com as condições econômicas, parte universal, além de outros benefícios de acordo com as condições econômicas. A afiliação sindical canadense permaneceu em somente 14-15% durante a década de 1920, embora tenha dobrado no final da década de 1930. O desenvolvimento do bem-estar social canadense teve seu ritmo muito reduzido até bem depois da Segunda Guerra Mundial.

Contudo, a cidadania social dos anzacs se tornou distinta. Castles (1985; cf. Starke, 2008: 54-56) prefere o termo estados de bem-estar social "ganhadores de salário" a "liberais", uma vez que tinham políticas de mercado de trabalho ativas que protegiam os trabalhadores por meio de cortes de arbitragem, tarifas e programas de obras públicas, todos com vistas ao emprego pleno. Isso foi ajudado pelos altos índices de casa própria, uma população jovem, abundância de matérias-primas e fácil acesso aos mercados imperiais britânicos. O desemprego permaneceu abaixo de 1% na Nova Zelândia e abaixo de 2% na Austrália até meados de 1970. As políticas ativas de mercado de trabalho floresceram durante a Segunda Guerra Mundial, assim como a influência de Keynes na política macroeconômica. A Austrália havia estabelecido a arbitragem judicial de salários já em 1901. Seu primeiro presidente do tribunal declarou que os níveis salariais seriam decididos não de acordo com "a barganha do mercado", mas de acordo com a justiça social exigida para "o empregado médio considerado como um ente humano vivendo em uma comunidade civilizada", um critério explicitamente de não mercado. Em 1920, o princípio de um salário-mínimo familiar foi a diretriz para as arbitragens salariais dos anzacs. Os salários eram periodicamente ajustados aos aumentos do custo de vida, mantendo os níveis salariais altos e a dispersão salarial baixa. As cortes também muitas vezes exigiam que os empregadores garantissem benefícios como licença por doença que em outros países eram concedidas pelo Estado. Isso foi ótimo para os homens, não tão bom para as mulheres. A institucionalização do salário familiar era orientada para o chefe da família, com as mulheres consideradas tendo papéis basicamente domésticos.

Muitos benefícios de bem-estar social australianos eram de acordo com as condições econômicas. Apenas poucas pessoas os exigiam, pois eram residuais, necessitados por aqueles sem qualquer conexão com o mercado de trabalho em um país de emprego pleno. É por isso que era um sistema de bem-estar social de "ganhadores de salário", que resultava da dominação do conflito de classes na política australiana. Sindicatos e trabalhadores estavam interessados em emprego, não na família, e eram ajudados na direção de um salário familiar pelas cortes de arbitragem. O sistema tinha um viés sexista, porque muito mais mulheres estavam fora do mercado de trabalho. As mulheres eram elegíveis para direitos de pensão básica, pensões por invalidez e benefícios de maternidade antes da Primeira Guerra Mundial, mas conquistaram quase praticamente nada mais até a Segunda Guerra Mundial e depois dela. Os aborígenes foram excluídos até depois da guerra.

A Nova Zelândia teve programas de bem-estar social iniciais, principalmente para homens, embora pensões para viúvas (1912) e benefícios familiares (1926) também tivessem sido introduzidos. Leis de proteção ao emprego estabeleceram os níveis salariais das mulheres em metade aos concedidos aos homens, e restringiram suas horas de trabalho. Como na Austrália e na Grã-Bretanha, sindicatos trabalhistas poderosos privilegiavam a classe em detrimento do gênero. O advento de um governo trabalhista em 1938 levou a uma Lei de Previdência Social que ofereceu uma série completa de programas de benefícios aos cidadãos: um sistema de saúde livre, pensões para todos os aposentados, benefícios de doença para todos os inválidos, educação para todos e a extensão da pensão familiar a todas as mães independentemente de necessidade. Os votos das mulheres haviam trazido algum progresso a elas. Muitos programas permaneceram de acordo com as condições econômicas, voltados para os pobres e necessitados, mas eram pagos inteiramente a partir da tributação geral – principalmente imposto de renda – como na Austrália, de modo que o sistema era progressivo. Como na Austrália, se a renda e/ou propriedades caíam abaixo dos níveis declarados, os benefícios eram automaticamente recebidos. Os 70% inferiores de australianos obtiveram a pensão de aposentadoria. Na década de 1930, os pobres não tinham de enfrentar a humilhação da discrição administrativa, pois a verificação do mérito havia sido abolida. A conformidade às condições econômicas predominava nos países anglos, mas funcionava muito diferentemente na Austrália e na Nova Zelândia comparado à Grã-Bretanha e aos Estados Unidos. Os anzacs tiveram um caminho distinto para a cidadania social (Castles, 1985: cap. 1; Castles & Shirley, 1996). Contudo, entre os anglófonos, a Grã-Bretanha foi a líder clara na cidadania social no período entreguerras.

Os anglos eram, contudo, uma família ideológica falante da mesma língua e partilhando de grande parte da mesma herança, cultura e sistema político (Castles & Mitchell, 1993). Especialistas e partidos políticos, empresários e intelectuais sindicais liam os mesmos livros e panfletos e adaptaram muito das instituições e políticas uns dos outros. O famoso Relatório Beveridge de 1942 sobre a previdência social britânica vendeu 600.000 exemplares em todo mundo falante do inglês. A Irlanda, neutra na Segunda Guerra Mundial, adotou as recomendações de Beveridge sobre pensões familiares durante a guerra. Australianos, neozelandeses e canadenses as implementaram depois. Os anglos também partilhavam um direito não civil comum e o supremo tribunal de justiça para os Domínios era o Conselho Privado (Privy Council) em Londres. Eles tinham governadores-gerais britânicos, e demonstravam lealdade ao rei e ao império através dos sacrifícios de tempo de guerra de seus jovens. Como a Grã-Bretanha, os Domínios eram de maioria protestante, mas países relativamente seculares. Até onde o protestantismo importava, teve efeitos contraditórios, uma vez que os conservadores eram mantidos pelo anglicanismo e o Partido Trabalhista era estimulado pelo metodismo e outras "igrejas inferiores". Os anglos (exceto pelos Estados Unidos) partilharam as mesmas batalhas sobre tarifas com o mesmo resultado na década de 1930 das tarifas de preferência imperial. Assim, havia diversidade e modelos comuns nesse período.

Na primeira metade do século XX, os anglos haviam sido empurrados um pouco para a esquerda por uma ideologia liberal-trabalhista comum. Eles conceberam duas respostas, uma centrada em impostos e no Estado de Bem-estar Social, a outra em intervenções no mercado de trabalho, com os Estados Unidos se desenvolvendo mais irregularmente. Todos tendiam a dividir os programas de bem-estar social naqueles baseados no seguro derivado do desemprego, que – embora formalmente neutro quanto ao gênero – beneficiavam principalmente os homens; e programas de assistência universais, embora muito parcos, de acordo com a condição econômica para os muito pobres – dos quais as mães solteiras e pensionistas estavam entre os em pior estado. Na Grã-Bretanha e nos Estados Unidos, embora menos assim na Austrália, as mães solteiras e pensionistas também sofreram com o Estado bisbilhotando seus estilos de vida. Essa distinção prosseguiu sob a forma da institucionalização do compromisso de classe. Esses tendiam a ser mais voluntaristas do que corporativistas, de modo que (como nos ideais liberais) os partidos poderiam se retirar livremente deles. Todavia, a Austrália e a Nova Zelândia também tiveram uma forma intermediária: a arbitragem das relações de trabalho, incluindo a determinação salarial, pelas cortes. Essas diferenças significavam que não havia ainda uma forma anglo comum para a cidadania social.

Fase 2: trajetórias entreguerras: (b) os nórdicos

Os países nórdicos se industrializaram no começo do século XX e suas indústrias estavam altamente concentradas em somente alguns locais. Na Suécia, como Stephens (1980) mostrou, a densidade da classe trabalhadora no emprego e residência ajudou a gerar um movimento trabalhista forte, mas os camponeses também eram fortes. Eles nunca sucumbiram à servidão, e ainda desfrutavam de representação em uma assembleia de estamentos (*estates assembly*) que agora se tornara um parlamento moderno. Embora as igrejas luteranas oficiais fossem muito conservadoras, seitas protestantes sobrepondo-se aos movimentos de temperança protofeministas promoviam causas radicais. A paz interna durou, com o mesmo efeito que entre os anglos, gerando persistência e concorrência institucionais mais do que conflitos. Aqui, contudo, era mais altamente organizada no nível do Estado, que havia sido historicamente mais importante do que nos países anglófonos. O mundo nórdico desenvolveu tendências corporativistas cedo.

Alianças de centro-esquerda emergiram na Dinamarca, Noruega e Suécia entre trabalhadores e agricultores, e a independência dos agricultores em relação às classes privilegiadas minou os blocos burgueses (Esping-Andersen, 1985: 73). Na Dinamarca, pequenos agricultores prosperaram através de cooperativas, e a indústria permaneceu artesanal. Camponeses e artesãos eram de tendência democrática e liberal no começo do século. Alianças políticas foram formadas entre radicais rurais e liberais urbanos, com os socialistas como parceiros juniores. Isso assegurou o sufrágio universal e as primeiras reformas de bem-estar social e do mercado de trabalho antes, durante e logo após a Primeira Guerra Mundial.

A Noruega foi mais lenta em desenvolver a indústria, mas seus setores de pesca e florestal e os camponeses empobrecidos, junto à ausência de uma classe de proprietários de terras, deram um impulso radical à sua política, assim como o conflito centro-periferia. Esses geraram o sufrágio universal em 1913. Movimentos de mulheres se originando a partir de organizações de seitas missionárias e outras protestantes eram fortes, mas muito conservadores, preferindo sucumbir à rota maternalista pelos direitos. De qualquer modo, havia pouca demanda por sua força de trabalho, exceto junto aos pequenos agricultores. A primeira fase do Estado de Bem-estar Social norueguês foi principalmente masculina, embora um bloco entre classes sociais de votos de mulheres, disposto a negociar com outros grupos de interesse, garantiu um sucesso limitado. O sistema de seguros foi estendido às esposas em 1915, subsídios e pensões foram introduzidos e depois estendidos a mães solteiras, e para aquelas que trabalhavam era paga a licença maternidade. Em contraste, os direitos das mulheres no emprego ficaram para trás. Contudo, o crescimento do socialismo na década de 1920 dividiria as mulheres ativistas em grupos socialistas e não socialistas e diminuiria as chances das mulheres a outros direitos (cf. Sainsbury, 2001, para o feminismo norueguês e sueco entreguerras).

Em contraste, a Suécia experienciou um desenvolvimento econômico tardio e rápido a partir de 1900, baseado em firmas de larga escala concentradas em ferro, madeira e energia elétrica. Isso produziu um conflito de classes entre uma burguesia poderosa e um proletariado concentrado, embora tendo camponeses como uma terceira força. Essas forças, ajudadas por seitas protestantes radicais, conquistaram o sufrágio universal no final da Primeira Guerra Mundial. A Suécia tinha um Estado burocrático, um produto de seu passado imperial, e esse foi ativo no desenvolvimento das infraestruturas de uma sociedade industrial. A indústria prosperou, e a alta demanda por trabalho significava que as mulheres eram encorajadas a trabalhar, de modo que as feministas poderiam escolher a rota do emprego para os direitos e estavam pressionando por reformas mesmo antes da guerra. De fato, a Lei de Previdência Social de 1913, aplicando-se a todos os homens e mulheres (mas não às esposas) foi a primeira lei de previdência no mundo, com cobertura mais ampla do que o esquema anterior de Lloyd-George na Inglaterra. Muitos partidos políticos que emergiram em todos os três países eram baseados em classe ou setoriais (i.e., agricultura *versus* indústria), uma vez que havia muito mais homogeneidade étnica e linguística.

Os países escandinavos permaneceram neutros durante a guerra, mas foram prejudicados pelo bloqueio britânico à Alemanha, um importante parceiro comercial para eles. Para impedir grande sofrimento e prováveis revoltas, os governos achavam que tinham de introduzir racionamento e outros controles governamentais voltados à equalização das circunstâncias materiais, e implicitamente à solidariedade nacional, de todos os cidadãos. Certamente, o racionamento gerou um mercado negro que sustentava as desigualdades de classe, e isso, por sua vez, gerou ressentimento popular. Como neutros, seus regimes não foram legitimados nem deslegitimados pela guerra, e como a guerra não deu ao governo poderes aumentados para empregar, impulsionou-os para impostos e benefícios mais redistributivos e uma estratégia mais conciliatória aos trabalhadores. A nação estava se fortalecendo.

O voto democrático social dinamarquês e sueco começou a aumentar em 1920-1921, e o voto norueguês a partir de 1927. Em densidade sindical, a Dinamarca e a Noruega experienciaram um aumento seguido por algum declínio, mas o declínio foi menor do que em outros lugares. Os suecos não viram declínio, mas crescimento contínuo regular, de 10% em 1913 a 21% em 1918 e a 54% em 1939. A densidade sindical dinamarquesa havia começado em 23% em 1913, viu um declínio na década de 1920, e uma recuperação na década de 1930, tudo num nível de densidade menor do que os escandinavos. Assim, a promessa do tempo de guerra só foi realizada completamente entre os neutros. Em outros lugares, os sindicatos do período da Primeira Guerra Mundial viram crescimento em estufa, e foram depois incapazes de lidar com o desenvolvimento capitalista de tempo de paz. A guerra era melhor para causas reformistas progressivas caso você permanecesse neutro. Relações de poder militar faziam uma diferença.

Em 1924, os socialistas dinamarqueses se tornaram o maior partido, e permaneceram assim até 2001. Todavia, carecendo de uma maioria absoluta, eles sempre necessitaram de coalizões para governar. Durante a Grande Depressão, fizeram um acordo com os agricultores: subsídios agrícolas e contenção sindical em troca de uma política ativa para incentivar o emprego por meio do controle de preços, exportações e importações. Isso conduziu a Dinamarca para fora da Depressão na direção do planejamento keynesiano. Uma lei de reforma de 1933 consolidou e racionalizou diversos programas de bem-estar social (Esping-Andersen, 1985: 76; Flora, 1983). Os socialistas noruegueses eram mais da esquerda. Eles formaram seu primeiro governo em 1927, mas suas políticas radicais produziram fuga de capital e seu rápido fim. Em 1930, o partido mudou para o reformismo, e lucrou com a Grande Depressão para formar um governo duradouro com apoio agrário em 1935. Na Suécia, as origens dos programas de bem-estar social e impostos progressivos repousam nas elites partidárias burocráticas e de centro, não nos socialistas. Contudo, a Primeira Guerra Mundial fez uma diferença. Como Dinamarca e Noruega, a Suécia neutra sofreu perturbação, uma vez que os britânicos bloquearam seu comércio com a Alemanha. A guerra aumentou o gasto do Estado e a experiência compartilhada das pessoas comuns. A combinação levou a um aumento na tributação progressiva, que não poderia retornar depois da guerra (Steinmo, 1993: 62-68, 81-85). Para abortar o crescente descontentamento popular, o governo conservador de tempo de guerra estabeleceu uma Comissão de Desemprego que apoiou programas de frentes de trabalho, embora o pagamento fosse muito abaixo dos índices de mercado. O desemprego permaneceu alto após a guerra e os programas continuaram. Os primeiros pequenos esquemas de previdência social foram introduzidos por partidos agrários e centristas em 1913 e depois na década de 1920. O Democratas Sociais seguiu um caminho similar para os noruegueses, tornando-se permanentemente reformista após 1928.

A Grande Depressão desacreditou os conservadores suecos e introduziu um governo controlado pelo Partido Democratas Sociais. Ele voltou os programas de trabalho para a esquerda em 1932-1934 pagando salários a índices de mercado e desenvolvendo gasto público financiado pelo déficit para recuperação. Fundamental para isso foi um acordo com o Partido Agrário, que dava aos agricultores empréstimos públicos e proteção agrícola. Havia vínculos estreitos entre os líderes do partido – especialmente o Ministro da Fazenda Ernst Wigforss – e os economistas da Escola de Estocolmo – liderados por Bertil Ohlin e Gunnar Myrdal. As tradições corporativistas da Suécia tornaram mais fácil para os conselheiros governamentais especialistas ajudarem a conduzir a política do governo para o gasto compensatório como uma resposta à recessão. Wigforss estava defendendo isso antes de 1932, e Keynes reconheceu uma dívida intelectual ao economista sueco anterior Knut Wicksell. Quando a Depressão piorou, Ohlin rejeitou cortes nos salários nominais e gastos públicos, argumentando em favor de medidas mais ousadas de aumento de obras públicas e investimentos além da política monetária de expansão para combater o desemprego. Em 1932, ele havia adotado o efeito multiplicador, embora os suecos não tivessem adotado o conceito de Keynes de demanda agregada. A economia de Estocolmo agora tinha grande influência sobre o Democratas Sociais e os sindicatos. A Escola de Estocolmo parecia oferecer uma terceira forma viável entre uma economia capitalista e socialista, atingindo um alto nível de igualdade social sem minar a eficiência econômica. No período pós-Segunda Guerra Mundial essa terceira forma passou a dominar os países nórdicos como um todo.

Foi na década de 1930 que as mulheres suecas conquistaram importantes avanços nos direitos: benefícios de maternidade disponíveis para praticamente todas as mães; acesso mais livre ao aborto; anulação de uma lei banindo os contraceptivos; e uma lei proibindo os empregadores de demitir mulheres por noivado, casamento ou gravidez. Isso estava adotando as rotas tanto do emprego como maternal ao mesmo tempo – o que obviamente concede a maior parte dos direitos para as mulheres. Uma vez mais, a escassez de trabalho importou – dessa vez o resultado do declínio populacional, mas, em conjunção a uma aliança entre um movimento de mulheres unidas e o Democratas Sociais (além do compromisso com os agricultores), isso produziu uma importante inovação política: o custo da reprodução na família foi pago pela tributação da nação toda. O Democratas Sociais sueco dizia que de fato suas políticas eram dirigidas ao provimento de um "lar do povo", indicando seu compromisso com o modelo de uma comunidade nacional. A classe trabalhadora tinha transmutado para "o povo". Em contraste, o tom mais conservador dos movimentos das mulheres norueguesas, junto ao aumento do socialismo, significava que permaneceriam divididas ao longo da década de 1930 entre as rotas do emprego e maternalista, de modo que conquistaram pouco de ambos.

O corporativismo também se desenvolveu na Suécia. A aliança agrário-socialista foi formalizada em 1936 e adquiriu instituições corporativistas por meio do acordo Saltjoban de 1938 entre capital, trabalho e Estado. As federações sindicais – incluindo sindicatos de classe média – e as organizações de agricultores foram trazidas para dentro das salas dos comitês estatais a fim de estabelecer acordos nacionais para regular salários e levar mais previsibilidade e menos greves e *lockouts*. Ao final da década de 1930, os empregadores escandinavos estavam reconciliados com esse sistema. Se isso redistribuiu ou não entre as classes, a nação era a unidade distributiva. A Finlândia ficou atrás porque tinha um movimento trabalhista muito pequeno (Korpi, 1978; Katzenstein, 1985; Esping-Andersen, 1985, Baldwin, 1990).

Até após a Segunda Guerra Mundial, os países nórdicos se assemelhavam amplamente aos anglos, embora fossem mais corporativistas, o que importaria consideravelmente no longo prazo. Em 1930, a Dinamarca tinha a proporção mais alta de gasto social para o PIB, seguida de perto pela Finlândia, Reino Unido, Suécia, Nova Zelândia, Noruega e Austrália (Lindert, 2004, tabelas adicionais). Isso foi liderança conjunta de nórdicos e anglos, exceto no campo das relações de gênero, onde as mulheres suecas haviam conquistado decididamente mais direitos de cidadania do que em qualquer outro país. Os estados de bem-estar social nórdicos como um grupo não excederam todos os outros até a década de 1960 (Hicks, 1999: 124-125).

Fase 2: trajetórias entreguerras: (c) os euros

Para os países da Europa continental foi diferente, pois alguns deles foram afastados dos caminhos anteriores pelas guerras mundiais. Como vimos no capítulo 6, a derrota para os impérios alemão, austríaco e russo produziu um aumento do conflito de classes e uma rápida intensificação da democracia, do bem-estar social e da redistribuição na década de 1920. Nesse período, a forma de democracia considerada mais completa era a da representação proporcional, de modo que todos os países europeus, exceto o Reino Unido e a Espanha, adotaram-na (embora a França viesse a hesitar repetidamente entre os dois sistemas).

A França diferia dos outros – vitoriosa na Primeira Guerra Mundial, e pouco alterada por ela. A série temporal mais confiável para a afiliação sindical francesa (aqueles registrados para votar nas conferências sindicais da Confédération Generale du Travail [CGT]) revela um aumento de 33% entre 1913 e 1920, seguido por um declínio em 1934 de cerca de 25% – a norma entreguerras. Os índices de densidade franceses eram muito baixos, contudo, provavelmente nunca subindo acima de 15% da força de trabalho não agrícola (Kriegel, 1969: 67; Prost, 1964: 315). Índices de greves mostraram um aumento similar seguido por um declínio como na Grã-Bretanha, uma vez que os empregadores se recusaram a ceder e a desilusão se instaurou entre os trabalhadores. A afiliação do Partido Socialista disparou em 1918-1919, mas em 1929 houve um grande cisma entre socialistas e comunistas, principalmente sobre as relações com os bolcheviques russos. Os socialistas agora se tornaram mais moderados e entraram em alianças eleitorais com o Partido Radical centrista, deixando o Partido Comunista menor, como o principal portador de um socialismo ostensivamente revolucionário – embora muitas vezes comprometido pela linha Comintern (Kriegel,1969). Os sindicatos franceses se dividiram de três modos, em federações socialistas, comunistas e católicas. Como antes da guerra, ondas de expansão na esquerda levaram ao faccionalismo, depois ao declínio (Ansell, 2001). Os governos da direita dominaram grande parte da década de 1920, e somente em 1936 a esquerda voltou ao poder sob a forma do ambicioso governo da Frente Popular. Contudo, em dois anos, disputas internas e uma feroz resistência da direita levou à sua desintegração.

Havia pouca redistribuição entre as classes e poucos benefícios adicionais para trabalhadores na França entreguerras. A política permaneceu conservadora, e a nação permaneceu fortemente dividida por classes. Uma ampliação muito necessária da base tributária foi discutida, mas nunca implementada. Controvérsias sobre quem pagaria frustraram iniciativas político-sociais (Adamthwaite, 1995; B. Martin, 1999) e a desigualdade permaneceu alta. Uma redução efetiva nos diferenciais salariais imediatamente após a guerra foi revertida pelas políticas deflacionárias da década de 1920. Elas foram reduzidas brevemente durante o governo da Frente Popular, e transferências sociais como uma proporção do PIB quase dobraram, embora somente a 1,1% – metade do nível britânico. Dados sobre desigualdade de receita e riqueza entre os ricos e o resto mostram grandes diferenças da Grã-Bretanha. A desigualdade caiu próximo à Primeira Guerra Mundial em ambos os países, mas na França aumentou durante grande parte do período entreguerras, diferente da desigualdade britânica, que caiu constantemente após 1925(Atkinson & Piketty, 2007: caps. 3, 4).

Grayzel (1999: 10, 225, 245-246) diz que na Grã-Bretanha e na França, "a influência duradoura da guerra sobre o gênero foi mais conservadora do que inovadora" porque os discursos de guerra viam as mulheres em termos de maternidade. Os debates franceses sobre temas tão diversos quanto as atrocidades alemãs na Bélgica, trabalho industrial, uniformes, febre do cáqui*, estupro, doenças venéreas, pacifismo e luto focaram as supostas ameaças que representavam à maternidade – uma "âncora para estabilização do gênero". Os sacrifícios de guerra das mulheres não as tornaram politicamente iguais (McMillan, 2004). Thébaud (2004: 185-199) vê as principais transformações para as mulheres francesas vindo não da própria guerra, mas de mudanças de prazo mais longo no trabalho, consumo, vida familiar e controle da fertilidade. Mulheres de classe média se beneficiaram mais, ela diz, da expansão da educação que melhorou o acesso a trabalhos em funções administrativas, de ensino e de cuidado. A guerra também liberalizou códigos de vestimenta, como na Grã-Bretanha. As mulheres tiveram de abandonar seus corseletes para o trabalho de guerra, e se recusaram a voltar a eles quando terminou (Brachet-Campseur, 2004). Isso deve ter sido um grande alívio.

---

* No original, "*khaki fever*". Fenômeno ocorrido durante a Primeira Guerra Mundial, envolvendo mulheres jovens que, excitadas pela presença de soldados em suas cidades, saíam às ruas à noite, "correndo atrás" de homens uniformizados e assumindo comportamentos sexuais de risco [N.T.].

Alguns melhoramentos no bem-estar francês derivaram da guerra. Fluxos de refugiados e mobilidade de trabalhadores sobrecarregaram serviços de saúde e alívio à pobreza de base comunitária. Cidades maiores assumiram mais essas funções, recebendo também assistência do Estado. Provisões para os pobres foram aumentadas no nível urbano e no setor privado, e depois nacionalmente por meio de subsídios estaduais a autoridades locais. Os ganhos das mulheres não foram basicamente o resultado do feminismo – que era fraco – ou de uma aliança com o movimento da classe trabalhadora – que também era fraco e orientado para os problemas dos trabalhadores homens. O modelo parental de bem-estar social distinto da França – que dava benefícios de bem-estar social para as mães – era basicamente devido à pressão exercida pelos empregadores, Católicos Sociais e especialmente pelos pró-natalidade. Durante a guerra, 1,4 milhão de homens franceses foram mortos, diminuindo o índice de nascimentos. A população da França estava agora declinando; a ressurgente população da Alemanha era maior e estava crescendo. Políticos preocupados com a mobilização para uma futura guerra se tornaram pró-natalidade e apoiaram incentivos para as mulheres se casarem e terem filhos. O aumento da coordenação empresarial durante a guerra também fortaleceu as associações de empregadores. Algumas delas desenvolveram o *capitalismo de bem-estar social*, concedendo pensões aos trabalhadores e benefícios às suas esposas e filhos, tentando, por esses meios, reduzir a rotatividade de trabalhadores e manter os salários, força sindical e greves baixas. O alto índice de emprego feminino também tendeu a manter os salários baixos.

Homens franceses tinham pouca chance de obter um salário familiar, mas podiam obter pensão por acidentes ou aposentadoria. O fracasso das feministas francesas em conquistar o voto (porque os deputados centristas temiam que as mulheres votassem na direita, contra a República) significou que, diferente de suas equivalentes britânicas e americanas, elas não conseguiram apelar a um eleitorado substancial para apoiar suas demandas. Elas tinham que depender do pró-natalidade e do catolicismo social para melhorar o bem-estar social das mulheres. Isso significava que, embora todos os movimentos feministas fossem de algum modo divididos entre demandas por melhorias nas vidas profissionais das mulheres e seus papéis como esposas e mães, as mulheres francesas foram levadas mais para baixo para a rota maternal com pensões familiares e de crianças. Os ganhos foram reais, e as mulheres receberam benefícios independentemente de sua situação profissional ou marital.

Benefícios de saúde e de aposentadoria para trabalhadores assumiram uma forma mutualista, uma vez que trabalhadores e empregadores pagavam contribuições para esquemas de seguro privados com menos envolvimento do Estado do que nos países anglos. Em 1939, 55% da população estavam cobertos, saltando para 70% em 1945. A França não pôde se equiparar ao sistema britânico de seguro de desemprego, mas leis sobre pensões familiares e seguro de saúde e social irromperam entre 1928 e 1932, e novamente depois no Code de la Famille de 1939. Timothy Smith (2003: 131) diz que a Lei do Seguro de Saúde (Health Insurance Law) de 1928 foi "a Carta Magna do Estado de Bem-estar Social francês". Ela redistribuiu mais para mulheres e crianças do que para a classe trabalhadora. Os decretos de 1945 depois consolidaram e ampliaram a cobertura desses programas para serem uma parte importante do sistema de bem-estar social francês que dura até hoje (Pedersen, 1993: caps. 2, 5; Dutton, 2002; Timothy Smith 2003; Dreyfus et al., 2006). Mutualismo mais catolicismo social formaram uma combinação distinta de cidadania social francesa. De um modo geral, a França foi inusual em ser menos dominada pela ideologia do provedor masculino devido à fraqueza da esquerda e à força dos pró-natalidade e capitalistas do bem-estar social. Essa foi a rota maternal. Pedersen denomina esse um modo gênero-neutro de rota *parental*, que estava "compensando adultos pelos filhos dependentes independentemente de seus ganhos ou necessidades" (1993: 17-18).

A guerra teve um impacto maior nos países derrotados. Com o antigo regime alemão eliminado com a chegada do SPD ao poder, a República de Weimar (1918-1933) intensificou a cidadania social. A Áustria fez o mesmo nos anos 1918-1923, quando os socialistas dominavam. A Alemanha viu a expansão e consolidação de programas de bem-estar social descentralizados e graduais em programas nacionais – alguns organizados por meio de empregadores e sindicatos, outros pelo Estado – apoiados mais por noções de cidadania social coletiva do que de direitos individuais, embora isso tenha sido questionado pela direita política e pelas igrejas (Hong, 1998). Havia mais coordenação estatal do conflito trabalhadores-empregadores, e um sistema de seguro de desemprego imposto pelo Estado pressionado pelos sindicatos trabalhistas, contra as objeções dos empregadores – ambas tendências protocorporativistas. Havia programas nacionais para jovens, assistência e seguro para desemprego (financiado por empregados e empregadores) e seguro ocupacional para acidentes e doenças. Sob muitos desses aspectos, Weimar deixou atrás apenas a Grã-Bretanha em generosidade (Tanzi & Schuknecht, 2000: cap. 2). Houve um florescimento da noção de "assistência social científica", sistemática e expressa em uma retórica um tanto biológica e naturalizada, que seria em breve enormemente intensificada pelos nazistas (Steinmetz, 1993: 202). De um modo geral, o gasto social dobrou de 19% de todos os gastos governamentais em 1913 para 40% em 1929-1930 (Flora & Heidenheimer, 1981), mais alto do que qualquer outro país. Enzberger, o ministro da Fazenda alemão, reformou o imposto de renda, tornando-o mais progressivo em 1919-1920, com a alíquota superior em 60%. Como consequência, extremistas da direita o assassinaram em 1921. A hiperinflação estreitou os diferenciais de renda, o que também alimentou o conflito de classes. O termo "Estado de Bem-estar Social" era agora cunhado, mas por conservadores ridicularizando o bem-estar social de Weimar como "ternura", que minava o orgulho nacional e a bravura militar alemães (Flora e Heidenheimer, 1981).

O SPD exigiu a jornada de oito horas, a arbitragem industrial compulsória e o seguro de desemprego. Ele pressionou em favor do seguro de saúde nacional e pela tributação redistributiva de modo que a carga das reparações de guerra incidisse sobre os ricos. Ele alegou que a pobreza e a insegurança eram criações do capitalismo e não das falhas morais individuais – uma ruptura importante com as visões das caridades. O Estado tinha o dever de assistir materialmente seus cidadãos menos afortunados através de uma série de programas: "aconselhamento materno, programas de bem-estar social para bebês e crianças pequenas, serviços de saúde escolar, educação correcional, assistência jurídica juvenil, programas de habitação social e... alívio financeiro" (Hong, 1998: 159). Feministas socialistas exigiram e conseguiram reformas de gênero também. O divórcio foi liberalizado na direção do divórcio sem culpa, centros de aconselhamento às mães e jardins de infância se espalharam, benefícios à maternidade em tempo de guerra foram mantidos, e a licença maternidade paga para trabalhadores da indústria foi introduzida (Mouton, 2007). A constituição federal autorizou o SPD a reformar abrangentemente algumas *Länder* (províncias), notadamente a Prússia, a maior.

Todavia, o abismo entre socialistas e conservadores cristãos produziu tensões políticas insolúveis. O antigo regime foi implacavelmente oposto, arraigado no judiciário, exército, indústria pesada e na elite proprietária de terras do leste elbiano, apoiado ideologicamente pelas igrejas. O cristianismo social, que tendia a apoiar políticas de bem-estar social, embora não de um matiz diferente, estava enfraquecido, só floresceria após 1945. Muitos conservadores se opunham não apenas aos tons socialistas da república, mas à própria democracia. A direita havia se comprometido em 1918-1919 a fim de sobreviver quando a revolução parecia possível. Agora que as opções revolucionárias haviam desaparecido, eles retrocederam, recusando-se a se comprometer, buscando excluir o Democratas Social do governo e a diminuir o parlamento em favor do governo por meio da emergência de poderes concedidos pelo Artigo 48 da constituição de Weimar – a cláusula da qual Hitler mais tarde se aproveitaria. Eles se engajaram em um "conflito de classes a partir de cima" (Mommsen, 1996: 453, 220).

Alguns na direita favoreciam a rota parlamentar, mas havia alternativas nacionalistas autoritárias, como o fascismo. A guerra havia sido uma experiência positiva para muitos oficiais juniores e NCOs. A combinação de nacionalismo, camaradagem sem classes e forte disciplina imposta a partir de cima prometia uma rota alternativa para resolver o conflito de classes e político (como vemos no próximo capítulo). Os veteranos na Alemanha, Itália, Áustria, Romênia e Hungria transformaram o fascismo em um movimento de massas. A Alemanha pós-guerra estava repleta de paramilitares armados buscando suprimir os conflitos da democracia de Weimar pela força. O conflito de classes maior na Alemanha e Áustria foi, no fim, contraprodutivo, gerando uma reação que suprimiu os movimentos trabalhistas e estagnou a cidadania social.

Como em alguns outros países, a afiliação sindical declinou ao longo da década de 1920, de um ponto elevado de 48% em 1920 para 30% em 1931. Essa ainda era uma força importante, e o voto socialista/comunista se manteve em torno de 30-40%. Isso era o melhor que movimentos da classe trabalhadora poderiam obter no período entreguerras, mas as alianças de classe dos anos logo após a guerra poderiam mantê-la? Isso dependia da classe média, dos camponeses e de pessoas de todas as classes em cidades pequenas e aldeias situadas fora da esfera socialista de influência. Eles foram influenciados a se afastar dos partidos centristas que haviam crescido imediatamente após a República ter sido estabelecida – o Partido Central Católico, partidos liberais e conservadores moderados, e pequenos partidos de interesse especial comprometidos com a democracia. Os socialistas estavam perdendo a batalha pelo centro e enfrentando uma direita ressurgente.

Era extremamente contestado quem pagaria por cada item do bem-estar social. Reveses foram encontrados, objetivos foram abandonados. Em 1923, a lei da jornada de oito horas de 1918 foi enfraquecida, sentida pela esquerda como uma perda importante (Mommsen, 1996: 220). O conflito entre os campos socialista e comunista não ajudaram, mas o traço decisivo da política do final da década de 1920 foi o esvaziamento do liberalismo da classe média. Weitz (2009: 145) diz que Weimar "perdeu a classe média na inflação", uma vez que seus investimentos e poupanças se tornaram inúteis. Os liberais declinaram, os partidos conservadores se tornaram menos comprometidos com a democracia. O antigo regime estava determinado a abandonar a democracia, e tinha poder de influenciar as pequenas cidades rurais e a classe média alemãs por meio da política de deferência e nacionalismo. Mesmo o Partido Central Católico finalmente abandonou a democracia. Os socialistas e comunistas permaneceram grandes, mas fora do poder. Havia pouca chance de uma aliança trabalhadores-agricultores ou trabalhadores-classe média. Nesse contexto, os nazistas emergiram, incorporando uma aliança de classe da direita em um sentido diferente, pois eram relativamente sem classe, embora se aproveitassem, sobretudo, do setor público e das pequenas cidades alemãs, cansados do conflito de classes e acreditando que poderia ser resolvido pela violência, "fazendo a cabeça deles". Tudo isso levou primeiro ao governo autoritário e depois nazifascista, como discutido no capítulo 10. Também significava que empregadores, muito mais submissos a reformas a fim de manter seu poder, voltaram-se aos nazistas para reprimir os trabalhadores.

Contudo, no contexto da década de 1920, a cidadania social da República de Weimar estava na linha de frente, com o sufrágio universal, um Estado de Bem-estar Social, tributação redistributiva, um compromisso com o emprego pleno e completa organização de direitos para os trabalhadores. Talvez a Alemanha pudesse ter se movido adiante para a democracia social, como seus "socialistas evolucionários" argumentavam. Embora forças poderosas estivessem se movimentando na direita, o triunfo do nazismo deveu muito à Grande Depressão. A Depressão atingiu o Japão menos duramente, mas o bastante para ajudar os conservadores e militares a conterem os liberais emergentes. Nesses países, o keynesianismo militar remediou a Depressão. Muito conflito de classes não era bom para reformas, porque dividia a nação, e a direita fascista ou militar poderia gerar apoio popular para tomar o poder.

Durante o governo nazista, muitos dos programas familiares e de casamento de Weimar foram mantidos e inclusive expandidos, embora numa estrutura eugenista e racial que excluía os não arianos. Benefícios adicionais para mulheres dependiam de exames médicos completos para determinar seu "valor biológico" como arianas, e isso deteve muitas mulheres. Divórcios sem culpabilidade eram agora permitidos em casos de casamentos infrutíferos ou miscigenados. A propaganda exortando as mulheres a terem mais filhos não foi em geral bem-sucedida, e o infame programa Lebensborn de Himmler, encorajando os homens a engravidarem mulheres antes de irem para a frente de batalha, foi uma tentativa de remover a ilegitimidade da visão pública. Como veremos no capítulo 10, os nazistas estenderam as provisões de seguridade social, e sua política de impostos não era regressiva. Eles queriam manter os trabalhadores felizes enquanto reprimiam seus líderes – uma versão violenta do bem-estar social de cima para baixo, impedindo que o movimento da classe trabalhadora ocorresse. Todavia, dois terços do gasto estatal foi para o exército, uma proporção muito mais alta do que em qualquer outro país, exceto a companheira fascista Itália. Benefícios de bem-estar social foram sobrepujados pelo modo em que a expansão militar foi financiada e depois pela própria guerra, de modo que o valor monetário real dos programas declinou. Tanto na Alemanha quanto na Itália, os sindicatos trabalhistas foram destruídos, e programas de bem-estar social foram uma forma de o regime controlar as pessoas – uma forma de corporativismo de cima para baixo (Mouton, 2007; Schmitter, 1974). O fato de as políticas de seguridade social nazistas terem se tornado institucionalizadas antes da guerra significava que a sobreviveriam. Depois, com a extrema-direita e a esquerda derrotadas, eles foram estendidos para além dos arianos a todos os cidadãos pelo surgimento há muito retardado de um amplo compromisso (não ainda uma aliança) entre o centro-esquerda democrata social e o centro-direita democrata cristão.

Empregadores entreguerras

Como Esping-Andersen, enfatizei as alianças de classes, especialmente entre a classe trabalhadora organizada, agricultores e seções da classe média. Todavia, alguns viam adicionalmente os empregadores como apoiadores dos estados de bem-estar social; outros enfatizam as instituições políticas, especialmente o sistema eleitoral. Considero, primeiro, os empregadores.

Swenson (2002) analisa a Suécia e os Estados Unidos nesse período, e enfatiza não a classe trabalhadora, mas os liberais corporativos que se tornaram *capitalistas do bem-estar social*, patrocinando programas de bem-estar social para suas forças de trabalho qualificadas ou especializadas a fim de amarrá-las com as correntes de ouro das pensões, seguro contra acidentes e outros benefícios. Um segundo motivo era impedir que os trabalhadores adotassem os sindicatos trabalhistas concedendo-lhes benefícios, que, normalmente, representavam o principal das demandas sindicais. Esses empregadores temiam que em mercados mais competitivos seus preços pudessem ser minados por firmas menores pagando salários e benefícios mais baixos, assim, Swenson diz, eles favoreceram programas administrados pelo Estado pagos com impostos cobrados de todos os empregados e empregadores. Isso teria o efeito, eles raciocinavam, de expulsar concorrentes menores que não pudessem bancar esses benefícios. Swenson não nega o conflito de classes, mas diz que para que programas de bem-estar sejam realizados a aquiescência dos empresários é necessária, porque em uma sociedade capitalista seu poder é muito formidável para ser ignorado. A confiança empresarial novamente!

Swenson observa que na Suécia grandes corporações e associações de empregadores passaram a favorecer essa rota, fazendo um acordo pelo qual o Democratas Social e grandes empresários juntos concordavam com políticas para expulsar empregadores ineficientes e suas forças de trabalho e melhorar as habilidades dos trabalhadores. Esse Modelo Rehn-Meidner viu salários baixos subsidiarem firmas ineficientes. Melhor era expulsá-los e encorajar firmas eficientes a crescerem usando força de trabalho bem paga e altamente qualificada, treinando-a novamente se necessário durante períodos de desemprego. As evidências de Swenson sobre os Estados Unidos são pobres. Ele se baseia em três suspeitos usuais – Gerard Swope, Walter Teagle e Marion Folsom – e na aceitação empresarial da Lei de Previdência Social de 1936, após ter sido implementada. Como vimos, os empresários – liderados pelos liberais corporativos – foram influentes na redação da lei, ainda que isso fosse porque viam que não poderiam resistir por muito tempo uma lei como essa, e no processo de redação a enfraqueceram. Sob pressão, os empresários americanos tentaram obter um Estado de Bem-estar Social – assim como Bismarck e o Catolicismo Social haviam feito antes, e como Stalin estava fazendo com a classe trabalhadora soviética.

Mares (2003) acrescenta algum apoio a Swenson nos casos da França e da Alemanha, onde associações de empregadores dominadas por grandes firmas muitas vezes apoiavam programas de seguro social contributivos privados ou públicos. Aqueles que representavam pequenas firmas usualmente se opunham a esses. Em todos os seus dez estudos de caso, alguns interesses empresariais apoiavam os esquemas. Muitos esquemas foram sustentados pelo que ela chama "alianças estratégicas" entre capital e trabalho. Eles eram suas segundas melhores escolhas, e haviam resultado da necessidade de acordos. Por outro lado, ela mostra que os empregadores raramente eram determinadores de agenda, pois quase nunca introduziam propostas de políticas sociais. Eles também haviam sido abrandados pelas mudanças no poder político que tornaram sua oposição inicial completa ao bem-estar social indefensável (2003: 259; cf. Korpi, 2006).

Assim, uma vez que empregadores maiores – geralmente aqueles com maiores margens de lucro – reconheceram o poder crescente dos movimentos trabalhistas em democracias estáveis, ocorreu um momento crítico, quando se apressaram para encontrar um acordo que assegurasse seus interesses de longo prazo. Esse foi um efeito indireto, de cima para baixo, do conflito de classes. Os empregadores não foram forçados a mudar; em troca, aqueles com visão mais ampla e de longo alcance buscaram evitar o conflito de classes. Ao se juntarem às discussões para introduzir programas de seguridade social básicos, e com isso aplacar os sindicatos, conseguiram assegurar que os programas não fossem muito radicais ou redistributivos. Foi nesse ponto também que grandes corporações se aperceberam de que contribuições de seguridade social incidiriam mais pesadamente sobre firmas menores, que empregavam trabalhadores com salários baixos, e isso se tornou um motivo secundário em sua conversão. Eles concederam mais onde os trabalhadores eram fortes, como na Suécia, e menos nos Estados Unidos, onde os trabalhadores eram mais fracos. Onde os trabalhadores haviam sobrepujado e isolado grande parte da classe média e dos camponeses, as classes altas podiam se voltar com alívio para a repressão, e por vezes ao fascismo. Em algumas democracias estáveis onde os trabalhadores eram politicamente mais bem estabelecidos e moderados, os empregadores – como os liberais, estados e igrejas antes deles – se comprometeram com os trabalhadores para evitar consequências piores. Os limites impostos pela confiança empresarial podem ser violados se conflitos a partir de baixo apresentarem um espectro de consequências piores para os empresários do que apenas reformas. No fim, esse não é um modelo muito diferente. É como Hicks explicou as primeiras rotas bismarckianas e católico-sociais para o bem-estar social, que foram também o efeito indireto do conflito de classes. Na verdade, onde os trabalhadores subsequentemente perderiam grande parte de seu poder – como nos Estados Unidos e na Grã-Bretanha a partir da década de 1970 –, os empregadores abandonaram prontamente o acordo. Eles enfatizaram sua vantagem, enfraquecendo sindicatos e intensificando a desigualdade.

Sistemas eleitorais

Eu também concederei apenas pouco espaço para aqueles que argumentam em favor do poder causal das instituições políticas. No período interguerras, os anglos já possuíam sistemas eleitorais majoritários; quase todos os nórdicos e euros tinham adotado a representação proporcional no final da década de 1920. Essas diferenças foram depois amplamente "congeladas", como Rokkan coloca, em diferenças internacionais duradouras. Como mais tarde ficou claro que aqueles países com representação proporcional também tenderam a ter maior gasto em política social, tentarei explicar a emergência dessa diferença.

Iversen e Soskice (2009) aceitam os argumentos centrados no empregador, apresentados acima, e dizem que empregadores que buscavam habilidades específicas elevadas dos trabalhadores estavam preparados não apenas para fazer acordos com sindicatos, mas também para apoiar sistemas RP que levariam coalizões de centro-esquerda ao poder. Eles produziriam políticas de emprego reformadas. Os autores formulam um modelo inventivo de "escolha racional" de empregador e sindicato, argumentando que o que dizem fundamenta essa consequência. Contudo, não produzem evidências de fato sobre preferências do empregador ou do sindicato, e permaneço cético sobre esse modelo de ator racional. Prefiro o argumento de Lipset e Rokkan (1967), segundo o qual a RP foi adotada em países com segmentações sociais politicamente relevantes – não apenas entre as classes, mas entre agricultura e indústria, entre centro e periferia, e entre grupos étnicos ou religiosos. Quanto maior a segmentação, maior o número de partidos políticos distintos para representar os vários interesses, e maior o apoio a sistemas de RP que permitem a partidos menores elegerem deputados. Na década de 1920, a paranoia sobre o surgimento do socialismo também fez alguns partidos estabelecidos importantes antipatizarem com um sistema majoritário que temiam que pudesse consagrar o governo socialista. Iversen e Soskice (2009) observam que, nos países nórdicos, partidos agrários distintos emergiram das antigas assembleias regionais baseadas em estamentos, e nos países europeus partidos católicos distintos se formaram devido à sua desconfiança em relação aos partidos conservadores seculares. Contudo, eles colocam em questão o principal argumento de Rokkan, ao alegarem que alguns países majoritários, como o Reino Unido e os Estados Unidos, eram tão multiétnicos ou multirreligiosos quanto muitos dos países de RP. Todavia, Rokkan observou, as minorias étnicas e religiosas britânicas e americanas, ou suas populações rurais, raramente geravam seus próprios partidos políticos para desafiar o sistema dominante de dois partidos. Assim, nenhum dos dois partidos principais apoiava uma mudança para a RP.

Então, por que os anglos desenvolveram primeiro eleições majoritárias? Essas democracias não eram como os países RP, que eram uma série de estados separados uns dos outros fazendo sua própria escolha de sistema eleitoral. Os anglos formaram um sistema, o sistema britânico, que havia estabelecido eleições majoritárias há já um século. Essas foram depois exportadas para as colônias brancas da Grã-Bretanha, incluindo aquelas na América do Norte, e adotadas lá nos séculos XVIII e XIX como o modo normal de fazer política (exceto pelo estranho Estado australiano), quando as colônias se tornaram independentes.

Além disso, na Grã-Bretanha, Austrália e Nova Zelândia, o surgimento dos partidos Trabalhistas foi rápido. Caso o partido estabelecido de centro tivesse conseguido manter mais eleitores por mais tempo, poderia ter feito um acordo com o Trabalhista para estabelecer a RP, mas o Trabalhista tinha assegurado seus eleitores da classe trabalhadora e rapidamente se apercebeu de que um sistema majoritário os favoreceria. Eles simplesmente substituíram os Liberais como um dos dois principais partidos. Não necessitamos explicar os sistemas eleitorais majoritários dos anglos em termos das características de classe, etnicidade ou religião do século XX. O único sistema anglo já estava estabelecido; a análise comparativa dos estados pode nos afastar se os casos não forem independentes.

A partir da década de 1950, a RP foi associada a estados de bem-estar social maiores. Argumenta-se que a RP favorece alianças de centro-esquerda, o majoritarismo, as de centro-direita. Todavia, esse argumento não funciona em meados do século, porque as principais reformas ocorreram nos Estados Unidos a partir de 1933, na Nova Zelândia a partir de 1938, de 1943 a 1950 na Austrália e de 1945 a 1950 na Grã-Bretanha, todas ocorrendo quando os trabalhistas e democratas haviam vencido maiorias absolutas nas eleições de sistema majoritário. Sistemas políticos federais são por vezes também considerados a favor do conservadorismo, uma vez que é supostamente mais difícil efetuar reformas através deles. Todavia, a concorrência entre seus diferentes governos estaduais havia contribuído para as lideranças educacionais da América e da Alemanha na primeira metade do século (Lindert, 2004). Na Austrália, Nova Gales do Sul liderou o caminho em bem-estar social, fornecendo modelos para o governo federal seguir. O federalismo possibilitou reformas nesses casos. Assim, concluo que nem eleições por RP *versus* eleições majoritárias nem governo federal *versus* governo mais centralizado tiveram muito impacto nesse período.

Conclusão

Uma lógica da industrialização ajudou a gerar os primeiros movimentos na direção da cidadania social. Foi especialmente forte nas provisões de saúde pública ao longo desse período. Após isso, continuou a influenciar a educação. Medidas de saúde pública e sistemas educacionais nos países avançados foram menos variáveis do que os outros aspectos da cidadania social. Em 1939, mais de 90% da população de todos os países considerados aqui tinham alfabetização básica em sua língua nacional, e tinham escolaridade universal e compulsória para crianças começando na faixa etária de cinco a sete anos e continuando até a faixa etária de quatorze a dezesseis anos. Essa foi a força mais universal a impulsionar na direção da noção de Marshall do Estado-nação contendo entes civilizados. Isso não terminou com as desigualdades de classe e outras dentro das escolas elementares, e escolas de nível superior eram menos universais, e mais reforçadoras de classe. A principal causa dessa expansão universal foi o consenso da elite sobre as necessidades de uma sociedade moderna, suplementada, no caso da educação primária, com a pressão vindo dos reformadores trabalhistas, liberais e feministas, além de protestantes ou anticlericais, de acordo com as configurações ideológicas diferentes em cada país. Pressões para a expansão posterior das escolas de nível secundário e universidades vieram mais das classes médias, mais variavelmente assistidas por liberais-trabalhistas e feministas. A educação era a esfera na qual as mulheres estavam conquistando mais direitos, e a profissão de ensino estava sendo feminizada em quase toda parte. A educação apresentou uma versão distinta da tensão de Marshall entre classe e cidadania: escolas eram estratificadas, embora socializassem as crianças em uma cultura nacional comum. Essa tensão estava começando a ser gerenciada por um modelo meritocrático de educação, embora isso não tenha chegado à completa fruição até a década de 1950.

Subjacente ao crescimento de todos os direitos de cidadania social estava o reconhecimento crescente de que as massas estavam em cena e tinham de ser apaziguadas. Assim, baseei-me principalmente no modelo dos recursos de poder para explicar a extensão dos direitos assim como as diferenças emergindo entre países, alterado para observar que conflitos de poder podem assumir uma forma direta ou uma forma indireta. O conflito de classes direto se intensificou – embora de modo desigual – durante esse período, mas também foi mitigado por alianças entre trabalhadores, agricultores e seções da classe média, por vezes com a colaboração de movimentos cristãos sociais. Isso impulsionou a cidadania para frente, mas a ausência de uma aliança ampla impediu sua propulsão. Os efeitos indiretos foram que reformas por vezes vêm de estados autoritários, por vezes de igrejas socialmente conscientes e por vezes de liberais corporativos, mas todos estavam reconhecendo a marcha adiante dos trabalhadores e a força das alianças que estavam construindo, de modo que buscaram evitar isso com reformas preventivas. Contudo, sem movimentos de trabalhadores e votações fortes, esses atores não necessitavam se proteger por meio de reformas, então, raramente pressionaram a favor delas.

Identifiquei também outras fontes de variação. Argumentei que a Primeira Guerra Mundial e a Grande Depressão intervieram contingentemente para variavelmente assistir ou impedir reformas. A Primeira Guerra Mundial produziu um grande fermento ideológico. Tirou a Rússia da família de nações ocidentais e produziu a combinação distinta dos sovietes de cidadania social avançada, mas sem qualquer cidadania civil ou política genuína. A Primeira Guerra Mundial e a Depressão produziram uma combinação similar em países fascistas – elas ajudaram a consolidar rotas liberal-trabalhistas e nórdicas para a cidadania social, mas tiveram de mutilar qualquer variante euro comum possível. A Depressão também destruiu governos em exercício em quase toda parte, independentemente de se eram da direita, esquerda ou centro, inserindo um elemento de aleatoriedade nas diferenças internacionais, especialmente na Europa continental, mas também nas nações anglo. Na Grã-Bretanha e Austrália, destruiu governos trabalhistas em exercício e dividiu seus movimentos trabalhistas. Teve o efeito oposto nos Estados Unidos e na Nova Zelândia, onde depôs governos conservadores e introduziu partidos liberal-trabalhistas, embarcando em reformas progressivas. Na Grã-Bretanha e Austrália, o revés foi somente temporário devido aos efeitos da Segunda Guerra Mundial, mas nos Estados Unidos – o país mais atingido (junto à Alemanha) pela Depressão – levou a mudanças mais profundas. Como vimos no último capítulo, o New Deal americano simulou uma equiparação com os outros anglófonos em seus programas de bem-estar social e de criação de trabalhos.

Os direitos de cidadania social das mulheres fizeram menos progresso nesse período. Elas foram impedidas em quase toda parte pela dominação ideológica do modelo homem provedor/mulher cuidadora. A França foi a principal exceção. Sob pressão da direita, a França mudou de atitude para favorecer as mulheres que eram cuidadoras, embora sob outros aspectos não fosse mais favorável às mulheres. Havia diferenças internacionais consideráveis. Lewis (1992) mostra que o Reino Unido e a Irlanda encorajaram um forte modelo homem-provedor do lar, no qual as mulheres trabalhavam em turno parcial. A França desenvolveu um modelo homem-provedor, com transferências de impostos para famílias com filhos. Os países nórdicos tinham somente um modelo fraco de homem-provedor, com provisão extensiva de creches, e tributação separada e direitos de maternidade para as mulheres.

De um modo geral, a cidadania social estava lentamente se intensificando, uma vez que a legislação foi implementada eficientemente pelos estados e seus territórios em resposta aos conflitos sociais que haviam se voltado para dentro daqueles territórios. Essa era uma tendência universal do processo transnacional de industrialização, mas foi expressa nacionalmente, nação por nação. O conflito sobre direitos foi implicitamente nacionalizando a população, aumentando os direitos comuns e a cultura, e redistribuindo entre eles. As massas estavam claramente em cena, fazendo exigências materiais substanciais, recebendo benefícios muito menores. Alianças políticas variadas apareceram e reformas de escopo muito diferente foram introduzidas. O padrão não se enquadra bem nos três tipos de regime de bem-estar propostos por Esping-Andersen. Os países nórdicos e anglos haviam se tornado líderes conjuntos na cidadania social; a liderança em educação foi promovida por países protestantes espalhados ao longo dos três regimes – incluindo os Estados Unidos. Os anglos ainda não estavam atrás. Todavia, a diferença entre o corporativismo nórdico e o voluntarismo anglo estava estabelecida, isso passou a importar consideravelmente nas últimas décadas. Como veremos no volume 4, a Segunda Guerra Mundial teve um efeito importante, pois os sacrifícios das nações, seja como vencedoras, perdedoras ou neutras, atuaram sobre as variações pré-guerra para começar a consolidação da cidadania social nos tipos macrorregionais distintos ainda conosco hoje.

10
A alternativa fascista, 1918-1945

Introdução

Este e o próximo capítulo discutem as duas principais alternativas à democracia capitalista: o fascismo e o comunismo. Eles foram também respostas à necessidade de colocar as massas em cena no teatro do poder, mas tentaram ativar a mobilização das massas por meio de sua invenção do Estado-partido. Os comunistas viam originalmente o partido como mobilização ativa a partir de baixo, embora, uma vez no poder, isso tenha se invertido para uma mobilização de cima para baixo. Antes de tomar o poder, o fascismo tinha duas faces, mas, depois, igualmente de cima para baixo.

O capítulo 6 discutiu as revoluções de esquerda na Europa Central após a Grande Guerra. Quando fracassaram, contrarrevoluções de direita impuseram estados mais fortes e mais despóticos, mobilizando uma nação "orgânica", influenciada pelo fascismo. O Estado influenciado pelo fascismo combinava *poder infraestrutural* – a capacidade do Estado de impor políticas por meio de infraestruturas que penetravam seus territórios – e *poder despótico* – a habilidade das elites do Estado para tomar suas próprias decisões arbitrárias. O Estado era militarista, e o fascismo, um modo de culminação da longa tradição do militarismo imperial europeu. A nação era supostamente sem divisões internas, orgânicas ou integrais, intolerante à diversidade política, étnica e religiosa; isso foi uma reação à globalização, uma construção de barras mais fortes em torno de jaulas estatais. Muitos da direita viam a sociedade de massa e a democracia parlamentar como ampliando as divisões sociais, intensificando o conflito político e produzindo caos e violência. Carl Schmitt dizia que era como se os partidos tivessem se tornado exércitos de massa se confrontando no campo de batalha. A corrupção era considerada endêmica em políticas liberais; em troca, um Estado despótico imporia ordem, unidade e moralidade. O fascismo era a forma mais extrema desses estatismos-nação, como expliquei em meu livro *Fascistas* (2004). Remeto os leitores a ele para detalhes empíricos e bibliográficos sobre o fascismo. Este capítulo irá generalizar, fará referência a alguma literatura recente e refinará alguns dos argumentos que formulei no livro.

O fascismo pressupunha um período anterior de Estado e nação se fortalecendo. O militarismo europeu havia aumentado as burocracias fiscal e militar do Estado; em resposta, as classes proprietárias haviam exigido um governo representativo. Como governantes e povo aumentaram suas interações, os estados adquiriram mais funções civis, e suas infraestruturas – estradas, ferrovias, serviço postal, educação – aumentaram a nacionalização de territórios e populações. O nacionalismo se misturou à democratização. Agora, acreditava-se que o povo inteiro deveria governar, porque partilhava de uma herança e cultura comuns. Isso minou os três impérios multiétnicos – Habsburgo, Romanov e Otomano – onde conflitos entre governantes imperiais e locais foram transformados em conflitos entre comunidades étnicas ou religiosas. Elites desprivilegiadas locais mobilizaram sua comunidade contra a dinastia imperial. Croatas, eslovenos e outros contestaram a dominação turca ou sérvia, os romenos contestaram a húngara; eslovacos se ressentiam da dominação local tcheca, e quase todo mundo se ressentia dos dominantes alemães, russos e turcos que, depois, responderam com seus próprios nacionalismos. Como cosmopolitas, os judeus eram considerados antinacionais por todos. O papel do Estado não era institucionalizar conflitos entre interesses, como na democracia liberal ou social, pois se pensava que um partido ou movimento único poderia governar e representar o povo inteiro – como os marxistas pensavam. Conflito de classes e interesses seccionais deveriam ser transcendidos.

Antes de 1914, os nacionalistas haviam insistido em que os estados mobilizassem a nação e usassem a força para derrotar as forças corrosivas do liberalismo e do socialismo. Muitas das ideias do fascismo já estavam circulando, excitando alguns intelectuais, embora ainda não criando movimentos de massa. Eles eram contidos por antigos regimes que desconfiavam da mobilização de massas e esperavam controlá-las através de partidos conservadores, clientes do Estado. As funções do Estado estavam se ampliando, mas muitos conservadores viam o Estado meramente como o preservador da ordem e o aumentador do território. Como na esquerda, o Estado ainda não era o portador de um projeto moral.

Caso a Europa tivesse permanecido em paz, a expansão do Estado teria continuado lentamente. Trabalhadores e mulheres com direito ao voto aumentariam programas de bem-estar social, e uma economia de desenvolvimento tardio levemente estatista teria prosperado na semiperiferia. Alguns países já haviam introduzido restrições de movimentos através das fronteiras, mas, a partir de 1918, passaportes assegurando controle estatal de movimento internacional eram uma característica institucionalizada de viagem em quase toda parte. Como Torpey (2000) conclui, governos cada vez mais acostumados a documentos nacionais, incluindo passaportes, como um mecanismo legal para "subsumir" indivíduos sob seu controle e excluir estrangeiros. Passaportes se tornaram um modo crucial de nacionalizar e enjaular seus cidadãos.

A Grande Guerra interveio, militarizando o Estado-nação e dando a ele novas funções. Mesmo estados não combatentes eram compelidos por bloqueios a introduzir racionamento e políticas ativas de mercado de trabalho. Embora muitas instituições de tempo de guerra tenham sido desmanteladas depois, espera-va-se agora que governos pós-guerra aliviassem o desemprego e a escassez de moradias. Social deveria ser acrescentado a cidadania política. Esquemas mais ambiciosos de reconstrução social e desenvolvimento econômico circulavam. Na esquerda, os socialistas venceram seus rivais anarcossindicalistas (exceto na Espanha) e começaram a ver a revolução ou reformas como conquistadas por meio da ação do Estado. Na Rússia, a guerra e a guerra civil tornaram inespera-damente os bolcheviques estadistas ardentes. Em outros lugares, o liberalismo se transformou em democracia liberal-trabalhista ou social, e o estatismo mode-rado continuou avançando.

As democracias venceram a guerra e impuseram perdas territoriais à Alema-nha e à Rússia; os impérios habsburgo e otomano desapareceram. Os tratados de paz os substituíram por novos estados-nações, de modo que no final de 1920 todos exceto um dos vinte e oito estados da Europa tinham constituições consa-grando eleições parlamentares, partidos políticos concorrentes e garantias para as minorias. Muitos sufrágios excluíram as mulheres, alguns excluíram muitos homens, alguns executivos tinham poderes para rivalizar legislaturas, e práticas políticas muitas vezes estiveram em conflito com as normas constitucionais. Contudo, a democracia parecia o ideal esperado. Os presságios para o naciona-lismo tolerante não eram muito bons. Na prática, os tratados confiaram o Esta-do a uma única etnicidade dominante, e milhões de refugiados de populações de minorias étnicas ou religiosas estavam fugindo para suas "pátrias" nacionais.

Entre 1920 e 1945, a democracia se retirou, surrada por déspotas da direita, no que Huntington (1991) chamou a primeira "contraonda" contra a demo-cracia. O noroeste da Europa – Escandinávia, os Países Baixos, Bélgica, França, Grã-Bretanha e Irlanda – intensificaram suas formas representativas de governo; todavia, em 1938, quinze dos vinte e sete governos da Europa eram ditaduras de direita, muitos alegando incorporar uma nação orgânica única. Em outros continentes, as quatro ex-colônias britânicas de maioria branca – Estados Uni-dos, Canadá, Austrália e Nova Zelândia – tinham democracias para brancos. A África do Sul e a Rodésia também tinham instituições parlamentares para suas minorias brancas. Os dois maiores estados asiáticos – Japão e China – se tornaram autoritários; na América Latina, somente Uruguai, Colômbia e Costa Rica permaneceram consistentemente democráticos, com flutuações em outros lugares. Assim, o período entreguerras viu dois blocos globais, um democrático liberal, ou outro despótico. Ambos os blocos principais buscavam estados mais fortes infraestruturalmente; somente um também buscava poderes despóticos maiores. De suas fileiras emergiu o fascismo.

Os fascistas apenas adotaram com mais fervor do que qualquer outro o íco-ne político central de nossa época: o Estado-nação – uma forma amena da que agora domina o mundo. O desenvolvimento tardio já estava levando a um papel ligeiramente mais ativo no desenvolvimento econômico. O socialismo de Estado levaria isso a extremos na Rússia. Em uma era de imperialismo contínuo, o fascismo também acarretou uma forma de desenvolvimento tardio nas relações de poder político e militar. Ele também levou – ou pretendeu levar – a uma retirada da globalização, enquanto construía barreiras nacionais maiores em torno de todas as fontes de poder social – exceto pela ideologia, pois as ideias fascistas se espalharam ao redor do mundo, contribuindo para as mesmas tendências contrárias contidas no socialismo.

O fascismo definido

As crenças fascistas não devem ser descartadas como loucas, contraditórias ou vagas. Os fascistas ofereciam soluções plausíveis para problemas modernos, e obtiveram apoio eleitoral massivo e intenso compromisso de militantes. Poucos fascistas eram sádicos ou psicopatas, ou pessoas com uma "colcha de retalhos" de dogmas parcialmente compreendidos e *slogans* passando por suas cabeças, como alguns sugerem (Paxton, 2004: 16-17) – ou não mais do que o resto de nós. O fascismo foi um movimento de altos ideais, capaz de persuadir uma parte substancial de duas gerações de jovens que poderiam produzir uma ordem social melhor. Pode ter parecido uma forma de salvacionismo secular mais fraca do que o marxismo, uma vez que sua teoria da história era menos sobre atingir uma utopia final do que endossar o conflito contínuo entre o forte e o fraco, nações, raças. Isso foi, em um sentido, um foco nos meios em vez de nos fins últimos; no entanto, era através do conflito que o "Novo Humano"* seria criado, e ele era o ideal utópico. Depois, tanto fascistas quanto marxistas perpetraram o grande mal, não acidentalmente ou como a ressurgência do primitivo, mas como comportamento "moderno", desejado. Quando confrontados pelas dificuldades, não se comprometeram com o inimigo, mas, em troca, radicalizaram, envolvendo-se em um tipo de revolução contínua. A diferença entre eles era que os marxistas estavam pervertendo seus ideais, enquanto a violência massiva era uma parte necessária e virtuosa da criação do Novo Humano fascista.

Há duas escolas principais de interpretação do fascismo. Uma "escola nacionalista idealista" foca as crenças nacionalistas dos fascistas. Ela vê o fascismo como uma "religião política", incorporando um "núcleo mítico de regeneração nacional" (Gentile, 1990; Griffin, 2002). Isso captura o salvacionismo secular que identifiquei, mas tende a ser uma abordagem descritiva, fraca em explicar por que um núcleo mítico assim deveria surgir na década de 1920. Em contraste, uma "escola materialista" foca a base de classe do fascismo, considerada pequeno-burguesa ou burguesa, e o papel do fascismo de salvar o capitalismo da esquerda quando em dificuldades na década de 1920 e começo da década de 1930 (Hobsbawm, 1994; Lipset, 1963; Poulantzas, 1974; Renton, 2000; Cars-

---

* No original, *New Man* (do alemão '*Neue Mensch*') [N.T.].

ten, 1980). Oferecem uma explicação causal clara do surgimento do fascismo, mas que é extremamente simples. Barrington Moore (1967) ofereceu uma explicação mais complexa, centrada na classe mais o Estado, e outros fornecem teorias multifatoriais nuançadas ajustadas às diferenças sutis entre os movimentos nos diferentes países (Payne, 1995; Paxton, 2004). Eu os sigo, buscando, ao mesmo tempo, uma explanação mais teoricamente integrada em termos das quatro fontes de poder social – ideológica, econômica, militar e política – que desempenham papéis importantes na ascensão e queda do fascismo.

Defino o *fascismo* como a busca de um estatismo-nação transcendente purificador por meio do militarismo[2]. Essa definição contém quatro elementos principais.

(1) Nacionalismo purificador. Ideologicamente, os fascistas favoreciam uma nação orgânica. Estrangeiros dentro e fora subvertiam a unidade e a pureza da nação e tinham de ser expurgados. O fascismo racial, como o nazismo, era a forma extrema, aplicando conflitos raciais dali em diante usados pelos europeus somente dentro de seus impérios no exterior para dentro da Europa e mesmo dentro da nação individual. Sua consequência foi terrível: a remoção física de outras raças, e, de fato, daqueles com supostos defeitos genéticos, da nação. Essa foi uma forma muito agressiva de nacionalismo interno, na qual o racismo, originalmente concebido para explicar diferenças entre macrorregiões importantes do mundo, voltou-se para dentro da Europa e da própria Alemanha.

(2) Estatismo. Politicamente, os fascistas viam o poder estatal como o "portador de um projeto moral", capaz de atingir o desenvolvimento econômico, social e moral por meio das elites e do corporativismo fascistas. Esse foi o lado de cima para baixo do fascismo; a ordem seria imposta a partir de cima. Como a nação é orgânica, seu Estado deve ser despótico, com uma vontade singular e coesiva expressa por uma elite partidária que adere ao "princípio da liderança", e que termina obedecendo a um líder único. Esse era, de fato, um Estado de partido único, como os regimes comunistas. Estudiosos costumavam enfatizar o totalitarismo fascista. Hoje é geralmente reconhecido que elementos corporativistas, sindicalistas e burocráticos foram minados tanto pelo radicalismo mais selvagem dos fascistas quanto pela necessidade de se comprometer com outros atores poderosos, como igrejas e capitalistas. Assim, o fascismo foi mais totalitário em seus objetivos do que em seu papel efetivo. O fascismo conjuminou as quatro fontes de poder, criando um partido único, o que produziu poderes infraestruturais e despóticos sobre o povo.

---

2. Observe que, desde *Fascistas*, mudei o componente "paramilitar" para "militar" a fim de que a categoria cobrisse tanto paramilitarismo como guerra agressiva.

(3) Transcendência. A combinação de (1) e (2) é o estatismo-nação, que poderia transcender o conflito social. Os fascistas rejeitavam noções conservadoras de que a ordem social era harmoniosa; rejeitavam noções democráticas, liberais e sociais de que o conflito de grupos de interesses é normal numa sociedade; e rejeitavam noções socialistas de que a harmonia poderia ser obtida pela deposição do capitalismo. Os fascistas atacaram tanto o capital quanto o trabalho. Afirmavam que "fariam a cabeça deles" e os subordinariam à nação. Interesses privados seriam subordinados ao interesse nacional. O planejamento e o bem-estar social seriam impostos de cima, e grupos de interesse seriam trazidos para dentro do Estado em instituições sindicalistas ou corporativistas.

A transcendência tinha uma intenção revolucionária, que buscava a transformação de todas as fontes do poder social. Os fascistas, como os bolcheviques, eram altamente ideológicos, orientados pela racionalidade de valor, mas, a fim de tomar e manter o poder, foram oportunistas, tendendo para o capitalismo e fazendo acordos com antigos regimes. Ao fim e ao cabo, careciam de interesse no capitalismo e em classes. Nação e Estado eram seu centro de gravidade, e não as classes. Eles tendiam a atacar não o capitalismo *per se*, mas o capitalismo financeiro estrangeiro ou judaico. Na Romênia e na Hungria, onde essas formas de capitalismo predominavam, o fascismo era anticapitalista e pró-proletariado. No entanto, havia sempre conflito entre oportunistas e ideólogos radicais dentro dos movimentos fascistas, que permaneciam comprometidos com a transcendência. Os radicais perderam-se em problemas de classe, mas ao longo do processo o radicalismo foi desviado da classe para a limpeza étnica e para a completa subordinação política do indivíduo ao regime. "Tudo o mais perde a força diante dessa transformação radical na relação dos cidadãos com o poder público", diz Paxton (2004: 142). Na verdade, o fascismo, em vez da classe, transferiu o foco da transcendência para o Estado e para a nação.

(4) Militarismo. O poder militar dominou a organização fascista. Antes de sua tomada do poder, isso irrompeu por meio dos "paramilitares" – fazendo as cabeças, como eles diziam. Esse foi o aspecto de baixo para cima da mobilização fascista, o partido de massas se erguendo para depor as elites. E isso foi feito com violência. Nenhum movimento fascista foi simplesmente um partido político – foi sempre uniformizado, marcial, armado e violento. O paramilitarismo enjaulou fascistas como um exército faz com soldados. Também conquistou o respeito de muitos países neutros, porque a violência fascista poderia, aparentemente, terminar com o conflito de classes. O paramilitarismo não era forte o bastante para sobrepujar os exércitos comuns. Somente quando os fascistas subverteram os exércitos, atraindo-os para a sua causa, puderam tomar o poder. A partir de então, passaram a buscar políticas internas e externas militaristas, o que os levou a guerras devastadoras

que, em breve, mostrariam sua húbris. Como vimos, o imperialismo vinha sendo normal há muito tempo, e aqueles que buscavam impérios tardios no século XX (exceto pelos Estados Unidos) o fizeram com mais nacionalismo e militarismo do que impérios anteriores. Todavia, seu nacionalismo altamente agressivo provaria sua dissolução.

A combinação desses quatro elementos transformou os fascistas em revolucionários de direita, embora estivessem mais focados no Estado-nação e na transformação e expansão das relações de poder ideológicas, militares e políticas do que nas relações econômicas. Os fascistas buscavam se libertar do efeito corrosivo do capitalismo transnacional e, de um modo geral, da globalização, com políticas de autarquia econômica nacional. Contudo, concederam um grau de autonomia aos capitalistas e às principais igrejas, dado que não contestavam o comando-geral do Estado-partido. Essas foram as principais exceções às aspirações totalitárias do fascismo. Havia variações entre países, claro. O fascismo italiano tinha mais interesse no estatismo e desenvolveu instituições corporativistas e sindicalistas; os nazistas focalizaram mais o nacionalismo racista. Alguns pensam que isso antecipa uma definição genérica de fascismo, mas eu não. Eu trato aqui dos cinco principais movimentos fascistas na Europa – Itália, Alemanha, Áustria, Hungria e Romênia. No entanto, a influência do fascismo foi mais ampla. Regimes autoritários mais brandos roubaram ideias e práticas fascistas; durante a Segunda Guerra Mundial, alguns outros movimentos nacionalistas europeus flertaram com o fascismo e se juntaram às potências do Eixo. O fascismo também influenciou países por todo o Oriente Médio, Ásia e América Latina. Erigiu elevadas barreiras nacionais contra a globalização; a sua difusão foi, de fato, global. Os últimos capítulos examinam os movimentos fascistas chinês e japonês. O fascismo não durou muito; em 1945, colapsou em quase todo o lugar. Nesse ínterim, mudou o mundo.

A ascensão do fascismo

(1) **Itália**. O fascismo Italiano emergiu dos conflitos sobre a participação da Itália na Primeira Guerra Mundial. Uma aliança entre nacionalistas e socialistas pró-guerra (como o próprio Mussolini) produziu as primeiras centenas de fascistas. Quando a guerra terminou, eles se multiplicaram em uma força paramilitar com um influxo de veteranos militares. O movimento pregava nacionalismo e estatismo e buscava a violência paramilitar para encerrar a desunião da Itália. Contudo, havia pouco sentimento étnico da nação, e a purificação foi dirigida apenas a inimigos políticos, não étnicos. A rápida transição para o sufrágio masculino completo na Itália estava gerando movimentos turbulentos de massa *popolari* (populistas), tanto socialistas quanto católicos; e o antigo regime da Itália estava dividido. A Igreja Católica via o Estado secular como seu inimigo; elites liberais e conservadoras careciam de raízes populares e não puderam mo-

bilizar o nacionalismo de massa de forma efetiva porque haviam levado a Itália a uma guerra imprudente e impopular. Riley (2010: cap. 2) observa que, no período pré-guerra, as elites (e também o crescente partido socialista) estavam muito concentradas. O liberalismo de Giolitti que sobreviveu à guerra no breve período de democracia foi na realidade apenas metade democrático. Giolitti governou através de partidos parlamentares do norte e do clientelismo do sul. A Itália liberal estava prestes a desaparecer.

A tomada do poder pelos fascistas chegou logo e, em meio à turbulência pós-guerra, teve um componente de classe mais direto do que o fascismo em outros países. Algumas classes mais altas recorreram aos fascistas para resgatá-las da insurgência das classes inferiores. Isso ocorreu com os proprietários de terra do Vale do Pó, assediados pelos socialistas e por sindicatos *popolari*, apoiados pelos militares e empresários locais, orientados para a agricultura. Em outras partes, o viés de classe na afiliação fascista deu-se na direção da classe média e, em especial, da média baixa. Muitos industrialistas e banqueiros preferiram partidos tradicionais semiautoritários para proteger seus interesses. O fascismo também atraiu aqueles com vínculos mais fortes com o nacionalismo ou com o Estado, como os militares, a polícia e os servidores públicos, ou aqueles das regiões fronteiriças "ameaçadas" do noroeste, todas sobrerrepresentadas. A violência paramilitar apelava a uma combinação de valores militares e masculinos de muitos jovens desmobilizados. O fato de as elites romanas terem desertado a democracia tornou possível a tomada do poder pelos fascistas. A "Marcha sobre Roma" em 1922 não foi combatida pelo Estado ou pelo exército, e dali em diante as elites entraram em acordo com o regime de Mussolini. Proprietários de terras, capitalistas, o exército e a Igreja foram incapazes de criar seu próprio autoritarismo conservador, de modo que alguns tiveram que lidar com os fascistas – e os fascistas com eles. Esse foi um acordo pragmático, e não uma revolução contínua.

Tudo isso envolveu milhares, não milhões de pessoas – o poder surpreendente paramilitar de milhares e a traição da democracia pelas elites. Os socialistas e *popolari* tinham os números e os votos para se opor aos fascistas, mas não tinham força paramilitar e presença nacional iguais, ou o desejo de construir alianças de centro-esquerda. Muitos italianos não se importaram muito com a tomada do poder, mas eram irrelevantes ao poder. Assim, os três principais fatores do triunfo fascista foram o paramilitarismo induzido pela guerra, o conflito de classes em que algumas das classes proprietárias se voltaram ao fascismo, e um Estado dividido, cujas metades – o antigo regime e a democracia – estavam muito fragmentadas.

(2) **Alemanha**. A Alemanha foi o país mais importante a se tornar fascista. Os nazistas foram o maior movimento fascista, com a maior quantidade de paramilitares e a maior votação. Em 1932, somados a grande votação fascista de 37% e os votos de seus aliados autoritários conservadores produziram uma maioria,

e os nazistas obtiveram o controle do Estado no ano seguinte por métodos basicamente legais. Ao longo dos dois anos seguintes, eles impuseram uma ditadura nazista e não se comprometeram de modo significativo com outros detentores de poder. A sua era uma revolução contínua em busca dos seus objetivos utópicos.

Sabemos muito a respeito do principal eleitorado de apoio. Não havia correlação entre classe e afiliação nazista ou votação – diferente do fascismo italiano. Embora o Partido Nazista sub-representasse os trabalhadores, os paramilitares do *Sturmerabteilung* (SA) os sobrerrepresentavam, como a Juventude Hitlerista. Embora os nazistas não atraíssem muito comunidades da classe trabalhadora urbano-industrial, eram apoiados pelos trabalhadores que viviam e trabalhavam em outros lugares. O Partido Nazista era o mais apto a se projetar sem classe. Seus porta-vozes iam desde príncipes prussianos a atendentes ferroviários, de generais aposentados a estudantes e trabalhadores, falando em sotaques variados – uma amostra da ausência de classes epitomada por Hitler, o baixinho com sotaque austríaco. Como na Itália, as classes rurais foram da sub-representação à sobrerrepresentação. Muitos pequenos agricultores (embora poucos trabalhadores agrícolas) se tornaram nazistas, e os nazistas se deram melhor em ambientes rurais e em cidades pequenas do que em cidades grandes. Como na Itália, a culta burguesia nação-estatista era sobrerrepresentada, incluindo profissões como funcionários públicos, professores, arquitetos, silvicultores e veterinários. Os trabalhadores braçais do setor público também eram bem representados, parcialmente porque muitos eram ex-soldados. Esses grupos eram responsivos a temas nazistas nacionalistas, estatistas e *völkisch* (populares). As classes de empresários eram subrepresentadas, mas, como muitos deles apoiavam autoritários conservadores, acabaram envolvidos nas manobras que levaram os nazistas ao poder. Devido ao grande influxo ao partido de jovens com formação, o Partido Nazista apresentava membros e líderes mais jovens do que outros partidos. Esses afirmavam representar a nova e jovem Alemanha. Antes de os nazistas assumirem o poder, os católicos eram muito sub-representados como membros e eleitores. Em julho de 1932, 38% dos protestantes votaram nos nazistas, comparados a apenas 16% dos católicos. Isso era maior do que quaisquer diferenças de classes.

Os nazistas não eram marginais sociais nem economicamente despossuídos. As suas carreiras raramente sugerem fracasso. Eles estavam no centro da sociedade civil, mais ativos em associações voluntárias do que os adeptos de qualquer outro partido. Essa era uma sociedade forte, mas incivil. Como na Itália, os fascistas não provinham das principais arenas do conflito de classes moderno – alguns eram empresários, a pequena burguesia clássica, administradores do setor privado ou trabalhadores urbano-industriais. Sua afiliação e apoio eleitoral vinham de pessoas que se sentiam à margem do conflito de classes, cansadas de ver esse conflito dividir a Alemanha, respondendo ao apelo nazista à transcendência.

À época do golpe de 1933, os nazistas contavam mais de um milhão de membros. Eles eram mais ativos do que os integrantes de outros movimentos: líderes locais poderiam convocar militantes para participarem de marchas e manifestações, tomar estabelecimentos, fazer tumultos. Membros deixavam seus trabalhos e doavam seu tempo e energia com generosidade. Partidos conservadores e liberais eram dominados por notáveis; não participavam de marchas nem de manifestações. Seus encontros eram corteses, mostravam deferência à plataforma e ao *status* social elevado dos oradores. Se seus encontros eram interrompidos por determinados bagunceiros ou por pancadarias, não podiam convocar seus apoiadores para uma resposta coletiva determinada. Eram sobrepujados pelo maior entusiasmo e violência dos nazistas. Mesmo os socialistas e comunistas, que haviam inventado a noção de militância de camaradagem, eram subjugados. Integrantes da SA eram jovens, basicamente da classe trabalhadora, geralmente solteiros, vivendo juntos em quartéis com sua subsistência paga por fundos do partido. Como os italianos *squadristi*, eles estavam enjaulados numa vida de camaradagem disciplinada, bebendo juntos e desfrutando de violência intermitente. Unidades da SA marchavam sobre áreas fortificadas socialistas e comunistas, com o intuito de atacá-las. Os tumultos tinham a intenção de "temperar seus membros pela batalha", intimidar oponentes e mostrar que a "ameaça marxista" era responsável pela violência (Merkl, 1980: 373). A propaganda nazista e uma imprensa enviesada transmitiam essa mensagem a milhões que jamais testemunharam diretamente a violência. Uma vez no poder, eles prometiam um Estado comprometido com a ordem.

Uma vez mais, a condição do antigo regime foi importante. A derrota na guerra depôs a monarquia e seus partidos conservadores leais, e havia encolhido as forças armadas. O antigo regime não pôde mais governar. A partir de 1930, quando a democracia começou a falhar, os autoritários conservadores assumiram, mas careciam do apoio popular. Desde o início, os grandes empresários se opuseram à democracia de Weimar, mas apoiaram os autoritários conservadores. Os empresários viram que os nazistas eram radicalmente anticomunistas e favoreciam o princípio da liderança. Os nazistas terminariam apoiando a sua autoridade, e não a dos trabalhadores. Entretanto, foi o antigo regime, e não os empresários, que ajudou Hitler a chegar ao poder – os militares, o serviço público, o judiciário e os partidos políticos conservadores que, em 1932, haviam adotado o governo autoritário. Como careciam de mobilização de massas, necessitavam dos nazistas, e tolamente acreditaram que poderiam controlá-los. Os nazistas triunfaram diante da falha dos outros partidos que governaram com pouco sucesso durante a Depressão. A classe média foi isolada pela inflação; a classe trabalhadora, pelo desemprego, queda de salários e jornada de trabalho mais longa (Weitz, 2009: 145). Os nazistas também atraíram positivamente os eleitores. A ausência de classes nazistas tornou plausíveis as pretensões da transcendência, e como Brustein (1996) mostra, o programa econômico dos nazistas trouxe muitos votos. Era detalhado, plausível, basicamente emprestado dos keynesianos alemães, embora articulado em termos de *slogans* simples sobre a unidade nacional, que exigia colocar todos os alemães a trabalhar. Os nazistas foram bem-sucedidos no revisionismo geopolítico, ou seja, na restauração de territórios perdidos. Uma grande potência que se ressentia pela perda de territórios sugados pelas tensões centro-europeias de povos germânicos, judaicos e eslavos, a Alemanha tinha refugiados, fronteiras ameaçadas e "inimigos" étnicos dentro e fora do país. Em minha análise sobre as origens dos perpetradores nazistas do genocídio, descobri que ex-refugiados dos territórios perdidos e das áreas de fronteira adjacentes eram sobrerrepresentados (Mann, 2005: 223-228). Em época de eleição, os nazistas subestimaram seu antissemitismo, e raramente o considerava uma razão para ingressarem no partido. Contudo, o nacionalismo orgânico mais geral tinha um apelo maior. Isso foi popular o suficiente para aproximar os nazistas do poder. Seu paramilitarismo e a cumplicidade do antigo regime lhes permitiram tomar o poder mais tarde. A classe figura muito menos como uma causa direta do que na Itália.

(3) **Áustria.** Dois movimentos fascistas distintos emergiram do ex-império Habsburgo: o fascismo e o nazismo austríacos. Ambos emergiram dos movimentos paramilitares pós-guerra, que exigiam a restauração dos territórios perdidos e que exploravam a intensidade da antipatia austríaca para com os eslavos e judeus. O fascismo austríaco baseava-se mais no antigo regime, que era de cima para baixo e pró-capitalista. Ele se fortaleceu em meio à estagnação política entre os dois grandes partidos – os Cristãos Sociais e o Partido Socialista. A crise política foi intensificada pela Grande Depressão. O nazismo foi o movimento mais interclasses. A ascensão de Hitler na vizinha Alemanha foi a culminância disso, uma vez que minava o apelo tanto do fascismo austríaco quanto do socialismo, e premiava os nazistas locais. Os dois grupos de paramilitares deram golpes, e ambos foram bem-sucedidos com a ajuda dos respectivos exércitos da Áustria e da Alemanha, na *Anschluss* (anexação) de 1938.

(4) **Hungria e Romênia.** Esses dois países haviam lutado em lados opostos na Grande Guerra; a Hungria foi uma grande perdedora; a Romênia, uma vitoriosa. A Guerra Civil subsequente na Hungria resultou na derrocada da esquerda, permitindo ao antigo regime reemergir amargurado e radicalizado. O governo foi de um Estado dual, composto pelo executivo tradicional e pela burocracia, e por um parlamento dominado pela aristocracia. Todavia, o antigo regime agora era formado por uma geração mais jovem de radicais de direita, fazendo exigências revisionistas pelo retorno dos territórios perdidos, expressando racismo e antissemitismo. Com a Romênia foi diferente; sua aristocracia proprietária de terras foi expropriada, mas isso e a vitória na guerra imprimiram mais legitimidade ao monarca, à burocracia e ao exército.

Os dois regimes antigos sobreviveram, radicalizados. Movimentos fascistas grandes só surgiram em meados da década de 1930, bem depois da ameaça da esquerda ter diminuído. Assim, os fascistas não tinham viés capitalista; na verdade, eram muito proletários em sua composição, formando seus próprios sindicatos trabalhistas. O fascismo romeno converteu-se em um corporativismo mais brando, como na estratégia do teórico econômico Manoilescu para o desenvolvimento tardio. A Legião Romena foi liderada por veteranos, militares, estudantes, filhos de padres, funcionários públicos e professores, que lideravam muitos camponeses e trabalhadores. Havia uma forte relação entre a Legião e a Igreja Ortodoxa Romena, e uma relação menos forte entre o partido da Cruz Flechada e a Igreja Católica Húngara. Nos dois casos, o paramilitarismo foi usado como uma máquina de mobilização eleitoral e um modo de reprimir rivais. A Legião perpetrou um golpe malsucedido, uma dança desigual de morte seguiu-se, na qual os militares triunfaram sobre o poder paramilitar, e autoritários conservadores radicais no controle do Estado triunfaram sobre os fascistas. Somente o caos dos últimos anos de guerra permitiu aos fascistas uma breve e destrutiva vitória. Portanto, os fascistas eram distintos; eles não eram simplesmente um veículo para interesse de classes. Eles não eram bobos e seu movimento era mais de baixo para cima do que outros movimentos autoritários. Exceto pela Itália, onde eles ascenderam rapidamente ao poder, a campanha eleitoral era também importante, e os fascistas foram pioneiros em técnicas de mobilizar militantes e manipular eleitores. Diferente dos autoritários conservadores, os fascistas não podiam usar o poder do Estado para manipular as eleições (até que tomassem o poder). Ironicamente, embora os fascistas não acreditassem em democracia, ela foi vital para o seu sucesso. As massas seriam levadas à cena e autorizadas a fazerem tumulto. Mas suas falas seriam redigidas por uma elite fascista.

A primeira coorte paramilitar, sem a qual o fascismo não teria saído do chão, era constituída basicamente de veteranos militares jovens. Depois, vieram duas ondas de recrutas jovens, com cadetes, estudantes, atletas e arruaceiros sobrerrepresentados. A principal força do fascismo era seu apelo aos jovens de todas as classes, dispostos a dedicar mais tempo e energia do que ativistas em qualquer outro movimento político. Os nazistas foram vencendo as eleições estudantis alemãs ano após ano – conquistavam a maioria de seus adeptos entre os de melhor formação. O fascismo também recrutava seus membros desproporcionalmente entre refugiados, regiões de fronteiras ameaçadas, empregados estatais (incluindo forças armadas), indústrias estatais ou protegidas pelo Estado e igrejas que se viam como "a alma da nação" ou "a moralidade do Estado" – como a ortodoxia romena ou o protestantismo alemão, mas não o catolicismo alemão. Não surpreende que o estatismo-nação atraísse muitos daqueles com uma relação estrutural estreita com a nação ou o Estado, ou seu militarismo atraísse muitos membros de grupos veteranos e jovens. A relação do fascismo com as classes variava enormemente. Somente na Romênia atraiu a classe trabalhadora organizada. Ele geralmente atraía aqueles à margem dos conflitos de classes, pessoas de todas as classes em indústrias pequenas ou recém-estabelecidas, na agricultura e no setor de serviços. Esses olhavam de fora para o conflito de classes organizado, gritando: "Malditas sejam suas duas casas", impressionados pelas pretensões fascistas de transcender as classes. O nível de ameaça representado pelos movimentos da classe trabalhadora não estava correlacionado à força fascista. A ameaça pode ter parecido substancial (embora já estivesse no auge) na Itália; era mais aparente do que real na Áustria e na Alemanha, que tinham grandes, mas preponderantemente moderados movimentos trabalhistas; Romênia e Hungria tinham uma esquerda diminuta na época que o fascismo avultou, e o fascismo provia seus principais movimentos trabalhistas. A classe era menos central ao fascismo do que o estatismo-nação. Os fascistas transmutaram os valores do bem-estar social dos cidadãos em paramilitarismo e nacionalismo agressivo, oferecendo uma modernidade alternativa e renovando o romantismo ao enfatizar sentimentos, emoções e o inconsciente. Eles viam que organizações modernas como multidões, movimentos de massa, guerra total e a mídia de massa poderiam encorajar tanto a emoção quanto a razão. Essa fusão muitas vezes deu à sua propaganda uma vantagem, mexendo tanto com as emoções quanto com a razão, mas só poderia funcionar em condições de crises onde ideologias institucionalizadas e remédios não podiam funcionar. Então, as pessoas poderiam se voltar para um novo salvacionismo secular.

Movimentos fascistas emergiram a partir de baixo não através de maiorias eleitorais, mas por meio de minorias ativistas que faziam pressão popular, um movimento nem de elites nem dos milhões, mas dos milhares. Não podemos explicar o fascismo em termos de uma suposta fraqueza da sociedade civil ou da sociedade de massas diante do Estado. Hagtvet (1980) mostrou que a Alemanha de Weimar tinha uma sociedade civil muito vibrante (assim como a Áustria); Koschar (1986) mostrou que os nazistas tendiam a pertencer mais a associações voluntárias do que os adeptos de outros movimentos; Riley (2005; 2010) mostrou que a densidade das associações da sociedade civil no centro-norte da Itália, especialmente em áreas rurais, deu recursos organizacionais ao movimento fascista. Ele afirma que a ausência desses recursos associacionistas na Espanha ajuda a explicar por que o regime de Franco lá foi meramente uma ditadura corporativa de cima para baixo, a despeito das similaridades entre os dois países. Tudo isso não devia surpreender. Sociólogos que estudam novos movimentos sociais hoje enfatizam que usam quase invariavelmente redes sociais e associações existentes para se expandir (cf. McAdam et al., 1996). Vamos examinar o contexto continental do sucesso fascista.

As duas Europas

Havia uma base geográfica para o surgimento do fascismo na Europa entre-guerras. O mapa que apresentei em *Fascistas* (2004: 38) revelava uma clara fratura geográfica: quase todos os regimes da Europa Oriental, central e do sul tornaram-se despóticos; aqueles do noroeste europeu permaneceram democráticos liberais. Havia duas Europas. Na primeira – exceto pela Tchecoslováquia (que, de qualquer modo, restringiu os direitos de suas minorias alemã e eslovaca) – a democracia liberal formava um bloco único de onze países do noroeste: Finlândia, Suécia, Noruega, Dinamarca, Islândia, Irlanda, Grã-Bretanha, Países Baixos, Bélgica, Suíça e França. Esse bloco continha três zonas socioculturais: a nórdica, a anglófona e a dos Países Baixos, vinculadas por meio de uma economia de comércio marítimo e de similaridades políticas e ideológicas. Eles haviam adotado o governo constitucional bem antes de 1900. Os anglos falavam inglês; os países nórdicos, exceto pela Finlândia, falavam mutuamente dialetos inteligíveis de um mesmo grupo linguístico. Exceto pela Irlanda, que era parte do Reino Unido até 1922, esses países tinham religiões muito despolitizadas. O noroeste tinha muito em comum com eles.

A família despótica formou uma segunda Europa, um bloco geográfico no centro, leste e sul do continente. Exceto por grande parte da Alemanha, Estônia e Lituânia, eles formavam grande parte dos países católicos e todos os países ortodoxos do Leste Europeu. Constituíam todos os países europeus, exceto pela Irlanda, que manteve fortes vínculos Estado-Igreja. Eles continham duas zonas socioculturais distintas, latina/mediterrânea, e eslava/Europa Oriental e Central. Suas línguas eram mais diversas, e não eram um bloco comercial. A Europa Central e Oriental também tinham um grande número de judeus, o povo mais cosmopolita da Europa (junto aos ciganos) e, portanto, antitético para os nacionalistas orgânicos. Já sujeitos aos *pogroms* pelos eslavófilos russos antes da guerra, os judeus sofreram mais na Polônia depois da guerra.

Entre as duas Europas encontra-se uma "zona de fronteira", centrada na França e na Alemanha. Esses dois países poderiam ter ido na outra direção, produzindo uma França mais despótica e uma Alemanha parlamentar. Os principais teóricos protofascistas pré-guerra (Maurras, Barrès, Sorel) eram franceses e, no período posterior, entreguerras, movimentos quase fascistas já eram evidentes. Se a eleição de 1940 tivesse acontecido, o *Parti Social Français* (PSF), quase fascista, poderia ter conquistado mais de 100 assentos no parlamento (Soucy, 1992). Mais tarde, o regime colaboracionista Vichy obteve grande apoio nacional. Nessa zona de fronteira também se encontrava a Espanha, que viu o conflito entreguerras mais igualmente equilibrado e violento entre democracia e despotismo. Também ao longo dessa zona de fronteira houve democracias um tanto quanto imperfeitas na Finlândia, Tchecoslováquia e Áustria antes de 1934.

Movimentos despóticos do noroeste tornaram-se moderadamente populares em países adjacentes à fronteira, como na Tchecoslováquia, Bélgica e Finlândia, embora não fossem praticamente tão populares quanto aqueles do outro lado da fronteira na segunda Europa. Movimentos despóticos e fascistas situados mais ao noroeste receberam menos de 2% dos votos nas eleições. O fator decisivo na primeira Europa foi que os conservadores resistiram aos despóticos da direita, os sociais democráticos resistiram aos revolucionários, e ambos resolveram seus conflitos por meio de instituições democráticas que depois se intensificaram, como vimos no capítulo 9. Movimentos não democráticos obtiveram 35-40% dos votos nas eleições livres austríacas; no restante das eleições parcialmente livres no Leste Europeu, eles venceram de forma convincente. Se os fascistas tivessem tido mais liberdade para se organizar lá, teriam obtido mais votos do que os 20% ou mais que obtiveram na Hungria ou na Romênia. Movimentos despóticos manipularam os poderes do Executivo durante as eleições, mas tiveram muito mais apelo do que no noroeste. Havia duas Europas: uma firmemente democrática liberal e a outra, atraída pelas visões mais despóticas – com uma zona de fronteira oscilante.

Sociólogos históricos tentaram explicar por que dois regimes muito diferentes dominaram o século XX. Barrington Moore (1967) analisou as condições que contribuíram para a democracia ou para o autoritarismo no mundo moderno, focando as relações entre alianças que vinculam as principais classes sociais – aristocracia, burguesia, camponeses – e um "Estado burocrático agrário" (monarca, corte e funcionários da realeza). Embora de vez em quando explicasse o militarismo e as guerras, não as teorizava – nem os movimentos religiosos. A falha militar foi depois remediada por Tilly, Downing e por mim; Ertman, Gorsky e outros acrescentaram mais refinamentos. Moore também exagerou na ênfase de seu argumento ao se propor explicar o surgimento do comunismo russo, do fascismo alemão e do militarismo japonês em termos das mesmas configurações de poder. Eu já observei as inadequações disso ao explicar a emergência do comunismo na Rússia no capítulo 6. Aqui, apresento pontos similares em relação ao fascismo. Embora eu argumente que a existência de um Estado autoritário ou semiautoritário tenha sido uma condição necessária para o surgimento do fascismo, essa condição de modo algum foi a única. Como na Rússia, a Primeira Guerra Mundial foi igualmente responsável, e, em ambos os casos, as relações de poder ideológico foram uma parte necessária na explicação de como os dois conjuntos de revolucionários governaram, uma vez no poder. Barrington Moore enfatizou a temporalidade em sua explicação, mas cada fase do desenvolvimento histórico acrescenta seus próprios caminhos causais, como veremos novamente.

Explanação: quatro crises nas duas Europas

A onda autoritária na Segunda Europa foi uma resposta a uma cascata de crises econômicas, militares, políticas e ideológicas provocadas pela Primeira Guerra Mundial, acumulando-se uma sobre a outra e interagindo com estruturas de poder anteriores. Fascistas pré-guerra formavam apenas *cliques* de oficiais e intelectuais. Sem a guerra não teria havido uma onda autoritária ampla e o fascismo teria sido uma nota de rodapé na história mundial, Hitler teria vivido e morrido na obscuridade e não teria havido Holocausto nem, provavelmente, a Segunda Guerra.

(1) *Crises econômicas* vieram em recessões, que ocorreram no final da guerra e depois novamente quando a Grande Recessão estourou em 1929. Nesse ínterim houve crises inflacionárias menores; economias entreguerras nunca foram muito prósperas. Como se esperava agora que os governos apresentassem políticas econômicas para diminuir as privações, economias enfraquecidas deslegitimaram governos e desacreditaram partidos políticos existentes (Weitz, 2009). Depois, chegaram os nazistas – com o apoio passivo de milhões de eleitores. Obviamente, se tivesse havido um período de prosperidade após essa guerra, comparável àquele que ocorreu após a Segunda Guerra Mundial, não teria havido fascismo significativo. Essas dificuldades econômicas sérias foram uma causa necessária do sucesso fascista.

Contudo, dificuldades econômicas não foram uma causa suficiente. Todos os países sofreram economicamente, e muitos não se voltaram ao fascismo. A Grande Depressão atingiu com maior profundidade os Estados Unidos e o Canadá, e eles permaneceram democráticos. Esses dois países foram seguidos em sofrimento pelas despóticas Áustria e Polônia, mas depois vieram as democráticas Tchecoslováquia e Irlanda, antes de chegarmos à Alemanha (e Austrália). De um modo geral, não havia relação entre a profundidade da Depressão e resultados despóticos. A Depressão provocou o colapso de qualquer governo no poder, fosse da direita ou da esquerda, como vimos no capítulo 8. Tampouco os golpes da direita ocorreram durante as crises econômicas. Eles ocorreram ao longo do período entreguerras, em meio a tempos relativamente bons, assim como maus. Muitos golpes ocorreram nos países mais atrasados, mas provavelmente isso foi porque os países mais desenvolvidos (à exceção da Alemanha) já haviam criado a democracia liberal antes da Primeira Guerra Mundial. De qualquer modo, o fascismo não foi confinado aos países atrasados. Os países com os maiores movimentos fascistas estavam em todos os níveis de desenvolvimento econômico – da avançada Alemanha, passando pela Áustria, Itália e Hungria até a atrasada Romênia. Crises econômicas enfraqueceram todos os governos do período, mas não podem explicar diretamente o fascismo.

A classe capitalista convocou os fascistas para protegerem suas relações de produção econômica? Paxton (2004: 28-32, 49-52) afirmou que os bolcheviques haviam tornado as elites conservadoras na Itália e na Alemanha tão temerosas do comunismo que qualquer coisa – mesmo o fascismo – parecia preferível. Entretanto, havia uma ameaça geral às relações de propriedade capitalistas na Europa? A revolução bolchevique foi seguida por revoluções fracassadas na Áustria, Alemanha, Hungria, Itália e Espanha, e a União Soviética permaneceu isolada. A esquerda revolucionária foi derrotada na Europa em 1922. No Japão, um aumento da esquerda (liberal mais do que socialista) havia diminuído no final da década de 1920; na China, o General Chiang Kai-shek derrotou os comunistas em Xangai em 1927. Na verdade, quase todos os aumentos da direita ocorreram depois que sérias ameaças revolucionárias vindas de baixo haviam evanescido. Na realidade, o capitalismo não necessitava se proteger da esquerda. Ele sabia se cuidar.

É verdade que os lucros foram espremidos pelos governos de centro-esquerda e pela Grande Depressão. Talvez os capitalistas tenham usado golpes da direita para forçar os trabalhadores a arcarem mais com os custos. No entanto, elites políticas do noroeste estavam concebendo melhores estratégias de maximização dos lucros. O liberalismo corporativista no New Deal americano e o compromisso social-democrata na Escandinávia protegeram o lucro capitalista e concederam mais direitos aos trabalhadores. A democracia liberal, não o direitismo autoritário, foi a estratégia mais racional para aumentar os lucros capitalistas. Keynes demonstrava nessa época que o capitalismo poderia ser salvo pelo incentivo ao consumo e aos direitos dos trabalhadores.

Então, por que algumas classes superiores recorreram à arma despótica ou fascista quando nem a propriedade nem os lucros estavam muito ameaçados? Elas haviam se assustado no período insurrecional após 1917. Por que não explorar a fraqueza presente da esquerda para destruí-la completamente? É difícil hoje, quando o capitalismo parece ter triunfado, considerar a possibilidade de que, nesse período problemático, muitos temessem que o capitalismo estivesse fracassando. A esquerda poderia não ser forte o bastante para realizar uma revolução, mas poderia fazer o bastante para provocar desordem. A União Soviética estava se industrializando e enviando agentes Comintern para o mundo inteiro. O medo pode surgir racionalmente a partir de uma ameaça que é baixa em probabilidade, mas alta em dano, caso venha a se materializar. "Melhor prevenir do que remediar", pensavam as classes altas. Além disso, o capitalismo é baseado na ganância. Se um lucro mais imediato pode ser obtido às custas dos salários, os capitalistas buscam essa alternativa se acharem que podem se safar. Argumentei, no último capítulo, que capitalistas do bem-estar social, que necessitam reter trabalhadores qualificados ou experientes, oferecem as correntes de ouro dos altos salários e dos benefícios de pensão e de saúde somente quando os sindicatos atingem um determinado nível de força. Quando os sindicatos são fracos, os empregadores tendem a buscar destruí-los completamente. Qualquer militante trabalhista nos Estados Unidos hoje pode nos confirmar isso!

No entanto, muitos dos ricos que recorreram à força não eram capitalistas industriais, mas proprietários agrários, oficiais de corporações e hierarquias eclesiásticas. A reforma agrária estava sendo demandada Europa afora, e proprietários de terras temiam que sua habilidade de controlar estados pudesse não durar muito tempo. Muitos eram arrendatários que tiravam lucro das partes menos modernas da economia, e os lucros estavam declinando devido à superprodução global. Eles ainda controlavam grupos de oficiais e ministérios do interior, então, por que não dar um golpe? Os corpos de oficiais e as igrejas pensavam do mesmo modo. O exército percebeu que sua autonomia de casta e orçamentos estava ameaçada pelo controle civil democrático. Igrejas temiam liberais seculares socialistas, que estavam separando a Igreja do Estado, ameaçando a propriedade da Igreja e contestando o seu controle sobre a educação e o casamento – e eles poderiam mobilizar a comunidade dos fiéis, especialmente nas áreas rurais.

A democracia foi traída, sobretudo, pelo antigo regime. Paxton diz que os fascistas fizeram um "compromisso histórico" com os antigos regimes que acreditavam que poderiam controlar esses provincianos rudes. Os conservadores "normalizaram" os fascistas ao convidá-los para compartilhar o poder: "em cada bifurcação no caminho, eles escolhem a solução antissocialista", diz. Em 1922, o General Armando Diaz aconselhou o Rei Victor Emmanuel III a não empregar o exército contra a Marcha sobre Roma, de Mussolini, pois poderia não dar certo. Entretanto, o rei foi muito além, tornando Mussolini primeiro-ministro! Em 1933, o aristocrata Franz Von Papen tornou Hitler chanceler porque julgava poder controlá-lo. Paxton continua, "nenhum golpe insurrecional contra um Estado estabelecido jamais levou os fascistas ao poder. Ditaduras autoritárias várias vezes arrasaram essas tentativas", e ele exemplifica a Romênia. Portanto, o comportamento dos cúmplices das classes altas é o elemento crucial na explicação da ascensão dos fascistas ao poder (2004: 87-97). Essa é a principal parte de classes da explicação e, novamente, é uma parte necessária, mas não suficiente, da explicação.

(2) *Crises militares*. A guerra levou a derrota e perdas territoriais para alguns e desmobilização, perturbação e geopolíticas instáveis para todos. Os países neutros e os combatentes que não experienciaram mudanças territoriais experienciaram a menor perturbação, e isso incluiu muitos dos países do noroeste. A crise militar foi mais severa na segunda Europa, porque essa continha as potências derrotadas. Ela durou muito onde os revisionistas continuaram a questionar os tratados de paz, exigindo a restauração de seus territórios perdidos. Refugiados e nacionalistas ressentidos continuaram lutando pela restauração na Áustria, na Alemanha e na Hungria. Mesmo na Itália vitoriosa, muitos denunciaram a "paz mutilada", na qual tinham sido negados à Itália os territórios prometidos quando ela se alinhou à Entente. Os estados sucessores dos impérios multinacionais vencidos temiam que pudessem não sobreviver. Romenos e franceses preocupavam-se com a possibilidade de manter seus ganhos territoriais, e os sérvios temiam perder o controle sobre a Iugoslávia.

Todavia, o momento oportuno parece sempre um problema para as crises militares, bem como para as econômicas. Apenas os fascistas italianos (1922) e os autoritários búlgaros (1923) tomaram o poder logo após a guerra, e esses países haviam sofrido as menores perdas. A Alemanha teve tempo para se recuperar. As reparações foram acordadas em 1930, e a ocupação aliada da Renânia era para ser temporária. O golpe de Hitler em 1933 foi, com certeza, muito tardio para ser atribuído diretamente à derrota na Primeira Guerra Mundial. Os políticos húngaros sabiam que seu revisionismo não era prático; os austríacos sabiam que não poderiam restaurar o império. A derrota na guerra não produziu diretamente o fascismo.

A guerra contribuiu para a primeira onda direitista pós-guerra, minando os prospectos imediatos para a democracia. Mais especificamente, ela produziu os paramilitares. A guerra total havia mobilizado milhões de homens para lutar e mais muitos milhões de homens e mulheres para prover apoio econômico e logístico. Ela aumentou os poderes do Estado, acrescentou um componente militar maior para a noção de cidadania e trouxe novos valores militares. A nação em armas se mostrou disciplinada, ainda que baseada na camaradagem, elitista, ainda que igualitária, para oficiais e homens que haviam lutado lado a lado, com os oficiais sofrendo as maiores baixas. Muitos homens jovens haviam sido conscritos e, em 1918, muitos desejavam abandonar as Forças Armadas e voltar para casa. Alguns da esquerda entre eles se voltaram para a política, exigindo uma sociedade mais justa e pacífica. Após uma proliferação acentuada de conselhos de trabalhadores e de soldados, eles foram absorvidos em uma esquerda civil, que era usualmente antimilitarista. Alguns veteranos idealizavam a camaradagem disciplinada, independentemente de classe na frente de batalha, e se desencantaram com a democracia civil pós-guerra, marcada pelo conflito. Impondo virtudes militares, eles conceberam o paramilitarismo de direita.

Ligas de paramilitares e de veteranos aumentaram em muitos países. Elas venceram uma Guerra Civil na Finlândia; reprimiram o regime marxista húngaro em 1919-1920; reprimiram oponentes de esquerda e estrangeiros no início do pós-guerra na Alemanha, Áustria e Polônia; e depuseram um governo civil na Bulgária em 1923. Delas formou-se o núcleo da primeira onda de fascismo. Na Itália, eram de fato o Partido Fascista. Os movimentos de veteranos depois treinaram homens jovens atraídos pela combinação de manifestações, marchas e tumultos. O fascismo também pressupunha alguns dos efeitos da modernidade sobre os jovens – a libertação dos homens jovens da disciplina familiar, das mulheres jovens de grande parte da carga do parto, o aumento dos esportes organizados, de profissionais que necessitavam de formação extensiva, especialmente do bem-estar dos cidadãos. Associações de estudantes e cadetes e de ginástica e de outros clubes esportivos agrupavam-se em torno de faixas com *slogans* fascistas. Durante o século XX, efeitos de coorte etários permaneceram importantes na política; eles trouxeram um culto à juventude e a distintas culturas jovens – esse culto tendeu para a direita. Alguns veteranos foram impulsionados – por valores absorvidos na frente de batalha – a alegar que a organização poderia agora conquistar propósitos sociais e políticos em tempos de paz. Os paramilitares "enjaularam" homens jovens e solteiros dentro da camaradagem, hierarquia e violência da "célula", "ninho" ou *fascio* (um feixe amarrado), um símbolo que sugeria a união de coerção e laços de vínculos.

O paramilitarismo veterano mal apareceu na Grã-Bretanha democrática. Houve algum na França e a recém-formada Legião Americana foi usada por membros da direita como uma organização de ataque aos Vermelhos na década de 1920. Contudo, comparados ao fascismo veterano na Alemanha, Itália, Hungria ou Romênia, esses foram insignificantes. Vitória *versus* derrota mais disputas sobre territórios perdidos oferecem parte da explicação para a diferença entre as duas Europas por meio das relações de poder militar. A guerra converteu o fascismo, que era meramente um movimento de intelectuais, em um movimento de massa de alguns milhares. Como eles idealizavam a violência, quando ocorriam conflitos de rua, mesmo com membros da esquerda que também se organizavam paramilitarmente, usualmente venciam. Uma vez mais, essa foi uma causa necessária, mas não suficiente, pois as brigas de rua por si sós em circunstâncias normais lançariam os fascistas à derrota. O paramilitarismo não poderia derrotar o militarismo do Estado, mas como os exércitos haviam sido reduzidos pelos Tratados de Versalhes e Trianon, e alguns foram divididos por disputas ideológicas, o monopólio estatal dos meios de violência falhou. O exército manteve-se ao largo durante a Marcha sobre Roma, parcialmente porque o alto-comando temia que sentimentos de simpatia aos fascistas enfraquecessem a cadeia de comando. O exército alemão ficou passivamente de prontidão enquanto os nazistas consolidavam seu governo. Knox diz corretamente que seria um "reducionismo ingênuo" acreditar que classes sociais ou interesses econômicos determinam o comportamento político. Nesse caso, ele afirma: "política e guerra deram a direção, a sociedade seguiu" (2009: 40, 315). Portanto, vamos nos voltar à política.

(3) Crises *políticas* foram severas somente na Europa. Na década de 1880, todos os países do noroeste possuíam sistemas partidários concorrentes, eleições livres e pequena interferência do executivo. Mesmo em colônias da Europa, Irlanda e Noruega, os habitantes locais haviam enviado representantes eleitos para o Parlamento da potência colonial. Mesmo aos dois casos marginais, Finlândia e Tchecoslováquia, foi permitido um governo provincial representativo dentro dos impérios russo e austríaco. Quando o sufrágio foi estendido às classes baixas e mulheres, suas organizações seguiam direcionamentos de instituições estabelecidas (Luebbert, 1991). Os primeiros estados da Europa eram unitários, e não duais, dominados por instituições parlamentares acostumadas a lidar com conflitos entre classes, comunidades religiosas e regiões. No último capítulo, vimos que os países nórdicos e anglos lidaram com conflitos por meio do avanço da cidadania social democrática (cf. Schmitt, 1988). Partidos fascistas foram retardatários e, como a concorrência partidária já dominava esses estados, restava pouco espaço para os fascistas (Linz, 1976: 4-8). O que quer que a Primeira Guerra Mundial ou a Grande Depressão pudesse ter lançado no no-

roeste da Europa, ela lidou com isso por meio de mudanças constitucionais de governo. Os governos enfraquecidos pelas crises eram substituídos por outros partidos através do voto. A democracia foi a pioneira da técnica eleitoral de lidar com crises por meio da autorrenovação. Essa é a sua maior força.

Em contraste, na segunda Europa, estados mais frágeis experienciaram perturbação política induzida por guerras. Regimes vencidos perderam a legitimidade, e alguns foram pressionados por refugiados. A Itália teve apenas uma pequena perturbação, em relação ao Trieste e ao Tirol do Sul. Dois vitoriosos, Romênia e Sérvia, tiveram de lidar com um problema diferente: como incorporar novos territórios que haviam transformado o país. Os sérvios tiveram de institucionalizar uma política que assegurasse sua própria dominação e, ao mesmo tempo, deixasse outros grupos étnicos iugoslavos não infelizes demais. Os romenos tinham agora um país maior e extremamente rural. Essa não era mais a "nação proletária" oprimida da região. Os estados sucessores mais novos tiveram de se erguer do zero.

Na segunda Europa, os parlamentos ou mal existiam antes de 1914 (como nos impérios russo e otomano), ou tiveram de compartilhar o poder político com um monarca, generais ou com um regime ministerial que exigia um investimento público substancial (como na Alemanha, Áustria, Hungria, Bulgária, Romênia, Sérvia e Itália). Esses eram "estados duais", com instituições parlamentares e executivas que desfrutavam de soberania parcial. As forças armadas e a polícia eram controladas por um executivo que podia manipular eleições e parlamentos com dinheiro público e repressão seletiva, declarando lei marcial, banindo partidos e assim por diante. Então, no começo de 1918, os tratados de paz e uma triunfante centro-esquerda exigiram um movimento na direção dos parlamentos democráticos. Em um golpe, Alemanha e Áustria obtiveram soberania parlamentar e sufrágio adulto completo, como a Espanha em 1931. A Itália tinha uma grande extensão sufragista. Essas mudanças não foram acompanhadas por mudanças comparáveis no controle sobre as forças armadas ou polícia e instituições legais que permaneceram dominadas pelo antigo regime. Os partidos tampouco haviam internalizado as regras do jogo democrático. Na realidade, muitos partidos liberais e conservadores eram muito não liberais e os movimentos socialistas eram insuficientemente pragmáticos. Havia poucas chances de alianças parlamentares amplas para preservar e estender instituições democráticas.

Os novos estados foram simultaneamente transformados em estados-nações em meio a movimentos de mobilização de identidades nacionais. Havia nações imperiais estabelecidas (russa, alemã, magiar, otomana), nações proletárias (ucraniana, romena), nações subimperiais recentes (sérvia, checa), e minorias de todas essas em outros estados. Onde as nacionalidades diferiam em suas religiões, isso reforçava seu desconforto mútuo. Reivindicações complexas estavam sendo feitas nesses estados, sem instituições estabelecidas para lidar com elas. Talvez fosse mais seguro para aqueles que controlavam a parte executiva do Estado reprimir, caso confrontados com uma crise.

Eugene Weber afirmou: "O fascismo do século XX é um subproduto da desintegração da democracia liberal" (1964: 139). Contudo, isso não é correto. estados democráticos liberais sobreviveram às crises. Pelo contrário, o autoritarismo e o fascismo emergiram de crises do Estado dual, um antigo regime se dirigindo à democracia e ao Estado-nação exatamente quando estavam sendo afligidos pelas crises econômicas e militares mencionadas acima. Isso produziu um golpe pelo antigo regime – a metade do executivo do Estado contra a metade democrática do Estado. A habilidade dos conservadores do noroeste em transitar de notáveis para partidos de massa assegurou a sobrevivência constitucional. Em outros lugares, foi a falha dos conservadores em efetuar essa transição que produziu o autoritarismo. Em lugares onde eles foram desunidos ou careceram de poderes de mobilização foi aberta a porta para o fascismo. Embora a crise política devesse muito a processos de desenvolvimento econômico geopolítico de longo prazo e um pouco a crises econômicas e militares de curto prazo, teve também causas especificamente políticas.

Relações políticas de poder podem explicar também por que fascistas foram fortes somente em alguns países despóticos. Nos lugares em que o antigo regime permaneceu mais forte, o fascismo foi subjugado. Na década de 1930 na Espanha, somente a monarquia desapareceu. O exército e a Igreja permaneceram intactos, determinados a preservar a antiga ordem. O General Franco conseguiu derrotar uma esquerda forte e subjugar o que se tornou um grande movimento fascista dentro de seu regime. Na Romênia, o Rei Karol e o Marechal Antonescu mantiveram poder político e militar suficiente para reprimir um grande movimento fascista até os últimos estágios da guerra. Na Alemanha, a monarquia desapareceu, o exército foi muito reduzido e uma vibrante democracia restringiu, mas não eliminou, os poderes do antigo regime. Os nazistas emergiram por meio dessa democracia, produzindo mobilização de massa demais para o antigo regime. Na Itália, o antigo regime preservou mais poder, mas seu sistema partidário era fraco, incapaz de se contrapor às capacidades de mobilização dos fascistas. Foi feito um acordo, e as habilidades políticas de Mussolini foram gradualmente lhe dando vantagem. Todos os países diferiam, mas, por meio das variações, podemos entender uma tendência geral. Nessa segunda Europa, a força e unidade do antigo regime estavam inversamente relacionadas ao poder fascista. Nos lugares em que eram mais fortes e mais unidos, foi gerada uma direita despótica; onde eram mais fracos e desunidos, os fascistas tiveram sua oportunidade. Daí, os três diferentes resultados – fascismo, despotismo conservador e democracia – serem mais bem explicados por relações políticas de poder que determinam respostas a crises econômicas e militares.

Crise ideológica. A quase simultaneidade das crises políticas, econômicas e militares gerou um sentimento de uma crise civilizatória geral, e uma busca por novas ideologias. Contudo, autoritários não fascistas não viviam muito no nível ideológico; eles roubaram pragmaticamente o tanto de roupagem fascista necessária para manter o poder, procurando diminuir o ímpeto radical e de cima para baixo do fascismo. O fascismo era um movimento intelectual mais transcendente, embora seus intelectuais fossem homens de segunda categoria, como Maurras, Barrès, e teóricos racistas como Chamberlain e Gobineau, além de um bando de jornalistas meia boca, popularizadores e panfleteiros – até os infames e forjados antissemitas *Protocolos dos Sábios de Sião*. No período entreguerras, o fascismo atraiu intelectuais importantes na Itália e na Romênia, mas em outros lugares permaneceu um movimento da *intelligentsia* inferior, na verdade, de propagandistas.

Contudo, o fascismo ressoava entre os indivíduos de boa formação – estudantes de Ensino Médio, universidades, seminários e academias militares e os estratos de formação mais elevada de profissionais de classe média. Salvatorelli (1923) descreveu esse eleitorado como a "burguesia humanista". Entre 1900 e 1930, o número de estudantes aumentou quatro vezes no mundo desenvolvido, a mais alta taxa de expansão do século XX. Essa expansão foi ainda maior na segunda Europa; isso ameaçou o controle do antigo regime sobre as instituições educacionais. Na década de 1960, o aumento provocou a explosão em direção à esquerda na política estudantil. Na década de 1920, a direção mudou para a direita. D'Annunzio foi o primeiro nacionalista a explorar a publicidade teatral e a glorificar a juventude, e Mussolini rapidamente o imitou. O fascismo era jovem; portanto, era moderno, a sociedade do futuro – assim proclamavam os fascistas. O fascismo não era apenas para broncos.

Os fascistas alegavam "ressacralizar" uma sociedade que se tornara materialista e decadente (Gentile, 1990; Griffin, 2002), mobilizando valores, normas e rituais. Eles afirmavam que uma crise civilizatória abrangia o governo, a moralidade, as ciências sociais e as artes. Os socialistas eram denunciados como "bárbaros asiáticos", os liberais, como "decadentes" e "corruptos"; a ciência era "materialista" e "degenerada"; uma cultura "senil" necessitando de rejuvenescimento. O militarismo era justificado por mitos nacionais a respeito de inimigos internos e externos e pela legitimidade da expansão agressiva (Knox, 2009: 315). Os fascistas promoviam seus próprios rituais, arte, arquitetura, ciência e ciências sociais, seus próprios movimentos de jovens e um culto ao novo humano, apelando às emoções assim como à razão. Esse era verdadeiramente um salvacionismo secular. Explorava o poder emocional da música, marcha, retórica, pintura, desenho gráfico, escultura. Paxton afirma: "emoções... cerimônias cuidadosamente organizadas, retórica intensamente carregada, experiência sensória imediata" eram mais importantes do que a verdade na ideologia nazista (2004: 16-17).

As ideologias não podem ser validadas cientificamente. Para serem bem-sucedidas, novas ideologias requerem não a verdade, mas plausibilidade e apelo emocional. Uma habilidade aparente de dar sentido ao mundo em uma época em que ideologias estabelecidas claudicavam. No período entreguerras, ideologias tradicionais estavam enfrentando crises em metade da Europa. O conservadorismo desconfiava das massas que agora estavam em cena; o liberalismo parecia corrupto e insuficientemente nacionalista. O socialismo desconfiava da nação e trouxera mais conflitos de classes, mas não aparentemente sua solução. O impacto das dificuldades econômicas – e especialmente da Depressão – foi basicamente indireto: conservadores, liberais e socialistas tiveram todos sua chance para resolvê-las. Onde falharam, os fascistas podem ter tido sua chance, como aconteceu na Alemanha.

Crises econômicas, militares e políticas haviam gerado uma ideologia com uma modernidade e salvação alternativas focadas na nação, no Estado e na guerra. O capitalismo não estava no centro de seu interesse, e o fascismo não era o centro do interesse para os capitalistas. Na segunda Europa, déspotas conservadores tomaram o poder, roubando as roupagens fascistas e reprimindo-os. Eles viam a modernidade como desejável, mas perigosa, o liberalismo como corrupto, o socialismo como caótico e o secularismo como imoral. Alguns adotaram a noção de uma vanguarda de elite mobilizando as massas em direção ao desenvolvimento econômico liderado pelo Estado e ao culto da ordem e da hierarquia – fascismo. No noroeste europeu, a democracia permaneceu intacta, autossustentável, confrontada por movimentos fascistas ou despóticos conservadores muito pequenos. O problema para as teorias marxistas é que a profundidade da recessão e a força dos movimentos trabalhistas não estavam correlacionadas à ascensão do fascismo. Os países do noroeste sofreram tanto na Depressão quanto os outros e tinham movimentos trabalhistas igualmente poderosos. No nordeste, contudo, a democracia havia sido estabelecida antes da Grande Guerra, e agora estava institucionalizada. Lá, os fascistas continuaram sendo pequenas minorias, os socialistas resistiram aos comunistas, os conservadores, aos nacionalistas orgânicos, e ambos aderiram a uma racionalidade política instrumental de mudar o voto dos eleitores e chegar a um meio-termo. A primeira Europa respondeu à crise dirigindo-se para o centro político, para a ampliação do sufrágio e aprofundamento da democracia liberal em uma democracia social ou liberal-trabalhista, como vimos no último capítulo.

Alguns intelectuais de segunda categoria e agitadores haviam encontrado milhares de militantes entre soldados desmobilizados, especialmente em exércitos derrotados. Em meio a períodos econômicos e geopolíticos difíceis, seu maior comprometimento com a violência poderia cooptar e talvez subjugar os militantes da esquerda. À medida que as dificuldades econômicas se intensificavam – mas somente em países onde a democracia não era completamente institucionalizada –, os partidos políticos foram desacreditados e milhões de pessoas achavam a ideologia fascista plausível. Os milhões não foram, ao fim e ao cabo, decisivos; em troca, elites do antigo regime (provavelmente apenas nas centenas) organizaram golpes onde tinham força para fazê-lo e, onde não a tinham, apoiaram golpes fascistas –, com sua decisão central, em troca, sendo a de não convocar o exército. Todas as quatro fontes do poder central devem ser invocadas para se explicar a ascensão do fascismo. Cada uma delas desempenhou papéis distintos, mas necessários.

Os fascistas no poder

Como apenas dois regimes fascistas exerceram o poder durante qualquer período de tempo, discutirei aqui apenas a Itália e a Alemanha. Uma vez no poder, os seus fascistas não continuaram a mobilizar o povo contra as elites. Em troca, eles impuseram uma ditadura de partido único e se acertaram com a classe capitalista. Contanto que os capitalistas produzissem o que os fascistas desejassem e não se envolvessem em política, os fascistas poderiam livrá-los dos sindicatos independentes e trabalhadores militantes. Como muitos fascistas davam pouca importância à religião, eles assinaram concordatas com igrejas; assim, tanto capitalistas como igrejas tinham uma medida da autonomia local em relação ao regime. Isso não se aplicava às forças armadas. Hitler purgou o alto-comando e o subordinou a seus projetos agressivos, protegendo-se também por meio e milícias partidárias, primeiro a SA, depois a Schutzstaffel (SS). Após a tomada do poder, a SS e a Gestapo se tornaram semelhantes a uma guarda pretória para o seu despotismo.

Criar um Estado-nação mais militarizado e sagrado e exagerar a "ameaça" representada por inimigos externos e internos teve consequências. Os regimes fascistas não puderam se estabelecer facilmente para desfrutar o poder. Tiveram que satisfazer aos seus radicais e necessitavam da imagem de uma revolução permanente (Mann, 1996; Paxton, 2004:148). O poder ideológico passou a importar quando tomaram o poder – assim como nos regimes comunistas –, uma vez que isso os fazia promover seus objetivos utópicos. Quando no poder, o paramilitarismo fascista foi, durante um período, empregado contra inimigos raciais ou políticos nacionais, mas depois foi desviado para o exterior numa guerra agressiva. Como veremos no capítulo 12, seu militarismo foi descuidadamente utópico, levando à derrocada final que destruiu a família inteira dos autoritários de direita. O modo como caíram mostrou, sem dúvida, que os fascistas não eram meros reacionários ou patetas do capitalismo ou de quem quer que fosse. Eles desejavam ideologicamente tanto seu sucesso quanto seu fracasso final. O fascismo italiano foi um pouco menos ideológico do que o alemão. Foi uma coalizão de socialistas, sindicalistas, nacionalistas conservadores *squadristi* radicais e reacionários agrários. O próprio Mussolini se favoreceu de um fascismo com sabor socialista, mas sua percepção oportunista levou-o a colocar as várias facções umas contra as outras. O resultado foi um Estado corporativista e uma dispersão da soberania do Estado entre várias instituições: uma monarquia, a burocracia tradicional, o Grande Conselho fascista, o Ministério das Corporações, os sindicatos, o Partido e o próprio Duce. Esse não foi um Estado totalitário, embora Mussolini orgulhosamente o proclamasse assim. O Partido Fascista conseguiu se apropriar de grande parte da densidade associacional local da sociedade italiana e se tornar autossustentável junto ao Estado. Radicais e sindicalistas foram comprados com o controle monopolista dos sindicatos e negociações, assim como as associações de empregadores receberam poderes similares do outro lado da mesa de negociações (Riley, 2010: 61-68). Nos outros lugares, o regime pragmaticamente concedeu os poderes a elites não fascistas. No interior, proprietários de terras assumiram o controle da organização fascista durante 1922. Nas cidades levou mais tempo, onde os *fasci* radicais continuaram a causar turbulência durante a década de 1920. Os sindicatos fascistas se tornaram mais classe média, dominando os escalões inferiores e médios do governo local. Após o golpe, o Partito Nazionale Fascista (PNF) passou a ter uma presença trabalhista e camponesa em declínio, enquanto a classe média e funcionários públicos oportunistas se filiavam ao partido.

A despeito do estreitamento de sua base, o regime se tornou muito popular. As eleições de 1924 não foram inteiramente livres, mas a grande maioria fascista foi genuína. Houve alívio, porque a ordem havia sido restaurada. Os fascistas haviam assassinado algo em torno de 700 e 1.700 membros da esquerda popolari em seus primeiros conflitos. Uma vez firmemente no poder, por volta de 1926, necessitaram de um pouco mais de violência para o regime conquistar uma ampla, embora não muito intensa, popularidade. A introdução das cortes especiais e da polícia secreta não levou ao terror; 80% daqueles julgados por ofensas políticas foram absolvidos, e muitos daqueles condenados foram sentenciados a menos de três anos de prisão. De 1927 até o fim, houve apenas 31 execuções políticas. Na Segunda Guerra Mundial, somente 92 soldados italianos foram condenados à morte, comparados às 4.000 sentenças de mortes decretadas por seus predecessores "liberais" na Primeira Guerra Mundial – e às 35.000 sentenças de morte da Wehrmacht alemã. Não houve muitos desafetos, além dos chefes de partidos locais descontentes.

De Felice (1974: cap. 2) argumentou que o regime tinha o consentimento ativo dos italianos. O regime lidou muito bem com a Grande Depressão. O gasto do governo cresceu substancialmente, com algumas melhorias modestas em programas de educação e bem-estar social. O fascismo italiano foi moderadamente eficiente no gerenciamento econômico. Sindicatos trabalhistas fascistas e movimentos de mulheres jovens e movimentos de lazer prestaram serviços genuínos para seus principais membros. Berezin (1997) enfatiza a importância dos rituais fascistas nas práticas cotidianas intensificando o patriotismo comum, atrelando o catolicismo e o padre de aldeia aos seus projetos. A Segunda

Guerra Mundial, porém, trouxe impopularidade. Registros policiais indicam que, a partir de 1943, muitos italianos consideravam a escassez de alimentos e os bombardeios como consequências de uma guerra estúpida, imposta a um regime fraco pelos alemães, que eram mais poderosos (Abse, 1996). Essa era a segunda vez que uma participação descuidada em uma guerra mundial havia sido infligida à Itália, e uma vez mais enfraqueceu severamente o Estado. Ela ficou profundamente dividida, e muitos se insurgiram contra o fascismo. Entretanto, antes disso, alguns milhares de antigos combatentes fascistas e vários oportunistas parecem ter governado a Itália sem uma força indevida. Eles poderiam ter governado por muito mais tempo sem a guerra.

A fraqueza fatal foi o militarismo. Por meio da guerra, Mussolini evitou a transcendência e satisfez seus radicais. De qualquer modo, ele acreditava nela. O gasto militar triplicou durante o governo fascista, e em 1937 absorveu 10% do PIB, mais alto do que em qualquer outro país. Mussolini interveio, ao lado de Franco, na Guerra Civil Espanhola. Ele declarou: "A guerra é para os homens como a maternidade é para as mulheres". Infelizmente, para ele, isso não era acurado para os homens italianos, que foram mais razoáveis quando a guerra os atingiu. A Itália conseguiu lidar com sua invasão da Etiópia, onde estava apenas copiando o imperialismo de outras potências, inclusive as atrocidades – a Grã-Bretanha também estava lançando gás mostarda sobre nativos no período entreguerras –, mas a entrada da Itália na Segunda Guerra Mundial, estimulada pela extraordinária Wehrmacht em 1940, provocou sua ruína. A Itália não pertencia militarmente ao primeiro escalão, então tudo dependia da Alemanha. No entanto, isso subordinava Mussolini a Hitler. Sob a pressão de Hitler, os radicais italianos ficaram de rédeas soltas e Mussolini cometeu seu maior crime, arrebanhando judeus para a matança. Então, quando o poder militar de Hitler evanesceu, os aliados italianos de Mussolini – rei, corte e generais – o depuseram.

Se Mussolini representou o fascismo em seu (não muito bom) melhor, Hitler o representou em seu pior. Ao longo da década de 1930, seu regime "radicalizou-se", um eufemismo para mais ditadura, racismo, guerra agressiva e assassinato em massa de civis. Cada aspecto da vida seria permeado. Robert Ley, que administrou o gabinete trabalhista nazista, observou que o único indivíduo privado na Alemanha nazista era alguém adormecido. O militarismo nazista também se voltou para o exterior. O conflito de classes não foi transcendido, mas suprimido, e os capitalistas foram autorizados a continuar colhendo lucros, embora tivessem que produzir para uma guerra que seria racial. "Dominar tudo", diz R. Evans (2006: xv), "era o impulso para a guerra, uma guerra que Hitler e os nazistas viam, desde o início, como levando ao reordenamento racial alemão da Europa Central e Oriental e à reemergência da Alemanha como a potência dominante no continente europeu e, além dele, do mundo". Hitler queria muito mais do que a restauração dos territórios perdidos; queria a dominação global por meio da guerra, um objetivo completamente utópico.

Como seu principal objetivo era um império purificado, e seu principal meio para obtê-lo, o poder militar, Hitler estava preparado para sacrificar a economia alemã para a expansão para a guerra. A cristalização militar do Estado triunfou sobre a econômica. Inovações civis publicizadas como a Autobahn e a Volkswagen envolveram gastos insignificantes comparados ao rearmamento. Os gastos militares foram menos de 10% do PIB em 1937, ligeiramente menores do que os da Itália, quase o dobro da percentagem na Grã-Bretanha e na França. Todavia, o keynesianismo militar não gerou emprego pleno nem aumento de salários. Aly (2007) enfatiza que os nazistas estavam ansiosos para evitar o descontentamento dos trabalhadores, ajudando-os assim com muitos programas de seguridade social, dobrando inclusive direitos a feriados, e mesmo a habilidade dos proprietários de terras de aumentar arrendamentos ou expulsar arrendatários foi reduzida. O começo da guerra em 1939 aumentou o desejo de manter os trabalhadores felizes. Em 1940, o Estado nazista parou de tributar as horas extras, e em 1941 introduziu um esquema de seguro de saúde para todos. Obviamente, somente arianos se qualificavam para qualquer um deles, e mesmo para eles, contudo, essa não foi a história toda. O racionamento e o consumo limitado de produtos ajudou a anular a prosperidade crescente. Os alemães, com poucos produtos desejáveis nas lojas, puseram suas economias no banco. Os bancos, sem quaisquer outras oportunidades de investimentos disponíveis a eles, punham as economias na dívida do governo, que não os restituía. Os alemães – especialmente da classe média com economias – foram desprovidos de seus recursos sem coerção, muitas vezes sem seu conhecimento, para pagar por esse "sistema silencioso" de financiamento de guerra. Contudo, o efeito dessas duas tendências pode ter sido visto como nivelamento de classes, parecendo acrescentar alguma credencial à pretensão nazista à transcendência das diferenças de classes. Isso fortaleceria o patriotismo alemão durante a guerra, como vemos no capítulo 14.

Mais importante ainda, em 1937 e 1938, o regime nazista dobrou a parcela do produto nacional destinada ao exército para 20%, um aumento provavelmente sem precedentes em qualquer Estado em tempos de paz. Isso provocou uma crise econômica, que Hitler simplesmente ignorou. Em troca, ele exigiu mais gasto militar (Tooze, 2006: 138-143, 253-259, 354-355, 659; R. Evans, 2006). Havia também uma lógica por trás disso. Ela era dirigida para a busca pela autarquia, que se transformou inevitavelmente na expansão militar a fim de controlar territorialmente os recursos necessários para a economia alemã, como os campos de petróleo romenos ou as plantações de milho ucranianas. Esse foi, sem dúvida, o Estado contemporâneo mais militarista, e, certamente, à medida que as guerras de Hitler prosseguiam, muitos alemães sofreram tremendamente. A afirmação de Aly de que a guerra continuou a lhes trazer benefícios econômicos é absurda. Sem dúvida, os soldados e administradores alemães podiam espoliar os recursos dos países conquistados e enviá-los para seu país, mas a escassez de alimentos e a devastação dos bombardeios na Alemanha superavam quaisquer desses benefícios, exceto pela elite nazista. O regime nazista não tinha as virtudes de muitos regimes ideológicos da esquerda ou de alguns regimes nacionalistas moderados de ser relativamente honesto e comprometido com a provisão de bens públicos. Sua corrupção era, na verdade, uma parte central do regime, uma vez que os líderes de cada partido retiravam recursos do topo para aumentar sua riqueza pessoal. Embora Hitler tivesse introduzido mais bens públicos, eles foram superados pelos sofrimentos que suas guerras infligiram aos alemães.

A radicalização nazista prosseguiu até a Alemanha provocar a Segunda Guerra Mundial, e cometer o genocídio contra judeus e ciganos, assassinato em massa de pessoas mentalmente deficientes e homossexuais, e politicídio contra poloneses e outras elites estrangeiras. Hitler buscou expurgar as terras alemãs de raças inferiores e de alemães geneticamente inadequados. O genocídio dos judeus não foi, provavelmente, sua intenção original; ele esperava que a discriminação e violência os forçassem a fugir, arrebanhando grande parte de sua riqueza enquanto fugissem. Foi quando eles não partiram, e quando suas conquistas reuniram inumeráveis judeus e ciganos adicionais, que a ideia de matá-los se tornou política[3]. Conquistas orientais significavam que havia simplesmente eslavos demais para serem eliminados, a despeito de sua inferioridade racial. Somente seus líderes seriam assassinados (em um politicídio), e os remanescentes seriam os "vassalos" de seus mestres alemães. As conquistas no Ocidente seriam mais brandas, uma vez que essas não eram raças inferiores. Somente judeus e aqueles que se opunham a Hitler seriam assassinados. Guerra e genocídio, especialmente de judeus, foram os legados terríveis de Hitler.

Trato da guerra no capítulo 14, e já escrevi um livro sobre o genocídio, *The darkside of democracy* (*O lado negro da democracia*), 2005. Aqui, narro, brevemente, o processo da radicalização racial. O *darwinismo social*, a noção de que humanos foram divididos biologicamente em grupos superiores e inferiores, estava difundido no mundo avançado no começo do século XX. Foi aplicado tanto a raças quanto a classes: a raça branca era considerada (pelos brancos) superior à decadente raça amarela e à selvagem raça negra; a classe superior via as classes inferiores como seus inferiores biológicos. A teoria eugênica parecia cientificamente confirmar isso. Para preservar a superioridade branca era importante restringir o entrecruzamento racial; para preservar a força da nação, as classes superiores deveriam se reproduzir mais rápido do que as classes inferiores: e os mentalmente deficientes e criminosos não deveriam poder se reproduzir. Essas eram crenças amplamente sustentadas em todos os países avançados, alguns

---

3. Esse é um tema controverso que não gerou respostas absolutamente decisivas. Minhas posições podem ser encontradas em *Darkside* (2005: cap. 7). Ver também a revisão acurada que Christopher Browning (2004) faz das evidências.

dos quais chegando ao ponto de esterilizar criminosos, adolescentes solteiras grávidas e os mentalmente deficientes. Contudo, somente os nazistas adotaram a posição de assassinar todos.

Antes da Primeira Guerra Mundial, a Alemanha não havia exibido mais racismo ou antissemitismo do que outros países. A França pode ter sido mais antissemita, e a Polônia e a Rússia certamente foram. Os colonizadores alemães não eram mais racistas do que os colonizadores britânicos ou franceses, embora o exército alemão fosse mais impiedoso em relação aos nativos rebeldes do que muitos dos exércitos coloniais europeus na época (Hull, 2005; cf. Mann, 2005: 100-107). Mas os alemães estavam acostumados a governar os poloneses, e os consideravam, assim como outros eslavos, inferiores raciais. Na Primeira Guerra Mundial, os alemães haviam conquistado grandes faixas do território oriental que viam como um vasto espaço (*Raum*), pouco cultivado, porém suscetível de ser colonizado. Os soldados haviam se surpreendido, enquanto cavavam suas trincheiras, ao encontrarem artefatos de povos pré-históricos situados logo abaixo da superfície. Eles tomaram isso como evidência arqueológica de quão primitiva a região ainda era. O General Ludendorff criou uma administração oriental, o Ober Ost, que governava e extraía recursos impiedosamente, mantendo também um sentimento de uma missão cultural para civilizar os povos primitivos da região. Como a resistência local ao governo alemão aumentou, aumentaram também os estereótipos negativos alemães sobre os locais. No fatídico conflito pós-guerra para recapturar os territórios perdidos no leste, as Freikorps paramilitares alemãs viam os eslavos como incorporando uma "ferocidade terrível", à qual eles responderam do mesmo modo. Para os alemães, "o leste parecia uma área de raças e espaços, que não poderia ser manipulada, mas somente limpa e purificada" (Liulevicius, 2000: 152-153).

A ideia da necessidade do *Lebensraum* – espaço para a vida – se espalhou durante a República de Weimar. Acreditava-se amplamente que havia alemães demais concentrados em um país muito pequeno, e colônias de assentamento no exterior estavam impedidas pela marinha britânica. Muitas terras para colonizadores poderiam ser desapropriadas nas fronteiras orientais em um império *Mitteleuropa*. O colapso do Império Austríaco intensificou o apelo da *Anschluss*, a união com a Áustria. A Áustria era muito mais antissemita, Hitler era austríaco, e sua primeira clique de apoiadores veio predominantemente de um eixo Viena-Munique antissemita. Entre os primeiros nazistas, ideias gerais sobre biologia racial receberam duas aplicações europeias distintas: a criação de colônias de assentamento no leste do continente, e a atribuição de inferioridade às raças eslavas e judaicas.

O assassínio começou na própria Alemanha. A tomada do poder em 1933 levou ao encarceramento de milhares de comunistas e socialistas em campos de concentração, onde muitos foram mortos. Depois, criminosos, homossexuais, ciganos, judeus e os mentalmente incapacitados receberam um tratamento ainda pior. Em 1938, os nazistas foram além da esterilização das pessoas mentalmente incapacitadas, exterminando-as, um momento decisivo, pois o regime mudara de apenas altamente repressivo para o assassinato em massa, e estava treinando um grande número de pessoas para serem assassinas. A política antissemita nazista ainda não era tão terrível assim, embora a legislação tenha expulsado os judeus do serviço público, forças armadas, ensino, artes, depois das profissões e das piscinas públicas. As Leis de Nuremberg definiam em detalhe quem era judeu e proibiam a miscigenação (Friedlaender, 1997: 141-151).

Entre 1933 e 1938, Hitler subjugou as elites não nazistas. Partidos políticos, funcionários públicos, o alto-comando e, numa extensão menor, capitalistas e igrejas foram subordinados aos objetivos nazistas. Ele detinha poder despótico e infraestrutural capaz de penetrar profundamente na sociedade civil para implementar suas diretrizes. Teoricamente, era totalitário, mas, na prática, esse Estado de partido único não era bem assim. Estados despóticos sempre têm menos poder infraestrutural do que desejam. Eles acreditam que os inimigos internos estão trabalhando incansavelmente para destruir seu poder, mas quando o ditador descobre que não pode impor tudo, reage de modo a tipicamente reduzir a cadeia de comando burocrático de cima para baixo no centro do modelo totalitário. Hitler cultivava duas estratégias principais. Uma era supervisionar a parte estatal do Estado-partido com forças de segurança paramilitares, especialmente a SS e a Gestapo. A outra era dividir e governar entre a elite partidária, permitindo que os vários "chefes" controlassem sua própria área da administração, mas encorajando a rivalidade entre eles e fazendo-os se reportarem diretamente a ele ou ao seu círculo interno de confiança em vez de a qualquer corpo coletivo, fosse do partido ou do Estado. Isso criou um despotismo faccionalizado, que um estudioso chegou ao ponto de chamar "policrático" (Broszat, 1981). Nesse caso, o poder despótico pareceria minar um pouco o poder infraestrutural, que não é uma possibilidade que vislumbrei anteriormente (Mann, 1988a; 2008).

A aquisição de mais poderes por Hitler também mudou o equilíbrio de poder dentro do movimento nazista. Como o compromisso com as elites conservadoras havia terminado, a influência dos nazistas conservadores evanesceu. Schacht caiu quando se opôs a subordinar a economia à máquina de guerra. Göring, inicialmente um nazista conservador, radicalizou-se ao reter seu poder. Os radicais foram ajudados pelo "princípio de liderança", e, especialmente, pela prática denominada por Kershaw (1997; 1998: cap. 13) "trabalhar para o Fuhrer", atuando para antecipar suas intenções, o que era quase universalmente considerado radical. Se conscientemente pretendido ou não, esse era, na verdade, um modo de reduzir o faccionalismo, aumentar a coesão das políticas que as várias facções escolhiam, e manter um alto nível de poder infraestrutural através do propósito comum em vez das instituições burocráticas. Ele também dependia do que Weber chamava autoridade carismática, sob a qual oficiais eram escolhidos e recompensados não devido à sua competência técnica, mas à sua devoção ao líder e ao fervor em adotar sua visão. Poucos nazistas estavam contemplando o assassinato em massa, mas poucos se opuseram a ele porque isso contrariaria o Fuhrer, o que era quase impossível que alguém contemplasse – pois terminaria com sua carreira. Os nazistas que "conseguiam fazer as coisas", como dizia o eufemismo radical, eram aplaudidos, e isso punha pressão em colegas e superiores mais cautelosos.

Tentei explicar por que o antissemitismo dominou tanto o nazismo em meu livro *O lado negro da democracia* (2005), e não repetirei aqui. Contudo, a Anschluss em 1938 introduziu a corrente austríaca mais virulenta de antissemitismo, desencadeando um *pogrom* mais violento do que qualquer coisa já vista na Alemanha. Milhares de judeus fugiram para o exterior, outros foram despejados nas fronteiras, os ricos tinham de pagar um resgate para emigrar. Hitler estava agora indo além do que chamei em *O lado negro da democracia* seu "Plano A" – pressionando judeus a partirem –, para seu "Plano B" de "deportações selvagens", a emigração auxiliada pela violência. Em novembro de 1938 a liderança nazista tentou espalhar violência na Alemanha com um *pogrom*, *Kristallnacht*. Hitler disse privadamente: "Os judeus deveriam sentir de uma vez a fúria do povo" (I. Kershaw, 2000: 138-139). Mais de 100 judeus foram assassinados, e 80.000 fugiram do país, mas essa violência chocou muitos nazistas. Alguns *Gauleiter* se recusaram a transmitir as ordens *pogrom*. Müller-Claudius observou em conversações com 41 da elite em 1938 que 28 (63%) expressaram forte desaprovação em relação à Kristallnacht. Somente dois (5%) claramente a aprovavam. Göring ficou aborrecido com o dano potencial à economia, e mesmo Hitler se preocupou com a espoliação estar saindo do controle. O regime recuou. Ele compensou, intensificando a "eutanásia", o assassinato em massa de pessoas mentalmente incapacitadas.

Hitler também desfrutou do sucesso em iniciativas arriscadas de política estrangeira contestada por nazistas conservadores. Tropas alemãs ocuparam a Renânia em 1936 e assumiram o controle da Áustria na Anschluss em 1938. A Sudetenland foi em seguida, e depois toda a Tchecoslováquia. Tudo ocorreu sem sequer um tiro, aumentando a popularidade de Hitler e seu poder no país e no movimento nazista. Também aumentou as atrações da Lebensraum oriental, a influência política dos "alemães étnicos" (alemães de fora dos territórios de Weimar) e o sentimento de uma ameaça representada pelos supostos "bolcheviques-judeus". A expansão para a Polônia atraiu a Alemanha nazista para a guerra com as potências ocidentais em 1939, mas a Wehrmacht trouxe uma rápida vitória na Polônia, nos Países Baixos e na França. Dinamarca e Noruega vieram em seguida. A União Soviética foi atacada em meados de 1941.

Embora Hitler tivesse agora abocanhado mais do que podia mastigar, em dezembro ele declarou guerra contra os Estados Unidos. Muitos alemães, incluindo muitos generais, sabiam agora que a derrota era provável, mas o patriotismo de tempo de guerra além da Gestapo tornou impossível se opor a

Hitler ou aos seus objetivos radicalizadores. Assim, a liderança como um todo – Reichsleiter, Gauleiter, líderes da SS, governadores civis e generais – passou a endossar a "eliminação" de todas as raças inferiores. Palavras-código eufemísticas indicavam um afrouxamento dos limites morais. O "fanatismo" era bom. Os militantes seriam "temperados", "acerados", "endurecidos", tornados "frios" para "impiedade", "severidade", "projetos especiais". Os inimigos eram desumanizados: judeus, ciganos, bolcheviques, eslavos e asiáticos eram "enzimas de decomposição", "vermes e percevejos internacionais".

Todo círculo interno de Hitler conspirou nisso. Himmler disse aos seus principais homens da SS em 1938 que a próxima década veria um "grande conflito ideológico de todo judaísmo, maçons, marxismo e igrejas do mundo. Essas forças – das quais presumo os judeus fossem o espírito orientador, a origem de todos os negativos – estão certas de que se a Alemanha e a Itália não forem aniquiladas, elas serão aniquiladas... nós as expulsaremos com uma impiedade sem precedentes" (I. Kershaw, 2000: 130). Em 1941, Göring, Himmler e Heydrich juntos formularam a "Solução final". Göring declarou: "Isso não é a Segunda Guerra Mundial, isso é a Grande Guerra Racial". O diário de Goebbels descreve: "um conflito de vida e morte entre a raça ariana e o bacilo judaico". Ele declarou que os alemães devem governar "brutalmente" as nações orientais (Kersten, 1956: 120; S. Gordon, 1984: 100; Goebbels, 1948: 126, 148, 185, 225, 246). Esses líderes estavam conscientes de como seu assassinato em massa seria julgado no resto do mundo, mas acreditavam que suas ações fossem historicamente necessárias. No futuro, ele disse, eles seriam agradecidos por sua "dureza" em superar a moralidade convencional. Caso tivessem vencido a guerra, poderiam ter sido – o que é talvez um pensamento tão assustador quanto o próprio genocídio. Os vencedores reescrevem a história. Os nazistas desejaram o genocídio e a faxina étnica assassina, e esses não tiveram quaisquer das ambiguidades dos erros políticos catastróficos que coabitaram as atrocidades de Stalin. O regime de Hitler foi provavelmente o pior que o mundo jamais viu.

A radicalização de cima para baixo foi ajudada pela destruição de Hitler da oposição alemã, pela difusão do Princípio da Liderança e pelos sucessos geopolíticos. Se as elites alemãs tivessem mostrado mais resiliência nos primeiros anos do novo regime, poderiam ter fortalecido os conservadores nazistas e gerado uma versão menos assassina do fascismo. Sua cumplicidade na tomada do poder os tornou impotentes para frear esse terrível deslocamento do radicalismo nazista para o genocídio em meio à guerra agressiva. Ele se intensificou por meio da guerra até o momento da derrota total da Alemanha.

A extensão da cumplicidade de alemães comuns no Holocausto evocou muito debate. Mostrei em *O lado escuro da democracia* (2005: cap. 8, 9) que uma amostra de perpetradores consistia desproporcionalmente de nazistas comprometidos e de membros da SS, e que o núcleo dos NCOs e oficiais inferiores já estava acostumado às atrocidades por sua experiência no projeto de eutanásia ou nos massacres poloneses que começaram em 1939. Isso assegurou a presença de radicais experientes em muitas unidades alemãs solicitadas a cometerem assassinatos em massa mais tarde. Depois, as pressões sociais normais da hierarquia (obedecer a ordens), carreirismo (se alguém hesitasse, não haveria promoção) e camaradagem (se um matasse deliberadamente muitos, os camaradas tinham de matar mais) entraram em ação para assegurar obediência entre os alemães e colaboradores comuns. O número total de criminosos pode ter sido de 300.000, embora isso fosse apenas 3% dos alemães na época. Obviamente, uma proporção muito mais alta sabia, em algum nível, o que estava ocorrendo, mas sabemos de nossa própria experiência sobre nossa habilidade humana de desviar nossas faces do horror.

O genocídio não é especificamente alemão, uma vez que o assassinato em massa foi perpetrado por povos de muitas nacionalidades ao redor do mundo. Tampouco o genocídio nazista foi "banal" no uso que Hannah Arendt (1968) faz da palavra. Os assassinos efetivos não puderam escapar do sangue, das tripas e do fedor terrível da morte. Os assassinos de escritório como Eichmann (para quem ela cunhou o rótulo), que não mataram, não experienciaram situações desagradáveis, mas eram nazistas fanáticos dedicados ao extermínio, não burocratas banais. O Holocausto foi certamente "moderno", embora não como no uso celebrado de Bauman (1989). Cada grupo que conquistou o genocídio usou técnicas modernas disponíveis a eles, e para os alemães isso incluía gases venenosos já usados em ratos e campos de extermínio semelhantes a fábricas, como diz Bauman. Todavia, perpetradores hutus do genocídio em Ruanda no final do século não foram tão modernos. Eles tinham, de fato, alguns Kalashnikovs, mas grande parte dos assassinatos foi feita com machados. Perpetradores turcos contra os armênios no começo do século também tinham algumas armas, mas as principais foram facas, cordas (para estrangulamento) e fome. Todos eles compartilhavam de uma face muito diferente da modernidade: eram nacionalistas extremos declarando que o governo do povo (o demos da democracia) significava governo de seu grupo étnico (o etnos), com outras etnicidades sendo violentamente eliminadas. Sua modernidade era essencialmente ideológica e política.

O objetivo prioritário de Hitler se tornou o genocídio. Ele se recusou a explorar judeus como trabalhadores-escravos, preferindo-os mortos. Como veremos no capítulo 14, sua resposta aos revezes do tempo de guerra foi torná--los piores pela agressão contra inimigos ainda mais fortes. Assim, a explicação simples do fim do fascismo é que Hitler o matou. Os outros nazistas teriam provavelmente se comprometido com outras elites alemãs e sido mais cautelosos em relação à guerra. Em contraste, em minha explicação mais complexa da ascensão do fascismo, em termos das quatro fontes do poder social, apresento um fator único – na verdade, uma única pessoa – para sua queda. Pela única vez neste livro, atribuo um enorme poder causal a um indivíduo. Esse não é um traço comum das sociedades, mas apareceu muito aqui.

Geralmente, Hitler também recebe o crédito de ter tido carisma. Muitos líderes de partido, generais e outros dizem que compareciam diante de Hitler aparelhados para argumentar com ele sobre política, no entanto, saíam do encontro confiantes de que o julgamento dele era melhor. Quanto aos subalternos do partido, filmes sobre os comícios de Nuremberg revelam que ele os tinha na palma de sua mão. Max Weber definia *carisma* como:

> uma certa qualidade da personalidade de uma pessoa, em virtude da qual ela se destaca das pessoas comuns e é tratada como dotada de poderes ou qualidades sobrenaturais, super-humanos ou ao menos especificamente excepcionais. Esses não são acessíveis às pessoas comuns, mas são considerados como de origem divina ou exemplares, e, com base neles, a pessoa em questão é tratada como líder (M. Weber, 1978 edição: I, 241).

Isso se aplica claramente a Hitler. Todavia, três qualificações parecem apropriadas. Primeiro, parece uma grande coincidência que não somente Hitler, mas ao menos dois outros líderes fascistas – Mussolini, na Itália, e Codreanu, na Romênia – também tivessem sido considerados dotados de autoridade carismática. Parece que Weber pode ser criticado por enfatizar as qualidades do líder em vez da necessidade de seus seguidores de acreditarem nele. Carisma não é apenas uma qualidade de um indivíduo, mas uma relação entre líder e seguidores, especialmente em situações de crise, nas quais formas mais rotinizadas de autoridade não parecem mais oferecer soluções (Weber aceitava esse ponto). Segundo, a ideologia do fascismo na verdade incorpora o princípio da liderança. Espera-se que o líder seja extraordinário. A necessidade de acreditar no líder era mais forte do que em qualquer outro movimento, salvo um religioso, no qual os líderes são considerados dotados de autoridade divina. Terceiro, a relação carismática entre Hitler e os nazistas foi de enorme importância para o mundo – diferente daquela entre Codreanu e seus Legionários –, porque a Alemanha era uma grande potência capaz de cometer genocídio e travar uma guerra devastadora por cinco anos contra todos os prognósticos. Assim, as doutrinas e a estrutura de poder do fascismo, além do poder militar da Alemanha, tornaram possível o impacto carismático de Hitler sobre o mundo – que foi, infelizmente, considerável.

O fascismo foi propriamente uma alternativa?

A resposta é não. Primeiramente, sua fusão das quatro fontes de poder foi inerentemente despótica, restringindo enormemente as liberdades humanas. Em segundo lugar, o regime fascista mais poderoso se mostrou suicida. Os inimigos do fascismo não venceram porque eram mais virtuosos, ou porque a civilização inevitavelmente derrota o barbarismo, mas porque eram em maior número, e estavam mais bem armados. Sem a Alemanha de Hitler, o fascismo teria durado muito mais, como outros déspotas de direita europeus e asiáticos.

O fascismo fez um acordo com os capitalistas, conduzindo a economia geral e permitindo aos capitalistas obterem lucros. Isso se mostrou muito bom no desenvolvimento econômico, até se subordinar à guerra agressiva. Havia uma semelhança familiar entre seu corporativismo de cima para baixo e o corporativismo de baixo para cima dos países nórdicos, que também era bom para o desenvolvimento econômico. O fascismo também foi bom em instilar o orgulho nacional; o fascismo alemão era distintamente bom em guerra de mobilização de massa. A Wehrmacht provou isso, lutando duro até à morte, muito depois de a derrota ser inevitável (soldados italianos foram mais pragmáticos). O fascismo foi uma ideologia que gerou políticas viáveis, embora aterradoras. Mussolini teria durado muito mais sem Hitler, como o próprio nazismo. Enfatizei que o militarismo foi uma parte necessária do fascismo, mas não necessitava ter sido tão descuidado. O racismo também foi uma tendência persistente do fascismo, levado à culminância pelos nazistas, foi uma vez mais suicida, já que agora estava nos impérios do exterior. O tratamento dos judeus, e especialmente dos eslavos, produziu inimigos implacáveis que pensavam que nenhum compromisso era possível com os nazistas, somente sua destruição completa. A morte do fascismo foi autodesejada, um exemplo enorme da irracionalidade humana, fatal na Europa para seus aliados. Dos déspotas de direita da Europa, somente Franco na Espanha e Salazar em Portugal se mantiveram sensivelmente neutros (e não racistas) na guerra, de modo que sobreviveram mais, embora isolados.

O fascismo terminou fortalecendo seus inimigos. Ajudou a intensificar a democracia social e liberal no Ocidente e a fortalecer o socialismo de Estado no Oriente. Não deveríamos considerar seu fracasso ou o daquelas expansões como inevitáveis, como indicando um processo evolucionário amplo. Sem Hitler, a União Soviética teria permanecido isolada, os impérios japonês, britânico e francês teriam durado mais, e os Estados Unidos não teriam se tornado a superpotência mundial capaz de impor uma globalização mais universal ao redor do mundo. Sem ele, teria havido formas mais brandas, duradouras, de fascismo e corporativismo no mundo, e menos convergência nele. O fascismo se mostrou uma ação de retaguarda contra a globalização que fracassou.

O fascismo parece hoje uma obra de época, que oferecia soluções a crises que surgiram somente após a Primeira Guerra Mundial, quando as fronteiras permaneciam em questão, os veteranos militares formavam grupos paramilitares e o conflito de classes surgia – e depois a Grande Depressão chegou. A Segunda Guerra Mundial teve efeitos opostos – poucas fronteiras contestadas, ausência de paramilitares, revolução somente na Ásia, e no Ocidente o capitalismo reformado e a democracia liberal e social, ambos com meios parlamentares seguros de autorrenovação. Isso se espalhou gradualmente a grande parte do Oriente e sul da Ásia; o socialismo de Estado aparentemente estável surgiu no Bloco Soviético e na China; e em outros lugares ocorreu a descolonização e versões brandas de socialismo e nacionalismo no "Terceiro Mundo". A derrota do fascismo trouxe uma nova ordem mundial, fazendo as soluções fascistas parecerem irrelevantes. Sua eliminação significava a expansão de globalizações mais universais.

11
A alternativa soviética, 1918–1945

Garantindo a revolução

O socialismo de Estado ofereceu a segunda alternativa importante ao capitalismo democrático. Como vimos no capítulo 6, a Revolução Russa foi provocada pelo desenvolvimento econômico desigual, intervenção estatal repressiva, mas vacilante, nas relações de classe, e – sobretudo – pela derrota na guerra total. Os bolcheviques, armados com uma ideologia revolucionária, tomaram o Estado, assassinaram a família governante, excluíram a religião, aboliram o capitalismo, introduziram o governo de partido único, e promoveram muitas outras mudanças – verdadeiramente, uma revolução. O sistema soviético é geralmente chamado "comunismo", e, embora seja inacurado (para Marx, o comunismo era uma sociedade futura, e os líderes soviéticos consideravam o comunismo como sendo seu futuro em vez de seu presente), manterei esse termo convencional.

A União Soviética apresentava uma alternativa viável ao capitalismo democrático, um modo radicalmente diferente de pôr as massas em cena na sociedade industrial. Ela alegava oferecer um futuro global, e isso se difundiu ao redor do mundo, mas, quando mudou do projeto da revolução mundial para o socialismo em um país, ergueu barreiras contra a globalização. Desenvolveu uma economia industrial, embora a um enorme custo humano, a ponto de, na Segunda Guerra Mundial, poder ter ultrapassado a produtividade da Alemanha em todas as esferas de armamentos. No período pós-guerra, o país se tornou então uma das duas superpotências mundiais. Nesse contexto, os soviéticos abandonaram seus ideais democráticos iniciais. Weber havia previsto isso, argumentando que, se as burocracias econômicas e políticas fossem combinadas sob o mesmo poder estatal, as liberdades pessoais morreriam, diferente de países nos quais o capitalismo e o Estado são separados. Uma pessoa vivendo sob o socialismo estatal não teria mais poder do que os felás comuns teriam no Egito antigo, dizia Weber. Ele estava certo. Weber argumentou ainda que era uma burocracia mais racional do que a do Egito, portanto, menos frágil (1978: 1.402-1.403, 1.453-1.454). Isso se mostrou apenas meio certo. Os comunistas se apegaram ao poder por mais de meio século, aparentemente invulneráveis, mas colapsaram finalmente na década de 1980. Ao longo do século, a União Soviética representou o principal exemplo de mudança revolucionária, a principal alternativa ao capitalismo e à democracia liberal e social, admirada ou odiada ao redor do mundo.

Os soviéticos passaram a moldar eventos em outros lugares – primeiro, encorajando a revolução no exterior, depois, reduzindo, sem intenção, suas chances. Movimentos trabalhistas ao redor do mundo foram, no início, enormemente encorajados. Embora líderes trabalhistas fossem muitas vezes hostis aos bolcheviques, militantes subalternos responderam com um entusiasmo baseado menos na ideologia marxista do que em uma percepção de que a exploração capitalista pudesse ser deposta por pessoas similares a eles. Eles eram adicionalmente um forte corpo de apoio para o socialismo e comunismo entre intelectuais ao redor do mundo. Embora o capitalismo democrático liberal e o capitalismo democrático social fornecessem o modelo dominante das sociedades avançadas, seu avanço foi pragmático, uma reforma por vez, menos ideológico, dificilmente oferecendo salvação. Os bolcheviques eram também anti-imperialistas, o que aumentava sua popularidade em grande parte do mundo.

Assim, uma onda de greves se espalhou pelo mundo após a Revolução Bolchevique, mas isso também fortaleceu a decisão das potências capitalistas e imperialistas de manter o bolchevismo a distância. Eles intervieram na Guerra Civil Russa, esperando reprimir a revolução, embora o cansaço da guerra e a imensidão do país assegurassem seu fracasso. Assim, em troca, isolaram os soviéticos e buscaram minar seus próprios radicais trabalhistas, denegrindo-os ao associá-los a um comunismo cada vez mais impopular no Ocidente, embora não ainda nas colônias e nos países em desenvolvimento.

No começo da década de 1920, a Revolução Bolchevique havia se revelado em toda sua ambiguidade. Uma revolução fora feita por alguns milhares de bolcheviques que se aproveitaram de oportunidades inesperadas apresentadas pela guerra, mobilizando uma pequena classe trabalhadora industrial em um país preponderantemente agrário. Eles haviam comprado o apoio temporário de camponeses ratificando suas desapropriações de terras, criando uma massa de produtores familiares longe de seus ideais socialistas. Comprometidos, em princípio, com a democracia socialista, não poderiam ter vencido eleição alguma, mas eram a melhor chance da Rússia para a restauração da ordem. Impulsionados por uma ideologia de salvação utópica, aspiravam à total transformação da sociedade, mas, no presente, foram confrontados pelo caos pós-revolucionário e por uma Guerra Civil de quatro anos travada contra forças conservadoras determinadas a manter seus privilégios por todos os meios necessários, ajudada por dez forças expedicionárias estrangeiras.

Em meio a tudo isso, seria utópico esperar que organizassem eleições, reconhecessem a legitimidade dos partidos de seus inimigos e estabelecessem uma democracia pluralista. Contudo, poderia ter sido possível governar por meio do que eles próprios chamaram democracia proletária, permitindo liberdade de expressão e pluralismo dentro do Partido Comunista único e retendo sovietes democráticos nas fábricas e bairros. Isso teria permitido aos principais aliados iniciais – os Revolucionários Socialistas de Esquerda e os mencheviques – e pequenos grupos em proliferação como os Centralistas Democráticos, Oposição dos Trabalhadores, Verdade dos Trabalhadores e Grupo dos Trabalhadores expressarem políticas alternativas. Estudos sobre fábricas mostram que os trabalhadores desejavam e esperavam essas liberdades, mas ao longo da década de 1920 todos esses grupos foram suprimidos a fim de dar à liderança bolchevique o poder irrestrito. A gestão individual e os especialistas burgueses também voltaram. Os trabalhadores entraram em greve, denunciando a "comissariocracia", mas foram suprimidos. Tudo isso corroeu o apoio dos trabalhadores. Ao final da década de 1920, os trabalhadores provavelmente teriam preferido abandonar o governo do Partido Bolchevique (Pirani, 2008; K. Murphy, 2005).

A rota despótica foi escolhida porque os bolcheviques mantiveram sua ideologia transformacional em meio a condições muito desfavoráveis. Sua ditadura não era uma ditadura comum com objetivos limitados; os bolcheviques buscavam a transformação total. Eles afirmavam que seu regime despótico era somente temporário, porque esperavam que a revolução se espalhasse rapidamente a outros lugares. Tudo que estavam fazendo, diziam, era esperar até que acontecesse. Quando estabeleceram sua organização internacional, o Comintern, tornaram o alemão sua língua oficial, não o russo; esperava-se que Berlim fosse o quartel-general da revolução mundial. Contudo, em 1918, desapontou-os. Depois, condições desfavoráveis se multiplicaram: foram abalados por uma guerra civil até 1921, que trouxe devastação, fome, movimentos populacionais forçados, fechamento de fábricas, requisição forçada de produção camponesa, campos de concentração e represálias contra aqueles suspeitos de colaboração com o inimigo. Cento e cinquenta mil Guardas Vermelhos armados, principalmente de cidades industriais, foram empregados para tomar a produção dos camponeses pela força. Holquist (2002) observa que grande parte disso representava a continuidade da Primeira Guerra Mundial em vez das inovações bolcheviques, embora as políticas da guerra civil de Trótsky fossem mais cruéis do que qualquer uma que a Rússia vira antes. Seus métodos foram bem-sucedidos em vencer a Guerra Civil e restaurar a paz e a ordem.

A Guerra Civil é por vezes representada como escusando o despotismo bolchevique. O poder militar foi certamente necessário para preservar a revolução. É claro, em primeiro lugar, o poder militar havia sido necessário para obter a revolução, mas agora os bolcheviques proclamavam o "comunismo de guerra" e o Terror Vermelho, que os aprisionaram, uma vez que o poder militar é inerentemente despótico. Todavia, o Terror Vermelho também provinha do descontentamento das classes de baixo. Foi uma "guerra plebeia ao privilégio" (Figes, 1997: 520-536). O Terror Branco foi pior, especialmente para os trabalhadores, camponeses e judeus. Uma vitória do Terror Branco teria sido um desastre pior, uma vez que seus líderes eram reacionários que careciam de uma base social que não a dos cossacos armados (Suny, 1998: 88-94; Holquist, 2002; Raleigh, 2003). Se levarmos em conta o deslocamento político para a direita em outros lugares no leste da Europa na década de 1920, era mais provável que os Brancos gerassem um regime fascista em vez de um regime liberal. A Guerra Civil desacreditou a alternativa Branca aos bolcheviques, e sua polarização ajudou a destruir movimentos mais moderados, de liberais a revolucionários socialistas e camponeses Verdes. Aqueles que representam um contrafatual mais feliz do que o bolchevismo na forma de um regime tsarista que pudesse ter liberalizado e produzido uma forma meio-democrática, meio-decente, de capitalismo esquecem as duras realidades da guerra e da guerra civil, bem como da força ideológica do direito divino dos reis quando comparados à fragilidade do liberalismo russo. Caso a Rússia tivesse conseguido permanecer fora da guerra mundial, um contrafatual assim poderia ter sido possível, mas devido às guerras, em 1920, a Rússia seria Branca ou Vermelha, e a segunda parecia para mais pessoas ser a melhor das duas.

Os Vermelhos venceram, mas a Guerra Civil deixou o país em ruínas; escassez de alimentos; um Estado comunista permeado pelo militarismo, terror e campos de prisioneiros; e uma economia altamente estatista de comunismo de guerra, incorrendo em hostilidade aos camponeses, com uma classe trabalhadora despedaçada por guerras de 4 milhões para pouco mais de 1 milhão. Para evitar o caos, agora era necessário haver algum relaxamento do controle, e na verdade esse momento ocasionou seu único grande ato pragmático: a Nova Política Econômica (NEP), introduzida em 1922, que permitiu aos proprietários independentes produzirem produtos para o mercado, boa-nova para os agricultores familiares e pequenos produtores e comerciantes. Eles estavam chegando a um acordo sobre o poder econômico, mas somente sobre ele. A despeito do retorno da fome em 1924-1925, a NEP ajudou a aliviar o descontentamento popular e permitiu à economia soviética retornar no final da década de 1920 ao nível de 1913. Fábricas e organizações de trabalhadores foram restauradas. Na grande fábrica estudada por Murphy, trabalhadores expressaram seus descontentamentos, entraram em greve, organizavam reuniões turbulentas e criticaram a política do regime até cerca de 1926. Isso foi apenas pluralismo temporário. A partir de cerca de 1926, o sindicato foi subordinado à administração e "o comitê de fábrica que havia sido criado durante a revolução para defender os trabalhadores foi transformado em uma instituição para alongar a jornada de trabalho, aumentar a produtividade e diminuir salários". Dado esse controle institucional, os trabalhadores foram incapazes de se organizar, e não era necessário prender muitas pessoas para assegurar obediência. Mesmo durante o primeiro período do Plano de Cinco Anos, quando os salários reais dos trabalhadores foram reduzidos pela metade, lealistas stalinistas mantiveram o controle das fábricas. Os bolcheviques mantiveram algum apoio dos trabalhadores dentro do partido, e esse auxiliava o controle não pelo, mas sobre o, proletariado (K. Murphy, 2005: 227, 207).

Esse período não se mostrou muito bom para as mulheres também, embora fosse proclamado que elas haviam sido libertadas do patriarcado. Muitas foram expulsas das fábricas quando os homens retornaram da guerra ou migraram do interior. O regime bolchevique se tornou mais culturalmente conservador e patriarcal ao longo da década de 1920 e 1930, a despeito do alto nível de participação das mulheres na força de trabalho (E. Wood, 1997; Fitzpatrick, 1999). A emancipação do emprego formal sem quaisquer mudanças na família aumentou a "carga dupla" das mulheres no mercado de trabalho e na família, de modo que as vidas das mulheres foram mais árduas sob o comunismo do que sob o capitalismo. A revolução havia levado as massas à cena, mas não em papéis falados.

O Estado de partido único stalinista

Os bolcheviques estavam por si em um mundo hostil. Todavia, emergiram da Guerra Civil e da NEP com a crença ainda intacta em sua habilidade de realizar uma transformação total. Isso, eles acreditavam, serviria depois como um farol para o mundo. O capitalismo seria substituído pelo socialismo, que na Rússia significava o controle coletivo dos meios de produção inicialmente por uma elite de Estado-partido único atuando como a representante do proletariado. Isso levaria a Rússia extremamente rápido à modernização por meio da industrialização forçada que terminaria na abundância e crescimento econômico e na igualdade entre todas as classes e entre homens e mulheres. Isso seria feito com o mínimo compromisso com as realidades institucionais existentes. Talvez, nunca antes na história uma visão ideológica de salvação tivesse sido acompanhada por um suposto projeto de como realizá-la. É verdade que, entre 1928 e 1930, ouve incontroláveis debates dentro do partido sobre qual o melhor modo de organizar a economia. As indústrias organizadas em "sindicatos" ou "trustes" desfrutavam de alguma autonomia em relação às autoridades centrais, e eram apoiadas por alguns do partido. Todavia, os centralizadores aliados a Stalin prevaleceram. O socialismo só poderia ser atingido, como muitos do partido acreditavam, por meio de um plano autárquico abrangente dirigido a partir de cima, independente da economia mundial. Isso era "socialismo em um país", a ser obtido antes de qualquer revolução mundial. No fim, haveria uma revolução mundial, mas, no momento, seria um segmento gigante enjaulado lutando contra a globalização capitalista.

Assim, emergiu a versão socialista do Estado-partido único. Nesse caso, como no nazismo, o partido e o Estado eram fundidos, mas mantidos parcialmente separados, com o partido dominante, vigiando o Estado em cada nível de sua operação, assegurando que muitas das políticas radicais da liderança fossem implementadas no partido de massa, dando a ele um grau de poder infraestrutural raro nos países em desenvolvimento. Na verdade, isso é muitas vezes chamado *totalitarismo* – a fusão final de poder despótico e infraestrutural. Há virtudes e limitações na aplicação desse termo. Certamente, os bolcheviques, e especialmente Stalin, buscavam estabilizar o controle totalitário, e tinham o partido de massa para ajudá-los a implementá-lo. Todavia, a implementação era imperfeita. Em todo caso, totalitarismo sugere um sistema burocrático e estático que não era o caso com o governo soviético. Prefiro acrescentar a noção de Trótsky de uma "revolução permanente" em um "Estado-partido único", indicando que a radicalização de estruturas pela elite partidária continuou até o período pós--guerra de estagnação e declínio soviéticos (cf. Mann, 1996).

Brown (2009: 105-114) identifica seis características-chave do Estado-partido comunista. Duas eram políticas: o monopólio do poder (o "papel principal") do Partido Comunista e o "centralismo democrático", a partir do qual poderia ser supostamente aberta uma discussão dentro do partido sobre temas políticos, mas, após uma decisão ser tomada, seria implementada inabalavelmente e de um modo disciplinado no partido e na sociedade. Duas eram econômicas: a posse não capitalista dos meios de produção e um controle em vez de uma economia de mercado – que era também substancialmente autárquica. As duas últimas eram ideológicas: a legitimidade repousava na construção de uma sociedade comunista, e isso se daria no nível global, construída por um movimento comunista internacional. Eu acrescentaria, como Fitzpatrick (1999: 3-4), que o marxismo-leninismo foi uma ideologia totalizante que envolvia um ódio apaixonado dos "inimigos de classe" e um compromisso em atingir objetivos utópicos, uma salvação secular. Eu substituiria o "centralismo democrático" de Brown (que não desempenhou quase controle algum após 1930) por "socialismo militarizado". Havia sempre controle civil do exército, mas o modelo de socialismo vinha parcialmente da organização e disciplina militares, embora não tanto quanto no fascismo. A lista de P. Gregory's (2004: cap. 3) dos "princípios de governo" de Stalin é congruente com isto: um sistema de comando baseado em produção agrícola coletiva e industrialização forçada; a supressão de visões divergentes da linha do partido; a fusão parcial do Partido Comunista com a administração estatal; o banimento das facções políticas; a subordinação de grupos de interesse aos interesses abrangentes do Estado-partido; e Stalin sentado no topo disso tudo como um ditador resolvendo todas as disputas entre os líderes. O sistema econômico operava por meio do regime, extraindo a produção dos produtores e devolvendo parte dessa produção a eles como um salário. O resto era retido pelo Estado-partido como "aluguel" com o qual poderia pagar seus custos, reinvestir e pagar pelo exército.

Esse era um projeto totalitário, reunindo poder ideológico, econômico, militar e político sob o controle da elite Estado-partido e seu ditador, mobilizando considerável poder despótico e infraestrutural. Stalin não era carismático: a ideologia revolucionária, não o líder, atraía o comprometimento dos membros do partido. As liberdades humanas eram extremamente escassas, como no fascismo. Na prática, contudo, o regime não podia ser totalitário. Em troca, era policrático, por vezes, muito próximo do caos. Isso era parcialmente porque, embora a dissensão no partido não pudesse ser abertamente expressa, havia ainda discordâncias importantes, resultantes da morosidade ou mesmo de políticas contrárias implementadas no nível local. Era devido também a uma sociedade atrasada, embora em rápida industrialização e urbanização, carecendo de infraestruturas estáveis para implementar políticas. A vigilância não era fácil. Em meio a uma população altamente móvel, membros do partido poderiam se mover em torno rapidamente, reagindo a uma reprimenda ou mesmo a uma sentença de morte em uma província se movendo a uma posição de partido em outra. Havia inumeráveis "almas mortas", pessoas exibindo os cartões de afiliação do partido de parentes e amigos mortos. Aproximadamente metade dos cartões do partido em Leningrado checados em 1935 eram falsos ou inválidos. Como os cartões carregavam privilégios negados aos cúlaques, ex-funcionários tsaristas, e muitos outros, eles tinham um alto preço no mercado negro. Moscou quase não tinha conhecimento dos registros locais do partido. "O partido nos anos trinta", diz Getty (1985: 37), "não era monolítico nem disciplinado. Seus escalões superiores eram divididos, e suas organizações inferiores eram desorganizadas, caóticas e indisciplinadas". Monitorar custos era muito alto para permitir que o que fosse ditado no topo fosse de fato feito na base. Isso teria exigido uma estrutura de supervisão massiva ou incentivos de modo que produtores pudessem ver que trabalhar mais duro compensava, mas o regime estava comprometido em diminuir a desigualdade sem aumentá-la com incentivos diferenciais, e não tinha quadros leais o suficiente para supervisionar o todo.

Além disso, a posição dos camponeses, trabalhadores, a *intelligentsia* e trabalhadores administrativos diferia. As diferenças de classe permaneceram, a despeito da eliminação da antiga classe governante, um estreitamento das desigualdades econômicas e do fato de que o conflito residual entre as classes agora era direto, sendo mediado pelo Estado. O partido e o Estado nunca se fundiram completamente. Funcionários estatais desenvolveriam alguma autonomia, e depois o partido os reduziria antes que o processo ocorresse novamente.

Com o fracasso do socialismo revolucionário na Europa e na Ásia na década de 1920, os bolcheviques se sentiram isolados e inseguros. Eles pensavam que não poderiam pagar pela fraqueza geopolítica trazida pela industrialização mais lenta da NEP, de modo que pressionaram a favor de uma "industrialização forçada" centralizada, com indústrias de defesa em seu núcleo. Eles fizeram investimentos massivos em defesa, e as forças armadas se tornaram brevemente parte da coalizão stalinista contra outras facções bolcheviques, talvez sua única iniciativa direta nas relações de poder político (Shearer, 1996; Samuelson, 2000; Stone, 2000). Isso tornou mais urgente um projeto compartilhado por muitos bolcheviques, uma vez que era compartilhado por quase todos os marxistas que chegaram ao poder no século XX: a agricultura tinha de aumentar a produção de seus excedentes para alimentar as cidades e subsidiar a industrialização, ainda que isso exigisse políticas coercivas contra os camponeses (P. Gregory, 2004: cap. 2). Compras compulsórias de produtos agrícolas começaram em 1928, em resposta a outra fome, e a decisão fatal da agricultura coletiva foi implementada entre 1930 e 1936. Essa era a concepção de Barrington Moore da "agricultura de mão de obra reprimida" ao extremo.

O ataque aos camponeses, mais do que a primeira consolidação do governo bolchevique e da Guerra Civil, foi o passo mais decisivo na perversão dos ideais socialistas. Foi o uso nacional mais sistemático do poder militar até agora. O problema central foi que em 1919, 97% da terra estava nas mãos dos camponeses, e 85% deles detinham lotes de porte médio. Essa nova classe de camponeses proprietários de terras se opunha fortemente à coletivização e constituía a vasta maioria da população soviética. Ou o regime relaxava sua tentativa de industrialização forçada e concordava com uma rota mais gradual para o socialismo ou teria de usar a violência militar extrema contra esses camponeses para atingi-la.

Stalin e muitos líderes do partido escolheram a segunda opção mais crua; pensavam que tinham visto muito reformismo indo a lugar nenhum no Ocidente. O marxismo russo era de qualquer modo um impulso para a industrialização. Uma vez obtida, o Ocidente poderia ser equiparado e a URSS defendida. Então, o relaxamento para um socialismo genuíno poderia ocorrer – assim dizia a teoria. Após o exílio de Trótsky, a resistência dentro do partido foi liderada por Bukharin, que desejava continuar a NEP, o compromisso com os camponeses e simultaneamente desenvolver a agricultura e a indústria. Contudo, ele foi frustrado pela falta de cooperação dos camponeses e sobrepujado por Stalin, que atraiu a maior parte da liderança para sua posição. Bukharin foi depois removido do Comitê Central (Service, 1997: 169-170). Assim terminou o desacordo aberto entre os líderes do partido. A resistência dos camponeses foi mais resiliente e violenta, escalando em alguns lugares a assassinatos de funcionários do Partido Comunista. Isso levou a praticamente outra guerra civil, camponeses contra o partido e seus eleitores centrais urbano-industriais. Em 1930, o regime estava empregando grandes contingentes de polícia de segurança e "brigadas de trabalhadores" paramilitares para expropriar terras. Stalin declarou que era apenas um ataque a uma classe substancial "cúlaque" de proprietários camponeses, mas, na realidade, praticamente todos os camponeses se opunham à política. O regime deportava à força camponeses de suas terras para lugares remotos. Ao final de 1931, mais de 1,8 milhão havia sido deportada para áreas predominantemente desoladas. Cerca de um terço morreu no processo por doenças e fome (Viola, 1996). Seus antigos lotes foram depois reorganizados em *sovkhozy* (propriedades agrícolas estatais) e *kolkhozy* (propriedades agrícolas coletivas). Ao final de 1931, mais de 60% dos camponeses remanescentes estavam dentro dessas propriedades, tendo aberto mão de seus animais e de grande parte de suas ferramentas. Nas kolkhozy, os camponeses podiam trabalhar em turno parcial em suas faixas de terra, assim como no feudalismo medieval. Como Lewin (1985: 183-184) diz, a Rússia estava passando por um segundo feudalismo, porém, com um senhor único – o Estado-partido.

O fim não justificou os meios terríveis. Devido aos métodos coercivos usados, o Estado e as propriedades agrícolas coletivas não foram bem-sucedidos, e se mostraram um dreno na economia. A melhor estimativa é que a produção agrícola caiu 25-30% desde seu pico pré-coletivização (Federico, 2005: 207). A agricultura não podia subsidiar a indústria, como se pretendia. Em troca, o consumo foi sacrificado para subsidiar a indústria – especialmente as indústrias de defesa –, que em 1933 estava exigindo uma parcela desproporcional de recursos escassos (Stone, 2000). Hunter (1988) e R. Allen (2004), usando métodos muito diferentes de cálculo, sugeriram que caso a NEP tivesse prosseguido, por volta de 1939, a produtividade teria sido 15-20% mais alta. As cooperativas combinadas ao cultivo privado poderiam também ter se saído muito melhor.

Hobsbawm (1994: 383) afirma que essa terrível coletivização "refletiu as condições sociais e políticas da Rússia soviética, em vez da natureza inerente do projeto bolchevique". Foi na verdade ambos. Não somente na Rússia, como também em condições diferentes na China, Vietnã e Camboja, os partidos comunistas escolheram a coletivização forçada como seu projeto inerente, a despeito do exemplo soviético. O mesmo fez, após a Segunda Guerra Mundial, a maior parte dos partidos comunistas do leste da Europa – embora todos, menos Romênia e Albânia, mais tarde tenham mitigado sua política. De fato, a coletivização não foi somente um ideal socialista e um modo de atingir a industrialização desejada; foi vista também como o modo de controlar os camponeses e destruir as hierarquias tradicionais de aldeia que eram consideradas (corretamente, com certeza) nutrir inimigos de classe. Ao adquirirem o poder, os comunistas foram muitas vezes pragmáticos, mas, uma vez no poder, como os nazistas, foram com mais frequência ideólogos que dependiam adicionalmente do poder militar, acreditando, contra toda inteligência sociológica, em sua habilidade para transformar a sociedade total e rapidamente por meio da industrialização forçada.

Embora o próprio Stalin tenha tornado as coisas piores, não podemos atribuir o desastre agrário inteiro ao regime. Já haviam ocorrido duas fomes na década de 1920, e as colheitas fracassaram novamente em 1931 e 1932. A resultante fome de 1932-1933 decorreu parcialmente das condições naturais como plantas enfraquecidas, infestações por pestes e o efeito cumulativo do declínio de alimentos e estoques de comida que forçaram os ganhos para baixo, aquém dos níveis de subsistência. Pessoas iriam passar fome; a contribuição de Stalin para a fome foi as requisições forçadas para assegurar que essas não fossem a população urbana. Tauger sugeriu que não apenas historiadores subsequentes, mas também o próprio Stalin, negligenciaram as causas naturais e culparam a agência humana – os historiadores culpando Stalin, Stalin culpando os camponeses contrarrevolucionários. A Grande Fome de 1932-1933 resultou nas mortes de 4-6 milhões principalmente de pessoas do campo. Não foi o genocídio confinado a ou visado na Ucrânia, como os nacionalistas ucranianos ou a recente descrição equívoca de T. Snyder (2010) sugeriram. A fome matou muitas pessoas, mas se difundiu para além da Ucrânia, e resultou de uma combinação de colheitas ruins, erros políticos, resistência local e fria indiferença, quando iniciou (Tauger, 2001; Viola, 1996: 158-160; Service, 1997: 202; Davies & Wheatcroft, 2004). Algum alívio veio a partir da colheita de 1933 em diante, quando o regime diminuiu a coerção, baixou as cotas de produção para níveis exequíveis, e deu aos camponeses incentivos para produzirem mais. Houve outro relaxamento após a Segunda Guerra Mundial, quando a agricultura se estabilizou em um crescimento moderado menos coercivo, atingido basicamente pela expansão de terras marginais sem aumento da produtividade, que também deixou um desastre ambiental atrás de si. A agricultura soviética foi sempre uma bagunça.

Houve um benefício irônico da coletivização forçada. Os camponeses afastados de suas terras foram forçados a migrar para as cidades, onde forneceram uma força de trabalho para a expansão industrial. Foram convertidos em construtores e maquinistas (R. Allen, 2003: cap. 5, 186). As perdas populacionais através da coletivização e depois pela Segunda Guerra Mundial também se combinaram a políticas soviéticas bem-sucedidas na formação de mulheres, saúde e no desenvolvimento industrial para efetuar uma primeira transição demográfica para diminuir a fertilidade. Isso impediu a explosão populacional normal em países em desenvolvimento que tendia a anular os ganhos econômicos lá (Allen, 2003: cap. 6). Não pensamos normalmente na União Soviética como pertencendo aos países em desenvolvimento – ela era o "Segundo" não o Terceiro Mundo –, mas essa foi uma conquista soviética.

O modelo militar de centralização coerciva também se aplicou à indústria. A gestão individual apoiada por sindicatos do partido assegurou também o controle sobre os trabalhadores. O regime proveu emprego pleno, o que era único no mundo naquela época, e os sindicatos distribuíram benefícios de bem-estar social e habitação, que eram únicos em uma economia em desenvolvimento. Os trabalhadores ouviam constantemente que esse era seu Estado, e se beneficiaram mais do que os camponeses. A produtividade de trabalho limitada poderia ser obtida por meio de uma mistura de exortação ideológica e coerção. "Planejamento" evoca imagens de burocracia, estabilidade e, talvez, letargia, mas essas tendências foram constantemente minadas, "revolucionadas", por campanhas de mobilização massivas à medida que os trabalhadores eram dirigidos para "projetos heroicos", construções gigantescas, mineração ou projetos industriais em regiões remotas, nas quais as condições eram muitas vezes extremamente duras. Os projetos heroicos também cometeram a pior destruição ambiental dos tempos modernos (discutidas no volume 4). Esse era um regime hiperativo, capaz de mobilizar o comprometimento coletivo por meio de uma mistura de poder ideológico e militar, exercido não por meio do exército regular, mas por meio das extensas tropas de segurança NKVD. As forças armadas eram mantidas a uma distância segura do Estado, mas as forças de segurança – um tipo de guarda pretória – mantinha vigilância sobre o Estado-partido. Seu chefe era normalmente um homem de confiança de Stalin.

Os principais incentivos materiais (como habitação) só eram obtidos por meio de trabalho duro e lealdade. Ocasionalmente, os trabalhadores podiam organizar uma resistência coletiva, especialmente em áreas provinciais dominadas por indústrias individuais, mas tinham de ser cuidadosos em não ir além de peticionar ou de manifestações, por medo de punições. Mais usualmente, o alívio poderia ser obtido sub-repticiamente, quando trabalhadores e a administração local entravam em alianças informais contra o Estado e seus planos. A acumulação de trabalhadores era um modo disfarçado de a administração poder obter suas cotas e de os trabalhadores desfrutarem de emprego pleno. P. Gregory (2004: 268-272) diz que o controle da economia repousava em uma "ditadura aninhada", uma hierarquia de ditadores se estendendo de Stalin, do Politburo e do Gosplan (a principal agência de planejamento) através de milhares de ditadores insignificantes até os chefes de fábricas e propriedades rurais. Se os trabalhadores trabalhassem duro e mantivessem seus narizes limpos, nada terrível lhes ocorreria.

Os intelectuais se deram melhor, contanto que não saíssem da linha. Stalin destruiu os intelectuais marxistas comprometidos e a vanguarda cultural que havia florescido nos primeiros anos pós-revolucionários. Eles eram muito independentes e suas ideias muito subversivas, mas os intelectuais eram importantes na Rússia, e Stalin desejava preservá-los como ornamentos do regime e para usá-los para encorajar a ciência, a tecnologia e a alfabetização. Ao lhes conceder bons salários, *status* elevado e alguma autonomia em instituições científicas e culturais de prestígio, assegurava obediência desde que prefaciassem seus trabalhos com eulogias não muito específicas ao socialismo. Os intelectuais permaneceram materialmente privilegiados e basicamente não políticos durante os tempos soviéticos.

Para trabalhadores técnicos e administrativos as condições eram novamente diferentes. O planejamento efetivo de todos os setores industriais em um país do tamanho da Rússia teria envolvido um enorme aparato burocrático muito além dos recursos disponíveis. Na prática, o planejamento econômico apenas passava adiante metas e cotas agregadas, e mesmo esses eram sujeitos a negociação perene entre ministros, prefeitos locais e diretores de fábricas, que buscavam depois realizar os planos o melhor que pudessem. P. Gregory diz que o planejamento real significava que "praticamente todas as instruções econômicas eram baseadas no princípio de que a atividade desse ano seria a do ano anterior mais um pequeno ajuste". Os níveis inferiores do sistema eram inerentemente resistentes à iniciativa (2004: 271). Contudo, o comprometimento universal com "pequenos ajustes" deu ao sistema uma capacidade para um crescimento lento, mas constante. Aqueles com qualificações técnicas também tinham um grau de autonomia porque a hierarquia do partido carecia de especialistas para supervisioná-los de perto.

Após Stalin começar a introduzir o racionamento e privilégios distintos para pessoas importantes, o famoso sistema *blat* de corrupção emergiu. Ledeneva (1998: 37) o define como "uma troca de 'favores de acesso' em condições de escassez e um sistema estatal de privilégios". As coisas eram feitas pela troca perpétua de favores por meio de redes informais que permeavam hierarquias formais. Os favores eram usualmente exigidos não para a própria pessoa, mas para outra em seu círculo de amigos e relações. Depois, em algum momento futuro, o favor seria reciprocado. Era troca indireta de serviços (não dinheiro), assim, essa troca intensificou grandes cliques informais de cooperação. Foi especialmente útil na década de 1939, entre funcionários, como um modo de atingir cotas e metas por métodos informais (após a morte de Stalin tornou-se mais um modo de obter bens de consumo escassos). Os Planos de Cinco Anos do regime foram basicamente propaganda, com a economia de fato operando em bases menos formais, o que até 1937 era implicitamente aceito pelo regime (Fitzpatrick, 1999: 4; Easter, 2000; P. Gregory, 2004: caps. 5, 6; Davies, 1996). Esse não era um sistema totalitário – alguns dizem que era o caos (Davies, 1989: cap. 9; Getty, 1985: 198), embora isso seja um exagero. Como Easter (2000) diz, não deveríamos ver as redes informais como completamente subvertendo o sistema; em troca, elas ajudavam o sistema a funcionar. É importante observar que isso não era simplesmente corrupção, na qual recursos materiais desviados do topo são simplesmente uma dedução da produtividade. Como outros regimes com um componente altamente ideológico – usarei como exemplos regimes tanto socialistas quanto nacionalistas neste e no próximo volume – os líderes soviéticos roubaram menos e proveram mais bens públicos do que muitos dos líderes dos países em desenvolvimento. Em termos fiscais, eles eram muito honestos.

Para um pretenso totalitário como Stalin, o sistema *blat* permaneceu uma fonte da contínua frustração de que ele, na realidade, não controlava o Estado-partido inteiro. Quando as coisas não estavam funcionando como pretendidas, ele poderia ou oferecer mais incentivos ou aumentar a coerção. Ele escolheu o segundo, e isso se transformou em terror arbitrário, altamente destrutivo para o Estado-partido.

As atrocidades de Stalin

Stalin e o Politburo se frustraram pelas inadequações do modelo totalitário. Ele não funcionava como se supunha. O próprio Stalin era morbidamente inseguro, paranoide, mas os bolcheviques importantes geralmente tinham uma visão radical quando o Estado-partido falhava. Eles culpavam a oposição política e a sabotagem por todas as dificuldades. Mesmo o baixo esforço de trabalho era chamado "vandalismo" de inimigos do povo. Erradicar inimigos se tornou o objetivo na década de 1930. Como Stalin desconfiava do exército (como se tornou claro em seus expurgos), ele dependia da polícia de segurança – especialmente a massiva NKVD – para isso. Ela se tornou sua guarda pretória, protegendo-o de dissidentes, do exército e mesmo do próprio partido, uma forma mista de poder militar e político. Seu papel foi outra razão pela qual seu Estado não ter sido de fato totalitário; isso era dividir e governar com ordem geral fornecida pelo terror.

Um método de controle coercivo era estender o escopo do trabalho forçado. Em 1936, mais de 800.000 pessoas estavam em campos de trabalho de prisioneiros onde criminosos e administradores e trabalhadores que falharam em atingir cotas eram obrigados a trabalhar quase até a morte em projetos infraestruturais. Muitos milhares morreram. Os campos mais notórios eram aqueles envolvidos em obras de construção massiva para um canal ligando os mares Branco e Báltico. Contudo, esse sistema de trabalho escravo nunca foi lucrativo; pegava trabalhadores saudáveis e os transformava em inválidos. Era motivado menos por lucro, mais pelo desejo de reprimir "elementos antissoviéticos" que eram considerados estarem subvertendo o socialismo. Uma dose de tratamento radical poderia encorajar os outros a trabalharem mais duro (Khlevniuk, 2004: 200, 332).

Depois, Stalin e a elite *nomenklatura* de Moscou se voltaram para vândalos e inimigos de classe dentro do partido – "inimigos com cartões do partido" (como Mao também iria fazer). Isso era distinto para estados-partido da esquerda e não para regimes fascistas, que eram muito mais camaradas. O terror foi primeiro dirigido contra antigos oposicionistas e qualquer um que pudesse ser concebivelmente rotulado trotskista. O terror parecia ziguezaguear, sem qualquer propósito político discernivelmente consistente. Pessoas eram presas, depois soltas, depois presas novamente. Foi usado primeiro nos níveis médios do Estado-partido; nenhum membro do Comitê Central fora preso até meados de 1937. A elite depois perdeu sua unidade, e a paranoia de Stalin imperou livremente, escalando no Grande Terror – fratricídio dentro do Estado-partido dirigido contra seus níveis superiores, incluindo os membros de 1938 do próprio Politburo. Era agora "caos centralmente organizado", diz Getty e Naumov (1999: 583), espalhando-se incontrolavelmente pelo país nos níveis inferiores (cf. Easter, 2000; Lupher, 1996). O partido foi despedaçado por denúncias de conspiração e sabotagem, com um número incrível de 1,5 milhão de prisões e 700.000 execuções, incluindo praticamente todos os Velhos Bolcheviques que haviam feito a revolução, além de muitos socialistas dedicados mais jovens. Em um partido frouxamente organizado, o expurgo foi errático, com um grande elemento de sorte envolvido em se aqueles abaixo dos níveis superiores sobreviveriam. Ele provocou estragos nos corpos de oficiais das forças armadas e no Comitê Central do Partido, dos quais 70% dos membros foram expurgados. A *nomenklatura* – os funcionários superiores do Estado-partido – possuía 32.899 membros no começo de 1939, mas 14.586 deles haviam sido nomeados desde 1937, uma indicação do escopo dos expurgos, e para Stalin um sinal da radicalização e de que a NKVD tinha finalmente assegurado uma elite leal (Service, 1997: 236). O exército foi subordinado ao partido, e mais particularmente às suas agências de segurança.

Essas três grandes atrocidades – as deportações e a fome, os campos de prisioneiros e o Grande Terror – estiveram inicialmente em forte contraste com o que havia sido o tratamento soviético geral das minorias nacionais. Os bolcheviques haviam se oposto ao imperialismo tsarista, e eram conscientes de que o chauvinismo da Grande Rússia, a dominação pelos russos étnicos, permanecia uma ameaça para o desenvolvimento de uma sociedade relativamente sem classes. Durante o período revolucionário e da Guerra Civil, os bolcheviques haviam formado alianças com numerosos movimentos de resistência popular entre minorias nacionais e linguísticas, dos quais havia mais de 100. As decisões sobre temas importantes que afetavam toda União Soviética eram tomadas em Moscou, e os aparatos de segurança provincial eram também mantidos firmemente sob o controle centralizado para impedir a aparição do separatismo nacional. Todavia, outro poder local e regional era exercido por quadros do partido oriundos de nacionalidades não russas, e as nacionalidades recebiam seus próprios territórios e governos regionais. Suas culturas e línguas distintas também eram apoiadas. Essa política generosa havia sido reforçada no final da década de 1920 com uma revolução cultural voltada para a supressão da cultura étnica russa.

Os bolcheviques acreditavam que o nacionalismo fosse uma forma velada de descontentamento baseado em classe induzido pela natureza colonial do Estado tsarista. Eles assumiam que o nacionalismo fosse uma fase de desenvolvimento pela qual todos os povos passavam antes que pudessem atingir o internacionalismo, de modo que esperavam que o nacionalismo na URSS gradualmente desaparecesse. Eles estavam tão preocupados que introduziram o que tem sido chamado programas de "ação afirmativa" em prol das minorias étnicas, permitindo a elas controlarem repúblicas e distritos nos quais fossem a maioria. O próprio Stalin estivera associado a essa política quando comissário de nacionalidades. Todavia, essa política, na verdade, encorajava as identidades nacionais, e isso terminou sendo um fator no colapso da União Soviética. No contexto da década de 1920 e começo da década de 1930, essa política anti-imperialista tolerante se apresentava em marcado contraste com o racismo ainda dominante no Império Britânico e no Império Francês, um contraste observado pelos nacionalistas do Terceiro Mundo.

Contudo, as coisas mudaram na década de 1930, quando líderes soviéticos começaram a temer o nacionalismo dos ucranianos, a maior minoria. Depois, à medida que a ameaça de Hitler e dos japoneses se assomava, passaram a temer os nacionalismos de fronteira. Em vez de os alemães étnicos soviéticos serem um modo de carregar sentimentos pró-soviéticos para a Alemanha, o inverso poderia ocorrer: eles poderiam se tornar a quinta coluna de Hitler na União Soviética. Stalin reagiu à ameaça alemã e ao fracasso do Ocidente em responder aos seus avanços para uma aliança concluindo seu Pacto de Não Agressão com Hitler (cf. capítulo 14). Isso permitiu aos soviéticos subjugarem os estados bálticos e metade da Polônia como salvaguardas contra Hitler, mas houve consequências imperiais. Como havia poucos comunistas poloneses ou bálticos, essas repúblicas recém-adquiridas foram governadas por russos étnicos, que, como os próprios bolcheviques sabiam, fomentariam o nacionalismo entre as populações subordinadas.

À medida que as ameaças geopolíticas aumentavam, Stalin colcluiu que não poderia se permitir isolar os russos privilegiando minorias. Assim, inverteu a política e usou o nacionalismo russo para fortalecer suas defesas, cometendo atrocidades contra minorias que poderiam concebivelmente estar etnicamente ligadas aos inimigos da Rússia no exterior. As primeiras irrupções de deportações de nacionalidades contrarrevolucionárias como alemães, poloneses, bielo-russos e coreanos ocorreu em 1935 e 1937. Houve mais deportações, principalmente contra o povo caucasiano como os chechenos, durante a Segunda Guerra Mundial. Na verdade, alguns grupos caucasianos colaboraram com os alemães, mas a deportação de pessoas de fronteira foi parte de uma importante mudança do regime stalinista, para longe do internacionalismo soviético na direção do nacionalismo da Grande Rússia (I. Martin, 2001; J. Smith, 1999). Em seu núcleo, estavam várias atrocidades contra minorias nacionais, o quarto tipo de atrocidades de Stalin.

Todas as quatro atrocidades ocorreram em uma onda que depois tendeu a diminuir. Deportados cúlaques sobreviventes receberam direitos de cidadania, convictos foram tratados melhor, o Politburo suspendeu o terror, e as minorias supostamente perigosas foram dispersas. Stalin parecia ter aprendido com seus erros, e sempre foi sensível aos sinais de resistência entre trabalhadores. A polícia secreta o mantinha informado sobre o moral dos trabalhadores, e impediria a resistência local, aumentando a provisão de bem-estar social local ou reduzindo o reinvestimento nacional e, em troca, aumentando o consumo, como em 1934 e 1937 (P. Gregory, 2004: cap. 4). Todavia, os efeitos cumulativos de todas essas formas de coerção foram enormes. Em 1941, cerca de 4 milhões eram presidiários do sistema de campo do Gulag, com outros 2 milhões realizando trabalho corretivo (Mann, 2005: 323-330; Khlevniuk, 2004; Getty & Naumov, 1999: apêndice 1).

Depois, a guerra interrompeu essas políticas, exceto pelo mau tratamento das nacionalidades. O medo de que caucasianos colaborassem com os alemães levou a mais deportações que continuaram mesmo após a União Soviética estar vencendo a guerra. Sob a cobertura da guerra, Stalin estava agora buscando livrar a Rússia dos povos problemáticos de fronteira. Após a guerra, prisões e encarceramentos foram retomados, embora com um número declinante de mortes. A libertação em 1945 da Europa Oriental pelo Exército Vermelho e sua subsequente dominação pelos russos intensificaram o imperialismo soviético. As Repúblicas Bálticas foram forçadamente incorporadas à União Soviética, e sinais de descontentamento nacionalista na Ucrânia e Bielorrússia foram ferozmente suprimidos. Havia agora dois anéis imperiais ocidentais distintos: as partes ocidentais da própria União Soviética eram diretamente governadas e mantidas dóceis pelo reconhecimento de que a dissensão seria impiedosamente suprimida; a Europa Centro-oriental formou um anel externo de império indireto, governado pelas autoridades soviéticas por meio de estados nacionalmente soberanos, cujas elites exerciam alguma autonomia limitada. O internacionalismo socialista desapareceu à medida que a União Soviética se tornou, tardiamente, nas zonas ocidentais, um império.

As primeiras estimativas das atrocidades de Stalin dadas por Conquest, Rummel e outros colocam o total de mortes acima de 30 milhões. Estimativas de estudos recentes são muito inferiores, na casa dos 8-10 milhões (igualmente ruim, podemos pensar). Muitas das atrocidades de Stalin continham misturas de intenção, incompetência, crueldade e consequências não intencionais, impedindo que o termo "totalitário" seja muito útil nesse contexto. Como Service (1997: 241-253) observa, Stalin estava comprometido com objetivos totalitários, incentivados por sua própria paranoia – e sua mão estava em toda parte nos níveis superiores da formulação de políticas. Todavia, embora a política fosse centralmente instigada, foi implementada fora de seu campo de visão. Service conclui: "O objetivo era tão ambicioso que mesmo sua semirrealização foi um terrível feito". Com a violência, o centro deportou e aprisionou massas de pessoas sem levar em conta qual estrutura necessitaria para destiná-las. Depois, funcionários locais – "pequenos Stalins" – e forças populares decidiram resolver as coisas sozinhos, e fizeram o serviço sujo.

O terror funcionou? É difícil dizer. Stalin e sua clique usaram poder despótico intenso, que havia inicialmente subvertido o poder infraestrutural do Estado-partido único. O regime quase colapsou, mas resistiu. Funcionários do partido, que sobreviveram, passaram a obedecer a Stalin, como os administradores do Estado. A produtividade retomou sua tendência de alta e o exército se recuperou suficientemente para derrotar Hitler cinco anos depois. Esse era um regime composto em todos os níveis por administradores que tinham de encontrar meios disfarçados para satisfazer planos e atingir metas, e que muitas vezes estavam perseguindo seus próprios interesses e vinganças privados. A paranoia de Stalin era parcialmente um produto da estrutura que ele havia erigido. Como quase todo mundo tinha algo para esconder, seu comportamento era muitas vezes suspeito. Funcionários regionais e locais estavam aproveitando a oportunidade para liquidar seus rivais e inimigos, os camponeses estavam se opondo à industrialização forçada e acumulando ou comendo seus grãos e animais, algumas nacionalidades minoritárias simpatizavam com os alemães ou japoneses, e havia alguma oposição dentro do partido, incluindo mesmo contatos com exilados como Trótsky (Thurston, 1996: 25, 34, 50-53). Tudo isso deu ao Terror uma dinâmica própria, independentemente de Stalin. A hierarquia da polícia leal foi pressionada duramente para atingir grandes cotas de supostos contrarrevolucionários. Eles tinham dificuldade de encontrar o bastante deles, mas ainda acreditavam que uma conspiração real deveria estar enterrada lá bem fundo em algum lugar. Como um policial disse: "Para encontrar um grama de ouro, é necessário peneirar toneladas de areia" (citado por Thurston, 1996: 83). Havia também simpatia popular por algumas atrocidades. Grande parte da população estabelecida acreditava que os camponeses estavam acumulando sua produção, e muitos trabalhadores ajudaram em sua repressão. Além disso, os trabalhadores continuaram a mostrar um apoio residual a um regime que governava em seu nome.

É difícil medir o nível de apoio popular ao regime, pois não havia eleições, pesquisas de opinião ou manifestações abertas de sentimentos. Havia algum apoio popular ao Terror, manifesto na extensiva denúncia de funcionários como contrarrevolucionários. Cidadãos soviéticos experienciaram uma contradição fundamental: recebiam constantemente a promessa de um futuro melhor, ainda que agora estivessem experienciando opressão. Assim, uma consciência polarizada de semiclasse se desenvolveu entre "nós", o povo, e "eles", a nova elite comunista. Pessoas comuns se alegravam em denunciar a elite – e qualquer pessoa de que desgostassem. Os camponeses ficavam especialmente satisfeitos em se vingar dos funcionários que os haviam explorado, e, mesmo quando eles mesmos eram denunciados e presos, muitos apenas muito pateticamente afirmavam que um erro deveria ter sido cometido em seu caso. Alguns comunistas assinavam confissões falsas, aparentemente acreditando que isso era pelo bem da revolução. Outros assinavam porque se sentiam culpados por duvidar das políticas de Stalin ou por se envolverem em estratagemas pessoais desonestos.

Havia todo um âmbito de atitudes possíveis entre lealdade absoluta e dissensão total, e a maioria das pessoas o ocupavam, ambivalentes e muitas vezes confusas. Restava uma crença amplamente compartilhada nos ideais da revolução junto à desilusão com o presente regime. Não havia ainda um cinismo mais generalizado. A ideologia ainda exercia seu poder na obtenção da obediência (Thurston, 1996; R. Davies, 1997; Kotkin, 1995; Fitzpatrick, 1999; e vários ensaios em Fitzpatrick, 2000). Entre os trabalhadores têxteis explorados, por exemplo, os funcionários eram denunciados em termos de categorias de classe marxistas, e, contanto que os trabalhadores usassem essa linguagem em petições e manifestações e não começassem a saquear o quartel-general do partido local, eles poderiam obter concessões do regime (Rossman, 2005).

O quanto isso foi um produto do próprio Stalin? Caso Lenin tivesse sobrevivido ou Trótsky tivesse se tornado secretário do partido, as coisas teriam sido diferentes? Muitos estudiosos dizem que Lenin não teria consentido com o Terror dentro do partido nem com as deportações em massa, e pode ser que todo nível de atrocidades tenha sido devido em grande parte a Stalin e seu círculo. O regime teria sido uma parte da ditadura independentemente de quem a liderasse, e o governo de partido único é inerentemente incompatível com o pluralismo. Se olharmos ao redor para os regimes comunistas que buscaram a industrialização forçada de uma sociedade fundamentalmente agrária, encontraremos partidos únicos com muito pouco pluralismo dentro deles. Encontramos variações nos níveis de atrocidades. Encontramos uma liderança pior que a de Stalin no Camboja; outra na China que cometeu uma atrocidade maior (em números de mortos) – o Grande Salto Adiante de Mao – além de um grande e confuso expurgo do partido, a Revolução Cultural e sua supressão. Encontramos uma terceira liderança no Vietnã cometendo algumas atrocidades. Uma quarta na Coreia do Norte parece muito dura e profundamente malsucedida. Facilmente o regime mais brando na família comunista foi o de Cuba, mas o regime de Castro não tentou a industrialização forçada.

O balanço geral econômico

O problema fundamental com o comunismo foi que havia chegado ao poder em sociedades agrárias, mas seu objetivo ideológico firme foi a rápida industrialização. Isso só poderia ser garantido caso retirasse mais do excedente de produção dos camponeses, sempre a vasta maioria da população, e depois reduzisse os níveis salariais, pois somente na agricultura e nos salários poderia ser encontrado o capital de investimentos para a indústria. Não havia como a rápida industrialização poder evitar ser extremamente coerciva, uma perversão dos ideais socialistas de democracia. O ideal econômico excedeu o ideal político, como poderíamos esperar em regimes que incorporam o materialismo marxista. Era somente uma questão de como muitas atrocidades acompanhariam essa coerção, e essas variaram muito. Como com o fascismo, embora em uma extensão menor (uma vez que o socialismo não venerava, em teoria, a liderança), o líder nos sistemas despóticos também importava. A redenção de Mao foi ele ter sido capaz de aprender com seus próprios erros. Castro foi positivamente benigno comparado a seus pares. Contudo, embora Lenin pudesse ter sido melhor que Stalin, e a paranoia de Stalin não fosse particularmente uma boa coisa, Lenin (e Trótsky) teriam provavelmente sido encurralados por seus ideais na direção da industrialização forçada, do despotismo e ao menos de algumas atrocidades.

Deveríamos pôr isso no contexto. Durante o período entreguerras, a democracia estava em retirada em toda parte, exceto nos países ricos. O principal ideal alternativo no Leste Europeu não era a democracia, mas o despotismo da direita. O povo russo havia deposto a versão tsarista daquele e alguns o queriam de volta. O comunismo, mesmo o stalinismo, era o melhor sistema político que muitos (talvez a maioria) pensavam que poderiam conseguir. Como em muitas formas de regime (incluindo a democracia), muitas pessoas prosseguiram com suas vidas, acostumadas a redes confiáveis de parentescos e amizade para tornar as coisas informalmente um pouco melhores, e evitavam a política. Se o fizessem, depois, poderiam obter a concessão dos privilégios do regime sem esforço.

Talvez, a principal razão de o regime ter conquistado apoio fosse o fato de ter sido bem-sucedido em dois de seus principais objetivos: a industrialização e a defesa da pátria. Em uma economia estatal planejada que não funcionava de fato de acordo com o plano, é fácil identificar guerras por território, escassez, restrições e outros fracassos. Todavia, essa versão supostamente instável de industrialização forçada levou ao crescimento econômico. Exatamente o quanto é calorosamente debatido, mas o período entreguerras não foi de grande sucesso no Ocidente. As economias capitalistas estavam muito estagnadas, e muitas experienciaram declínio durante o período da Grande Depressão. A própria União Soviética se isolou disso. A lacuna também continuou a se ampliar entre as poucas economias ricas e a maior parte do mundo mergulhado na pobreza.

Vista em termos comparativos e medida em estatísticas agregadas entre 1928 e 1970, a economia soviética provavelmente foi bem, embora não possamos estar certos devido a estatísticas oficiais muitas vezes inadequadas e desonestas. Seu fator de crescimento médio de cerca de 4% excedeu o de qualquer outro país no mundo naquela época, exceto pelo Japão e suas colônias. Mesmo se exercermos ceticismo sobre os números soviéticos e reduzirmos seu crescimento a, digamos, entre 2,5 e 3%, ainda estaria melhor. É também reforçado pelas estatísticas de expectativa de vida desde o nascimento. Essa dobrou entre 1900 e 1950, de 32 para 65 anos – uma taxa de aumento maior do que a de qualquer outro país (Maddison, 2001: tabela 1-5A). Como vimos no capítulo 4, o Japão também não era uma sociedade democrática, muito menos suas colônias.

Havia uma razão para as taxas de sucesso soviético e japonês: o planejamento estatal é efetivo nos países de desenvolvimento tardio ao menos na fase de industrialização. Se a elite pode identificar a partir da experiência de outros países as instituições necessárias para a industrialização, o planejamento central pode ser mais efetivo do que a concorrência de mercado, especialmente se o Estado é relativamente incorrupto e não comete desfalques. Com o surgimento da corporação, o Ocidente estava experienciando mais planejamento dentro de unidades econômicas maiores. É improvável que, caso o regime tsarista tivesse continuado, pudesse ter atingido esse nível de crescimento, como Paul Gregory afirma (1994: 136-137). Pois como R. Allen (2003: 33-46) observa, o crescimento tsarista dependia muito do alto preço do trigo, e o preço do trigo, bem como o de outras mercadorias primárias, colapsou depois da Primeira Guerra Mundial. Era também improvável que a produtividade agrícola pudesse aumentar ou a indústria se expandir muito, dado o colapso provável da agricultura. Allen (2003: 9-10) também pensa que deveríamos comparar o que é comparável – as repúblicas soviéticas aos seus vizinhos não soviéticos. A Ásia Central soviética e as repúblicas do Cáucaso do norte eram as regiões mais pobres da União Soviética, mas todas tinham PIB *per capita* muito acima de seus vizinhos não soviéticos: Turquia, Irã e Paquistão. A agricultura permaneceu a grande fraqueza soviética, mas a indústria pesada era seu ponto forte – especialmente na década de 1930, que viu uma taxa de crescimento industrial anual de 12%. Em 1932, os soviéticos tiveram de importar 78% de suas ferramentas mecânicas; cinco anos depois, menos de 10% foi importado.

Grande parte desse crescimento foi transferida para o reinvestimento na indústria pesada – especialmente nas indústrias de defesa, que expandiram enormemente na década de 1930, à medida que ameaças da Alemanha, Japão e Grã--Bretanha (aos olhos de Stalin) aumentavam. Somente na década de 1960 grande parte do excedente foi canalizada para bens de consumo. Todavia, houve melhoria também no consumo *per capita* urbano entre 1928 e 1937 – que, Allen (2003: cap. 7) argumenta, estendeu-se aos níveis de consumo nacional como um todo. Todavia, Mark Harrison (1994) argumenta o inverso. Parece que os salários reais dos homens caíram e o emprego das mulheres aumentou enormemente, mas a níveis salariais baixos. Embora a média de salários individuais tenha caído, isso foi compensado em dois salários. Primeiro, a combinação de salários de homens e de mulheres produziu receitas familiares ligeiramente mais altas; segundo, a União Soviética havia reduzido as taxas de desemprego a quase zero (o que os economistas ocidentais acreditam ter levado ao superemprego ineficiente). O racionamento terminou e trabalhadores qualificados podiam viver confortavelmente, mas o principal benefício – talvez a principal conquista dos regimes comunistas – foi a educação. Os cidadãos soviéticos se tornaram altamente educados e alfabetizados, mais do que em países capitalistas em desenvolvimento comparáveis. Havia também saúde pública adequada. No começo de 1937, um grande programa de habitação pública também começou. Tudo isso foi destinado a evitar o descontentamento de massa. Indicadores antropométricos de *status* de saúde revelavam melhorias, e esses dados, diferente das medidas do PIB, não são facilmente manipuláveis. Houve um declínio contínuo na mortalidade, crescimento contínuo na estatura física média e um amadurecimento físico precoce entre crianças, todos indicadores de maior saúde em termos absolutos e relativos à experiência contemporânea de muitos outros países (Davies & Wheatcroft, 2004). Era muito distante da utopia prometida – que continuava sendo adiada –, mas era melhoria material distinta (Suny, 1998: 240-250).

A União Soviética conquistou o oposto dos três estágios de cidadania de Marshall. A população conseguiu alguma cidadania social (para Marshall, o último estágio) sem desfrutar fosse da cidadania política ou da civil. Tinha duas qualidades positivas de muitos estados-partido altamente ideológicos da esquerda: era relativamente honesta e genuinamente comprometida com o desenvolvimento econômico. Essas virtudes foram reveladas não meramente no topo, mas no partido de massa. Pouco do excedente foi desviado em corrupção, e mais dele foi para reinvestimento e bens públicos do que em muitos países desenvolvidos no mundo. Como vimos, isso não foi assim com os partidos ideológicos da direita fascista. Contudo, em meu quarto volume, vemos que essas virtudes foram mais tarde também reveladas em muitos regimes nacionalistas mais brandos da esquerda, do centro e também da direita.

Estatísticas agregadas ocultam a desigualdade. Embora o regime tenha conseguido manter muito baixas as desigualdades, quem estava pior era a população rural; trabalhadores qualificados, mulheres recém-empregadas e migrantes do interior para as cidades estavam todos relativamente melhores. A industrialização e urbanização trouxe ascensão social para milhões, e como a habitação, benefícios de bem-estar social e emprego eram providos pelo Estado, o regime levou muito do crédito. Contudo, as ironias continuaram. Com vimos, muitos desses migrantes fizeram seu movimento como um resultado das terríveis políticas de coletivização forçada de Stalin. A taxa de desemprego baixou, mas parcialmente devido às mortes provocadas pelo regime. O crescimento industrial também deveu algo às grandes importações de tecnologia avançada da Grã-Bretanha e dos Estados Unidos – pagas pela exportação de grãos e madeira que eram muito necessitadas pelo povo soviético. Além disso, como Wheatcroft observa, a experiência de muitas pessoas não foi provavelmente a de melhoria constante, uma vez que o desenvolvimento foi intercalado por fomes, escassez de mercadorias provocadas por falhas de planejamento, atrocidades de massa e finalmente a guerra. O balanço geral pode ter sido favorável, mas a vida real era variada e cheia de ironias terríveis. Os mais privilegiados de todos eram os membros do partido, ainda que fossem os mais vulneráveis ao Grande Terror. Contudo, nada disso levaria à terrível conclusão de que o stalinismo foi necessário ao crescimento. A coletivização forçada foi economicamente prejudicial, assim como intrinsecamente horrenda. Sua única consequência boa – a mobilidade de força de trabalho – poderia ter sido assegurada por meios melhores. As outras atrocidades não tiveram um papel econômico positivo. Stalin poderia ter feito muito melhor.

Allen (2003: cap. 8) apresenta a explanação mais convincente do crescimento soviético. Ele vê duas causas principais. Primeiro, os investimentos foram principalmente para a indústria pesada, e foram fortemente protegidos dentro do que foi amplamente uma economia autárquica. Nessa fase da economia mundial, o protecionismo funcionava, como o Japão também mostrou. Segundo, a imposição de metas de produção elevadas combinadas a restrições orçamentárias leves significava que, como a produção e a ausência de lucro eram primários, o Estado fornecia créditos bancários para manter as firmas solventes e produtivas. Nenhuma depressão era possível nesse sistema. O planejamento estatal anulava as considerações do mercado, e anulava especificamente a estratégia de desenvolvimento normal dessa era – exportação de produtos primários e importação de maquinário. A versão estatista de socialismo funcionava, assim como a versão estatista de imperialismo estava funcionando no Império Japonês do período.

O stalinismo era um sucesso econômico qualificado (exceto na agricultura), mas um pesadelo político e ideológico – uma versão pior das conquistas desiguais de poder feitas pelo Império Japonês, reveladas no capítulo 4. Descobriu-se rapidamente que o socialismo como um projeto econômico era uma utopia inatingível em um país enorme e atrasado como a União Soviética, caso o objetivo fosse a modernização por meio da industrialização forçada, que era como Marx era interpretado no século XX. O regime, aferrando-se à sua ideologia de salvação, reagiu a essa contradição com uma violência terrível contra os camponeses e um arranjo *ad hoc* de práticas desagradáveis em outros lugares. Tudo isso tinha pouca relação com o socialismo, mas foi um pesadelo reconhecidamente socialista, uma perversão de seus ideais, uma ditadura de Estado-partido não do, mas sobre o, proletariado (e todo mundo também). Em termos estritamente econômicos, os resultados (se você não fosse um dos mortos ou deportados) foram muito bons. Em uma economia atrasada, a proporção de famintos para não famintos era excelente, bem como o nível de saúde e alfabetização. Assim, nesse período, a falha mais transparente dos bolcheviques não foi no poder econômico, mas no poder político e ideológico. Eles tinham criado semi-intencionalmente uma ditadura monstruosa, uma inversão absoluta dos ideais socialistas, como seu cometimento das piores atrocidades de massa em uma escala sem precedentes na história. É difícil defender isso em termos de seu sucesso econômico, mesmo no período entreguerras (no período pós-guerra, o capitalismo foi muito mais bem-sucedido do que o comunismo). A felicidade humana é tão dependente assim do sucesso material? Sim, se você está passando fome, como muitos ainda estão no mundo. Muitos cidadãos soviéticos e estrangeiros favoráveis mantiveram a esperança ao longo desse período de que com maior sucesso econômico a libertação civil e política fluiria. A derrota da escassez produziria o relaxamento do regime. Eles ainda acreditavam que o futuro poderia ser vermelho. Para eles, a decisão sobre o socialismo de Estado ainda não havia sido tomada.

De qualquer modo, esse não foi o pior regime do mundo durante o período entreguerras. Em 1941, muitos ucranianos – cansados da exploração stalinista – acolheram a Wehrmacht em seu país. Contudo, sob o governo de Hitler, descobriram um nível mais profundo de exploração e atrocidades ainda piores. Em 1944, estavam calorosamente acolhendo o Exército Vermelho novamente. O maior feito da Rússia stalinista terminou se mostrando que o desvio de recursos do consumo para a produção militar mantinha os padrões de vida baixos e subsidiava as forças armadas massivas, o que depois, com grande autossacrifício, defendeu com sucesso os cidadãos soviéticos – incluindo judeus e egípcios – contra Hitler. A União Soviética deveu sua existência à Primeira Guerra Mundial, e foi depois muito bem na Segunda Guerra Mundial, como veremos no capítulo 14.

O impacto do comunismo no exterior

Como a indústria e não a agricultura foi o símbolo da modernidade ao redor do mundo, o aparente sucesso industrial da União Soviética foi amplamente admirado. Ideologias de socialismo estatal se difundiram globalmente. Para revolucionários em sociedades agrárias, a rota soviética (e mais tarde a chinesa) parecia um atalho para a libertação da necessidade material, dando-lhes grande confiança de que a história estava ao seu lado. Como milhões de camponeses ao redor do mundo estavam sofrendo enorme exploração, ideologias revolucionárias ressoavam entre eles. Após a Segunda Guerra Mundial, as rotas bolcheviques e maoistas foram admiradas e frequentemente emuladas nos países mais pobres do mundo. Na verdade, o desenvolvimento tardio do mundo estava sendo mais bem conquistado por estados infraestruturalmente mais poderosos do que por mercados livres – contanto que a elite estivesse genuinamente comprometida com o desenvolvimento mais do que com forrar seus bolsos (Kohli, 2004). A coisa mais positiva a ser dita sobre os líderes comunistas é que sua ideologia era genuína. Eles estavam sinceramente comprometidos com desenvolver suas economias, a quase qualquer custo. Embora houvesse corrupção, foi muito menos do que em muitos países em desenvolvimento.

Como o socialismo real foi sacrificado e as atrocidades aumentaram durante a década de 1920 e 1930, isso teve um efeito geral negativo, especialmente no Ocidente. Muitos socialistas ocidentais foram prejudicados pela habilidade dos bolcheviques de se manterem no poder repressivamente e de manterem um grau aparentemente ameaçador de poder global. O único caso de "socialismo existente de fato" não conseguiu conquistar muitos adeptos no Ocidente, além daqueles da esquerda desiludidos exatamente com quão pusilânimes os partidos socialistas poderiam ser para chegar ao poder. Os partidos comunistas estrangeiros se expandiram um pouco como resultado dessa desilusão, glorificando estatísticas no crescimento econômico russo, estimulado pelas visitas seletivas às aldeias soviéticas Potemkin (*Potemkin villages*) (aldeias de exibição). Contudo, raramente eram um fator importante no Ocidente, e a carta bolchevique, o Perigo Vermelho, foi usada com sucesso por partidos burgueses e empregadores no exterior do início de 1920 em diante. Os partidos comunistas e sindicatos eram os alvos mais fáceis, mas todos os partidos dos trabalhadores experienciaram dificuldades durante os amedrontamentos do Perigo Vermelho. Caso o regime soviético fosse uma forma desejável de socialismo, essa propaganda teria tido o efeito oposto.

Os bolcheviques também intervieram mais diretamente no exterior. Em março de 1920, eles substituíram a inefetiva Segunda Internacional por uma Terceira Internacional, para defender a revolução na Rússia e para servir "como um passo preliminar da República Internacional dos soviéticos na direção da vitória mundial do comunismo". A Revolução era considerada um caso global. O ponto crítico veio em agosto de 1920, quando o segundo Congresso da Internacional, renomeado Comintern, adotou as 21 Condições de Lenin como seu estatuto. Essas incluíam as provisões de que todos os partidos afiliados deveriam adotar a estrutura do Partido Comunista Russo, defender a União Soviética, lutar contra a Democracia Social reformista (agora um termo de abuso para Moscou) e se subordinar a um comitê central permanente centrado em Moscou.

Poucos partidos e sindicatos estrangeiros aceitariam o controle do exterior ou denúncia de reformismo. Alguns partidos se dividiram como resultado. Kriegel (1969) diz que o Partido Socialista francês não era reformista, e por isso não entendeu a linha de Moscou. Após o que ela considera como o resultado enormemente "acidental" de um debate abstrato no decisivo Congresso de Tours, muitos membros do partido se transformaram no Partido Comunista; os dissidentes saíram para formar um partido socialista inicialmente menor. Na Noruega, Itália e Tchecoslováquia, o movimento trabalhista continuou a manter vínculos muito desconfortáveis com o Comintern. Em outros lugares, eram geralmente os grupos dissidentes menores (muitas vezes oriundos de áreas em recente industrialização) que deixaram os partidos socialistas para formar partidos comunistas. Ao longo da década de 1920, os comunistas se tornaram a esquerda porque se situavam fora das instituições de compromisso reformista, e os partidos burgueses raramente cooperariam com eles. Assim, reforma *versus* revolução foi trocada por conflito entre socialistas e comunistas. Os partidos comunistas declararam mais comprometimento com a revolução (e na verdade lançaram insurreições malsucedidas em vários países), mas também eram usualmente mais centralizados e menos democráticos, favorecendo organização, não movimento. Os partidos socialistas se tornaram mais diversos, incluindo defensores de ultraesquerda do movimento, assim como aqueles de persuasão mutualista e reformista. À medida que os movimentos revolucionários se tornaram mais fraturados, a democracia social reviveu, após declinar em meados da década de 1920.

Houve um aspecto positivo da fratura entre reforma e revolução. Embora possamos dizer que tenha enfraquecido a classe trabalhadora, a presença de um competidor em sua esquerda significava que socialistas e comunistas concorriam eleitoralmente e por membros sindicais. Isso provavelmente fortaleceu o reformismo dos partidos socialistas. Os socialistas conseguiram combinar reformas e coalizões governamentais com partidos burgueses; os comunistas ofereciam um sentimento de participação em um movimento disciplinado, global, para atingir a utopia. Contudo, o controle dos partidos comunistas por Moscou foi uma negativa decidida. A estratégia dos partidos comunistas estrangeiros tinha de ser autorizada primeiro por Moscou. A linha geral de Moscou era que as necessidades revolucionárias globais, coordenadas pelo Comintern, deveriam vir antes das necessidades do movimento trabalhista de um único país. Em contraste, os partidos socialistas viam a política como nacional. Em décadas que viram maior protecionismo econômico nacional e hesitação da Liga das Nações, o argumento nacional parecia mais poderoso. A cooperação entre os dois tipos de partido se tornou mais difícil, e os comunistas foram vistos como aliados não confiáveis.

A liderança de Moscou do Comintern era na prática subserviente à liderança do Partido Comunista da União Soviética. Isso foi incorporado à constituição da Internacional desde o início, com seu compromisso de defender o governo soviético. Ele recebeu rapidamente força organizacional, uma vez que Moscou começou a enviar emissários secretos para observar e se necessário subverter lideranças comunistas estrangeiras. O prestígio dos bolcheviques era tal que sempre poderiam encontrar lealistas estrangeiros para fazerem sua oferta; e, contanto que o Comintern durasse, poderiam ser recompensados com ou controle do partido local – o expurgo poderia ser institucionalizado. Tudo isso era profundamente não democrático. Também produziu políticas insensíveis às condições locais. Como Moscou muitas vezes as ignorava, tendeu a substituir as lições de sua própria experiência na Rússia. Os bolcheviques tinham dividido com sucesso o Revolucionários Sociais na Rússia, persuadindo a esquerda a cooperar, isolando a direita para supressão (seguida mais tarde também pela esquerda). Táticas de divisão foram usadas no exterior, mas quando nenhuma dessas facções estava participando no governo, suas divisões não puderam ser resolvidas e o faccionalismo entre elas perdurou, enfraquecendo todas. Isso se mostrou particularmente danoso ao movimento italiano, defrontado com a ascensão do fascismo, onde comunistas leais foram ordenados a provocar uma divisão em 1921. Moscou também impôs sua experiência da Guerra Civil Russa ao Ocidente. Em 1923, especialistas do Exército Vermelho foram enviados à Alemanha para organizar uma insurreição para a qual tiveram pouco apoio. Os enclaves comunistas pereceram sangrentamente.

Essas políticas revelaram o Comintern sistematicamente subordinando-se às necessidades dos partidos estrangeiros, não às necessidades globais da revolução, mas às necessidades do regime soviético. Durante grande parte da década de 1920, a política do Comintern foi ambígua ou contraditória. Exortações repentinas à insurreição se alternavam com Frentes Unidas – cooperando ou com os subalternos ou com a liderança de outros partidos ou sindicatos de trabalhadores. Depois, em 1928, veio uma mudança para uma linha mais consistente de pureza revolucionária e de classe contra classe – não cooperação rígida entre partidos e sindicatos. Isso fora parcialmente precipitado pelo desastre chinês de 1927, quando comunistas de Xangai foram aniquilados por seus supostos aliados – as tropas de Chiang Kai-shek –, a aliança tendo sido exigida dos comunistas locais pelos agentes Comintern. Contudo, o ritmo da troca política estava mais estreitamente relacionado ao conflito de poder entre os bolcheviques e a emergência de Stalin como líder supremo. Expurgos estrangeiros se tornaram um benefício dos expurgos nacionais de Stalin. Havia uma consistência na linha do Comintern: qualquer líder estrangeiro que mostrasse comprometimento consistente com qualquer linha política – ou seja, que mostrasse independência de Moscou – era expurgado.

Ameaçar partidos comunistas estrangeiros como peões em outros jogos não era favorável à sua saúde. Um partido grande – o norueguês – saiu do Comintern descontente, deixando para trás somente um pequeno grupo fragmentado. Aqueles que permaneceram no Comintern perderam ou membros ou vidas. Já vimos os desastres que sobrevieram ao KPD alemão como resultado da insurreição prematura e ataques ao fascismo social. Os dois partidos remanescentes mais importantes – o francês e o tcheco – foram reduzidos de 131.000 e 350.000 membros em 1921 a 28.000 e 35.000 em 1932 (Drachkovitch & Lazitch, 1966: 186-187). Muitos militantes trabalhistas no Ocidente foram repelidos por ataques a camaradas não comunistas e pelo expurgo de líderes comunistas. Hitler forçou mais mudanças de direção porque a União Soviética era agora ameaçada por uma potência agressiva com planos sobre a Europa Central. No início, a mudança beneficiou comunistas estrangeiros. No começo de 1935, frentes populares de todos os partidos de trabalhadores, dirigidas contra o fascismo, voltaram a ser prestigiadas. Essas tiveram resultados imediatos na França e na Espanha, permitindo aos comunistas participarem do governo, lutarem em sua defesa e lucrarem com o desencanto em sua queda. Eles revelaram o papel consistente que os partidos comunistas deveriam adotar: encorajar o reformismo de esquerda, e, se falhasse, declarar uma deslealdade. Essa foi uma breve idade de ouro para o Comintern (Suny, 1998: 297-306). Contudo, em agosto de 1939, Stalin entrou em um Pacto de Não Agressão com Hitler, forçando os partidos comunistas a encerrarem suas frentes antifascistas. Em 1941, quando Hitler atacou a União Soviética, a linha foi novamente revertida. Comunistas ocidentais, até então neutros na guerra e muitas vezes detidos, foram repentinamente solicitados a ajudarem a defender o mundo contra o fascismo. Os comunistas ficaram confusos, especialmente os membros da classe trabalhadora que não eram iniciados nas necessidades mundiais dos trabalhadores. Os partidos britânicos e americanos foram praticamente destruídos durante o processo (não que importassem muito). Nessa fase, a lógica do Comintern foi basicamente geopolítica. Certamente, como vemos no próximo capítulo, a União Soviética não foi a vilã real da peça. Após ter sido rejeitado em sua tentativa de formar uma aliança com o Ocidente, Stalin teve de mudar para um Pacto de Não Agressão com Hitler para comprar neutralidade e tempo. Quando foi atacado por Hitler, teve de se aliar ao Ocidente.

O desenvolvimento da União Soviética durante o governo de Stalin acelerou seus efeitos danosos nos movimentos trabalhistas ocidentais. O resultado da Segunda Guerra Mundial deixou os soviéticos como mestres da Europa Oriental, e o Estado mais anticomunista, os Estados Unidos, hegemônico sobre a Europa Ocidental e grande parte do resto do mundo. Os segmentos globais múltiplos do período imperial foram simplificados em dois, um deles autárquico, o outro mais aberto. Dois países extremos passaram a padronizar o globo, cada um deles um ponto de referência negativo para o outro. A ditadura soviética no leste da Europa e o militarismo global soviético se tornaram inaceitáveis dos pontos de vista de muitos ocidentais, de capitalistas a muitos marxistas. Todos os movimentos trabalhistas ocidentais foram enfraquecidos pelo argumento de seus oponentes de que o socialismo já estava estabelecido na URSS e no leste da Europa – como totalitarismo e imperialismo. Stalin estava pondo o último prego no caixão do socialismo revolucionário no ocidente, após ter sido destruído na União Soviética. Ela própria sobreviveria um pouco mais, e sua popularidade duraria mais tempo nos países mais pobres do mundo. Que as fundações pudessem estar podres não estava claro ainda, mas agora veio a guerra, cujo resultado destruiria a alternativa fascista ainda que aparentemente fortalecendo a comunista, exatamente como fortaleceu o capitalismo democrático ocidental. Uma alternativa havia ido, a outra ainda parecia viável, e isso foi verdadeiro na Ásia.

12
O imperialismo japonês, 1930–1945

A maior mudança geopolítica do século XX foi a ressurgência da Ásia, durante dois ou três séculos um continente muito estagnado, cujo desenvolvimento havia falhado em se equiparar ao da Europa e da América. No século XX, três países asiáticos – China, Índia e Japão – estavam reagindo para se tornarem grandes potências rivais à Europa e à América, mas suas reações tiveram ritmos diferentes. A Índia permaneceu uma parte do Império Britânico até 1945. Sua ressurgência ocorreu depois dos outros, e suas formas foram as mais próximas aos modelos europeus, combinando democracia, capitalismo e evitação do imperialismo. A China permaneceu profundamente dividida pela guerra civil até 1947, e depois se tornou comunista, embora também amplamente não imperial. O Japão foi o primeiro país asiático a se desenvolver. As formas de seu desenvolvimento foram adaptadas de modelos ocidentais anteriores, incluindo uma forma de governo representativo, capitalismo e imperialismo, que recebeu uma coloração japonesa distinta. Ao final da década de 1930, o Japão possuía uma economia capitalista coordenada pelo Estado muito avançada e havia adquirido um império substancial na Ásia por meio do exercício de um poder militar formidável, tornando-se um parceiro completo no imperialismo que na época abrangia a maior parte do mundo. Contudo, seu governo representativo havia diminuído. Por que adotou o caminho imperial e semidespótico? Essa é a questão central deste capítulo.

A intensificação do militarismo

Em retrospecto, a escalada do imperialismo militar japonês durante a década de 1930 parece inexorável, mas não era. Em quatro incidentes na China, soldados japoneses se apoderaram da política estrangeira para intensificar a agressão. Somente a quinta das medidas de intensificação, o ataque a Pearl Harbor em 1941, foi uma decisão coletiva tomada pelo nível mais elevado do governo. O primeiro incidente foi em 1928, quando soldados japoneses mataram o líder militar chinês governante da Manchúria, estendendo assim a influência japonesa lá. Isso foi visto no Japão como um erro, e levou à queda do governo conservador que falhou em impedi-lo. Mais importantes foram os incidentes de 1931, 1935 e 1937, que coincidiram com o movimento da direita no próprio

Japão. Subjacente a esses incidentes e reforçada por eles estava a autonomia do poder militar no país, observada no capítulo 4, que agora se voltava para o fascismo. O Japão nesse período representava o triunfo do poder militar sobre o econômico e o político. Minha questão subjacente neste capítulo é descobrir como isso ocorreu e por que terminou dirigindo o Japão para um caminho suicida, entrando em duas guerras – na China e contra os Estados Unidos – que era improvável que ganhasse. Como e por que a razão falhou? Para responder isso, devo retraçar o caminho percorrido.

Vimos no capítulo 4 que em meados da década de 1920 o poder político estava muito bem equilibrado entre conservadores e liberais. A Grande Depressão depois se voltou contra os liberais. Muito inoportunamente, o partido liberal do governo, Minseito, voltou o Japão para o padrão-ouro em 1930, exatamente quando a Depressão estourou. Além disso, o governo havia começado a deflacionar a economia em 1929 a fim de voltar ao padrão. Ao fazer isso, a despeito de uma Depressão, a demanda e o investimento reduzidos pioraram a recessão e levaram a uma corrida ao iene. As tarifas Smoot-Hawley introduzidas pelos Estados Unidos em 1929 minaram os liberais japoneses pró-americanos, e, em 1931, a retirada britânica do padrão-ouro foi vista como a queda da ordem liberal internacional. Os banqueiros japoneses perceberam que em breve o iene estaria sob pressão, e começaram a vender a moeda por dólares, parecendo confirmar as acusações nacionalistas de que os capitalistas financeiros eram traidores. O governo Minseito elevou as taxas de juros, e seu pacote de reformas nacional – incluindo votos para as mulheres e concessões para sindicatos e agricultores arrendatários – foi abandonado. Isso deteve o impulso progressivo do liberalismo, mas o governo caiu em dezembro, o destino normal de governos tragados pela Depressão. No Japão, os liberais foram destruídos, mas os conservadores e militaristas foram encorajados. Sem a Depressão, o Japão teria evitado o militarismo agressivo? É difícil de dizer, mas é possível. A trajetória japonesa foi o cenário oposto ao americano, mas parecia sob alguns aspectos ao alemão. Estados-nações estavam provando sua diversidade.

Havia demanda em queda, cartéis de produção, reduções, cortes de salários e demissões temporárias. A indústria declinou, embora não tanto quanto no Ocidente, e a agricultura sofreu quando as exportações de seda e arroz caíram. O capitalismo de bem-estar social declinou, uma vez que poucos empregadores podiam arcar com ele. Liberais e o Escritório Social do Ministério do Interior (Home Ministry Social Bureau) favoreciam os direitos dos trabalhadores, mas eram hostis ao socialismo ou a greves. Agora, ex-liberais se juntaram aos conservadores para apoiar a repressão, e isso se mostrou efetivo contra o movimento trabalhista seccionalizado e segmentado, descrito no capítulo 4. Nem socialismo nem uma aliança liberal-trabalhista emergiram da Depressão no Japão.

O Ministério do Interior patrocinou medidas de reforma paternalistas em seguro de saúde, condições das fábricas e outras arenas sociais, mas desencorajou sindicatos setoriais e reprimiu greves. Muitos descontentamentos foram resolvidos por mediação compulsória, e em 1936, 62% das greves foram resolvidas pela polícia – "a mediação do sabre" (Garon, 1987: 206-207) – que tornava os trabalhadores compreensivelmente cautelosos em expressar discordância (Taira, 1988: 637-640; A. Gordon, 1985: 250-251). As greves permaneceram poucas até após a Segunda Guerra Mundial, e os sindicatos não aumentaram acima de 8% da força de trabalho e geralmente confinavam suas atividades ao nível da fábrica ou ao da companhia.

Essas mudanças no poder político sobrepujaram o aumento do trabalho na produção de massa. Em 1940, 66% do emprego na manufatura eram em fábricas. Em outras circunstâncias, isso poderia ter levado a um movimento mais poderoso da classe trabalhadora; aqui, não. A burocracia governamental também se expandiu. Em 1928, havia 1,3 milhão de funcionários públicos – quatro vezes o tamanho das forças armadas –, que realizavam muitas das responsabilidades que em países ocidentais eram realizadas por agências privadas. O capitalismo estava se tornando mais coordenado pelo Estado. Como as forças armadas, eles absorveram uma ideologia de serviço público em prol do imperador e da nação, e eram basicamente uma força conservadora. Muitos deles protestaram contra a busca de interesses privados por partidos, empresários e sindicatos, e insistiam em "reformas" em uma direção estatista despótica. As reformas se tornaram um *slogan* da direita. Defrontados por essa hostilidade, os sindicatos se dividiram e no final da década de 1930 foram absorvidos em "sociedades patrióticas" corporativistas (Garon, 1987: 198-218; Taira, 1988: 640-646; Odaka, 1999: 150-157; A. Gordon, 1991: 287-292). O socialismo se tornou mais uma doutrina de intelectuais do que de trabalhadores. Os japoneses pareciam estar novamente saindo da condição de cidadãos para a de súditos.

Na verdade, manifestações de rua após a Depressão foram dominadas não por trabalhadores e sindicatos, mas por ultranacionalistas liderados por jovens oficiais e ex-colonizadores. Essas eram violentas, muitas vezes acompanhados por assassinatos. O primeiro-ministro Minseito, Hamaguchi, foi a primeira vítima proeminente em dezembro de 1931, iniciando uma sequência de assassinatos e tentativas de golpe ao longo da década de 1930 que intimidou os moderados. Um de seus líderes mais tarde recordou que o assassinato de Hamaguchi acendeu "o pavio do ataque ao movimento de reformas militares e civis às classes altas e privilegiadas". Ele descreveu o ministro da Fazenda, Inoue, como "o lacaio da zaibatsu, ou mesmo como o inimigo mortal das massas nacionais". Ele enviou a Inoue uma espada, convidando-o a cometer o haraquiri. Inoue resistiu à oferta, mas foi em breve morto por um oficial da Liga de Sangue. Outros políticos e chefes zaibatsu foram mortos em seguida. Oficiais juniores estavam agora intervindo violentamente na política, provavelmente com apoio da minoria dentro do alto-comando. Sem restrição dos ministros ou da corte, o paramilitarismo não era mais domável.

As políticas econômicas do novo governo conservador do Partido Seiyukai se mostraram efetivas. Takahashi, seu brilhante ministro da Fazenda, prontamente tirou o Japão do padrão-ouro, baixou as taxas de juros, introduziu o financiamento do déficit, e incentivou o gasto governamental contracíclico de 20% por meio da criação direta de dinheiro. Seu keynesianismo intuitivo garantiu que a indústria japonesa revivesse, saindo da depressão pela exportação em meados da década de 1932 (Nakamura, 1988: 464-468). Contra seu aconselhamento, o gasto governamental aumentado foi basicamente para o exército. Em 1935, ele aprovou uma redução no gasto militar, mas isso lhe comprou a bala de um assassino no ano seguinte (Metzler, 2006: 199-256). O gasto militar continuou aumentando durante um governo dominado não por políticos, mas por burocratas de reforma da direita. Aliados a nacionalistas, eles introduziram controles maiores na indústria, terminando com a alocação do mercado pelo mecanismo de preços no ferro, aço e químicos onde os investimentos governamentais também aumentaram. Isso estava indo além da mera coordenação estatal para a dominação estatal do capitalismo. A supressão do trabalho envolvia forçosamente a diminuição dos salários, o que ajudou a agregar recuperação. A economia permaneceu muito vigorosa durante grande parte da década de 1930, embora trabalhadores e camponeses vissem pouca recompensa. Foi uma recuperação econômica mais rápida do que as economias capitalistas liberais conseguiram, assemelhando-se à recuperação nazista (Cha, 2000). Como na Alemanha, os sucessos econômico e militar do regime despótico o tornaram popular. Não houve rápido regresso, mesmo para a democracia metade-cidadã, metade-súdita da era Taisho (Berger, 1977: 105-117, 346; A. Gordon, 1985: caps. 9, 10; Nakamura, 1988).

Sociólogos comparativos e históricos mostraram que o crescimento da democracia é geralmente correlacionado positivamente à força do movimento da classe trabalhadora e negativamente ao poder da classe proprietária (Rueschemeyer, et al., 1992). O Japão se enquadra amplamente nessa tese porque a fraqueza da classe trabalhadora e a força dos proprietários de terras mantiveram a democracia genuína a distância, embora a oportunidade da Grande Depressão e o imperialismo bem-sucedido tenham ajudado enormemente as forças antidemocráticas. Facções políticas liberais começaram a mudar para a direita, e em meados da década de 1930 quase não havia liberais reais de esquerda. O pequeno Partido de Massa Social de esquerda colheu 5% dos votos nas eleições da dieta de 1936 e 9% em 1937. Para evitar assassinatos, seus líderes abandonaram seu anti-imperialismo e adotaram o imperialismo popular (A. Gordon, 1991: 302-315). O Japão havia se tornado um país no qual quase todos favoreciam o imperialismo. Isso foi um mau agouro para a paz no leste da Ásia.

A Depressão também impactou as escolhas imperiais japonesas. A expansão orientada ao mercado pressupunha comércio internacional de tarifas baixas, importante para o Japão, pois necessitava importar matérias-primas e maquinário para suas indústrias pesadas. O equipamento avançado vinha basicamente dos Estados Unidos, as matérias-primas vinham basicamente do Império Britânico, e o petróleo, dos Estados Unidos e das Índias Orientais Holandesas. O Japão pagava por isso ao exportar mercadorias têxteis de força de trabalho intensiva. A Depressão atingiu fortemente esse intercâmbio, como a onda de protecionismo que depois varreu a economia internacional. Junte a União Soviética e a Alemanha nazista, e o mundo parecia estar se dividindo em impérios autárquicos. Os temores japoneses vieram de um "cerco" pela América, Grã-Bretanha, China e Holanda. O *boom* de exportações de Takahashi estava indo mais para a Manchúria e norte da China do que para os Estados Unidos ou para o Império Britânico. Tudo isso promoveu o caso daqueles que argumentavam em favor de um imperialismo colonial direto dirigido para uma autarquia econômica aumentada. O "imperialismo de recursos" de Taiwan e da Coreia poderia ser estendido para a Manchúria e norte da China, agora vistas como salvações para o Japão evitar o "estrangulamento" pelos impérios liberais. Os minerais poderiam ser assegurados pela ocupação dos territórios nos quais se estabeleceram, como colônias. Territórios, não mercados, ou, ao contrário, mercados seriam assegurados pela aquisição de mais territórios. Aqueles que queriam agressão para propósitos econômicos e a facção guerra total, discutidos no capítulo 4, uniram-se em torno dessa estratégia (Lockwood, 1954: 117; Iriye, 1974; Duus, 1996: xv-xviii; Sugihara, 2004).

Assim, tanto por razões nacionais quanto estrangeiras, a mudança para o liberalismo e para o imperialismo informal na década de 1920 foi invertida na década de 1930. Os burocratas de reforma e os militares ganharam poder às custas dos partidos políticos intimidados por assassinos exortados por nacionalistas populistas, com apoio semiaberto de alguns funcionários militares superiores (Iriye, 1997: 62-72; Nish, 2002: 180-182; Benson & Matsumura, 2001: 30-42). Duas mudanças principais estavam ocorrendo com o Estado: a burocracia estava aumentando em números e poder, e estava sendo cada vez mais colonizada pelo exército. O que havia começado nas reformas Meiji meramente como um capitalismo coordenado pelo Estado tinha temporariamente se tornado um pouco mais liberal, antes de se tornar mais despótico e militarizado. As fontes do poder social sendo de algum modo, desconfortavelmente, fundidas enquanto as elites rejeitavam a democracia pluralista. Contudo, havia um espírito importante na fusão, pois o exército estava começando a dominar completamente o Estado e o capitalismo.

O ministro do Exército e o Ministério das Relações Exteriores haviam travado uma guerra por territórios sobre a Manchúria desde 1906, mas o exército se tornou realmente problemático quando Chiang Kai-shek começou a reviver as venturas na China após 1926. Chiang estava sendo exortado por seus próprios nacionalistas a restaurar a autoridade chinesa sobre a Manchúria e o norte da China. Colonizadores e empresários japoneses lá se sentiram ameaçados por essa restauração, e insistiram em que o imperialismo japonês fosse fortalecido. O serviço diplomático japonês resistiu a essa pressão, e foi denunciado como simpatizando mais com os nacionalistas chineses do que com seus próprios concidadãos. Provocações mútuas de nacionalistas japoneses e chineses tenderam a desestabilizar ambos os governos (Brooks, 2000: cap. 5).

Isso se fundiu à desestabilização em curso no próprio exército. Durante a década de 1920, o Exército de Campo Kwantung – que protegia as ferrovias japonesas na Manchúria chinesa – havia atraído jovens oficiais japoneses ambiciosos e políticos que achavam que a ação imperial seria lá. Em setembro de 1931, vários deles conspiraram para forjar uma sabotagem da principal linha ferroviária e persuadir o exército (contra os desejos do governo e de seu próprio comandante) a atacar exércitos maiores dos líderes militares chineses. A Manchúria era agora invadida pelos japoneses. Ishiwara foi o oficial comandante sênior envolvido, embora alguns militares seniores e figuras da corte tenham provavelmente sido cúmplices. Ishiwara via a invasão manchuriana como uma guerra curta e decisiva, útil para aumentar os recursos para uma guerra total posterior. Ele julgava que outras potências não interviriam: a União Soviética estava no meio de um Plano de Cinco Anos, o Ocidente estava preocupado com a Depressão; um ano depois, as coisas poderiam ser diferentes. Agora, era a hora de atacar (Peattie, 1975: 114-133).

Quando a invasão ocorreu, alguns em Tóquio ficaram com raiva, incluindo o Imperador Hiroito. Ministros do governo Minseito tentaram brevemente freá-la, mas com pouco apoio se sentiram forçados a aquiescer. No fim, a ação foi bem-sucedida e criou novos fatos no local. Isso iniciou uma sequência de falhas no enfrentamento das forças armadas, que custaria muito aos civis durante os próximos dez anos (Bix, 2001: 228-241). Contudo, esse governo caiu, e após uma onda de assassinatos por grupos de oficiais obscuros, o último governo com cargos ocupados por políticos do partido caiu em maio de 1932. Burocratas de reforma formalmente os substituíram, mas gradualmente perderam poder para os militares. A política liberal de Shidehara dependia da cooperação entre os poderes, e isso diminuiu ao longo da Grande Depressão e da aventura manchuriana (Akami, 2002). A política do império informal na China dependia da negociação de acordos com os líderes militares chineses locais e capitalistas (Matsusaka, 2001: 354). Embora alguns ao longo das áreas da Manchúria e da China ocupadas por japoneses tenham cooperado (Barrett & Shyu, 2001), outros não desejavam isolar o sentimento nacional chinês e estavam colocando os governos japonês e chinês um contra o outro. Carecendo de aliados suficientemente confiáveis, os japoneses tentaram um governo colonial mais direto, estabelecendo o Estado fantoche de Manchukuo na Manchúria. O governo japonês anunciou que havia libertado os "manchus" da dominação pela China, uma alegação colonialista tipicamente fraudulenta.

Manchukuo isolou as potências imperiais ocidentais, a Liga das Nações e a opinião pública. Contudo, como Ishiwara havia previsto, eram somente palavras. O Japão saiu da Liga e a agitação diminuiu – mas a reação veio da China. Ao contrário da retórica japonesa, muitos habitantes da Manchúria se consideravam chineses, e eram considerados assim por outros chineses. Quaisquer que fossem os sentimentos antimanchus que perduraram no republicanismo chinês, tinham agora sido submersos pelos sentimentos antijaponeses. Libertar a Manchúria dos japoneses se tornou a exigência insistente dos nacionalistas chineses (Mitter, 2000), e seus boicotes às mercadorias japonesas liquidou quaisquer chances de uma diplomacia Shidehara.

Parecia valer a pena colonizar Manchukuo, porque possuía recursos econômicos substanciais. Seu novo governo – uma parceria de oficiais militares japoneses e capitalistas – promoveu mais ordem, e emprestou modelos da Primeira Guerra Mundial alemã e soviética. O regime introduziu uma economia de posse-privado-pública gerida durante planos de cinco anos. A manufatura subiu cinco vezes e o PIB subiu 4% ao ano entre 1924 e 1941 – a taxa normal durante o primeiro império do Japão (Maddison, 2004: 25). Com a ordem restaurada e a economia vibrante, o Japão se moveu para o governo menos direto através das elites manchurianas. O governante fantoche – o Imperador Qin ressuscitado Pu yi – tinha pouca autonomia, e o nacionalismo multicultural manchu era basicamente propaganda, ainda que localmente o governo fosse através das elites e instituições existentes. Manchukuo era descrito como um "país irmão", uma "residência secundária" da família japonesa. A resistência foi criminosamente reprimida, mas grande parte dela vinha dos camponeses, cujas terras haviam sido expropriadas e dadas aos colonizadores japoneses e coreanos. De volta ao Japão, o público seguia com orgulho as descrições sanitizadas de progresso.

Os milhões de colonizadores japoneses que foram para Manchukuo na década de 1930 foram símbolos importantes de ascensão social para camponeses japoneses pobres que aspiravam às suas próprias terras. "A colonização manchuriana foi um movimento social antes de se tornar uma iniciativa estatal", diz L. Young (1998: 307; cf Nish, 2002: 177-182). Contudo, a realidade de Manchukuo diferia da propaganda. Apenas cerca de 10% dos colonizadores que chegaram se tornaram agricultores; muitos se tornaram burocratas na autoridade de ocupação ou trabalhadores de colarinho-branco em indústrias. Alguns colonizadores foram forçados a prestar serviço em turno parcial como soldados para defender áreas ocupadas dos "bandidos" locais (camponeses desapropriados). Dada sua ignorância sobre as condições locais, os agricultores-colonizadores eram menos competentes como agricultores do que os locais que eles substituíram. Para muitos deles, isso se mostrou um longo caminho para o paraíso proclamado pela mídia japonesa. Aventureiros colonizadores que falharam em voltar ao Japão tenderam a dirigir seu descontentamento contra aqueles que se recusavam a verter mais recursos para as colônias. Lá, eles formaram uma conexão criminosa com os militaristas em organizações da extrema-direita.

Após o frenesi inicial da guerra midiática ter diminuído, alguns observaram que a contribuição de Manchukuo para a economia japonesa foi menor do que a prometida. O apoio para um império mais informal começou a reviver no Ministério do Interior e no Ministério das Relações Exteriores, e orçamentos militares foram atacados na dieta de 1933-1935 (Wilson, 2002). Mesmo os militaristas se aperceberam de que Manchukuo não poderia sozinha prover a economia autárquica que buscavam, de modo que fizeram um plano a fim de obter a China também. Como o poder no Japão estava mudando para a direita, a solução para colônias inadequadas foi vista como mais colônias. Todavia, a guerra seguinte com a China privaria Manchukuo dos fundos de investimentos, impedindo a realização de seu segundo ano do plano de cinco anos (Mitter, 2000: 94-129; Duus; Myers & Peattie, 1996; Nish, 2002: 178-182; L. Young, 1998: 41-43; Barnhart, 1987: 39). À medida que o Japão se moveu para o nacionalismo, corporativismo e militarismo, o exército adquiriu mais poder; primeiro por meio de políticos civis favoráveis, depois por meio de seu próprio governo (L. Young, 1998: 119-129). Um expurgo do "pensamento perigoso", inicialmente lançado contra comunistas, depois englobou socialistas, liberais e internacionalistas. Em 1936, um antigo regime foi restaurado de modo que somente oficiais em serviço pudessem ser ministros militares, dando ao alto-comando um veto no gabinete e mais acesso ao imperador. No mesmo ano, os extremistas se excederam em uma tentativa fracassada de golpe, mas isso os persuadiu a buscarem atingir seus objetivos mais sutilmente, dentro do Estado. Ajudados pela inabilidade dos diplomatas japoneses de defenderem os residentes japoneses na China e na Manchúria contra os nacionalistas locais, eles garantiram a destruição do Ministério das Relações Exteriores. Seus diplomatas estavam caminhando na corda bamba entre instruções de Tóquio, a necessidade de trabalhar com os chineses locais, e se conformar com as normas internacionais dos Portos de Tratado. Como Tóquio se dirigiu para a direita, o conselho dos diplomatas foi ignorado, e em 1937-1938 o corpo diplomático foi dispensado, e suas responsabilidades transferidas para uma nova autoridade dominada pelos militares (Brooks, 2000: 200-207; Nish, 2002: 180).

Os militares estavam agora no controle, mas divididos quanto à estratégia. A marinha tendeu a favorecer um avanço da influência ao sul através do Pacífico, reconhecendo que isso representava um risco de guerra com a Grã-Bretanha e os Estados Unidos. Alguns oficiais superiores queriam evitar isso a todo custo; outros não. A marinha estava dividida, embora concordasse com relação a uma operação de contenção no norte para conter os soviéticos e chineses. Alguns oficiais do exército apoiaram isso, mas muitos focaram a expansão no norte da China, que, por sua vez, estava dividida entre a guerra total, o Modo Imperial e facções de controle.

Defensores da guerra total como Ishiwara buscavam um Estado de Defesa Nacional para aumentar os recursos asiáticos para desafiar o Ocidente capitalista. Isso envolvia garantir o domínio sobre a China, embora esperassem fazer isso sem uma grande guerra. Isso era obviamente imperialista e ideológico, mas também gradualista. A facção de controle era mais pragmática: buscou um acordo com os soviéticos, bem como o desenvolvimento de um planejamento econômico e de tecnologia militar, além do aumento das defesas manchurianas. Essa visão era especialmente prevalente entre os planejadores do comando-geral que acreditavam que o Japão não tivesse os recursos para assumir outra grande potência, bem como a China.

Em contraste, o Modo Imperial era mais ideológico do que os outros dois. Centrava-se no anticomunismo fervoroso, insistindo na guerra contra a União Soviética. Subestimou a contribuição dos fatores materiais para a vitória, como a capacidade produtiva ou o tamanho da população. Esses cálculos econômicos eram vistos como a mercadoria dos inimigos liberais e marxistas. O Modo Imperial favoreceu batalhas decisivas vencidas pelo entusiasmo ofensivo que derivava dos valores espirituais superiores do Japão. Esse foi um tipo de salvacionismo secular, embora viesse envolvido em termos tecnocráticos e táticos. O Japão há muito sabia que seria inferior aos seus oponentes em número e talvez em tecnologia, mas a *seishin* ou "mobilização espiritual" japonesa poderia substituir a inferioridade material, dizia o Primeiro-ministro Konoe. Um grupo de estudo que analisou as duas derrotas das forças soviéticas em 1939-1949 concluiu que os japoneses foram apenas 80% tão efetivos quanto as tropas soviéticas em tecnologia e organização, e que "o único método de compensar os 20% era explorar a força espiritual" (Tarling, 2001: 42). Isso era similar ao militarismo nazista em seu culto quase místico do espírito nacional. Assim foi a combinação de disciplina dura e espírito feroz de luta que ameaçava brutalmente soldados inimigos e civis. Embora os nazistas cultivassem um alto grau de camaradagem igualitária entre oficiais e homens, as diferenças de *status* eram profundas no Japão e a disciplina era brutal. Uma crença persistente na ascensão do militarismo do Japão residia na *Blitzkrieg* ao estilo alemão, a ofensiva repentina, devastadora e decisiva. Isso havia supostamente funcionado em 1894, 1905 e 1931, como funcionara para os nazistas entre 1936 e 1940.

As discussões entre essas três facções militares foram mais sobre meios e prioridades do que sobre os fins últimos, uma vez que todas favoreciam a expansão imperial. Contudo, não houve resolução sobre seus debates. Em troca, documentos políticos continham tipicamente referências às três estratégias, mas eram vagos sobre os recursos necessários para elas – que, de qualquer modo, estavam basicamente acima da capacidade do Japão. Contudo, todas as facções desejavam a guerra e a expansão na Ásia, e todas desejavam mais controle militar do Estado. Documentos políticos oficiais endossavam a agressão, embora em direções contrárias (Peattie, 1975: 186-190; Hane, 1992: cap. 12; Bix, 2001: 308-313).

Uma vez mais, a ação militar na linha de frente decidiu a direção. Em 1935, unidades militares japonesas sem ordens de cima criaram dois novos regimes fantoche no norte da China e um na Mongólia. Fatos militares na linha de frente puseram um fim nas negociações em curso entre Japão e o Kuomintang (KMT). Uma exacerbação muito maior ocorreu após um incidente em 1937 na Ponte Marco Polo próximo a Pequim. Embora o conflito entre chineses e unidades japonesas que ocorreu lá tenha provavelmente começado acidentalmente, o exército e unidades navais japoneses rapidamente o intensificaram, dessa vez apoiados, depois do evento, pelo primeiro-ministro, o Príncipe Konoe, por seu gabinete e pelo imperador. A facção de controle do comando-geral, favorecendo a economia de recursos para uma guerra contra os soviéticos, foi abolida (Bix, 2001: 317-323).

Essas escaladas militares precipitaram uma guerra total com a China que depois se combinou à Guerra no Pacífico, que durou até a derrota total do Japão em 1945. As coisas pareciam promissoras para o Japão em 1937. O governo KMT ainda carecia do poder infraestrutural para governar grandes partes do país, e teve de se retirar. Konoe e planejadores militares influentes confiavam no Modo Imperial, esperando que um golpe repentino tirasse a China da guerra. Hirihito insistiu em que Konoe concebesse uma batalha decisiva, e Konoe respondeu que "aniquilaria" o regime nacionalista. Dali para a frente, ele disse, seu governo lidaria com Chiang Kai-shek somente no campo de batalhas e na mesa de rendição. Ele via o regime de Chiang como o único obstáculo para a aquiescência chinesa em uma restauração asiática liderada pelo Japão, liberando-se do capitalismo anglo-americano e do comunismo soviético. Os japoneses ainda não consideravam os comunistas chineses como oponentes importantes.

Ishiwara e os defensores da guerra total se opuseram a essa guerra. Eles alertaram sobre as consequências de uma agressão muito ideológica, e agora se apercebiam do poder mobilizador do nacionalismo chinês. A invasão, Ishiwara alertava, "será o que a Espanha foi para Napoleão, um atoleiro sem fim" (Barnhart, 1987: 89). Para ele, a China consumia os recursos necessários para o futuro do Japão, e, na verdade, a guerra reduziu a força de trabalho e minou a economia japonesa. As críticas de Ishiwara resultaram em sua remoção do comando-geral. De qualquer modo, ele também não tinha uma solução. Como outros, ele esperava que os chineses aquiescessem a uma liderança japonesa da Ásia contra os ocidentais, mas se equivocou com a estratégia de Chiang de buscar um acordo com o Japão até que liquidasse os comunistas. Embora Chiang mostrasse solidariedade de classe para com os japoneses – ambos queriam extirpar o comunismo da Ásia –, não poderia haver solidariedade geopolítica entre eles. Muitos chineses agora viam que o principal inimigo imperial não era o Ocidente, mas o Japão, e os Estados Unidos agora estavam aumentando seus empréstimos à China. A China estava frustrando as chances do Japão de conquistar a autossuficiência mesmo antes de a guerra com o Ocidente ter começado (Barnhart, 1987: 90, 104-114).

A essas alturas, o Japão tinha uma economia dirigida centralmente, e em débito para com as necessidades de curto prazo do exército. As fontes do poder social haviam sido imperfeitamente fundidas, com o exército provendo a direção-chave da política. A escolha política remanescente era entre o governo militar e um Estado corporativista semifascista, mas nenhum dos dois poderia triunfar. Elementos de ambos, junto aos políticos conservadores (cujos partidos haviam sido dissolvidos) e empresários zaibatsu, continuaram a bater boca em acordos enquanto o Japão entrava em uma guerra mundial. Essa foi uma fusão imperfeita dominada por conflitos. A convocação inicial da Lei de Mobilização Geral Nacional de 1938 teria introduzido um Estado corporativista, mas a convocação final permitiu a todas as principais facções muita autonomia institucional para isso (Berger, 1988: 121-153, 160-161). Nos bons tempos, o sistema japonês podia contar com interesses comuns, cultura e a intenção modernizadora de oligarcas, burocratas, capitalistas e da classe média alta instruída para gerar políticas acordadas de desenvolvimento. Contudo, diferentes partes do Estado estavam vulneráveis à tomada secreta do poder por facções cruéis e bem conectadas, especialmente das forças armadas. Muitos favoreciam o corporativismo antiparlamentar abrangendo outros estados do período. Como em outros lugares, eles alegavam possuir mais competência tecnocrática e uma preocupação maior com o interesse nacional do que partidos egoístas e contenciosos (Berger, 1977: 67-74). Alguns desses eram fascistas.

O Japão era fascista?

Houve influências fascistas no Japão, e também houve alguns fascistas. Nas décadas de 1920 e 1930, ao longo de várias regiões do mundo, o fascismo era visto como o movimento político mais moderno, atraindo pessoas desproporcionalmente jovens. Oficiais jovens se mostraram seus principais representantes no Japão (Nakamura & Tobe, 1988). Eles endossavam a violência e o assassinato como uma ferramenta para realizar mudanças políticas contra "o inimigo interno". Viam isso como violência "com princípios", não como violência "selvagem" (a SS alemã fazia a mesma distinção). Suas vítimas incluíram dois primeiros-ministros, um ministro de relações exteriores e vários generais, almirantes e chefes zaibatsu. A reação da polícia e populares a esses assassinatos foi muitas vezes ambivalente, pois muitos simpatizavam não com as vítimas, mas com os perpetradores (Berger, 1988: 107). Contudo, essa violência não foi exercida a partir de baixo por grupos populistas, como a do paramilitarismo nazista. Vinha de dentro das forças armadas, liderada por seus níveis médios contra seus níveis seniores, embora sempre com o apoio de alguns oficiais generais. Como vimos, suas provocações no país e no exterior foram extremamente importantes para influenciar as escolhas japonesas, mas isso não veio de qualquer grande poder de mobilização política, mas de seu comando efetivo de partes da máquina militar japonesa.

Houve também os camisas pretas, socialistas nacionais e outras pequenas sociedades fascistas e de tendência fascista, além de intelectuais, que eram simpáticos às ideias corporativistas germânicas como as de Othmar Spann. Contudo, eles foram muito menos influentes do que os oficiais, e estavam adaptando o fascismo europeu de uma forma distintamente japonesa: o elemento estatista era monarquista, mas seu estilo de nacionalismo privilegiava as forças armadas como a verdadeira incorporação da nação. Havia também um movimento nativista de extrema-direita, o "japanismo", que rejeitava todas as importações estrangeiras – parlamentos, capitalismo, socialismo e fascismo – e isso também teve alguma ressonância entre o corpo de oficiais (Berger, 1977: 163-164, 171). Todos esses grupos reivindicavam uma forma militarista de imperialismo. L. Young (1998: 11-13) vê um "nacionalismo imperializado", envolvendo esferas "cultural, militar, política e econômica" (minhas quatro fontes de poder social), varrendo o Japão.

Então, o Japão se tornou fascista? Muitos estudiosos ocidentais dizem que não (e.g., Duus & Okimoto, 1979), embora alguns digam que sim (Bix, 1982; A. Gordon, 1991: 333-339; Barrington Moore, 1967), como alguns estudiosos japoneses cujo trabalho não posso ler. O debate residia em se houve nesse ponto um rompimento radical com a história japonesa, mas é também importante saber se o rompimento foi da política de cima para baixo para a política debaixo para cima. O fascismo em outros lugares foi um movimento de massa que mobilizou a partir de baixo. Havia grupos fascistas japoneses, principalmente entre os militares e ex-colonizadores descontentes. Essas pessoas eram geralmente sobrerrepresentadas em movimentos fascistas ao redor do mundo; no Japão, careciam de apoio de massa entre trabalhadores, camponeses ou classes médias, cujos membros da direita favoreciam geralmente visões harmoniosas do tennosei, o culto ao imperador. Tampouco os numerosos pequenos grupos coalesceram em um movimento único, uma vez que visavam a influenciar as elites ou a partir de dentro ou por assassinatos terroristas. Os fascistas não podiam penetrar no coração do Estado-imperador ou do exército porque suas visões não poderiam ser reconciliadas com o tennosei. Hiroito declarou que não aceitaria no gabinete ou nos postos da corte "qualquer pessoa que sustentasse ideias fascistas" (Bix, 2001: 254). As mudanças políticas importantes no Japão entreguerras envolveram relações entre elites. Elas não mobilizaram as massas, e não romperam com a Constituição Meiji.

O capítulo 10 definiu o fascismo como "a busca de um estatismo-nação transcendente e depurado por meio do militarismo"; ou seja, um movimento fascista que mobiliza as massas para criar um Estado mais poderoso e uma nação mais unificada por meio da supressão violenta de conflitos de classe, étnicos e outros. Todavia, o Japão carecia de uma força mobilizadora de baixo para cima importante. Sob outros aspectos, especialmente seu paramilitarismo, ele se enquadra muito bem, de modo que alguns o chamam um fascismo de cima para baixo. Contudo, o regime japonês do período 1938-1945 estava mais próximo do regime Metaxas na Grécia, dos regimes Rei Carol-General Antonescu na Romênia, ou de Franco na Espanha do que ao dos regimes de Hitler ou Mussolini. Denominei esses regimes "corporativistas autoritários", que desenvolviam um movimento de massa a partir de cima, organizado pelo próprio regime (Mann, 2004: 46-48). Esse não era o caso japonês. Planos para desenvolver um partido único mobilizador de massas deram em nada em meio ao bate-boca entre políticos conservadores, burocratas, grandes empresários e oficiais militares. Como essas elites compartilhavam o militarismo, o rótulo de fascismo militar é mais próprio ao Japão, o adjetivo qualificando o substantivo.

A primeira revivescência do dragão chinês: o Kuomintang

Dois dragões chineses estavam agitados – um nacionalista, outro comunista. As opiniões ainda estão divididas sobre Chiang Kai-shek e seu Kuomintang nacionalista. Alguns o consideram irremediavelmente corrupto: quaisquer que sejam os sentimentos liberais que o regime nutrisse foram submersos pelo autoritarismo. Esquemas de reformas e sentimento anticapitalista eram retóricos, na prática, minados por favores aos líderes militares, proprietários de terras e capitalistas que financiavam o regime. Embora nas regiões costeiras a regulação e os investimentos públicos tivessem aumentado, isso foi minado pela falta de recursos e pela corrupção, com fundos indo principalmente para os amigos do regime (Eastman, 1984; 1990: especialmente 9-30; Wright, 1991; Foran, 2005: 49-51). O regime era corrupto e dominado pelas classes altas – embora Chiang, carente de fundos, pudesse também ser cruel extraindo-lhes impostos.

O regime fortaleceu os liberais e suas reformas. O círculo interno do KMT aspirava a criar um autoritarismo corporativista não um Estado liberal, mas não era fascista (Barrington Moore, 1967, 187-201). Eastman (1984: cap. 2) achava o movimento "Camisa Azul" do KMT fascista, mas todas as suas fontes eram de japoneses tentando desacreditar o KMT. Chiang, os Camisas Azuis e o Movimento Vida Nova estavam endossando o tipo de modernização autoritária praticada amplamente no mundo – da Turquia de Attaturk ao Japão Meiji –, e permaneceram amplamente fiéis aos ideais de Sun yat-Sen (M. Chang, 1979). O KMT dizia que a ditadura era necessária durante o estágio de tutelagem do povo. Mao não afirmava que o KMT era fascista, mas uma ditadura asiática tradicional.

O KMT tentou reformas estatistas nas províncias do leste sob seu controle direto. Tentou melhorar infraestruturas (especialmente ferrovias) e a saúde pública. O mandarim padrão foi encorajado e a educação expandida. Uma parte do exército foi modernizada, suas divisões de elite integradas por oficiais graduados da nova Academia Militar Wahmpoa. O registro familiar começou a espalhar a carga tributária e a conscrição militar mais igualmente. O regime tentou estabilizar preços, amortizar débitos e reformar o sistema bancário, e a reforma monetária de 1935 diminuiu a dependência do regime da tributação agrícola e do exército para cobrá-la.

Strauss (1998) diz que o KMT focava as mesmas tarefas centrais que concerniam aos primeiros estados europeus: constituir um exército efetivo, um sistema de tributação para financiá-lo e um serviço diplomático para cultivar alianças. Para esses propósitos, o KMT promoveu um serviço público independente. Os oficiais do serviço diplomático se tornaram mais competentes técnica e linguisticamente, mantinham-se no posto por mais tempo do que seus chefes políticos, e adquiriam alguma autonomia. O KMT diminuiu as desigualdades dos Portos de Tratado e tentou, embora sem sucesso, trazer a pressão britânica e americana contra incursões japonesas. O Ministério da Fazenda adotou as práticas fiscais das autoridades dos Portos de Tratado e aumentou a receita. O governo reconheceu a desigualdade de seu controle territorial e muitas vezes fingiu não ver onde a política não podia ser implementada. Contudo, Strauss conclui: "O governo nacionalista foi, ao menos nos setores críticos de impostos e relações exteriores, capaz de construir instituições fortes e proativas sob circunstâncias excepcionalmente difíceis" (1998: 191). P. Huang (2001) tem uma visão similar do sistema legal da República. Novas leis protegiam a posse individual, o capital e investimentos, e princípios individuais substituíram princípios patriarcais no direito familiar. Todavia, houve menos mudanças nos casos trazidos diante da corte, uma vez que os juízes tinham de fazer concessões entre práticas jurídicas e da comunidade.

Zanasi (2006) vê um aumento de corporativistas, liderados por Wang Jingwei e influenciados pelo keynesianismo, pelo New Deal, pelo socialismo e pelo fascismo. Capazes de buscar o desenvolvimento tardio, puderam usar agências de planejamento nacionais para coordenar o Estado e banqueiros do setor privado, bem como industrialistas das regiões costeiras. O próprio Chiang Kai-shek vislumbrou um regime de desenvolvimento utópico-autoritário influenciado pelo fascismo, com um complexo industrial-militar controlado pelo Estado. Ele nacionalizou os principais bancos e conseguiu subordinar o capital financeiro aos seus objetivos (Coble, 1986). Contudo, isso provocou Wang a desertar e colaborar com os japoneses, que achavam que poderiam preservar melhor a autonomia do capitalismo chinês. Os projetos de modernização de Chiang, exércitos e subornos aos líderes militares, tiveram de ser pagos e ele conseguiu obter empréstimos e tributar a indústria. Por um tempo, conseguiu também aumentar impostos na região do Yangzi inferior. Todavia, isso levou os proprietários de terras, os principais contribuintes, a impedirem o programa de reforma agrária do governo, que buscava reduzir os arrendamentos dos camponeses (Bernhardt,

1992: 178-188). O que quer que o KMT proclamasse na capital, permanecia nas províncias dependente dos proprietários de terras e líderes militares que usualmente asseguravam que as reformas permanecessem somente no papel. Alguns líderes militares administravam seus próprios miniestados. Chiang Kai-shek fez acordos muito pragmáticos com seus aliados para transformar sua retórica nacionalista numa ideologia genuína.

As relações com os contribuintes camponeses se tornou tensa. Como a carga tributária aumentou, líderes locais – chefes de linhagens locais ou de cultos religiosos – buscaram evitar suas obrigações fiscais, e em muitos lugares a arrecadação tributária diminuiu. O Estado respondeu com tributação agrícola, permitindo com que grupos de empresários, funcionários administrativos e intimidadores extorquissem os impostos e retirassem uma parte para si (Duara, 1988: 43). Esse crescimento no governo indireto foi politicamente perigoso, enfraquecendo as ligações entre o Estado e os intermediários do poder local. O KMT, de fato, promoveu isso ao buscar conter o poder dos proprietários de terras nos níveis provinciais e municipais introduzindo membros de fora do partido para compor escritórios locais. Muitos se mostraram aventureiros gananciosos, carecendo de legitimidade local, isolando os notáveis locais de quem estavam tomando o lugar no posto (Benton, 1999: 177-178). Van de Ven conclui: "As contradições entre os vários eleitorados dos nacionalistas – chineses de fora, elites comerciais, trabalhadores, camponeses, alguns militaristas e mesmo alguns proprietários de terras – se mostraram muito difíceis de reconciliar e reunir em uma ordem política coesiva" (2003: 93; Geisert, 2001). Foi somente um pretenso governo despótico, embora os chineses permanecessem basicamente súditos, não cidadãos.

Isso levanta uma questão contrafatual. A China nacionalista poderia ter se transformado em um Estado semiautoritário moderno com governo efetivo e algum desenvolvimento de direitos de cidadania sobre seus territórios? Ela terminou obtendo isso em Taiwan após 1945, movendo-se para a democracia na década de 1990. No continente, contudo, suas contradições internas eram mais severas. Ela permaneceu com uma base muito estreita, enfrentando conflitos inter-regionais e quase nenhum apoio dos camponeses, e relutante em mobilizar os camponeses porque isso poderia encorajar a infiltração comunista do KMT. Sem alguma combinação de solidariedade da elite e mobilização de massa, que tanto o Japão Meiji como a China comunista possuíam, um país assim tão grande não poderia ser propelido a um desenvolvimento econômico e ordem política substanciais. É difícil ver como esses poderiam ter sido obtidos pelo KMT, mas sabemos a resposta para essa questão: porque o regime não teve tempo. Foi despedaçada por uma guerra devastadora contra os japoneses.

Em 1937 e 1938, forças japonesas atacaram e fizeram avanços profundos ao longo de linhas importantes de comunicação, capturando cidade após cidade no Oriente. Muitas das divisões da elite KMT e seus oficiais treinados pela Whampoa foram destruídos, e o regime perdeu as partes mais ricas do país. Todavia, guerrilhas chinesas espreitando-se na retaguarda rural cortaram os trilhos ferroviários de modo que mais tropas japonesas fossem necessárias para defendê-las. Em 1937, os japoneses haviam assumido que essas três divisões bastariam para forçar o KMT a propor a paz. Dois anos depois, eles tinham vinte e quatro divisões na China (a força militar japonesa total era somente trinta e quatro divisões). Eles haviam mordido mais do que podiam mastigar.

Historiadores militares diferem sobre a qualidade da força militar do KMT (D. Gordon, 2006). Boa parte de sua força consistia de tropas de líderes militares semiautônomos maltreinados, e mesmo alguns dos próprios exércitos do KMT eram de valor dúbio. Havia incompetência, corrupção e falta de coordenação, mas provavelmente o mais importante era o completo atraso da China, especialmente porque o KMT havia sido privado de muitas áreas avançadas. Foi particularmente duro para o KMT continuar aumentando e treinando soldados para substituir as terríveis perdas sofridas no ataque inicial japonês, e depois continuar conduzindo uma guerra de atrito. Primeiro, a conscrição ordenada, depois, o recrutamento desordenado de soldados. "A China era uma sociedade agrária que não podia lidar com as exigências impostas pela guerra moderna", conclui Van de Ven (2003: 295; cf. Dreyer, 1995: 181). O poder militar despedaçou o regime de Chiang. Todavia, ajudado pelo tamanho do país e aumentando o nacionalismo chinês, continuou a lutar de modo que as forças japonesas ficaram obstruídas.

O próprio Chiang Kai-shek foi um combatente relutante contra os japoneses. Ele preferiu se comprometer com os japoneses à medida que liquidava os líderes militares e comunistas – ele chamou essa política "primeiro unir dentro, depois combater o inimigo exterior". "Os japoneses", ele dizia, "são uma doença da pele; os comunistas, uma doença do coração" (Dreyer, 1995: 172). Contudo, ele foi incapaz de efetivar essa política. No Incidente de Xian, de 1936, suas próprias tropas o fizeram prisioneiro para forçá-lo a combater os japoneses em vez de os comunistas. Ele foi libertado com a ajuda de Stalin, que ainda acreditava que somente Chiang poderia liderar a resistência chinesa contra o Japão. Pressões nacionalistas agora forçavam Chiang a uma frente unida com as forças comunistas e outras forças antijaponesas. De fato, pelos próximos três anos ele teve de dispensar grandes subsídios nas áreas de base comunista, a maior parte da receita comunista. Para o momento, a política de resistência nacional sobrepujava as do conflito de classes.

Em suas três províncias ocupadas, o Japão também governou por meio de líderes militares. Alguns colaboraram porque não viam alternativa realista, alguns por rivalidade pessoal com Chiang, alguns porque acreditavam que os japoneses poderiam restaurar melhor a ordem, e alguns eram colaboracionistas ideológicos – identificando-se com a causa dos invasores, vendo a tutelagem japonesa como o modo para modernizar (Barrett & Shyu, 2001). A resistência obstinada chinesa em outros lugares se combinou a linhas japonesas de comunicação sobrecarregadas para produzir impasse. As ordens do exército japonês eram para não fazer prisioneiros (os chineses muitas vezes também matavam seus prisioneiros), e por vezes para não fazer distinção entre soldados e civis. Inadequadamente abastecido, o exército tinha de viver da terra. Os comandantes japoneses declararam que as leis internacionais de guerra não poderiam se aplicar na China. Tudo isso produziu atrocidades.

Tominaga Shozo lembra vividamente da China. Ele se apresentou para servir como um oficial júnior na China em julho de 1941, com vinte e um outros. Observou que os soldados experientes que encontraram tinham "olhos maus". Passou por um treinamento de oficiais de sete dias, no final do qual cada um tinha de decapitar com sua espada um prisioneiro chinês amarrado. Tominaga ficou preocupado com quão bem faria isso, e ficou aliviado quando foi bem-sucedido. Ele recorda: "naquele momento, senti que algo mudou dentro de mim". Ele diz ter mais tarde se apercebido de que ele próprio havia adquirido olhos maus. Tominaga diz que os soldados comuns tinham uma tarefa final diferente – a de enfiar a baioneta em um cativo amarrado. Ele comenta:

> Após isso, um homem poderia fazer qualquer coisa facilmente. O exército criava homens aptos ao combate. [...] Entes humanos eram transformados em demônios assassinos. Todos se tornavam um demônio em três meses. Os homens eram capazes de lutar corajosamente somente quando suas características humanas fossem suprimidas. Assim acreditávamos. Era uma extensão natural de nosso treinamento no Japão. Esse era o exército do imperador (Cook & Cook, 1992: 41-43).

Em 1937, esse era o Modo Imperial no solo chinês.

Os chineses os chamavam "exército de locustas" (Hata, 1988: 302). O Estupro de Pequim, em 1937, foi provavelmente a pior atrocidade, na qual entre 35.000 e 200.000 chineses desarmados foram mortos, e milhares estuprados. Os números permanecem controversos e importantes na política internacional hoje, ainda que a circulação popular de números de mortos maiores não seja bem-fundada (Askew, 2002; Bix, 2001: 332-336). Jornalistas japoneses testemunharam as atrocidades, horrorizados. Um pediu ao Tenente-coronel Tanaka Ryukichi para justificar os assassinatos. Ele respondeu: "Francamente falando, você e eu temos visões diametralmente diferentes sobre os chineses. Você pode estar lidando com eles como entes humanos, mas eu os considero porcos. Podemos fazer qualquer coisa com essas criaturas" (Ferguson, 2006: 477). O Japão usou gás venenoso na China; um programa de guerra bacteriológica pode ter matado até meio milhão. Crianças chinesas receberam bolos eivados de cólera, e aviões jogaram pulgas carregando peste e penas carregadas de antraz. Vítimas eram isoladas para verificar o progresso das doenças (Barenblatt, 2003). Esses programas foram comparáveis aos terríveis experimentos nazistas em prisioneiros judeus. A campanha anticomunista japonesa de 1941 também foi cruel. A ordem era os "Três Tudos": matem tudo, peguem tudo, queimem tudo. Eles devastaram várias áreas de base comunistas. O Império Japonês podia ser benigno se não fosse ameaçado, mas a resistência acarretou atrocidades terríveis.

O militarismo japonês era a essa altura, infelizmente, distinto, como não fora antes. Considerava prisioneiros de guerra "suprimentos militares" a serem utilizados e depois eliminados caso não fossem mais úteis. A taxa de morte entre prisioneiros anglo-americanos dos japoneses era sete vezes mais alta do que entre aqueles mantidos pelos alemães e italianos. Soldados japoneses careciam muito da concepção de direitos humanos básicos, mas isso também foi evidente no duro tratamento dos próprios soldados japoneses. Oficiais habitualmente golpeavam seus soldados, e isso era justificado como "o punho de ferro" ou "o chicote do amor". Antigas virtudes japonesas da lealdade bushido, quando combinadas ao Modo Imperial, foram corrompidas e desprovidas de sentido moral. Esse não era um vício japonês tradicional; em 1905, contra os russos, não parece ter havido essas atrocidades. Alguma coisa mudou no exército japonês. Talvez o desprezo pelos inimigos tenha aumentado com o sucesso militar: talvez as atrocidades se devessem a uma disparidade crescente de classe entre oficiais com formação e homens recrutados em áreas rurais pobres. A violência foi considerada necessária para mantê-los disciplinados e corajosos. Os soldados japoneses ouviam repetidamente que seriam mortos pelo inimigo se capturados, e, portanto, eles faziam aos prisioneiros de guerra o que pensavam que seria feito a eles se as posições fossem inversas. Isso fortaleceu o etos de não rendição: como a morte era inevitável, torne-a significativa por meio da "gloriosa autoaniquilação" (Tanaka, 1996: 71, 195-196, 197-215). Nada disso poderia torná-los bem quistos pelas populações que estavam governando.

Os japoneses permaneceram enredados na China. Em 1938, o Japão tinha 600.000 soldados na China, e havia sofrido até então 62.000 mortes. Entre 1938 e 1944, as linhas de batalha mudaram pouco, embora os comunistas gradualmente aumentassem o escopo de suas áreas de base. Os japoneses controlavam as cidades e as rotas de comunicação do leste, e por meio dos líderes militares controlavam algumas outras regiões. Contudo, as guerrilhas os assediavam em muitas áreas rurais, e eles careciam de recursos para impor um avanço maior. Todavia, nem o KMT nem as forças comunistas podiam vencer batalhas bem planejadas com os japoneses. Era um impasse.

Os civis japoneses eram mantidos distantes da tomada de decisões da China, e o Gabinete lidava quase inteiramente com a política interna. A política externa era administrada por Ligação (Liaison) e Conferências Imperiais dominadas por homens militares, o presidente do Conselho Privado e o imperador. O exército se recusara a negociar com Chiang, e quando as negociações se aproximaram, os japoneses esperavam que Chiang fizesse concessões. Todavia, o nacionalismo chinês estava muito alarmado com as atrocidades japonesas, e o próprio Chiang provavelmente não cederia na mesa de negociações o que o exército japonês não podia conquistar no campo de batalhas (Berger, 1977: 236). Ele foi pressionado a exigir uma restauração das fronteiras chinesas como haviam existido antes do incidente da Ponte Marco Polo e a restauração da autonomia manchuriana, ainda que qualquer governo japonês que concordasse com esses termos fosse deposto. Tóquio era agora controlada pelos homens militares que haviam iniciado a agressão. Se perdessem o poder, não seriam capazes de proteger seus interesses dentro do Japão. Alguns dentro do Conselho de Planejamento do Exército viam que mesmo que o Japão ocupasse toda a China, ainda necessitaria comercializar com os britânicos e americanos. Todavia, poucos queriam pedir favores aos anglo-saxões, vistos de um modo geral como privando o Japão de seu devido lugar no mundo. O Príncipe Konoe, primeiro-ministro desde 1937, declarou repetidamente que os impérios tardios como a Alemanha, Itália e Japão teriam de lutar pela justiça. Paz, ele dizia, era do interesse das potências *status quo* (I. Kershaw, 2007: 106-108). Isso era verdade; se os impérios ainda estivessem em demanda, ocorreriam guerras. As guerras europeias haviam agora se tornado guerras mundiais.

O Japão havia sido atraído para a China pela insubordinação militar, e agora estava retido lá pelo militarismo que permeava Tóquio. O governo militar coletivo era apoiado por oficiais inferiores extremos e por grupos de pressão nacionalistas dispostos a matar aqueles que discordassem. Havia pouca oposição manifestada a partir de baixo. É difícil saber a extensão do apoio popular para a guerra, uma vez que falta qualquer registro equivalente ao da Gestapo sobre o estado de espírito popular. Contudo, como a mídia japonesa era rigidamente controlada, muitos japoneses pensavam que a guerra estava indo muito bem. Mesmo quando notícias reais começaram a vazar, o patriotismo básico manteve o apoio. Kumagaya Tokuichi, um maquinista, recorda: "Eu imaginava que um único tiro de nosso exército simplesmente espantaria os chinos". De qualquer modo, ele observou, "guerra significa empregos para maquinistas". Nogi Haramuchi relembra das multidões que vinham para reuniões organizadas pelos nacionalistas. Ele lembra ter ficado impressionado pelos sentimentos nacionalistas: "Eu queria construir a Grande Ásia Oriental". Fukushima Yoshie começou a trabalhar como professor de jardim de infância em Manchukuo, porque: "Temos de cuidar das crianças da Manchúria, porque a Manchúria está cuidando do Japão" (Cook & Cook, 1992: 47, 51-54, 57). Eles acreditavam que estavam fazendo o bem, uma ilusão comum do imperialismo. Como na Alemanha, o keynesianismo militar aumentou a popularidade do regime. O orçamento militar subiu vertiginosamente em 1938 de 15 para 24% do PIB, e depois estabilizou até 1940 (quando subiu novamente). Ao mesmo tempo, o próprio PIB cresceu cerca de 30% entre 1937 e 1941, durante a guerra na China (Hara, 1998: 226-227, 257). Com certeza, parecia que a guerra era boa para a economia, embora a realidade fosse provavelmente diferente.

J. Snyder (1991: 120) conclui que, no final da década de 1930, o imperialismo japonês era irracional, mesmo no objetivo residual então dominante: proteger a força da aliança militar com a direita. Ele agora embarcara em políticas que quase inevitavelmente o destruiriam. A ideologia nacionalista chinesa era agora muito poderosa para Chiang aceitar praticamente quaisquer termos que Tóquio pudesse oferecer (Eastman, 1984; Nish, 2002; Tarling, 2001; Akami, 2002; Huang & Yang, 2001: 73-75, 137; Barnhart, 1987: 49, 91-104). A guerra, de qualquer modo, teria prosseguido por mais alguns anos – até realistas de ambos os lados admitiram completa exaustão e fizeram um acordo –, mas então vieram Pearl Harbor e os americanos, e isso mudou os cálculos chineses. Grande parte da elite japonesa subestimou o poder e a vontade americanos, diferente de Chiang e de Mao. Eles viam que o Japão terminaria sendo derrotado. Assim, sua estratégia se tornou nem atacar nem negociar, mas essencialmente esperar até que os Estados Unidos derrotassem o Japão. Eles tinham de se defender, mas sua principal estratégia era aumentar suas forças para uma futura guerra civil entre eles.

Os exércitos do KMT e as forças de guerrilha comunista e outras contribuíram para a vitória dos Aliados ao reterem 1 milhão de soldados japoneses durante a Guerra do Pacífico. É verdade que esses japoneses eram principalmente recrutas inexperientes e não soldados experientes, e o Japão necessitava de mais aviões e navios e os homens qualificados para operá-los no Pacífico, não de mais infantaria. Todavia, as baixas japonesas na China aumentaram alarmantemente, e a recuperação do Japão após a Depressão foi enfraquecida pelos gastos militares incorridos na China. Isso aumentou a inflação, drenou o câmbio de moeda estrangeira e retirou os investimentos. Embora os chineses não pudessem vencer a guerra, poderiam impedir os japoneses de vencê-la. De 1937 até 1942, isso foi mais a realização do KMT do que dos comunistas; após essa data, a realização foi compartilhada mais igualmente. No próximo capítulo, trato do surgimento do segundo dragão comunista.

Os impérios do sol e da águia

No sudeste da Ásia, o Japão havia buscado uma estratégia mais orientada para o mercado no começo e meados da década de 1930, com um império informal no Vietnã e uma diplomacia puramente de mercado em relação ao petróleo vital de Java e Sumatra. Após receber um ataque preventivo em Nomonham em 1939, o Japão assinou um pacto de neutralidade com os soviéticos. Agora, a estratégia da marinha de expandir em direção ao sul começava a ser vista mais favoravelmente em Tóquio. Quando Hitler invadiu a França e os Países Baixos, suas possessões coloniais no Vietnã e nas Índias Orientais acenaram. "Aproveitem essa oportunidade de ouro! Não deixem que coisa alguma se interponha no caminho", insistia o Ministro do Exército Hata Shunroku em junho de 1940 (I. Kershaw, 2007: 91). Como os líderes japoneses não esperavam que a Grã-Bretanha durasse muito contra Hitler, suas colônias asiáticas poderiam também ser adquiridas. A atração de uma aliança com a Alemanha e um ataque ao sul aumentaram. Isso foi promovido por grande parte da marinha, cujo orçamento se beneficiaria grandemente, embora não por seu chefe – o Almirante Yamamoto – que ainda acreditava que o Japão não poderia travar uma guerra bem-sucedida contra os Estados Unidos. O exército também estava cedendo à noção de que a defesa no norte e a ofensa no sul seriam a melhor estratégia. Como os americanos haviam quebrado os códigos japoneses, eles sabiam sobre essas mudanças de estratégia. Eles continuaram a ser bem-informados até que a Guerra do Pacífico começou.

O Japão ainda dependia crucialmente das importações estrangeiras, especialmente do petróleo. Embora seu imperialismo de recursos na Manchúria, norte da China, Coreia e Taiwan agora fornecessem cerca de 20% do PIB do continente japonês, não havia produzido lucros em todos os setores econômicos. Como Barnhart diz: "Desde o início, os oficiais da guerra total original haviam enfatizado a importância de não antagonizar o Ocidente até que a autossuficiência fosse conquistada. Eles fracassaram espetacularmente, e seu fracasso não se deveu a quaisquer ações ocidentais" (1987: 267). A tentação de partir para o petróleo das Índias Orientais Holandesas parecia um modo de estender o imperialismo de recursos. Em 1938, os Estados Unidos haviam começado a transportar suprimentos militares e créditos para a China nacionalista, e os britânicos estavam planejando uma ferrovia a partir de Burma para transportar mais suprimentos para os nacionalistas. Isso contribuiu para o impasse na Guerra da China e aumentou a hostilidade japonesa às potências anglófonas.

Em agosto de 1940, o Japão fundou a Esfera Coprosperidade da Grande Ásia Oriental, o eufemismo para o que na realidade seria um império direto. No mês seguinte, ocupou o norte da Indochina (Vietnã) e se juntou à aliança do Eixo. No verão de 1941, adiou uma ofensiva planejada contra a URSS. Parecia que o Japão estava considerando mais o imperialismo ao sul no Pacífico. Da perspectiva dos Estados Unidos, as três potências que ainda tentavam o império direto – Alemanha, Itália e Japão – eram opostas às potências mais democráticas, de livre-comércio (i.e., impérios informais). Os Estados Unidos esperavam separar o Japão de sua aliança com a Alemanha, e alguns japoneses também queriam isso, mas perderam a influência quando suas elites começaram a acreditar ao longo de 1940 e 1941 que a Alemanha venceria a guerra na Europa. O sucesso inicial da Operação Babarossa na Rússia levou o Japão ao limite. Contando com a vitória alemã, o regime pensava que o Japão deveria aproveitar sua oportunidade no Pacífico. A guerra era sobre se tornar global.

Houve alguns mal-entendidos mútuos perigosos, como é normal na preparação para guerras. Japão e Estados Unidos incorporavam formas muito diferentes de imperialismo, e ambos falharam em compreender a ameaça que cada um representava ao outro. Por isso, as diferentes metáforas-chave da ameaça: onde os Estados Unidos temiam o totalitarismo brutal, os japoneses viam estrangulamento pelos tentáculos econômicos globais, o monstro liberal. Ambas eram somente exageros do tipo de império que o outro representava. O imperialismo japonês possuía tendências brutais e totalitárias, e o poder americano estava se estendendo através do Pacífico e da Ásia com suas políticas supostamente de portas abertas e uma marinha poderosa o bastante para impor embargos de petróleo.

O principal tema em disputa entre os Estados Unidos e o Japão permaneceu a China. Em 1932, a Doutrina Stimson havia declarado a hostilidade americana ao uso da força do Japão na China e à fundação de Manchukuo. A Doutrina permaneceu em vigor, embora fosse basicamente retórica. Ela foi fortalecida pelo envio de suprimentos militares para Chiang Kai-shek, mas esses foram excedidos em muito pelo comércio contínuo com o Japão, que recebia 80% de seu petróleo dos Estados Unidos. O problema, disse um diplomata americano a Roosevelt, era que: "Temos interesses emocionais grandes na China, pequenos interesses econômicos e nenhuns interesses vitais" (Kennedy, 1999: 501-502). Todavia, os Estados Unidos continuaram a exigir que o Japão retornasse ao *status quo* de antes de 1931, e os japoneses continuaram a ignorá-los. Os líderes japoneses, como águias e pombos, recusaram, acreditando que a data de 1931 incluiria abandonar Manchukuo e seus 170.000 colonos japoneses. Isso, eles pensavam, teria consequências desastrosas para a economia do Japão e particularmente para qualquer governo que aceitasse o acordo (Tsonuda, 1994; Toland, 1970: 144-145).

Como os Estados Unidos careciam de força militar na região para deter o Japão, em troca, flexionou seus músculos econômicos. Sua resposta a sinais de um avanço futuro ao sul era não chegar a um acordo, como os japoneses esperavam, mas "avançar de uma colcha de retalhos de restrições a exportações para uma guerra financeira vigorosa contra o Japão". Em maio de 1941, a administração se dirigiu ao embargo de quase todas as exportações dos Estados Unidos ou do Império Britânico. O petróleo era o recurso crucial; as companhias japonesas já haviam garantido aprovação para licenças para gasolina dos Estados Unidos por mais nove meses, e para o petróleo cru comum por mais trinta e dois meses. A única coisa que deteria isso seria o congelamento dos fundos japoneses nos Estados Unidos, porque então o Japão não seria capaz de pagar pelo petróleo. Roosevelt aprovou essa medida, talvez, sem se aperceber das consequências para o Japão, embora o Secretário Assistente de Estado, Acheson, soubesse exatamente o que estava fazendo. A posição de Roosevelt permanece indefinida, embora tivesse indicado o aquilino Acheson como alguém que aumentaria a pressão sobre o Japão. A história oficial é que Roosevelt só descobriu em setembro que o Japão não recebera petróleo algum desde julho (Miller, 2007: 108, 123, 167, 175, 203-204; cf Barnhart, 1987).

O efeito dos embargos e do congelamento foi o oposto ao pretendido. Os liberais não conseguiam entender os militaristas. Esses movimentos econômicos ofensivos não levaram o Japão à mesa de negociação. Aos olhos do fascismo militar do Japão, foram "um ataque à própria existência da nação" (Miller, 2007: 242). Isso precipitou um último esforço desesperado. Os planejadores japoneses estimaram diferentemente que a marinha poderia durar sem fornecimento de petróleo de seis meses a dois anos. Viram também que os Estados Unidos estavam expandindo sua frota no Pacífico. Eles raciocinaram como Hitler: como o Japão não podia vencer uma guerra longa, uma "guerra-relâmpago" (*blitz warfare*) (a tradução japonesa do alemão) era necessária na forma de um ataque curto, mas devastador, contra a força americana (e britânica). O Almirante Yamamoto ainda argumentava contra a guerra, mas quando falhou em persuadir o imperador, que ainda desejava que permanecesse em sua posição, propôs um ataque a Pearl Harbor como a melhor estratégia em maio de 1941. Isso foi testado em jogos de guerra em setembro e adotado como política militar em meados de outubro.

Ao mesmo tempo, as negociações continuaram. Alguns japoneses, incluindo o Primeiro-ministro Konoe e o imperador, opunham-se à guerra com os Estados Unidos. Konoe estava autorizado a negociar, mas não a fazer concessões importantes. A compreensão em Tóquio era que se ele não conseguisse negociar uma paz, o Japão atacaria. Ambos os lados brincaram com a possibilidade de acordos no final de 1941, mas isso fracassou como antes na China. O tema sobre Manchukuo poderia ter sido separado do resto da China, permitindo ao Japão permanecer em Manchukuo, mas deixar a China. Era curioso (de uma perspectiva realista) que a prioridade mais alta do que a guerra entre eles fosse para o Japão a guerra contra a China, e para os Estados Unidos, a guerra contra Hitler. Assim, por que o Japão continuou a antagonizar os Estados Unidos com seus movimentos ao sul? Por que Roosevelt não deixava o Japão sozinho na China (por enquanto) e injetava mais recursos no que via como o conflito mais crucial contra Hitler? Isso também daria aos Estados Unidos tempo para aumentarem seus recursos militares de modo que em um momento posterior poderia dissuadir o Japão da agressão. Kennedy (1999: 513-514) faz essas questões, mas não as pode responder. O confronto foi entre o poder do militarismo japonês e a crescente consciência americana de seu próprio potencial imperial. Nenhum dos dois permitia aos dois regimes a opção mais sensível de recuar, mas o que permanece difícil de explicar é por que o militarismo japonês havia ultrapassado os limites da razão. Somente porções excessivas de sorte poderiam ter trazido uma boa guerra para o Japão, e muitos da elite japonesa reconheciam isso. Irracionalidade é, por definição, difícil de explicar. É usualmente o residual em nossas explanações, mas aqui provocou a guerra no Pacífico.

Em outubro, Konow, tendo falhado em negociar um acordo, foi retirado da função e substituído pelo General Hideki Tojo, um linha-dura. Tojo inicialmente continuou as negociações, embora nenhum lado oferecesse concessões significativas. Em 25 de novembro, funcionários da Casa Branca concluíram que a guerra parecia inevitável. O Secretário de Guerra, Stimson, relembra em seu diário: "A questão era como poderíamos levá-los até a posição do primeiro tiro sem acarretar muito perigo para nós mesmos" (Kennedy, 1999: 515). No dia seguinte, Cordell Hull retornou explicitamente à posição de insistir em que as forças japonesas fossem retiradas de toda a China, incluindo a Manchúria, como uma precondição para a normalização das relações Estados Unidos-Japão. Os japoneses acharam isso um ultimato inaceitável e encerraram as negociações. Em 1 de dezembro, o imperador aprovou o plano para um ataque a Pearl Harbor. Às 8:00 (horário do Havaí), o ataque começou. O Japão conquistaria um império ou seria derrotado lutando. Tojo conseguiu ambos.

Poucos nos Estados Unidos esperavam uma reação assim. A habilidade dos Estados Unidos para ler os códigos japoneses os alertaram para a proximidade de um ataque, mas eles não sabiam onde. No dia anterior ao ataque, eles sabiam quando, mas ainda não onde. Esperavam aterrissagens na Ásia ou nas Filipinas, não um ataque aéreo em território americano. Pearl Harbor foi tomada de surpresa, e todos os seus navios de guerra foram destruídos. Líderes americanos não podiam acreditar que o Japão, um país manifestamente inferior aos Estados Unidos economicamente, com talvez 5% de sua capacidade industrial pesada, atacasse seu território soberano (Iriye, 1987: 149-150; 1997). Na verdade, não é fácil entender por que o Japão confrontaria os Estados Unidos quando já estava completamente envolvido na China. A guerra econômica americana, reforçada por uma linha-dura sobre a China, fortaleceu os militaristas de Tóquio e introduziu a marinha na estratégia agressiva de assegurar seu petróleo (Evans & Peattie, 1997: 447, 471-482). Tojo declarou repetidamente que os embargos estrangulariam o Japão, a marinha ficaria sem petróleo em dois anos e os Estados Unidos só ficaria mais forte. As chances de sucesso na guerra não eram grandes, ele concedia, mas a alternativa era que a América reduziria o Japão a "uma nação de terceira classe após dois ou três anos se ficássemos sentados". Paz sob o domínio americano ou guerra contra todos os prognósticos, mas com honra – essa era a escolha (Tarling, 2001: 76-78; I. Kershaw, 2007: 365). O regime fascista militar preferiu a última.

Os japoneses poderiam ter recuado, e os americanos haviam pensado que eles iriam, mas teria sido como a Grã-Bretanha recuar fosse em 1914 ou em 1940 – um repúdio às ambições imperiais, uma humilhação. Esse comportamento não é inusual; Gorbachev fez isso na década de 1980 – mas é incomum. Necessitamos somente acrescentar que o Japão era um regime militarista dominado por uma ideologia semifascista, influenciada por suas próprias experiências e pelo sucesso de Hitler, para explicar por que sua resposta foi uma agressiva Blitzkrieg. Ninguém dentro do Japão ou dos Estados Unidos havia sido morto em outra guerra internacional anterior, de modo que poucos tinham qualquer entendimento sobre os horrores da guerra total. A decisão japonesa em 1905 foi repetida: fazer um ataque preventivo. O Japão pulverizaria a frota americana; tomaria colônias britânicas, holandesas e americanas ao longo do Pacífico; e estabeleceria um perímetro defensivo ao longo do Pacífico para assegurar o petróleo de Bornéo e Sumatra. Seguro em sua fortaleza asiática, o Japão poderia depois negociar um acesso seguro a todos esses mercados a partir de uma posição de força, ajudado pela força supostamente irresistível da Alemanha na Europa. Eles não esperavam vencer uma guerra contra os Estados Unidos, mas apenas atingir uma posição a partir da qual pudessem negociar mais fortes, com a ajuda de Hitler. Ficou provado que estavam basicamente corretos; grande parte disso ocorreu exceto pelo estágio final – o fim negociado para a guerra.

Os líderes japoneses estavam entre confiantes e esperançosos da vitória em uma guerra ofensiva curta, pessimistas sobre uma guerra mais longa, mas esperançosos de que negociações impediriam que acontecesse. Eles acreditavam que os Estados Unidos proporiam um acordo de paz após os primeiros ataques devastadores e depois poderia haver acordo. O Almirante Sadatoshi mais tarde concedeu: "Essas previsões tão otimistas... não eram realmente baseadas em cálculos confiáveis". Um problema era que – como Hitler – os militaristas japoneses desprezavam a brandura das democracias. Suas ideologias tinham um forte componente emocional de orgulho e desprezo pelo Ocidente liberal. Eles tomaram a expressão da retórica wilsoniana ao pé da letra. Caso tivessem apreciado a realidade do imperialismo americano e não tivessem escolhido a retórica, teriam se apercebido de que os Estados Unidos jamais seria avesso a usar sua força militar em "guerras de escolha", como, por exemplo, na Primeira Guerra Mundial. Yamamoto estava certo sobre ambos os pontos: Pearl Harbor era a melhor estratégia, mas ainda assim não funcionaria.

Existe uma escola da conspiração dizendo que Roosevelt na verdade desejava que os japoneses atacassem, de modo que poderia levar a América à Segunda Guerra Mundial e conquistar posteriormente a dominação global. Embora faltem evidências sólidas para isso, os americanos não tentaram negociar muito, mas não há evidências que tenham atraído os japoneses a Pearl Harbor. Mesmo após a destruição inesperada de um quarto da frota americana no Pacífico em seu porto nacional (felizmente nenhum porta-aviões estava lá no momento), e a invasão de uma dezena de países ao longo do perímetro americano de interesse econômico, o resultado não foi negociação, mas guerra total. O Senado votou unanimemente pela guerra, a Câmara votou a favor dela por 388 votos a 1. A águia se sentiu humilhada e estava enfurecida. As emoções se apoderaram de ambos os lados. Os Estados Unidos rejeitaram o acordo não somente porque não repudiaria seu imperialismo, mas também porque não tinha necessidade dele. O Japão era incapaz de afetar o continente americano – e isso tornou o ataque a Pearl Harbor estúpido. A América podia travar uma guerra sem perigo algum ao continente; o Japão não.

Os japoneses conseguiram uma deflagração no Pacífico e sua destruição completa; os americanos conseguiram um império global. Parecia apropriado que a última grande batalha fosse travada pelo Exército de Campo de Kwantung, a causa de tantos problemas. Em agosto de 1945, o Exército Vermelho, que recém se juntara à guerra no leste, rapidamente subjugou suas divisões inadequadamente equipadas, matando 80.000 japoneses. Aproximadamente 3 milhões de japoneses morreram na Guerra do Pacífico, embora as baixas chinesas tenham sido quatro vezes maiores. Mesmo que algumas das grandes batalhas tenham ido melhor para os japoneses, é difícil ver qualquer outro resultado. A grande batalha naval de Midway em junho de 1942 é muitas vezes vista como decisiva. Ela foi estritamente contra o Japão – em dez minutos, dez bombas acuradas, dentre as milhares jogadas na frota japonesa, fizeram toda a diferença. Contudo, mesmo que o Japão tivesse vencido essa batalha e ido tomar a Austrália, os Estados Unidos teriam se reagrupado, construído mais porta-aviões e aviões e retornado. Entre 1941 e 1945, os japoneses produziram 70.000 aviões, um feito difícil, mas ao custo de grande sofrimento civil. Os Estados Unidos produziram 300.000 (linhas de montagem Willow Run da Ford produziam um bombardeiro B-24 a cada 63 minutos) e tiveram um *boom* econômico. Também conseguiram a bomba atômica. Quando seu principal iniciador, Robert Oppenheimer, testemunhou o primeiro teste completo da bomba, ele declarou: "Me converti na morte, o destruidor de mundos". Ele certamente se tornou o destruidor final do mundo japonês. Os Estados Unidos haviam adquirido o poder econômico e militar e a vontade ideológica de se tornarem a maior potência no mundo. Dali em diante, agiram correspondentemente, não como a associação caridosa wilsoniana que por vezes fingiam ser.

O sucesso do ataque preventivo japonês de 1941 fragmentou o colonialismo europeu no Leste e Sudeste Asiático. O Japão agora tinha o único império na região. Continha 350 milhões de pessoas, segundo em número somente para o Império Britânico. Todavia, a ocupação militar japonesa foi tenuemente difundida, cada vez mais dura e breve. Exceto pela Indochina francesa, onde os japoneses fizeram um acordo que deixou a administração colonial no lugar, eles entraram em toda parte posando de libertadores dos povos asiáticos do jugo colonial branco. Isso lhes rendeu uma cautelosa acolhida dos nacionalistas locais. Eles prometeram independência a Burma, Filipinas e Indonésia em 1942 ou 1943 e para a Indochina em 1945. Contudo, a libertação foi uma fachada (Goto, 2003: 291), um *slogan*, uma resposta à pergunta feita em Tóquio: "Não temos um *slogan* como a democracia dos americanos?" (Tarling, 2001: 127). O Japão realmente queria os recursos econômicos e humanos da região para atingir seus objetivos de guerra (Peattie, 1996; Goto, 2003). Em tempos de guerra, adotar políticas de desenvolvimento e assimilacionistas de sua primeira onda de colônias mais ao norte seria ir longe demais. A Guerra no Pacífico agora perdurava, e toda política colonial estava sujeita às necessidades do exército. Os recursos eram maldistribuídos ao longo de uma área enorme a alguma distância do Japão. O milhão de japoneses na China teria sido útil para tarefas coloniais civis.

O primeiro Império Japonês havia sido da vizinhança; o segundo foi mais distante além dos mares, mas sem colonizadores e com poucos administradores civis. Não havia dinheiro para gastar na construção de infraestruturas ou de empresas público-privadas da primeira onda. Em troca, os japoneses simplesmente assumiram as minas, plantações, campos de petróleo e fábricas dos colonizadores europeus e os entregaram a corporações japonesas. Como na China ocupada, as cidades e áreas de recursos valiosos eram controladas, mas não as hinterlândias. Os povos ocupados, incluindo taiwaneses e coreanos, eram subordinados às necessidades do exército japonês, que se tornou ainda mais duro quando as marés da guerra se voltaram contra o Japão. Diferente dos outros impérios, os povos colonizados não foram convidados a lutar em suas forças armadas. Já em novembro de 1941, forças japonesas foram ordenadas a viver da terra, o que significava que ou simplesmente tomavam o que necessitavam ou pagavam preços fixos cujo valor depois caiu. A escassez de dinheiro e de materiais significava que o trabalho forçado se tornara a norma, envolvendo muito abuso e fria negligência. A infame ferrovia Burma custou as vidas de cerca de 100.000 trabalhadores. Para evitar o estupro em massa das mulheres locais, as autoridades militares japonesas estabeleceram organizações nas quais milhares de mulheres eram forçadas à prostituição, "estações de conforto (*comfort stations*)", para servir aos soldados japoneses. Os ocupantes japoneses também manifestaram muito mais racismo no sudeste da Ásia do que haviam manifestado no norte, o que os tornou frios para com o sofrimento local.

A privação econômica da guerra piorava as coisas. Muitos produtos regionais de exportação como açúcar, chá, café e borracha iam anteriormente para a Europa e América. Como o Japão necessitava muito menos desses produtos, não eram vendidos. Muitos produtores viviam pouco acima do nível de subsistência, agora, as consequências eram desesperadoras. "Como uma consequência do mau governo japonês, inúmeras pessoas sofriam e morriam em suas aldeias, em seus locais de trabalho ou em beiras de estradas; muitos sem jamais ter visto um japonês" (Sato, 1994: 199-200; cf. Duus, 1996; Tarling, 2001: caps. 4-6). Essas atrocidades resultaram menos de intenção deliberada do que de um regime frio sob pressão. A esse respeito, o segundo Império Japonês pode ser comparado à fome irlandesa ou à indiana ou ao Grande Salto Adiante de Mao.

Apesar disso, os funcionários públicos nativos e os trabalhadores do colarinho-branco estavam dispostos a servir a seus novos senhores, como serviram aos seus anteriores, embora agora não pudessem mais fazer negócios em sua própria língua, mas somente em inglês, francês ou holandês. A Tailândia era um Estado cliente, formalmente independente e que na verdade desfrutava de alguma autonomia. Sua oligarquia de tendência fascista se tornou uma aliada inativa do Japão. Em toda parte a colaboração era uma necessidade de sobrevivência (é por isso que houve tão poucas represálias contra colaboradores após a guerra). Todavia, os japoneses em breve isolaram os nacionalistas locais, que iniciaram uma guerrilha de resistência nas hinterlândias. Trabalho forçado e ataques de represália trouxeram apoio de massa aos nacionalistas, que emergiram fortalecidos pela guerra (Goto, 1996; 2003). Como os americanos vitoriosos não queriam colônias e os britânicos e holandeses não puderam reafirmar as suas, grande parte da região se mexeu rapidamente para estabelecer independência política. Os japoneses haviam, na verdade, libertado a Ásia, embora não como intencionavam.

Conclusão

Na conclusão do capítulo 3 listei as condições que favoreceram o imperialismo informal americano. Em contraste, cinco condições favoreceram um imperialismo japonês mais direto.

(1) Sua carência de recursos naturais nacionais levou o Japão para a expansão, diferente dos americanos. Nesse caso, a expansão não foi apenas pelos interesses comerciais japoneses no exterior, como foi basicamente o caso com os Estados Unidos. Adicionalmente, o continente japonês havia sido ameaçado por outros impérios, ao menos até 1905. Movimentos nacionalistas populares puderam ser mobilizados em torno de um imperialismo que integrava continente e colônias para propósitos ostensivamente defensivos.

(2) O exército japonês era bem-adequado para o imperialismo direto na vizinhança. A primeira onda de colônias estava dentro do alcance logístico de seu exército, abastecido por sua marinha, e a crescente efetividade e ferocidade do exército era adequada para conquistar a pacificação impiedosa – até que começou a ultrapassar seus limites na China.

(3) Havia apoio de cima e de baixo para o imperialismo social. Oligarcas conservadores, temendo a democracia liberal, buscaram se aferrar ao poder mobilizando o apoio camponês para o imperialismo. Os camponeses formavam a base das forças armadas e muitos aspiravam à ascensão social por meio do assentamento colonial. Isso incentivou um nacionalismo populista a explorar um sentido difuso tanto de ameaça quanto de oportunidade para o povo japonês. Nenhum grande movimento de massa se opôs a isso. A classe trabalhadora organizada se enfraqueceu, e os conservadores e burocratas de reforma (i.e., membros da direita) intimidavam liberais da classe média e os empurraram para a direita para aceitar uma forma não democrática de governo.

(4) A Constituição importava, como nos Estados Unidos, mas essa não havia concebido regras claras para atribuir ou dividir o poder político. Ela encorajava grupos de poder a lutarem pelo acesso ao imperador, que era vital para aprovar a política. Os sucessos iniciais do exército na conquista e

pacificação aumentaram seu poder em Tóquio, e permitiram a violência militar dentro do Japão para ajudar a decidir o conflito doméstico com o apoio dos nacionalistas populistas. Um regime militar expansionista finalmente garantiu a pessoa e autoridade do imperador. Como ele simbolizava a nação, ela também se tornou envolvida no projeto imperial.

(5) Esses interesses concebiam declarações de missão imperial justificando o governo direto sobre outros povos asiáticos considerados parentes que poderiam ser edificados e civilizados pelo império. O que era inusual sobre a primeira onda de império direto japonesa era que ela realmente produziu crescimento econômico e educacional e maior longevidade, com seu sucesso reforçando a sedução do imperialismo posterior.

Contudo, nem a ascensão nem a queda do império direto japonês, tampouco, na verdade, seu semifascismo militar nacional foram predeterminados. Havia quatro Rubicões que não foram cruzados: Coreia em 1910, Manchúria em 1931, China em 1937 e Pearl Harbor em 1941. A Grande Depressão acrescentou outra grande contingência ajudando o deslocamento para a direita. Até a Coreia em 1910, os temores reais da segurança nacional haviam sido combinados à força militar efetiva em um vácuo de poder criado pelo colapso da China imperial. Isso permitiu a captura de um império indireto lucrativo. Se os poderes podem se expandir, eles normalmente expandirão. Após 1910, o Japão foi objetivamente muito menos inseguro, embora a anexação da Coreia tenha sido uma expansão imperial normal do imperialismo indireto com clientes não confiáveis para o imperialismo direto. Isso requeria uma capacidade militar ampliada para repressão, além de mais políticas de assimilação cultural. O Rubicão na Manchúria, em 1931, foi diferente: uma expansão autônoma dos militares, embora refletindo mudanças no equilíbrio de poder dentro do Japão, especialmente o Estado. Ela reforçou a libertação gradual do exército de qualquer controle de cima. Como consequência, quando estimulada pelo terceiro Rubicão, a invasão total da China em 1937, isso se transformou em um fascismo militar capaz de agir autonomamente e de criar fatos coercivos locais. Embora a Manchúria fosse economicamente valiosa e pudesse ser pacificada e governada, a expansão na China revelou que a essa altura o exército japonês era mais do que simplesmente um instrumento responsivo calibrado para temores de segurança e lucros econômicos. Era o ator do poder dominante com seus próprios interesses e valores marciais. O Rubicão final em Pearl Harbor revelou que isso havia se tornado suicida.

Isso representou a perversão da Restauração Meiji, o triunfo do exército forte sobre o país rico, do poder militar sobre o poder econômico e político. Seu Estado somente retornou ao Estado basicamente despótico da Restauração após um período de liberalismo. O resultado final não foi meramente a culminância de tendências estruturais de longo prazo, mas também de equilíbrios flutuantes de poder internos e no exterior, e os acidentes da guerra que se tornaram mais importantes à medida que o Japão se militarizava. O militarismo japonês era distinto. Dependeu demais da Blitzkrieg e da pacificação repressiva; e sua ideologia semifascista impediu o reconhecimento da força dos contranacionalismos que surgiram na China e nos Estados Unidos, que via como sendo nações menos marciais. Caso os conflitos de poder político em Tóquio tivessem um resultado diferente, uma Esfera Coprosperidade da Grande Ásia Oriental diferente poderia ter aparecido, centrada no império indireto e informal japonês que dominava o leste e sudeste da Ásia, mas com um papel cada vez maior dentro dessa estrutura para uma China renovada. Contudo, assim como a rivalidade imperial se mostrou o calcanhar de Aquiles final do imperialismo europeu, o imperialismo fracassado do Japão na China atrasou a ressurgência asiática futura. O imperialismo japonês havia ultrapassado seus limites e colapsado, e tanto o Japão quanto a China foram devastados por suas guerras, deixando os Estados Unidos temporariamente dominantes sobre seu continente. Mesmo privado de poder militar, o Japão pós-guerra foi capaz de reviver e ultrapassar seu poder econômico anterior, e de desenvolver após um curto período de governo americano uma nova versão da semidemocracia Taisho – dessa vez, com eleições livres produzindo o governo de partido único de 1955 a 2009. As ideologias japonesas mudaram substancialmente como uma consequência da ausência de militarismo, culto muito reduzido ao imperador, e um capitalismo revertido à mera coordenação estatal de empresas. A Segunda Guerra Mundial teve um imenso impacto no Japão.

O imperialismo americano era preferível ao japonês porque o imperialismo informal é mais benigno e mais aberto do que o imperialismo direto. O império informal é calibrado mais para a vantagem econômica global, usa menos violência e é menos maligno do que um império que subordina o interesse econômico a preocupações militares e nacionalistas. Diferente de Sombart, prefiro comerciantes a heróis. Na China, contudo, os "heróis" vitoriosos eram também materialistas.

13
Explicando a Revolução Chinesa

No capítulo 6 discuti a primeira onda revolucionária marxista inspirada pela Revolução Bolchevique na Rússia. Exceto pela própria Rússia, essa onda foi um fracasso, provocando apenas uma onda contrarrevolucionária mais severa que instalou o fascismo e outros despotismos de direita. A segunda onda foi mais bem-sucedida. Uma vez mais, estendeu-se para fora a partir de uma única revolução, a do Partido Comunista Chinês (o PCC). Em 1940, após um conflito épico de trinta anos pontuado por muitas derrotas e muito sofrimento, o PCC conquistou todo o continente da China e se estabeleceu sobre a nação mais populosa da Terra. Esse governo ainda perdura. Tento explicar isso, a revolução mais importante do século XX, que ofereceria a alternativa mais bem-sucedida à democracia capitalista ocidental. Começo com uma narrativa e termino revisitando teorias da revolução. Repito minha definição dada no capítulo 6: uma revolução é um movimento insurgente popular que transforma radical e violentamente ao menos três das quatro fontes de poder social. O conflito e as realizações do PCC satisfazem facilmente esses critérios.

Primeiros processos e atribulações

O PCC havia começado na parte mais moderna da China, próximo a Xangai e Guangzhou, como um partido marxista normal com uma liderança intelectual de estudantes e professores e uma base de trabalhadores urbanos – especialmente trabalhadores qualificados; a esquerda do KMT se deu melhor entre os não qualificados. Ao longo da década de 1920, o PCC permaneceu pequeno, mas comprometido com concepções marxistas-leninistas de classe e anti-imperialismo, convencido pelo sucesso dos bolcheviques de que a história estava do seu lado. Eles também eram salvacionistas. Agentes do Comintern soviético os orientavam. Eles tinham de se adaptar à situação local, porque a China era muito diferente da Rússia. Trabalhadores de Xangai retiveram seus vínculos com seus lugares rurais de nascimento, clãs, grupos étnicos e linguísticos, e as onipresentes sociedades secretas da China. Os comunistas recrutavam através dessas diversas redes (Perry, 1993; S. Smith, 2000; Dirlik, 2003).

Em 1927, eles descobriram que toda sua ideologia e organização daria em nada se não pudessem se defender. O exército de Chiang Kai-shek lançou um ataque surpresa em Xangai, matando 5.000 deles. Os sobreviventes fugiram para o sul, para as áreas remotas da Província de Kiangsi. Os dias de inocência marxistas haviam terminado. Agora, seria socialismo militarizado ou morte. Uma guerra revolucionária deveria ser travada a partir do interior. A estratégia de guerra de Mao emergiu: cercar as cidades a partir do interior. Somente nos estágios finais as cidades seriam atacadas. Essa foi a primeira de muitas inovações teóricas de Mao.

Embora as insurreições de camponeses russos tivessem sido uma condição necessária para a Revolução Bolchevique, os bolcheviques não tinham organizado muitos camponeses e os descontentamentos dos camponeses não eram centrais à sua ideologia. O comunismo chinês era diferente. Foi uma revolução camponesa; obviamente, nenhuma revolução em um país mais de 90% agrário poderia ser bem-sucedida sem a participação dos camponeses, e os líderes do PCC sempre souberam disso. Eles agora sabiam que sua própria sobrevivência dependeria dos camponeses. Para desenvolver um programa revolucionário, eles tinham de produzir uma análise da exploração de classes rural. Essa foi a segunda inovação. Eles distinguiam quatro classes principais. A unidade de análise não era o indivíduo, mas a família.

Como a antiga classe aristocrático-erudito-burocrática havia evanescido, considerava-se a classe dos *proprietários de terras* a mais elevada. Esses não trabalhavam, exceto incidentalmente, e sua principal fonte de receitas era ou arrendamento de arrendatários ou o lucro do trabalho dos camponeses pobres. Eles poderiam também explorar os privilégios da função local, várias tarifas (por exemplo, pagas a eles para organizar templos e outras associações comunitárias), negócios locais (hospedarias, destilarias) e eram também agiotas. Eram vistos como exploradores pelos comunistas.

As *famílias de camponeses ricos* trabalhavam, mas tiravam muito ou grande parte de sua receita do trabalho daqueles mais pobres do que eles. Eles podiam ter formas inferiores dos privilégios recém-listados. Eram predominantemente exploradores.

As *famílias de camponeses médios* geralmente possuíam a terra que cultivavam, e possuíam suas ferramentas e talvez alguns animais, mas não eram exploradas nem exploravam significativamente o trabalho de outros.

As *famílias de camponeses pobres* possuíam pouca ou nenhuma terra, animais ou ferramentas. Elas basicamente arrendavam sua terra ou trabalhavam como trabalhadores, os "pobres e contratados". Elas lutavam perpetuamente para pagar o arrendamento de sua terra e eram endemicamente endividadas ao longo de grande parte da China. Viviam basicamente próximo da subsistência e eram claramente exploradas.

O PCC permitia variações regionais. O leste comercializado tinha mais arrendatários, explorados principalmente pelos arrendamentos pagos aos proprietários de terras e camponeses ricos. Os arrendatários não pagavam impostos. O oeste e o norte continham mais proprietários camponeses, pagando impostos ao Estado, mas não arrendamentos. Contudo, todos eram explorados através dos papéis adicionais de proprietários de terras ou camponeses ricos como usurários, funcionários e organizadores da comunidade. As desigualdades da posse de terra eram grandes: 10% da população chinesa possuíam 70% da terra, a fonte predominante de subsistência. Condições econômicas adversas poderiam levar camponeses pobres e muitos médios ao endividamento junto aos proprietários de terras ou camponeses ricos e depois a má nutrição e morte. Isso era exploração, independentemente de como se a defina. Os comunistas continuaram a argumentar sobre o peso relativo do industrial-urbano *versus* rural e dos camponeses médios *versus* pobres na revolução futura. Todavia, sabiam que para serem bem-sucedidos tinham de realizar duas coisas. Primeiro, deveriam redistribuir as terras e a riqueza dos exploradores aos explorados. Segundo, mas isso só poderia ser feito se o PCC pudesse criar suas próprias áreas de base protegidas, apoiadas pelos camponeses locais organizados em milícias revolucionárias. Somente quando seguramente estabelecidos militarmente em uma área com apoio político de camponeses o PCC poderia começar a lidar com a exploração. Depois, poderiam gradualmente expandir seus sovietes, conquistar as cidades a partir do interior, e realizar a revolução socialista. Sua teoria revolucionária quando aplicada no local concernia ao poder militar tanto quanto ao poder econômico. Esses eram decididamente marxistas não ortodoxos! Quantos marxistas ocidentais alguma vez analisaram os equilíbrios de poder militar, sem falar em colocá-los no centro de suas análises?

Kiangsi deveria ser o soviete-sementeira. Em seu pico continha 3 milhões de pessoas, rural e moderadamente remoto, muito defensável, mas não particularmente pobre. Durante 1931 e 1932, os comunistas aumentaram suas áreas de base. Começaram, radicalmente, sua Lei da Terra de 1931, que confiscava as terras de proprietários de terras sem compensação, dando-a aos pobres e famílias camponesas médias a posse privada delas. As terras de camponeses ricos foram redistribuídas, mas podiam manter a terra se trabalhassem nela. O arrendamento foi, em princípio, eliminado, e as tarifas e privilégios da função foram abolidos e os impostos se tornaram mais igualitários. Haveria eleições para governos locais e um compromisso com a educação. Em 1933, uma investigação agrária concluiu que a redistribuição devia ser acelerada, com a resistência subjugada pela força (Wei, 1989: 48). Todavia, a política também entrou nos cálculos comunistas. Aqueles de todas as classes poderiam ser temporariamente parte das massas se apoiassem a revolução, aqueles que se opunham eram feudais, e os hesitantes eram parte da revolução burguesa com a qual alianças temporárias poderiam ser feitas. Havia argumentos perenes sobre a lealdade dos camponeses médios, embora fossem usualmente tratados como aliados da revolução. Nessa fase, o PCC era radical, influenciado pela política anticúlaque de Stalin (Goodman, 2000: 24-27).

Mao passou a acreditar que essa política radical era contraproducente, isolando não apenas proprietários de terras e camponeses ricos, mas também alguns camponeses médios. Conflitos demais também prejudicavam os níveis de produção, prejudicando a habilidade comunista de financiar uma guerra. Mao queria importunar os proprietários de terras e conciliar os camponeses mais ricos, de modo a favorecer políticas de tributação gradual, arrendamento e redução de taxa de juros sobre a redistribuição de terras. Essa seria sua terceira inovação importante – mas ainda não, porque a facção dos Estudantes Regressados (*Returned Student*), mais próxima de Moscou, estava no comando do partido e acreditava que a reforma radical mobilizaria camponeses pobres suficientes como voluntários para os exércitos vermelhos. Muitos camponeses ajudaram a implementar as políticas, e eles forneciam suprimentos, recrutas e inteligência. Veteranos do partido mais tarde recordaram que nunca mais em suas peregrinações ao longo da China receberiam uma recepção tão acolhedora. O PCC era menos corrupto do que o KMT ou os regimes dos líderes militares, e mais unido – quando a política havia sido decidida. Esses eram ideólogos comprometidos com a causa, muito unidos em um partido leninista. Não desviavam dinheiro e usualmente faziam o que prometiam. Comissários disciplinavam as milícias, impondo regras sobre o tratamento de civis. O PCC parecia ter muitos aspectos positivos (Waller, 1972: 34, 44-46; Lotveit, 1979: cap. 6; Shum, 1988: 9-11; Dreyer, 1995: 165-167, 189-194).

Todavia, políticas radicais antagonizavam tanto os proprietários de terras e camponeses ricos que muitos iam para o KMT, mobilizando seus clientes muito mais pobres para fornecer milícias e força de trabalho para ajudar os exércitos do KMT. Em troca, o KMT prometia ceder-lhes o controle político de suas próprias localidades (Wei, 1989). O isolamento das elites locais e seus clientes deixou aos comunistas pouca margem para erro militar. As forças de Chiang foram lenta e metodicamente avançando para fortificar aldeias estabelecidas em meio a fortalezas circundantes para separar as guerrilhas comunistas de suas áreas de base. Isso forçou os comunistas a batalhas bem planejadas para as quais eram despreparados. Eles evadiram das quatro primeiras tentativas de cerco, mas, na quinta, a guerra posicional adotada pela liderança dos Estudantes Regressados os levou à derrota. Os comunistas foram forçados a fugir para Kiangsi para começar a Longa Marcha épica para Yenan no remoto noroeste. Somente 5% daqueles que começaram a Longa Marcha chegaram lá de fato. Os comunistas estavam em más condições físicas, e Yenan era remota e extremamente pobre. Chiang pressionou os líderes militares locais a exterminá-los, mas, como a pressão japonesa aumentara, ele foi forçado (por seus próprios soldados) a voltar e formar a Primeira Frente Unida com os comunistas. Os japoneses focaram seu ataque em Chiang, seu oponente chinês mais forte, de modo que os comunistas tiveram fôlego para construir novas áreas de base, das quais terminariam emergindo para conquistar a China (Dreyer, 1995: 173-174, 182-200; Benton, 1992: 468-469). Uma causa necessária da Revolução Chinesa foi a invasão japonesa. Como na Rússia em 1917, isso revelou a importância da guerra no enfraquecimento do poder de um regime que, de outro modo, teria reprimido a revolução.

Com Mao agora como seu líder, o PCC concluiu que em Kiangsi os excessos da esquerda e uma guerra posicional haviam levado à derrota. O partido agora se tornava mais centrado na guerrilha e politicamente pragmático, buscando conquistar elementos intermediários entre camponeses ricos, pequenos proprietários de terras e suas contrapartes urbanas. Mesmo a aristocracia esclarecida poderia ser incluída na aliança progressiva (Shum, 1988: 14-15). O PCC esperava seduzir os reformistas burgueses e essa aristocracia dentro da Frente Unida. Contudo, esses eram vistos como meios pragmáticos, temporários, para realizar o objetivo da salvação socialista.

O problema camponês

O apoio de massa teria de ser centrado nos camponeses pobres e médios, mas os camponeses chineses pareciam material revolucionário pobre. Bianco (2001; 2005) analisa cerca de 3.500 casos de conflitos camponeses violentos que ocorreram entre 1900 e 1940. Isso pode parecer muito, mas Bianco diz que suas ações não eram revolucionárias:

> [Eles foram] uma resposta fundamentalmente defensiva a um agravamento *específico* e *local* da condição dos camponeses. Eles não se rebelaram contra uma ordem exploradora estabelecida, mas contra um novo desenvolvimento que representava uma ameaça àquela ordem. Caso o *status quo* não tivesse sido alterado pela chegada de soldados, bandidos, locustas, a imposição de um novo imposto, ou que quer que fosse, os camponeses não teriam se rebelado (2001: 3-4, ênfases no original).

Assim, os comunistas que chegavam a uma localidade eram saudados com suspeita, vistos menos como salvadores do que como mais estrangeiros para potencialmente desestabilizar suas vidas. Além disso, 68% dos conflitos foram dirigidos contra o Estado, principalmente protestos contra impostos municipais ou conscrição militar injustos que o KMT havia criado. Outros 14% dos conflitos foram com outros camponeses, linhagens familiares ou aldeias, e esses foram geralmente os mais violentos e duradouros. Isso deixou somente 8% dirigidos contra os proprietários de terras ou agiotas, os quais uma linha de classes comunista poderia focar (2001: 63-64, 19). Isso não sugere que os camponeses pudessem achar plausível uma análise de classe de sua exploração.

Havia muito ritual envolvido nessas revoltas de camponeses. Eles poderiam danificar propriedades ou espancar funcionários inferiores e agentes dos proprietários de terras dos quais desgostassem. No que foi chamado um "grande banquete", os camponeses se banquetearam nas propriedades da aristocracia local (Mao observou isso com deleite em seu relato sobre as revoltas dos camponeses em Hunan). Houve também ataques nos quais os camponeses deixaram suas ferramentas em frente aos escritórios da administração local, sinalizando uma recusa a trabalhar (Bianco, 2005: cap. 4; cf. Chen, 1986: 134-143). Esses eram modos de sinalizar descontentamento antes de a polícia ou os soldados chegarem, o que poderia persuadir os funcionários superiores a investigarem seus descontentamentos antes de recorrerem à repressão. Se as autoridades reprimiam, os camponeses raramente revidavam. Os chefes dos rebelados poderiam fugir para se tornarem bandidos, os outros poderiam se submeter e esperar por leniência.

Na agricultura comercializada do Yangzi inferior, o arrendamento predominava e a resistência focou mais os arrendamentos pagos do que os impostos. Os camponeses lançaram greves de arrendamento e por vezes se rebelaram e danificaram propriedades. Em cerca de um terço dos casos, as autoridades intercederam para estabelecer termos parcialmente favoráveis aos camponeses, de modo que encontraram métodos reformistas de insurgência. Eles mostraram pouco interesse no comunismo: seus protestos antiproprietários de terras visavam a abusos do sistema, não ao próprio sistema; tinham pouca consciência de classe, e estavam dispostos a conservar valores comunitários. Praticavam violência ritual, mas não queriam uma revolução (Bernhardt, 1992: cap. 6; Chen, 1986: 173-178). Perry chama os movimentos de resistência no norte da China "protetores", porque defendiam a comunidade local (como as milícias Lanças Vermelhas e sociedades secretas), ou "predatórios", como no banditismo. Muitos descontentamentos eram econômicos, mas os protestos se formavam mais junto à comunidade do que às linhas de classe e variavam de acordo com as ecologias locais (1980: 3-5, 248-258). Os comunistas teriam dificuldade com esses camponeses, pois sua linha de classes parecia irrelevante.

A principal razão para seu conservadorismo era que os proprietários de terras eram poderosos demais para serem frontalmente desafiados. Eram "entes quadriláteros": coletores de arrendamentos, comerciantes, usurários e funcionários (Wolf, 1969: 132). Esse poder local opressivo dava aos camponeses dois motivos possíveis para obediência. Primeiro, como essa era a única ordem que conheciam, eles poderiam se sentir genuinamente vinculados aos valores confucianos de dever, patriarcado e harmonia e teriam temido a ruptura e o caos que pudessem encontrar fora dela. Assim, o poder do proprietário de terras poderia ser considerado legítimo, especialmente se mostrasse alguma humanidade em tempos difíceis. Isso se encaixa na noção de James Scott (1976) de justiça recíproca, que ele considera ter dominado as comunidades camponesas asiáticas: se os proprietários de terras realizassem suas funções comunitárias tradicionais, os camponeses reciprocariam. Segundo, os camponeses podem ter temido o poder do proprietário de terras. Na prática, é muitas vezes difícil distinguir legitimidade de medo. Se uma pessoa não tem alternativa à obediência, o poder do proprietário de terras pode ser aceito como normal, uma palavra que em inglês (e francês) mistura os sentidos do usual e do moral. O compromisso com a ordem confuciana e a deferência aos proprietários de terras e ao Estado poderia ser uma adaptação a relações de poder desiguais. Se esses pudessem ser modificados, os camponeses poderiam ser mais receptivos à revolução.

Os comunistas raciocinavam assim: eles não poderiam vencer simplesmente insistindo com os camponeses para subjugar o inimigo de classe. Eles tinham primeiro de minar o poder coercivo dos proprietários de terras e funcionários. Se fossem bem-sucedidos, a deferência se revelaria como dependente de condições que não existiriam mais. Essa teria sido a estratégia da esquerda em Kiangsi, e não funcionou por muito tempo. Assim, os comunistas desenvolveram estratégias alternativas.

Estratégias organizacionais comunistas

O PCC pospôs a redistribuição forçada de terras para não isolar a classe proprietária inteira. Em troca, substituiu uma política de redução de impostos para proprietários camponeses pobres – chamada "carga igualitária" – ou reduções nos arrendamentos, taxa de juros e tarifas "injustos". Por vezes, apoia-va-se na pressão moral da comunidade imposta aos ricos para aliviar a carga de dívida sobre os pobres. "Reuniões de luta" de aldeias pressionavam os ricos; assim como "lutas por empréstimo forçado de alimentos e sementes" (Goodman, 2000: 62-63; Chen, 1986: 144-150). Ao longo de grande parte do norte da China em 1937, forças do KMT fugiram antes da chegada dos japoneses, e os comunistas se embrenharam em áreas montanhosas de fronteira entre as linhas japonesas de comunicações, estabelecendo áreas de base em locais defensáveis. Em uma estudada por Hartford (1989), eles introduziram impostos progressivos, governo participativo na aldeia e milícias de defesa. Os comunistas enfrentaram ataques repetidos dos japoneses e milícias de proprietários de terras. Todavia, os proprietários de terras se tornaram vulneráveis quando os comunistas introduziram encontros de aldeia nos quais os camponeses podiam falar. Com essa área de base consolidada, reduções de arrendamento e impostos trouxeram mais apoio dos camponeses. Os comunistas sobreviveram melhor do que os nacionalistas ou líderes militares locais que isolaram os camponeses relutando em fazer reformas e priorizando o aprovisionamento de milícias em detrimento do bem-estar dos camponeses. Contudo, não muitos camponeses se voluntariaram para lutar fora de sua própria área de base (Hartford, 1989; Paulson, 1989).

Em outras regiões do norte, o arrendamento era raro e temas sobre impostos eram mais importantes. A reforma tributária poderia ser implementada ruidosamente nas reuniões de aldeia dominadas por camponeses pobres fortalecidos, ou mais quietamente por decreto administrativo sem provocar conflito de classes massivo. Onde os comunistas podiam gradualmente aumentar seu poder, os proprietários de terras se encontravam pressionados por impostos mais elevados. Eles poderiam reagir tentando se juntar ao partido ou oferecendo suas filhas em casamento aos comunistas, mas como os impostos ficaram mais progressivos, eles tiveram de vender parte de suas terras, e a inflação ajudava os pobres a pagarem suas dívidas e comprarem terras. A redistribuição muitas vezes ocorria mais por meio de mecanismos econômicos do que por decreto político (Van Slyke, 1986: 700; Selden, 1995: 22-23).

Necessidades de curto prazo exigiam uma estratégia dividir e governar para minar a unidade do "ente quadrilátero". O PCC se aliou a algumas elites locais contra outras, reduzindo a unidade da classe senhores de terra-funcionários; depois os camponeses puderam ver que os proprietários de terras podiam ser mais desafiados. Essa estratégia foi usada nas áreas de base central e do leste dirigidas pelo Quarto Novo Exército, e nas áreas de base maiores do norte fundadas pelos Participantes da Longa Marcha (*Long Marchers*) e garantidas pela principal força de combate do PCC, o Oitavo Exército Vermelho.

Algumas elites locais não se opuseram a um PCC aparentemente reformista. Os quadros comunistas muitas vezes citavam o Sun Yat-sen, e muitos eram instruídos e de condições privilegiadas. As elites locais que favoreciam algumas reformas muitas vezes se desesperavam com a corrupção do KMT. Em 1940, Han Guojon liderou parte da aristocracia provincial em uma aliança com Chen Yi, comandante do Quarto Novo Exército comunista. Ele escreveu a um amigo: "Ouvi que o Quarto Novo Exército de Jiangnan não é como o Guomintang [o KMT], que não é corrupto, e que vence batalhas. Os nacionalistas querem que eu vá a Chongqing [a nova capital nacionalista], mas não vou. Eles só podem perder batalhas. Como podemos continuar a apoiá-los? O Novo Quarto Exército oferece esperança". A Frente Unida ajudou os quadros a atraírem alguns patriotas às fileiras comunistas. As elites locais também odiavam os aventureiros do KMT que vinham usurpar seus próprios poderes administrativos. Essas tensões enfraqueceram os vínculos entre o Estado central e as classes localmente dominantes. Durante o governo do KMT, os líderes militares continuaram tirando sua parte, embora as forças comunistas usualmente aderissem às "três importantes disciplinas e às regras dos oito pontos" de conduta do partido. Mesmo alguns oficiais do KMT foram convencidos, provendo inteligência para os comunistas. O KMT achava mais difícil conseguir o apoio dos oficiais e quadros comunistas (Benton, 1999: 155-158, 177-178, 191; Shum, 1988: 231).

Políticas de recrutamento variavam de acordo com o radicalismo e sentido de segurança do partido local. Os remanescentes dos sovietes de Kiangsi que não participaram da Longa Marcha eram muito inseguros. No início, eram constituídos principalmente de feridos, mulheres e de idosos que haviam se retirado para as montanhas locais, sem qualquer estratégia exceto a autopreservação. Eles tentavam ajudar onde quer que estivessem, a partir de grupos tão não revolucionários como bandidos, "soldados espirituais" e minorias étnicas. Inicialmente, controlavam apenas aldeias de montanhas, das quais desciam esporadicamente para atacar o tráfico, matar reacionários conhecidos e coletar "contribuições". Nas aldeias, subestimaram a redistribuição das terras em favor da redução de arrendamento e taxa de juros. Se buscassem a linha de classes radical, perdiam; membros da esquerda terminaram mortos. Esse era um processo darwiniano, a sobrevivência do mais apto atuou em muitos terrenos locais. Os sobreviventes ainda mantinham a fé no marxismo-leninismo e na disciplina do partido, mas estavam preservando-os para tempos melhores por meio de políticas pragmáticas e manipulativas "coração vermelho, pele branca". Áreas de base efetivas também resistiram à interferência do partido, uma vez que o conhecimento e a flexibilidade tática locais permitiam a sobrevivência. Após três anos difíceis, eles começaram a prosperar e foram convidados pelo PCC para formar o núcleo do Novo Quarto Exército da Frente Unida, não distante de Xangai (Benton, 1992: 479-500).

Suas novas bases no leste ficavam próximas aos rios Yangzi e Huai em uma área relativamente próspera. Os japoneses haviam expulsado os exércitos regionais do KMT, mas depois se estabeleceram em posições defensivas, deixando as áreas rurais sozinhas. Tropas fortes do KMT permaneceram apenas ao longo do Yangzi. Os comunistas tiveram tempo para se reagrupar em áreas de planalto. Os dois principais parceiros na Frente "Unida" estavam concentrados agora em minar um ao outro em vez de atacar os japoneses. Ambos estavam tentando subjugar outras milícias ativas na região. Em 1939, Chen Yi, comandante do Novo Quarto Exército, distinguiu dez milícias ativas em sua esfera de operações. Alguns eram simplesmente bandidos, todavia, Chen Yi buscou se aliar a eles a fim de isolar Han Deqin, o presidente do KMT. Ele provocou o presidente para atacá-lo, o que isolou aqueles que favoreciam a Frente Unida, incluindo alguns dos próprios oficiais de Han Deqin. Assim, os comunistas conseguiram dominar essa parte da região. Em Wannan, a segunda área de base principal, o presidente do KMT lançou um ataque surpresa em 1941 e destruiu os comunistas locais (Benton, 1999: 325-326, 523-524; Dreyer, 1995: 256). O comunismo dependia, no fim, de suas milícias.

A linha de classes variava de acordo com o equilíbrio de poder. Como os bolcheviques, o PCC combinava comprometimento com o salvacionismo secular e meios pragmáticos, oportunistas. Embora fracos, os quadros praticavam "o inimigo de meu inimigo é meu amigo". Quando entravam pela primeira vez em uma região ou onde se sentiam fracos, faziam acordos, ocultando os objetivos últimos, arraigando-se na comunidade. Eles apelavam às elites locais e suas redes de parentesco e lugares nativos, embora soubessem que no curto prazo isso minaria as chances de redistribuição de terras (Benton, 1999: 168-175; Goodman, 2000; Hartford, 1989; Perry, 1984: 445; C. Chang, 2003: 87-89). Eles subestimavam outras políticas também. Estavam comprometidos com construir a "nova família democrática" para substituir o patriarcado confuciano pela escolha marital livre, monogamia e direitos iguais para mulheres, mas isso estava em tensão com o objetivo de basear as políticas econômicas na família e não no indivíduo. Usualmente, o homem adulto dominava a família e esperava obter a terra. O PCC tentava dar às mulheres da família direitos iguais à terra, mas se encontrava fortes resistências culturais não avançava. As terras redistribuídas a famílias pobres iam para o homem adulto. Somente mulheres divorciadas ou viúvas que chefiavam famílias obtinham direitos de propriedade. Stacey (1983) chama isso "patriarcado democrático": as reformas deram às massas direitos à agricultura familiar independente, mas o "patriarcado se tornou mais democraticamente disponível às massas de homens camponeses".

O recrutamento de elites era muitas vezes enganoso. Quando Chen Yi chegava ao município, pesquisava os antecedentes, realizações e redes de aristocratas insatisfeitos, e depois usava seu capital cultural e social, suas redes de parentescos e educacional, suas boas maneiras e sua escolaridade para obter o apoio delas. Ele enfatizava (ou inventava) conexões comuns, trocava poemas e criava sociedades artísticas e literárias locais. Lisonjeava a aristocracia pedindo-lhes para presidir reuniões oficiais, mantendo-a no escuro sobre as decisões reais. O apoio da aristocracia vinha através da exploração das origens ou escolas comuns, comunidades religiosas, sociedades secretas ou parentesco fictício adquirido através de rituais de irmandades de sangue. *Guanxi* – conexões – permitiram ao marxismo ser sinizado (Benton, 1999: 173-174, 185-186).

Isso levou ao "dualismo revolucionário", combinando "unidade" e "conflito", a cenoura e o bastão da estratégia comunista. Quando o partido se estabelecia em uma base local, políticas de unidade eram acompanhadas por reuniões de luta, encorajando os camponeses a expressarem descontentamentos sobre abusos, "expressarem amarguras" e denunciarem os abusadores diretamente em reuniões públicas. O *slogan* oficial era: "Conquistar o apoio dos progressistas, neutralizar os que ficam em cima do muro e focar ataques nos reacionários". Como esses termos não eram familiares aos proprietários de terras ou camponeses, muitos deles não sabiam quem era reacionário ou feudalista. Todos os tipos de rancores pessoais eram resolvidos sob a cobertura desses termos, o que levava o partido a instruir membros para denunciar somente os proprietários de terras e camponeses ricos mais notórios, além de seus "malfeitores", seus brutamontes. Em vez de "Abaixo com os bastiões do feudalismo", os quadros inferiores eram instados a gritar: "Abaixo com Wang, que tomou e ocupou as terras". Uma denúncia orquestrada de aldeia de um abusador notório, em que os quadros do partido permanecessem no ambiente, poderia forçar uma confissão e oferecer uma compensação. Se, em troca, Wang fugisse, sua terra ou propriedade poderia ser redistribuída aos pobres – ou aos mais politicamente apoiadores entre os pobres. Os quadros eram instruídos a não deixarem os camponeses partirem para o ataque, apelando para a violência. O partido continuava discutindo o equilíbrio correto entre unidade e luta e entre conciliação de elites e agitação das massas (Chen, 1986, esp. 181-201).

Onde as milícias comunistas governavam, um proprietário de terras tinha as opções de fugir (talvez, perdendo sua propriedade) ou aparecer para cooperar. Se os comunistas estivessem bem-estabelecidos, era melhor se juntar a eles. Se o KMT terminasse retornando, um proprietário de terras seria provavelmente poupado da retribuição. Se o retorno do KMT parecesse iminente, os proprietários de terras poderiam revelar seus verdadeiros sentimentos. Alguém disse a um comunista: "Ei! Ainda nos pressionando para pagar imposto agrícola! Foda-se!... Os exércitos Guomindang estarão aqui daqui a pouco. Eles vão cortar fora esse seu pau pequeno!" (Esherick, 1998: 362-363).

Muitas vezes, era uma luta difícil. Quando os quadros entraram na "fortaleza feudal" de Yangjiagou, uma aldeia isolada de montanha na Província de Shaanxi, eles ficaram chocados com o fato de os camponeses parecerem aceitar sua exploração. Os aldeões viviam em cavernas sujas no lado sombrio do vale; os proprietários de terras viviam em finas casas de campo do lado ensolarado, cercados por monumentos enaltecendo seus ancestrais. Os aldeões eram trabalhadores diários, meeiros e arrendatários, todos sem segurança econômica, vivendo com medo de ser demitidos pelo proprietário de terras, perdendo assim todo acesso à subsistência. Os comunistas diziam que os camponeses agiam como "escravos obedientes", aceitando que "o senhor seja elevado e o servo humilde" e que "riqueza e pobreza vêm dos céus". Eles pareciam material revolucionário tão pouco promissor que os comunistas inicialmente abandonaram o conflito de classes e recrutaram qualquer um, prometendo "que não prestariam serviço militar, carga tributária leve e vitória em todos os processos". Não muitos políticos puderam acompanhar essa oferta! (Esherick, 1998: 347). Quando esses materiais de classe "impuros" pudessem ser unidos em milícias capazes de defender a área-base, os objetivos de classe reais poderiam ser gradualmente revelados. Terminou funcionando aqui, e essa aldeia se tornou o quartel-general de Mao. Uma sequência lenta similar foi evidente na Aldeia de Arco Longo, e também em Shaanxi. Mesmo após os comunistas terem garantido o controle aqui em 1947, os camponeses ainda eram ultracautelosos. Se os comunistas fossem expulsos novamente, represálias contra os colaboradores seriam terríveis. Os milicianos comunistas tomaram um jumento e uma carroça de proprietários de terras ricos e os conduziram pela aldeia por vários dias, oferecendo-os aos camponeses pobres, mas não conseguiram encontrar um que os aceitasse (Hinton, 1966: 124).

Acima de tudo, o PCC tinha de convencer os camponeses de que poderia defendê-los. Se pudesse demonstrar isso, poderia começar a implementar reformas, e depois, talvez, a revolução. Ele começou com a vantagem de que camponeses sem terra muitas vezes se voluntariavam para as milícias comunistas. O pagamento de um soldado provia subsistência, e suas famílias eram geralmente cuidadas pelo PCC quando eles estavam fora. Como camponeses pobres e médios se beneficiariam muito com as reformas e a redistribuição, isso também era um motivo para se juntarem à milícia. Quando uma área de base era estabelecida, o recrutamento militar – junto à coleta de impostos – se tornava a responsabilidade da aldeia, e as autoridades da aldeia coagiriam os aldeões a preencherem sua cota de recrutamento. Milícias revolucionárias eram constituídas por membros de dentro da comunidade. Isso somava à sua efetividade na defesa, embora pudessem ser relutantes quanto a lutar em outros lugares (Goodman, 2000: 7, 260; Perry, 1980: 58; Chen, 1986: 383-401).

A revolução foi difícil no próspero Delta do Yangzi. O PCC podia extrair impostos do comércio em mercados e reter como impostos uma porção dos arrendamentos pagos a proprietários de terras absenteístas – mas isso não mobilizaria e reorganizaria as comunidades rurais. Como camponeses prósperos não buscavam o mísero pagamento de um soldado comunista, o partido não pôde aumentar suas forças armadas para impor a revolução. Os camponeses não se voluntariaram para as milícias e lutavam mal se coagidos, de modo que os comunistas trouxeram trabalhadores desempregados de Xangai para serem seus soldados. Eles se mostraram bons soldados, mas não muito úteis para a revolução dentro da comunidade porque eram estrangeiros (Liu, 2003: 23-28).

A política de Mao de *yila yila* envolvia ziguezaguear, cortejar e manipular um grupo social, seguido por um ataque a ele. Em regiões onde forças se tornaram mais ativas, os proprietários de terras eram acusados de colaborar com elas. Alguns eram aprisionados, outros fugiam. Se isso produzia uma reação, os quadros maneiravam as reformas e permitiam à aristocracia ilustrada e aos proprietários de terras progressistas ingressarem no movimento. Os proprietários de terras e camponeses ricos tinham de assumir a carga tributária, mas não tinham de se juntar às milícias, dominadas por camponeses mais pobres. Assim, os camponeses e não as classes altas ganharam o controle das relações de poder – sob o controle último do partido. Isso estava aumentando as infraestruturas futuras do poder, mobilizando os camponeses e inserindo o partido entre eles e a elite tradicional.

O PCC aumentou as redes de assembleias de aldeia, grupos agrícolas de ajuda mútua, associações educacionais, grupos de mulheres e milícias de defesa da aldeia, todos mobilizando os locais. Em uma área de base pobre do norte, os quadros comunistas entrantes tentavam se aliar às milícias dos Lanças Vermelhas e mesmo com bandidos. Isso não foi inicialmente bem-sucedido, mas quando as forças japonesas ameaçaram a área, as milícias lutaram junto aos comunistas. Quando a segurança retornou, os comunistas iniciaram projetos econômicos de trabalho intensivo produzindo mais excedente da dura ecologia local do que as práticas de cultivo normal poderiam produzir. A reconstrução envolvendo mobilização trabalhista de massa e a revivificação das ocupações artesanais foi importante para o sucesso comunista ao longo das bases do norte (Perry, 1980; Goodman, 2000: 63; Esherick, 1995).

A administração era em camadas. A camada externa, mais visível, consistia das associações antijaponesas da Frente Unida, cuja afiliação era aberta a todos. Os comunistas raramente expurgavam essa camada – mesmo chefes da antiga aldeia eram mantidos. A estrutura governamental era normalmente composta de um número igual de comunistas, não comunistas de esquerda e daqueles em cima do muro, o sistema 3:3:3 foi introduzido pela primeira vez em Yenan (Van Slyke, 1967: 142-153). A próxima camada compreendia associações de camponeses e de trabalhadores, com afiliação de acordo com a posição econômica. Finalmente, no centro estava a seção do partido, composta por pessoas cuidadosamente selecionadas, ou de intelectuais ou camponeses pobres ou médios confiáveis. Geralmente, os pobres eram considerados mais dignos, mas ativistas de baixa qualidade; com os camponeses médios era o inverso. A elite, confinada ao nível externo, era marginalizada. A participação camponesa, sob controle do PCC, tirou gradualmente a aldeia e a milícia do controle da aristocracia (Chen, 1986: parte II; Goodman, 2000: 28). Na aldeia, instituições educacionais e milicianas, o PCC estava mobilizando os camponeses para a implementação de reduções de impostos, de arrendamentos e de taxa de lucros, redistribuição de terras limitada e reuniões de luta, defendidas pelas milícias de camponeses.

Uma fase "moderada" durou da formação da Segunda Frente Unida em 1937 até o final de 1939, embora em muitas áreas somente em 1940 a redistribuição de terras fosse muito buscada (Goodman, 2000: 8, 57). Depois, uma fase mais radical foi combinada à ofensiva dos Cem Regimentos (*Hundred Regiments*) do norte contra os japoneses em 1940. Quando essa ofensiva fracassou, as políticas foram moderadas novamente. O futuro Primeiro-ministro Deng Xiaoping, depois comissário político da 129ª Divisão do Exército Vermelho, aconselhou comedimento em março de 1941: "O Departamento de Segurança Pública não é uma organização terrorista e deveria ser parte do sistema democrático. É um dever proteger quaisquer organizações e indivíduos antijaponeses. Aqueles proprietários de terras que não são antigoverno desfrutam de direitos e liberdade de expressão, bem como de religião e pensamento, como ocorre com trabalhadores e camponeses" (Goodman, 2000: 57). O inverso também levou aos expurgos do partido na "campanha de retificação" de 1942-1944. A liderança se unificou em torno de Mao para eliminar a facção pró-soviética. Aqueles que se opuseram a Mao eram aceitos de volta no partido caso se engajassem em autocrítica – "cure a doença e salve o paciente". Ela resultou em um partido mais disciplinado.

Onde o controle foi estabelecido durante a fase final da guerra, campanhas de mobilização de massa foram lançadas para cooperação econômica, eleições e conscrição aos exércitos vermelhos permanentes (Esherick, 1995: 67-68). Em algumas áreas de base, a redistribuição de terras agora recomeçava (Goodman, 2000: 21-23).

O Partido Comunista de vanguarda

A coesão do partido era crucial para o sucesso. Áreas de base comunistas eram separadas umas das outras em um arquipélago de miniestados que podem ter se fragmentado. A ideologia do partido dava o objetivo da unidade, e sua disciplina dava a ele uma vanguarda de quadros partidários – ideológico, asceta, bastante incorrupto – que discutiam calorosamente a linha do partido, mas depois a implementavam coletivamente. Muitos líderes vinham das cidades, embora muitas vezes filhos e filhas de camponeses (como Mao). O fechamento das universidades na guerra contra o Japão forneceu ondas sucessivas de estudantes retornados. Na área de base de Taihang, os intelectuais forneciam cerca de três quartos dos funcionários de nível municipal, embora muito menos no nível submunicipal (Goodman, 2000: 67-68). De Xangai, vinham jovens fugindo da ocupação japonesa, junto a ex-prisioneiros políticos do KMT libertos durante o governo da Frente Unida. Muitos voltaram para suas áreas de origem para fornecer o núcleo de uma área de base local (Van Slyke, 1986: 631). Os quadros eram jovens, mas diversos, incluindo trabalhadores da indústria, estudantes, professores e outros intelectuais, e mesmo chineses do exterior. Mulheres eram empregadas como professoras, enfermeiras, administradoras, contadoras e propagandistas. O Novo Quarto Exército era no começo instruído e cosmopolita, embora à medida que crescia recrutasse mais camponeses. No norte, o Exército da Oitava Rota era basicamente camponês exceto pelos altos oficiais e comissários (Bianco, 2001: 30; Benton, 1999: 54-73).

Novos recrutas raramente chegavam como comunistas convencidos. Eram jovens versados em políticas urbanas, vagamente de esquerda, antijaponeses e desiludidos com o KMT. O futuro líder da área de base de Taihang era de uma família de aristocratas, graduado na Universidade de Xangai, já ativo em sindicatos de Pequim. Ele confessou: "Éramos garotos da cidade. O que sabíamos? [...] Aqui, eu estava supostamente desenvolvendo áreas de base e não tinha ideia alguma do que eram, sem falar em como estabelecer uma". Muitos eram solicitados a frequentar uma "universidade" ou "ensino médio", involuntariamente financiados pelo KMT, uma vez que o subsídio fornecido aos exércitos vermelhos para combater os japoneses era parcialmente desviado lá. Cerca de 10.000 estudantes em um ano se graduaram na "Universidade da Resistência" em Yunan, e cerca de 8.000 em sua escola de ensino médio, tendo recebido uma dose pesada de doutrinamento comunista reforçada por canto coletivo, grupos de discussões e trabalho físico. Os comissários políticos supervisionavam a educação, bem-estar social e lealdade, e desvios políticos eram contrapostos pelas "campanhas de retificação". Não havia equivalente a isso no KMT. Pela disciplina, propaganda e sessões de luta, recrutas mais fracos ou ambivalentes eram removidos. Os remanescentes eram estabelecidos como comunistas. Havia reuniões que duravam um mês para os quadros de nível inferior, bem como reuniões de aldeia para criticar os quadros – em meio à guerra e à guerra civil. Havia mais controle sobre os quadros do que sobre os camponeses. Uma organização de poder ideológico formidável mantinha a disciplina do PCC (Li, 1994: cap. 10; Esherick, 1995: 49, 59-61; Goodman, 2000: 9-11, citado de 11; Chen, 1986: cap. 6).

Muitos quadros enviados para comunidades recém-capturadas eram estudantes treinados ou professores. Eles visavam a professores locais para recrutamento, vendo-os como abertos a ideais modernizadores, e eram respeitados pelos camponeses por seu conhecimento do mundo. Muitos professores haviam sido educados nas cidades, mas não conseguiam encontrar emprego lá, devido à guerra e à ocupação japonesa (Benton, 1999: 89-99; Bianco, 2005). Professores locais também tinham a vantagem de falar o dialeto local. No norte da China, diz Goodman (2000: 269), um "camponês ou agricultor... provavelmente acharia difícil diferenciar entre um soldado falando japonês e um soldado falando fujianês" (falado por muitos quadros). Pouca ocultação dos objetivos últimos do partido era necessária com os professores – uma parte da vanguarda junto aos camponeses pobres e médios. Não teria havido revolução sem essa elite política, armada com uma ideologia de que representavam a modernidade e o progresso – e que se apercebia de que, uma vez que passasse de um ponto sem retorno, teria de continuar lutando. A revolução camponesa foi sua construção. Eles articulavam o descontentamento camponês genuíno, mas essa não foi uma rebelião espontânea (Bianco, 2005: 439; Chen, 1986).

Guerra civil e vitória

Suas táticas terminaram funcionando. Da Longa Marcha à formação dos campos de base protegidos para projetos de mobilização de massa militarizados, um modelo de socialismo militarizado se desenvolveu, protegendo e alimentando os camponeses, depois diminuindo arrendamentos e impostos, e finalmente redistribuindo a terra. Na área de base de Taihang na Província de Shanxi, ocorreram grandes mudanças de classes. Em 1936, quando a área de base começou, proprietários de terras detinham 26 e camponeses 23% da terra. Essas proporções declinaram constantemente até 1944, quando detinham respectivamente 5 e 13% da terra. Os camponeses pobres também declinaram em número porque a redistribuição transformou muitos deles em camponeses médios, cuja posse de terra aumentou de 31% em 1936 para 65% em 1944. O controle político sobre as políticas em nível municipal e de aldeia também passou dos proprietários de terras e camponeses ricos para intelectuais e quadros de aldeia de camponeses médios. Essa foi uma grande redistribuição de riqueza e poder, como a eliminação virtual do arrendamento nas áreas de base (Goodman, 2000: 29-33, 258-265).

Passado um ponto de não retorno, os camponeses tinham mais a temer do retorno do KMT ou dos japoneses do que dos comunistas. Durante a guerra, ambos lançaram ataques predatórios envolvendo assassinatos em uma escala que os comunistas tentaram evitar. Após a guerra contra o Japão ter terminado, as forças do KMT acreditaram no início que haviam triunfado e lançaram o Terror Branco contra os colaboradores dos comunistas. A essa altura, os camponeses usualmente defenderiam a revolução, porque também estariam se defendendo. Sem seu apoio, os quadros do partido teriam sido massacrados. Nesse momento, os quadros estavam redistribuindo energicamente terras. Quando os funcionários comunistas permitiram ou não puderam impedir essa redistribuição, pobres e camponeses médios, acreditando que a vitória estava à vista, infligiram uma terrível vingança contra os ricos, revelando que a deferência ao "ente quadrilátero" repousava mais no poder do que no consenso ideológico (Bianco, 2005: 453). Não eram necessárias uma guerra e uma guerra civil prolongadas para levá-los a esse ponto. Agora, a redistribuição de terra e de impostos era uma vantagem para os comunistas. Essa terminou sendo uma revolução marxista de classes, embora obtida por meio de reformismo e conflito militar crescentes. A guerra de três vias (sem mencionar os líderes militares e bandidos) afetou tanto a China rural que a ordem não foi mais real o bastante para ser restaurada. Isso eliminou a força mais poderosa que havia até então produzido a obediência dos camponeses à sociedade de classes que tanto o KMT como os japoneses representavam.

Em 1945, à medida que os japoneses depunham suas armas, o PCC e o KMT se expandiam rapidamente ao longo de áreas anteriormente sob o controle japonês. O KMT possuía forças muito maiores e poderia ocupar grande parte das cidades e das áreas agrícolas mais prósperas. A última ofensiva japonesa, a de Ishigo de 1944, havia destruído as divisões de elite do KMT – a última das contribuições dos japoneses para a Revolução Chinesa. Agora, a Guerra Civil havia posto os exércitos de infantaria semitreinados uns contra os outros. Talvez, se uma ou duas batalhas muito acirradas de 1948 tivessem resultado diferentes, os comunistas não tivessem vencido (Westad, 2003: cap. 6). Guerras acrescentam essas contingências. Todavia, as fraquezas do antigo KMT permaneceram; faccionalizado, seus generais falharam em se integrar tão efetivamente quanto os comunistas mais disciplinados pelo partido. Eles também falharam em integrar sua campanha antijaponesa com ideais políticos em uma causa genuinamente popular. Na verdade, após 1945, eles colaboraram com ex-traidores japoneses. Quando o KMT assumia o controle das cidades, usava soldados japoneses para integrar as forças policiais urbanas, isso não os deixou bem entre os chineses; tampouco, os funcionários aventureiros do KMT, "a nova nobreza", irrompendo nas cidades; ou mesmo a inflação galopante. O KMT não pôde entregar reformas muito necessárias, e, como resultado, houve greves de trabalhadores, revoltas estudantis e apelos por reformas nas áreas sob seu controle. Embora tivesse mostrado tendências reformadoras na década de 1920 e começo da década de 1930, sua dependência crescente de proprietários de terras e empresários frustrou sua ala reformista. Em contraste, o subterrâneo comunista que ressurgia nas cidades prometia reformas que eles já tinham introduzido nas áreas que haviam ocupado. A esse respeito, era possível acreditar neles (Westad, 2003: 70-76, 143; Pepper, 1999: 10-94, 132-194).

Em zonas rurais recém-adquiridas pelo KMT, a elite simplesmente mudou a lealdade do Japão ao KMT, e não houve reformas. Em áreas recém-adquiridas pelos comunistas, aqueles que haviam colaborado com os japoneses foram depostos. Não necessitando mais de sua cooperação, o PCC intensificou as reduções de arrendamento e de taxas de juros e impostos progressivos e encorajou os camponeses a avançarem. Em maio de 1946, o PCC intensificou a luta, e ordenou um novo comprometimento com a redistribuição de terras, tão logo cada área de base tivesse sido assegurada. Alguns camponeses demoraram em se comprometer, sem acreditar muito que a maré havia finalmente mudado; outros dificilmente poderiam ser impedidos de tomar a terra e posses e de espancar e matar seus antigos senhores. Isso encorajou outros a não perderem a oportunidade, e o papel principal dos quadros se tornou impedir a violência e tornar a redistribuição um processo mais ordenado. Para os líderes de partido, a redistribuição da terra não era principalmente um objeto em si, mas o meio principal de subverter as relações de poder tradicionais na aldeia e de formar milícias que pudessem reiterar o ataque em outra parte. Ajudaria a "ajustar o céu" (Pepper, 1999: 243-330; Westad, 2003: 128-137).

O sucesso teve seus problemas. Em "antigas" áreas conquistadas e já revolucionadas antes da rendição dos japoneses, os programas de arrendamento, taxas e impostos já haviam muitas vezes cortado as posses de terras dos proprietários de terras e camponeses ricos e introduzido uma igualdade ampla. Isso tendeu a desmobilizar os camponeses. Eles haviam conseguido o que queriam, agora poderiam relaxar e desfrutar disso. Como Li (2008) coloca, ironicamente, o PCC foi defrontado por "uma séria escassez de proprietários de terras". Nada impressionado, inventou novos inimigos como "proprietários de terras mascarados", "proprietários de terras em declínio", "proprietários de terras enterrados" (que haviam enterrado sua riqueza), "proprietários de terras dentro do partido", "quadros ruins" e "quadros com origens de proprietários de terras". Assim, lutas foram lançadas para desmascarar os traidores e desencavar a riqueza e as raízes familiares. Os camponeses deviam continuar *fanshen* ("mudando o corpo") e *fanxin* ("mudando o coração/mente"), as exigências material e ideológica duais para criar um revolucionário legítimo. Em áreas conquistadas mais recentemente, o PCC pôde inverter a política, inventando novas categorias de classes para enfraquecer o radicalismo camponês – considerava-se que os novos ricos camponeses (enriquecidos pela taxa de arrendamento do PCC, e pelas políticas de juros) diferiam fundamentalmente dos antigos camponeses ricos, que permaneceram inimigos de classe. Como os objetivos eram múltiplos – ideológicos, econômicos, militares e políticos – eles muitas vezes se contradiziam. Revolução econômica demais enfraqueceu a mobilização política e econômica. Mobilização política demais ameaçou os níveis de produção econômica – dos quais a vitória militar também dependia. A mobilização era boa para a democracia partidária, do que os líderes gostavam – até se aperceberem de que reduzia seus próprios controles. Não houve descanso para os revolucionários, cujas políticas ziguezagueavam através das fontes do poder social.

A Manchúria foi o teste decisivo durante os estágios finais da Guerra Civil. Quem quer que controlasse seus recursos industriais provavelmente venceria. Sob ocupação japonesa desde 1934, nenhum lado já estava implantado lá. O Exército da Oitava Rota comunista entrou por terra, reabasteceu-se com armas japonesas entregues a eles pelas forças soviéticas (que haviam recebido a rendição japonesa lá). Meio milhão de soldados do KMT foram armados e transportados para a Manchúria pelos Estados Unidos. Os comunistas chegaram lá primeiro e ocuparam as cidades. Pela primeira vez tiveram de defender cidades, não atacá-las. As elites da cidade ou já haviam fugido antes da invasão japonesa ou foram desacreditadas pela colaboração. Seu controle local havia sido quebrado (Levine, 1987: 244-246). A Manchúria tinha mais desigualdade agrária e trabalhadores sem terra, mas também era mais próspera, de modo que a exploração não era experienciada tão catastroficamente. Os comunistas realizaram seu usual repertório de reformas. Com as elites quebradas e nenhuma retribuição imediata futura, os camponeses manchurianos responderam. O partido intensificou as reuniões de luta e redistribuições de terras, e os camponeses se alistaram aos milhares nos exércitos comunistas. Levine (1987: 10) diz: "A revolução foi um meio – o mais importante meio – de combater a guerra", os comunistas agora tinham as vantagens do poder militar: mais unidade de comando e soldados voluntários, melhor abastecidos pelas aldeias civis; e associações de mulheres, motivadas pela reforma agrária e pelas mudanças políticas que a acompanhavam.

O sucesso militar se tornou autorreforçador à medida que camponeses e habitantes das cidades se aperceberam de que os comunistas venceriam. Agora, o comunismo era acolhido como um alívio da guerra civil. Finalmente, a China poderia ter um governo único que pudesse manter a ordem (Westad, 2003: 114, 121-128). Se os comunistas possuíssem quaisquer embarcações, teriam tomado Taiwan também. Ao final de 1948, os Estados Unidos se apercebeu de que o KMT estava perdendo e cessou seu fornecimento de armas. Stalin e Truman chegaram a um entendimento implícito para permanecer fora da guerra civil. Eles estavam cansados de guerras.

Quando os comunistas finalmente entraram nas cidades da zona costeira, chegaram não como conquistadores, mas como libertadores nacionais. Eles declararam que estavam dispostos a se comprometer com aqueles com qualificações úteis, fossem trabalhadores, profissionais ou administradores. Eles confrontaram poucos capitalistas, porque durante o governo do KMT dois terços da indústria havia sido nacionalizada e muitos capitalistas que haviam colaborado com os japoneses haviam fugido para Hong Kong. Os comunistas mantiveram uma ampla frente pelos dois primeiros anos de seu governo, e deixaram Hong Kong de lado, contentes em oferecer incentivos para que os capitalistas de lá retornassem (Pepper, 1999: cap. 9; cf. Westad, 2003: cap. 8). Uma vez mais, sua política era consolidar seu controle em sua área de base, agora a China inteira, e somente depois começar a revolução. Como veremos no volume 4, isso foi exatamente o que fizeram.

A China e as teorias da revolução

Essa foi uma revolução agrária, um arauto de muitas revoluções tentadas no período pós-Segunda Guerra Mundial. Duas explanações de seu sucesso foram promovidas por historiadores da China: uma enfatizando o nacionalismo; a outra, o conflito de classes. Chalmers Johnson deu a explanação nacionalista mais clara. Ele argumentou que a experiência de Kiangsi ensinou aos comunistas que a reforma agrária e a ideologia marxista-leninista não poderiam politizar as massas camponesas. Em troca, a guerra contra o Japão e o mau governo do KMT lhes deram a oportunidade para mobilizar o nacionalismo chinês. Ele diz que eles "evitaram seus *slogans* antigos de guerra de classes e redistribuição violenta de propriedades em sua propaganda pós-1937 e se concentraram apenas na salvação nacional". O "nacionalismo campesino" era parte do "nacionalismo de massa" que varria o mundo no final da primeira metade do século XX. Ele diferia do nacionalismo do KMT, que apelava basicamente aos intelectuais e pessoas urbanas, mas tinha pouco apelo entre as massas de camponeses. Os comunistas proporcionaram mobilização social e um mito nacional, e seus governos nas áreas de base "serviam como instrumentos para ajudar as massas rurais a obterem uma compreensão política da guerra para servir como uma glosa em sua experiência pessoal". A guerra "rompeu o controle do paroquialismo sobre o camponês chinês... e sensibilizou [camponeses] para um novo espectro de associações, identidades e propósitos possíveis. Antes de tudo, entre os novos conceitos políticos estavam aqueles de "China" e "nacionalidade chinesa". A guerra, adequadamente explorada, gerou identidade nacional e nacionalismo" (1962: 3-5). Johnson diz que a China forneceu a primeira revolução social anticolonial.

A guerra com o Japão teve efeitos nacionalizadores. O terrível comportamento dos exércitos japoneses impôs a identidade nacional aos locais, dando-lhes um sentimento de pertencimento a uma identidade coletiva maior, em oposição aos japoneses. Todavia, isso não pode explicar muito. Muitas áreas de base comunistas ficavam fora das áreas do avanço japonês, e elas não se formaram para o propósito de resistir a eles. Na época em que os japoneses ameaçaram áreas de base comunistas, muitas já estavam bem-estabelecidas (Van Slyke, 1986: 631). Tampouco os camponeses eram tão hostis aos japoneses como Johnson sugere. Ao contrário, eles tentaram determinar quem venceria a guerra em sua área: os japoneses, o KMT, o PCC ou os líderes militares. Eles se submeteram àqueles que achavam que venceriam, uma vez que a submissão aos vitoriosos evitaria retaliação. Mesmo os japoneses se tornavam suportáveis como governantes quando se submetia a eles, e eles podiam manter a ordem. Há pouca evidência de que a escolha de governo dos camponeses tivesse sido grandemente influenciada por sentimentos antijaponeses (Chen, 1986: 513-514). De fato, onde a repressão japonesa se tornou atroz, tendeu a ser efetiva, expulsando os comunistas e destruindo o desejo dos camponeses de resistirem (Hartford, 1989: 94). Forças japonesas e comunistas tiveram pouco contato entre si até 1941. "Em toda parte, durante os primeiros quatro anos da guerra na China", diz Bix (2001: 347), "os exércitos de área japoneses desprezaram os soldados comunistas controlados por Mao Tsé-Tung, considerando-os meros "bandidos", e dirigindo praticamente todos os seus principais ataques contra as forças "nacionalistas" de Chiang Kai-shek". A força aérea japonesa se concentrou em bombardear as fortificações do KMT.

Na verdade, tanto Chiang como os comunistas foram relutantes em enfrentar os japoneses. Os comunistas colocaram forças de guerrilhas por trás das linhas japonesas, adquirindo assim algumas credenciais nacionalistas. Todavia, isso também lhes permitiu evitarem que comprometessem os principais recursos militares que batalhas sérias teriam exigido. Houve uma mudança temporária na estratégia do PCC em 1940. A ofensiva dos Cem Regimentos foi uma tentativa de romper suas fortificações ao noroeste, mas os japoneses contra-atacaram e fizeram os comunistas recuarem, fazendo grandes ganhos. Subjugados, voltaram à guerra de guerrilha principalmente contra os líderes militares pró-japoneses, alvos mais fáceis. O PCC e o KMT se tornaram determinados a preservar suas forças para um confronto posterior entre si. Em algumas regiões, tenderam mais a atacar um ao outro do que os japoneses. Na China central e oriental, o principal conflito era entre o Novo Quarto Exército comunista e as forças do KMT (Dreyer, 1995: 234-244, 252-254; Benton, 1999).

Como Johnson diz, a formação da Frente Unida contra os japoneses, que durou nominalmente até o fim da Guerra do Pacífico, beneficiou os comunistas mais do que o KMT. Ela lhes deu nova legitimidade entre nacionalistas, mostrou que poderiam subordinar os interesses de classe aos interesses nacionais, e diminuiu um pouco a probabilidade de seus inimigos de classe traí-los com os japoneses (Shum, 1988). Contudo, como Kataoka (1974) sugeriu, a Frente foi para os comunistas basicamente uma oportunidade para avançarem em sua agenda nacional. O mito nacionalista se tornou muito importante após a derrota dos japoneses, quando Mao e o PCC se declararam os salvadores nacionais – é por isso que na China hoje Mao é ainda lembrado positivamente. Embora um fator importante em seu sucesso final, o nacionalismo não foi o principal.

O modelo de classe alternativo é associado especialmente a Mark Selden (1971). Ele argumentou que os camponeses lutaram pelos comunistas porque eles tratavam dos problemas fundamentais da sociedade rural: desigualdades flagrantes de posse de terras, riqueza e poder. Em 1935, o governo do KMT empreendeu um estudo massivo de mais de 1 milhão de famílias que ocupavam um quinto da terra do país. Embora o tamanho médio das propriedades tivesse declinado ao longo das muitas décadas devido à crescente pressão populacional, a desigualdade da posse de terras entre famílias era muito grande: 60% de todas as famílias de agricultores possuíam somente 18% da terra; 20% detinham 60% da terra. O coeficiente Gini calculado sobre o tamanho das posses mostrou uma proporção de concentração de 57%, indicando uma desigualdade geral elevada. Em tempos normais, os camponeses chineses poderiam subsistir apesar disso, mas o poder dos chefes militares e guerras civis empurraram muitos para baixo durante esse período (Myers, 1969).

Os comunistas revestiram isso com redistribuição de terra, reduções de arrendamento, pagamentos de juros e impostos. Selden enfatizou a participação dos camponeses pobres e médios nas organizações comunistas e o cuidado que o PCC tomou em suas campanhas de retificação para governar justa e igualmente e expurgar funcionários corruptos. Essa foi a linha de massa de Mao, o Modo Yenan, "a descoberta de métodos concretos para vincular a participação popular na luta de guerrilha com um ataque comunitário abrangente a problemas rurais". Minha descrição tendeu a endossar os argumentos de Selden, mas – como Johnson observa – Selden termina falhando em explicar como os temores dos camponeses foram superados, e seu elogio das virtudes comunistas é muitas vezes ingênuo, exagerando o entusiasmo dos camponeses pela revolução (1971: 77, 120, 177, 208-210, 276; seu ensaio de 1995 reformula seus argumentos sem essa ingenuidade).

Johnson, Selden e muitos outros dizem pouco sobre a saúde geral da economia chinesa ou sobre as relações de produção em cada área de sucesso ou fracasso comunista. Essas omissões são justificadas? A década de 1930 foi a década crucial para o crescimento do comunismo chinês. Foi também a década da Grande Depressão. Podemos esperar que as duas estejam relacionadas. Foran (2005: 22) menciona recessões e depressões como os primeiros dos cinco elementos em sua explicação das revoluções modernas. Como o crescimento populacional já havia corroído a base exigida por uma sociedade agrária vivendo próximo ao nível de subsistência, uma depressão poderia fazer a diferença entre vida e morte. O impacto da Depressão na China foi posposto porque a China não estava no padrão-ouro, mas no padrão-prata, que depreciou como resultado da Depressão global. Por um tempo, isso foi bom para as exportações e preços agrícolas locais. A Depressão depois a atingiu com força em 1933. A agricultura foi a mais afetada. Todos os preços caíram, os lucros dos proprietários de terras foram pressionados, e, por sua vez, pressionaram os camponeses, aumentado suas dívidas e por vezes forçando-os a abandonarem a terra. Fortunas comerciais variavam; a Depressão afetou o Yangzi inferior comercializado muito mais do que o distante Yenan. Ao longo de grande parte da China, a Depressão foi experienciada mais como um "trovão distante", ocorrendo em algum outro lugar, ameaçador talvez, mas não nos afetando aqui (Wright, 2000). Xangai foi integrada à economia internacional e experienciou dificuldades, mas mesmo lá poucos reclamaram de uma depressão. No geral, havia provavelmente crescimento econômico em algumas regiões e estagnação ou ligeiro declínio em outras. Os camponeses eram os que mais sofriam (Myers, 1989; Rothermund, 1996: 110-115). O sucesso comunista não estava correlacionado à depressão econômica. O PCC deu certo tanto na próspera Manchúria como em áreas atrasadas, e havia começado bem na próspera China oriental antes de ser militarmente derrotado lá.

O impacto da Depressão foi menor do que o da guerra ou o de desastres ambientais como enchentes, secas, gafanhotos e peste bubônica. Foran (2005: 46-57) reconhece isso em sua discussão detalhada sobre a China, embora não em sua conclusão geral. A fome na primavera permaneceu uma ameaça perene em grande parte da China. Em partes de Yenan, a fome durou intermitentemente de 1928 a 1933. Mesmo no Yangzi inferior houve quebras de safra e fome em 1935. A partir de 1931 na Manchúria, a partir de 1934 em partes do norte da China e a partir de 1937 no norte, leste e centro da China, as guerras provocaram maior devastação e privações para os camponeses do que os problemas do mundo capitalista. Diques eram explodidos deliberadamente, aldeias destruídas, camponeses mortos, impostos aumentados e milhões de soldados eram como gafanhotos, devorando campos e depósitos. As guerras prejudicaram especialmente o KMT. Ele teve que cobrar altos impostos para financiar seus exércitos grandes, especialmente após ter perdido as regiões mais economicamente avançadas para os japoneses. Os impostos não eram legitimados por qualquer habilidade discernível para expulsar os japoneses. Onde estavam no controle, os comunistas lutaram com guerra de guerrilha com menos custos e cobraram muito menos impostos. A estratégia militar do KMT também foi menos amigável aos camponeses. Em 1938, quando explodiu os diques do Rio Amarelo para bloquear o avanço japonês, a inundação matou quase 1 milhão de camponeses. Ele repetiu táticas de explosão de diques em 1945 quando atacou bases comunistas. Os exércitos comunistas pareciam gafanhotos menores.

Considera-se que diferentes relações de produção tornam alguns campone-ses mais revolucionários que outros. Alguns argumentam que o impacto do ca-pitalismo global revolucionou aqueles camponeses perturbados pela entrada da agricultura comercializada em um país. Os camponeses que até aqui produziam para si próprios e para os mercados locais foram deslocados pela agricultura comercial, orientada para a exportação, de grande escala. Sob essa pressão, os camponeses perderam sua terra e se tornaram trabalhadores ou arrendatários de grandes propriedades ou plantações – ou saíam da agricultura para se torna-rem trabalhadores na construção, manufatura ou mineração. Lá, eram recrutas mais prováveis para movimentos revolucionários. Isso é o que Foran chama "desenvolvimento dependente" (cf. Barrington Moore, 1967; Wolf, 1969; Mig-dal, 1974; Paige, 1975).

Paige diz que setores da agricultura de exportação estabelecidos em meio a uma economia de subsistência mais tradicional tendem mais a produzir revo-luções camponesas, especialmente se dominados por meeiros e trabalhadores migrantes. Rebeliões mais limitadas e movimentos de reformas são gerados por haciendas comerciais, plantações e pequenos proprietários de terras. Contudo, sua análise estatística de países foi criticada, e a relação é provavelmente muito pequena (Somers & Goldfrank, 1990). Wickham-Crowley (2001) mostra que invasores e trabalhadores migrantes tendiam mais a apoiar a revolução na Amé-rica Latina; na China, a revolução camponesa não foi relacionada à agricultura recém-comercializada. Algumas regiões haviam sido comercializadas por sécu-los, outras ainda não eram comercializadas, e em partes do planalto no norte da China a comercialização estava trazendo não o capitalismo, mas o que P. Huang (1985) chama "involução", por meio da qual o produto marginal de um lote fa-miliar caía abaixo do salário médio para os trabalhadores. Uma produção maior era necessária para manter a família viva, mas tinha de resultar do trabalho duro de todos, não de maior produtividade. Essas famílias "proletarizadas" de cam-poneses permaneceram vulneráveis às recessões econômicas ou deteriorações ambientais, mas, com suas cabeças baixas enquanto trabalhavam, não foram re-ceptivas ao comunismo. Contudo, a agricultura comercializada não gerou mais comunismo. Kiangsi, o primeiro soviete rural estabelecido, continha alguns se-tores comerciais, mas as áreas de base principais em Yenan e Shensi no noroeste não. Os comunistas geralmente estabeleciam suas áreas de base em áreas mon-tanhosas defensáveis, de modo que recrutavam mais apoio camponês das áreas menos comercializadas, embora isso fosse por razões militares, não econômicas. Eles encontravam recrutas em condições econômicas variadas. Nem a pobreza terrível nem as condições da curva-J (onde a prosperidade crescente depois dava lugar à recessão), tampouco, a comercialização ou o desenvolvimento depen-dente, nem os tipos de arrendamento poderiam prever o sucesso comunista. A condição da agricultura local importou menos do que a entrada e o subsequente poder das milícias comunistas. Onde elas não entraram, não houve revolução, independentemente das relações de produção. Onde entraram, ajustaram suas políticas às realidades locais, incluindo as relações de produção.

Wolf diz que a comercialização gerou os descontentamentos-chave dos camponeses (1969:130-131), mas acrescenta que os camponeses médios foram os revolucionários principais no século XX. A China é seu caso principal. Ele diz que os camponeses pobres e os trabalhadores sem terra eram muito dependentes de proprietários de terras para sua subsistência, de modo que tinham insuficiente poder tático para lançar ou sustentar uma revolução. Camponeses ricos, por outro lado, tinham pouco incentivo para se revoltar e muito a perder. Os camponeses médios, em contraste, tinham recursos e motivação. Wolf também identifica os camponeses nas áreas periféricas como um grupo inclinado a uma segunda revolução: "O único componente do campesinato que tem uma vantagem interna é ou o 'campesinato médio' proprietário de terras ou um campesinato situado em uma área periférica fora dos domínios do controle do proprietário de terras". A chave, ele diz, é que esses dois grupos são "taticamente móveis... e o camponês médio e pobre, mas 'livre', não restringido por qualquer domínio de poder, que constitui os grupamentos cruciais para rebeliões de camponeses". O isolamento dos camponeses de Yenan e Shensi lhes deu mais liberdade política, e a fortidão das montanhas próximas lhes permitia a retirada militar, caso necessária. Quase todas as bases comunistas estavam ou na periferia montanhosa do norte da China ou nas áreas planálticas de fronteira entre províncias, onde a fraqueza militar do Estado deu aos comunistas fôlego para conquistarem o apoio dos camponeses e aumentarem suas defesas (Wolf, 1969: 291-293; cf. Esherick, 1995: 56; Kataoka, 1974: 294-295).

A explicação de Wolf é em termos de capacidades de poder político e militar, não de exploração econômica. Ele acrescenta depois um elemento de poder ideológico. Reconhece que os camponeses não poderiam começar uma revolução sem ajuda, e seguiram a liderança da "*intelligentsia* armada". Ele acrescenta uma ironia ideológica, dizendo sobre os camponeses médios e periféricos: "Esse é também o campesinato no qual antropólogos e sociólogos rurais tenderam a ver os principais representantes da tradição camponesa" (1969: 292) – conservadores culturais fazem revoluções campesinas! Sua explicação inclui as quatro fontes de poder.

Todavia, os camponeses médios não foram tão revolucionários. Embora o PCC acreditasse que os camponeses médios dessem militantes melhores, eram menos fáceis de recrutar do que camponeses pobres. O recrutamento de camponeses médios *versus* camponeses pobres dependia basicamente da política local do PCC. Onde sua política foi moderada, mais camponeses médios foram recrutados; onde sua política era radical, mais camponeses pobres foram recrutados. De um modo geral, o partido recrutou mais camponeses pobres, embora, como um resultado da redistribuição comunista, muitos tenham se tornado camponeses médios – mobilidade social por meio do comunismo!

Um modelo de exploração econômica muito mais simples se aplica à China. Diferentes relações de produção, diferentes tipos de exploração, como especificado por Paige ou Wolf, importavam relativamente pouco. Durante o governo do KMT e dos líderes militares, a China teve ecologias e economias variadas, mas um amplo sistema de exploração da classe rural, estabelecido, conforme a região, sobre arrendamentos ou impostos, e que era em toda parte reforçado pelas extrações dos proprietários de terras por meio de usura, privilégios, taxas para pôr em funcionamento associações locais, controle corrupto de administrações locais e o poder político e militar para extrair níveis arbitrários de todas essas extrações. Essa exploração bruta sobrepujava as várias diferenças locais ao longo da China. Como o PCC argumentava, ela opunha proprietários de terras, camponeses ricos, agiotas e funcionários contra camponeses médios e camponeses pobres. Essa exploração se dava, às vezes, por impostos, às vezes, por arrendamento, mas foi sempre fortalecida pelo ente quadrilátero – coletores de arrendamento, comerciantes, usurários e funcionários –, como o próprio Wolf enfatiza. Essa era a parte do poder econômico da explanação.

Embora os camponeses soubessem que eram explorados, pensavam que isso era o destino da humanidade. Quando os comunistas foram capazes de demonstrar que poderiam remover o poder coercivo do ente quadrilátero e redistribuir a terra, riqueza e poder a eles, um número suficiente de camponeses médios e camponeses pobres em áreas de diferentes relações de produção se reuniu em torno deles para espalhar a crença de que era possível depor essa ordem exploradora e substituí-la por uma mais justa. Esse foi um processo longo, lento e desigual que se estabeleceu entre a guerra e a guerra civil. O poder militar do comunismo permitiu uma revolução de classes pela formação de milícias de camponeses defendendo cada área de base contra as classes dominantes. A melhor explanação dessa revolução foi oferecida por Mao e seus quadros, que conceberam estratégias para explorar a guerra de guerrilha flexivelmente, mas o máximo possível.

Foran (2005) promoveu a teoria mais elaborada das revoluções do Terceiro Mundo. Ele argumenta que em todas as revoluções sociais bem-sucedidas do século XIX – México, 1910-1920; Cuba, 1935-1959; Irã, 1977-1979; Nicarágua, 1977-1979; e China (ele exclui a Rússia) – cinco condições são sempre encontradas: desenvolvimento econômico dependente; uma recessão econômica; um Estado repressor, exclusivista e personalista; uma forte cultura política de oposição; e uma "abertura sistêmica para o mundo". Em contraste, em revoluções menos bem-sucedidas ou fracassadas (que ele também analisa), essas condições foram menos pronunciadas. Contudo, já vimos que suas duas primeiras condições, desenvolvimento dependente e recessão econômica, não funcionaram muito bem na China. Tampouco, na Rússia, como vimos no capítulo 6.

A terceira variável de Foran é um Estado repressivo, exclusivista e personalista, repressor e excluindo quase todos de uma participação no governo, mesmo elites importantes. O governante depende das lealdades pessoais, uma base frágil de governo. Muitos estudiosos hoje veem esse como o tipo mais vulnerável de Estado, que é a precondição mais importante da revolução (Goldstone, 2004, 2009). Contudo, observei no capítulo 6 dois tipos de vulnerabilidade – faccionalismo e estreiteza ou falta de poder infraestrutural estatal. Wickham-Crowley (2001) acrescenta o poder militar. Regimes personalistas desenvolvem guardas pretorianas, boas na proteção do governante e na repressão de dissidência normal, mas ruins em travar guerras ou guerras civis. Elas resistem à profissionalização militar e podem ser subjugadas por insurgentes armados. Goodwin (2001) diz que esses estados têm capacidades militares e de policiamento baixas. Ele apresenta o que chama uma explicação "paradigma centrado no Estado", com o Estado como "o fator mais importante" da revolução.

O KMT era um regime personalista, exclusivista e altamente repressivo, ou tinha infraestruturas fracas? Chiang Kai-shek foi o líder indiscutível desse Estado-partido, que era incontrolável. Contudo, seu regime não foi exclusivista. Ele havia feito acordos com muitos líderes militares, e havia também facções distintas de esquerda e de direita; qualquer um poderia se juntar a elas. Seu ponto fraco não residiu em excluir as elites ou a *intelligentsia* urbana ou a burguesia da participação no governo. Foi bem ao contrário: Chiang buscou desesperadamente integrá-los ao Estado. Contudo, esse pode ter parecido um Estado fraco sob outros aspectos. Chiang carecia de infraestruturas suficientes para fazer seu comando valer em muitas províncias, e as elites locais muitas vezes obstruíam seus esforços de reforma. Por outro lado, os comunistas foram muito fracos até quase o fim. Chiang os derrotou primeiro em Xangai, depois em Kiangsi, e esteve a ponto de derrotá-los totalmente em Yenan. Suas infraestruturas fiscais e militares estavam certamente prontas para a tarefa de destruí-los por uma terceira vez, mas depois os japoneses intervieram. Nenhum Estado asiático poderia lidar com os japoneses, embora o regime do KMT tivesse sido bem-sucedido em mantê-los a distância. Diferentemente dos exércitos russos na Primeira Guerra Mundial, os soldados nacionalistas não se recusaram a lutar, a despeito de perdas pesadas. O Estado chinês parece mais forte do que o modelo dos sociólogos sugere, mas suas infraestruturas haviam sido destroçadas pelos japoneses. Esse Estado não era tão infraestruturalmente forte ou tão coesivo quanto os dois estados com os quais estava em guerra, o Japão e, a partir de 1945, o Estado-partido comunista. A fraqueza do Estado só foi exposta pela guerra contra os dois estados inusualmente fortes. Isso não é de modo algum a mesma coisa. A Revolução Chinesa não se enquadra bem nas teorias sociológicas – e foi a revolução moderna mais importante!

A quarta variável de Foran é a força da cultura política de oposição. Estudiosos argumentam que a liderança revolucionária emerge de intelectuais dissidentes urbanos e que movimentos revolucionários bem-sucedidos se expandem a partir de sua base camponesa ou trabalhadora para atrair uma oposição ampla, urbana e multiclasses (Goodwin, 2001: 27; Wickham-Crowley, 2001; Goldstone, 2009). Na China, as cidades e universidades forneceram uma torrente de homens e mulheres jovens para o PCC. Após a revolução abortiva de 1911, as cidades criaram muitos reformadores. Isolados do governo de líderes militares e do KMT, muitos depois mudaram para o comunismo para se tornarem a elite do poder ideológico que descrevi acima, comprometida com a causa, convencida de que a história estava do seu lado, moralmente desviada da corrupção – salvacionistas seculares. Todavia, a segunda metade desse modelo não se aplica, porque as cidades permaneceram nacionalistas até perto do final da Guerra Civil. Como Mao previra, as cidades teriam de ser cercadas a partir do interior antes de serem tomadas pela força militar. A China novamente difere do modelo sociológico.

A variável final de Foran é uma abertura para o sistema mundial, embora seu sistema mundial seja mais geopolítico do que capitalista. No caso chinês, ele enfatiza corretamente a invasão japonesa, embora não compreenda como isso tenha afetado as práticas políticas e militares centrais do partido. As primeiras derrotas militares, seguidas pela guerra e pela guerra civil, forçou os comunistas a se tornarem um partido altamente militarizado, exercendo disciplina militar sobre seus membros e camponeses nas áreas de base. A revolução veio dos campos de batalhas que colocaram o Japão contra a China e os chineses uns contra os outros – uma abertura decididamente militar do sistema mundial!

Os sociólogos focam variáveis econômicas e políticas, embora com uma dose de ideologia agregada. Todas as três eram condições necessárias da revolução. Muitos camponeses tinham descontentamentos econômicos importantes; os comunistas descobriram como implementar uma estrutura econômica mais popular no local. O regime do KMT combinava descontrole (embora não exclusão) político com enfraquecimento do poder infraestrutural. Os quadros do PCC estavam completamente comprometidos com a salvação, pela qual eles repetidamente arriscaram suas vidas. Todavia, eles também variaram seus meios de chegar lá de acordo com as condições materiais locais, equilíbrios de poder, e ameaças e oportunidades variáveis. Sem qualquer uma dessas condições, eles não teriam realizado a revolução.

Teorias anteriores falharam em enfatizar suficientemente a única coisa que na China persistentemente nos encara. A guerra obviamente entra nas narrativas empiricamente fundadas (por exemplo, a de Foran), mas não suficientemente nas teorias. Skocpol (1979) vê a guerra como uma condição de fundo necessária da revolução. Wickham-Crowley (2001), analisando casos da América Latina, compreende que os revolucionários sempre necessitam de poder militar para sobreviver e talvez para vencer. Ele vê isso como uma das três causas principais da força insurgente, junto ao forte apoio dos camponeses e do apoio interclasses e multi-institucional para as guerrilhas nas cidades. Contudo, mesmo isso não faria justiça às atividades militares dos comunistas chineses. Quando deixaram Xangai e foram para Kiangsi, sua revolução foi uma guerra, que durou vinte anos. Para sobreviver, o partido se militarizou, e seus conflitos foram acima de tudo militares. Não podemos analisar essa revolução sem dar um lugar central para as relações de poder militar – mais centrais inclusive do que na Revolução Russa. A organização social da coerção importava, sobretudo, para os comunistas, em seus conflitos armados contra o KMT e os japoneses, por sua habilidade para disciplinar e coagir os camponeses em suas zonas de controle, e por suas políticas após terem assumido o poder.

Sem seu poder militar, toda a astúcia econômica, política e ideológica dos comunistas ainda os teria levado à derrota. Duas intervenções militares possibilitaram o triunfo comunista na China. Eles podem ser vistos como a influência do sistema mundial, embora não fossem econômicos e a guerra não muito sistêmica. A invasão japonesa permitiu aos comunistas sobreviverem e aumentarem sua força em áreas de base distantes, enquanto as forças nacionalistas foram mais afetadas pela guerra. Como Skocpol (1979: 147-150, 240-242) observa, um impacto-chave dessa invasão foi enfraquecer a solidariedade entre as elites locais e o Estado, um processo que estava a caminho desde o século XIX quando as elites chinesas se retiraram do regime Qing e depois falharam em chegar a um acordo com seu sucessor. As invasões japonesas puseram uma pressão quase insuportável sobre elas. Segundo, a Guerra do Pacífico entre Japão e Estados Unidos impediu ou a dominação japonesa da China ou o governo compartilhado entre o Japão e os nacionalistas. Uma dessas duas consequências os teria provavelmente deixado fortes o bastante para destruírem os comunistas no final da Guerra Civil. Quando os americanos destruíram o poder japonês, os comunistas puderam vencer a Guerra Civil, impor sua versão de autarquia sobre uma grande parte da Ásia, e com isso bloquear a globalização universal com um segundo segmento comunista. Seu socialismo militarizado, aliado ao apelo de classe do comunismo identificado por Selden e Esherick, deu-lhes mais apoio entre os camponeses, e isso se mostrou decisivo em uma guerra civil de baixa tecnologia. A suprema ironia foi que o Japão e os Estados Unidos, duas potências extremamente anticomunistas, ajudaram, sem intenção, o comunismo a triunfar na nação mais populosa da Terra. Tal é o poder de consequências não intencionais. O enfraquecimento do Estado é uma causa necessária das revoluções modernas. Aqui, na revolução mais importante de todas, a guerra enfraqueceu o Estado, mas de um modo peculiar. Outros tentariam brevemente emular esse caminho para a revolução. Discuto-os e me dirijo para uma teoria mais geral da revolução no volume 4.

14
A última guerra interimperial, 1939–1945

A Segunda Guerra Mundial foi a terceira grande perturbação do século XX. Foi a mais global, e (esperançosamente) tanto a última guerra interimperial e a última guerra a engolfar a Europa. De fato, ela primeiro fraturaria e depois destruiria a potência europeia. Farei as mesmas perguntas sobre ela que fiz sobre a Primeira Guerra Mundial no capítulo 5: o que a provocou, o que determinou seu resultado e quais foram suas consequências? A segunda pergunta deveria ser respondida basicamente em termos de relações de poder militar, e, em momentos críticos, darei uma descrição detalhada da guerra. As outras duas perguntas requerem explanações mais amplas.

Os europeus datam o começo da guerra em setembro de 1939, quando Hitler invadiu a Polônia; eles, com os americanos, situam seu final em meados de 1945, quando a Alemanha e depois o Japão se renderam. Todavia, essa foi somente a fase central de uma série mais longa de guerras. O Japão havia atacado a China em 1931 e novamente em 1937. Milhões de chineses foram mortos antes da Polônia ou de Pearl Harbor serem atacadas. A Itália havia invadido a Abissínia em 1935, e, com a Alemanha nazista, ajudou Franco com a Guerra Civil espanhola entre 1936 e 1939. A Itália invadiu a Albânia em abril de 1939. Entre 1936 e 1939, Hitler havia conseguido subjugar a Renânia, Áustria e Tchecoslováquia por meio da agressão, mas sem ter de lutar. A guerra na Ásia só terminou em 1949, quando os comunistas chineses derrotaram o KMT. As interconexões dessas guerras as tornaram muito mais do que semiglobais. Elas foram iniciadas pelas potências do Eixo que buscavam fundar impérios "tardios" por meio da agressão militar, acreditando que estivessem estabelecendo direitos já assegurados por outros impérios. Os Aliados estavam defendendo seus próprios impérios. Essas foram guerras imperiais, a culminação e húbris das tradições europeias de militarismo e imperialismo, agora exportados a outros. Essa foi a primeira guerra quase global, pois somente a América Latina escapou dela. Tratei da guerra no capítulo 12. Aqui, foco a guerra contra a Alemanha.

Causas

Parece haver uma ligação tão clara entre a eclosão da Segunda Guerra Mundial no Ocidente e os termos do acordo da Primeira Guerra Mundial que é tentador ver uma como surgindo do outro. Isso foi apenas parcialmente assim. Certamente, os acordos de paz feitos em Versalhes e Trianon não resolveram todos os problemas geopolíticos que haviam provocado a Primeira Guerra, além de criar novos problemas também. O Império Austro-húngaro, o agressor inicial, havia sido destruído, e os Tratados de Trianon o substituíram por vários pequenos estados que seriam incapazes de enfrentar a Alemanha ou a Rússia, caso atacados. Hitler iniciou sua experiência agressiva na Tchecoslováquia e na Polônia na preparação do caminho para a guerra. Tampouco os alemães poderiam continuar dividindo suas lealdades na Europa Central entre Viena e Berlim. Se os alemães na Áustria, Sudetenland checa, Polônia e outras áreas desejavam agora ser parte de uma potência alemã maior, só poderia ser um império *grossdeutsch* liderado a partir de Berlim. Após 1933, isso significava ser liderado por Hitler.

O poder alemão não havia sido destruído em 1918 porque os lideres alemães haviam apelado à paz antes que o país pudesse ser ocupado. As potências da Entente não puderam influenciar o regime soberano pós-guerra que se desenvolveu lá, e estavam divididos quanto aos termos de paz. Somente a França, temendo a Alemanha e buscando compensação por seus grandes sofrimentos, buscou consistentemente derrotar o poder alemão. Os britânicos foram um pouco mais conciliatórios, tendo sofrido menos e desejando preservar um equilíbrio continental de poder com a Alemanha como um contrapeso à França e à União Soviética. Os americanos foram ainda mais conciliatórios, porque haviam sofrido muito pouco e queriam que a Europa mantivesse um sistema multiestatal em vez de um domínio anglo-francês. Todos os três se preocupavam com o bolchevismo e olhavam para a Alemanha de Weimar como uma proteção contra sua exportação. Esses eram motivos misturados e divisivos.

O Tratado de Versalhes pareceu vingativo. O Artigo 231 declarava: "Os Aliados e governos associados declaram, e a Alemanha aceita a responsabilidade por todas as perdas e danos sofridos pelos Aliados e governos associados como uma consequência da guerra imposta a eles pela agressão da Alemanha e seus aliados". Os territórios de fronteira alemães foram entregues para a nova Liga das Nações, que depois os entregou "em confiança" aos impérios vitoriosos. Reparações por danos de guerra deveriam ser pagas, principalmente, à França. O exército alemão foi restrito a 100.000 homens sem um comando-geral. As três zonas da Renânia deveriam ser ocupadas por cinco, dez e quinze anos, até a satisfação dos termos. A culpa era clara, a penalidade, dura. Keynes apreciou a estupidez disso:

> Se visamos deliberadamente ao empobrecimento da Europa Central, a vingança, ouso predizer, não será débil. Nada pode depois retardar por muito tempo aquela guerra civil entre as forças de Reação e as convulsões desesperadas da Revolução, antes que os horrores da guerra alemã

posterior evanesçam em nada, e que destruirão, quem quer que seja seu vitorioso, a civilização e o progresso de nossa geração (1919: 251).

Ele estava correto, embora não tenha visto o papel dos fascistas, revolucionários da direita, nos horrores futuros.

Em teoria, os termos dos tratados de paz foram impostos pela Liga das Nações e pelas grandes potências. Contudo, a Liga recebeu pouca autonomia das potências que eram, elas próprias, divididas. Problemas econômicos vieram à tona, como vimos no capítulo 7. O precário Estado da Alemanha enfraqueceu a economia internacional, e o tamanho de seus pagamentos de reparação desestabilizou as finanças internacionais. O capital britânico e a libra esterlina não puderam manter sua hegemonia pré-guerra. Os Estados Unidos e seu dólar podiam ser capazes de assumir o controle, mas os americanos ainda não aceitavam isso.

A guerra havia exaurido a França e enfraquecido a Grã-Bretanha, que, contudo, tinha mais possessões imperiais do que nunca, forças militares maiores e estadistas que ainda viam o mundo como sua ostra. Os Estados Unidos tinham muito pouco império e um exército não muito grande – embora após 1922 sua marinha fosse igual à da Grã-Bretanha –, tampouco, políticos muito interessados no mundo. Na Primeira Guerra Mundial, 50.000 americanos perderam suas vidas nas guerras dos outros. Melhor ficar longe desse continente marcial, diziam muitos americanos. FDR prometeu repetidamente manter os Estados Unidos fora da Guerra da Europa, embora a influência americana no leste da Ásia estivesse crescendo mais do que a da Grã-Bretanha. Assim, até meados da década de 1930, a Grã-Bretanha e os Estados Unidos tinham peso equivalente na geopolítica global (Edgerton, 2005; McKercher, 1999). O antigo jogo diplomático estava desestabilizado; o Japão se fortalecera; a França enfraquecera; a Alemanha fora militarmente quebrada, culpada exclusivamente pela guerra, e colocada sob dominação estrangeira parcial. A América era uma isolada, a União Soviética, um pária.

A Alemanha permaneceu o ponto crítico do Ocidente, como o Japão era o do Oriente. Todavia, uma segunda guerra não parecia inevitável. As reparações foram concedidas, e depois terminaram. A Renânia teria sido completamente restaurada à Alemanha sem a guerra, e provavelmente a Sudetenland também. Tampouco, a Grã-Bretanha ou os Estados Unidos eram hostis à Alemanha. Os governos britânicos ainda viam a França como a maior potência continental até cerca de 1935, e Grã-Bretanha e Estados Unidos tinham auxiliado a recuperação econômica alemã e pressionaram a França a fazer concessões à Alemanha.

Houve tensões nessas relações. Todavia, muitos europeus esperavam que tivessem terminado com a guerra e o nacionalismo agressivo. Foi necessário o nazismo e Hitler para converter as tensões em guerra na Europa. Isso foi explicado principalmente pelo legado de Versalhes, políticas nacionais alemãs, e a grande Depressão, embora os nazistas emergissem como parte de um movimento de tendência fascista ao longo de grande parte da Europa, como vimos no capítulo 10. Esse nacionalismo acreditava nas virtudes purificadoras da violência e da guerra. Os fascistas estavam agora insistindo em que a ocupação militar de qualquer território parecia madura para a colheita, exagerando a capacidade do Novo Humano (fascista) para superar as vantagens materiais da guerra. A Alemanha nazista e especialmente o próprio Hitler eram fascistas em demasia.

Desde o início Hitler intencionava fazer a guerra para fundar um grande império. Ele não via a guerra meramente como um meio instrumental de atingir um objetivo material. A mistura de metafísica e biologia em sua ideologia via "leis eternas da vida nesta Terra, que são e permanecerão aquelas de uma luta incessante pela existência... [uma]... luta pela vida". O "princípio aristocrático da natureza" era "o direito do mais forte" (Wette, 1998: 18-20). Isso era darwinismo, com a nação substituída pela espécie de Darwin – uma ideologia de salvação por meio do conflito entre nações e raças, e, portanto, com um certo grau de poder entre seus seguidores. Para obter seu Reich alemão, quatro estágios eram necessários. Primeiro, ele reconstruiria a Alemanha e fortaleceria seu Estado e nação. O Estado seria despótico, livre de conflito político enervante. A nação seria purificada tanto de conflito de classes como raças e grupos "inadequados", especialmente judeus, eslavos, incapacitados e criminosos. Há poucos meses da tomada do poder, setenta campos de concentração foram construídos para líderes sindicais, comunistas, social-democratas e qualquer um que pregasse políticas de classe antes que quaisquer judeus fossem presos e o assassinato em massa começasse com os incapacitados, não com os judeus. Os alemães emergiriam como a raça dominante, remilitarizada material e espiritualmente, pronta para grandes feitos guerreiros.

Segundo, Hitler recuperaria todos os territórios perdidos dos acordos de paz. Muitos políticos alemães diziam que queriam isso, mas ele foi sério a esse respeito. Terceiro, ele queria um império ao leste abrangendo as várias comunidades germânicas étnicas que haviam se estabelecido lá ao longo dos séculos. Reforçaria o governo com milhões de novos colonos alemães, estabelecendo um território expurgado de judeus e eslavos. Ele reconhecia que isso envolveria destruir a potência russa. Quarto, para proteger esse império de inclinação oriental deveria também expandir em direção ao oeste e ao norte para subjugar os extremos do continente, criando estados clientes lá. Não estava certo sobre o destino da Grã-Bretanha. Como não desejava colônias no exterior, parecia contente com deixar o Império Britânico sobreviver, contanto que aceitasse seu domínio. Contudo, no final da década de 1930, tornou-se mais hostil aos britânicos, vendo-os como obstrutivos. Por outro lado, apercebeu-se de que a queda do Império Britânico em todo mundo beneficiaria a Alemanha menos que os Estados Unidos, Japão e União Soviética. Assim, pensou que poderia ser melhor apoiá-lo. Ele não queria uma guerra global nem um império global. Teria ficado contente com a expansão alemã na periferia da Europa, no leste, no Oriente Médio e no norte da África, ambições similares às do auge de Napoleão, embora governadas muito mais direta e severamente. Ele não queria um fim para o imperialismo fraturado; desejava apenas fundar o império dominante.

O mundo permaneceu na ignorância de seus planos até que foram substancialmente realizados. Ele foi capaz de se dar bem com a expansão porque a realizou em estágios. O primeiro estágio de fortalecimento da própria Alemanha foi inclusive admirado no exterior. Alguns estavam preocupados com o antissemitismo, embora o Ocidente também o abrigasse, e sequer a violência da Kristallnacht em 1938 ou o *pogrom* vienense em 1938 parecessem maiores do que os *pogroms* que ocorreram mais ao leste no continente. Esse ainda não era um regime genocida, e parecia mais brando do que o de Stalin. Houve mais alarme na esquerda europeia, chocada pela supressão de socialistas, comunistas e sindicatos trabalhistas por Hitler. Junto à Guerra Civil espanhola e à destruição da Abissínia pela Itália, Hitler minou a afinidade anterior da esquerda pelo pacifismo. Ao final da década de 1930, muitos membros da esquerda britânica e francesa estavam insistindo em enfrentar Hitler. Inversamente, grande parte da direita aprovava o tratamento dado à esquerda alemã, e, privadamente, desejava que pudessem fazer o mesmo com sua própria esquerda.

O segundo estágio envolvia a recuperação dos territórios perdidos. Uma vez mais, houve alguma simpatia no exterior. O princípio da autodeterminação estava bem estabelecido na Europa (embora não nos impérios no exterior), e muitos dos habitantes da Renânia, Áustria Sudetenland e outros territórios predominantemente germânicos queriam a unificação com a Alemanha. A França poderia ter enviado tropas e retomado a Renânia em 1936, uma vez que Hitler privadamente concedeu, mas poucos franceses favoreceram essa agressão. A Itália poderia ter tentado frear a Anschluss austríaca em 1938, mas nunca o fez. A popularidade nacional de Hitler crescia à medida que recuperava os territórios perdidos sem guerra. Ao mesmo tempo, ele estava se rearmando, aumentando a força da Alemanha no caso de ser confrontado.

O terceiro estágio provocou alarme no exterior. Embora Hitler tivesse escapado da anexação da Tchecoslováquia sem guerra, sua invasão da Polônia precipitou uma guerra com a França e a Grã-Bretanha, a qual não esperava. Ele ficou chocado quando a Grã-Bretanha declarou guerra, forçando-o a lutar no Ocidente antes que pudesse lançar um ataque à União Soviética. Todavia, via a guerra como a consequência inevitável do conflito racial, e seu rápido sucesso na Frente Ocidental o persuadiu de repetir a Blitzkrieg contra os soviéticos. Seu Reich de mil anos parecia ao alcance. Ele havia atingido esse ponto por meio do militarismo e do despotismo fascistas – especialmente por meio do Princípio do Fuhrer, que induzia o trabalho para o Fuhrer descrito no capítulo 10. Seu poder político havia excedido os limites para o militarismo ao qual em uma democracia os alemães comuns provavelmente teriam se oposto. Agora, havia apreensão. A Gestapo e outros registros policiais dizem que toda vez que a guerra parecia se aproximar no horizonte eles ficavam com medo; toda vez que Hitler conseguia atingir seus objetivos sem guerra, eles se animavam. Contudo, as pessoas eram irrelevantes. Hitler havia destruído toda oposição organizada, e um exército de informantes relatava a dissidência individual. Hitler havia unido as quatro fontes de poder, e os alemães estavam atomizados e impotentes. A vasta maioria não queria a guerra, mas não podia freá-la (Wette, 1998: 11-12, 120-124, 151-155). Ausente Hitler, provavelmente não teria havido Segunda Guerra Mundial – e essa guerra mudou o mundo ainda mais do que a primeira.

Assim, a causa imediata da Segunda Guerra Mundial, que focava a tendência geral do poder militar e político europeu para a guerra agressiva, foi Adolf Hitler. Essa não era a Primeira Guerra Mundial, em que erros de cálculo completos haviam produzido uma guerra de consequências não intencionadas, embora estabelecida em uma cultura mais ampla de militarismo. Ainda que tenha havido maus cálculos e consequências não intencionadas, um homem e seu poderoso país começaram a Segunda Guerra, empunhando uma ideologia salvacionista de nacionalismo agressivo. Decisões foram novamente opostas às predisposições ideológicas gerais, incluindo o novo medo do comunismo, mas em 1939 muitos europeus, marcados pela Grande Guerra, eram menos militaristas do que haviam sido em 1914. Contudo, essa sentença contém as duas outras trágicas causas europeias da guerra.

A primeira tragédia foi a desigualdade do militarismo e nacionalismo contemporâneos. A Europa havia se partido em duas, como vimos no capítulo 10. Os regimes fascista e de cunho fascista no centro, leste e sul da Europa estavam levando o militarismo nacionalista para novos patamares, mas governos e povos no noroeste estavam se retirando do militarismo, adotando versões mais sutis e brandas de nacionalismo. Grã-Bretanha e França haviam sido destruídas pela Primeira Guerra. Líderes britânicos viam seu país como uma potência "saciada", consciente de que seu controle sobre um quarto da superfície terrestre do mundo estava se tornando precário. Interesses imperiais se encontravam na paz e segurança coletiva para preservar o que a Grã-Bretanha já possuía. A França era muito mais insegura devido à ameaça alemã à França metropolitana e à paz urgentemente necessitada. Stalin não queria a guerra também. Ele estava ocupado transformando sua economia e enfraquecendo seu partido e exército com seu fratricídio. Os Estados Unidos eram ainda mais pacíficos do que outras democracias, e obcecados por problemas nacionais. Mussolini tinha interesse na guerra, mas somente contra os africanos. Os europeus andavam em círculos para evitar a guerra, o que só reforçava o desprezo e apetite dos fascistas. Quando enfrentaram a possibilidade da guerra, cada país esperava que os outros a travassem. A política estrangeira compartilhada era a de derramar o sangue dos outros: a Grã-Bretanha esperava derramar o sangue francês; ambos esperavam que o sangue do Leste Europeu ou o russo contivesse Hitler; Stalin poderia ter derramado sangue russo se outros derramassem o seu também. Isso servia ao plano de Hitler de dividir seus inimigos, de modo que pudesse derrotá-los um por um (Carley, 1999: 31). Somente Hitler estava completamente preparado para derramar tanto sangue alemão quanto fosse necessário. Como ele reconhecia a diferença, ela o fortaleceu. Os europeus foram incapazes de brandir suas espadas para deter Hitler.

No fim, os líderes britânicos e franceses estavam preparados para lutar. Falavam em defender a democracia, embora não dessem a mínima para a democracia checa ou polonesa, e fora da Europa eles próprios tinham impérios despóticos. Chamberlain e Churchill, Blum e Daladier estavam unidos em defender o império no exterior bem como a democracia em seus países. Já em dezembro de 1944, Churchill estava vociferando: "'Tirem as mãos do Império Britânico' é nossa máxima, e não deve ser enfraquecida ou denegrida para agradar comerciantes de melodramas em nosso país ou estrangeiros de qualquer matiz" (B. Porter, 2006: 80). Demandas alemãs, italianas e japonesas para seus próprios impérios produziram a guerra, mas seus inimigos estavam vigorosamente defendendo as suas (Overy, 1999: xi-xii, 104, 297-302). Foi uma colisão entre imperialistas, com o antigo regime vendo paz e segurança coletiva como o melhor modo de preservar o império, e os arrivistas acreditando que teriam de lutar para conseguir um. Essa foi a culminância do militarismo europeu, e também sua ruína.

Se Hitler intencionava a guerra, a França estaria na linha de fogo porque detinha o território disputado da Alsácia-Lorena e tinha sido a mais linha dura nas reparações. Os políticos franceses sabiam que o poder da França havia declinado, e que o da Alemanha havia aumentado. Isso era evidente na demografia, pois a diferença nos índices de nascimentos estava cada vez mais a favor da potência alemã. Os políticos franceses permaneceram rebeldes durante grande parte do período entreguerras, de modo que houve pouca modernização nacional. Como o governo e a indústria franceses permaneceram de direita, houve pouco corporativismo, embora a intervenção e cooperação governamentais entre capital e trabalho tenham sido úteis para a modernização militar, como a Grã-Bretanha estava mostrando. Os governos nacionais britânicos da década de 1930 foram basicamente conservadores, mas o Partido Tory compartilhou do consenso pós-Primeira Guerra Mundial e pós-Depressão, e os governos de Baldwin e Chamberlain estenderam os benefícios de bem-estar social e os direitos sindicais. Assim, quando a grande expansão militar finalmente decolou em ambos os países em 1938, a Grã-Bretanha se beneficiou de mais cooperação de classe do que a França.

Os líderes franceses se tornaram cada vez mais conscientes da necessidade de aliados. Necessitavam deles no leste da Europa, mas o aliado crucial era a Grã-Bretanha. A França não poderia mover sequer seus 750.000 soldados coloniais para a França metropolitana sem a ajuda da Marinha Real. Para seu desgosto, os líderes franceses se encontraram apoiando projetos britânicos para reconstruir a potência alemã até meados da década de 1930, a fim de manter os britânicos felizes, embora a revivificação alemã pudesse ameaçá-los! Por sua vez, a Grã-Bretanha dependia do exército francês para manter a Alemanha longe do Canal. O recente surgimento do poder aéreo parecia tornar a ameaça pior, especialmente porque os britânicos e franceses sobrestimaram o tamanho da Luftwaffe. Os britânicos esperavam a destruição imediata de grande parte de Londres se a guerra eclodisse. Se a Grã-Bretanha fosse ameaçada em seu país, depois os insurgentes irlandeses, egípcios, indianos e sul-africanos brancos poderiam provocar mais problemas. Poderia ser o fim do Império Britânico. Os líderes britânicos deveriam estar mais preocupados com a fraqueza francesa do que pareciam.

Todavia, o poder britânico parecia estar em seu auge, e a negligência militar na década de 1920 foi sendo remediada na década de 1930. Armados com a teoria de Liddell Har do poder aéreo e com a máxima de Baldwin: "o bombeiro sempre consegue passar", os governos conservadores durante o mandato de Baldwin e de Chamberlain fortaleceram a Força Aérea Real e a Marinha Real. O orçamento militar e os níveis de produção de armamentos da Grã-Bretanha estavam agora mais altos do que os da Alemanha. Sete porta-aviões britânicos foram lançados; os alemães e italianos não haviam lançado sequer um. As forças armadas da Grã-Bretanha eram tecnologicamente avançadas, e cerca de metade e dois terços de toda pesquisa científica nacional era para a guerra (Edgerton, 2005). O exército era o elo fraco, uma vez que os líderes estavam mais preocupados com proteger o império do que com a Europa, e o exército indiano permaneceu o instrumento continental para isso. A política econômica era também sobre proteger o império por meio de tarifas. Em novembro de 1931, o Ministério das Relações Exteriores avisou: "Uma tarifa protetora elevada, combinada à preferência do império, implica uma medida de dissociação da Europa, uma diminuição correspondente de nossa influência sobre os assuntos europeus... A recuperação mundial (o objetivo de nossa política) depende da recuperação europeia; a recuperação europeia, da recuperação alemã; a recuperação alemã, do consentimento da França; o consentimento da França, da segurança (o tempo todo) contra ataques" (Steiner, 2005: 668, 775). Isso foi incisivo. Infelizmente, a segurança francesa estava declinando justo quando o poder de Hitler estava aumentando.

O compromisso britânico com a Europa era uma suposta habilidade para ajudar a lutar uma longa guerra na França, apoiada, como na Primeira Guerra, por um bloqueio naval da Alemanha. Chamberlain também estava comprometido com o poder aéreo, e sua noção de inibição do ataque aéreo antecipou as teorias de defesa pós-1945. Contudo, dada a ortodoxia econômica, à qual Chamberlain se submetia, a expansão militar tinha de ser modesta, e veio às custas de um exército de campo capaz de intervir na França. O Relatório Inskip, aprovado pelo Gabinete em dezembro de 1937, fixava um teto de 1,5 bilhão de libras para o gasto militar durante os próximos cinco anos, e enumerava quatro prioridades de defesa. A mais alta era a defesa da Grã-Bretanha, seguida pelas comunicações marítimas e pela defesa imperial. Por último vinham os compromissos continentais (Imlay, 2003: 78).

Embora o poder aéreo britânico pudesse ser capaz de ferir a Alemanha e deter um ataque à Grã-Bretanha, dificilmente poderia impedir um ataque à França. A Grã-Bretanha permaneceu dependente da habilidade de guerras breves da França para deter qualquer ataque alemão, pois não estava oferecendo aos franceses muita ajuda de curto prazo. Na Primeira Guerra Mundial, em 1916, a Grã-Bretanha havia empregado quase sessenta divisões na França. Em 1937, havia somente duas divisões subequipadas prontas com duas mais projetadas. "Duas, e duas mais tarde", Stalin sarcasticamente observou. Chamberlain tinha um objetivo final de cinco estarem prontas por 1942, a data, ele acreditava, quando a economia alemã estaria pronta para a guerra. Ele não entendia que a Alemanha não tinha mais uma economia capitalista autônoma, mas uma economia subordinada aos objetivos de travar guerras de seu ditador. Hitler estava pronto em 1940, mas mesmo após a frenética atividade britânica durante o período da "guerra de mentira" de setembro de 1939 a maio de 1940, ainda havia apenas nove divisões britânicas na França quando Hitler atacou – não o bastante para apoiar o exército francês. Porém, tudo – o império também – poderia ser perdido se os franceses colapsassem. Quase tudo foi perdido.

Pacificação

A falta de prontidão da Grã-Bretanha e da França desempenhou um papel importante na crise da Tchecoslováquia de 1938. Chamberlain e Daladier esperavam que Hitler pudesse ser dissuadido da guerra. Chamberlain viu o acordo de Munique com Hitler, em 29 de setembro de 1938, como uma vitória para a paz, porque Hitler havia ameaçado tomar toda a Tchecoslováquia pela força. Todavia, conseguiu a Sudetenland e grande parte das fortificações defensivas checas sem lutar, e poderia em breve obter o resto se quebrasse o acordo, como intencionava completamente. Daladier duvidava de se Hitler poderia ser impedido, mas, nas negociações, submeteu-se a Chamberlain a fim de manter os britânicos no jogo. Chamberlain foi apoiado pelo ministro das Relações Exteriores, Bonnet, que lutou incansavelmente para manter a França fora de uma guerra (Imlay, 2002: 34; du Réau, 1993). Como Chamberlain, Daladier via o acordo de Munique como comprando tempo para o rearmamento, que se expandia rapidamente nos dois países em 1939. Essa foi a parte racional da pacificação. Dali em diante, Daladier, seu comando-geral e inclusive Bonnet reconheceram que em breve entrariam em guerra com a Alemanha. Eles diferiam em sua visão sobre as chances de sucesso, mas sentiam que não tinham escolha. Uma etapa havia sido superada, e o *redressement* ou recuperação francesa estava a caminho (Imlay, 2002: 38-42, 136-137).

Os Estados Unidos não haviam desempenhado papel algum nessa diplomacia. A administração americana estava fadada à inatividade pelas Leis de Neutralidade do final da década de 1930. Roosevelt, diz Kennedy (1999: 419), foi "um espectador impotente em Munique, um líder fraco e sem recursos de um país desarmado, economicamente ferido e diplomaticamente isolado. Ele, e a América, de nada serviram nas escalas da diplomacia". Contudo, Roosevelt extraiu as mesmas lições que os demais, e o rearmamento americano também começou.

O próprio Chamberlain cunhou o termo "pacificação". Ele o via como tendo duas faces. Ele conciliaria Hitler, encontrando modos pacíficos para ajudá-lo a se expandir na Europa Central (para a qual Chamberlain não dava a mínima), comprando tempo para um rearmamento limitado – não o bastante para ser provocativo ou para romper a ortodoxia do Ministério da Fazenda, mas o bastante para aumentar a força britânica, incluindo um exército britânico maior na França (Imlay, 2002: 81-93). Como Ferguson (2006: 325-330) indica, o Ministério da Fazenda estava errado. A Grã-Bretanha poderia ter se rearmado plenamente sem muito dano à economia; afinal, isso havia tirado a Alemanha e o Japão da Depressão, e também em breve tiraria os Estados Unidos. Chamberlain e Halifax, seu Secretário de Relações Exteriores, estavam preparados para ir adiante na tarefa de conciliar a Alemanha. A expansão alemã nos Bálcãs, observou Chamberlain, seria "um mal menor do que a guerra com a Alemanha" (Carley, 1999: 39). Ele inclusive sugeriu que a Alemanha recebesse algumas colônias africanas, às custas de Portugal ou da Bélgica. Chamberlain queria pacificar Hitler com os territórios e com o sangue de outros.

A parte tola da pacificação foi a do próprio Chamberlain, pois ele acreditava que Hitler honraria suas garantias. Chamberlain era um homem decente que acreditava na paz, acordos, progresso econômico e anticomunismo. Ele assumiu que outros estadistas fariam o mesmo, incluindo Hitler. O ponto fraco de Chamberlain era sua vaidade, especialmente de suas próprias qualificações diplomáticas e concepções sobre as pessoas. Essas se combinaram à crença de que, como Hitler havia lhe dado sua palavra, ele a manteria. Em contraste, Churchill, embora inicialmente muito favorável a Hitler como uma proteção contra o comunismo, havia mudado radicalmente em 1937, e subsequentemente considerou Hitler simplesmente mau. Talvez fosse necessário um vilão para reconhecer um vilão, mas o Marco de Churchill II estava certo. Hitler disse sobre os pacificadores: "Nossos inimigos são pequenos vermes. Eu os vi em Munique", e ele acreditou ao longo da crise polonesa de 1939 que a Grã-Bretanha "estivesse apenas blefando".

Chamberlain ainda tinha uma grande maioria parlamentar e muito apoio popular. Grã-Bretanha e França não foram traídas por um punhado de pacificadores, pois a opinião pública não queria a guerra, e os dois parlamentos refletiam isso fielmente, impondo limites ao militarismo. Isso não foi o mesmo que ocorreu na Primeira Guerra Mundial, quando elites sozinhas decidiram se seria guerra ou paz. Isso foi verdade na Alemanha, Itália, Japão e União Soviética, mas não na Grã-Bretanha ou na França – ou nos Estados Unidos – onde a democracia estava funcionando, mas para a paz. Na época de Munique, algumas mudanças haviam ocorrido. Uma pesquisa de opinião mostrou a opinião britânica igualmente dividida quanto a ajudar os tchecos, mas quando Chamberlain retornou de Munique agitando seu pequeno pedaço de papel, declarando "paz em nosso tempo", houve uma onda de alívio e ele foi recebido como um herói que havia evitado a guerra. Na Grã-Bretanha, sua política ressoou entre grupos muito diferentes: pacifistas que odiavam a guerra; aqueles que viam a Grã-Bretanha como uma potência saciada, com tudo a ganhar com a paz e tudo a perder com a guerra; aqueles que viam Grã-Bretanha e França como ainda muito fracas para confrontar Hitler; e aqueles que viam realistamente que havia pouco que a Grã-Bretanha poderia fazer para ajudar os tchecos. A base social de apoio de Chamberlain vinha do *establishment*, de industrialistas e financistas que faziam negócios com a Alemanha, e dos nobres do antigo regime e do Partido Conservador que temiam a revolução de classes. A principal oposição vinha dos tories, liderados por Churchill, e do Partido Trabalhista, que viram Munique como um desastre e a guerra agora como inevitável. Como na França, a esquerda havia mudado durante a década de 1930, de antimilitarista para antifascista. Após Munique, o Partido Trabalhista estava inclusive disposto a colocar mais armas de guerra nas mãos dos imperialistas do Tory. Todavia, os tories de Churchill hesitaram em atacar seu próprio governo, embora os trabalhistas vissem uma vantagem política nisso, de modo que os instigadores da guerra careciam de uma estratégia comum (Imlay, 2002: 194-206; Worley, 2005: 213-215).

O governo britânico foi lentamente se aparelhando para lutar uma longa e defensiva guerra, similar à Primeira Guerra Mundial, mas isso não podia ajudar a Tchecoslováquia. Isso teria requerido uma guerra breve potencial, com a França ajudando os tchecos pela invasão da Alemanha, abrindo uma segunda frente de batalha contra Hitler. Como o exército tcheco e suas defesas eram muito fortes, e o exército alemão ainda não era tão forte quanto os franceses e britânicos acreditavam (como Hitler e seu alto-comando privadamente reconheciam), havia uma boa chance de deter Hitler com a ameaça de uma guerra de duas frentes de batalha. Se a guerra ocorresse, havia uma chance de superar a Alemanha no começo de 1938. Os estágios iniciais de uma política assim teriam dependido de Daladier e dos franceses, não dos britânicos. Todavia, após a queda da Frente Popular em abril de 1938, o governo de direita francês necessitava de votos parlamentares de deputados que eram vagos quanto ao fascismo. Os partidos franceses eram menos unificados do que os britânicos, e os chefes de partido como Bonnet tinham mais autonomia. Na França, como na Grã-Bretanha, a essa altura, grande parte da esquerda queria uma ação mais dura, mas a esquerda não falava coerentemente e era improvável que o governo conservador ouvisse.

O exército francês estava se preparando para uma longa guerra em defesa da França, e se opunha à invasão da Alemanha – como, de fato, muitos franceses. Assim, os franceses não puderam deter Hitler em 1938 ameaçando-o com uma guerra de duas frentes de batalha, e se aperceberam de que sua aliança projetada com vários estados do Leste Europeu era impraticável. Na verdade, eles não eram sequer aliados confiáveis. Longe de ajudarem a Tchecoslováquia contra Hitler, os líderes poloneses estavam pretendendo algum território tcheco e pedindo a ajuda de Hitler para obtê-lo.

A chance de confrontar a Alemanha em 1938 passara. Durante os próximos doze meses, a força militar alemã aumentou, da condição inferior à força combinada dos exércitos francês, britânico e tcheco, à condição de quase igualdade às forças anglo-francesas (Ferguson, 2006: 361-368). Hitler agora tinha seus olhos firmemente posicionados para a conquista da Polônia, e por isso ele sentiu que primeiro tinha de adquirir a "anca" remanescente do Estado tcheco. Em março de 1939, ele o invadiu e o subjugou sem oposição checa séria, permitindo à Polônia tomar sua parte desejada do território tcheco (tolamente comendo com o diabo). Isso encerrou a pacificação. O Gabinete invalidou Chamberlain e insistiu em que ele desse apoio garantido à Polônia. Churchill não era mais uma voz estridente na vastidão, mas o líder de uma aliança entre partidos que incluía novos membros do congresso e quase todos MPs liberais e trabalhistas. Uma aliança similar estava se formando na França, também com um crescente apoio popular, mas o nacionalismo que foi mobilizado era visto como defensivo. Não é verdade que o nacionalismo em geral tenha sido responsável pela guerra, mas o nacionalismo influenciado pelo fascismo foi.

Embora o governo polonês não fosse visto com simpatia, por ser antissemítico e ganancioso, Grã-Bretanha e França garantiram agora a soberania polonesa. Todavia, o que poderiam fazer se Hitler invadisse a Polônia? Poderiam declarar guerra, mas não poderiam obter ajuda para a Polônia a tempo de impedir sua conquista. Hitler não acreditava que fossem de fato declarar guerra, de modo que invadiu a Polônia, mas declararam – e assim começou a guerra mundial no Ocidente.

Houve também uma causa ideológica da falha em impedir a guerra, e essa foi a segunda tragédia europeia. Alguns líderes britânicos e franceses haviam argumentado em favor de uma aliança com a União Soviética, o que foi também ameaçado pela agressão nazista. Os soviéticos poderiam ter enviado tropas para ajudar a Tchecoslováquia, contanto que ou o governo polonês ou o romeno permitisse a passagem através de seu país de seu Exército Vermelho. A Romênia pareceu disposta, contanto que a França e a Grã-Bretanha a protegesse; a Polônia poderia ter sido pressionada. Não sabemos se uma aliança assim teria desencorajado Hitler da guerra. Talvez tivesse, mas, se ainda assim tivesse iniciado a guerra, essa aliança poderia tê-lo derrotado rapidamente, salvando milhões de vidas, incluindo a de muitos judeus e ciganos. Por que Grã-Bretanha e França não se aliaram com a União Soviética, como fizeram quatro anos antes?

Os expurgos de Stalin lançaram dúvidas sobre a utilidade da Rússia como aliada, pois ele havia eliminado 3 dos 5 marechais soviéticos, 15 dos 16 comandantes do exército, 60 dos 67 comandantes de tropas e 136 dos 199 comandantes de divisões. No todo, 40.000 oficiais foram expurgados do exército e da marinha, deixando apenas 7% do corpo de oficiais militares de 1941 com educação militar superior. Contudo, em julho de 1939, o expurgado Exército Vermelho mostrou sua utilidade no Extremo Oriente, atacando as forças japonesas em Nomohan, e as forças armadas alemãs ainda não estavam próximas de sua força de 1940. Certamente, os britânicos e franceses não podiam duvidar de que teriam se dado melhor com os soviéticos do que sem eles.

O maior obstáculo para a aliança foi a fratura do continente em comunismo e anticomunismo. Líderes políticos na Grã-Bretanha e na França odiavam a União Soviética, temendo que qualquer movimento russo ao oeste pudesse fomentar uma revolução. Em 1918, o próprio Churchill havia tentado, de sua posição como secretário de Estado para a guerra, conseguir uma expedição militar britânica para a Rússia para derrotar os bolcheviques (Lloyd-George o havia impedido e depois o enviou para o escritório colonial onde seria inofensivo). Churchill havia engolido sua aversão ideológica em bases geopolíticas realistas. A política britânica fora por séculos a de apoiar um equilíbrio de poder na Europa continental. Quando Napoleão conseguiu dominar a Europa, a Grã-Bretanha, aliou-se à Rússia a fim de atacá-lo de ambos os lados; como na Primeira Guerra Mundial, aliou-se à Rússia contra a Alemanha. Exatamente a mesma lógica era requerida agora. Churchill era extremamente anticomunista, embora acreditasse que esse fosse o único modo de salvar o império. Há historiadores revisionistas hoje que acreditam no oposto: que ao combater em vez de entrar em acordo com Hitler, Churchill estava falindo e destruindo o império (Charmley, 1993). Todavia, isso é com o benefício da retrospectiva, com conhecimento do colapso inesperado mas completo da França, e da virada de Stalin para pacificar Hitler, que foi a consequência da pacificação ocidental. Foi essa combinação que deixou a Grã-Bretanha sozinha e no caminho da falência.

Em 1938, Churchill acreditava, como alguns funcionários civis seniores e generais, novos membros do congresso tories e MPs liberais e trabalhistas não pacifistas, que o único modo de deter ou destruir Hitler seria por meio de uma aliança anglo-francesa com a União Soviética. Churchill e Robert Vansittart, funcionário chefe do Ministério das Relações Exteriores, trabalharam estreitamente com o ministro das Relações Exteriores soviético, Maxim Litvinov, e o embaixador soviético em Londres, Ivan Maisky. Churchill disse a Maisky que Grã-Bretanha e Rússia deveriam "se armar até os dentes", pois o "inimigo comum está no portão". Um grupo menos interpartidário poderoso, liderado pelos primeiros-ministros Reynaud, Paul-Boncour e Mandel, foi formado na França. Roosevelt, à margem, nada fizera ainda para ajudar.

Todavia, Chamberlain e os pacificadores não aceitaram a aliança, e se agarraram ao poder até após a guerra ter sido declarada – de fato, até após a desastrosa campanha britânica na Noruega em 1940. Chamberlain demitiu Eden e pôs de lado Vansittart, quando eles pressionaram pela aliança. Após Hitler rasgar o acordo de Munique, a posição de Chamberlain foi vista, nas palavras de Carley (1999: 181), como "ilógica... incompreensível", exceto em termos de anticomunismo "ideologicamente motivado", arraigado no medo de que a guerra pudesse trazer a revolução. Em setembro de 1938, Daladier tentou persuadir o embaixador alemão em Paris de que a guerra só beneficiaria os soviéticos, pois a "revolução, independentemente dos vitoriosos ou vencidos, era tão certa na França quanto na Alemanha e na Itália. A União Soviética não deixaria passar a oportunidade de trazer a revolução mundial para nossas pátrias". Ele disse ao embaixador dos Estados Unidos: "os cossacos vão governar a Europa". Ainda em setembro de 1939, Bonnet permanecia "absolutamente convencido de que o objetivo de Stalin é ainda produzir a revolução mundial" (Carley, 1999: 43, 47-48). Sua posição e a de muitos britânicos e franceses da direita continuava sendo a de que a segurança ocidental poderia ser atingida fazendo concessões a Hitler e lhe dando uma carta branca no leste para derrotar o comunismo. Como o Primeiro-ministro Baldwin disse, caso houvesse conflito na Europa, melhor "ver os bolcheviques e nazistas fazerem isso" – o sangue dos outros novamente. Uma aliança com os sovietes contra Hitler poderia produzir uma guerra que beneficiava o comunismo. A Revolução Bolchevique havia sido o produto da Primeira Guerra; outras revoluções poderiam resultar de uma segunda. A despeito dos males do nazismo, eles temiam a revolução mais do que Hitler. Chatfield, o Primeiro Lorde do Almirantado britânico, e o secretário de gabinete, Hankey, argumentaram em 1937 que fazer concessões à Alemanha nazista e à Itália foi uma reação lógica ao comunismo soviético e à "não confiabilidade" francesa. Os conservadores britânicos declararam que com a Frente Popular a França teria se tornado "meio vermelha", afundado na "ruína socialista" (Carley, 1999: 257; Parker, 1993: 69; Post, 1993: 214-215, 260-261). Esses argumentos equivaliam aos da direita francesa. "Melhor Hitler do que Blum [o líder da Frente Socialista]", diziam muitos (Berstein & Becker, 1987: 371-388; Jackson, 2001, 2003: 112-116; R. Young, 1996: 67-68). Em fevereiro de 1937, Stalin havia oferecido uma aliança militar com a França, mas o comando-geral francês a rejeitou. A razão, diz Alexander (1992: 291-298), foi o "preconceito ideológico". O anticomunismo era uma emoção poderosa nesse período, ofuscando o raciocínio instrumental.

A agressão contínua de Hitler forçou sérias negociações em Moscou entre abril e agosto de 1939. Pesquisas de opinião pública britânicas de maio e junho mostraram mais de 80% de respondentes apoiando uma aliança soviética imediata. Chamberlain foi assediado na Câmara dos Comuns pelos MPs gritando:

"E sobre a Rússia?" Seus chefes adjuntos da equipe declararam em agosto que sem a assistência inicial e efetiva russa os poloneses "não podem esperar enfrentar um ataque alemão". Eles também avisaram prescientemente que se uma aliança não fosse feita com a Rússia, Stalin faria um pacto com Hitler a fim de subjugar parte da Polônia.

Chamberlain permaneceu obstinado. Ele disse: "Confesso estar profundamente desconfiado da [Rússia]. Não posso acreditar que ela tenha os mesmos objetivos e objetos que temos ou qualquer simpatia pela democracia como tal" (Carley, 1999: 133). Isso era verdadeiro, mas irrelevante. Ele também alegava bizarramente que a posição britânica não "seria grandemente prejudicada se tivéssemos de prescindir deles" (Parker, 1993: 236). Independentemente de qualquer ajuda militar soviética, mesmo o bloqueio econômico da Alemanha teria lacunas, caso os soviéticos não fossem aliados. Uma proposta francesa na conferência pedia que os soviéticos interviessem para salvar a Polônia, se necessário. Quando os soviéticos responderam, pedindo garantias recíprocas no caso de Hitler atacá-los, França e Grã-Bretanha recusaram. Stalin concluiu corretamente que eles queriam que os russos lutassem por eles. Propostas anglo-francesas de assistência mútua permaneceram vagas, embora Molotov (que substituiu Litvinov como ministro das Relações Exteriores soviético) quisesse "garantias blindadas". As conversações finalmente foram rompidas quando Grã-Bretanha e França falharam em conseguir que o governo polonês garantisse a passagem das tropas soviéticas através da Polônia, caso a Alemanha atacasse. A Polônia permaneceu suicida até o fim, mas Daladier havia privadamente instruído seu negociador-chefe a não conceder passagem russa e o adido militar francês defendeu as objeções polonesas (R. Young, 1996; Carley, 1999: 195). O pesadelo bolchevique ainda aterrorizava grande parte do Ocidente, forçando-os a geopolíticas ideologicamente dirigidas. Embora Hitler fosse claramente o agressor, os governos britânico e francês carregavam alguma responsabilidade pela eclosão da Segunda Guerra Mundial. Sua percepção dos interesses de classe se tornou mais emocionalmente arraigada do que os interesses nacionais – e isso ajudou a provocar a guerra.

No final, os soviéticos não puderam assinar. Eles não acreditavam que Chamberlain, Daladier ou Bonnet manteriam sua palavra (Carley, 1999: 142-143, 149-159). Stalin agora se voltava para sua política de defesa alternativa, um pacto de não agressão com Hitler – o pior resultado para o Ocidente. Os primeiros contatos foram feitos em maio de 1939, mas os soviéticos se mantiveram a distância até o final de julho ou o início de agosto, quando os alemães lhes disseram que uma invasão da Polônia era iminente. Não havia pacto de segurança coletiva disponível para o Ocidente, de modo que a melhor garantia de segurança para os soviéticos era tomar metade da Polônia, os estados bálticos, a Finlândia e a Bessarábia. Hitler concordou, contanto que ficasse com o resto. Como Churchill, Stalin estava disposto a comer com o diabo para defender seu império. Chamberlain, Daladier e os pacificadores não. Esses conservadores se mostraram mais ideológicos em geopolítica do que os regimes fascistas ou comunistas (Parker, 1993: 347, 364-365). Churchill, o realista imperial, diferia. Como ele diria quando Hitler invadiu a União Soviética: "Se Hitler invadisse o Inferno, eu ao menos teria feito uma referência favorável ao Diabo na Câmara dos Comuns" (Colville, 1985: 480).

Guerra: a queda da França

Muitos esperavam que a Segunda Guerra Mundial no Ocidente seguisse o mesmo padrão de impasse que o da Primeira Guerra Mundial, mas não seguiu. A França caiu precipitosamente. Suas preparações para a guerra longa colapsaram, e as da Grã-Bretanha quase colapsaram também. A razão de a França ter fracassado, em contraste com a Primeira Guerra Mundial, tem provocado muito debate agonizado na França. Por muitos anos, historiadores buscaram razões profundas para uma derrota tão profunda: a sociedade francesa era decadente, dividida, deteriorada (para uma versão recente, ver Ferguson, 2006), mas o revisionismo surgiu e diferentes visões agora predominam. Devemos distinguir a derrota militar francesa inicial do colapso político que a seguiu.

A França parecia militarmente forte em 1940. Havia iniciado a modernização e a expansão a partir de 1937. Seu exército era grande e muito bem treinado, e a taxa francesa de produção de tanques e aviões em 1939 excedia a da Alemanha. A França possuía mais soldados e tanques e artilharia mais pesados; os tanques britânicos também tinham uma blindagem mais pesada do que a dos Panzers alemães. Nenhum general francês esperava perder, e nenhum general alemão esperava uma vitória fácil. Em maio de 1940, tropas francesas lutaram bem quando foram bem lideradas, e o número de mortes francesas foi algo em torno de 50.000 e 90.000, uma cifra considerável para uma guerra de duas semanas (May, 2000: 7; Jackson, 2003: 12-17, 161-173, 179-182). A Wehrmacht não havia de fato planejado uma Blitzkrieg, ou "guerra-relâmpago", embora necessitasse de uma porque ainda não estava equipada para uma longa guerra. Somente Guerian e Rommel viam que tanques poderiam realizar uma Blietzkrieg – embora somente após um avanço de infantaria inicial, pois tanques não podiam facilmente romper as defesas bem preparadas.

A campanha foi de fato decidida em cinco dias, 10-14 de maio, quando cinco divisões Panzer alemãs cruzaram as supostamente impenetráveis, pouco guardadas, colinas e florestas de Ardenas, tomando os franceses de surpresa. Essa surpresa foi a causa básica da vitória, e foi obtida com a ajuda da sorte. Uma invasão alemã havia sido planejada inicialmente para o final do outono de 1939 e depois posposta. Em janeiro de 1940, os planos para a invasão foram encontrados em um avião alemão que caíra na Bélgica e passou para a França. Eles revelavam um ataque da Wehrmacht através da Bélgica nas planícies da parte mais ao norte da

França. Isso foi o que os franceses haviam antecipado, e também onde estavam preparando uma possível expansão para a Bélgica e a Alemanha. Assim, os franceses enviaram suas melhores forças e grande parte das reservas para lá. As forças de elite dos dois exércitos depois teriam entrado em conflito. Apoiados pelas forças britânicas, belgas e talvez holandesas, os franceses acreditavam que tinham uma boa chance de sucesso. Do mesmo modo, muitos generais alemães, que não queriam de modo algum enfrentar essa batalha. Quando o alto-comando alemão se apercebeu de que havia uma brecha de segurança, mudaram a linha de ataque mais a sudeste, para as Ardenas. Eles também atacaram no norte através da Holanda e da Bélgica, mas esses foram ataques simulados.

Nas Ardenas, divisões de elite da Wehrmacht enfrentaram forças francesas medíocres, o nono Exército do General Corap, quase sem apoio de reservas. Corap havia reclamado sobre o estado "negligente" de suas tropas por alguns meses, mas para o alto-comando seu setor era uma prioridade baixa (Jackson, 2003: 160). Essas forças francesas foram superadas em número de tanques, o que não foi o caso em outros lugares. O general francês, encarregado do próximo setor mais ao leste, poderia ter enviado apoio, mas falhou em fazer isso, uma vez que havia sido enganado pelo blefe de Goebbels sobre um ataque através da Suíça. Houve uma falha surpreendente de processamento da inteligência pelo alto-comando francês, que ignorou relatos de um aumento alemão das forças na região. A falha de inteligência foi depois combinada, uma vez que os franceses e britânicos continuaram a acreditar que o ataque a Ardenas fosse um ataque simulado para retirar as tropas da Bélgica. Somente após alguns dias, quando os alemães avançaram pelo Rio Meuse em Sedan, eles se aperceberam horrorizados de que essa era a linha real de ataque.

Em Meuse, os alemães também tiveram dois golpes de sorte. A primeira travessia foi feita à noite sobre um complexo de barragem e ilhas cuja ecologia produzia pontos cegos na capacidade francesa de identificar ataques. A travessia resultou da engenhosidade de uma única unidade de infantaria anexada a uma divisão Panzer. A segunda e principal travessia foi feita pelos tanques sobre duas pontes flutuantes, que o bombardeio consistentemente inacurado dos Aliados falhou em tocar. Ambas foram viradas parte acidentais, parte incompetência, do tipo que ocorre frequentemente no calor e baixa visibilidade da guerra. O General Guderian, que assistia, comentou: "O sucesso de nosso ataque me surpreendeu quase como um milagre". Uma batalha decisiva feroz em Sedan depois colocou as tropas de elite alemãs contra as esfarrapadas tropas de Corap em 13-14 de maio. Algumas unidades francesas fugiram; outras lutaram bem, mas inutilmente. Esse foi, como em 1870, "o desastre em Sedan" (May, 2000: parte V, citado da p. 414; Jackson, 2003: 161-173).

Em 15 de maio, o Primeiro-ministro Reynaud disse a Churchill simplesmente: "Fomos derrotados". No mesmo dia, Guderian ordenou seus Panzers a correr para oeste em direção ao mar. Eles enfrentaram poucas tropas aliadas, e isolaram os exércitos franceses ao norte. Um pronto contra-ataque anglo-francês ao sul para cortar as linhas de comunicação dos próprios Panzers teria sido uma boa resposta. Alguns oficiais aliados insistiram nisso, e uma divisão de tanques britânica começou no sul e venceu uma batalha em Arras antes de parar. Contudo, a tomada de decisão dos Aliados foi lenta e laboriosa (os alemães haviam contado com isso em seu plano nas Ardenas), e a resposta foi obstruída pela substituição do General Gamelin como comandante supremo. Seu sucessor, o General Weygand, necessitou de alguns dias para se estabelecer, e depois foi muito tarde.

O maior problema para Guderian e Rommel era agora convencer Hitler de que velocidade era tudo. Por duas vezes foram freados no caminho ao mar por sua precaução, mas em 20 de maio conseguiram chegar. A Batalha da França estava essencialmente terminada, dez dias depois de ter começado. Forças francesas e britânicas foram isoladas no norte, e se retiraram para a costa francesa do norte. O General Gort considerou primeiro evacuar as tropas britânicas no dia 19. Ajudado pelos atrasos de Hitler, a garantia equívoca de Goering de que a Luftwaffe liquidaria a Força Expedicionária Britânica, e a feroz resistência francesa em Lille, a evacuação foi concluída de 28 de maio em diante. Quatro quintos das BEF – 224.000 homens – mais 111.000 soldados franceses e belgas foram evacuados de Dunkirk para a Inglaterra em uma flotilha de pequenos barcos, um feito notável. Eles viveriam para lutar outro dia. As forças belgas se renderam em 28 de maio; Paris foi ocupada em 14 de junho; e a França capitulou em 25 de junho.

Essa foi uma vitória de campo de batalha, baseada estritamente em relações de poder militar. Não foi a vitória de uma sociedade inteira sobre outra; foi primeiro obtida por um ataque surpresa ajudado por um descuido massivo de inteligência francês e dois golpes de sorte. Contudo, foi explorado pelas distintas superioridades de campo alemães. Guderiam e Rommel se destacaram de outros comandantes, mas, estruturalmente, os comandantes alemães no campo não podiam modificar ordens de cima e tomar suas próprias decisões de acordo com a situação no local. Isso acontecia mesmo no nível inferior do esquadrão – como a barragem no Meuse. Isso ajudou enormemente o dinamismo do avanço alemão e tornou mais custosa a lenta estrutura de comando dos Aliados. A pobre coordenação entre as forças francesa, britânica e belga não ajudou sua causa. O descuido francês também deveria ser situado entre os pontos fracos na inteligência e comunicações. O General Gamelin mais tarde confessou: "Não tínhamos qualquer conhecimento avançado acerca de onde e como os alemães atacariam" (May, 2000; Jackson, 2003: 39-46; Frieser, 2005).

Quaisquer pontos fracos da sociedade ou política francesa foram basicamente irrelevantes para os dias de maio de 1940. Contrafatuais podem ser proliferados. Caso a surpresa não tivesse ocorrido, teria havido um impasse longo o bastante para os britânicos atingirem a superioridade aérea e mudar os destinos da guerra novamente? Os japoneses não teriam atacado Pearl Harbor? Ou Stalin teria lançado independentemente um ataque oportunista à Alemanha a partir do leste para pegar uma parte dos espólios? Quem sabe? Os destinos da guerra são a parte mais contingente do desenvolvimento mundial, e aqui eles favoreceram Hitler. A consequência foi encorajá-lo a atacar novamente a Rússia, encorajar Mussolini a atacar a Grécia e encorajar os japoneses a obliterarem Pearl Harbor. A noção de que os regimes fascistas e semifascistas poderiam substituir o valor marcial pelos recursos materiais na guerra Blitzkrieg estava agora firmemente arraigada. Como resultado, a guerra no Ocidente se tornou uma guerra mundial que transformou esse mundo.

Contudo, os pontos fracos mais profundos da classe e política francesas foram expostos em junho na rendição e em suas repercussões. O governo francês poderia ter escapado para o exterior, levando a frota, força aérea e muitos milhares de soldados com ele, usando os recursos das colônias para continuar lutando junto aos britânicos em outros teatros. Hitler temia isso e ofereceu termos armistícios lenientes. Algumas forças francesas fugiram para o exterior, mas não o governo ou o alto-comando do exército ou da marinha. Eles careciam de vontade de lutar, como grande parte das elites (Jackson, 2003: cap. 3). O comando naval foi peculiarmente autodestrutivo, recusando pedidos cada vez mais desesperados de Churchill para mover seus navios para portos coloniais britânicos ou franceses. Em troca, eles lhe deram vagas promessas de que terminariam afundando seus navios. Churchill não podia correr o risco de que todos os capitães franceses o fariam; se os navios franceses fossem agregados aos dos alemães, a marinha resultante seria mais poderosa do que a Marinha Real – e isso seria o fim da potência britânica. Assim, apenas dias antes de os alemães assumirem o controle dos portos da frota mediterrânea francesa, ele ordenou um ataque a ela no porto Mers el Kébir. Vários navios capitais franceses foram afundados, com a perda trágica de mais de 1.000 marinheiros franceses, mortos por seu Aliado! Essa crueldade chocou os franceses, mas impressionou Roosevelt – ele sabia agora que os britânicos lutariam e seriam um aliado útil. Ironicamente, o resto dessa frota francesa foi mais tarde afundada por seus comandantes.

As divisões ideológicas da França agora apareciam completamente, e isso deveria criar dúvida sobre se os franceses poderiam ter sustentado uma longa guerra se a debacle de maio não tivesse acontecido. Como Imlay (2003) diz, o desenvolvimento de compromisso de classe corporativo na Grã-Bretanha tornou o país capaz de um longo conflito coletivo, mas isso não aconteceu na França. Embora muitos franceses apoiassem o esforço de guerra em 1940, não havia *Union Sacrée*, como na Primeira Guerra. Como poderia haver, quando já em novembro de 1938 Daladier havia rescindido as leis trabalhistas aprovadas em 1936 pela Frente Popular e declarado ilegal o grande Partido Comunista? Antissocialismo, anticomunismo e protofascismo eram crescentes entre conservadores, no comando-geral e entre industrialistas – que também se opunham ao planejamento governamental de produção de armamentos. Em 16 de maio, mesmo antes de sua derrota estar clara, o General Gamelin tentou se desviar da culpa alegando falsamente que a penetração comunista havia sabotado o moral militar. Outros denunciaram falsamente os trabalhadores de munições por sabotarem a produção de guerra francesa. O Sucessor de Gamelin, Weygand, estava tão preocupado nos últimos dias da guerra com o espectro de um levante comunista nãoexistente em Paris (sombras da comuna de Paris!) quanto com o avanço alemão (Berstein & Becker, 1987: 371-388; Alexander, 1992: caps. 4, 5; Jackson, 2001: 114-118).

Os líderes conservadores franceses agora faziam da não "deserção" uma virtude, não deixar a França. Quando o reverenciado Marechal Pétain se juntou ao coro, esse argumento venceu. Weygand se recusou a permitir que o exército fugisse para o exterior, e se tornou ministro da Defesa no regime colaboracionista Vichy de Pétain e Laval, ao qual muitos conservadores e muitos outros agora juravam lealdade. Pedidos dos governadores e generais coloniais para os autorizarem a continuar lutando no exterior foram negados (Jackson, 2001: 121-129). Quando os britânicos ouviram isso, moveram-se impiedosamente para afundar a frota mediterrânea francesa com muitas perdas de vidas francesas, para evitar que os alemães a tomassem. Quando a realidade da derrota francesa ficou evidente, a participação no governo Vichy e a colaboração com os alemães se ampliaram além da direita (isso incluía o jovem François Mitterand). Muitos franceses aprenderam a viver com os alemães, e muitos colaboraram ativamente. O *establishment* inicial de Vichy foi daqueles que viam uma chance de regenerar uma França despojada dos ideais de 1789 – mais reacionários incapazes de compreender que Hitler era algo completamente diferente. Ironicamente, foi de Gaulle, como Churchill, um homem de direita, que se apercebeu da necessidade de uma unidade nacional através das linhas de classes e que ofereceu uma Union Sacrée informal aos socialistas e comunistas, incorporada pelas Forças Francesas Livres e pela Resistência.

A sobrevivência britânica

Esse foi o momento de passagem do poder e império franceses. Não houve um único momento da passagem do poder britânico, pois esse foi um processo que durou vários anos, mas esse foi o primeiro e maior golpe. A Grã-Bretanha havia sempre confiado em um equilíbrio de poder no continente da Europa. A despeito de todo seu poder naval, seu grande império, sua economia pioneira (seu padrão de vida permanecia um terço mais elevado do que o da Alemanha na década de 1930), sua habilidade para usar os recursos globais do mundo anglófono, a segurança das Ilhas Britânicas ainda dependia desse equilíbrio de poder. Todavia, em 1939, os soviéticos fizeram seu pacto com Hitler, e em 1940, a Alemanha tomou a França e ocupou os portos do Canal. Os britânicos estavam sozinhos, num perigo mortal pela primeira vez. O império e uma Grã-Bretanha independente poderiam não mais existir.

Churchill superou aqueles no Gabinete que sugeriram oferecer termos a Hitler, embora ele próprio tivesse brevemente considerado isso. Esse é o ponto sobre o qual historiadores revisionistas são, no máximo, plausíveis, pois Hitler estava mais focado na agressão no leste e poderia ter deixado a Grã-Bretanha e seu império em paz... ao menos por enquanto. Contudo, duvido que Hitler se sentisse seguro com uma potência imperial e naval se rearmando em sua fronteira ocidental. A única consequência da guerra iminente no leste que teria beneficiado a Grã-Bretanha seria um impasse contínuo enfraquecendo tanto o Reich alemão quanto a União Soviética.

A Grã-Bretanha apenas resistiu; era ainda uma grande potência. As duas forças aéreas eram igualmente comparáveis, e os aviões de combate britânicos venceram apertadamente a Batalha da Grã-Bretanha no verão e outono de 1940, ajudados pelo descuido alemão de mudar seus alvos de campos de pouso para cidades. Essa vitória impedia qualquer invasão alemã; a derrota teria assegurado a invasão, e o exército britânico não era bom o bastante para resistir por muito tempo. Mas após a Batalha da Grã-Bretanha, os navios de desembarque que cruzavam o Canal seriam agora alvos fáceis para a RAF, e mostrariam em Pearl Harbor e fora de Singapura que enorme dano aviões poderiam fazer a navios de guerra sem aviões para protegê-los. Para Hitler, suas preparações para a invasão haviam sido pensadas basicamente para levar os britânicos a um acordo. No momento, a Grã-Bretanha não era seu maior alvo. Inesperadamente, os britânicos não chegaram a um acordo, e a Batalha da Grã-Bretanha foi a primeira derrota que ele sofrera. As forças armadas britânicas depois se reagruparam após as primeiras derrotas na Grécia e no norte da África para assegurar o Oriente Médio e conseguir um impasse flutuante no norte da África – com a ajuda americana. A Batalha do Atlântico também foi uma vitória apertada – os submarinos quase estrangularam as principais rotas de abastecimento da Grã-Bretanha. Essa batalha não foi do jeito dos Aliados até maio de 1943, logo após os Estados Unidos terem se juntado a ela. Isso poderia ter sido muito pior para a Grã-Bretanha: caso os Estados Unidos tivessem permanecido neutros, a estratégia de bloqueio da Grã-Bretanha teria sido um tiro pela culatra em sua face, pois os submarinos tinham a capacidade de isolar as linhas de segurança da Grã-Bretanha do resto do mundo anglófono. A própria Grã-Bretanha teria sido bloqueada.

A Grã-Bretanha tinha vantagens. Exceto pelos submarinos, sua marinha era superior, seus aviões eram mais bem empregados, ela poderia continuar usando os recursos do império (recrutando 2,5 milhões de indianos para seus exércitos), sua tecnologia avançada incluía a invenção e o desenvolvimento do radar, e demonstrara a criatividade da inteligência em quebrar os códigos militares da Enigma alemã, embora conseguindo manter esse segredo. Agregado a esses recursos estava o moral britânico alto, embora houvesse crítica de que o "antigo grupo" de políticos que conduzia a guerra havia sido ambivalente e lento para se mobilizar. Eles ficaram mais felizes quando Churchill subordinou seu imperialismo para a defesa populista da nação. Muitas pessoas admiraram a retórica rebelde de Churchill e sentiam que ele expressava seus próprios sentimentos. A despeito das reclamações intermitentes, eles foram preparados para se sacrificar por uma vitória última – do que poucos pareciam duvidar. Foi democracia contra fascismo, eles acreditavam, embora usualmente se expressassem menos abstratamente. Os diaristas do Mass-Observation (a melhor percepção da opinião contemporânea) diziam que o que a Grã-Bretanha significava para eles era prosaico, inclusive clichê – o interior, as aldeias, o senso de ordem aristocrática e a "tolerância e bom humor fáceis" das pessoas, evidenciam que um senso de uniformidade permeava o povo. Esses aspectos do "nacionalismo banal" valiam a pena defender. Eles não excluíam entrar em greve, pois a taxa de greves se manteve. Tampouco excluíam objeções feministas à discriminação – incluindo a frustração das mulheres que serviam em baterias antiaéreas em que não tinham autorização para disparar armas. Havia muito menos medo de expressar descontentamento, e muito menos retórica nacionalista extravagante ou patriotismo extremo, do que na Alemanha e na Itália (Mackay, 2002: 253; Addison, 1975). Os relatórios recentemente publicados sobre o novo Departamento de Inteligência Nacional, que enviava agentes para ouvirem o que as pessoas estavam dizendo, revela que as pessoas desconfiavam da "propaganda" da BBC, transmitida em acentos "afetados" da classe alta que lembravam os antigos grupos de elite que os havia levado a essa confusão. Os relatórios também revelam que as pessoas da classe trabalhadora estavam mais comprometidas com os sacrifícios da guerra do que as das classes médias, e que o ressentimento de classe estava aumentando em relação a isso. Quando exortados pela propaganda a se prepararem com mais esforço, eles diziam que já estavam preparados: "A falha se encontra nos lugares elevados, não conosco, o povo trabalhador" e, "Não estamos nervosos; suponho que eles estejam" (Addison & Crang, 2010). O patriotismo andava de mãos dadas com o incipiente socialismo e feminismo. O moral era diferente na América porque o continente nunca fora atacado. Lido com isso no volume 4.

Churchill, experienciado na Primeira Guerra Mundial e completamente consciente da situação desesperadora da Grã-Bretanha, reconhecia a necessidade de uma estratégia de guerra populista, da mobilização do trabalho das mulheres, e de levar o Partido Trabalhista e os líderes sindicais para o governo. O Partido Trabalhista deixou claro que o preço para o sacrifício popular deveria ser as reformas progressivas intensificando os direitos de cidadania. Ernest Bevin, líder sindical e novo secretário de relações exteriores da Grã-Bretanha, inseriu na declaração Placentia Bay de Churchill e Roosevelt de 1941 sobre os objetivos de guerra uma cláusula assegurando, "para todos, padrões de trabalho melhorados, avanço econômico e segurança social". Os ministros trabalhistas foram encarregados de grande parte da política nacional (o que Churchill considerava menos importante), e isso assegurou que as reformas de fato acontecessem. Eles contrataram William Beveridge para produzir seu famoso relatório sobre a guerra. Em dezembro de 1942, Beveridge propôs que em troca de uma contribuição semanal fixa benefícios seriam fornecidos a todos como um direito universal de cidadania por doença e acidentes, desemprego, velhice, maternidade, órfãos e viúvas – o que ele chamava um abrangente Estado de Bem-estar Social "do berço ao túmulo". Uma pesquisa Gallup revelou 86% dos respondentes dizendo que deveria ser implementado. O Partido Trabalhista bem como o grupo Tory progressista o endossou. Churchill não, mas foi depois subjugado, vocalizando expressões vagas de apoio. Um Ministério da Reconstrução foi estabelecido, e os Relatórios Brancos endossaram as propostas de seguro social; ele permaneceu mais vago sobre o Serviço de Saúde Nacional e sobre o emprego pleno. Em 1943, as votações mostraram que muitos homens e mulheres esperavam que uma vitória final na guerra fosse seguida de melhoras maiores em suas vidas (Mackay, 2002: cap. 6). A cidadania social era a versão secular da Grã-Bretanha de uma Union Sacrée.

Os Estados Unidos haviam começado o rearmamento em 1939 e o aceleraram até após o avanço alemão em Sedan. Com a vitória britânica na Batalha da Grã-Bretanha, Roosevelt e seus conselheiros reconheceram que a Grã-Bretanha era digna de ajuda, a um preço pequeno de declarar a guerra. Como a Grã-Bretanha estava pagando por tudo que recebia dos Estados Unidos, suas reservas de dólares e ouro estavam perigosamente baixas. O embaixador britânico em Washington, Lord Lothian, encontrou repórteres em Nova York com a otimista saudação: "Bem, rapazes, a Grã-Bretanha está quebrada; é o dinheiro de vocês que queremos". A Lei de Neutralidade, ainda apoiada por uma maioria no Congresso e na opinião pública, impediu a ajuda direta americana para guerrear em Estados estrangeiros, mas acordos de comércio e arrendamento poderiam pôr de lado isso. O comércio dos antigos destróiers americanos para o acesso dos estados Unidos às bases britânicas no Caribe veio em outubro de 1940. Os britânicos ganharam pouco materialmente com o acordo, mas garantiram um precedente que quietamente abandonou a neutralidade dos Estados Unidos. Ele foi seguido por um programa de empréstimo e arrendamento (*lend-lease*) de março de 1941, ideia de Roosevelt e uma derrota para o *lobby* isolacionista. Roosevelt o justificou em uma "conversa" de rádio à nação, dizendo: "Se a Grã-Bretanha sucumbe, as potências do Eixo controlarão os continentes da Europa, Ásia, África, Australásia e os altos-mares – e elas estarão em uma posição de lançar enormes recursos militares e navais contra este hemisfério". Ele novamente negou qualquer intenção de enviar exércitos à Europa, mas concluiu com: "Devemos ser o arsenal da democracia". 60% de seus ouvintes disseram que concordavam. Os falcões da administração, Stimson, Knox, Almirante Stark e Morgenthau, eram a favor de entrar na guerra do lado da Grã-Bretanha, mas Roosevelt sabia que nem o Congresso nem a opinião pública concordariam ainda.

O comércio crescente com a Grã-Bretanha levou a um aumento da presença militar americana no Atlântico em defesa de seu transporte. Houve uma série de incidentes como o afundamento de navios comerciais americanos por submarinos alemães. Como Roosevelt veio a se convencer de que seria necessário se juntar à guerra, ele usou os afundamentos para levar a opinião pública na direção dela. Os fuzileiros navais ocuparam a Islândia em julho de 1941. A opinião pública apoiou esse movimento e o envio de ajuda à Grã-Bretanha, mas continuou a se opor ao envio de soldados americanos para a guerra. Roosevelt ainda não se arriscaria a enfrentar o Congresso, embora privadamente tenha dito a Churchill que "travaria a guerra, mas não a declararia, e que se tornaria cada vez mais provocativo. Ele procuraria por um incidente que o justificasse a abrir hostilidades". Contudo, a demora servia aos Estados Unidos, contanto que a Grã-Bretanha não colapsasse, uma vez que o exército americano estava aumentando (I. Kershaw, 2007: caps. 5, 7). Os Estados Unidos terminariam entrando na guerra, mas em dezembro Roosevelt conseguiu mais do que um acidente para ajudá-lo. Ele conseguiu Pearl Harbor.

A estupidez de Hitler e dos japoneses trouxe para a Grã-Bretanha os aliados de que necessitava: a Rússia, invadida por Hitler em junho de 1941; e os Estados Unidos, atacado em Pearl Harbor em dezembro. O papel da Grã-Bretanha pode ser visto, então, como uma operação de contenção, mantendo-se invencível até que os russos e americanos chegassem. Depois, ela se tornou a assistente no bombardeamento da Alemanha e nas campanhas no norte da África e na Itália, e a base da qual a invasão da França poderia ser lançada e a segunda frente de batalha aberta. Os Estados Unidos teriam sido duramente pressionados a invadir a Europa sem a Grã-Bretanha, mas ela sobreviveu somente hipotecando seus ativos econômicos para os Estados Unidos. Como o primeiro-ministro sul-africano, Jan Smuts, comentou sobre o império em 1945: "o caixa está vazio". O império havia terminado, a despeito da vitória. Contudo, seu esforço de guerra tornou a Grã-Bretanha um lugar mais civilizado, como veremos no volume 4.

A decisiva Frente de Batalha do leste

As batalhas mais importantes ocorreram em outros lugares. Hitler estava há muito empenhado na conquista do "judeu-bolchevismo". Em 31 de julho de 1940, disse a seus chocados generais que desejava uma invasão da União Soviética na primavera seguinte. Ele abandonou seu plano de invasão da Grã--Bretanha e focou o leste. Estava inicialmente buscando petróleo e a remoção dos britânicos do Mediterrâneo e do Oriente Médio. Os italianos se mostraram aliados inefetivos, de modo que as tropas alemãs foram enviadas para a Grécia e ilhas mediterrâneas com grande sucesso. Rommel foi no início bem-sucedido no norte da África, embora seu ataque não tenha sido mantido, e os britânicos tenham resistido lá e no Oriente Médio. Todavia, Hitler considerava todas essas campanhas como um desvio; ele estava olhando realmente para o leste.

A pressão alemã crescente nos Bálcãs e na Romênia e Bulgária havia produzido tensões com os soviéticos. A política estrangeira de Stalin não era a revolução mundial, mas continuidade com objetivos tsaristas: garantir mais acesso aos mares Báltico e Negro. Nesse ponto, a política soviética significava fazer com que a Grã-Bretanha reconhecesse a ocupação soviética dos três pequenos estados bálticos (adquiridos de seu Pacto de Não Agressão com Hitler) e garantir regimes amigáveis na Bulgária e Romênia. Stalin se preocupava com a recusa da Grã-Bretanha em conceder o reconhecimento báltico e seu cortejo da Turquia, que poderia impedir o domínio russo no Mar Negro. Ele também se preocupava com o expansionismo de Hitler (Gorodetsky, 1999: 316).

Assim, Stalin estava pensando geopolítica realista e assumiu que Hitler e Churchill estavam fazendo o mesmo. Churchill certamente estava, mas nem Stalin nem Churchill sonhavam que Hitler abriria uma guerra de duas frentes de batalha ao invadir a União Soviética antes que tivesse liquidado a Grã-Bretanha. De fato, Churchill assumiu que Hitler e Stalin estavam negociando para fortalecer sua relação mútua, e ele pela primeira vez percebeu o aumento de Hitler no leste como pressão sobre Stalin para entrar num acordo. Da sua parte, Stalin acreditava que a Grã-Bretanha era exatamente tão hostil a ele quanto a Alemanha, e estivesse alimentando-o com inteligência sobre as intenções agressivas de Hitler para levá-lo a uma guerra com a Alemanha (ele estava certo, mas a inteligência britânica também). Stalin se tornou cauteloso. Consciente do conflito de interesses com Hitler sobre a Romênia e os Bálcãs, tentou duramente não provocá-lo. Ele assinalou a intenção russa de defender seu interesse enviando tropas para a fronteira romena, o que enfureceu Hitler, que esperava que os vizinhos adotassem uma posição submissa. Stalin ficou feliz de ver que Alemanha e Grã-Bretanha estavam lutando entre si e não pretendia se envolver.

Contudo, ele não entendia Hitler, um homem muito mais ideológico e emocional, e um adepto a guerras curtas. Hitler ficara chocado em 1939 quando a Grã-Bretanha e a França declararam guerra a ele, mas o sucesso surpreendente na França havia restaurado sua confiança. Ele era agora um expoente convencido da Blitzkrieg. Percebeu que a Alemanha estava próxima dos limites de sua capacidade de produção militar, mas Grã-Bretanha, Rússia e América – que ele acreditava terminariam se juntando à guerra – ainda estavam se expandindo. A inferioridade econômica da Alemanha só poderia piorar ao longo do tempo. Sua pressão para o rearmamento intensificado criou restrições que puderam ser resolvidas por matérias-primas e gêneros alimentícios extraídos de mais países conquistados (Evans, 2006: 370). Como ele também queria a Lebensraum para colonos alemães, arriscaria uma guerra grande contra a União Soviética; melhor travá-la agora do que mais tarde. Ele desprezava eslavos e comunistas, e acreditava que a Wehrmacht poderia atravessar as defesas soviéticas e destruir um regime instável e impopular. É curioso que não tenha feito esforço algum para fazer os japoneses atacarem a União Soviética a partir do leste. É verdade que os líderes do Japão haviam sido ofendidos pelo pacto de Hitler com Stalin de 1939, e desde então estiveram se movendo para o sul em direção ao Pacífico em vez de ao norte para ameaçar a União Soviética, mas Hitler nunca foi um bom aliado, e esse era um ponto fraco, pois o Eixo nunca foi uma aliança tão coesiva como a de seus inimigos. Além disso, para Hitler, os soviéticos pareciam estranhamente um alvo mais fácil do que a Grã-Bretanha. Melhor liquidar a Rússia, e depois usar os recursos de toda grande Europa para atacar a Grã-Bretanha. Foi uma decisão unicamente sua. A última reunião do Gabinete do Reich havia sido no começo de 1938, e dali em diante as grandes decisões foram de Hitler. Qualquer influência tinha de ser exercida sobre ele pessoalmente, mas seus generais, a despeito de expressarem suspeitas, não se opunham seriamente a ele (Tooze, 2006: 460; I. Kershaw, 2007: cap. 2). Barbarossa foi seu maior erro.

Não apenas os alemães duvidaram da resiliência dos soviéticos. O Departamento de guerra americano avisou o presidente que Hitler conquistaria a União Soviética em até três meses; os chefes militares britânicos diziam que de seis a oito semanas (Kershaw, 2007: 298-299). Os expurgos de Stalin pareciam indicar que seu regime se mantinha apenas pelo terror, e o oficial típico em 1941 comandava em duas posições mais altas do que sua experiência normalmente garantiria. Era uma ofensa massiva autoinfligida (Glantz, 1998: 27-31). Isso encorajou Hitler, que acreditava que mobilizava grande poder ideológico: o espírito de luta do *Herrenvolk* triunfaria sobre os *Untermenschen* eslavos bolchevizados em um confronto final com a "conspiração judaico-bolchevique" (Overy, 1999: 206; Megargee, 2006). Impaciente, excessivamente confiante, decidiu por um ataque total – a Operação Barbarossa.

Em novembro, Hitler decidiu ir adiante com a operação quando pareceu claro que Stalin não se submeteria nos Bálcãs diante da expansão alemã. Como a invasão deveria ser massiva, as preparações levaram mais de seis meses, até 22 junho de 1941, e foram de uma escala tal que se tornou evidente a todos os serviços de inteligência e aos poloneses comuns de Varsóvia que assistiam aos tanques e caminhões alemães rugindo por suas ruas durante dez dias. A inteligência soviética possuía conhecimento acurado das preparações e deduziu corretamente as intenções de Hitler. Contudo, o que foi finalmente relatado a Stalin foi uma versão equívoca. Ninguém desejava ser aquele que contaria a Stalin que ele estava absolutamente errado (Gorodetsky, 1999: 130, 187; D. Murphy, 2006: 215, 250); Stalin por vezes matava aqueles que discordavam dele. Ele justificou os movimentos das tropas como uma provável investida alemã no sul em direção aos Bálcãs. Dez dias antes da invasão, reprimiu o Marechal Zhukov, seu chefe de comando, que já havia arriscado três recomendações de um ataque preventivo, dizendo: "Hitler não é tão idiota" para abrir "uma segunda linha de batalha atacando a União Soviética" (Gorodetsky, 1999: 279; Glantz, 1998). Hitler era um idiota, como Stalin. Usualmente, não associamos Stalin a uma confiança ingênua, mas ele havia quase destruído seu regime e seu país, e certamente destruiu centenas de milhares de vidas. Com a entrada dos japoneses, foi o despotismo fascista e não fascista contra uma aliança prejudicial, mas pragmática, de democracia capitalista e despotismo comunista.

Hitler quase se safou com sua Blitzkrieg. Caso tivesse conseguido derrubar o regime comunista, teria tido vastos recursos russos para explorar. Depois, os americanos poderiam ter chegado a um acordo com ele, sacrificando os britânicos. Como o sucesso inicial da Operação Barbarossa havia encorajado os japoneses a atacarem Pearl Harbor, os americanos tiveram de se defender no Pacífico. O resultado teria sido o mesmo, a derrota do Japão e um império americano no Pacífico. Após Pearl Harbor, Hitler declarou guerra aos Estados Unidos, porque queria soltar seus submarinos em navios de transporte no Atlântico sem quaisquer restrições – outra tentativa de uma guerra curta Blitzkrieg. Caso a entrada dos Estados Unidos na guerra contra a Alemanha tivesse sido retardada, o resultado poderia ter sido o mesmo, se obtido por bombas atômicas jogadas sobre a Alemanha. Alternativamente, um impasse global entre Alemanha e Estados Unidos poderia ter se desenvolvido, caso Hitler tivesse adquirido ele próprio armas atômicas. Esses são contrafatuais muito especulativos, mas caso a Operação Barbarossa tivesse sido bem-sucedida o mundo seria diferente.

O ataque de Hitler não foi um ataque surpresa para o comando-geral soviético, mas eles haviam sido impedidos por Stalin de ficar de prontidão contra ele e estavam somente a meio caminho de uma grande reorganização. A Wehrmacht, operando ao longo de uma frente mais ampla do que muitos estrategistas militares consideravam sensível, rompeu as duas primeiras linhas defensivas russas, tomando Minsk e Kiev em julho e provocando imensas perdas russas. Após duas semanas, Hitler e o General Halder acreditavam que a campanha fora vencida. Os russos haviam perdido o equivalente de 229 divisões, muitos de seus batalhões de sapadores e muitos de seus aviões e tanques. Os alemães destruíram em 1941 o que sua inteligência acreditara ser a força militar soviética inteira – mas não era. Os russos tinham mais duas linhas defensivas, e resistiram ou recuaram de forma ordenada, quando Stalin rescindiu sua ordem de ninguém recuar. Embora Stalin tivesse cometido um enorme erro em 1941, fortalecera antes a força militar de seu país. Sentindo-se isolado e assediado pelo capitalismo mundial, ele expandiu seu investimento em defesa a partir de meados da década de 1930 quando a ameaça da Alemanha, Japão e Grã-Bretanha parecia aumentar. Seu erro todo tempo foi cultivar tanto segredo. Ao impedir seus inimigos de perceberem quão formidável era sua máquina militar, careceu do poder de dissuasão (Samuelson, 2000).

O Grupo de Exército Central alemão poderia ter determinadamente pressionado Moscou em meados de outubro de 1941, em vez de desviar em direção a Kiev, justamente quando Stalin estava considerando pedir um acordo ou retirada mais ao leste. Contudo, os alemães foram detidos antes de Moscou, e a decisão de Stalin endureceu. No verão, a Wehrmacht se dirigiu ao sul almejando os campos de petróleo do Cáucaso e bloquear o Volga em Stalingrado. Os soviéticos estavam aprendendo rápido e tinham instituído reformas, incluindo a redução dos controles políticos sobre as Tropas. Stalin deixou a guerra mais aos generais, e retirou grande parte dos comissários de seu partido do exército. Sobretudo, o milagre industrial soviético tornou boas as perdas em um período incrivelmente curto de tempo (Glantz, 1998: 127, 141, 165, 188; Overy, 1996: 4; Tooze, 2006: 588-589).

O socialismo estatal soviético se mostrou altamente efetivo na guerra. Obteve mais produção militar dos insumos econômicos do que os nazistas. Com menos ferro e carvão, produziu mais armamentos. O território sob controle soviético se transformou no que Stalin chamava "um campo armado singular", e a economia planejada se mostrou melhor do que as economias capitalistas na tarefa de canalizar recursos para um único objetivo de expansão militar. Os Estados Unidos conquistaram sua expansão militar fenomenal a partir de insumos muito maiores de uma economia mais tecnologicamente avançada. Ambos desenvolveram sistemas de produção em massa para produzir séries maiores de relativamente poucas armas. O resultado foi que a produção em massa superou a produção em série; a quantidade superou a qualidade (Overy, 1996: 182-207). A Alemanha, a despeito da aparência totalitária, combinou com dificuldade fascismo com capitalismo, e a estratégia de Hitler colocava demandas impossíveis sobre eles. Contando com uma guerra curta na Rússia, não focou o rearmamento na operação Barbarossa, ainda que estivesse aumentando os recursos para a guerra contra a Grã-Bretanha – e para o que via como a próxima campanha iminente, contra os Estados Unidos. Assim, não teve recursos militares o bastante para enviar ao leste durante 1942, dada a resiliência dos soviéticos. Em 1943, a produção militar alemã estava rivalizando com a soviética, mas, nessa época, estava enfrentando bombardeamento anglo-americano contínuo. A produção de armamentos alemã se tornou mais eficiente, mas menos suficiente para empreender a campanha intensificada de duas frentes que Hitler havia lançado contra si próprio (Tooze, 2006; Kroener, 2003: 1).

A Alemanha nazista não foi ajudada pela selvageria racista da Wehrmacht e da SS contra os civis soviéticos, especialmente as minorias não russas que poderiam ter se tornado suas aliadas. Uma vez mais, fazer amigos não era o ponto forte de Hitler. Uma vez mais, um império foi minado por seu racismo. As atrocidades cometidas contra os poloneses em 1939 foram um estágio no agravamento. Houve murmúrios contra isso dentro do exército, ainda não permeado completamente pela ideologia nazista. Nessa campanha, os judeus eram apenas um alvo secundário, atrás das elites polonesas (Rossino, 2003). Depois, até o final de 1941, o Holocausto contra os judeus e o genocídio de ciganos foram cometidos pela SS e pelas unidades de polícia alemã, cujos oficiais e NCOs eram muitas vezes ou membros da SS ou do Partido Nazista, e cuja "cultura organizacional" havia se tornado genocida (Westermann, 2005; cf. Mann, 2005: caps. 8-9). Todavia, a partir de 1942, a Wehrmacht passou a cooperar completamente e muitas vezes participou da missão de limpeza racial entre judeus e eslavos. A essa altura, isso era o próprio exército de Hitler de cima para baixo. Hitler tinha oficiais seniores marginalizados que considerava não confiáveis. Assim como a classe média civil alemã, agora havia duas vezes mais probabilidade de os oficiais serem membros do Partido Nazista. Diários de soldados revelam um profundo racismo, uma divisão impensável entre a raça dominante e a Untermenschen – judeus, ciganos e eslavos. Modelos biológicos e biomédicos predominavam. Os eslavos eram considerados "infectados" pelo bolchevismo. A política alemã era a de que os soldados deveriam viver da terra, o que significava extrair comida à força. Diários de muitos soldados alemães revelam a crença na Lebensraum, que envolvia exterminar populações nativas de modo que os alemães pudessem se estabelecer e colonizar a região. Os administradores da Ucrânia ocupada se viam como legitimamente ligados à história de conquista e governo da Europa, muitas vezes comparando seu governo no exterior ao governo britânico na Índia. Não poderia haver "missão civilizadora" entre os eslavos Untermenschen, com certeza, mas eles observavam que isso também havia sido assim em colônias de assentamento brancas (Lower, 2005: 3-21). Os modelos imperiais ainda viviam.

Planejadores alemães necessitavam do leste para fornecer comida à Alemanha. Os vassalos eslavos a produziriam, e mais de meio milhão de trabalhadores escravos foram levados de volta para a Alemanha. Os eslavos remanescentes deveriam ser eliminados para dar lugar aos colonizadores alemães. Houve uma política deliberada de fome na Ucrânia ao longo da hierarquia de cadeia alimentar com as tropas de combate alemãs no topo, depois tropas de retaguarda, depois civis alemães, trabalhadores estrangeiros e, finalmente, se algo sobrasse, cidadãos soviéticos. Os alemães fizeram grande parte dos POWs soviéticos morrer de fome – 2 milhões deles – bem como cidades ucranianas "supérfluas", banindo a entrada de fornecimento de alimentos, fechando comércios e atirando em "catadores". A população de Kiev caiu de 840.000 em julho de 1941 para 220.000 em dezembro de 1943. As detenções de trabalhadores-escravos para a Alemanha eram duras e arbitrárias (Berkhoff, 2004: 186, 317). Os soviéticos não foram muito melhores com seus POWs, e quando as tropas soviéticas e guerrilhas sectárias responderam com suas próprias atrocidades, soldados alemães enfurecidos mataram populações locais inteiras consideradas sectárias. Esse era o único modo pelo qual unidades de retaguarda, subtreinadas e desguarnecidas, achavam que podiam controlar as regiões capturadas, reforçadas por um racismo quase impensável e uma guerra planejada a partir de cima como uma guerra de aniquilação (Bartov, 1985; Fritz, 1995; Kay, 2006; Megargee, 2006; Umbreit, 2003; T. Snyder, 2010).

Que esse racismo feroz era autodestrutivo era o único ponto claro em uma campanha terrível na qual os dois males maiores dos tempos modernos – faxina étnica criminosa e uma guerra de aniquilação – estavam combinados. Ucranianos, que inicialmente tinham acolhido a Wehrmacht como os libertando do stalinismo, envolveram-se em guerra sectária contra os alemães, e depois acolheram de volta o Exércido Vermelho, que viam como representando (dizia o jovem Krushchev, que servia nele) "nosso povo" (Berkhoff, 2004: 304). Independentemente do que pensassem sobre Stalin, os cidadãos soviéticos sabiam que Hitler era pior, e por isso defendiam a si, a nação e o regime soviético. Eles se sacrificavam nas fábricas, trabalhando de doze a dezesseis horas por dia (era o único modo de obter alimento). Diferente da Alemanha, as mulheres tinham responsabilidades iguais. Mais da metade da força de trabalho e um número substancial de soldados eram mulheres no final da guerra. Soldados soviéticos sofreram enormes perdas, mantendo ao mesmo tempo o moral patriótico e o ódio fanático ao inimigo necessário para a vitória. Mawdsley (2005: 399) conclui: "Tanto o nacionalismo como o socialismo foram vitais para a estabilidade e sobrevivência do sistema stalinista". Todavia, os Estados Unidos e a Grã-Bretanha forneceram grande parte do alimento e matérias-primas para o esforço de guerra soviético, talvez outro ingrediente necessário para a resiliência soviética.

Quando os russos contra-atacaram e cercaram a Wehrmacht em Stalingrado em janeiro de 1943, o avanço alemão parou. O Exército Alemão Grupo Sul poderia ter explorado seus pontos fortes e travado uma guerra de manobra em vez de ser pego na guerra de atrito em Stalingrado. Generais russos haviam aprendido como levar vantagem de números superiores de soldados e máquinas por meio da "doutrina de armas combinadas" para efetuar cerco e batalha profunda. Isso foi revelado em Kursk durante nove dias em julho de 1943, a maior batalha terrestre de todas, travada pela posse de uma cidade em um entroncamento ferroviário a 500 milhas ao sul de Moscou. Ambos os lados empregaram forças colossais, incluindo grande parte de seus tanques. Os alemães transferiram forças da França para seu ataque, e Zhukov estabeleceu oito linhas de posicionamento defensivo dentro do flanco que ocupava. Essa foi a "batalha profunda". Em uma área de 118 milhas de largura por 75 milhas de comprimento, os soviéticos invadiram com 1,3 milhão de homens e 3.444 tanques; os alemães tinham 900.000 homens e 2.700 tanques. Foi uma experiência aterrorizante para os soldados. Sob um imenso bombardeio soviético, escreveu um soldado de infantaria alemão: "As tropas alemãs congelaram de medo, incapazes de se mover ou sequer de gritar, por vezes, e, em outras vezes, levadas a uivar como animais enquanto desesperadamente tentavam se enterrar o mais fundo possível para escapar ao terror e se agarrando uns aos outros como crianças. Aqueles que emergiam eram jogados de volta ao abrigo em pedaços" (W. Dunn, 1997: 190). Mesmo assim, os alemães avançaram com seus últimos tanques Tiger e armas de ataque Ferdinand. Os russos reagiram usando suas múltiplas linhas de posicionamento para chegar por trás dos Tigers que avançavam, onde sua blindagem era mais fina. Os tanques médios inferiores soviéticos T-34 eram enviados em missões suicidas, chocando-se contra os Tigers, explodindo ambos os tanques e seus tripulantes. Em 13 de julho, os alemães haviam tido apenas pequenos ganhos e Hitler sabia que não tinha os recursos para continuar essa escalada. Ele começou a transferir homens para a Itália para lidar com a invasão anglo-americana da Itália. As batalhas seguintes em Kharkov e Belgorod mataram ainda mais alemães. O avanço soviético era agora lento, mas inexorável, embora os alemães nunca se detivessem.

A Frente do Leste foi onde a invencibilidade da Wehrmacht foi devastada e a inferioridade alemã em recursos gerais, exposta – mais de 80% do total das perdas alemãs ocorreram lá. Em 1944, ainda havia mais de 100 divisões alemãs combatendo no leste, comparadas a apenas 15 divisões alemãs na França (combatendo um número similar de tropas aliadas). As forças soviéticas destruíram ou incapacitaram no total cerca de 600 divisões do Eixo entre 1941 e 1945, e os alemães não puderam substituir facilmente suas perdas. Durante 1943, por exemplo, a produção soviética de tanques totalizou 27.300. Após deduzirmos suas enormes perdas naquele ano, esse foi um ganho líquido de quase 5.000. Em contraste, a Alemanha conseguiu produzir somente 10.747 tanques, um ganho líquido de menos de 2.000. A Alemanha havia contado com guerras curtas e levou mais tempo para se aparelhar para uma guerra longa e total. Somente em 1944, a economia havia sido inteiramente posta em pé de guerra, enquanto 12 milhões de trabalhadores estrangeiros – praticamente escravos – eram importados. A produção alemã de equipamento de guerra agora crescera enormemente, mas até então enfrentara as economias de guerra soviética e americana completamente aparelhadas produzindo mais armamentos em cada categoria do que os alemães podiam produzir. As perdas alemãs em tanques, aviões, artilharia e outros armamentos aumentaram tanto que não houve aumento líquido (Mueller, 2003; Overy, 1996: 63-100, 321). Perdas em força de trabalho também aumentaram, e não havia controle centralizado; os generais tiveram que lutar por força de trabalho contra Albert Speer, encarregado pela produção de guerra. O uso de trabalho escravo ajudou, mas necessitava de supervisão extensiva. Hitler e outros ideólogos nazistas resistiram quanto a mobilizar mulheres alemãs, uma desvantagem alemã única, e a Wehrmacht teve de procurar melhor por recrutas entre homens idosos e meninos (Kroener, 2003). Contudo, o comunismo sofreu enormemente ao salvar não apenas si próprio, mas também o capitalismo.

Vitória

Como com todas as grandes guerras, essa consistiu de milhares de enfrentamentos entre unidades militares nas quais bravura ou sorte poderiam fazer oscilar o equilíbrio do teatro de diferentes modos. Todavia, a lei das médias fez oscilar cada vez mais na direção dos Aliados. Em uma guerra de armas combinadas, a vitória exigia uma combinação de força terrestre, aérea e marítima, e em mais de uma frente. Para explicar as causas da derrota da Alemanha, podemos começar com a explanação dada pelo ministro das Relações Exteriores de Hitler, Ribbentrop: o poder inesperado de resistência do Exército Vermelho; o vasto suprimento de armamentos americanos; e o sucesso do poder aéreo Aliado. O PIB do Império Britânico era mais alto do que o da Alemanha e o da Itália combinados, e o Japão era ultrapassado no leste pelos Estados Unidos. Se acrescentarmos os recursos massivos dos Estados Unidos e da URSS, os aliados tiveram a habilidade para travar uma guerra de atrito que destruiu o Eixo. É claro que, além das disparidades materiais, houve a agressão do fascismo, contando com seus próprios recursos e novos homens para a vitória, negligenciando a importância dos aliados, favorecendo o militarismo em detrimento da diplomacia. Foi suicida porque isso significava que seria enormemente excedido em número. A maior fraqueza do fascismo foi sua inabilidade para gerar muitos aliados, o que era o produto de seu próprio nacionalismo agressivo. Foi somente porque os Aliados eram tão numerosos que seus recursos materiais eram impressionantes. Alemanha, Itália e Japão terminaram carecendo de poder geopolítico, e isso os destruiu.

Os alemães seriam sobrecarregados se os Aliados tivessem lutado uma guerra cruel de atrito. Stalin e Zhukov foram cruéis – com suas próprias tropas também, repetidamente enviando-as diretamente através de campos minados, limpando o caminho com suas mortes para ondas posteriores de ataque (W. Dunn, 1997). A crueldade também foi evidente no afundamento britânico da frota francesa e nos bombardeios Aliados de áreas da Alemanha e Japão, cada vez mais por meio de bombas incendiárias. Isso devastou cidades inteiras, matando centenas de milhares de civis. O ataque com bombas incendiárias a Dresden, Tóquio e muitas cidades menores, e o bombardeio atômico de Hiroshima e Nagasaki foram crimes de guerra como convencionalmente definidos, porque foram deliberadamente dirigidos a distritos civis e não fizeram distinção entre fábricas e casas. Todos foram consumidos por fogo ou partículas radioativas. Um cabo alemão expressou sua fúria em uma carta para casa sobre "o vil ataque terrorista" a Düsseldorf, no qual "homens, mulheres e crianças alemãs foram mortos do modo mais bárbaro". Ele concluiu: "Agora, conhecemos muito bem o que Churchill e sua infame clique de criminosos de guerra britânicos... querem dizer com o conceito de 'civilização'" (Fritz, 1995: 85-86). Fritzsche (2008: 260) observa: "Quando se tratou dos judeus, muitos alemães os deixaram ser bombardeados com uma consciência limpa" – mas o raciocínio poderia também ser aplicado aos Aliados que puderam bombardear com uma consciência limpa devido às atrocidades nazistas.

Os americanos empregaram tantos recursos para bombardear, a fim de salvar as vidas de suas próprias tropas em terra. Como com os britânicos no Iraque em 1920, esse foi um "militarismo de transferência de risco" inicial. Os britânicos agora acrescentaram o duro motivo da vingança por seus sofrimentos sob bombardeio, que continuou por meio dos foguetes V-2 até o final da guerra. Ambos foram levados ao bombardeio e ataque de áreas com bombas incendiárias pela inacurácia do assim chamado bombardeamento de precisão. O bombardeio contínuo, apoiado pelo bloqueio Aliado, dizimou, levou à fome e desorientou populações civis. Sua produtividade laboral diminuiu, mas não cessou seu esforço de guerra. A campanha de bombardeio arrastou a Luftwaffe para a destruição total, e interrompeu as indústrias de guerra e o transporte. Foi importante em tirar a Itália da guerra, e provocou uma perda contínua para a indústria alemã e seus trabalhadores. A equipe de Speer estimou no começo de 1945 que o bombardeio Aliado havia levado a produção de cerca de um terço a menos de tanques, caminhões e aviões em 1944. As bombas atômicas encurtaram a guerra e salvaram vidas americanas ao tornarem a invasão das principais ilhas japonesas desnecessária. Na Europa, a taxa de perda entre tripulantes aéreos dos Aliados foi também alta (Overy, 1996: cap. 4). Eisenhower e Montgomery também estavam prontos para praticar uma guerra opressiva em terra, que matou muitos de seus próprios soldados. Suas perdas de soldados na França foram comparáveis às das trincheiras da Primeira Guerra Mundial, mas os americanos conseguiram continuar substituindo-os. Não ajudou a coordenação das aterrissagens Aliadas que Eisenhower e Montgomery estivessem em um litígio assim, mas eles e o Exército Vermelho terminaram assumindo o controle dos recursos para prosseguir por mais tempo do que os alemães.

Como na Grande Guerra, a Alemanha tinha os melhores soldados, embora não os melhores marinheiros. Foi sempre mais custoso para as tropas Aliadas derrotarem um dado número de alemães, uma vez que os soldados de infantaria alemães consistentemente infligiam cerca de 50% a mais de baixas do que suas contrapartes britânicas ou americanas. Como na Primeira Guerra, os alemães também tinham um sistema de comando mais orientado para a missão, dando mais autonomia de combate para oficiais e NCOs de modo que pudessem se mover com mais flexibilidade e rapidez do que seus oponentes. Eles também permaneciam mais enxutos, mais focados no combate, com uma proporção mais alta de combate para apoiar e servir as tropas (Dupuy, 1977: 234-235; Van Creveld, 1982). Também houve melhorias desde a Primeira Guerra Mundial. Como um resultado do nazismo, os exércitos alemães eram agora mais sem classes do que outros exércitos. A classe alta ou educação não garantia promoção, autoridade e coragem sim. Segundo, em uma época de militarismo atrasado em outros lugares, homens jovens alemães já estavam sob disciplina militar na década de 1930, tanto na Juventude Hitlerista quanto no grupo paramilitar Serviço de Trabalho Nacional. Milhões haviam sido alistados como voluntários em mobilizações coletivas, a *Volksgemeinschaft* (comunidade nacional) na prática (Fritzsche, 2008: 51). A *Wehrmacht* acrescentou depois um treinamento operacional mais rigoroso e duro do que o praticado em qualquer outro exército, e um sistema mais duro de punição para oficiais militares. A combinação, como Fritz (1995) observa, gerou um elitismo coletivo, um sentimento de superioridade conquistado por meio de um comprometimento e sacrifício maiores, um sentimento de uma *Frontgemeinschaft* (comunidade de linha de frente) que era a vanguarda do Volksgemeinschaft.

Os soldados eram desproporcionalmente membros nazistas, idolatrando Hitler, leais quase até o final. Isso foi especialmente verdadeiro sobre os regimentos da SS que haviam transmutado da mera milícia pretória partidária a uma força de combate altamente disciplinada e ideologicamente comprometida, protegendo tanto a fé como o regime. Embora os soldados alemães estivessem experienciando a derrota e os americanos a vitória, a deserção americana foi várias vezes mais elevada do que a alemã até os últimos seis meses (Van Creveld, 1982: 116). Os soldados de infantaria alemães acolheram os terríveis sofrimentos da Frente Oriental com bravata niilista, gabando-se de seus sofrimentos, falta de equipamentos e da probabilidade da morte. Seus diários e cartas ecoavam a própria jactância de Hitler após a tomada de Creta: "O soldado alemão pode fazer qualquer coisa". Contudo, o soldado de infantaria Martin Pöppel expressou a crescente amargura dos soldados após sua captura no final de 1944: "Percorremos quilômetros e quilômetros de posições de artilharia Aliada, milhares de armas. Conosco era sempre: 'Suor Poupa o Sangue', mas com eles era 'Equipamentos Salvam homens'. Não conosco. Não necessitávamos de equipamentos, necessitávamos? Afinal, éramos heróis" (Fritz, 1995: 61).

A partir da época de Kursk ou Stalingrado, equipamentos e números quase inevitavelmente superaram heróis (M. Harrison, 1998: 1-2; Tooze, 2006). A virada no Pacífico ocorreu em junho de 1942 com a vitória naval americana em Midway, na qual um terço dos aviadores japoneses com base em porta-aviões perderam suas vidas e não puderam ser substituídos. Todavia, isso resultou de dez das milhares de bombas jogadas que atingiram os porta-aviões japoneses. Poderia ter sido diferente. Na primeira metade da guerra, as batalhas eram vencidas por uma margem apertada, com seu resultado dependendo de fatores militares complexos que poderiam ter facilmente ocorrido de outro modo. A última virada foi na batalha do Atlântico, onde um aumento dos recursos, tecnologia e táticas dos Aliados produziu um ponto de virada em abril e maio de 1943. Radar, técnicas de comboio, decodificação melhorada e aviões de alcance mais longo equipados com poderosos holofotes produziram uma inversão nas taxas de destruição (*kill-ratios*): submarinos, navios mercantes não Aliados, estavam agora sendo afundados (Overy, 1996: cap. 2). Ribbentrop lamentou essas viradas, dizendo: "A Alemanha poderia ter vencido". Todavia, a segunda metade da guerra viu a erosão contínua das potências do Eixo por economias maiores focadas estritamente em propósitos militares. A primeira metade foi longe de inevitável, em contraste com a segunda metade. Foi na verdade sorte para a Alemanha que essa erosão tenha resultado em um colapso que obviou qualquer necessidade para a bomba atômica.

A partir de 1943, Hitler parece ter se apercebido de que não poderia vencer, mas esperava que divisões entre os soviéticos e o Ocidente levassem a uma paz negociada. Ele estava errado: aquelas divisões irromperam somente após sua derrota. Em junho de 1944, a cabeça de praia da Normandia foi estabelecida, os soviéticos avançaram em direção ao oeste através de sua fronteira, o Exército Indiano Britânico avançou através de Burma, e os americanos avançaram através do Mar das Filipinas. Eles se preocupavam com contra-ataques, e por vezes seus avanços eram interrompidos, mas agora era improvável que a maré pudesse ser mudada. Os recursos alemães e japoneses estavam terminando.

O moral ideológico positivo não foi decisivo. Até os últimos meses quando ninguém podia duvidar qual seria o fim do jogo, todos os lados tinham moral alto, exceto os italianos. Overy (1996: cap. 9) faz grande parte das pesquisas sobre oficiais alemães seniores descontentes e conspiradores e retrospectivas pós-guerra nas quais os alemães diziam estar encarando a derrota de frente desde 1943. Todavia, Alemanha e Japão continuaram a combater até à morte. O exército alemão teve metade de suas perdas no último ano da guerra, quando a causa já estava perdida. Como I. Kershaw (2011) diz, isso é relativamente inusual na guerra, e sob muitos aspectos essa é a característica mais interessante da guerra. Quando generais e líderes se apercebem de que estão perdendo, eles geralmente buscam acordo. Quando soldados e civis se apercebem de que a guerra está perdida, eles expressam descontentamento e os trabalhadores entram em greve. Eles o fizeram na Primeira Guerra Mundial, como vimos nos capítulos 5 e 6. Por que a Segunda Guerra Mundial foi diferente?

A obediência vinha de motivos mistos. Alguns deles eram similares àqueles que haviam mantido soldados e civis obedientes durante quase toda a Primeira Guerra Mundial (discutida no capítulo 5). A deserção era arriscada em guerras altamente organizadas. Como poderia um soldado obter alimento e abrigo fora do exército? Os civis tinham muito pouco poder autônomo e tentaram manter suas cabeças baixas. Nesse caso, a máquina de propaganda de Goebbels também fez soldados e civis alemães acreditarem que seus inimigos não fariam prisioneiros. Os japoneses também acreditavam nisso. Na verdade, muitas vezes isso foi verdadeiro, especialmente na Frente Oriental onde o Exército Vermelho – buscando vingança pelas atrocidades infligidas a eles pelos alemães – agora queimava, assassinava e estuprava alemães em uma escala horripilante. Por exemplo, mais de 1 milhão de mulheres alemãs foram estupradas. Assim, os soldados se sentiam mais seguros dentro do exército do que fora dele. Dentro, contudo, havia restrições distintas para os exércitos japoneses e alemães. Usualmente, eles praticavam disciplina dura, como não tiveram no passado. Muito mais soldados eram executados após cortes marciais: um número surpreendente de 20.000 na Wehrmacht, comparados aos 40 britânicos, 103 franceses e 146 americanos – e comparados aos 48 no exército alemão na Primeira Guerra Mundial. Assim, o terror era um fator, mas mais importante no exército alemão (diz Kershaw) foi o modo de os valores nazistas de liderança e vontade reforçarem as fortes tradições de dever e lealdade dos exércitos alemães. O General Reichardt, que comandava o Grupo de Exército Central na Frente Oriental, ciente da devastação toda ao seu redor, das perdas que seus homens estavam sofrendo e da derrota que se acercava, disse em suas cartas à sua esposa que por vezes lutava com sua consciência. O que o fazia prosseguir era

> a máquina do dever, a vontade e o "dever" incontestado de aplicação da última porção de força funciona automaticamente em nós. Apenas raramente você pensa sobre o grande "e agora". Durante grande parte da guerra, esse foi também personalizado em lealdade ao carismático Hitler, mas não sobreviveu até o fim, pois uma sucessão interminável de derrotas nos últimos dois anos de guerra destruiu seu carisma. Ao final de março de 1945, apenas 21% de uma amostra de soldados capturados pelos Aliados ocidentais ainda tinham fé em Hitler, enquanto em janeiro 62% tivessem (Kershaw, 2011: 197, 220, 260).

Contudo, o sentimento difundido era de que Hitler havia produzido uma sociedade sem classes, e isso aumentava o sentimento de solidariedade nacional, como ocorreu na Grã-Bretanha. A essa altura, o nacionalismo era um fator muito mais importante do que na Primeira Guerra Mundial. Um sentimento de cidadania compartilhada era real mesmo em regimes despóticos.

O plano de Stauffenberg para assassinar Hitler em 1944 falhou quando a bomba o feriu apenas levemente. Todavia, os planejadores haviam encontrado pouco apoio dentro do exército. A principal resposta foi o ultraje contra sua traição, embora misturado ao medo das represálias de Hitler contra qualquer um que pudesse ser acusado de conspirar ou meramente expressar discordância. Generais leais também se beneficiaram da corrupção na forma de presentes terras e dinheiro livres de impostos. Terror, comprometimento e interesse material andavam de mãos dadas. Os generais alemães na Itália protelaram a rendição até o último minuto por medo não apenas de Hitler, mas também da reação de seus próprios soldados; eles poderiam ser enforcados.

A hierarquia civil também ficou transformada após a conspiração, e a administração estatal foi completamente subordinada ao partido. Foi dado mais poder a Himmler, Goebbels, Bormann e Speer. A SS de Himmler trouxe a selvageria que já havia praticado no leste na própria Alemanha. Goebbels foi posto no comando da guerra total, e continuou sua avalanche de propaganda, persuadindo os alemães de que armas milagrosas estavam prestes a aparecer. Bormann deixou claro que as adminstrações locais fossem responsabilidade de nazistas veteranos: "os homens da primeira hora", e Speer manteve a produção intensificando o trabalho escravo (Kershaw, 2011: 35-53). Tampouco a população civil se acovardou diante da devastação aérea (assim como a japonesa), e a administração estatal dominada pelo partido prosseguiu muito eficientemente sob o terrível bombardeio. Ela respondeu prontamente – o poder foi rapidamente restaurado, carroças com água surgiram nas ruas, e as fábricas foram movidas para o subterrâneo. Os salários eram pagos, correspondências entregues e "derrotistas" executados. Um sistema de controle rotinizado e terrorístico, diferente de qualquer coisa vista na Primeira Guerra Mundial, induzia ao fatalismo realístico de que nada havia que pudesse ser feito, exceto garantir a sobrevivência pessoal até que o fim chegasse. Kershaw (2011: 149, 400) comenta: "Não houve qualquer colapso de disciplina fosse no local de trabalho ou no exército. As pessoas davam o melhor de sua capacidade no que consideravam ser seu dever", essencialmente, porque estavam aprisionadas pelas "estruturas de regras e mentalidades subjacentes a elas". A autoridade carismática permaneceu vigendo, ele diz, mesmo quando o próprio carisma de Hitler estava desaparecendo, uma forma talvez da "rotinização do carisma" de Weber. O paradoxo perene do poder militar – a combinação de hierarquia e camaradagem – foi intensificada e generalizada a quase toda população alemã bem como a japonesa. Essas eram sociedades nacionais ferozmente militarizadas e altamente enjauladas, mas é deprimente que – com exceção dos italianos mais sensíveis – quase ninguém rejeitasse esse militarismo terrível.

A guerra fora precipitada por um homem – Hitler – e seu fascismo, embora a recente aversão das democracias liberais à guerra, a dissuasão e o comunismo o tenham encorajado. Ela matou cerca de 70 milhões de pessoas – uma cifra estarrecedora –, 60% delas civis. A maior carnificina havia ocorrido na Frente Oriental, seguida pela guerra Sino-Japonesa. A maior parte das baixas, ao menos 25 milhões, foram cidadãos soviéticos. A mais alta proporção da população nacional morta, quase 20%, foi de poloneses, embora judeus fossem o grupo étnico que mais sofreu – talvez 70% dos judeus europeus tenham morrido, cerca de 6 milhões ao todo. A guerra, cuja causa imediata foi o fascismo, destruiu o fascismo. A ferocidade e racismo de seu imperialismo tardio foram suicidas. O fascismo colapsou, e a organização Werewolf alemã que deveria prosseguir a guerra de guerrilha após a derrota durou apenas semanas, como a resistência no Japão. Suas populações acolheram a liberação do bombardeamento e a paz trazida por seus conquistadores, e em breve adotariam as formas democráticas e capitalistas que já haviam experienciado antes que o fascismo ou fascismo militar tivesse se apoderado delas.

As duas guerras mundiais obviamente mudaram muito, mas foram uma causa necessária de grandes transformações de relações de poder ou foram meramente precipitadas em transformações já a caminho que teriam ocorrido de qualquer modo, sem guerra? Deixo a discussão mais geral sobre isso para o volume 4, após avaliar com mais detalhes as mudanças trazidas pela Segunda Guerra Mundial. Contudo, podemos já ver que essa guerra – ela própria uma fratura sangrenta do mundo – precipitou o final da fratura dos impérios rivais, e levou ao desenvolvimento de armas de destruição mundial bem como a um triunfo mais universal do capitalismo de mercado ocidental, do sistema de Estado-nação e do império global americano do que teria ocorrido sob outras circunstâncias. Esse processo estabeleceu as globalizações tripartites do capitalismo, do Estado-nação e do império americano, sob as quais ainda vivemos. Isso foi justo, porque o imperialismo europeu, imitado pelos japoneses, havia sido a causa mais profunda da guerra. A guerra também cimentou o poder da União Soviética, tornou os Estados Unidos a potência dominante do mundo, levou a uma perigosa Guerra Fria entre eles, e reduziu o racismo o redor do mundo. A ordem imposta pelos americanos intensificou a globalização, que mesmo antes da queda da União Soviética estava começando a fazer incursões tanto nos países Comecon do Bloco Soviético como na China. Ela revogou a França e a Grã-Bretanha como potências líderes e tornou Japão e Alemanha – e na verdade toda Europa – potências econômicas, mas não militares. Ajudou a produzir uma Era de Ouro de capitalismo e cidadania social, especialmente entre os homens. Deu ao comunismo uma nova oportunidade de vida no Bloco Soviético e entregou a China ao comunismo. No Oriente Médio, provocaria uma profunda instabilidade. A primeira guerra verdadeiramente global na verdade mudou o mundo, mas essa história está reservada para o volume 4.

15
Conclusão

Deixo uma conclusão teórica para meu quarto volume, embora já esteja óbvio que para entender o desenvolvimento das sociedades modernas devemos dar uma atenção amplamente igual ao poder causal e às inter-relações de todas as quatro fontes de poder social: ideológica, econômica, militar e política. Isso foi muito evidente nesse período, com sua intensificação dos conflitos ideológicos entre capitalismo democrático, comunismo e fascismo, e seu racismo autodestrutivo; seu capitalismo, cujos poderes tanto de criação quanto de destruição não foram mais elevados; suas duas guerras devastadoras quase globais e a ameaça global da bomba atômica; e sua intensificação dos estados-nações e dos impérios globais. É improvável que qualquer uma dessas pudesse ser primária.

Em um mundo variado, generalizações são arriscadas. Cada macrorregião, cada país, cada região com países, era diferente em um aspecto ou outro, e isso obviamente reduziu o efeito homogeneizador das globalizações. Todos os países são excepcionais no sentido frequentemente usado pelos americanos para se referirem ao seu próprio país. O mito de um único excepcionalismo americano está profundamente arraigado no nacionalismo americano e na retórica política – mas é falso. O princípio de exceção dos Estados Unidos nesse período foi que sofreu de sério racismo branco nacional, embora outros países tivessem racismo em suas colônias. Os Estados Unidos não foram únicos em não terem qualquer socialismo, pois os outros países anglos também não tinham. Embora os Estados Unidos inicialmente estivesse em atraso com relação a alguns aspectos da cidadania social (mas não em direitos educacionais ou tributação progressiva), equiparou-se no New Deal. Observei diferenças de países onde esses aspectos tiveram consequências importantes, como o racismo americano, mas na maior parte as peculiaridades nacionais serviram para reduzir o que poderia de outro modo ser visto como causas e efeitos universais em meras tendências.

Meus primeiros capítulos mapearam o surgimento da civilização de atores multipoderes para a dominação global. Seu capitalismo, estados coesivos, ainda que em conflito, e especialmente seu militarismo interagiram dinamicamente para permitir a aquisição de impérios, e isso foi depois emulado pelo Japão. Grande parte do mundo se tornou submissa aos impérios, obviamente uma tendência globalizante, embora fraturada. Cada império erigiu em torno de si e intermitentemente combateu outros. Tarifas imperiais restringiram o comércio transnacional, cidadãos locais lutaram por "seu próprio" país de origem, muitas vezes contra seus próprios vizinhos. Colônias erigiram limites estatais onde nenhum existira antes, e elites coloniais falavam e escreviam na língua do país de origem – inglês, francês, espanhol, português ou (brevemente) japonês. Não houve um imperialismo único, mas doze deles. Essa foi uma verdadeira civilização de atores multipoderes, extraordinariamente dinâmica devido ao grau de concorrência que envolvia. Todavia, foi uma dinâmica autodestrutiva.

Outros capítulos mapeiam os desenvolvimentos nacionais nas pátrias imperiais. O dinamismo do capitalismo e a entrada das massas no palco no teatro do poder levaram a conflito de classes, revoluções e reformas e à conquista da cidadania nacional. Contudo, também mapeiam a terrível húbris, uma vez que o racismo autodestrutivo e o militarismo da Europa culminaram em duas guerras, devastando o continente, trazendo duas ondas de revolução, regimes assassinos, a destruição dos impérios europeus, e o surgimento de dois sucessores imperiais – os Estados Unidos e a União Soviética – margraves (*marcher lords*)[4]* da periferia europeia. Nesse meio século, o poder militar mudou o mundo, fraturando-o sangrentamente até que as condições da paz pós-guerra permitissem alguma recuperação.

A metade do século também viu muito fraturamento ideológico. O militarismo permaneceu uma ideologia importante, figurando muito na diplomacia entre estados, intensificando preocupações não instrumentais, orientadas por valores e preocupações emocionais com sua busca distinta por glória, honra e *status*. Houve também conflito ideológico entre esquemas orientados para o mercado e orientados para o Estado sobre como a economia deveria funcionar. Polanyi caracterizou isso como o "duplo movimento" do capitalismo, e identificou esse período como reverenciando no início os princípios do mercado livre, que era então antagonizado por ideologias estatistas, incentivadas pelas três Grandes Perturbações desse período – duas grandes guerras e a Grande Depressão. Argumentos sobre mercado *versus* Estado resultaram basicamente em ideologia comprometida institucionalizada, mais instrumental do que transcendente, orientada apenas um pouco por valores últimos ou emoções. Os dois modelos ofereciam economias políticas alternativas, mas escolhas entre elas eram usualmente feitas pragmática e desapaixonadamente. É verdade que também foram tingidos com concepções distintas de liberdade humana – liberdade dos outros *versus* liberdade por meio dos outros –, mas ambos foram também insti-

---

* Na Idade Média, um *marcher lord* era um nobre indicado pelo rei da Inglaterra para guardar a fronteira (*border, march*) entre a Inglaterra e o País de Gales. O termo deriva do alemão *Markgraf* (*Mark*, significando *march* ou *mark*, terra de fronteira, adicionado a *Graf*, que significa *count* (conde)), que, mais tarde, originou o termo inglês *margrave* e o francês *marquis* (marquês), antes da introdução do título de *marquess* na Grã-Bretanha. Optamos por *margrave*, em vez de marquês, por estar semanticamente mais diretamente relacionado à expressão original [N.T.].

tucionalizados nos valores ocidentais. Seu conflito não foi extrassistêmico e não foi tão difícil encontrar compromissos pragmáticos entre eles.

Muito mais sérios foram os conflitos entre, de um lado, as crescentes ideologias do comunismo e do fascismo – ambas com salvação prometida nesta Terra por meio da reorganização extensiva da sociedade – e, do outro, as ideologias institucionalizadas do capitalismo democrático ou monárquico (que também tinham conflitos mútuos). A resolução desses conflitos foi violenta, conquistada por meio de revoluções e guerras mundiais. No fim o fascismo foi destruído, a democracia capitalista se tornou hegemônica no Ocidente, e o comunismo governou um grande pedaço do Oriente. Nas colônias, o conflito ideológico racial também estava aumentando.

Nesse período, Europa, Rússia e China experienciaram um grande aumento no poder ideológico. Meu segundo volume mapeou um declínio das ideologias religiosas na Europa do século XIX; a primeira metade do século XX viu dois equivalentes seculares e meio de religiões de salvação – comunismo e fascismo, com o militarismo japonês fornecendo a metade. O anticomunismo virulento também aumentou nos países capitalistas, muitas vezes bloqueando decisões instrumentalmente racionais, tais como agir coletivamente para deter Hitler ou conceber mutuamente políticas benéficas de desenvolvimento econômico no império informal americano. Essas ideologias orientadas por valores e por emoções reagiram para prejudicar aqueles que as exerciam. Em termos de relações de poder político, partidos de "vanguarda" – no Japão, um exército de vanguarda – foram as principais organizações que mobilizaram o poder ideológico, e onde essas foram bem-sucedidas surgiram estados-partido semiautoritários. Valores iluministas não governaram o Ocidente, sem mencionar o Resto do mundo. Modelos de "escolha racional" são muitas vezes inaplicáveis. Esse foi um meio século de extraordinário poder ideológico.

A tendência mais geral no Ocidente foi o triunfo dual do capitalismo reformado e da cidadania nacional. O dinamismo do capitalismo fora evidente por centenas de anos, embora seus ciclos irregulares significassem que o desenvolvimento econômico fosse sempre um pouco irregular. A tendência dominante foi o crescimento econômico, por meio de um processo denominado por Schumpeter como capacidade do capitalismo para a destruição criativa (1957: 82-85). O crescimento de movimentos de resistência contra o capitalismo foi também muito irregular, liderado nesse período por partidos socialistas e liberal-trabalhistas e por sindicatos trabalhistas, mas o conflito era usualmente comprometido no capitalismo reformado. Somente quando a guerra quase total devastou países, deslegitimando estados e intensificando o conflito de classes, ocorreram revoluções bem-sucedidas. No Ocidente, a cidadania social e estados de bem-estar social cresceram durante o período, embora mais para os homens do que para as mulheres. As feministas ainda estavam presas na disputa dos méritos de duas diferentes rotas para a igualdade de gênero, através do emprego no livre-mercado ou através do trabalho materno na família. No Ocidente, homens se tornaram cidadãos; mulheres eram cidadãs principalmente por meio de seus homens.

No Ocidente e no Japão, a despeito da devastação produzida pelas guerras mundiais e pela depressão, a trajetória econômica foi ascendente. Todas as classes se tornaram substancialmente mais saudáveis, melhor alimentadas, mais longevas, melhor educadas e mais ricas. 15% da população mundial havia se dado incrivelmente bem, a despeito de suas guerras sangrentas. Seu PIB geral e *per capita* estavam aumentando persistentemente, e, até agora, poucos viam a desvantagem disso. A natureza ainda era aparentemente um poço sem fundo do qual recursos poderiam ser extraídos e no qual o resíduo poderia ser depositado. Quando alguém se preocupava com a poluição, ficava satisfeito por o petróleo "mais limpo" parecer adequado para substituir o carvão mais sujo como o principal combustível da industrialização. Outros índices de bem-estar ocidental também apontavam para cima. Melhorias na nutrição e maior ingestão calórica entre as massas se tornaram fisicamente visíveis. Um aumento na altura humana pode ser visto como indicador de melhor saúde e bem-estar geral. Como evidenciado basicamente por meio de registros mantidos sobre soldados, prisioneiros e crianças em idade escolar, a média de altura de homens em oito países desenvolvidos investigados (Austrália, França, Alemanha, Grã-Bretanha, Japão, Países Baixos, Suécia e Estados Unidos) aumentou em 2,3 centímetros (1 polegada) entre 1850 e 1900, mas depois entre 1900 e 1950 aumentou para não menos que 5,8 centímetros (2,3 polegadas). Menos é sabido sobre a altura das mulheres, embora aumentos fossem também encontrados entre os poucos registros sobre meninas. O período de 1900 a 1950 de fato viu os maiores aumentos na longevidade e padrões dietéticos, embora tenha sido após 1950 que o PIB *per capita* e os salários reais vissem seus maiores aumentos. Floud et al. (2011) documenta tudo isso em detalhe. Eles argumentam que isso pode ser visto como uma aceleração de um processo comparável à biologia evolucionária de Darwin, e o creditam a regimes de saúde pública melhorada, melhores condições de habitação e melhores dietas – os produtos reunidos do capitalismo reformado e governo maior, especialmente no nível local. A primeira metade dramática do século XX, com suas terríveis guerras e sua Grande Depressão, paradoxalmente trouxe boas-novas para a massa da população.

Identifiquei quatro principais razões para o triunfo de um capitalismo reformado e regulado pelo governo.

(1) Como o capitalismo havia fornecido o primeiro melhoramento para uma sociedade industrial, tornou-se institucionalizado na maioria das economias avançadas; o comunismo triunfou em países relativamente atrasados. Isso deu ao capitalismo uma vantagem econômica "imerecida". Não deu uma grande vantagem militar ao capitalismo – tanto o fascismo como o comunismo foram efetivos na guerra –, mas o conflito econômico global

entre capitalismo e socialismo de Estado foi sempre desigual, embora não tivesse sido totalmente revelado até a década de 1950, o que discuto no volume 4.

(2) O empreendedorismo dentro de um ambiente de competição de mercado foi melhor do que seus rivais na geração de crescimento nas vanguardas de tecnologias. Foi especialmente bom em fazer mudanças, desenvolvendo novas indústrias enquanto as antigas se concentravam e estagnavam – o núcleo da destruição criativa de Schumpeter. Vimos esse procedimento no capítulo 7, mesmo nas profundezas da Grande Depressão. O capitalismo de mercado não era superior ao socialismo de Estado ou ao capitalismo coordenado pelo Estado do Japão na conquista da equiparação de desenvolvimento tardio. Na verdade, um grau substancial de planejamento foi provavelmente superior aos mercados nesse propósito, como vimos nos casos do Japão e da União Soviética. Contudo, o capitalismo de mercado foi superior em inovação. Um bom exemplo disso foi a Segunda Revolução Industrial no começo do século, orientada pelo capitalismo corporativo e por um sistema de patentes que fornecia inovação científica e tecnológica para posse privada lucrativa. Essa foi uma vantagem que o capitalismo havia merecido.

(3) O capitalismo reformado triunfou porque embora os capitalistas defendessem vigorosamente seus direitos de propriedade, a oposição determinada a partir de baixo usualmente os forçava a fazerem concessões, com o processo sendo ajudado por centristas e pragmaticistas (incluindo liberais corporativos) que buscavam o acordo e a institucionalização do conflito de classes por meio da intervenção legislativa. Seu principal motivo era o desejo de impedir que o conflito de classes ocorresse, antes que ficasse realmente sério. Onde o acordo falhou em ocorrer, como na Rússia e na Alemanha, isso ajudou a estimular revoluções comunistas e fascistas, cujo efeito foi forçosamente suprimir o conflito de classes. Em outra parte, o acordo de classes e a garantia de cada vez mais direitos civis predominaram.

Marx acreditava que os capitalistas fossem incapazes de organização coletiva porque estavam divididos pela rivalidade de mercado. Somente trabalhadores coletivos, a classe trabalhadora, ele acreditava, seriam capazes de tanta ação coletiva. Esse meio século mostrou que estava errado sobre os capitalistas e meio errado sobre os trabalhadores. Os capitalistas inicialmente tentaram reprimir os movimentos trabalhistas, mas isso usualmente fracassou. Assim, ao longo de meados do século XX, ajudados pelas consequências das guerras, eles rancorosa e coletivamente aceitaram a intervenção estatal para atenuar as tendências disfuncionais do capitalismo e aceitar acordos redistributivos com trabalhadores organizados, contanto que esses deixassem seus direitos de posse e controle intactos. Do outro lado das barricadas, os trabalhadores atingiram uma medida de solidariedade de classe, mas isso foi minado pelo seccionalismo, segmentarismo e nacionalismo, que ajudaram o compromisso de classe. Greves e agitação trabalhistas aumentaram significativamente a partir de pouco antes da Primeira Guerra Mundial até a Segunda Guerra Mundial (Silver, 2003: 82, 126-127), mas essas foram tanto instrumentos de poder trabalhistas seccional ou segmentar quanto de classe.

O socialismo se mostrou então uma ameaça menor do que muitos capitalistas haviam temido, uma vez que se transformou em um reformismo democrático social ou liberal-trabalhista mais brando. As fundações do capitalismo reformado – estados de bem-estar social, saúde e educação públicas e universais, impostos progressivos, negociação coletiva legítima e políticas macroeconômicas keynesianas – foram estabelecidas antes de 1945, embora (exceto pela saúde pública) sua consolidação tenha vindo mais tarde. Todas envolveram governo maior, mais cidadania e intensificação de estados-nações. As reformas também foram benéficas para o poder econômico coletivo, e não apenas para as classes baixas. O conflito de classes, uma vez institucionalizado em negociação coletiva, produziu mais relações de trabalho estáveis, e a estabilidade é uma virtude muito prezada pelos capitalistas que operam dentro de mercados imprevisíveis. Não houve revoluções ou mesmo muita turbulência social onde essa rota foi seguida. O governo representativo também permitiu que as crises fossem superadas muito mais fácil e pacificamente do que pelo governo despótico: os regimes que falharam em lidar com a crise foram destituídos e o partido de oposição rotineiramente o substituiu, embora regimes despóticos tenham enfrentado mais crises de sucessão. As reformas de bem-estar social e o planejamento macroeconômico keynesiano também mantiveram a demanda de massa, e isso também era bom para o capitalismo, embora a emergência completa de uma economia de alta produtividade e alta demanda só tenha ocorrido na década após a Segunda Guerra Mundial.

(4) Houve também uma primazia nas relações de poder político. Países capitalistas de mercado basicamente convergiram politicamente em uma forma liberal ou social de governo representativo, que era mais atrativa para os cidadãos do que para o despotismo de Estado-partido no qual o comunismo e o fascismo degeneraram. Essa degeneração serviu como um ponto de referência importante para muitos povos no Ocidente, afastando-os do socialismo e do fascismo. Todavia, embora os direitos de cidadania social nesse período tenham avançado em todo Ocidente, o desenvolvimento de direitos políticos e civis, de democratização, foi mais desigual. Huntington (1991) observa que esse período viu uma onda breve de democratização imediatamente após a Primeira Guerra Mundial, mas isso foi seguido por uma onda contrária duradoura durante a década de 1920 e 1930, durante a qual metade da Europa se moveu para governos despóticos (cf. capítulo 10). A queda do fascismo e de outros regimes despóticos na Segunda Guerra

Mundial obviamente auxiliaria a democratização no Ocidente, e se esperava que o processo de descolonização recém-começando depois também favoreceria a democracia. Até então, contudo, as vantagens da democracia não eram tão evidentes como pareceram após a Segunda Guerra. O comunismo, e, por um curto tempo, o fascismo, tiveram influência considerável em partes substanciais do mundo, especialmente fora do Ocidente.

Antes de 1945, todos esses desenvolvimentos estavam a caminho entre a raça branca (e alguns deles no Japão também), mas não em outros lugares. Uma grande divergência havia ampliado entre os 15% do Ocidente – industrializado, democratizado e reformado com sucesso – e os 85% do Resto onde relações de poder econômico e político haviam estagnado durante o colonialismo. Ganhos no PIB e de governo representativo nas colônias e nos poucos países mais pobres independentes (que não as colônias japonesas) permaneceram insignificantes nesse período. O Ocidente se desenvolveu; o Resto não – a única grande fratura do mundo nesse período. O Ocidente se moveu para a democracia e mais direitos de cidadania em estados-nações; as colônias permaneceram sob o despotismo imperial como súditas. Isso foi conceitualizado na época por grande parte do Ocidente como sendo amplamente devido à sua própria superioridade racial (embora essa confiança não fosse durar muito tempo). Concluí que o imperialismo geralmente assegurou o desenvolvimento econômico das colônias, embora a principal fonte da crescente desigualdade não fosse a exploração direta (embora houvesse muito disso), mas mais simplesmente que as pátrias se industrializaram e as colônias não. Talvez a combinação possa ser vista como um único sistema mundial capitalista explorador. Elites coloniais e seus locais clientes lucraram enormemente com a exploração da massa de nativos. Todavia, o fato de que muitos impérios não dessem lucro para sua pátria reduz o caráter sistemático disso. Essa pode ser vista como a fase racial das globalizações, embora com a peculiaridade de que, como a raça branca dominava o capitalismo, ela também assumiu as consequências da Grande Depressão, o que me levou a renomeá-la a Grande Depressão Branca.

A dominação branca também aumentou em um sentido mais físico. Entre o Resto, a média de altura dos homens, em contraste com o Ocidente, permaneceu estática ou aumentou somente muito ligeiramente nesse período, embora fosse aumentar enormemente no período pós-1950. O mesmo foi válido para a expectativa de vida e alfabetização. No Ocidente e no Japão em 1950, a média do índice de alfabetização era de 93% – quase todos podiam ler e escrever. Na América Latina e na China, a alfabetização atingiu cerca de 50%, mas em outros países menos desenvolvidos foi somente cerca da metade disso. Melhoramentos massivos ocorreram somente após 1950. Os índices de fertilidade contam a mesma história. O número médio de crianças nascidas de cada mulher no Ocidente declinou muito na primeira metade do século, boas-novas para a saúde das mães e crianças. Entre o Resto, o declínio ocorreu basicamente na segunda metade do século (Steckel & Floud, 1997: 424; Easterlin, 2000). O Resto ainda tinha quase nenhuma cidadania social ou estados de bem-estar social tanto para homens quanto para mulheres (nem nas primeiras décadas que seguiram esse período). O Ocidente, o Japão e o Resto estavam vivendo praticamente em planetas diferentes. Todavia, à medida que o século XX avançou, as autoridades imperiais buscaram obter mais lucro de suas colônias e começaram a introduzir alguns projetos limitados que de algum modo melhoraram a educação, a indústria e as infraestruturas estatais, embora isso não fosse suficiente para começar um processo de convergência global. Em troca, teve uma consequência inesperada: contra as expectativas imperiais, os recém-educados nativos não foram gratos; estavam determinados a resistir e a depor o colonialismo.

Tentei separar tendências estruturais de longo prazo de eventos mais contingentes. Muitas tendências eram de longo termo. O surgimento do capitalismo, dos estados-nações e dos impérios e do nacionalismo, imperialismo e racismo haviam sido processos de longo prazo; abaixo, o anti-imperialismo estava se movimentando ao longo desse meio século. Os direitos de cidadania estavam aumentando desde ao menos o século XVIII. Estados estavam aumentando suas receitas e gastos, e estavam cada vez mais mobilizando exércitos de massa por meio da conscrição e de sistemas de reservistas, que também promoveram noções de que uma população formava um único povo ou nação. Como no volume 2, classe e nação não eram opostas. Elas cresceram juntas, entremeadas, cada uma encorajando o desenvolvimento da outra. Como o controle do Estado e das burocracias capitalistas aumentou sobre o povo, ele reagiu com movimentos insurgentes. À medida que homens das classes baixas, minorias e mulheres conquistaram mais direitos como cidadãos, isso, por sua vez, fortaleceu o Estado-nação e o capitalismo. A guerra de mobilização de massa continha dinâmicas variadas de classe e nação. Ambas as guerras aumentaram o nacionalismo, ampliando percepções de identidade nacional e mais nacionalismo agressivo. Todavia, como a Primeira Guerra se arrastou, as percepções de que sacrifícios desiguais estavam sendo feitos aumentou a consciência de classe. Para as nações para as quais a experiência de guerra deu certo, a consciência de classe reformista foi estimulada. Isso foi assim também para nações neutras muito afetadas pela guerra que também tiveram de se sacrificar. Reformadores se deram melhor onde puderam formar alianças amplas entre trabalhadores, camponeses e elementos da classe média. Depois, puderam alegar plausivelmente que lideravam o povo, como os Democratas Sociais suecos fizeram muito surpreendentemente. Assim, a classe se transmutou em nação, mudando a nação um pouco para a esquerda, mas para nações para as quais a guerra foi ruim a hostilidade ao regime governante aumentou, como uma consciência de classe agressiva. Isso levou a explosões revolucionárias, após as quais os bolcheviques declararam que a classe trabalhadora era a nação. Quando as outras revoluções fracassaram, o reformismo floresceu por um tempo. Contudo, não durou, pois esses reformadores falharam em transformar a classe em nação. Na verdade, grande parte do povo e das classes dominantes estava igualmente cansada do conflito de classes contínuo e convidou fascistas e outros déspotas para terminá-lo. No processo, obtiveram um nacionalismo muito mais agressivo do que haviam esperado. Assim, a dialética entre classe e nação continuou ao longo desse período. Veremos no volume 4 que a Segunda Guerra Mundial introduziu suas próprias versões dessa dialética.

Quão inexorável foram esses desenvolvimentos? A resposta deve envolver a apresentação de contrafatuais, fazendo perguntas e se. E se eventos particulares, especialmente as três Grandes Perturbações, não tivessem ocorrido? Essas crises tiveram efeitos importantes, mas poderiam ter simplesmente precipitado consequências que teriam ocorrido de um modo ou de outro em vez de serem sua causa necessária. Por exemplo, o colonialismo foi grandemente enfraquecido pelas guerras, especialmente pela segunda. Mesmo sem o impacto da guerra, as colônias teriam provavelmente se destruído mais lentamente, uma vez que o racismo branco combinado a projetos de desenvolvimento estavam intensificando sentimentos anti-imperialistas entre os nativos. Todavia, o fato de que a descolonização teria então ocorrido mais tarde significava que aconteceria em uma juntura histórica e social diferente, em meio a influências que poderiam tê-la empurrado para diferentes caminhos de desenvolvimento. Isso envolve proliferar os contrafatuais a um ponto onde a pura especulação assume o controle. Podemos lidar com um contrafatual, mudando uma variável, mas não com muitos.

Sinto-me mais confiante em dizer que sem as guerras mundiais e suas consequências não teria havido revoluções comunistas bem-sucedidas, nem fascismo nem dominação global americana. Expliquei por que em capítulos anteriores, mas devemos depois perguntar se aquelas guerras e suas consequências desenraizaram estruturas e causas. A resposta é um pouco de ambas, embora principalmente a última, e principalmente aquelas residindo nas relações de poder militar e geopolítico. Enfatizei a longevidade histórica do militarismo e imperialismo europeus. O imperialismo dentro da Europa havia mudado de um modo contínuo para o imperialismo ao redor do globo; na Europa a guerra fora por muitos séculos o modo-padrão de diplomacia adotado quando negociações eram vistas (muito precocemente) como fracassando. O Japão depois imitou a Europa, parcialmente porque sentiu que sua própria sobrevivência autônoma dependia do imperialismo, embora eu tenha argumentado que o Japão ter tornado seu imperialismo mais militarista se deveu muito mais a eventos e processos contingentes. Também enfatizei que, como a expansão europeia continha um impulso ideológico para espalhar civilização, Iluminismo ou a Palavra de Deus ao redor do mundo, a agressão de cada Estado foi vista como defensiva, apoiada por valores civilizatórios ou nacionais únicos. Como em séculos anteriores, estadistas também buscavam *status* e honra, tanto a pessoal quanto a de seu país, o que lhes tornava difícil recuarem quando a diplomacia estava em dificuldades. Todas essas eram tendências muito estruturais. Absolvi o capitalismo de grande parte da culpa por essas guerras. Suas tendências seculares não eram belicosas, embora, certamente, os capitalistas como indivíduos fossem tão nacionalistas como outros. Eles estavam contentes com lucrar fosse com espadas fosse com arados, e poderiam encontrar mais lucro em espadas quando a guerra fosse declarada.

Encontrei processos similares de causação em todas as três Grandes Perturbações do período – as duas guerras mundiais e a Grande Depressão. Todas tiveram múltiplas causas, que se acumularam no topo uma da outra enquanto uma crise crescente expunha pontos fracos na estrutura social contemporânea que, de outro modo, poderiam nunca ter se tornado seriamente ameaçadores. A falta de entendimentos mútuos entre líderes britânicos e alemães na preparação para a Primeira Guerra; o anticomunismo contraproducente dos líderes britânicos e franceses na preparação para a Segunda Guerra; e a ideologia liquidacionista dos líderes americanos na Depressão foram todos pontos fracos que só foram expostos quando se acumularam no topo de outras condições antecedentes. Cada condição tendeu a ser o produto de uma cadeia causal distinta das outras. Embora processos estruturais estivessem incrustados em todas as quatro fontes de poder social, entremeavam-se de modos complexos e muitas vezes contingentes, e isso significa que não podemos identificar uma causa estrutural subjacente única nem podemos modelar o desenvolvimento do poder em termos de um sistema social singular.

Houve, portanto, muitas particularidades contextuais – erros e mal-entendidos, especialmente entre aqueles que possuíam mais poder. Na preparação para a Primeira Guerra Mundial, o liberalismo impediu os líderes britânicos de dissuadirem a agressão alemã, e os planos de mobilização militar secretos do alto-comando alemão, sem o conhecimento de muitos líderes civis alemães, envolviam tomar o território belga, um movimento que quase levou França e Grã-Bretanha à guerra. Líderes russos descobriram que o exército não poderia tecnicamente ser mobilizado meramente contra o Império Austro-húngaro, de modo que se mobilizaram contra a Alemanha também. Provavelmente o maior erro ocorreu quando o automóvel aberto do arquiduque Franz Ferdinand fez a pior volta errada possível um dia em Sarajevo. Essas particularidades são necessárias para explicar por que Grandes Perturbações ocorreram, mas processos mais estruturados também são assim. Os erros japoneses foram todos na mesma direção do aumento do militarismo. Hitler emergiu nas costas do militarismo tradicional, do nacionalismo alemão alimentado pelo acordo da Primeira Guerra Mundial – o encanto geral do fascismo naquela época – e uma falha mais geral do capitalismo. Que achemos tanto estrutura como contingência dentro e entre todas as quatro fontes de poder social torna impossível conclusões singulares sobre o significado geral ou a primazia última nesse período. Dependia de onde e com quem se estivesse, e dependia de todo um arranjo de processos e contingências.

O final da Segunda Guerra em 1945 concluiu meu presente período. Ele trouxe uma vitória decisiva, mas não era claro quanto disso mudaria as relações de poder. O fascismo havia sido liquidado, embora muitos temessem que pudesse em breve ser ressuscitado. A guerra civil estava rugindo na China com uma consequência incerta, e o comunismo soviético fora fortalecido pela guerra. Os impérios europeus haviam sido enfraquecidos, embora não fosse claro quanta vida ainda tinham neles. Havia uma incerteza sobre se os Estados Unidos desistiriam de um papel global como tiveram após a Primeira Guerra Mundial. Em muitos países capitalistas, elites econômicas foram divididas entre economias keynesianas e clássicas, mas muitas assumiram que a desmobilização e a perturbação pós-guerra – nacional e internacional – enfraqueceriam economias e possivelmente levariam a crises como aquelas das décadas de 1920 ou 1930. Eles também temiam que isso pudesse levar ao florescimento de ideologias extremistas novas ou antigas. Para os contemporâneos, o final de 1945 trouxe enorme alívio (mesmo para alemães e japoneses), mas também enorme incerteza. O que estamos inclinados hoje a considerar como tendências estruturais subjacentes do período pareciam muito pouco claras na época.

Seus medos não foram percebidos. Dentro de cinco ou seis anos, um mundo melhor estava emergindo, e não apenas entre os brancos. O fascismo estava morto e enterrado e o comunismo estava prosperando, mas somente em um bloco compacto de países, como os comunistas chineses se juntaram aos bolcheviques na revolução bem-sucedida. A geopolítica estava se simplificando, à medida que os impérios europeus declinavam e seu militarismo, e o do Japão, rapidamente enfraqueciam. Isso deixou apenas os Estados Unidos e a URSS como potências militares importantes, embora seu confronto estivesse apenas começando a ser estabilizado pela posse conjunta de armas nucleares. Houve um acordo aparente sobre os problemas da economia internacional quando o sistema Bretton Woods foi implementado, e a economia keynesiana e clássica estavam sendo combinadas em países capitalistas avançados. Estados de bem-estar social crescentes, impostos progressivos e a busca pelo emprego pleno significavam mais um aumento da cidadania social, cada vez mais entre as mulheres também. O crescimento econômico pós-guerra se espalhou por um tempo ao redor do mundo, e uma combinação de crescimento capitalista e melhorias infraestruturais estatais nos países menos desenvolvidos estava aumentando a altura, a expectativa de vida e a alfabetização dos entes humanos neles. Sabemos que tudo isso aconteceu, gerando uma breve "Idade do Ouro", mas os povos de 1945 não.

A imagem geral de tudo foi a ascensão e a queda da dominação europeia no mundo. A civilização europeia havia expandido seus poderes ideológico, econômico, militar e político – cada um com um ritmo distinto de desenvolvimento. O dinamismo geral que isso envolveu gerou um imperialismo de atores multipoderes sem precedentes. Os europeus haviam sido afortunados nisso quando se tornaram capazes de se expandir no exterior, o poder das grandes civilizações em outros lugares estava estagnado ou declinando. Os britânicos foram ainda mais afortunados, emergindo como uma potência naval e um Estado muito coesivo no momento em que podiam explorar o equilíbrio de poder europeu para obter o maior império de todos. Ambas as expansões, europeia e britânica, tornaram-se finalmente inevitáveis para sua industrialização. O globo estava agora fraturado de um novo modo, entre os ricos, o Ocidente branco, além do Japão e do Resto pobre e não branco. Foi ainda mais fraturado pelas rivalidades nacionais e imperiais. Depois muito rapidamente veio a destruição autoinfligida da civilização europeia por meio de seu próprio militarismo, racismo e nacionalismo. Foi sucedida por somente dois impérios globais, e depois somente um, acompanhado pelo crescimento global acelerado do capitalismo, pelo declínio do racismo, pelo declínio da guerra entre estados e pela difusão universal do ideal do Estado-nação ao redor do mundo. Eles se combinaram em um processo de globalizações universais, mas ainda múltiplo, o subtítulo de meu quarto volume.

Referências

Abramowitz, Moses (1979). "Rapid growth potential and its realization: the experience of capitalist economies". In: Edmund Malinvaid (ed.). *Economic Growth and Resources*. Nova York: St. Martin's Press, vol. I, p. 1-30.

Abramowitz, Moses & Paul David (2001) "Two Centuries of American Macroeconomic Growth. From Exploitation of Resource Abundance to Knowledge--Driven Development". *SIEPR Discussion Papers*, 01–05.

Abse, Tobias (1996). "Italian Workers and Italian Fascism". In: Richard Bessel (ed.). *Fascist Italy and Nazi Germany*. Cambridge: Cambridge University Press.

Adamthwaite, Anthony (1995). *Grandeur and Misery*: France's Bid for Power in Europe, 1914-1940. Londres: St. Martins Press.

Addison, Paul (1975). *The Road to 1945*. Londres: Jonathan Cape.

Addison, Paul & Jeremy Crang (eds.) (2010). *Listening to Britain*: Home Intelligence Reports on Britain's Finest Hour May-September 1940. Londres: Bodley Head.

Akami, Tomoko (2002). *Internationalizing the Pacific*. Londres: Routledge.

Al-Sayyid, Afaf (1968). *Egypt and Cromer*. Nova York: Praeger.

Aldcroft, David (2001). *The European Economy* 1914-2000. 4. ed. Londres: Routledge.

_____ (2002). "Currency Stabilisation in the 1920s: Success or Failure?" *Economic Issues*, Vol. 7, Part 2.

Alexander, Martin (1992). *The Republic in Danger*: General Maurice Gamelin and the Politics of French Defence, 1933-1940. Nova York: Cambridge University Press.

Allen, Keith (2003). "Food on the German Home Front: Evidence from Berlin". In: Gail Braybon (ed.). *Evidence, History and the Great War*: Historians and the Impact of 1914-1918. Oxford: Berghahn Books.

Allen, Robert (2004). *Farm to Factory* – A Reinterpretation of the Soviet Industrial Revolution. Princeton, NJ: Princeton University Press.

Allen, Theodore (1997). *The Invention of the White Race*, 2 vols.: I – *Racial Oppression and Social Control*; II – *The Origin of Racial Oppression in Anglo-America*. Nova York: Verso.

Aly, Goetz (2007). *Hitler's Beneficiaries*: How the Nazis Bought the German People. Londres: Verso.

Amenta, Edwin et al. (1994). "Stolen Thunder? Huey Long's 'Share Our Wealth,' Political Mediation, and the Second New Deal". *American Sociological Review*, 59: 678-702.

_____ (1998). *Bold Relief*: Institutional Politics and the Origins of Modern American Social Policy. Princeton, NJ: Princeton University Press.

Amenta, Edwin & D. Halfmann 2000 "Wage wars: institutional politics, the WPA, and the struggle for U.S. social policy". *American Sociological Review*, 64: 506-528.

Amenta, Edwin & Theda Skocpol (1988). "Redefining the New Deal: World War II and the development of Social provision in the United States". In: Margaret Weir et al. (eds.). *The Politics of Social Policy in the United States*. Princeton, NJ: Princeton University Press.

Amsden, Alice (2001). *The Rise of "the Rest"*: Challenges to the West from Late--Industrilaizing Economies. Nova York: Oxford University Press.

Anderson, Benedict (1988). "Cacique Democracy in the Philippines: Origins and Dreams". *New Left Review*, n. 169.

Anderson, Benjamin M. (1979). *Economics and the Public Welfare*: A Financial and Economic History of the United States, 1914-1946. Indianápolis: Liberty Press.

Anderson, David (2004). *Histories of the Hanged*: Britain's Dirty War in Kenya and the End of Empire. Londres: Weidenfeld.

Anderson, Perry (2010). "Two Revolutions". *New Left Review*, Jan-Feb, p. 59-96.

Andornino, Giovanni (2006). "The nature and linkages of China's tributary system under the Ming and Qing dynasties". *Working Papers of the Global Economic History Network*. London School of Economics, n. 21/06.

Ansell, Christopher (2001). *Schism and Solidarity in Social Movements*: The Politics of Labor in the French Third Republic. Cambridge: Cambridge University Press.

Anweiler, Oskar (1974). *The Soviets*: The Russian Workers, Peasants, and Soldiers Councils, 1905-1921. Nova York: Pantheon Books.

Appleby, John (2001). "War, politics, and colonization, 1558-1625". In: Nicholas Canny (ed.). The Oxford History of the British Empire – Vol. I. *The Origins of Empire*. Oxford: Oxford University Press.

Archer, Robin (2007). *Why Is There No Labor Party in the United States?* Princeton, NJ: Princeton University Press.

Arendt, Hannah (1968). *Eichmann in Jerusalem*: A Report on the Banality of Evil. Nova York: Viking.

Armitage, David (2000). *The Ideological Origins of the British Empire*. Cambridge: Cambridge University Press.

Arnold, David (1993). *Colonizing the Body*: State, Medicine and Epidemic Disease in Nineteenth-Century India. Berkeley/Los Angeles: University of California Press.

_____ (2000). *Science, Technology and Medicine in Colonial India*. Cambridge: Cambridge University Press.

Aronowitz, Stanley (1973). *False Promises*: The Shaping of American Working Class Consciousness. Nova York: McGraw Hill.

Arrighi, Giovanni (1994). *The Long Twentieth Century*. Londres: Verso.

_____ (2007). *Adam Smith in Beijing* – Lineages of the 21 st Century. Londres: Verso.

Arrighi, Giovanni & Beverly Silver (1999). *Chaos and Governance in the Modern World System*. Mineápolis: University of Minnesota Press.

Atkinson, Anthony & Thomas Piketty (2007). *Top Incomes over the Twentieth Century*. Oxford: Oxford University Press.

Atkinson, Anthony et al. (2009). "Top Incomes in the Long Run of History". *NBER Working Paper*, n. 15.408.

Auchincloss, Louis (2001). *Theodore Roosevelt*. Nova York: Henry Holt.

Audoin-Rouzeau, Stephane & Annette Becker (2002). *14-18*: Understanding the Great War. Nova York: Hill and Wang.

Auerbach, Alan & Yuriy Gorodnichenko (2011). "Fiscal multipliers in recession and expansion". *National Bureau of Economic Research*, Working Paper n. 17.447.

Auslin, Michael (2004). *Negotiating with Imperialism*: the Unequal Treaties and the Culture of Japanese Diplomacy. Cambridge, MA: Harvard University Press.

Ayala, Cesar (1999). *Sugar Kingdom*: The Plantation Economy of the Spanish Caribbean, 1898-1934. Chapel Hill, NC: University of North Carolina Press.

Bairoch, Paul (1982). "International industrialization levels from 1750 to 1980". *Journal of European Economic History*, 11: 269-334.

Balderston, Theo (2002). *Economics and Politics in the Weimar Republic*. Cambridge: Cambridge University Press.

Baldwin, Peter (1990). *The Politics of Social Solidarity*. Cambridge: Cambridge University Press.

Barber, William (1985). *From New Era to New Deal*: Herbert Hoover, the Economists, and American Economic Policy, 1921-1933. Nova York: Cambridge University Press.

――― (1996). *Designs Within Disorder*: Franklin D. Roosevelt, the Economists, and the Shaping of American Economic Policy, 1933-1945. Nova York: Cambridge University Press.

Barnhart, Michael (1987). *Japan Prepares for Total War*: The Search for Economic Security, 1919-1941. Ithaca, NY: Cornell University Press.

Bartlett, Robert (1994). *The Making of Europe* – Conquest, Colonization and Cultural Change, 950-1.350. Princeton, NJ: Princeton University Press.

Bartov, Omer (1985). *The Eastern Front, 1941-1945, German Troops and the Babarisation of Warfare*. Londres: Macmillan.

Bauman, Zygmunt (1989). *Modernity and The Holocaust*. Ithaca, NY: Cornell University Press.

Bayly, Christopher (1996). *Empire and Information*: Intelligence Gathering and Social Communication in India, 1780-1870. Cambridge: Cambridge University Press.

――― (2004). *The Birth of the Modern World 1780-1914*. Oxford: Blackwell.

Beaudreau, Bernard (1996). *Mass Production, the Stock Market Crash, and the Great Depression*. Westport, CT: Greenwood Press.

Becker, Jean-Jacques (1977). *1914*: Comment les français sont entrés dans la guerre. Paris: Presses de la Fondation nationale des sciences politiques.

――― (1985). *The Great War and the French People*. Leamington Spa: Berg.

Bellamy, Paul (1997). *A History of Workmen's Compensation, 1898-1915*: From Courtroom to Boardroom Nova York: Garland Publishing.

Bensel, Richard (2000). *The Political Economy of American Industrialization, 1877-1900*. Nova York: Cambridge University Press.

Benson, John & Takao Matsumura (2001). *Japan 1868-1945*: From Isolation to Occupation. Londres: Longman Publishing.

Benton, Gregor (1992). *Mountain Fires*: The Red Army's Three-Way War in South China 1934-1938. Berkeley/Los Angeles: University of California Press.

――― (1999). *New Fourth Army*: Communist Resistance along the Yangtze and the Huai, 1938-1941. Berkeley/Los Angeles: University of California Press.

Berezin, Mabel (1997). *Making the Fascist Self*. Ithaca, NY: Cornell University Press.

Berger, Gordon (1977). *Parties Out of Power in Japan, 1931-1941*. Princeton: Princeton University Press.

———— (1988). "Politics and mobilization in Japan, 1931-1945". In: Peter Duus (ed.). The Cambridge History of Japan – Vol 6: *The Twentieth Century*. Cambridge: Cambridge University Press.

Bergère, Marie-Claire (1989). *The Golden Age of the Chinese Bourgeoisie, 1911-1937*. Cambridge: Cambridge University Press.

Berkhoff, Karel (2004). *Harvest of Despair*: Life and Death in Ukraine under Nazi Rule. Cambridge, MA: Harvard University Press.

Berkowitz E. & K. McQuaid (1992). *Creating the Welfare State*: The Political Economy of 20th Century Reform. Lawrence, KS: University Presses of Kansas.

Bernanke, Ben (2000). *Essays on the Great Depression*. Princeton, NJ: Princeton University Press.

Bernanke, Ben & Harold James (1991). "The Gold Standard, Deflation, and Financial Crisis in the Great Depression: An International Comparison". In: Glenn Hubbard (ed.). *Financial Markets and Financial Crises*. Chicago: University of Chicago Press.

Bernhardt, Kathryn (1992). *Rents, Taxes and Peasant Resistance*: the Lower Yangzi Region, 1840-1950. Stanford, CA: Stanford University Press.

Bernstein, Michael (1987). *The Great Depression* – Delayed Recovery and Economic Change in America, 1929-1939. Cambridge: Cambridge University Press.

———— (2002). *A Perilous Progress*: Economists and Public Purpose in Twentieth--Century America. Princeton, NJ: Princeton University Press.

Berstein, Serge & Jean-Jacques Becker (1987). *Histoire de l'anticommunisme en France, 1917-1940*. Paris: Olivier Orban.

Bertrand, C.L. (1977). *Revolutionary Situations in Europe, 1917-1922*. Montreal: Concordia University Press.

Beschloss, Michael (2002). *The Conqueror*: Roosevelt, Truman and the Destruction of Hitler's Germany, 1941-1945. Nova York: Simon & Schuster.

Betts, Raymond (1961). *Assimilation and Association in French Colonial Theory, 1890-1914*. Nova York: Columbia University Press.

Bianco, Lucien (2001). *Peasants Without the Party* – Grass-Roots Movements in Twentieth-Century China. Nova York: M. E. Sharpe.

———— (2005). *Jacqueries et révolution dans la Chine du XXe siècle*. Paris: Editions de la Martinière.

Billig, Michael (1995). *Banal Nationalism*. Londres: Sage Publications.

Bin Laden, Osama (2005). *Messages to the World*: The Statements of Osama Bin Laden. (ed.). Bruce Lawrence (ed.). Londres: Verso.

Bix, Herbert (1982). "Rethinking 'Emperor-System Fascism': Ruptures and Continuities in Modern Japanese History". *Bulletin of Concerned Asian Scholars*, vol. 14: 13-22.

——— (2001). *Hirohito and the Making of Modern Japan*. Nova York: Harper--Collins.

Blackburn, Robin (1997). *The Making of New World Slavery*: from the Baroque to the Modern, 1492-1800. Londres: Verso.

Blee, Kathleen (1991). *Women of the Klan* – Racism and Gender in the 1920s. Berkeley/Los Angeles: University of California Press.

Blum, Edward (2005). *Reforging the White Republic*: Race, Religion and American Nationalism, 1865-1898. Baton Rouge: Louisiana State Press.

Blustein, Paul (2001). *The Chastening*: Inside the Crisis That Rocked the Global Financial System and Humbled the IMF. Nova York: Public Affairs.

Bond, Brian (2002). *The Unquiet Western Front*: Britain's Role in Literature and History. Nova York: Cambridge University Press.

Bonnell, Victoria (1983). *Roots of Rebellion*. Berkeley/Los Angeles: University of California Press.

Bonzon, Thierry (1997). "Transfer payments and social policy" in Jay Winter & Jean-Louis Robert (eds.). *Capital Cities at War, 1914-1919*, p. 305-341. Cambridge: Cambridge University Press.

Bonzon, Thierry & Belinda Davis (1997). "Feeding the cities". In: Jay Winter & Jean-Louis Robert (eds.). *Capital Cities at War, 1914-1919*. Cambridge: Cambridge University Press.

Boot, Max (2002). *The Savage Wars of Peace*: Small Wars and the Rise of American Power. Nova York: Basic Books.

Bordo, Michael & Hugh Rockoff (1996). "The Gold Standard as a 'Good Housekeeping Seal of Approval'". *Journal of Economic History*, vol. 56: 389-428.

Bordo, Michael et al. (1999). "Was Expansionary Monetary Policy Feasible During the Great Contraction? An Examination of the Gold Standard Constraint". *NBER Working Paper*, n. 7.125.

Bordo, Michael et al. (eds.) (1998). "Editor's Introduction" to their. *The Defining Moment*: The Great Depression and the American Economy in the Twentieth Century. Chicago: University of Chicago Press.

Bosch, Aurora (1997). "Why is There No Labor Party in the United States? A Comparative New World Case Study: Australia and the U.S., 1783-1914". *Radical History Review*, 67: 35-78.

Boudreau, Vince (2003). "Methods of Domination and Modes of Resistance: The U.S. Colonial State and Philippine Mobilization in Comparative Perspective". In: Julian Go & Anne Foster (eds.). *The American Colonial State in the Philippines*: Global Perspectives, p. 256-290. Durham, NC: Duke University Press.

Bourke, Joanna (1999). *An Intimate History of Killing*: Face-to-Face Killing in Twentieth-Century Warfare. Nova York: Basic Books.

Brachet-Campseur, Florence (2004). "De l'odalisque de Poiret à la femme nouvelle de Chanel: une victoire de la femme?" In: Evelyne Morin-Rotureau (ed.). *1914-1918*: combats de femmes. Paris: Autrement.

Brandt, Loren (1989). *Commercialization and Agricultural Development in East-Central China, 1870-1937*. Cambridge: Cambridge University Press.

Breitman, Richard (1981). *German Socialism and Weimar Democracy*. Chapel Hill: University of North Carolina Press.

Brennan, Lance et al. (1997). "Towards an Anthropometric History of Indians under British Rule". *Research in Economic History*, vol. 17: 185-246.

Brenner, Robert (2006). "What is, and what is not, imperialism". *Historical Materialism*, 14: 79-105.

Brinkley, Alan (1996). *The End of Reform*. Nova York: Random House.

Broadberry, Stephen & Mark Harrison (2005). "The economics of World War I: an overview". In: S. Broadberry & M. Harrison (eds.). *The Economics of World War I*, p. 3-40. Cambridge: Cambridge University Press.

Broadberry, Stephen & Peter Howlett (2005). "The United Kingdom during World War I: business as usual". In: S. Broadberry & M. Harrison (eds.). *The Economics of World War I*, p. 206-234. Cambridge: Cambridge University Press.

Brooks, Barbara (2000). *Japan's Imperial Diplomacy*: Consuls, Treaty Ports, and War in China 1895-1938. Honolulu: University of Hawai'i Press.

Broszat, Martin (1981). *The Hitler State* – The Foundation and Development of the Internal Structure of the Third Reich. Londres: Longman.

Broue, Pierre (2005). *The German Revolution, 1917-1923*. Leiden: Brill.

Brown, Archibald (2009). *The Rise and Fall of Communism*. Nova York: Harper Collins.

Browning, Christopher (2004). *The Origins of the Final Solution*: The Evolution of Nazi Jewish Policy, September 1939-March 1942. With contributions by Juergen Matthaeus. Lincoln: University of Nebraska Press.

Brunner, Karl (1981). "Epilogue: Understanding the Great Depression". In: K. Brunner (ed.). *The Great Depression Revisited*, p. 316-358. Boston: Mattinus Nijhoff.

Brustein, William (1996). *The Logic of Evil*: The Social Origins of the Nazi Party, 1925-1933. New Haven, CT: Yale University Press.

Bry, Gerhard (1960). *Wages in Germany, 1871-1945*. Princeton, NJ: Princeton University Press.

Bryant, Joseph (2008). "A New Sociology for a New History? Further Critical Thoughts on the Eurasian Similarity and Great Divergence Theses". *Canadian Journal of Sociology*, vol. 33: 149-167.

Bucheli, Marcelo (2005). *Bananas and Business*: The United Fruit Company in Colombia, 1899-2000. Nova York: New York University Press.

Buettner, Elizabeth (2004). *Empire Families*: Britons and Late Imperial India. Oxford: Oxford University Press.

Bulmer-Thomas, Victor (1994). *The Economic History of Latin America Since Independence*. Cambridge: Cambridge University Press.

Burk, Kathleen (1982). *War and the States*: The Transformation of British Government, 1914-1919. Londres: Allen & Unwin.

Burroughs, Peter (2001). "Imperial Institutions and the Government of Empire". In: Andrew Porter (ed.). The Oxford History of the British Empire – Vol. III: *The Nineteenth Century*, p. 170-197. Oxford: Oxford University Press.

Cain P.J. & A.G. Hopkins (1986). "Gentlemanly Capitalism and British Overseas Expansion – Part I 1688-1850". *Economic History Review*, 39: 501-525.

_____ (2002). *British Imperialism, 1688-2000*. Harlow: Pearson.

Calata, Alexander (2002). "The role of education in Americanizing Filipinos". In: Hazel M. McFerson (ed.). *Mixed Blessing*: The Impact of the American Colonial Experience on Politics and Society in the Philippines, p. 89-97. Westport, CT: Greenwood Press.

Calder, Lendol (1999). *Financing the American Dream*: A Cultural History of Consumer Credit. Princeton, NJ: Princeton University Press.

Callwell, Colonel C.E. (1906). *Small Wars*: Their Principles and Practice. 3. ed. Londres: His Majesty's Stationery Office.

Campbell, Ballard (1995). *The Growth of American Government*: Governance from the Cleveland Era to the Present. Bloomington, IN: Indiana University Press.

Cannadine, David (2001). *Ornamentalism*: How the British Saw their Empire. Londres, Allen Lane/Penguin.

Canny, Nicholas (2001). "Introduction". In: N. Canny (ed.). The Oxford History of the British Empire – Vol. I: *The Origins of Empire*. Oxford: Oxford University Press.

Carley, Michael Jabara (1999). *1939*: The Alliance That Never Was and the Coming of World War II. Chicago: Ivan R. Dee.

Carsten, F L. (1972). *Revolution in Central Europe, 1918-1919*. Berkeley/Los Angeles: University of California Press.

_____ (1980). *The Rise of Fascism*. Berkeley/Los Angeles: University of California Press.

Carsten, Francis (1977). *Fascist movements in Austria*: From Schoenerer to Hitler. Londres: Sage.

Cecchetti, Stephen & Georgios Karras (1994). "Sources of Output Fluctuations During the Interwar Period: Further Evidence on the Causes of the Great Depression". *Review of Economics and Statistics*, 76: 80-102.

Cell, John (2001). "Colonial Rule". In: Andrew Porter (ed.). The Oxford History of the British Empire – Vol. III: *The Nineteenth Century*. Oxford: Oxford University Press.

Centeno, Miguel (2002). *Blood and Debt*: War and the Nation-State in Latin America. College Park, PA: Penn State University Press.

Cha, Myung Soon (2000). "The colonial origins of Korea's market economy". In: A. Latham & Heita Kawakatsu (eds.). *Asia-Pacific Dynamism, 1550-2000*, p. 86-103. Londres: Routledge.

Chan, Gordon (2003). "The Communists in Rural Guangdong, 1928-1936". *Journal of the Royal Asiatic Society*, 3/13: 77-97.

Chandler, Alfred (1977). *The Visible Hand*: The Managerial Revolution in American Business. Cambridge, MA: Belknap Press.

Chang, John (1969). *Industrial Development in Pre-Communist China*. Chicago: Aldine.

Chang, Maria Hsia (1979). "Fascism and Modern China". *The China Quarterly*, 79, 553-567.

Charmley, John (1993). *Churchill*: The End of Glory. Londres: Hodder and Stroughton.

Chase, Kenneth (2003). *Firearms*: A Global History to 1700. Nova York: Cambridge University Press.

Chatterjee, Partha (1993). *The Nation and Its Fragments*: Colonial and Postcolonial Histories. Princeton: Princeton University Press.

Chen, Yung-fa (1986). *Making Revolution*: The Communist Movement in eastern and Central China, 1937-1945. Berkeley & Los Angeles: University of California Press.

Childers, Thomas (1983). *The Nazi Voter*: The Social Foundations of Fascism in Germany, 1919-1933. Chapel Hill: University of North Carolina Press.

Chou, Wan-yao (1996). "The Kominka movement in Taiwan and Korea". In: Peter Duus et al. (eds.). *The Japanese Wartime Empire, 1931-1945*, p. 40-68. Princeton, NJ: Princeton University Press.

Clark, Daniel (1997). *Like Night and Day*: Unionization in a Southern Mill Town. Chapel Hill: University of North Carolina Press.

Clavin, Patricia (2000). *The Great Depression in Europe, 1929-1939*. Nova York: St. Martins Press.

Clemens, Elizabeth (1997). *The People's Lobby*: Organizational Innovation and the Rise of Interest Group Politics in the United States, 1890-1925. Chicago: University of Chicago Press.

Clemens, Michael & Jeffrey Williamson (2004). "Wealth bias in the first global capital market boom, 1870-1913". *The Economic Journal*, 114: 304-337.

Cline, William (2004). *Trade Policy and Global Poverty*. Washington, DC: Institute for International Economics.

Coatsworth, John (1994). *Central America and the United States*: The Clients and the Colossus. Nova York: Twayne.

Coble, Parks (1986). *The Shanghai Capitalists and the Nationalist Government, 1927-1937*. Cambridge, MA: Harvard University Press.

Cohen, Lizabeth (1990). *Making a New Deal*: Industrial Workers in Chicago, 1919-1939. Cambridge: Cambridge University Press.

———— (2003). *A Consumers' Republic*: The Politics of Mass Consumption in Postwar America. Nova York: Knopf.

Cohen, Nancy (2002). *The Reconstruction of American Liberalism, 1865-1914*. Durham, NC: University of North Carolina Press.

Cohen, Stephen (2001). *Failed Crusade*: America and the Tragedy of Post--Communist Russia. Nova York: Norton.

Cohen, Warren (2005). *America's Failing Empire*: US Foreign Relations Since the Cold War. Oxford: Blackwell.

Cole, Harold et al. (2005). "Deflation and the International Great Depression: A Productivity Puzzle". *NBER Working Paper*, n. 11.237.

Collingham, E.M. (2001). *Imperial Bodies*: The Physical Experience of the Raj, c. 1800-1947. Cambridge: Polity.

Collins, Randall (1994). "Why the Social Sciences won't become high-consensus, rapid-discovery science". *Sociological Forum*, 9(2): 155-177. _____ (2008). *Violence*: A Micro-Sociological Theory. Princeton: Princeton University Press.

Colville, Sir John (1985). *The Fringes of Power*: 10 Downing Street Diaries, 1939-1955. Londres: Hodder & Stoughton.

Conklin, Alice (1998). *A Mission to Civilize*: The Republican Idea of Empire in France and West Africa 1895-1930. Stanford: Stanford University Press.

Connor, Walter (1991). *The Accidental Proletariat*: Workers, Politics, and Crisis in Gorbachev's Russia. Princeton: Princeton University Press.

Cook, Haruko & Theodore Cook (1992). *Japan at War*: An Oral History. Nova York: The New Press.

Costa, Dora (2000). "American Living Standards, 1888-1994: Evidence From Consumer Expenditures". *NBER Working Paper*, n. 7.650.

Cott, Nancy (1987). *The Grounding of Modern Feminism*. New Haven: Yale University Press.

Couch, Jim & William Shughart (1998). *The Political Economy of the New Deal*. Cheltenham, Glos.: Edward Elgar.

Cox, Ronald (1994). *Power and Profits*: US Policy in Central America. Lexington, KY: University of Kentucky Press.

Coyne, Christopher (2007). *After War*: The Political Economy of Exporting Democracy. Stanford, CA: Stanford University Press.

Craig, Douglas (1992). *After Wilson*: The Struggle for the Democratic Part, 1920-1934. Chapel Hill, NC: University of North Carolina Press.

Crawcour, Sidney (1997a). "Economic change in the nineteenth century". In: Kozo Yamamura (ed.). *The Economic Emergence of Modern Japan*. Cambridge: Cambridge University Press.

———— (1997b). "Industrialization and technological change, 1885-1920". In: Kozo Yamamura (ed.). *The Economic Emergence of Modern Japan*. Cambridge: Cambridge University Press.

———— (1998). "Industrialization and technological change, 1885-1920". In: Duus (ed.). The Cambridge History of Japan – Vol 6: *The Twentieth Century*. *Cambridge*: Cambridge University Press.

Cronin, James & Carmen Sirianni (eds.) (1983). *Work, Community & Power*: The Experience of Labor in Europe and America, 1900-1925. Filadélfia: Temple University Press.

Crosby, Alfred (1993). *Ecological Imperialism*. Cambridge: Cambridge University Press.

Crowder, Michael (1968). *West Africa Under Colonial Rule*. Evanston, IL: Northwestern University Press.

Cumings, Bruce (1990). The Origins of the Korean War – Vol. 1: *Liberation and the Emergence of Separate Regimes, 1945-1947*. Vol. 2: *The Roaring of the Cataract, 1947-1950*. Princeton, NJ: Princeton University Press.

———— (2004). *North Korea*: Another Country. Nova York: New Press.

Dalrymple, William (2002). *White Mughals*: Love and Betrayal in Eighteenth--Century India. Londres: HarperCollins.

Daniel, Ute (1997). *The War From Within*: German Working-Class Women in the First World War. Oxford/Nova York: Berg.

Darwin, John (2009). *The Empire Project* –. The Rise and Fall of the British World-System, 1830-1970. Cambridge: Cambridge University Press.

David, Paul & Gavin Wright (1999). "Early Twentieth Century Growth Dynamics". *SIEPR Discussion Papers in Economic and Social History*, n. 98-103.

Davies, Gareth & Martha Derthick (1997). "Race and social welfare policy: the Social Security Act of 1935". *Political Science Quarterly*, 112: 217-236.

Davies, R. W. (1989). *The Soviet Economy in Turmoil, 1929-1930*. Cambridge: Cambridge University Press.

——— (1996). The Industrialisation of Soviet Russia – Vol. 4: *Crisis and Progress in the Soviet Economy, 1931-1933*. Basingstoke, Hants: Macmillan Press.

Davies, R. W. & Stephen G. Wheatcroft (2004). The Industrialisation of Soviet Russia – Vol. 5: *The Years of Hunger: Soviet Agriculture, 1931-1933*. Nova York: Palgrave Macmillan.

Davis, Belinda (2000). *Home Fires Burning*: Food, Politics, and Everyday Life in World War I Berlin. Chapel Hill: University of North Carolina Press.

Davis, Colin (1997). *Power At Odds*: The 1922 National Railroad Shopmen's Strike. Urbana, IL: University of Illinois Press.

Davis, Lance & Robert Huttenback (1987). *Mammon and the Pursuit of Empire*. Cambridge: Cambridge University Press.

Davis, Mike (2000). *Late Victorian Holocausts* – El Niño Famines and the Making of the Third World. Nova York: Verso.

Dawley, Alan (1991). *Struggles for Justice*: Social Responsibility and the Liberal State. Cambridge, MA: Harvard University Press.

De Felice, Renzo (1974). *Mussolini il Duce*. Turin: Einaudi.

DeLong, Bradford (1990). "Liquidation Cycles: Old Fashioned Real Business Cycle Theory and the Great Depression". *NBER Working Paper*, n. 3.546.

DeLong, Bradford & Andre Shleifer (1991). "The Stock Market Bubble of 1929: Evidence from Closed-end Mutual Funds". *The Journal of Economic History*, 51: 675-700.

Dickinson, Frederick (1999). *War and National Reinvention*: Japan in the Great War, 1914-1919. Cambridge, MA: Harvard University Press.

Digby, William (1901). *Prosperous British India*: A Revelation from the Official Records. Ann Arbor: University of Michigan Press.

Dilks, David (1969). Curzon in India – Vol. 1: *Achievement*. Nova York: Taplinger.

Dirlik, Arif (2003). "Beyond Chesnaux: workers, class and the socialist revolution in modern China". *In:ternational Review of Social History*, 48: 79-99.

Dodge, Toby (2003). *Inventing Iraq*: The Failure of Nation-Building and a History Denied. Nova York: Columbia University Press.

Domhoff, William (1990). *The Power Elite and the State. How Policy is Made in America*. Nova York: Aldine De Gruyter.

—— (1996). *State Autonomy or Class Dominance?* – Case Studies in Policy Making in America. Nova York: Aldine de Gruyter.

Domhoff, William & Michael Webber (2011). *Class and Power in the New Deal*: Corporate Moderates, Southern Democrats, and The Liberal-Labor Coalition. Stanford, CA: Stanford University Press.

Dosal, Paul (1993). *Doing Business with the Dictators*: A Political History of United Fruit in Guatemala, 1899-1944. Wilmington, DE: Scholarly Resources.

Doyle, Michael (1986). *Empires*. Ithaca, NY: Cornell University Press.

Drabble, John (2000). *An Economic History of Malaysia, c. 1800-1990*: The Transition to Modern Economic Growth. Londres: Macmillan.

Drachkovitch, Milorad & Branko Lazitch (1966). "The Communist International". In: M. Drachkovitch (ed.). *The Revolutionary Internationals, 1864-1943*, p. 159-202. Stanford, CA: Stanford University Press.

Drake, Paul (1991). "From Good Men to Neighbors: 1912-1932". In: Richard Lowenthal (ed.). *Exporting Democracy*, p. 3-40. Baltimore: Johns Hopkins University Press.

Drayton, Richard (2000). *Nature's Government*: Science, Imperial Britain, and the 'Improvement' of the World. New Haven, CT: Yale University Press.

—— (2001). "Knowledge and Empire" in Peter Marshall (ed.). The Oxford History of the British Empire – Vol. II: *The Eighteenth Century*, p. 231-252. Oxford: Oxford University Press.

Drescher, Seymour (2002). *The Mighty Experiment*: Free Labor versus Slavery in British Emancipation. Nova York: Oxford University Press.

Dreyer, Edward (1995). *China at War, 1901-1949*. Londres: Longman.

Dreyfus, Michel et al. (2006). *Se protéger, être protégé* – Une histoire des Assurances sociales en France. Rennes: Presses universitaires de Rennes.

Drukker, J. W. (2006). *The Revolution that Bit its Own Tail*: How Economic History Changed our Ideas on Economic Growth. Amsterdam: Aksant.

Duara, Prasenjit (1988). *Culture, Power, and the State*: Rural North China, 1900-1942. Stanford: Stanford University Press.

Duménil, Gérard & Dominique Lévy (1995). "The Great Depression: A Paradoxical Event?" *CEPREMAP*, paper n. 9.510, Paris.

Dunn, John (1972). *Modern Revolutions*. Cambridge: Cambridge University Press.

Dunn, Walter (1997). *Kursk*: Hitler's Gamble, 1943. Nova York: Praeger.

Dupuy, Trevor (1977). *A Genius For War*: the German Army and the General Staff, 1807-1945. Englewood Cliffs, NJ: Prentice-Hall.

Dutton, Paul (2002). *Origins of the French Welfare State*: The Struggle for Social Reform in France 1914-1947. Cambridge: Cambridge University Press.

Duus, Peter (1995). *The Abacus and the Sword*: The Japanese Penetration of Korea, 1895-1910. Berkeley/Los Angeles: University of California Press.

_____ (1996). "Introduction". In: Duus et al. (eds.). *The Japanese Wartime Empire, 1931-1945*. Princeton: Princeton University Press.

Duus, Peter & Daniel Okimoto (1979). "Fascism and the History of Prewar Japan: The Failure of a Concept". *Journal of Asian Studies*, 39: 65-76.

Easter, Gerald (2000). *Reconstructing the State*: Personal Networks and Elite Identity in Soviet Russia. Nova York: Cambridge University Press.

Easterlin, Richard (2000). "The Worldwide Standard of Living since 1800". *Journal of Economic Perspectives*, 14: 17-26.

Eastman, Lloyd (1984). *Seeds of Destruction*: Nationalist China in War and Revolution, 1937-1949. Stanford: Stanford University Press.

_____ (1990). *The Abortive Revolution* – China under Nationalist Rule, 1927-1937. Cambridge, MA: Harvard University Press.

Eckelt, Frank (1971). "Internal Policies of the Hungarian Soviet Republic". In: Ivan Volgyes (ed.). *Hungary in Revolution, 1918-1919*. Lincoln: University of Nebraska Press.

Eckert, Carter (1996). "Total war, industrialization and social change in late colonial Korea". In: Peter Duus et al. (eds.). *The Japanese Wartime Empire, 1931-1945*. Princeton, NJ: Princeton University Press.

Eckes, Alfred (1995). *Opening America's Market*: U.S. Foreign Trade Policy since 1776. Chapel Hill: University of North Carolina Press.

Edgerton, David (2005). *Warfare State*: Britain, 1920-1970. Cambridge: Cambridge University Press.

Eichengreen, Barry (1992). *Golden Fetters*: The Gold Standard and the Great Depression, 1919-1939. Nova York: Oxford University Press.

_____ (1996). *Globalizing Capital*: A History of the International Monetary System Princeton, NJ: Princeton University Press.

Eichengreen, Barry & Peter Temin (1997). "The Gold Standard and the Great Depression". *NBER Working Paper*, n. W6060.

Eiji, Oguma (2002). *The Genealogy of 'Japanese' Self-Images*. Melbourne: Trans Pacific Press.

Elkins, Caroline (2005). *Britain's Gulag*: The Brutal End of Empire in Kenya. Londres: Cape.

Eltis, David (2000). *The Rise of African Slavery in the Americas*. Cambridge: Cambridge University Press.

Elvin, Mark (1996). *Another History* – Essays on China from a European Perspective. Sydney: Wild Peony Press.

Epstein, Philip et al. (2000). "Distribution Dynamics: Stratification, Polarization and Convergence Among OECD Economies, 1870-1992". *London School of Economics, Department of Economic History Working Papers*, n. 58/00.

Esherick, Joseph (1995). "Ten theses on the Chinese revolution". *Modern China*, 21, 45-76.

———— (1998). "Revolution in a feudal fortress". *Modern China*, 24, 339-377.

Esping-Andersen, Gosta (1985). *Politics against Markets*. Princeton: Princeton University Press.

———— (1990). *The Three Worlds of Welfare Capitalism*. Cambridge: Cambridge University Press.

Etemad, Bouta (2005). *De l'utilité des empires*. Paris: Armand Colin.

———— (2007). *Possessing the World*: Taking the Measurements of Colonisation from the 18th to the 20th Century. Nova York: Berghahn Books.

Evans, David & Mark Peattie (1997). *Kaigun: Strategy, Tactics and Technology in the Imperial Japanese Navy, 1887-1941*. Annapolis, MD: Naval Institute Press.

Evans, Richard (2006). *The Third Reich in Power*. Londres: Penguin.

Ewell, Judith (1996). *Venezuela and the United States*: From Monroe's Hemisphere to Petroleum's Empire. Athens, GA: University of Georgia Press.

Fackler, James (1998). "Propagation of the Depression: Theories and Evidence". In: Mark Wheeler (ed.). *The Economics of the Great Depression*, p. 95-126. Kalamazoo, MI: W.E. Upjohn Institute for Employment Research.

Fairbank, John (ed.) (1968). *The Chinese World Order* – Traditional China's Foreign Relations. Cambridge: Cambridge University Press.

Federico, Giovanni (2005). *Feeding the World*: An Economic History of Agriculture, 1800-2000. Princeton, NJ: Princeton University Press.

Feldman, Gerard (1966). *Army, Industry, and Labor in Germany, 1914-1918*. Princeton: Princeton University Press.

———— (1977). *Iron and Steel in the German Inflation, 1916-1923*. Princeton, NJ: Princeton University Press.

Ferguson, Niall (1999). *The Pity of War*: Explaining World War I. Nova York: Basic Books.

––––––– (2002). *Empire*: How Britain Made the Modern World. Nova York: Basic Books.

––––––– (2004). *Colossus* – The Price of America's Empire. Londres: Penguin.

––––––– (2006). *The War of the World*. Londres: Penguin.

Ferro, Marc (1972). *The Russian Revolution of February 1917*. Nova York: Prentice-Hall International.

Field, Alexander (2006). "Technological Change and U.S. Productivity Growth in the Interwar Years". *The Journal of Economic History*, 66: 203-236.

––––––– (2011). *A Great Leap Forward.1930s Depression and US Economic Growth*. New Haven, CT: Yale University Press.

Fieldhouse, David (1973). *Economics and Empire 1830-1914*. Londres: Weidenfeld & Nicolson.

––––––– (1999). *The West and the Third World*: Trade, Colonialism, Dependence, and Development. Oxford: Blackwell.

Figes, Orlando (1997). *A People's Tragedy*: A History of the Russian Revolution. Nova York: Viking Books.

Finegold, Kenneth & Theda Skocpol (1984). "State, Party and Industry: From Business Recovery to the Wagner Act in America's New Deal". In: C. Bright & S. Harding (eds.). *Statemaking and Social Movements*, p. 159 192. Ann Arbor, MI: University of Michigan Press.

––––––– (1995). *State and Party in America's New Deal*. Madison: University of Wisconsin Press.

Fink, Leon (1997). *Progressive Intellectuals and the Dilemmas of Democratic Commitment*. Cambridge, MA: Harvard University Press.

Fischer, Claude & Michael Hout (2006). *Century of Difference*: How America Changed in the Last One Hundred Years. Nova York: Russell Sage Foundation.

Fitzpatrick, Sheila (1999). *Everyday Stalinism. Ordinary Life in Extraordinary Times*: Soviet Russia in the 1930s. Oxford: Oxford University Press.

Flora, Peter (1983). State, Economy, and Society in Western Europe 1815-1975: A Data Handbook – Vol. I: *The Growth of Mass Democracies and Welfare States*. Londres: Macmillan.

Flora, Peter & Arnold Heidenheimer (1981). *The Development of Welfare States in Europe and America*. New Brunswick: Transaction Books.

Floud, Roderick et al. (2011). *The Changing Body* – Health, Nutrition and Human Development in the Western World since 1700. Cambridge: Cambridge University Press.

Foran, John (2005). *Taking Power*: On the origins of Third World Revolutions. Cambridge: Cambridge University Press.

Fowkes, Ben (1984). *Communism in Germany under the Weimar Republic*. Londres: Palgrave Macmillan.

Fraser, Steve (1989). "The Labor Question". In: S. Fraser & Gary Gerstle (eds.). *The Rise and Fall of the New Deal Order*, p. 55-84. Princeton, NJ: Princeton University Press.

Friedlaender, Saul (1997). Nazi Germany and the Jews – Vol. I: *The Years of Persecution, 1933-1939*. Nova York: HarperCollins.

Friedman, Edward (1991). *Chinese Village, Socialist State*. New Haven: Yale University Press.

Friedman, Milton & Anna Schwartz (1963). *A Monetary History of the United States, 1867-1960*. Chicago: University of Chicago Press.

Frieser, Karl-Heinz (2005). *The Blitzkrieg Legend*: The 1940 Campaign in the West. Annapolis: Naval Institute Press.

Fritz, Stephen (1995). *Frontsoldaten* – The German Soldier in World War II. Lexington, KY: University Press of Kentucky.

Fritzsche, Peter (2008). *Life and Death in the Third Reich*. Cambridge, MA: Belknap Press.

Fukuyama, Francis (2011). *The Origins of Political Order*. Nova York: Farrar, Straus & Giroux.

Galassi, Francesco & Mark Harrison (2005). "Italy at War, 1915-1918". In: Broadberry & Harrison (eds.). *The Economics of World War I*, p. 276–309. Cambridge: Cambridge University Press.

Galbraith, John (1963). *Reluctant Empire*: British Policy on the South African Frontier, 1834-1854. Berkeley: University of California Press.

Gallagher, J.A. & R.E. Robinson (1953). "The Imperialism of Free Trade". *Economic History Review*, vol. 6, 1-15.

Gallie, Duncan (1983). *Social Inequality and Class Radicalism in France and Britain*. Londres, RU: Cambridge University Press.

Garon, Sheldon (1987). *The State and Labor in modern Japan*. Berkeley & Los Angeles: University of California Press.

Gatrell, Peter (2005). *Russia's First World War* – A Social and Economic History. Harlow: Pearson.

Gauthier, Anne Helene (1998). *The State and the Family*. Oxford: Clarendon Press.

Geary, Dick (1981). *European Labour Protest, 1848-1939*. Nova York: St. Martin's Press.

Geisert, Bradley (2001). *Radicalism and Its Demise*: The Chinese Nationalist Party, Factionalism and Elites in Jiangsu Province, 1924-1931. Ann Arbor, MI: University of Michigan Press.

Gelber, Harry (2001). *Nations Out of Empires*: European Nationalism and the Transformation of Asia. Nova York: Palgrave.

Gellman, Irwin (1979). *Good Neighbor Diplomacy*: United States Policies in Latin America, 1933-1945. Baltimore: Johns Hopkins University Press.

——— (1995). *Secret Affairs* – Franklin Roosevelt, Cordell Hull and Sumner Welles. Baltimore: Johns Hopkins Press.

Gentile, Emilio (1990). "Fascism as political religion". *Journal of Contemporary History*, 25: 229-252.

Gerstle, Gary (1989). *Working-Class Americanism*: The Politics of Labor in a Textile City, 1914-1960. Princeton, NJ: Princeton University Press.

Getty, J. Arch (1985). *Origins of the Great Purges*: The Soviet Communist Party Reconsidered, 1933-1938. Nova York: Cambridge University Press.

Getty, J. Arch & Oleg Naumov (1999). *The Road to Terror* – Stalin and the Self-Destruction of the Bolsheviks, 1932-1939. New Haven: Yale University Press.

Gill, Graeme (1979). *Peasants and Government in the Russian Revolution*. Nova York: Barnes & Noble Books.

Glantz, David (1998). *Stumbling Colossus*: The Red Army on the Eve of World War. Lawrence: University of Kansas Press.

Gleditsch, Kristian (2004). "A revised list of wars between and within independent states, 1816-2002". *International Interactions*, 30: 231-262.

Gluck, Carol (1985). *Japan's Modern Myths*: Ideology in the Late Meiji Period. Princeton, NJ: Princeton University Press.

Go, Julian (2003). "The Chains of Empire: State Building and 'Political Education' in Puerto Rico and the Philippines". In: J. Go & A. Foster (eds.). *The American Colonial State in the Philippines*: Global Perspectives, p. 182-216. Durham, NC: Duke University Press.

——— (2004). "America's Colonial Empire: the Limits of Power". Items & Issues. Vol. 4. *Quarterly of the Social Science Research Council*.

——— (2008). *American Empire and the Politics of Meaning*: Elite Political Cultures in the Philippines and Puerto Rico during U.S. Colonialism. Durham: Duke University Press.

——— (2011). *Patterns of Empire* –. The British and American Empires, 1688 to the Present. Nova York: Cambridge University Press.

Godfrey, John (1987). *Capitalism at War*: Industrial Policy and Bureaucracy in France, 1914-1918. Leamington Spa: Berg.

Goebbels, Josef (1948). *The Goebbels Diaries, 1942-1943*. Garden City, NY: Doubleday.

Goebel, Thomas (20020. *A Government by the People*: Direct Democracy in America, 1890-1940. Durham, NC: University of North Carolina Press.

Goldfield, Michael (1989). "Worker insurgency, radical organization, and New Deal labor legislation". *American Political Science Review*, 83: 1.257-1282.

——— (1997). *The Color of Politics*: Race and the Mainsprings of American Politics. Nova York: The New Press.

Goldfrank, Walter (1979). "Theories of revolution and revolution without theory". *Theory and Society*, 7: 135-165.

Goldin, Claudia & Lawrence Katz (1999). "The Shaping Of Higher Education: The Formative Years in the United States, 1890-1940". *Journal of Economic Perspectives*, 13: 37-62.

——— (2003). "The 'Virtues' of the Past: Education in the First Hundred Years of the New Republic". *NBER Working Paper*, n. 9.958.

Goldin, Claudia & Robert Margo (1992). "The Great Compression: Wage Structure in the United States at Mid-Century". *Quarterly Journal of Economics*, 107: 1-34.

Goldstone, Jack (2001). "Toward a fourth generation of revolutionary theory". *Annual Review of Political Science*, 4: 139-187.

——— (2004). "Its all about state structure: new findings on revolutionary origins from global data". *Homo Oeconomicus*, 21: 429-455.

——— (2009). "Revolutions". In: Todd Landman & Neil Robinson (eds.). *The Sage Handbook of Comparative Politics*, p. 319-347. Los Angeles: Sage.

Goodman, David (2000). *Social and Political Change in Revolutionary China*: The Taihang Base Area in the War of Resistance to Japan, 1937-1945. Nova York: Rowman & Littlefield.

Goodwin, Jeff (2001). *No Other Way Out*: States and Revolutionary Movements, 1945-1991. Nova York: Cambridge University Press.

Gordon, Andrew (1985). *The Evolution of Labor Relations in Japan*: Heavy Industry, 1853-1955. Cambridge, MA: Harvard University Press.

——— (1991). *Labor and Imperial Democracy in Prewar Japan*. Berkeley/Los Angeles: University of California Press.

——— (2003). *A Modern History of Japan from Tokugawa Times to the Present*. Nova York: Oxford University Press.

Gordon, Colin (1994). *New Deals*: Business, Labor and Politics in America, 1920-1935. Nova York: Cambridge University Press.

———— (2003). *Dead on Arrival*: The Politics of Health Care in Twentieth-Century America. Princeton, NJ: Princeton University Press.

Gordon, David (2006). "Historiographical Essay: The China-Japan War, 1931–1945". *Journal of Military History*, 70, 137-182.

Gordon, Robert (2005). "The 1920s and 1990s in mutual reflection". *NBER Working Paper*, n. 11.778.

Gordon, Robert & James Wilcox (1981). "Monetarist Interpretations of the. Great Depression: An Evaluation and Critique". In: Brunner (ed.). *The Great Depression Revisited*, p. 49–107. Boston: Mattinus Nijhoff.

Gordon, Robert & John Veitch (1986). "Fixed investment in the American business cycle, 1919-1983". In: R. Gordon (ed.). *The American Business Cycle*: Continuity and Change, p. 267-335. Chicago: University of Chicago Press.

Gordon, Sarah (1984). *Hitler, Germans and the "Jewsish Question"*. Princeton, NJ: Princeton University Press.

Gorodetsky, Gabriel (1999). *Grand Delusion*: Stalin and the German Invasion of Russia. New Haven: Yale University Press.

Gorski, Philip (2003). *The Disciplinary Revolution* – Calvinism and the Rise of the State in Early Modern Europe. Chicago: The University of Chicago Press.

Goto, Ken'ichi (1996). "Cooperation, submission and resistance of indigenous elites of southeast Asia in the wartime empire". In: Duus (ed.). The Cambridge History of Japan – Vol. 6: *The Twentieth Century*, p. 274-304. Cambridge: Cambridge University Press.

———— (2003). *Tensions of Empire*: Japan and Southeast Asia in the Colonial and Postcolonial World. Athens, Ohio: Ohio University Press.

Grayzel, Susan (1999). *Women's Identities at War*: Gender, Motherhood, and Politics in Britain and France during the First World War. Chapel Hill: University of North Carolina Press.

Gregory, Adrian (2003). "British War Enthusiasm: A reassessment". In: Gail Braybon (ed.). *Women's Identities at War*: Gender, Motherhood, and Politics in Britain and France during the First World War. Chapel Hill: University of North Carolina Press.

Gregory, Paul (2004). *The Political Economy of Stalinism*: Evidence from the Soviet Secret Archives. Cambridge: Cambridge University Press.

Griffin, Roger (2002). "The primacy of culture: the current growth (or manufacture) of consensus within fascist studies". *Journal of Contemporary History*, 37: 21-43.

Guerin-Gonzales, Camille (1994). *Mexican Workers and American Dreams*: Immigration, Repatriation, and California Farm Labor, 1900-1939. New Brunswick, NJ: Rutgers University Press.

Gulick, L.H. (1948). *Administrative Reflections from WWII*. Tuscaloosa: University of Alabama Press.

Hacker, Jacob & Paul Pierson (2002). "Business Power and Social Policy: Employers and the Formation of the American Welfare State". *Politics & Society*, 30: 277-325.

Hagtvet, Bernt (1980). "The Theory of Mass Society and Weimar". In: Stein Larsen et al. (eds.). *Who Were the Fascists?*: Social Roots of European Fascism. Oslo: Universitetsforlaget.

Haimson, Leopold (1964–1965). "The Problem of Social Stability in Urban Russia, 1905-1917". *Slavic Review*, 23: 619-642; 24: 1-22.

Hamilton, James (1987). "Monetary Factors in the Great Depression". *Journal of Monetary Economics*, 19: 145-169.

———— (1988). "The Role of the International Gold Standard in Propagating the Great Depression". *Contemporary Policy Issues*, 6: 67-89.

Hane, Mikiso (1992). *Modern Japan*: A Historical Survey. Boulder: Westview Press.

Hannah, Leslie (s.d.). "Logistics, market size and giant plants in the early 20th century – a global view". Unpublished paper, University of Tokyo, Faculty of Economics.

Hara, Akira (1998). "Japan: Guns Before Rice". In: Mark Harrison (ed.). *The Economics of World War II*: Six Great Powers in International Comparison. Cambridge: Cambridge University Press.

Harrison, Mark (ed.) (1998). *The Economics of World War II*. Cambridge: Cambridge University Press.

Harrison, Robert (1997). *State and Society in Twentieth Century America*. Londres: Longman.

———— (2004). *Progressive Reform and the New American State*. Cambridge: Cambridge University Press.

Harsch, Donna (1993). *German Social Democracy and the Rise of Nazism*. Chapel Hill: University North Carolina Press.

Hartford, Kathleen (1989). "Repression and communist success: the case of Jin-Cha-Ji, 1938-1943". In: Hartford & Steven Goldstein (eds.). *Single Sparks*: China's Rural Revolutions, p. 92-127. Armonk, NY: M.E. Sharpe.

Harvey, David (2003). *The New Imperialism*. Oxford: Oxford University Press.

Hasegawa, Tsyuyoshi (1981). *The February Revolution*. Seattle: University of Washington Press.

Hata, Ikuhiko (1988). "Continental Expansion, 1905-1941". In: Duus (ed.). The Cambridge History of Japan – Vol. 6: *The Twentieth Century*, p. 271-304. Cambridge: Cambridge University Press.

Hautcoeur, Pierre-Cyrille (2005). "Was the Great War a watershed? The economics of World War I in France". In: Broadberry & Harrison (eds.). *The Economics of World War I*, p. 169-205. Cambridge: Cambridge University Press.

Hawks, Francis (ed.) (2005). *Commodore Perry and the Opening of Japan* – The Official Report of the Expedition to Japan. Stroud, Glos: Nonesuch.

Haydu, Jeffrey (1997). *Making American Industry Safe for Democracy*: Comparative Perspectives on the State and Employee Representation in the Era of World War II. Champaign: University of Illinois Press.

Hayes, Jack Jr. (2001). *South Carolina and the New Deal*. Columbia: University of South Carolina Press.

Headrick, Daniel (1981). *The Tools of Empire*. Oxford: Oxford University Press.

Healy, David (1963). *The United States in Cuba, 1898-1902*: Generals, Politicians and the Search for Policy. Madison, WI: University of Wisconsin Press.

Healy, Maureen (2004). *Vienna and the Fall of the Habsburg Empire*. Cambridge: Cambridge University Press.

Hewitson, Mark (2004). *Germany and the Causes of the First World War*. Oxford & Nova York: Berg.

Hicks, Alexander et al. (1995). "The programmatic emergence of the social security state". *American Sociological Review*, 60: 329-349.

——— (1999). *Social Democracy and Welfare Capitalism*: A Century of Income Security Politics. Ithaca, NY: Cornell University Press.

Hidalgo, Julio (2002). "Cacique democracy and future politics in the Philippines". In: Mcferson (ed.). *Mixed Blessing*: The Impact of the American Colonial Experience on Politics and Society in the Philippines, p. 209-240. Westport, CT: Greenwood Press.

Higgs, Robert (1989). *Crisis and Leviathan*: Critical Episodes in the Growth of American Government. Nova York: Oxford University Press.

Hinton, James (1973). *The First Shop Stewards' Movement*. Londres: George Allen & Unwin.

Hinton, William (1966). *Fanshen*: A Documentary of Revolution in a Chinese Village. Nova York: Monthly Review Press.

Hirsch, Susan (2003). *After the Strike*: A Century of Labor Struggle at Pullman. Urbana, IL: University of Illinois Press.

Ho, Samuel Pao-San (1984). "Colonialism and Development: Korea, Taiwan and Kwantung". In: Ramon Myers & Mark Peattie (eds.). *The Japanese Colonial Empire, 1895-1945*. Princeton: Princeton University Press.

Hobsbawm, Eric (1994). *The Age of Extremes*: The Short Twentieth Century, 1914-1991. Londres: Michael Joseph.

Hobson, John A. (1902). Imperialism, A Study. Nova York: James Pott and Co.

Hogan, Heather (1993). *Forging Revolution*: Metalworkers, Managers, and the State in St. Petersburg, 1890-1914. Bloomington, IN: Indiana University Press.

Holden, Robert (2004). *Armies Without Nations*: Public Violence and State Formation in Central America 1821-1960. Oxford: Oxford University Press.

Holquist, Peter (2002). *Making War, Forging Revolution*: Russia's Continuum of Crisis 1914-1921. Cambridge: Harvard University Press.

Honey, Michael (1993). *Southern Labor and Black Civil Rights' Organizing Memphis Workers*. Urbana: University of Illinois Press.

Hong, Young-Sun (1998). *Welfare, Modernity and the Weimar State*: 1919-1933. Princeton, NJ: Princeton University Press.

Hough, Jerry (1997). *Democratization and Revolution in the USSR, 1985-1991*. Washington, DC: Brookings Institute.

Howell, David (2002). *MacDonald's Party*: Labour Identities and Crisis, 1922-1931. Oxford: Oxford University Press.

Huang, Jing (2000). *Factionalism in Chinese Communist Politics*. Cambridge: Cambridge University Press.

Huang, Meizhen & Hanqing Yang (2001). "Nationalist China: Negotiating Positions During the Stalemate, 1938-1945". In: David Barrett & Larry Shyu (eds.). *Chinese Collaboration with Japan, 1932–1945*. Stanford: Stanford University Press.

Huang, Philip (1985). *The Peasant Economy and Social Change in North China*. Stanford, CA: Stanford University Press.

———— (1990). *The Peasant Family and Rural Development in the Yangtzi Delta, 1350-1988*. Stanford, CA: Stanford University Press.

———— (2001). *Code, Custom and Legal Practice in China* – The Qing and the Republic Compared. Stanford, CA: Stanford University Press.

Huggins, Martha (1998). *Political Policing*: The United States and Latin America. Durham, NC: Duke University Press.

Hull, Isabel (2005). *Absolute Destruction*: Military Culture and the Practices of War in Imperial Germany. Ithaca: Cornell University Press.

Hunt, Richard (1970). *German Social Democracy, 1918-1933*. New Haven: Yale University Press.

Hunter, Holland (1988). "Soviet agriculture with and without collectivization, 1928-1940". *Slavic Review*, 47: 203-216.

Huntington, Samuel (1991). *The Third Wave*. Norman, OK: University of Oklahoma Press.

Hyam, Ronald (2001). "Trusteeship, Anti-Slavery and Humanitarianism". In: Andrew Porter (ed.). *The Third Wave*. Norman, OK: University of Oklahoma Press.

Ikegami, Eiko (1997). *The Taming of the Samurai Honorific Individualism and the Making of Modern Japan*. Cambridge, MA: Harvard University Press.

———— (2004). *Bonds of Civility*: Aesthetic Networks and the Political Origins of Japanese Culture. Cambridge: Cambridge University Press.

Imlay, Talbot (2003). *Facing the Second World War*: Strategy, Politics, and Economics in Britain and France 1938-1940. Nova York: Oxford University Press.

Ingham, Geoffrey (1984). *Capitalism Divided?* Londres: Macmillan.

———— (2009). *Capitalism*. Cambridge: Polity Press.

Inikori, Joseph (2002). *Africans and the Industrial Revolution in England*: A Study in International Trade and Economic Development. Cambridge: Cambridge University Press.

International Labor Office (1938). *Industrial Labor in India*. Genebra: ILO.

Iriye, Akira (1974). "The failure of economic expansionism, 1918-1931". In: Bernard Silberman & Harry Harootunian (eds.). *Japan in Crisis*, p. 237-269. Princeton, NJ: Princeton University Press.

———— (1987). *The Origins of the Second World War in Asia and the Pacific*. Londres: Longman.

———— (1997). *Japan and the Wider World*: From the Mid-Nineteenth Century to the Present. Nova York: Longman.

Irons, Janet (2000). *Testing the New Deal*: The General Textile Strike of 1934 in the American South. Urbana: University of Illinois Press.

Iyer, Lakshmi (2004). "The Long-term Impact of Colonial Rule: Evidence from India". Unpublished paper (http://www.people.hbs.edu/liyer/iyer_colonial_oct2004.pdf).

Jackson, Julian (2001). *France*: The Dark Years, 1940-1944. Nova York: Oxford University Press.

———— (2003). *The Fall of France*: The Nazi Invasion of 1940. Nova York: Oxford University Press.

Jacoby, Sanford (1997). *Modern Manors* – Welfare Capitalism Since the New Deal. Princeton, NJ: Princeton University Press.

———— (2004). "Economic ideas and the labor market: origins of the Anglo-American Model and prospects for global diffusion". Department of Sociology, UCLA, Theory and Research in Comparative Social Analysis, Paper n. 22.

Jahn, Hubertus (1995). *Patriotic Culture in Russia during World War I*. Ithaca, NY: Cornell University Press.

James, Harold (2001). *The End of Globalization*: Lessons From The Great Depression. Cambridge, MA: Harvard University Press.

———— (2006). *The Roman Predicament*: How the Rules of International Order Create The Politics of Empire. Princeton, NJ: Princeton University Press.

James, J. & M. Thomas (2000). "Industrialization and wage inequality in nineteenth-century urban America". *Journal of Income Distribution*, 8: 39-64.

Janos, Andrew & William Slottman (eds.) (1971). *Revolution in perspective*: essays on the Hungarian Soviet Republic of 1919. Berkeley: University of California Press.

Jenkins, Craig & Barbara Brents (1989). "Social Protest, Hegemonic Competition, and Social Reform: A Political Struggle Interpretation of the Origins of the American Welfare State". *American Sociological Review*, 54: 891-909.

John, Richard (1997). "Government institutions as agents of change: rethinking American political development in the early Republic, 1787-1835". *Studies in American Political Development*, 11: 347-380.

Johnson, Chalmers (1962). *Peasant Nationalism and Communist Power*: The Emergence of Revolutionary China 1937-1945. Stanford: Stanford University Press.

Jorda, Oscar et al. (2010). "Financial Crises, Credit Booms, and External Imbalances: 140 Years of Lessons". *NBER Working Paper*, n. 16.567.

Jordan, Donald (1987). "The place of Chinese disunity in Japanese army strategy during 1931". *China Quarterly*, 109: 42-63.

Kataoka, Tetsuya (1974). *Resistance and Revolution in China*: The Communists and the Second United Front. Berkeley/Los Angeles: University of California Press.

Katz, Michael B. (2001). *The Price of Citizenship*: Redefining the American Welfare State. Nova York: Metropolitan Books.

Katznelson, Ira (2005). *When Affirmative Action Was White*: An Untold History of Racial Inequality in Twentieth-Century America. Nova York: Norton.

Katznelson, Ira et al. (1993). "Limiting Liberalism: The Southern Veto in Congress, 1933-1950". *Political Science Quarterly*, 108: 283-306.

Kaufman, Bruce (2003). "John R. Commons and the Wisconsin School on Industrial Relations Strategy and Policy". *Industrial and Labor Relations Review*, 57: 3-30.

_____ (2006). "Industrial Relations and Labor Institutionalism: A Century of Boom and Bust". *Labor History*, 47: 295-318.

Kay, Alex (2006). *Exploitation, Resettlement, Mass Murder*: Political and Economic Planning for German Occupation Policy in the Soviet Union, 1940-1941. Nova York: Berghahn Books.

Keegan, John (1978). *The Face of Battle*. Harmondsworth: Penguin.

Keene, Jennifer (2001). *Doughboys, the Great War, and the Remaking of America*. Baltimore: Johns Hopkins Press.

Keller, Morton (1994). *Regulating a New Society*: Public Policy and Social Change in America, 1900-1933. Cambridge, MA: Harvard University Press.

Kenez, Peter (2006). *The History of the Soviet Union from the Beginning to the End*. Cambridge: Cambridge University Press.

Kennedy, David (1999). *Freedom From Fear*: The American People in Depression and War, 1929-1945. Nova York: Oxford University Press.

Kerbo, Harold R. & Richard A. Shaffer (1986). "Unemployment and Protest in the United States, 1890-1940: A Methodological Critique and Research Note". *Social Forces* 64: 1.046-1.056.

Kershaw, Greet (1997). *Mau Mau from Below*. Athens: Ohio University Press.

Kershaw, Ian (1998). *Hitler, 1889-1936*: Hubris. Nova York: Norton.

―――― (2000). *Hitler, 1936-1945*: Nemesis. Londres: Allen Lane.

―――― (2007). *Fateful Choices* – Ten Decisions that Changed the World 1940-1941. Londres: Penguin Books.

―――― (2011). *The End, The Defiance and Destruction of Hitler's Germany, 1944-1945*. Londres: Penguin Press.

Kersten, Felix (1956). *The Kersten Memoirs, 1940-1945*. Londres: Hutchinson.

Kessler-Harris, Alice (2001). *In Pursuit of Equity*: Women, Men, and the Quest for Economic Citizenship in 20th-Century America. Nova York: Oxford University Press.

Keynes, John Maynard (1919). *The Economic Consequences of the Peace*. Londres: Macmillan.

―――― (1937). "The General Theory of Employment". *Quarterly Journal of Economics*, 51: 209-223.

―――― (1973). *The General Theory of Employment Interest and Money*. Londres: Macmillan.

Khlevniuk, Oleg (2004). *The History of the Gulag*: From Collectivization to the Great Terror. New Haven, CT: Yale University Press.

Kiernan, Kathleen et al. (1998). *Lone Motherhood in Twentieth Century Britain*. Oxford: Clarendon Press.

Kim, Duol & Ki-Joo Park (2005). "Colonialism and Industrialization: Manufacturing Productivity of Colonial Korea, 1913-1937", working paper.

————— (2008). "Colonialism and Industrialisation: Factory Labour Productivity of Colonial Korea, 1913-1937". *Australian Economic History Review*, 48: 26-46.

Kindleberger, Charles (1986). *The World in Depression, 1929-1939*. Berkeley/Los Angeles: University of California Press.

Kirk-Greene, Anthony (2000). *Britain's Imperial Administrators, 1858-1966*. Basingstoke/Nova York: Macmillan/St. Martin's Press.

Kleppner, Paul (1982). *Who Voted?* – The Dynamics of Electoral Turnout, 1870-1980. Nova York: Praeger.

Knox, MacGregor (2009). *To the Threshold of Power, 1922/1933*: Origins and Dynamics of the Fascist and National Socialist Dictatorships. Vol. 1. Nova York: Cambridge University Press.

Kocka, Juergen (1984). *Facing Total War*: German Society 1914-1918. Leamington Spa: Berg.

Kohli, Atul (2004). *State-Directed Development*: Political Power and Industrialization in the Global Periphery. Cambridge: Cambridge University Press.

Koistinen, Paul (1967). "The Industrial-Military Complex in Historical. Perspective: World War I". *Business History Review*, 41: 378-403.

Kolko, Gabriel (1963). *The Triumph of Conservatism*: A Re-Interpretation of American History, 1900-1916. Nova York: Free Press of Glencoe.

Kornhauser, Arthur (1940). "Analysis of 'Class Structure' of Contemporary American Society". In: George Hartman & Theodore Newcomb (eds.). *Industrial Conflict*: A Psychological Interpretation. Nova York: Cordon.

————— (1952). *Detroit as the People See It*: A Survey of Attitudes in an Industrial City. Detroit: Wayne University Press.

Korstad, Robert (2003). *Civil Rights Unionism*: Tobacco Workers and the Struggle for Democracy in the Mid-Twentieth-Century South. Chapel Hill: University of North Carolina Press.

Koshar, Rudy (1986). *Social Life, Local Politics and Nazism*: Marburg, 1880-1935. Chapel Hill: University of North Carolina Press.

Kriegel, Annie (1969). *Aux origines du communisme français, 1914-1920*. Paris: Flammarian.

Kroener, Bernard (2003). "Management of human resources, deployment of the population and manning the armed forces in the second half of the war, 1942-144". In: Kroener et al. (eds.). Organization and Mobilization of the German Sphere of Power, Part 2: Wartime Administration, Economy and Manpower Resources, 1942-1944/45, p. 787-1.140. Oxford: Clarendon Press.

LaFeber, Walter (1984). *Inevitable Revolutions*: The United States in Central America. Nova York: Norton.

———— (1993). *The New Empire*: An Interpretation of American Expansion, 1860-1898. Ithaca, NY: Cornell University Press.

———— (1994). *The American Age*: United States Foreign Policy at Home and Abroad since 1750. Nova York: Norton.

Lal, Deepak (2004). *In Praise of Empires* – Globalization and Order. Nova York: Palgrave MacMillan.

Langley, Lester D. (1980). *The United States and the Caribbean*: 1900-1970. Athens, GA: University of Georgia Press.

Lemke, Douglas (2002). *Regions of War and Peace*. Cambridge: Cambridge University Press.

Lenin, Vladimir I. (1939). *Imperialism, the Highest Stage of Capitalism*: A Popular Outline. Nova York: International Publishers.

———— (1947). "Left-Wing Communism, an Infantile Disorder". *Selected Works*. Moscou: Progress Publishers.

Lenman, Bruce (2001a). *England's Colonial Wars 1550-1688*. Londres: Longman.

———— (2001b). *Britain's Colonial Wars 1688-1783*. Londres: Longman.

Leonard, Thomas (1991). *Central America and the United States*: The Search for Stability. Athens, GA: University of Georgia Press.

Leuchtenberg, William (1963). *Franklin D. Roosevelt and the New Deal, 1932-1940*. Nova York: Harper & Row.

Leuchtenburg, William E. (1963). *Franklin D. Roosevelt and the New Deal*. Nova York: Harper Perennial.

Levine, Steven (1987). *Anvil of Victory*: The Communist Revolution in Manchuria, 1945-1948. Nova York: Columbia University Press.

Levinson, Jerome & Juan de Onis (1970). *The Alliance That Lost Its Way*. Chicago: Quadrangle Books.

Levy, J.S. (1983). *War in the Modern Great Power System, 1495-1975*. Lexington, KY: University of Kentucky Press.

Levy, Jonah (2005). "Redeploying the State: Liberalization and Social Policy in France". In: Wolfgang Streeck & Kathleen Thelen (eds.). *Beyond Continuity*:

Institutional Change in Advanced Political Economies, p. 103-126. Nova York: Oxford University Press.

Lewin, Moshe (1985). *The Making of the Soviet System*. Londres: Methuen.

Lewis, George (2006). *Massive Resistance*: The White Response to the Civil Rights Movement. Nova York: Oxford University Press.

Lewis, Jane (1992). "Gender and the Development of Welfare Regimes". *Journal of European Social Policy*, 2: 159-173.

Lewis, Jill (1983). "Red Vienna: Socialism in One City, 1918-1927". *European History Quarterly*, 13: 335-354.

Lewis, Joanna (2000). *Empire State-Building* – War and Welfare in Kenya, 1925-1952. Athens, OH: Ohio University Press.

Li, Lincoln (1994). *Student Nationalism in China, 1924-1949*. Albany, NY: State University of New York Press.

Lichtenstein, Nelson (1992). *Labor's War at Home*: The CIO in World War II. Cambridge: Cambridge University Press.

——— (2002). *State of the Union*: A Century of American Labor. Princeton, NJ: Princeton University Press.

——— (2003). *Labor's War at Home*: The CIO in World War II. Filadélfia: Temple University Press.

Lieberman, Robert C. (1998). *Shifting the Color Line*: Race and the American Welfare State. Cambridge, MA: Harvard University Press.

Lieuwen, Edwin (1961). *Arms and Politics in Latin America*. Nova York: Praeger.

Lim, Taekyoon (2010). "The neoliberalisation of the Korean state: double-faced neoliberal reforms in the post-1997 economic crisis era". Unpublished paper, UCLA Dept. of Sociology.

Lin, Justin Yifu & Peilin Liu (2008). "Development Strategies and Regional Income Disparities in China" in Guanghua Wan (ed.). *Inequality and Growth in Modern China*, p. 56-78. Oxford: Oxford University Press.

Lin, Yi-Min (2001). *Between Politics and Market Firms, Competition and Institutional Change in Post-Mao China*. Nova York: Cambridge University Press.

Lindbom, Anders (2008). "The Swedish Conservative Party and the Welfare State: Institutional Change and Adapting Preferences". *Government and Opposition*, 43: 539-560.

Lindert, Peter (1998). "Three centuries of inequality in Britain and America". Department of Economics, University of California at Davis, *Working Paper Series* n. 97-109.

——— (2004). *Growing Public* – Social Spending and Economic Growth since the Eighteenth Century. Cambridge: Cambridge University Press.

Linz, Juan (1976). "Some Notes Toward a Comparative Study of Fascism in Sociological Historical Perspective". In: Walter Laquer (ed.). *Fascism* – A Reader's Guide, p. 3-121. Berkeley & Los Angeles: University of California Press.

Lipset, Seymour Martin (1960). *Political Man*. Nova York: Doubleday.

————— (1963). *Political Man*. Londres: Heinemann.

Lipset, Seymour Martin & Gary Marks (2000). *It Didn't Happen Here* – Why Socialism Failed in the United States. Nova York: Norton.

Lipset, Seymour & Stein Rokkan (1967). "Cleavage Structures, Party Systems, and Voter Alignments: an Introduction" in their Party systems and voter alignments: Cross-national perspectives. Glencoe, IL: The Free Press.

Little, Douglas (2002). *American Orientalism*: The United States and the Middle East Since 1945. Chapel Hill: University of North Carolina Press.

Liu, Chang (2003). "Making revolution in Jiangnan. Communists and the Yangzi Delta countryside, 1927-1945". *Modern China*, 29: 3-37.

Liulevicius, Vejas (2000). *War Land on the Eastern Front*. Cambridge: Cambridge University Press.

Lockwood, William (1954). *Economic Development of Japan*. Princeton, NJ: Princeton University Press.

Logevall, Frederik (1999). *Choosing War*: The Lost Chance for Peace and the Escalation of War in Vietnam. Berkeley: University of California Press.

Lone, Stewart (2000). *Army, Empire and Politics in Meiji Japan* – The Three Careers of General Katsura Tar. Nova York: St. Martin's Press.

Long, Ngo Vinh (1998). "South Vietnam". In: P. Lowe (ed.). *The Korean War*. Basingstoke: Macmillan.

López-Calva, Luis & Nora Lustig (eds.) (2010). *Declining Inequality in Latin America A Decade of Progress?* Washington: Brookings Institution Press and United Nations Development Programme.

López de Silanes, Florencio & Alberto Chong (2004). "Privatization in Latin America: What Does the Evidence Say?" *Economia*, 4: 37-111.

Lotveit, Trygve (1979). *Chinese Communism 1931-1934*. Experience in Civil Government. Londres: Curzon.

Lowe, Peter (2000). *The Korean War*. Basingstoke: Macmillan.

Lowenthal, Abraham (1995). *The Dominican Intervention*. Baltimore, MD: Johns Hopkins University Press.

Lower, Wendy (2005). *Nazi Empire-Building and the Holocaust in Ukraine*. Chapel Hill, NC: University of North Carolina Press.

Luebbert, Gregory (1991). "Social Foundations of Political Order in Interwar Europe". *World Politics*, 39: 449-478.

Lundestad, Geir (1998). "Empire" by Invitation: The United States and European Integration, 1945-1997. Nova York: Oxford University Press.

Lupher, Mark (1996). *Power Restructuring in China and Russia*. Boulder, CO: Westview Press.

Lynd, Michael (1999). *Vietnam: The Necessary War* – A Reinterpretation of America's Most Disastrous Military Conflict. Nova York: The Free Press.

Lynn, John (1997). *Giant of the Grand Siècle*: The French Army, 1610-1715. Cambridge: Cambridge University Press.

Lynn, Martin (2001). "British Trade Policy and Informal Empire in the Mid-Nineteenth Century". In: Andrew Porter (ed.). The Oxford History of the British Empire – Vol. III: *The Nineteenth Century*. Oxford: Oxford University Press.

Lyttleton, Adrian (1977). "Revolution and Counter-Revolution in Italy, 1918-1922". In: Charles L. Bertrand (ed.). *Revolutionary Situations in Europe, 1917-1922*: Germany, Italy, Austria-Hungary, p. 63-81. Montréal: Centre interuniversitaire d'études europeénnes.

Ma, Debin (2006). "Shanghai-based industrialization in the early 20th century: a quantitative and institutional analysis". *Working Papers of the Global Economic History Network*, London School of Economics, n. 18/06.

Ma, Xiaoying & Leonard Ortolano (2000). *Environmental Regulation in China*: Institutions, Enforcement, and Compliance. Lanham, MD: Rowman & Littlefield.

MacFarquhar, Roderick (1983). The Origins of the Cultural Revolution – Vol. II: *The Great Leap*, 1958-1960. Nova York: Columbia University Press.

Mackay, Robert (2002). *Half the Battle* – Civilian Morale in Britain during the Second World War. Manchester: Manchester University Press.

Maddison, Angus (1982). *Phases of Capitalist Development*. Oxford: Oxford University Press.

———— (1998). *Chinese Economic Performance in the Long Run*. Paris: OECD Development Centre.

———— (2001). *The World Economy*: A Millennial Perspective. Paris: OECD.

———— (2007). *Contours of the World Economy, 1–2030 AD*. Oxford: Oxford University Press.

Mäher, Neu (2008). *Nature's New Deal*: The Civilian Conservation Corps and the Roots of the American Environmental Movement. Nova York: Oxford University Press.

Mahler, Vincent & David Jesuit (20060. "Fiscal redistribution in the developed countries: new insights from the Luxembourg Income Study". *Socio-Economic Review*, 4: 483-511.

Mahoney, James (2001). *The Legacies of Liberalism*: Path Dependence and Political Regimes in Central America. Baltimore: Johns Hopkins University Press.

Maier, Charles (1987). "The two postwar eras and the conditions for stability in twentieth-century Western Europe". *In Search of Stability*. Cambridge: Cambridge University Press.

Malesevic, Sinisa (2010). *The Sociology of War and Violence*. Cambridge: Cambridge University Press.

Mamdani, Mahmood (1996). *Citizen and Subject*: Contemporary Africa and the Legacy of Late Colonialism. Princeton: Princeton University Press.

Mandel, David (1983). *The Petrograd Workers and the Fall of the Old Regime*: From the February Revolution to the July Days, 1917. Londres: MacMillan.

Mann, Michael (1993). *The Sources of Social Power*. Vol. I & II. Cambridge: Cambridge University Press.

——— (1988). "The autonomous power of the state: Its origins, mechanisms and results". In: M. Mann (ed.). *States, War and Capitalism*. Oxford: Basil Blackwell.

——— (1996). "The contradictions of continuous revolution" in Ian Kershaw & Moshe Lewin (eds.). *Stalinism and Nazism*: Dictatorships in Comparison, p. 135-157. Cambridge: Cambridge University Press.

——— (2004). *Fascists*. Cambridge: Cambridge University Press.

——— (2005). *The Dark Side of Democracy*: Explaining Ethnic Cleansing. Nova York: Cambridge University Press.

——— (2006). "The sources of social power revisited: a response to criticism". In: John Hall & Ralph Schroeder (eds.). *An Anatomy of Power* – The Social Theory of Michael Mann, p. 343-396. Cambridge: Cambridge University Press.

——— (2008). "Infrastructural power revisited". *Studies in Comparative International Development*, 43: 355-365.

Manning, Jonathan (1997). "Wages and purchasing power". In: Winter & Robert (eds.). *Capital Cities at War*, 1914-1919, p. 255–285. Cambridge: Cambridge University Press.

Manza, Jeff (2000). "Political sociological models of the U.S. New Deal". *Annual Review of Sociology*, 26: 297-322.

Mares, David (2001). *Violent Peace*: Militarized Interstate Bargaining in Latin America. Nova York: Columbia University Press.

Marshall, Peter (2001). "Introduction". In: P.J. Marshall (ed.). The Oxford History of the British Empire – Vol. II: *The Eighteenth Century*. Oxford: Oxford University Press.

Marshall, T.H. (1963). "Citizenship and social class". *Sociology at the Crossroads*. Londres: Heinemann.

Martin, Benjamin (1999). *France and the Après Guerre 1918-1924*: Illusions and Disillusionment. Baton Rouge: Louisiana State University Press.

Martin, Terry (2001). *The Affirmative Action Empire* – Nations and Nationalism in the Soviet Union, 1923-1939. Ithaca, NY: Cornell University Press.

Marwick, Arthur (1991). *The Deluge*: British Society and the First World War. Londres: Macmillan.

Marx, Karl (1959). *Capital*. Vol. III. Nova York: International Publishers.

Marx, Sally (2002). *The Ebbing of European Ascendency*: An International History of the World, 1914-1945. Oxford: Oxford University Press.

Matsusaka, Yoshihisa (2001). *The Making of Japanese Manchuria, 1904-1932*. Cambridge, MA: Harvard University Press.

Maurin, Jules (1982). *Armée – Guerre – Societé*: Soldats Languedociens, 1899-1919. Paris: Sorbonne.

Mawdsley, Evan (1978). *The Russian Revolution and the Baltic Fleet*: War and Politics, February 1917–April 1918. Londres: Macmillan.

———— (2005). *Thunder in the East*: The Nazi-Soviet War, 1941-1945. Londres: Hodder Arnold.

May, Ernest (2000). *Strange Victory*: Hitler's Conquest of France. Nova York: Hill and Wang.

Mayer, Joseph (1977). "Internal Crisis and War since 1870". In: Charles L. Bertrand (ed.). *Revolutionary Situations in Europe, 1917-1922*. Montreal: Concordia University Press.

McAuley, Mary (1991). *Bread and Justice*: State and Society in Petrograd, 1917-1922. Oxford: Clarendon Press.

McBeth, Brian (2001). *Gunboats, Corruption, and Claims*: Foreign Intervention in Venezuela, 1899-1908. Westport/Connecticut/Londres: Greenwood Press.

McCammon, Holly (1993). "From Repressive Intervention to Integrative Prevention: The U.S. State's Legal Management of Labor Militancy, 1881-1978". *Social Forces*, 71: 569-601.

McCrillis, Neal (1998). *The British Conservative Party in the Age of Universal Suffrage*: Popular Conservatism, 1918-1929. Columbus, OH: Ohio State University.

McKean, Robert (1990). *St. Petersburg Between the Revolutions*: Workers and Revolutionaries, June 1907–February 1917. New Haven, CT: Yale University Press

McKercher, Brian (1999). *Transition of Power*: Britain's Loss of Global Pre-eminence to the United States, 1930-1945. Cambridge: Cambridge University Press.

McKibbin, Ross (1984). "Why was there no Marxism in Great Britain?" *English Historical Review*, 49: 297-331.

———— (1998). *Classes and Cultures*: England 1918-1951. Oxford: Oxford University Press.

McLean, David (1995). *War, Diplomacy and Informal Empire*: Britain, France and Latin America, 1836-1852. Londres: Tauris.

McLean, Iain (1983). *The Legend of Red Clydeside*. Edimburgo: John Donald Publishers.

McMillan, James (2004). "The Great War and Gender Relations the Case of French Women and the First World War Revisited" in Gail Braybon (ed.). *Evidence, History and the Great War*: Historians and the Impact of 1914-1918, p. 135-153. Oxford: Berghahn Books.

Mead, Walter Russell (2001). *Special Providence*: American Foreign Policy and How It Changed the World. Nova York: Century Foundation/Knopf.

Meaker, Gerald (1974). *The Revolutionary Left in Spain 1914-1923*. Stanford: Stanford University Press.

Megargee, Geoffrey (2006). *War of Annihilation*: Combat and Genocide on the Eastern Front, 1941. Lanham: Rowan & Littlefield.

Melancon, Michael (1997). "The Left Socialist Revolutionaries and the Bolshevik Uprising". In: Vladimir Brovkin (ed.). *The Bolsheviks in Russian Society*: The Revolution and the Civil Wars. New Haven: Yale University Press.

Merkl, Peter (1980). *The Making of a Stormtrooper*. Princeton, NJ: Princeton University Press.

Mettler, Suzanne (1999). *Dividing Citizens*: Gender and Federalism in New Deal Public Policy. Ithaca, NY: Cornell University Press.

Metzler, Mark (2006). *Lever of Empire*: The International Gold Standard and the Crisis of Liberalism in Prewar Japan. Berkeley/Los Angeles: University of California Press.

Meyer, John et al. (1997). "World society and the nation-state". *American Journal of Sociology*, 103: 144-181.

Middlebrook, Martin (1972). *The First Day on the Somme, 1 July 1916*. Nova York: Norton.

Middlemas, Keith (1979). *Politics in Industrial Society, The Experience of the British System Since 1911*. Londres: Andre Deutsch.

Migdal, Joel (1974). *Peasants Politics, and Revolution*. Princeton, NJ: Princeton University Press.

Milanovic, Branko, Peter Lindert, & Jeffrey Williamson (2011). "Measuring Ancient Inequality". *National Bureau of Economic Research*, Working Paper n. 13.550.

Miller, Edward (2007). *Bankrupting the Enemy*: The US Financial Siege of Japan Before Pearl Harbor. Annapolis, MD: Naval Institute Press.

Minami, Ryoshin (1994). *The Economic Development of Japan*: A Quantitative Study. Basingstoke, Hants: Macmillan.

Mink, Gwendolyn (1995). *The Wages of Motherhood*: Inequality in the Welfare State, 1917-1942. Ithaca, NY: Cornell University Press.

Misra, Maria (2003). "Lessons of Empire: Britain and India". *SAIS Review*, 23: 133-153.

Mitchener, Kris & Marc Weidenmier (2008). "Trade and Empire". *Economic Journal*, 118: 1.805-1.834.

Mitter, Rana (2000). *The Manchurian Myth*: Nationalism, Resistance, and Collaboration in Modern China. Berkeley/Los Angeles: University of California Press.

Moeller, Robert (1986). *German Peasants and Agrarian Politics, 1914-1924*: The Rhineland and Westphalia. Chapel Hill: University of North Carolina Press.

Mommsen, Hans (1996). *The Rise and Fall of Weimar Democracy*. Chapel Hill, NC: University of North Carolina Press.

Moore, Barrington (1967). *Origins of Dictatorship and Democracy*. Boston: Beacon Press.

——— (1978). *Injustice*: The Social Bases of Obedience and Revolt. White Plains, NY: M. E. Sharpe.

Moore, Robin (2001). "Imperial India, 1858–1914" in The Oxford History of the British Empire – Vol. III: *The Nineteenth Century*. Oxford: Oxford University Press.

Morgan, David (1975). *The Socialist Left and the German Revolution*: A History of the German Independent Social Democratic Party, 1917-1922. Ithaca, NY: Cornell University Press.

Morgan, Stephen & Shiyung Liu (2007). "Was Japanese Colonialism Good for the Welfare of Taiwanese? Stature and the Standard of Living". *China Quarterly*, 192: 990-1.013.

Mosk, Carl (2001). *Japanese Industrial History*: Urbanization, and Economic Growth. Londres: M.E. Sharpe.

Moulton, Harold (1935). *The Formation of Capital*. Washington, DC: The Brookings Institution.

Moure, Kenneth (2002). *The Gold Standard Illusion*: France, the Bank of France, and the International Gold Standard, 1914-1939. Nova York: Oxford University Press.

Mouton, Michelle (2007). *From Nurturing the Nation to Purifying the Volk*: Weimar and Nazi Family Policy, 1918-1945. Cambridge: Cambridge University Press.

Mueller, Rolf-Dieter (2003). "Speer and Armaments Policy in Total war". In: Kroener et al. (eds.). *Organization and Mobilization of the German Sphere of Power* – Part 2: Wartime Administration, Economy and Manpower Resources, 1942-1944/45, p. 293-892 (sic). Oxford: Clarendon Press.

Murphy, David (2006). *What Stalin Knew*: The Enigma of Barbarossa. New Haven: Yale University Press.

Murphy, Kevin (2005). *Revolution and Counterrevolution*: Class Struggle in a Moscow Metal Factory. Oxford: Berghahn Books.

Myers, Ramon (1989). "The world depression and the Chinese economy 1930–1936". In: Ian Brown (ed.). *The Economies of Africa and Asia in the Inter-war Depression*. Londres: Routledge.

Nakamura, Takafusa (1988). "Depression, recovery, and war, 1920-1945". In: Duus (ed.). The Cambridge History of Japan – Vol 6: *The Twentieth Century*, p. 171-188. Cambridge: Cambridge University Press.

Nakamura, Yoshihisa & Ryoichi Tobe (1988). "The Imperial Japanese Army and Politics". *Armed Forces and Society*, 14: 511-525.

Naoroji, Dadabhai (1887). *Essays, Speeches, Addresses and Writings*. Bombay: Caxton Printing Works.

Neiberg, Michael (2005). *Fighting the Great War*: A Global History. Cambridge, MA: Harvard University Press.

Nelson, Bruce (2003). *Divided We Stand*: American Workers and the Struggle for Black Equity. Princeton, NJ: Princeton University Press.

Nelson, Daniel (1969). *Unemployment Insurance*: The American Experience, 1915-1935. Madison: University of Wisconsin Press.

——— (2001). "The Other New Deal and Labor: The Regulatory State and the Unions, 1933-1940". *Journal of Policy History*, 13: 367-390.

Ninkovich, Frank (1999). *The Wilsonian Century*: U.S Foreign Policy since 1900. Chicago: University of Chicago Press.

——— (2001). *The United States and Imperialism*. Nova York: John Wiley.

Nish, Ian (ed.) (1998). *The Iwakura Mission in America and Europe*: A New Assessment. Richmond, Surrey: Curzon Press.

——— (2002). *Japanese Foreign Policy in the Interwar Period*. Westport, CT: Praeger.

Nolan, Michael (2005). *The Inverted Mirror*: Mythologizing the Enemy in France and Germany. Nova York: Berghahn Books.

Novak, William J. (2008). "The Myth of the 'Weak' American State". *American Historical Review*, 113: 752-772.

Novkov, Julie (2001). *Constituting Workers, Protecting Women*: Gender, Law and Labor in the Progressive Era and New Deal Years. Ann Arbor: University of Michigan Press.

Nye, Joseph (2004). *Soft Power*: The Means to Success in World Politics. Nova York: Public Affairs.

O'Brien, Patrick (2004). "Colonies in a Globalizing Economy 1815-1948". LSE Department of Economic History. *Working Papers of the Global Economic History Network*, n. 08/04.

O'Brien, Patrick & Leandro Prados de la Escosura (eds.) (1998). "The Costs and Benefits for Europeans from their Empires Overseas". Special issue of *Revista de Historia Economica*, i: 29-92.

O'Brien, Ruth (1998). *Workers' Paradox*: The Republican Origins of New Deal Labor Policy, 1886-1935. Chapel Hill, NC: University of North Carolina Press.

O'Connor, Alice (2001). *Poverty Knowledge*: Social Science, Social Policy and the Poor in Twentieth-Century U.S. History. Princeton, NJ: Princeton University Press.

O'Rourke, Kevin & Jeffrey G. Williamson (2002). "After Columbus: Explaining Europe's Overseas Trade Boom, 1500-1800". *Journal of Economic History*, 62: 417-456.

Obstfeld, Maurice & Alan Taylor (2004). *Global Capital Markets*: Integration, Crisis and Growth. Nova York: Cambridge University Press.

Odaka, Konosuke (1999). "'Japanese-Style' Labour Relations". In: Tetsuji Okazaki & Masahiro Okuno-Fujiwara (eds.). *The Japanese Economic System and its Historical Origins*. Oxford: Oxford University Press.

Offe, Claus & V. Ronge (1974). "Theses on the theory of the state" in Anthony Giddens & David Held (eds.). *Classes, Power and Conflict*. Berkeley/Los Angeles: University of California Press.

Offer, Avner (1989). *The First World War*: An Agrarian Interpretation. Oxford: Clarendon Press.

——— (1995). "Going to War in 1914: A Matter of Honor?" *Politics & Society*, 23: 213-241.

Offner, John (1992). *An Unwanted War*: The Diplomacy of the United States and Spain over Cuba, 1895-1898. Chapel Hill, NC: University of North Carolina Press.

Ohlmeyer, Jane (2001). "Civilizinge of Those Rude Partes: Colonisation within Britain and Ireland, 1580-1640". In: The Oxford History of the British Empire – Vol. I: *The Origins of Empire*. Oxford: Oxford University Press.

Olds, Kelly (2003). "The Biological Standard of Living in Taiwan under Japanese Occupation". *Economics and Human Biology*, 1: 187-206.

Olson, James (1988). *Saving Capitalism*: The Reconstruction Finance Corporation and the New Deal, 1933-1940. Princeton, NJ: Princeton University Press.

Orren, Karen (1993). *Belated Feudalism*: Labor, the Law, and Liberal Development in the United States. Nova York: Cambridge University Press.

Overy, Richard (1999). *The Road to War*. Londres: MacMillan.

Paige, Jeffrey (1997). *Coffee and Power*: Revolution and the Rise of Democracy in Central America. Cambridge, MA: Harvard University Press.

Pakenham, Thomas (1991). *The Scramble for Africa*. Nova York: Random House.

Pamuk, Sevket (2005). "The Ottoman economy in World War I". In: Broadberry & Harrison (eds.). *The Economics of World War I*, p. 112-136. Cambridge: Cambridge University Press.

Park, James (1995). *Latin American Underdevelopment*: A History of Perspectives in the United States, 1870-1965. Baton Rouge: Louisiana State University Press.

Parker, Robert (1993). *Chamberlain and Appeasement*: British Policy and the Coming of the Second World War. Londres, Macmillian.

Parthasarathi, Prasannan (2001). *The Transition to a Colonial Economy*: Weavers, Merchants and Kings in South India, 1720-1800. Cambridge: Cambridge University Press.

Patterson, James (1967). *Congressional Conservatism and the New Deal*. Lexington: University of Kentucky Press.

Paulson, David (1989). "Nationalist guerillas in the Sino-Japanese War: the 'die-hards' of Shandong Province". In: Hartford & Goldstein (eds.). *Single Sparks*: China's Rural Revolutions, p. 128-150. Armonk, NY: M. E. Sharpe.

Paxton, Robert (2004). *The Anatomy of Fascism*. Londres: Penguin.

Peattie, Mark (1975). *Ishiwara Kanji and Japan's Confrontation with the West*. Princeton, NJ: Princeton University Press.

————— (1988). "The Japanese colonial empire, 1895-1945". In: Duus (ed.). The Cambridge History of Japan – Vol 6: *The Twentieth Century*, p. 217-270. Cambridge: Cambridge University Press.

———— (1996). "Nanshin: the Southward Advance, 1931-1941". In: Duus (ed.). *The Cambridge History of Japan* – Vol 6: *The Twentieth Century*, p. 189-242. Cambridge: Cambridge University Press.

Pedersen, Susan (1993). *Family, Dependence and the Origins of the Welfare State*: Britain and France, 1914-1945. Cambridge: Cambridge University Press.

Pedroncini, Guy (1967). *Les mutineries de 1917*. Paris: Presses Universitaires de France.

Pepper, Suzanne (1999). *Civil War in China* – The Political Struggle, 1945-1949. Berkeley/Los Angeles: University of California Press.

Perez, Louis Jr. (1983). *Cuba Between Empires, 1878-1902*. Pittsburgh: Pittsburgh University Press.

———— (1990). *Cuba and the United States*: Ties of Singular Intimacy. Athens, GA: University of Georgia Press.

———— (1998). *The War of 1898*: The United States and Cuba in History and Historiography. Chapel Hill, NC: University of North Carolina Press.

Perkins, Dwight (1975). "Growth and changing structure of China's twentieth--century economy". In: D. Perkins (ed.). *China's Modern Economy in Historical Perspective*. Stanford, CA: Stanford University Press.

Perkins, Frances (1946). *The Roosevelt I Knew*. Nova York: Harper.

Perry, Elizabeth (1980). *Rebels and Revolutionaries in North China, 1845-1945*. Stanford, CA: Stanford University Press.

———— (1984). "Collective violence in China, 1880-1980". *Theory and Society*, 13: 427-454.

———— (1993). *Shanghai on Strike*: The Politics of Chinese Labor. Stanford, CA: Stanford University Press.

Piketty, Thomas & Emmanuel Saez (2003). "Income Inequality in the United States, 1913-1998". *Quarterly Journal of Economics*, 118: 1-39.

Pipes, Richard (1990). *The Russian Revolution*. Nova York: Knopf.

Pirani, Simon (2008). *The Russian Revolution in Retreat, 1920-1924*: Soviet Workers and the New Communist Elite. Nova York: Routledge.

Pletcher, David (1998). *Diplomacy of Trade and Investment*: American Economic Expansion in the Hemisphere, 1865-1900. Columbia: University of Missouri Press.

Plotke, David (1996). *Building a Democratic Political Order*: Reshaping American Liberalism in the 1930s and 1940s. Nova York: Cambridge University Press.

Polanyi, Karl (1957). *The Great Transformation*: The Political and Economic Origins of Our Time. Boston: Beacon Press.

Pomeroy, William (1974). "The Philippines: a Case History of Neocolonialism". In: Mark Selden (ed.). *Remaking Asia* – Essays on the Use of American Power. Nova York: Pantheon.

Porter, Andrew (2001). "Introduction". In: Andrew Porter (ed.). The Oxford History of the British Empire – Vol. III: *The Nineteenth Century*. Oxford: Oxford University Press.

Porter, Bernard (2004). *The Lion's Share* – A Short History of British Imperialism, 1850-2004. Harlow: Longman.

——— (2005). *The Absent-Minded Imperialists*: What the British Really Thought About Empire. Oxford: Oxford University Press.

——— (2006). *Empire and Superempire*: Britain, America and the World. New Haven, CT: Yale University Press.

Post, Gaines Jr. (1993). *Dilemmas of Appeasement*: British Deterrence and Defense, 1934-1937. Ithaca, NY: Cornell University Press.

Poulantzas, Nikos (1974). *Fascisme et dictature*. Paris: Seuil/Maspero.

Pratt, Edward (1999). *Japan's Proto-Industrial Elite*: The Economic Foundations of the Gono. Cambridge, MA: Harvard University Asia Center.

Procida, Mary (2002). *Married to the Empire*: Gender, Politics and Imperialism in India, 1883-1947. Manchester: Manchester University Press.

Prost, Antoine (1964). *La C.G.T., 1914-1939*. Paris: Colin.

Quadagno, Jill (1984). "Welfare capitalism and the Social Security Act of 1935". *American Sociological Review*, 49: 632-647.

——— (1994). *The Color of Welfare*. Nova York: Oxford University Press.

Rabinbach, Anson (1985). *The Austrian Socialist Experiment*: Social Democracy and Austromarxism, 1918-1934. Boulder, CO: Westview Press.

Rabinowitch, Alexander (2004). *The Bolsheviks Come to Power*. Chicago: Haymarket Books.

Raleigh, Donald (2003). *Experiencing Russia's Civil War*: Politics, Society and Revolutionary Culture in Saratov 1917-1922. Princeton, NJ: Princeton University Press.

Rappoport, Peter & Eugene White (1993). "Was There a Bubble in the 1929 Stock Market?" *The Journal of Economic History*, 53: 549-574.

——— (1994). "Was the Crash of 1929 Expected?" *American Economic Review*, 84: 271-281.

Rawski, Thomas (1989). *Economic Growth in Prewar China*. Berkeley/Los Angeles: University of California Press.

Ray, Rajat Kanta (2001). "Indian Society and the Establishment of British Supremacy, 1765-1818". In: P.J. Marshall (ed.). The Oxford History of the British Empire – Vol. II: *The Eighteenth Century*. Oxford: Oxford University Press.

———— (2003). *The Felt Community*: Commonality and Mentality before the Emergence of Indian Nationalism. Nova York: Oxford University Press.

Réau, Elisabeth du (1993). *Edouard Daladier, 1884-1970*. Paris: Fayard.

Reid, Richard (2007). *War in Pre-Colonial Eastern Africa*. Londres/Nairobi: The British Institute.

Renton, David (2000). *Fascism*: Theory and Practice. Londres: Pluto.

Reynolds, Lloyd (1985). *Economic Growth in the Third World*. New Haven, CT: Yale University Press.

Richardson, David (2001). "The British Empire and the Atlantic Slave Trade 1660-1807". In: P.J. Marshall (ed.). The Oxford History of the British Empire – Vol. II: *The Eighteenth Century*. Oxford: Oxford University Press.

Richardson, Philip (1999). *Economic Change in China, c. 1800-1950*. Cambridge: Cambridge University Press.

Riddell, Neil (1999). *Labour in Crisis*: The Second Labour Government, 1929-1931. Manchester: Manchester University Press.

Riga, Liliana (2009). "The ethnic roots of class universalism: rethinking the 'Russian' revolutionary elite". *American Journal of Sociology*, 115: 649-705.

Riley, Dylan (2005). "Civic Associations and Authoritarian Regimes in Interwar Europe: Italy and Spain in Comparative Perspective". *American Sociological Review*, 70: 288-310.

———— (2010). *The Civic Foundations of Fascism in Europe*: Italy, Spain, And Romania, 1870-1945. Baltimore: Johns Hopkins University Press.

Ritschl, Albrecht (2005). "The pity of peace: Germany's economy at war, 1914-1918 and beyond". In: Broadberry & Harrison (eds.). *The Economics of World War I*, p. 41-76. Cambridge: Cambridge University Press.

Robertson, David (2000). *Capital, Labor, and State*: The Battle for American Labor Markets from the Civil War to the New Deal. Lanham, MD: Rowman & Littlefield.

Robinson, David (2000). *Paths of Accommodation*: Muslim Societies and French Colonial Authorities in Senegal and Mauritania, 1880-1920. Athens: Ohio University Press.

Robinson, Robert (1984). "Imperial Theory and the Question of Imperialism after Empire". In: Robert F. Holland & Gowher Rizvi (eds.). *Perspectives on Imperialism and Decolonization*. Londres: Frank Cass.

Roces, Mina (2002). "Women in Philippine Politics and Society". In: Mcferson (ed.). *Mixed Blessing*: The Impact of the American Colonial Experience on Politics and Society in the Philippines, p. 159-189. Westport, CT: Greenwood Press.

Rockoff, Hugh (1998). "The United States: from ploughshares to swords". In: Mark Harrison (ed.). *The Economics of World War II*: Six Great Powers in International Comparison, p. 310-343. Cambridge: Cambridge University Press.

—————— (2005). "Until it's over, over there: the US economy in World War I". In: Broadberry & Harrison (eds.). *The Economics of World War I*, p. 310-343. Cambridge: Cambridge University Press.

Rodgers, Daniel (1998). *Atlantic Crossings*: Social Politics in a Progressive Age. Cambridge, MA: Harvard University Press.

Romer, Christina (1990). "The great crash and the onset of the Great Depression". *Quarterly Journal of Economics*, 105: 597-624.

—————— (1992). "What Ended the Great Depression?" *Journal of Economic History*, 52: 757-584.

—————— (1993). "The nation in depression". *Journal of Economic Perspectives*, 7: 19-39.

Roorda, Eric (1998). *The Dictator Next Door*: The Good Neighbor Policy and the Trujillo Regime in the Dominican Republic, 1930-1945. Durham, NC: Duke University Press.

Rosen, Nir (2010). *Aftermath*. Nova York: Perseus.

Rosenberg, Emily (1982). *Spreading the American Dream*: American Economic and Cultural Expansion 1890-1945. Londres: Macmillan.

—————— (1999). *Financial Missionaries to the World*: The Politics and Culture of Dollar Diplomacy, 1900-1930. Cambridge, MA: Harvard University Press.

Rossino, Alexander (2003). *Hitler Strikes Poland*: Blitzkrieg, Ideology and Atrocity. Lawrence: University Press of Kansas.

Rossman, Jeffrey (2005). *Worker Resistance under Stalin*: Class and Revolution on the Shop Floor. Cambridge, MA: Harvard University Press.

Rothenberg, Gunther (1977). "The Habsburg Army in the First World War: 1914-1918". In: Robert Kann et al. (eds.). *The Habsburg Empire in World War I*, p. 73-86. Boulder, CO: East European Quarterly.

Rothermund, Dietmar (1996). *The Global Impact of the Great Depression*. Londres: Routledge.

Routh, Guy (1980). *Occupation and Pay in Great Britain 1906-1979*. Basingstoke, Hants: Macmillan.

Roy, Tirthankar (1999). *Traditional Industry in the Economy of Colonial India*. Cambridge: Cambridge University Press.

———— (2000). *The Economic History of India 1857-1947*. Delhi: Oxford University Press.

Roy, William (1997). *Socializing Capital*: The Rise of the Large Industrial Corporation in America. Princeton, NJ: Princeton University Press.

Roy, William & Rachel Parker-Gwin (1999). "How Many Logics of Collective Action?" *Theory and Society*, 28: 203-237.

Rutherford, Malcolm (2006). "Wisconsin Institutionalism: John R. Commons and His Students". *Labor History*, 47: 161-188.

Ryder, A.J. (1967). *The German Revolution of 1918*: A Study of German Socialism in War and Revolt. Cambridge: Cambridge University Press.

Salvatorelli, Luigi (1923). *Nazional-fascismo*. Turim: Gobetti.

Samuelson, Lennart (2000). *Plans for Stalin's War Machine*: Tukhachevskii and Military-Economic Planning, 1925-1941. Basingstoke, Hants: Macmillan.

Sanders, Elizabeth (1999). *Roots of Reform*: Farmers, Workers and the American State, 1877-1917. Chicago: University of Chicago Press.

Sarti, Roland (1971). *Fascism and the Industrial Leadership in Italy, 1919-1940*: A Study in the Expansion of Private Power under Fascism. Berkeley/Los Angeles: University of California Press.

Sato, Shigeru (1994). *War, Nationalism and Peasants*. Londres: M.E. Sharpe.

Saul, Norman E. (1978). *Sailors in Revolt*: The Russian Baltic fleet in 1917. Lawrence: Regents Press of Kansas.

Saul, S.B. (1960). *Studies in British Overseas Trade, 1870-1914*. Liverpool: Liverpool University Press.

Schlabach, Theron (1969). *Edwin Witte*: Cautious Reformer. Madison, WI: State Historical Society of Wisconsin.

Schlesinger, Arthur Jr. (1960). *The Age of Roosevelt*: The Politics of Upheaval. Vol. III: Boston: Houghton Mifflin.

Schmidt, Hans (1998). *Maverick Marine*: General Smedley D. Butler and the Contradictions of American Military History. Lexington: University Press of Kentucky.

Schmitt, Hans (1988). *Neutral Europe between War and Revolution, 1917-23*. Charlottesville: University Press of Virginia.

Schmitter, Philippe (1974). "Still the Century of Corporatism?" *Review of Politics*, 36: 85-131.

Schoonover, Thomas (1991). *The United States in Central America, 1860-1911*. Durham, NC: Duke University Press.

——— (2003). *Uncle Sam's War of 1898 and the Origins of Globalization*. Lexington: University Press of Kentucky.

Schoultz, Lars (1998). *Beneath the United States*: A History of U.S. Policy Toward Latin America. Cambridge, MA: Harvard University Press.

Schroeder, Ralph (2007). *Rethinking Science, Technology and Social Change*. Stanford: Stanford University Press.

——— (2011). *An Age of Limits*: Social Theory for the 21st Century [Manuscrito não publicado].

Schultze, Max-Stephan (2005). "Austria-Hungary's economy in World War I". In: Broadberry & Harrison (eds.). *The Economics of World War I*, p. 77-111. Cambridge: Cambridge University Press.

Schumpeter, Joseph (1957). *Capitalism, Socialism and Democracy*. Nova York: Harper.

——— (1961). *The Theory of Economic Development*. Nova York: Oxford University Press.

——— (1982). *Business Cycles*. 2 vols. Filadélfia: Porcupine Press.

Schwartz, Stuart (ed.) (2004). *Tropical Babylons*: Sugar and the Making of the Atlantic World, 1450-1680. Chapel Hill: University of North Carolina Press.

Schwarz, Jordan (1993). *The New Dealers*. Nova York: Knopf.

Selden, Mark (1971). *The Yenan Way in Revolutionary China*. Cambridge, MA: Harvard University Press.

——— (1995). "Yan'an communism reconsidered". *Modern China*, 21: 8-44.

Sen, Sudipta (2002). *Distant Sovereignty*: National Imperialism and the Origins of British India. Nova York: Routledge.

Service, Robert (1997). *A History of Twentieth-Century Russia*. Londres: Allen Lane, Penguin.

Shanin, Theodor (ed.) (1971). *Peasants and Peasant Societies*. Harmondsworth, Middlesex: Penguin.

Sharkey, Heather (2003). *Living with Colonialism*: Nationalism and Culture in the Anglo-Egyptian Sudan. Berkeley/Los Angeles: University of California Press.

Shearer, David (1996). *Industry, State, and Society in Stalin's Russia, 1926-1934*. Ithaca, NY: Cornell University Press.

Shefter, Martin (1994). *Political Parties and the State*: The American Historical Experience. Princeton, NJ: Princeton University Press.

Shils, Edward & Morris Janowitz (1948). "Cohesion and Disintegration in the Wehrmacht in World War II". *Public Opinion Quarterly*, 12: 280-315.

Shimazu, Naoko (2009). *Japanese Society at War*: Death, Memory and the Russo-Japanese War. Cambridge: Cambridge University Press.

Shin, Gi-Wook et al. (eds.) (2006). *Rethinking Historical Injustice and Reconciliation in Northeast Asia*: Korean Experience. Londres: Routledge.

Shlaes, Amity (2008). *The Forgotten Man*: A New History of the Great Depression. Nova York: Harper Collins.

Shum, Kui-Kwong (1988). *The Chinese Communists' Road to Power*: The Anti-Japanese National United Front, 1935-1945. Oxford: Oxford University Press.

Siegelbaum, Lewis H. (1983). *The Politics of Industrial Mobilization in Russia, 1914-1917*: A Study of the War-Industries Committees. Nova York: St. Martin's Press.

Silbey, David (2005). *The British Working Class and Enthusiasm for War, 1914-1916*. Londres: Frank Cass.

Silver, Beverly (2003). *Forces of Labor*: Workers' Movements and Globalization since 1870. Cambridge: Cambridge University Press.

Simon, Matthew (1968). "The pattern of new British portfolio investment, 1865-1914". In: A.R. Hall (ed.). *The Export of Capital from Britain 1870-1914*, p. 15-44. Londres: Methuen.

Sinha, Mrinalini (1995). *Colonial Masculinity*: The "Manly Englishman" and the "Effeminate Bengali" in: the Late Nineteenth Century. Manchester: Manchester University Press.

Sirianni, Carmen (1980). "Workers' Control in the Era of World War I: A Comparative Analysis of the European Experience". *Theory and Society*, 9: 29-88.

Skidelsky, Robert (1983). *John Maynard Keynes*: Hopes Betrayed. Londres: Macmillan.

Sklar, Martin (1988). *The Corporate Reconstruction of American Capitalism, 1890-1916*. Cambridge: Cambridge University Press.

Skocpol, Theda (1979). *States and Social Revolutions*. Cambridge: Cambridge University Press.

————— (1980). "Political Response to Capitalist Crisis: Neo-Marxist Theories of the State and the Case of the New Deal". *Politics & Society*, 10: 155-202.

————— (1992). *Protecting Soldiers and Mothers*: The Political Origins of Social Policy in the United States. Cambridge, MA: Harvard University Press.

Skocpol, Theda & Edward Amenta (1985). "Did Capitalists Shape Social Security?" *American Sociological Review*, 50: 572-575.

Skocpol, Theda & John Ikenberry (1983). "The Political Formation of the American Welfare State in Historical and Comparative Perspective". *Comparative Social Research*, 6: 84-147.

Smil, Vaclav (2005). *Creating the Twentieth Century*: Technical Innovations of 1867-1914 and their Lasting Impact. Oxford: Oxford University Press.

Smiley, Gene (2000). "A Note on New Estimates of the Distribution of Income in the 1920s". *The Journal of Economic History*, 60: 1.120-1.128.

———— (2002). *Rethinking the Great Depression*. Chicago: Ivan Dee.

Smith, Jason (2006). *Building New Deal Liberalism*: The Political Economy of Public Works, 1933-1956. Nova York: Cambridge University Press.

Smith, Jeffrey (2007). *A People's War*: Germany's Political Revolution, 1913-1918. Lanham, MD: University Press of America.

Smith, Jeremy (1999). *The Bolsheviks and the National Question, 1917-1923*. Nova York: St. Martin's.

Smith, Robert (1989). *Warfare and Diplomacy in Pre-Colonial West Africa*. Londres: James Currey.

Smith, Steve (1983). *Red Petrograd*: Revolution in the Factories, 1917-1918. Cambridge: Cambridge University Press.

Smith, Thomas (1988). *Native Sources of Japanese Industrialization, 1750-1920*. Berkeley/Los Angeles: University of California Press.

Smith, Timothy (2003). *Creating the Welfare State in France, 1880-1940*. Montreal and Kingston: McGill-Queen's University Press.

Snyder, Jack (1991). *Myths of Empire*. Ithaca, NY: Cornell University Press.

Snyder, Timothy (2010). *Bloodlands*: Europe between Hitler and Stalin. Nova York: Basic Books.

Sombart, Werner (1976). *Why is There No Socialism in America?* Nova York: Sharpe.

Soucy, Robert (1992). *Le Fascisme français, 1924-1933*. Paris: Presses Universitaires de France.

St. Antoine, Theodore (1998). "How the Wagner Act came to be. A prospectus". *Michigan Law Review*, 96: 2.201-2.221.

Stacey, Judith (1983). *Patriarchy and Socialist Revolution in China*. Berkeley/Los Angeles: University of California Press.

Steckel, Richard (2002). "A History of the Standard of Living in the United States". *EH. Net Encyclopedia* (http://eh.net/encyclopedia/article/steckel.standard.living.us).

Steinberg, Mark (2001). *Voices of Revolution, 1917*. New Haven, CT: Yale University Press.

Steindl, Frank (2005). "Economic Recovery in the Great Depression". *EH.Net Encyclopedia* (http://eh.net/encyclopedia/article/Steindl).

Steiner, Zara (2005). *The Lights That Failed*: European International History, 1919-1933. Oxford: Oxford University Press.

Stepan-Norris, Judy & Maurice Zeitlin (2003). *Left Out*: Reds and America's Industrial Unions. Nova York: Cambridge University Press.

Stephens, John (1980). *The Transition From Capitalism to Socialism*. Londres: Macmillan.

Stoler, Anne (2002). *Carnal Knowledge and Imperial Power*: Race and the Intimate in Colonial Rule. Berkeley/Los Angeles: University of California Press.

Stone, David (2000). *Hammer and Rifle*: The Militarization of the Soviet Union, 1926-1933. Lawrence, KS: University Press of Kansas.

Stone, Norman (1975). *The Eastern Front, 1914-1918*. Nova York: Scribner.

Stouffer, Samuel et al. (1949). The American Soldier: Studies in Social Psychology in World War II – Vol. II: *Combat and Its Aftermath*. Princeton, NJ: Princeton University Press.

Strachan, Hew (2001). *The First World War*: To Arms. Nova York: Oxford University Press.

Strauss, Julia (1998). *Strong Institutions in Weak Polities*: State Building in Republican China, 1927-1940. Oxford: Clarendon Press.

Stryker, Robin (1989). "Limits on the Technocratization of the Law: The Elimination of the National Labor Relations Board's Division of Economic Research". *American Sociological Review*, 54: 341-358.

Subrahmanyam, Gita (2004). "Schizophrenic governance and fostering global inequalities in the British Empire: the UK domestic state versus the Indian and African colonies, 1890-1960" [trabalho não publicado].

Sugihara, Kaoru (2000). "The East Asian Path of Economic Development: A Long-term Perspective". Discussion Papers in Economics and Business, 00–17, Graduate School of Economics, Osaka University.

——— (2004). "Japanese imperialism in global resource history". *LSE Working Papers of the Global Economic History Network*, n. 07/04.

Sullivan, Patricia (1996). *Days of Hope*: Race and Democracy in the New Deal Era. Chapel Hill, NC: University of North Carolina Press.

Summers, Lawrence (1986). "Some skeptical observations on real business cycle theory". *Federal Reserve Bank of Minnesota Quarterly Review*, n. 1043.

Sumner, William Graham (1899). "The Conquest of the United States by Spain". *Yale Law Journal*, January.

Suny, Ronald (1998). *The Soviet Experiment*. Oxford: Oxford University Press.

Swenson, Peter (2002). *Capitalists against Markets*: The Making of Labor Markets and Welfare States in the United States and Sweden. Nova York: Oxford University Press.

Szostak, Rick (1995). *Technological Innovation and the Great Depression*. Boulder, CO: Westview Press.

Taira, Koji (1988). "Economic development, labor markets, and industrial relations in Japan, 1905-1955". In: Duus (ed.). The Cambridge History of Japan – Vol. 6: *The Twentieth Century*, p. 606-653. Cambridge: Cambridge University Press.

Tampke, Jürgen (1978). *The Ruhr and Revolution*. Canberra, ACT: Australian National University.

Tanaka, Yuki (1996). *Hidden Horrors*: Japanese War Crimes in World War II. Boulder, CO: Westview Press.

Tanzi, Vito (1969). *The Individual Income Tax and Economic Growth*. Baltimore: Johns Hopkins University Press.

Tanzi, Vito & Ludger Schuknecht (2000). *Public Spending in the 20th Century*. Cambridge: Cambridge University Press.

Tarling, Nicholas (2001). *A Sudden Rampage*: The Japanese Occupation of Southeast Asia, 1941-1945. Honolulu: University of Hawai'i Press.

Tauger, Mark (2001). *Natural Disaster and Human Action in the Soviet Famine of 1931-1933*. Pittsburgh: University of Pittsburgh, CREES, Carl Beck Papers.

Temin, Peter (1976). *Did Monetary Forces Cause the Great Depression?* Nova York: Norton.

—— (1981). "Notes on the causes of the great depression". In: Brunner (ed.). *The Great Depression Revisited*, p. 108-124. Boston: Mattinus Nijhoff.

—— (1989). *Lessons from the Great Depression*. Cambridge, MA: MIT Press.

—— (1997). "Two Views of the British Industrial Revolution". *Journal of Economic History*, 57: 63-82.

Thébaud, Françoise (2004). "La Guerre et après?" In: Evelyne Morin-Rotureau (ed.). *1914-1918*: Combats de femmes. Paris: Autrement.

Thomas Leonard (s.d.). *The Search for Order, 1877-1920*. Nova York: Hill & Wang.

Thurston, Robert (1996). *Life and Terror in Stalin's Russia, 1934-1941*. New Haven, CT: Yale University Press.

Tilly, Charles (1990). *Coercion, Capital, and European States, AD 900-1990*. Oxford: Blackwell.

———— (1993). *European Revolutions 1492-1992*. Oxford: Blackwell.

Tokes, Rudolf (1967). *Bela Kun and the Hungarian Soviet Republic*. Nova York: Praeger.

Toland, John (1970). *The Rising Sun*: The Decline and Fall of the Japanese Empire, 1936-1945. Nova York: Random House.

Tomlins, Christopher (1985). *The State and the Unions*: Labor Relations, Law, and the Organized Labor Movement in America, 1880-1960. Nova York: Cambridge University Press.

Tomlinson, B.R. (1993). *The Economy of Modern India, 1860-1970*. Cambridge: Cambridge University Press.

———— (1999). "Economics and empire: the periphery and the imperial economy". In: Andrew Porter (ed.). The Oxford History of the British Empire – Vol. III: *The Nineteenth Century*. Oxford: Oxford University Press.

Tooze, Adam (2006). *The Wages of Destruction*: The Making and the Breaking of the Nazi Economy. Londres: Allen Lane.

Topik Steven & Allen Wells (1998). *The Second Conquest of Latin America*: Coffee, Henequen and Oil during the Export Boom, 1850-1930. Austin: University of Texas Press.

Torpey, John (2000). *The Invention of the Passport*: Surveillance, Citizenship and the State. Nova York: Cambridge University Press.

Trotsky, Leon (1957). *History of the Russian Revolution*. Ann Arbor: University of Michigan Press.

Trubowitz, Peter (1998). *Defining the National Interest*: Conflict and Change in American Foreign Policy. Chicago, IL: University of Chicago Press.

Tsonuda, Jun (1994). "The final confrontation: Japan's negotiations with the United States, 1941". In: James Morley (ed.). *Japan's Road to the Pacific War*, p. 1-105. Nova York: Columbia University Press.

Tsutsui, William (1998). *Manufacturing Ideology*. Princeton, NJ: Princeton University Press.

Umbreit, Hans (2003). "German Rule in the Occupied Territories, 1942-1945". In: Kroener et al. (eds.). *Organization and Mobilization of the German Sphere of Power* – Part 2: Wartime Administration, Economy and Manpower Resources, 1942-1944/45, p. 833-1.070. Oxford: Clarendon Press.

Valocchi, Sreve (1990). "The Unemployed Workers Movement of the 1930s: A Reexamination of the Piven and Cloward Thesis". *Social Problems* 37: 191-205.

Van Creveld, Martin (1982). *Fighting Power*: German and US Army performance, 1939-1945. Westport, CT: Greenwood Press.

Van de Ven, Hans (2003). *War and Nationalism in China, 1925-1945*. Londres: Routledge/Curzon.

Van Slyke, Lyman (1967). *Enemies and Friends, the United Front in Chinese Communist History*. Stanford, CA: Stanford University Press.

——— (1986). "The Chinese communist movement during the Sino-Japanese war 1937-1945". In: John Fairbank & Albert Feuerwerker (eds.). The Cambridge History of China – Vol. 13: *Republican China 1912-1949*, Part 2. Cambridge: Cambridge University Press.

Van Zanden et al. (2011). "The changing shape of global inequality 1820-2000: exploring a new data-set". *Universiteit Utrecht, CGEH Working Paper Series*, n. 1.

Vandervort, Bruce (1998). *Wars of Imperial Conquest in Africa, 1830-1914*. Bloomington, IN: Indiana University Press.

Veeser, Cyrus (2002). *A World Safe for Capitalism: Dollar Diplomacy and America's Rise to Global Power*. Nova York: Columbia University Press.

Vellacott, Jo (2007). *Pacifists, Patriots and the Vote*: The Erosion of Democratic Suffragism in Britain During the First World War. Basingstoke: Palgrave Macmillan.

Verhey, Jeffrey (2000). *The Spirit of 1914*: Militarism, Myth, and Mobilization in Germany. Nova York: Cambridge University Press.

Vermes, Gabor (1971). "The October Revolution in Hungary: From Károlyi to Kun". In: Volgyes (ed.). *Hungary in Revolution, 1918-1919*, p. 31-60. Lincoln: University of Nebraska Press.

Villacorte, Wilfriedo (2002). "The American influences on Philippine Political and Constitional Tradition". In: Mcferson (ed.). *Mixed Blessing*: The Impact of the American Colonial Experience on Politics and Society in the Philippines, p. 135-154. Westport, CT: Greenwood Press.

Viola, L. (1996). *Peasant Rebels Under Stalin*. Nova York: Oxford University Press.

Voss, Kim (1994). *The Making of American Exceptionalism*: The Knights of Labor and Class Formation in the Nineteenth Century. Ithaca: Cornell University Press.

Wade, Rex (1984). *Red Guards and Workers' Militias in the Russian Revolution*. Stanford, CA: Stanford University Press.

——— (2000). *The Russian Revolution*. Cambridge: Cambridge University Press.

Walford, Cornelius (1878-1879). "The Famines of the World, Past and Present", Parts I and II. *Journal of the Statistical Society of London*, 41 & 42.

Walker, Samuel (1997). *Prompt and Utter Destruction*: Truman and the Use of Atomic Bombs Against Japan. Chapel Hill, NC: University of North Carolina Press.

Wallace, Michael et al. (1988). "American labor law: its impact on working-class militancy, 1901-1980". *Social Science History*, 12: 1-29.

Waller, Derek (1972). *The Kiangsi Soviet Republic*: Mao and the National Congresses of 1931 and 1934. University of California Berkeley, Center for Chinese Studies: China Research Monographs.

Wallerstein, Immanuel (1974). *The Modern World-System*. Nova York: Cambridge University Press.

Wallis, John & Wallace Oates (1998). "The Impact of the New Deal on American Federalism". In: Bordo et al. (eds.). *The Defining Moment*: The Great Depression and the American Economy in the Twentieth Century, p. 155-180. Chicago: University of Chicago Press.

Ward, John Manning (1976). *Colonial Self-Government*: The British Experience, 1759-1856. Londres: Macmillan.

Washbrook, D.A. (2001). "India 1818-1860: The Two Faces of Colonialism". In: Andrew Porter (ed.). The Oxford History of the British Empire – Vol. III: *The Nineteenth Century*. Oxford: Oxford University Press.

Webber, Michael (2000). *New Deal Fat Cats*: Business, Labor, and Campaign Finance in the 1936 Presidential Election. Nova York: Fordham University Press.

Weber, Eugene (1964). *Varieties of Fascism*. Princeton, NJ: Van Nostrand.

Weber, Max (1978). *Economy and Society*. 2 vols. Gunther Roth & Claus Wittich (eds.). Berkeley/Los Angeles: University of California Press.

———— (1995). *The Russian Revolutions*. Ithaca, NY: Cornell University Press.

———— (2002). *The Protestant Ethic and "The Spirit of Capitalism"*. Los Angeles: Roxbury Publishing Company.

Weed, Clyde (1994). *The Nemesis of Reform*: The Republican Party During the New Deal. Nova York: Columbia University Press.

Wei, William (1989). "Law and order: the role of Guominfang security forces in the suppression of the communist bases during the soviet period". In: Hartford & Goldstein (eds.). *Single Sparks*: China's Rural Revolutions, p. 34-61. Armonk, NY: M. E. Sharpe.

Weinstein, James (1968). *The Corporate Ideal in the Liberal State, 1900-1918*. Boston: Beacon Press.

Weitz, Eric (2009). *Weimar Germany*: Promise and Tragedy. Princeton, NJ: Princeton University Press.

Welch, Richard Jr. (1985). *Response to Revolution*. Chapel Hill: The University of North Carolina Press.

Wesseling, H.L. (1989). "Colonial wars: an Introduction". In: J.A. de Moor & Wesseling (eds.). *Imperialism and War*: Essays on Colonial Wars in Asia and Africa. Leiden.

——— (2005). "Imperialism and the roots of the Great War". *Daedalus*, 135, Spring.

Westermann, Edward (2005). *Hitler's Police Battalions*: Enforcing Racial War in the East. Lawrence: University Press of Kansas.

Wette, Wolfram (1998). "Militarist and pacifist ideologies in the last phase of the Weimar Republic". In: Wilhelm Deist et al. (eds.). Germany and the Second World War – Vol. I: *The Build-Up of German Aggression*, p. 9-81. Oxford: Clarendon Press.

Wheare, J. (1950). *The Nigerian Legislative Council*. Londres: Faber & Faber.

Wheatcroft, Stephen & R.W. Davies (2004). *The Years of Hunger*: Soviet Agriculture, 1931-1933 Londres: Palgrave.

White, Eugene (1990). "The Stock Market Boom and Crash of 1929 Revisited". *The Journal of Economic Perspectives*, 4: 67-83.

Whitney, Robert (2001). *State and Revolution in Cuba*: Mass Mobilization and Political Change, 1920-1940. Chapel Hill, NC: University of North Carolina Press.

Wiarda, Howard (1995). *Democracy and Its Discontents* – Development, Interdependence and US Policy in Latin America. Lanham, MD: Rowman & Littlefield.

——— (1999). "Introduction" and "Central America: The Search for Economic Development". In: Leonard (ed.). *Central America and the United States*: The Search for Stability. Athens, GA: University of Georgia Press.

Wildman, Allan (1980). *The End of the Russian Imperial Army*. Princeton, NJ: Princeton University Press.

Wilensky, Harold (2002). *Rich Democracies*: Political Economy, Public Policy, and Performance. Berkeley/Los Angeles: University of California Press.

Williams, Gwyn (1975). *Proletarian Order*: Antonio Gramsci, Factory Councils and the Origins of Italian Communism, 1911-1921. Londres: Pluto Press.

Williamson, Jeffrey (2006). *Globalization and the Poor Periphery Before 1950*. Cambridge, MA: MIT Press.

Williamson, Samuel Jr. & Ernest May (2007). "An Identity of Opinion: Historians and July 1914". *The Journal of Modern History*, 79: 335-387.

Wilson, Sandra (1995). "The 'New Paradise': Japanese Emigration to Manchuria in the 1930s and 1940s". *The International History Review*, 17: 249-286.

——— (2002). *The Manchurian Crisis and Japanese Society, 1931-1933*. Londres: Routledge.

Wimmer, Andreas & Yuval Feinstein (2010). "The rise of the nation-state across the world, 1816 to 2001". *American Sociological Review*, 75: 764-790.

Winter, Jay (1986). *The Great War and the British People*. Cambridge, MA: Harvard University Press.

———— (1997). "Surviving the War: Life Expectation, Illness and Mortality Rates in Paris, London, and Berlin, 1914-1919". In: Winter & Jean-Louis Robert (eds.). *Capital Cities at War*: Paris, London, Berlin, 1914-1919, p. 487-524. Nova York: Cambridge University Press.

Witte, Edwin (1962). *The Development of the Social Security Act*. Madison: University of Wisconsin Press.

Wolf, Eric (1969). *Peasant Wars of the Twentieth Century*. Nova York: Harper & Row.

Wolff, E.N. & M. Marley (1989). "Long-term trends in US wealth inequality: methodological issues and results". In: R. Lipsey & H. S. Tice (eds.). *The Measurement of Saving, Investment and Wealth*, p. 765-844. Chicago: University of Chicago Press.

Wong, Joseph (2004). *Healthy Democracies*: Welfare Politics in Taiwan and South Korea. Ithaca, NY: Cornell University Press.

Wood, Bryce (1961). *The Making of the Good Neighbor Policy*. Nova York: Columbia University.

Wood, Elizabeth (1997). *The Baba and the Comrade*: Gender and Politics in Revolutionary Russia. Bloomington: Indiana University Press.

Woodiwiss, Anthony (1992). *Law, Labour, and Society in Japan*: From Repression to Reluctant Recognition. Londres: Routledge.

Worley, Matthew (2005). *Labour Inside the Gate*: A History of the British Labour Party Between the Wars. Londres: Tauris.

Wright, Tim (1991). "Coping with the world depression: the Nationalist government's relations with Chinese industry and commerce, 1932-1936". *Modern Asian Studies*, 25: 649-674.

———— (2000). "Distant thunder: the regional economies of Southwest China and the impact of the great depression". *Modern Asian Studies*, 34: 679-738.

Young, Crawford (1994). *The African Colonial State in Comparative Perspective*. New Haven, CT: Yale University Press.

Young, G.M. (1957). *Macaulay, Prose and Poetry*. Cambridge, MA: Harvard University Press.

Young, Louise (1998). *Japan's Total Empire* – Manchuria and the Culture of Wartime Imperialism. Berkeley/Los Angeles: University of California Press.

Young, Robert (1996). *France and the Origins of the Second World War*. Londres: Macmillan.

Zanasi, Margherita (2006). *Saving the Nation*: Economic Modernity in Republican China. Chicago: University of Chicago Press.

Zanetti, Oscar & Alejandro Garcia (1998). *Sugar and Railroads*: A Cuban History, 1837-1959. Chapel Hill, NC: University of North Carolina Press.

Zeitlin, Maurice (1980). "On Classes, Class Conflict and the State: an Introductory Note". In: M. Zetlin (ed.). *Classes, Class Conflict and the State*. Cambridge, MA: Winthrop.

Zeman, Zbynek (1961). *The Break-Up of the Habsburg Empire, 1914-1918*: A Study in National and Social Revolution. Londres: Oxford University Press.

Zieger, Robert (1995). *The CIO, 1935-1955*. Chapel Hill: University of North Carolina Press.

Ziemann, Benjamin (2007). *War Experiences in Rural Germany, 1914-1923*. Nova York: Berg.

Zuber, Terence (2002). *Inventing the Schlieffen Plan*: German War Planning, 1871-1914. Nova York: Oxford University Press.

Zuckerman, Larry (2004). *The Rape of Belgium*: The Untold Story of World War I. Nova York: New York University Press.

Índice

África 35-36, 41-42, 44-45, 49-76, 104, 113, 123, 165, 173, 368, 492, 508, 510-512
  sul da 50, 63, 76, 114, 368
Agricultura 35, 44, 62-63, 81, 86-88, 99, 103, 127, 133, 186-187, 207, 212, 255, 294, 335, 410-412, 420, 422, 480-482
Alemanha 77-78, 81, 90-91, 96, 129, 147, 153, 156-174, 182-196, 207, 226-235, 240-244, 248-255, 258, 261, 266, 271, 272, 278, 283, 290, 295, 335-340, 350-351, 355, 359-360, 363, 365, 367-370, 376, 392-401, 448, 450, 488-525
Alfabetização 61, 71, 131, 327, 363, 532
Alianças 156, 332, 349-365, 413
Altura humana 60, 104-105, 325, 528-530, 532, 536
América Latina 55-56, 57, 114-115, 117, 121
Antigos regimes, nobres, proprietários de terras, aristocratas 61, 115, 129, 163, 183, 203, 211-215, 221, 226-230, 236-242, 250-253, 269, 274-280, 338, 346, 356-358, 367, 371, 372-377, 380, 383-391, 470, 490, 494, 498
Argentina 32, 55, 121, 555
Aristocracia. Cf. Antigo Regime
Artesãos 59, 82, 124, 131, 151
Austrália 44, 56, 77, 89-94, 180, 205, 255, 261, 282, 330, 335, 337, 339-341, 346-348, 362-363

Áustria, Áustria-Hungria 77, 156-158, 162, 177, 181-182, 187, 207, 226, 234-237, 240-243, 248, 265-267, 336-337, 353, 356-358, 374, 376, 378, 381, 383-384, 386, 397, 488-489

Bélgica 35, 99, 153, 157-160, 164, 185, 241, 258, 340, 368, 379, 497, 503-504
Bolchevismo, bolcheviques 200-202, 207-227, 238-239, 242-244, 381, 403-411, 415-417, 424-428
Brasil 97-98, 118, 255
Burguesia 21, 120, 200, 214, 228, 233, 350, 374, 380, 388
Burocracia 128-129, 147, 294-295, 403, 432, 434

Camponeses 22, 37-38, 45, 61, 63, 110, 119, 125, 127, 130, 137-140, 142, 149-151, 188, 191-192, 194, 200-218, 221-225, 234-236, 238-244, 255, 271, 329, 349-350, 358, 377, 404-406, 409-412, 419-420, 424, 433, 436-439, 443-444, 457, 461-497, 533
Canadá 56, 77, 255, 258, 261, 266, 282, 341, 346, 368, 381
Capital financeiro 22, 82, 154, 251, 252-253, 265, 270-271, 277, 371, 443
Capitalismo 11-13, 20-22, 27, 30-31, 40-41, 48-49, 80-82, 120-122, 131-132, 150-151, 154, 166-167, 184-185, 212, 223-224, 292-293, 326-331, 371-372, 382, 432-434, 526-537

Capitalismo do bem-estar social 102, 151,
300, 308, 314-316, 355-360, 382, 431

Catolicismo 91, 95, 102, 118, 189, 206,
228-233, 285, 287, 296, 337, 355-356,
374-379, 391

Centro-periferia 29-30, 33, 36, 37, 45-46,
57, 64, 91, 349

Chiang Kai-shek 139, 381, 428, 434,
439, 442-458, 463, 479, 485

China 31, 36-37, 115, 123-126, 136-140,
153, 201, 255, 442-449, 460-487

Churchill, Winston 73, 159, 253, 494,
497-500, 502, 504, 506-507, 508-512

Cidadania
Civil, cívico 12, 64, 130, 149-150,
204, 326
Político 12, 64, 86, 92, 205-206,
282, 326
Social 12, 16-88, 95-96, 196, 204,
229, 270, 282, 283, 315, 319, 323,
326-365, 510, 525-526, 528

Ciência, tecnologia 19, 56, 78-82, 125,
128, 131, 144, 170-172, 189, 247,
256, 262-265, 413, 438, 508, 521, 530

Classe governante 193-194, 201, 211-214,
228, 242, 298, 409, 534

Classe média 24-25, 66-72, 78, 97-99,
102-104, 130, 137, 147-150, 167, 175,
186, 187-193, 204-209, 214, 231-236,
252-253, 280, 299, 302, 312, 314,
319-322, 332, 343-344, 352, 354,
358-364, 373, 375, 388, 391, 440-441,
457, 509, 516, 533

Classe trabalhadora 22-23, 47, 49, 76,
88-96, 138, 150-153, 189-191, 200,
204, 206, 210, 221, 224-234, 239,
242-243, 252-256, 269-271, 288, 313,
323, 329-360, 374-375, 377-378, 404,
406, 426-433

Clientelismo 111, 149, 168, 252, 373, 463

Comerciantes 38, 41, 67, 115-116, 120,
124, 190-191, 255

Companhia das Índias Orientais 45-46, 69

Comunismo 199-244, 381, 403-429,
439, 461-487, 497-501, 524-525,
527-532, 534-536

Conflito de classes 22, 27, 101, 188, 200,
203, 212, 245-246, 271, 278, 285,
288, 294, 321, 326, 328, 331-332,
357-359, 364, 373-375, 528

Conquista 24, 30, 40-41, 49-50, 55, 64,
111, 394

Coreia 135-137, 141-146, 148-149,
420, 458

Crescimento econômico 43, 47, 55-56,
58, 62-63, 64, 102, 110, 117, 134,
139-144, 156, 166, 184-185, 247,
262, 289-291, 295, 335-339, 343-344,
353-354, 421-422, 425, 436, 448, 450,
481, 520, 528-530, 532

Crises 14-16, 81, 104, 156-198, 202,
209, 212-214, 224, 231-234, 245-248,
258-293, 315-325, 376-389, 393, 400,
496-497, 534-535

Cristalização polimórfica 12, 26-27,
88-89, 91-93, 97, 116-117, 122, 145,
161, 167, 244, 393

Cristianismo 45, 51, 68-71, 109-110,
114, 357, 364, 377

Cuba 105, 108-110, 113, 115, 117, 120,
420, 484

Declarações de missão (imperiais) 33-34,
47, 51, 105, 107, 111-118, 143, 148,
395, 458, 516

Democracia 66, 91, 114-117, 138, 149,
162-163, 186-187, 189, 206, 228-233,
282, 286, 296, 318-326, 353, 358,
366-368, 373, 379-389, 399, 404,
420-421, 433, 493-494, 532

Depressões econômicas 13-14, 105, 127,
133, 140, 154-155, 245-280, 282-285,
292-313, 319-321, 335, 343, 345-346,

351-352, 359, 364-365, 375-376,
381-382, 385, 389, 421, 431-435,
458, 480-481, 527-535

Desenvolvimento tardio 83, 128,
367-369, 377, 425, 443, 530

Dialética 324, 328, 534

Dinamarca 86, 261, 277, 282, 337,
349-351, 353

Diplomacia do dólar 31, 116, 121

Ecologia, ambiente 16-17, 20, 290, 335,
412, 481-482

Educação 61, 79, 94-95, 99, 133-134,
144, 235, 327-331, 334-335, 342,
363-365, 388, 422

Elite de poder ideológico, *intelligentsia*
33-34, 114, 128, 163, 167, 209, 388,
390, 407-408, 483, 486

Emergência intersticial 17-18, 28

Emoções 15, 108, 162, 378, 388, 454, 527

Escravidão 43-47, 53, 69, 76, 97-99,
516, 518

Espanha 152-153, 165, 194, 206-207,
213-217, 225, 240, 261, 353, 368,
378-381, 386, 401, 428, 439, 442, 491

Espectativa de vida. Cf. Mortalidade

Estado, autonomia do 251, 285-289,
293, 307

Estado-nação 11-15, 26-27, 64, 82, 127,
162, 168, 179, 183, 196, 199, 204, 245,
248, 251, 278-280, 324, 326-332, 363,
366-374, 386-390, 431, 525-533, 537

Estados de bem-estar social 95-102, 191,
206, 230, 235, 281-285, 295-300,
327-365, 367, 391, 412, 417, 423,
494, 510, 528-529, 531, 533, 536

Estados Unidos 30-33, 35, 42-44, 49-50,
53, 56-57, 75-122, 128, 134-135, 137,
141, 143, 145-147, 149, 152-154, 173,
184, 189, 196, 205-207, 240-315, 330,
332-340, 346, 348, 362-363, 365, 368,

372, 381-382, 397, 401, 423, 429,
431, 434, 439, 449-459, 477, 487,
490-498, 508-517, 519, 525-527

Etnicidade, raça 18, 51, 53, 56-58, 67-71,
90-93, 97-100, 107, 112, 116, 118,
154, 302, 306, 313, 394-395, 491, 532

Evolução 13, 66, 359, 529

Excepcionalismo americano 33, 75-77,
90-94, 97, 99-100, 103, 122, 285,
324, 526

Fascismo 366-402, 440-442

Faxina étnica 35, 370-371, 398-400, 517

Feminismo, movimentos das mulheres
12, 44, 52-53, 70-71, 81, 86-102, 134,
144-150, 168, 209-210, 217, 232, 268,
307-314, 319, 323, 329-365, 391-392,
407, 422-423, 456, 467-468, 471,
509-510, 517-519, 528, 532-533

Feudalismo 38, 40, 89, 126-127, 130,
200, 212, 411, 462, 469

Filipinas 30, 108, 110-113, 455

Finlândia 261, 353-353, 379, 384, 385

Fomes 61-62, 406, 410-412, 481

Forças Armadas, exércitos 23-24, 29,
39-40, 88-89, 129-131, 133-134,
136, 141-143, 153-154, 160-161,
162-165, 169-185, 211, 213-216,
221, 230, 232, 235, 238-240,
371-372, 384-386, 390, 425, 432,
435, 439-441, 446, 456-457, 467-468,
471, 477, 479, 495-500, 503-508,
520-523

Alto-comando 130, 147, 158,
171, 179, 181-182, 184, 210, 385,
437, 504, 535

Corpos dos oficiais 147, 177, 181-182,
211, 243, 383, 416, 500

França 39, 90, 152-181, 183-197, 240-241,
249-254, 269-272, 336-340, 345-346,
353-356, 360, 365, 378-379, 428,
489-490, 520

Globalização 11-13, 19, 22, 27, 29-30,
35-36, 44, 137, 154, 165, 244, 245,
261, 277-279, 281, 366, 372, 401,
526, 536-537

Governos locais 31, 59, 67, 77-79, 83,
87, 95, 101, 111, 125-127, 138-139,
175, 206-207, 214, 228, 297,
305-315, 335, 354, 367, 391, 408,
410, 416-427, 433-435, 448, 462,
467, 473, 477-487, 523

Grã-Bretanha 47-49, 60, 69, 78, 92, 96,
106-107, 156, 158-160, 162-164,
171-174, 177, 183-190, 193, 195-198,
205-207, 226, 227, 240, 248-253,
270-272, 282, 327, 336-348, 353-354,
356, 363, 365, 393, 453, 490-503,
506-508, 523

Grande Depressão. Cf. Depressão
econômica

Grande Divergência 58, 64, 144, 155,
326, 532

Greves 67, 76, 87-89, 101, 151, 180,
194-195, 205-216, 226-227, 231-241,
253-254, 299-307, 316-319, 342,
352-355, 404-407, 431, 465, 476,
509, 531

Guerra 12-16, 23, 26-27, 36, 76, 98, 124,
130, 132-133, 147-148, 333, 526-530,
536-537

Guerras China-Japão 135, 153, 430-459,
463, 466-468, 471-480, 481, 485-487

Guerras coloniais 40-51, 104-113,
124-126, 135-137

Hegemonia 32-33, 37, 124, 166-167,
249, 281

Hinduísmo 36, 66, 67, 69-71

Hirohito 435, 441

Hitler, Adolph 236, 278, 374-384,
392-401, 417, 426, 428-429,
449-450, 452-454, 488-528, 535

Hobson, John 48-49, 105, 150

Hoover, Herbert 119, 256, 265, 267, 274

Hungria 212, 237-239, 240-243, 248,
357, 371-372, 376, 378, 380-381, 383

Igualdade, desigualdade 58, 103, 115-116,
152, 193, 256, 326-328, 354, 476, 477,
480, 532

Iluminismo 34, 47, 68, 74, 112

Imperialismo social 105, 113, 142-143,
148, 457

Império Americano 75-78, 104-122,
125-126, 147, 153-155, 449-455,
457-459, 525

Império Britânico 41-47, 154, 159-161,
172, 196, 416, 434, 491, 494-495,
506-508, 519

Império Espanhol 34, 40, 47, 55,
105-118, 153, 527

Império Francês 34, 37, 43, 47, 50, 52,
68-74, 113, 131-134, 145, 165, 169,
175-176, 196, 395, 401, 416, 455-456,
494-495, 506-507

Império Japonês 123-155, 424, 430-459

Império Otomano. Cf. Turquia

Império. Cf. impérios individuais

Impostos 59, 61-63, 76, 84, 91, 111, 125,
127-128, 147, 252, 253-255, 276, 281,
291, 301, 309-311, 319, 324, 327-328,
330-351, 442-444, 462-476, 480-484,
531, 536

Índia 36-47, 55, 57-72, 124, 139, 196,
430, 495, 522

Indústrias manufatureiras 62, 83, 102,
140, 144, 152, 204, 217, 263, 273-274,
278-280, 432, 436, 482

Irlanda 40, 77, 335, 341-342, 348,
379, 385

Islã, muçulmanos 36, 66, 67-71, 74

Itália 239-240, 372-374, 390-392

Japão 123-137, 141-153, 421, 444-459

Jaula e enjaulamento 20-21, 102, 165, 176, 179-183, 245, 252, 261, 279, 324, 328, 332, 367, 524

Justiça, tribunais de justiça 24-29, 43, 60, 62-66, 70, 80-84, 88-90, 96-99, 129, 149-151, 191, 200, 226, 286-287, 301, 304-305, 311, 314-320, 326, 334, 348, 352, 355, 358, 387, 396, 440, 443, 446, 463, 506

Keynes, keynesianismo 21, 245, 253, 260, 273-279, 289, 292, 293, 351-352, 531, 536

Keynesianismo militar 359, 393, 448

Kuomintang (KMT) 138-139, 147, 439, 442-445, 449, 463, 466-468, 473-487

Laissez-faire. Cf. economia neoclássica

Lenin, V.I. 48, 201, 202, 208, 212, 220, 408, 420

Liberalismo, partidos liberais 48, 52-55, 66, 72-74, 77, 82-85, 92, 94, 97, 115-121, 130, 133-134, 147-154, 159-163, 173, 189, 200, 207-212, 221-222, 227-234, 237, 244, 271-278, 282-288, 292-297, 303-324, 335-348, 357-373, 379-382, 387, 401, 431-442, 451, 457, 499, 528, 531, 535

Manchúria, Manchukuo 140-142, 144-146, 148, 435-438, 448, 450-453, 458, 477, 481

Mao Tsé-Tung 201, 243, 415, 420, 442, 449, 456, 461-465, 470-473, 479-486

Marinhas, poder naval 39-41, 44, 104-105, 114, 141, 160, 171-173, 182-183, 464, 506-508, 537

Marshall, T.H. 12, 204, 326-328, 363-364

Marx, Karl 20-21, 42, 219-222, 265, 403, 424, 530

Marxistas 18, 21, 26-27, 34, 48-49, 77, 88, 166-167, 200, 203, 208, 212-214, 216-219, 235, 238-240, 273, 285, 306, 331, 341, 367-369, 375, 384, 389, 408-413, 420, 429, 438, 460-462, 468-469, 475, 478

McKinley, William 105, 106, 108-111

Mercados 17, 20-21, 33-36, 41-48, 62-63, 80-83, 89, 95-96, 104-106, 115-116, 124, 126, 131-137, 143, 145-147, 167, 185-191, 214-215, 243-257, 259-280, 289-308, 316, 323-324, 327, 330, 334, 346-351, 360, 406-409, 421, 425, 433, 449, 454, 482, 525-531

México 40, 118, 120, 484

Migração 78, 110, 149, 213, 281, 312, 397

Monarquia 136, 141, 189-190, 192, 198, 224, 228, 229, 234, 375, 387

Monopólio(s) 36, 40, 46, 48, 85, 114-115

Mortalidade, expectativa de vida 58-59, 65, 79, 81, 103, 133, 144, 185, 191, 330, 335, 421-422, 532, 536

Muçulmanos. Cf. islã

Mulheres. Cf. feminismo

Na história europeia 35-41, 43-55, 334, 534

Nacionalismo 12, 17, 26-27, 54, 61, 66, 67-74, 114-127, 134, 136, 137-138, 141-143, 146-147, 148, 167-168, 179, 188-197, 219, 224, 240, 253, 261, 265-268, 272, 276-280, 328, 342, 357-358, 367-378, 402, 416-417, 436-437, 438-447, 457, 478-493, 499, 509, 517, 519, 523, 526, 531-537

Nazismo 25-26, 121, 174, 176, 233, 237, 271, 278, 283, 295, 358-359, 370, 372-378, 381-402, 407, 411, 433, 438, 446, 448, 490, 499, 501, 515-524

Nicarágua 115, 117-118, 120, 484

Normas, solidariedade normativa 16-18, 27, 43, 56, 97, 129, 268, 368, 388, 437

Noruega 261, 339, 349-353, 379, 385, 397, 426

Nova Zelândia 76-77, 91-92, 94, 261, 282, 330, 337, 340-341, 346-348, 363-365, 368

Padrão-ouro 56-57, 249-255, 260-262, 265-271, 278, 279, 280, 289

Países Baixos 135, 206, 336-338, 340, 368, 379

Paramilitares, paramilitarismo 23, 88, 203, 234-235, 237-239, 357, 370-378, 384, 390, 395, 401, 432

Patriarcado 17-18, 71, 95, 112, 129, 151, 329, 407, 469

Pearl Harbor 430, 449, 452-454, 458, 488, 505, 511, 514

Pequena burguesia 21, 369

Pluralismo 26, 286-289, 297-298, 319, 322, 345, 404, 406, 420, 434

Poder coletivo 16-17, 19, 21-23, 81-83, 90, 126, 247, 274, 331, 531

Poder despótico 23-25, 31, 77, 110, 125, 127, 129, 163, 196, 206-208, 278, 366, 368, 370, 379-382, 387, 389, 389-390, 396, 400-401, 405, 408, 418, 420, 432-434, 514, 531

Poder distributivo 16-17, 19, 149-150, 247, 274

Poder econômico 20-21, 30-31, 40, 41-42, 45, 55-64, 78, 83-84, 111, 171-174, 245-247, 322, 484, 531

Poder geopolítico 27, 102-104, 127, 131, 149, 159-160, 162, 164-165, 167, 201-202, 247, 249, 254, 267, 277-281, 376, 383, 409, 417, 430, 439, 489, 490, 500, 519, 534, 536

Poder ideológico 16-28, 30, 32-33, 68-72, 128, 131, 162-167, 176-183, 200, 235, 238-244, 247, 250, 267, 279, 287, 329, 344, 364-372, 388-390, 398-401, 407-408, 412-413, 419-420, 423-424, 432, 438-439, 476-477, 483, 502-503, 506, 513, 521-522, 526-528, 534, 535-536

Poder infraestrutural 24-25, 30, 77-78, 79, 183, 211, 242, 366, 370, 396, 407-408, 425, 439, 485, 486

Poder intensivo 17, 20-21, 26, 39-40, 42

Poder militar 23-26, 29-32, 36, 39-49, 71-72, 79, 88-89, 93, 110, 126-127, 148, 165-176, 202-204, 215, 222-225, 231, 239, 242, 351, 369, 371, 376, 385, 392, 400, 405, 410-411, 430-431, 471, 477, 482-487, 505, 524-527

Poder político 16, 23-24, 30-31, 41, 55-67, 79, 83, 99, 128, 199, 230, 239-245, 252, 277, 286, 287, 322, 332, 361, 371, 386-388, 409, 415, 424, 431, 457-459, 475, 492, 528, 531, 532

Polanyi, K. 82, 253, 276, 280, 283, 527

Porto Rico 108, 109-110, 111, 112, 113

Portugal 35, 39, 41, 401, 497

Primazia, ultimato 28, 286, 535

Primeira Guerra Mundial 50, 59, 65, 67, 81, 100-103, 133, 138, 149-150, 156-198, 204, 207, 209-218, 221-227, 243-244, 248-250, 252, 259-265, 266, 270, 274, 277-279, 282, 337-342, 345-351, 353-369, 372-377, 378-398, 405, 535-536

Produto Interno Bruto (PIB). Cf. Crescimento econômico

Profissionais 21, 70, 149

Propriedade privada 21, 43, 64, 84-85, 90, 114, 150, 229, 230, 314, 324, 530

Protecionismo, tarifas 46-48, 56, 59-60, 82-83, 91, 106, 124, 126, 154, 253-255, 265-267, 276, 277-278, 280, 347, 423, 427, 431, 434, 495, 527

Protestantismo 40, 91, 93, 95, 102, 348, 349-350, 374, 377

Quênia 52, 54, 58

Raça, racismo 12, 17-18, 30, 34, 67-74, 90-91, 98-100, 107, 111-112, 118-122, 128, 154, 296, 301, 313, 324, 370, 394, 401, 416, 456, 515-517, 524, 526-528, 532-537

Racionalidade, irracionalidade 14, 15, 21, 24, 38, 84-85, 112, 116, 117, 119, 121, 136, 149, 164, 166-167, 169, 197, 208, 245, 279, 362, 371, 382, 389, 401, 403, 449, 452, 476, 528

Redistribuição 83, 86-87, 94, 117, 185, 235, 274, 278, 295, 297, 302, 310, 311, 319, 328, 330-331, 334, 337-342, 350, 353-356, 462-463, 467-480, 530, 533

Reformismo 206, 225, 233-234, 235, 426-428, 475, 531

Regimes autoritários. Cf. despotismo

Reis. Cf. Monarquia

Religião 17-18, 65, 67-68, 70-71, 90-91, 95, 200, 334, 390

Repressão 67-68, 73, 88-89, 101, 111, 144, 205, 233, 238, 269, 300, 337, 431, 465

Revolução 12-13, 22, 23, 74, 78, 89, 117, 127, 137-138, 148, 167, 173, 180, 199-207, 224-227, 240-244, 323, 331-332, 341, 353, 357, 369, 374, 380, 401, 403-405, 425-429, 500-501, 527-528, 530, 534
Chinesa 460-487
Europeia central 182, 227-240, 366, 381-382
Russa 121, 145, 181, 207-225, 252, 403-410, 416, 419, 460, 487, 500, 512

Revolução Industrial 35, 42, 43, 47, 58, 72, 79, 104-105
Segunda Revolução Industrial 19, 78-79, 80, 82, 154, 204, 235, 262, 266, 280, 341, 530

Revolução Meiji 126-152, 434, 441-444, 458

Revolucionários 138, 200-201, 208-212, 216-224, 240-244, 372, 380, 404, 416, 482, 485-486

Romênia 278, 357, 371, 376-378, 380, 381, 383, 385-388, 400, 499, 512

Roosevelt, Franklin Delano (FDR) 274, 277, 283, 286-289, 291, 295-315, 318, 321-325

Roosevelt, Theodore 84, 107, 116-117, 188

Rússia 35, 50, 68, 72, 89, 91, 125, 128, 136-145, 148, 158-173, 179, 227, 233, 237-244, 249, 340, 345, 364, 368, 380, 395, 404-429, 450-459, 484, 489, 500-502, 506, 511, 515, 528, 530

Salvação 200, 219, 223-224, 228, 242, 369, 389, 404, 407-408, 424, 460, 464, 468, 478, 486, 491, 528

Schumpeter, J. 11, 21, 80, 131, 256, 267, 530

Seções, seccionalismo 22, 205, 212, 225, 364, 531

Segmentos, segmentarismo 12, 22-23, 69, 102, 152, 204-205, 225, 288, 531

Segunda Guerra Mundial 15, 20, 60, 144, 258, 264, 291-293, 316, 325, 391-401, 411-412, 425, 429, 449-459, 488-525, 531, 534, 536

Sindicatos trabalhistas 23, 82, 85-94, 100, 150-153, 191-196, 204-206, 210, 217, 224, 229, 234-236, 253, 268, 270-272, 278, 284-288, 294-309, 312-329, 329-347, 350-356, 359-361, 373, 382, 390-391, 412, 425, 427, 431-432, 473, 492, 528

Socialismo, socialistas 13, 17, 66, 77, 89, 92, 94-96, 152, 188-189, 205-206, 225-244, 269-275, 315-316, 319, 324, 326, 334, 351-353, 362, 367, 368,

375, 389, 401-432, 441, 461, 474, 487, 509, 515

Sociedade civil 131, 374, 378

Sociologia comparativa 13, 203, 326, 363, 433

Stalin, J. 23, 25, 213, 398, 406-424, 428-429, 445, 463, 477, 492-496, 500-502, 505, 512-519

Status 33-34, 37-38, 40-41, 69-70, 77, 104, 129-131, 161-162, 165, 167, 334, 527, 534

Suécia 32, 77, 86, 241, 261, 272, 275, 282, 291, 295, 325, 349-353, 360-361, 379

Tecnologia. Cf. ciência

Teoria dos sistemas mundiais 140, 166, 202, 222, 249, 253, 484, 486-487, 532

Teoria econômica neoclássica, *laissez--faire* 26, 61, 79, 269, 275, 278, 342

Transcendência, ideológico 371, 375, 393

Transnacionais, redes, organizações 12, 21-23, 27-28, 36, 154, 194, 252-254, 266-267, 277

Tumultos, multidões, revoltas 67, 73, 99, 101, 133, 149, 152, 182, 202, 204, 209-214, 228, 465, 476, 483

Turquia, Império Otomano 36, 38, 39, 55, 164, 165, 173, 181, 184, 186, 196, 200, 241, 367, 386

União Soviética 25, 121, 138, 149, 225, 364, 381-382, 397, 403-429, 434-435, 449, 460, 477, 489-492, 498-503, 508, 525-530

Weber, Max 18, 24, 161, 218, 269, 396, 400, 403, 524

Wilson, Woodrow 72-73, 75-76, 83, 117, 173

Coleção sociologia

- *A educação moral*
Émile Durkheim
- *A pesquisa qualitativa*
VV.AA.
- *Quatro tradições sociológicas*
Randall Collins
- *Introdução à Teoria dos Sistemas*
Niklas Luhmann
- *Sociologia clássica – Marx, Durkheim, Weber*
Carlos Eduardo Sell
- *O senso prático*
Pierre Bourdieu
- *Comportamento em lugares públicos*
Erving Goffman
- *A estrutura da ação social - Vols. I e II*
Talcott Parsons
- *Ritual de interação*
Erving Goffman
- *A negociação da intimidade*
Viviana A. Zelizer
- *Os quadros da experiência social*
Erving Goffman
- *Democracia*
Charles Tilly
- *A representação do Eu na vida cotidiana*
Erving Goffman
- *Sociologia da comunicação*
Gabriel Cohn
- *A pesquisa sociológica*
Serge Paugam (coord.)
- *Sentido da dialética – Marx: lógica e política - Tomo I*
Ruy Fausto
- *A emergência da teoria sociológica*
Jonathan H. Turner, Leonard Beeghley e Charles H. Powers
- *Análise de classe – Abordagens*
Erik Olin Wright
- *Símbolos, selves e realidade social*
Kent L. Sandstrom, Daniel D. Martin e Gary Alan Fine
- *Sistemas sociais*
Niklas Luhmann
- *O caos totalmente normal do amor*
Ulrich Beck e Elisabeth Beck-Gernsheim
- *Lógicas da história*
William H. Sewell Jr.
- *Manual de pesquisa qualitativa*
Mario Cardano

- *Teoria social – Vinte lições introdutórias*
Hans Joas e Wolfgang Knöbl
- *A teoria das seleções cultural e social*
W.G. Runciman
- *Problemas centrais em teoria social*
Anthony Giddens
- *A construção significativa do mundo social*
Alfred Schütz
- *Questões de sociologia*
Pierre Bourdieu
- *As regras do método sociológico*
Émile Durkheim
- *Ética econômica das religiões mundiais - Vol. I*
Max Weber
- *Ética econômica das religiões mundiais – Vol. III*
Max Weber
- *Teoria dos sistemas na prática - Vol. I – Estrutura social e semântica*
Niklas Luhmann
- *Teoria dos sistemas na prática - Vol. II – Diferenciação funcional e Modernidade*
Niklas Luhmann
- *Teoria dos sistemas na prática - Vol. III – História, semântica e sociedade*
Niklas Luhmann
- *O marxismo como ciência social*
Adriano Codato e Renato Perissinotto
- *A ética protestante e o espírito do capitalismo*
Max Weber
- *As fontes do poder social - Vol. 1 – Uma história do poder desde o início até 1760 d.C.*
Michael Mann
- *Mente, self e sociedade*
George Herbert Mead
- *As fontes do poder social - Vol. 2 – O surgimento das classes e dos Estados-nações, 1760-1914*
Michael Mann
- *As fontes do poder social - Vol. 3 – Impérios globais e revoluções, 1890-1945*
Michael Mann
- *As fontes do poder social - Vol. 4 – Globalizações, 1945-2011*
Michael Mann

Leia também!

Conecte-se conosco:

 facebook.com/editoravozes

 @editoravozes

 @editora_vozes

 youtube.com/editoravozes

 +55 24 2233-9033

www.vozes.com.br

Conheça nossas lojas:

www.livrariavozes.com.br

Belo Horizonte – Brasília – Campinas – Cuiabá – Curitiba
Fortaleza – Juiz de Fora – Petrópolis – Recife – São Paulo

  Vozes de Bolso

EDITORA VOZES LTDA.
Rua Frei Luís, 100 – Centro – Cep 25689-900 – Petrópolis, RJ
Tel.: (24) 2233-9000 – E-mail: vendas@vozes.com.br